D1937191

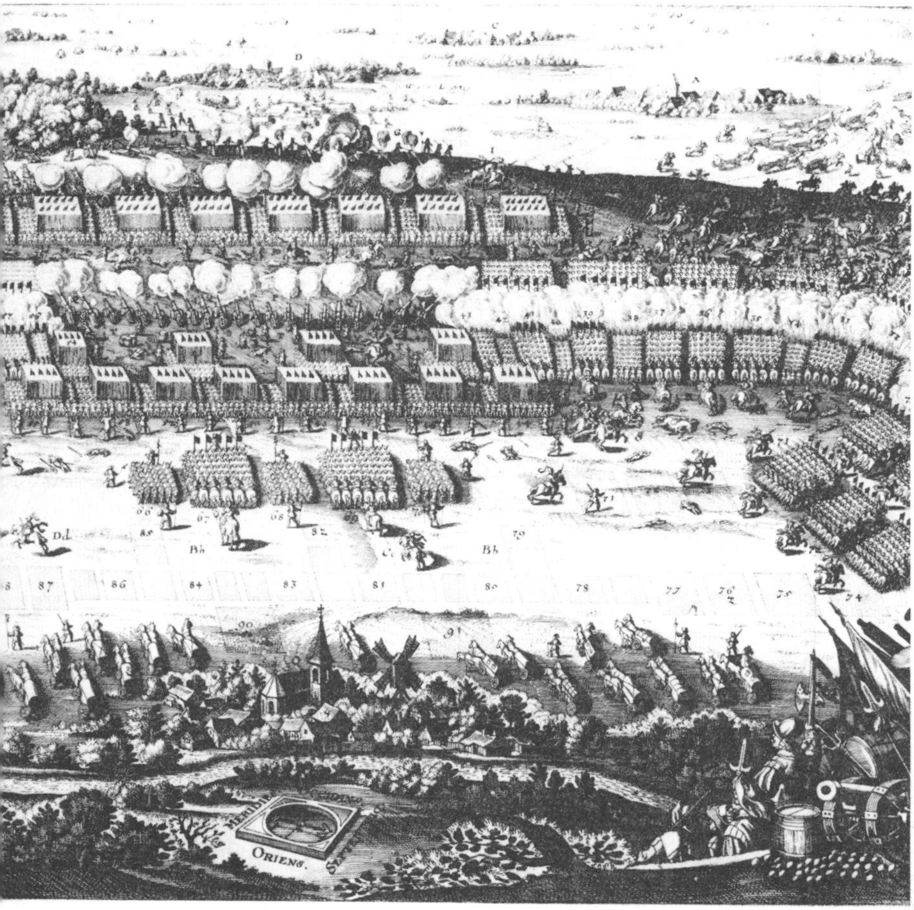

Die Schlacht von Breitenfeld. Stich von Matthäus Merian (Ausschnitt)

FELIX BERNER

Gustav Adolf
Der Löwe aus Mitternacht

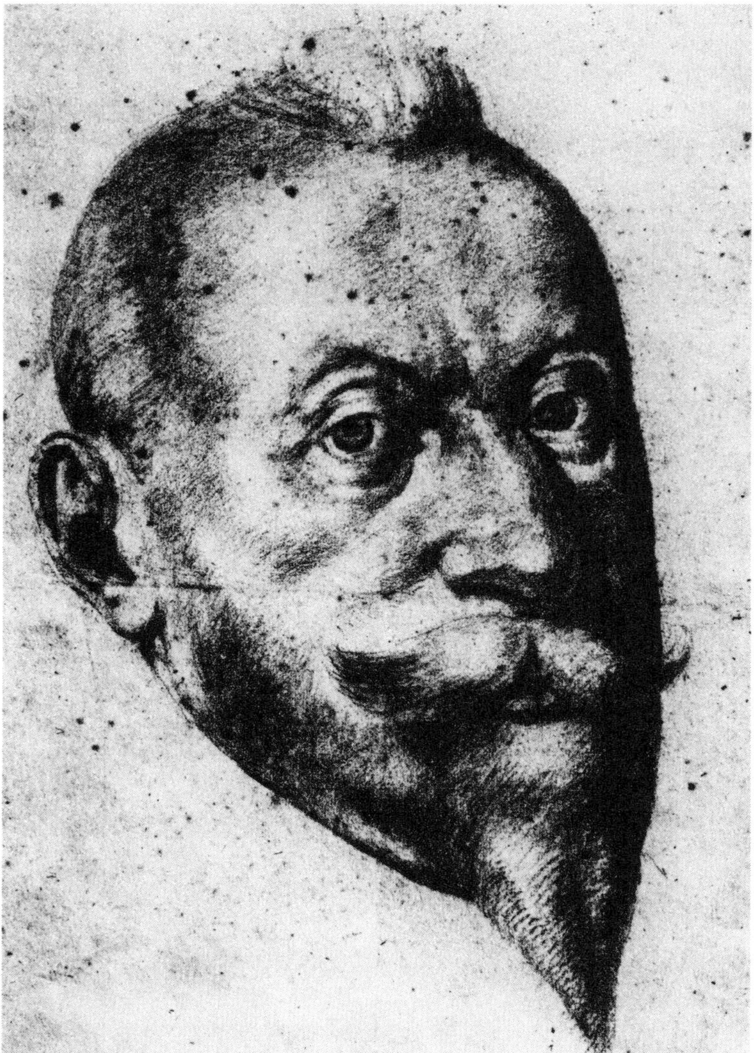

FELIX BERNER

Gustav Adolf
Der Löwe aus Mitternacht

Deutsche Verlags-Anstalt

CIP-Kurztitelaufnahme der Deutschen Bibliothek

Berner, Felix:
Gustav Adolf, der Löwe aus Mitternacht / Felix Berner.
– Stuttgart: Deutsche Verlags-Anstalt, 1982.
ISBN 3-421-06111-4

© 1982 Deutsche Verlags-Anstalt GmbH, Stuttgart
Alle Rechte vorbehalten
Typografische Gestaltung: Brigitte Müller
Satz: Bauer & Bökeler Filmsatz GmbH, Denkendorf
Druck und Verarbeitung: Franz Spiegel Buch GmbH, Ulm
Printed in Germany

Inhalt

Vorbemerkung

In Schweden (wie in allen protestantischen Ländern) galt im 17. Jahrhundert noch der Julianische Kalender; der 1582 vom Papst eingeführte und in den katholischen Ländern von da an gültige Gregorianische Kalender wurde dort erst später übernommen. Dieses Buch folgt daher dem Julianischen Kalender, der in jener Zeit zehn Tage hinter dem Gregorianischen zurückblieb; der Todestag Gustav Adolfs zum Beispiel ist also mit dem 6. November (nicht dem 16.) 1632 angegeben.

Bei schwedischen Namen und Wörtern wird die heute übliche Rechtschreibung verwendet; Ausnahmen sind die Namen Wasa (statt Vasa), Christian, Christina, Philipp (statt Kristian, Kristina, Filip). König Gustav II. Adolf – wie die offizielle Benennung lautet – wird, wie in Deutschland üblich, stets nur Gustav Adolf genannt. Soweit es für Orts- oder Landschaftsnamen eine deutsche Schreibweise gibt (zum Beispiel Kopenhagen = København oder Schonen = Skåne), wird diese verwendet.

Zitate aus fremden Sprachen wurden übersetzt; dabei wurden an manchen Stellen bereits vorliegende Übersetzungen benutzt, vor allem die der deutsch geschriebenen oder ins Deutsche übersetzten Gustav-Adolf-Biographien. Kürzere lateinische Zitate sind – ihrer Prägnanz wegen – stehengeblieben, jedoch unter Beifügung einer deutschen Übertragung. Zitate aus älteren deutschen Quellen wurden, um das Lesen zu erleichtern, in Rechtschreibung und Zeichensetzung dem heutigen Gebrauch angeglichen. Die für jene Zeit charakteristische Einstreuung von Fremdwörtern (meist lateinischer, aber auch französischer und italienischer Herkunft, öfters in entstellter Form) ist stehengeblieben; wo zu befürchten ist, daß sie unverständlich wurden, steht in eckigen Klammern eine Übersetzung dahinter, wenn nicht im anschließenden Text eine Erläuterung erfolgt. Die unterschiedliche Schreibweise solcher Fremdwörter (auch bei der Groß- und Kleinschreibung) wurde belassen, lediglich die Endung -ieren (zum Beispiel inclinieren) wurde wie heute üblich verwendet, obwohl damals -iren fast die Regel war. Alle Wörter, die dem deutschen Leser heute fremd erscheinen mögen (auch die schwedischen Bezeichnungen), sind in kursiver Schrift gesetzt.

PROLOG

Ein Schiff auf dem Meeresgrund

DER SONNTAG WAR WARM und fast windstill, eine leichte Brise aus Südwest durchlüftete den heiteren Augusthimmel, die Glocken der Stockholmer Kirchen – der Storkyrka, der Kirche auf der Insel Riddarholm und dazwischen der deutschen Kirche St. Gertrud – läuteten den Vespergottesdienst aus. Ein friedlicher Tag trotz des Krieges, den der König Gustav Adolf in Preußen führte.

Man wußte, wie ungeduldig der König den Aufbruch des zweiten der großen Regalschiffe erwartete, die er 1625 im Zeichen eines auf fünf Jahre befristeten Flottenbauprogramms in Auftrag gegeben hatte. Das Schiff, 1626 begonnen, dem er den Namen seiner Familie verliehen hatte, sollte heute seine erste Fahrt antreten. Seit zehn Tagen lag die *Wasa* an der *Skeppsbro* unterhalb des Schlosses, zum Auslaufen bereit, mit allem versehen, was ein solches Schiff benötigte. Für die kaum zehntausend Einwohner von Stockholm – unter ihnen viele Deutsche – war die Jungfernfahrt des königlichen Schiffes ein seltenes Spektakel.

Erik Jönsson, vom König zum Admiral des Geschwaders ernannt, mit dem sich die *Wasa* beim Marinestützpunkt Älvsnabben in den Stockholmer Schären vereinigen sollte, war mit an Bord. Ihn hatte Gustav Adolf um Mittsommer nach Stockholm entsandt, nachdem die Nachricht des Admirals Fleming eingetroffen war, »daß man auf der Werft so gut wie gar nichts tue«. Der König brauchte das Schiff gerade zu diesem Zeitpunkt, als Wallenstein, »General des Ozeanischen und Baltischen Meeres«, persönlich vor Stralsund erschien, besonders dringlich: »Außer von Gott hängt des Reiches Wohlfahrt von seiner Flotte ab.« Jönsson hatte den Auftrag gehabt, beim Reichsrat auf Vollendung der *Wasa* zu drängen. Der Auftrag war erfüllt.

Die Tonnen und Fässer mit Proviant waren verstaut, Ballast, Munition und Geräte untergebracht, die Geschützlafetten belegt und festgezurrt. Zu den vorläufig rund 150 Mann Besatzung stiegen Frauen und Kinder ein; sie hatten die Erlaubnis, noch ein Stück mitzufahren. Der Kapitän erteilte den Befehl loszumachen. Langsam, sehr langsam, mit Hilfe von Wurfankern, glitt die *Wasa* den Kai entlang. Endlich die Segel, endlich das offene Wasser. Aber der Windschatten der Felsenhöhen von Södermalm hielt die Segel schlaff.

Dann – der Kapitän hatte eben den Abschiedssalut schießen lassen – brachte der Abend den Wind, die schnellere Fahrt. Eine Bö ließ das Schiff kurz schlingern. Noch ein Windstoß – jetzt lag die *Wasa* nicht mehr in Lee unterhalb der Bergwände. Wieder Schlingern, kräftige Schlagseite. Kaum hatte das Schiff sich wieder aufgerichtet, drückte ein neuer Windstoß von Süden es heftig nach Backbord, so tief, daß das Wasser durch die geöffneten Geschützpforten einströmte.

Die Leute am Ufer, die eben noch der *Wasa* nachgewinkt, eben noch die sich allmählich entfernenden Heckaufbauten – im Abendlicht in Gold, Blau und Rot aufleuchtend – bewundert hatten, mußten zusehen, wie der große Schiffskörper sich immer tiefer neigte.

Nun sprangen schon Männer der Besatzung über den sich emporwölbenden Rumpf, stürzten sich vom Hinterkastell, von den Galerien herab. Boote schossen heran, sie zu bergen.

Das Schiff war nicht mehr zu retten. Nach anderthalb Seemeilen Fahrt, nur hundert Meter südlich der Insel Beckholmen, noch immer in der Hafenausfahrt von Stockholm, sank die *Wasa* »mit stehenden Segeln, Flaggen und allem« – so der Reichsrat in seinem Bericht an den König – auf den 32 Meter tiefen Grund. Das war am 10. August 1628. Der Bericht des Reichsrates ging zwei Tage später an den »Stormechtige Konung« ab. Der lag seit Mitte Mai wie schon in den Jahren zuvor in Preußen zu Felde. Er hatte dort seit der Landung in Pillau nicht allzuviel erreicht, weniger als im vergangenen Jahr. Das sumpfige Tiefland war in einer Regenflut ertrunken, wie sie noch keiner erlebt hatte; sie hatte die Straßen in Moräste verwandelt. Jetzt im August ließ der König sein Heer auf Graudenz marschieren.

Wir wissen, daß der Brief des Reichsrates den König am 28. August erreicht hat. Wie Gustav Adolf auf den Brief reagierte, ist nicht überliefert. Es läßt sich vermuten, daß der Verlust der *Wasa* ihn tief getroffen hat. Eher tief als hart, denn zur gleichen Zeit konnte er einen folgenschweren Triumph besiegeln: Sein Kanzler Axel Oxenstierna war am 22. August in Stralsund eingetroffen, um dieser Stadt, nach dem Wallensteinschen Debakel bei der Belagerung, endgültig den schwedischen Schutzmantel umzulegen, so dicht, daß sie für zwei Jahrhunderte darunter verborgen blieb. Gustav Adolf mußte damals schon wissen, daß er damit nicht nur beiläufig seinen Fuß auf deutsche Erde gesetzt hatte, daß damit schon der erste Schritt in den deutschen Krieg getan war. Und falls er es jetzt nur ahnte – im darauffolgenden Winter wurde es ihm zur Gewißheit.

Trotzdem muß ihn der Verlust der *Wasa* tiefer getroffen haben als etwa der ärgerliche Verlauf des preußischen Feldzugs. Er muß ihn in der Tiefe getroffen haben, dort, wo sein Sendungsbewußtsein wohnte.

Es ist schwer, in diesen Mann hineinzublicken. Als strahlende Erscheinung wird er geschildert. »Seine Majestät war von mächtigem Wuchs und wohlproportioniertem Körperbau; er hatte eine helle Hautfarbe und ein etwas längliches Gesicht, blondes Haar«, beschreibt ein Holländer den Einundzwanzigjährigen. Andere nennen sein Haar weiß-golden, die Attribute des Hellen, Leuchtenden, Feurigen kehren immer wieder – wie bei einer Lichtgottheit. Lebhaft, eifrig, hitzig, leicht aufbrausend, freimütig, ungekünstelt, beredsam, freundlich – Eigenschaften, ihm nachgesagt, die alle zu diesem Bilde passen. Ricarda Huch bringt sein Wesen auf die Formel: »Ein von seiner eigenen Fülle berauschter und berauschender Mensch.« In der Tat gibt es genug Zeugnisse für den Zauber seiner Persönlichkeit, die aus einem Guß zu sein scheint, ohne Brüche, stark und gesund: »Der fromme, streitlustige Soldat und schöpferischste unter den Regenten, der Kraft und Lebensfreude Ausstrahlende« – so Golo Mann, der an anderer Stelle seines »Wallenstein« von ihm schreibt: »Gustavus, der Schneekönig, trieb es nach der Staatsraison und *ratio belli*, nun seit bald zwanzig Jahren, immer die Sicherheit seines Reiches und die Handels-Vorteile, die Religion, die Größe Gottes, die Größe Schwedens, den Ruhm von Schwedens Herrscher in Einem vor Augen.«

Paßte dies alles wirklich zusammen, nahtlos? Und wenn es zusammenpaßte, wie fügte es der König in eins? Oder gab es da, unter der blanken Oberfläche, Brüche, Widersprüche, Zweifel? Uns Heutigen scheint es verdächtig, wenn Gott so unbefangen als Alliierter eines eroberungsfreudigen Herrschers in Anspruch genommen wird, wenn Heiliges und Profanes so genau übereinstimmen. Machte da nicht einer, wieder einmal, die Mittel zum Zweck? Gustav Adolfs eigene Tochter, die abtrünnige Christina, war dieser Meinung: »Er hatte das Unglück sich um einer Lüge willen zu opfern – oder aber für jenes wesenlose Schemen, das die Menschen Ruhm nennen.« Freilich, sie schreibt aus der Sicht der Apostatin, auch hat sie ihn, bei seinem Abschied von Stockholm erst dreieinhalb Jahre alt, kaum persönlich erlebt. So bleibt die Frage nach den Beweggründen des Königs, wörtlich genommen die Frage nach den Gründen, die ihn bewegt haben. An die Antworten kann man sich nur herantasten.

Allzuviel persönliche Aussagen Gustav Adolfs gibt es nicht. Die Dokumente, die vielleicht Aufschluß geben könnten, sind zu einem guten Teil durch den Brand des Stockholmer Schlosses Ende des 17. Jahrhunderts vernichtet worden. Es gibt Ansprachen, Briefe, vor allem an seinen Kanzler Oxenstierna, zehn Liebesbriefe an Ebba Brahe, einen des Mädchens an ihn, einige Gedichte, die ihm zugeschrieben werden, Fragmente geplanter Bücher, überlieferte Gespräche, Anekdoten.

Es zeigt sich, daß der König in einer bestimmten Weise gesehen sein wollte. Er stellte sich dar und ließ sich darstellen. Der schon früh beginnende

Gustav-Adolf-Kult setzte fort, was der König selbst zur Propagierung seiner Person und seiner Politik begonnen hatte. Er hielt sich einen Hofpoeten, der seine Taten lateinisch zu verherrlichen hatte. Und er scheute sich nicht, den wohlklingenden Lobpreis seiner Unternehmungen und die Förderung seiner Ziele mit wohlklingender Münze zu fördern. Dem sächsischen Hofprediger Hoë von Hoënegg winkte schwedischer Lohn, als er seine auch zum Druck bestimmte Predigt hielt, die dem zögernden Kurfürsten Johann Georg das Bündnis mit den Schweden vollends schmackhaft machen sollte. Gustav Adolfs Diplomaten waren eifrig und geschickt bemüht, die gesamtprotestantische Sache mit der Sache des schwedischen Königs gleichzusetzen. Und ehe die Schweden in den deutschen Krieg eingriffen, beschrie eine von ihnen bezahlte Propaganda in zahlreichen Flugschriften, hauptsächlich von Hamburg aus, die Schrecken einer habsburgisch-papistischen Herrschaft und beschwor das Erscheinen des angeblich von Paracelsus prophezeiten »Löwen aus Mitternacht«.

Gustav Adolf baute also ganz bewußt sein »Image« auf. Ob sich dieses Abbild mit seiner Persönlichkeit deckte, ganz oder teilweise? Zumindest hilft die Betrachtung des Abbilds, sich der Person zu nähern.

Auch die *Wasa* war ein Abbild des königlichen Wesens und Willens. Es ist bekannt, daß Gustav Adolf einen großen Einfluß auf den Bau des Schiffes nahm und verschiedentlich in den Gang der Arbeit eingriff. Hans Soop, Intendent des Seehistorischen Museums in Stockholm, vermutet in seinem Buch über den Skulpturenschmuck der *Wasa*, daß der König einem seiner alten Lehrer, Bureus oder Skytte, den Auftrag gegeben hatte, das ikonographische Programm für die Ausschmückung der *Wasa* zu gestalten.

Wenn man das Schiff betrachtet, wie es sich jetzt, nach der Bergung im Jahre 1961, wieder darstellt, so fällt als erstes auf, wieviel Zeit und Geld aufgewendet wurde, um die Fassade überreich zu schmücken, und das obwohl die Zeit drängte, nachdem Wallenstein die Dänen vor sich hergetrieben und die Ostsee erreicht hatte. Als Wallenstein den Versuch unternahm, eine Flotte aufzubauen, sollte die *Wasa* längst in Dienst stehen.

Warum also die Zeitverschwendung mit Zierat, der mit der Funktion als Kriegsschiff nichts zu tun hatte? Warum auch der hohe Geldaufwand für dieses zu einem guten Teil vergoldete Zubehör – Schweden war ein armes Land; und ehe die *Wasa* gehoben wurde, rechneten die Experten dementsprechend damit, nur einen bescheidenen Figurenschmuck vorzufinden.

Gustav Adolf wollte es anders. Er wollte mit der *Wasa* mehr als ein funktionierendes Kriegsschiff, er wollte ein Bauwerk, das die Macht und den Ruhm Schwedens, die Macht und den Ruhm seiner Familie verkündete. Er handelte dabei wie andere Herrscher seiner Epoche, die sich auf diese

Weise zu profilieren suchten. Jean-Baptiste Colbert, der 40 Jahre später die Flotte Ludwigs XIV. finanzierte, schrieb: »Nichts kann mehr beeindrucken, nichts die Majestät des Königs mehr verherrlichen als die prachtvolle Ausschmückung seiner Schiffe, von einer Pracht, wie sie nie zuvor auf See gesehen wurde.«

Nicht daß Gustav Adolf sich der Ausdrucksmittel seiner Epoche bediente, ist das Erstaunliche. Erstaunlich ist das Übermaß. Erstaunlich ist, daß dieser junge Herrscher – als die *Wasa* unterging, war er noch nicht ganz 34 Jahre alt und genau die Hälfte dieser Zeit saß er im Regiment –, daß dieser junge Mann, der bei seiner Krönung ein Reich übernommen hatte, das um sein Überleben kämpfen mußte, einer belagerten Festung gleich im Streit mit Dänemark, Rußland und Polen, mit einem mißtrauischen, des Verrats verdächtigen Adel, mit einer veralteten, den Problemen des Landes nicht gewachsenen Verwaltung und am Rande des finanziellen Ruins, daß dieser Mann nach etwas mehr als anderthalb Jahrzehnten Regierungszeit sich nicht nur selbstbewußt neben die anderen Herrscher Europas stellte, sondern sie zu überragen meinte. Und das, obwohl sein Geschlecht, die Wasa, zur Zeit der deutschen Bauernkriege mit Hilfe aufrührerischer Bauern die Macht in Schweden und die Unabhängigkeit Schwedens von Dänemark errungen hatte, obwohl Gustav Adolfs eigener Vater, Karl IX., zwar getragen von den Ständen, aber in blutiger Auseinandersetzung mit dem hohen Adel, den legitimen König von Schweden verdrängt hatte und darum nicht nur von den großen katholischen Souveränen, sondern auch von protestantischen Mächten als Emporkömmling eingestuft wurde.

Gustav Adolf bekannte sich mit Stolz zu dieser Herkunft und stellte dies an der *Wasa* zur Schau. Die meisten Figuren zur Ausschmückung des Schiffes befanden sich am Achterkastell, und dort wiederum war der 20 Meter hohe Heckspiegel die wichtigste Schaufläche für die Verherrlichung Schwedens und seines Monarchen: mit vergoldeten Skulpturen, teils vor dem dunkelbraunen Schiffskörper, teils vor blau gemaltem Grund, rot ausgeschmückt. Ganz oben, über dem prächtigen Reichswappen, das zwei martialische Löwen hielten, setzten zwei Greife einem jungen, knabenhaften Mann die Krone auf das Haupt. Darunter lief ein Band, auf dem zwischen Cherubköpfen und den Wappentieren Greif und Löwe die Buchstaben G A R S standen: Gustavus Adolphus Rex Sueciae. Die Greife waren die Wappentiere seines Vaters; daß gerade sie die Krönung vollzogen, war die Bekräftigung eines Anspruchs: Gustav Adolf hatte die Krone von seinem Vater ererbt, rechtmäßig, gegen die noch immer aufrechterhaltenen Ansprüche des rivalisierenden katholischen Wasa in Polen, Sigismund.

Und um zu verdeutlichen, was Schweden Gustav Adolfs Familie zu verdanken hatte, hielten unter dem Reichsschild zwei puttenhafte Cherubim das Wappen der Wasa, die Garbe, und in ihren freien Händen schwangen sie Ölzweige als Zeichen des Friedens über dem Symbol der Feldfrucht.

Freilich: Auf beiden Seiten dieses friedlichen Mittelfeldes, das in diesen kriegerischen Zeitläufen ohnehin nur eine Verheißung war, standen lebensgroße Krieger im Harnisch, teils mit geschlossenem, teils mit offenem Visier. Sie sind nicht römischer oder sonstiger antiker Herkunft – wie damals recht üblich –, sondern müssen (nach Hans Soop) als Vertreter der Goten verstanden werden.

Die Goten – was haben die Schweden mit den Goten zu tun? Das Thema wird uns noch einmal beschäftigen, im Zusammenhang mit dem schwedischen Geistesleben jener Epoche und einigen seiner bedeutendsten Vertreter: Johannes Messenius und Johannes Bureus, der schon als einer der Lehrer Gustav Adolfs genannt wurde. Vorab, in der ersten Annäherung an die Gestalt des Königs, muß es bei dem Hinweis bleiben, daß – gestützt auf ein 1554 in Rom veröffentlichtes Werk des letzten katholischen Erzbischofs von Uppsala, Johannes Magnus – in Schweden der Glaube blühte, nicht nur, daß die Schweden mit den Goten identisch seien, sondern als deren Nachfahren sich als die älteste Nation der Welt fühlen durften, deren Könige vor Troja gekämpft, sich mit Darius, Xerxes und Cyrus angelegt und zur Zeit Sullas Rom überrannt hatten, als die Eroberer Spaniens, Deutschlands, Frankreichs, Britanniens, Italiens, Konstantinopels »und verschiedener anderer mächtiger Länder« (auf ein paar mehr oder weniger kam es bei dieser Fülle ohnehin nicht an). Auch rühmten sich die Schweden als Nachfahren der Goten der ältesten Sprache der Welt (nach dem Hebräischen, das Gott schon bei der Erschaffung der Welt gesprochen hatte), und wenn es noch eines Beweises für die Erwählung Schwedens bedurfte, so waren das die Runen, zweifellos das Alphabet, das vor allen andern geschrieben wurde.

Die »Historia de omnibus gothorum sveonumque regibus« des Johannes Magnus, die es auf 150 namhafte Könige des gotisch-schwedischen Reiches brachte, war – seit Beginn des 17. Jahrhunderts als offizielle schwedische Geschichtsschreibung anerkannt – eine Hauptquelle des Großmachtbewußtseins. Gustav Adolf hing dieser großgotischen Lehre begeistert an. Bei den Krönungsfeierlichkeiten des Jahres 1617 trat er im Turnier als König Berik auf, sagenhafter Begründer mächtiger Reiche im Süden. Es ist zu vermuten, daß unter den sechs mannshohen Kerlen zu beiden Seiten des Wasa-Wappens am Heckspiegel des Schiffes sich auch jener Berik befindet, und wahrscheinlich ist einer der beiden grimmigen Burschen mit Schnauzbart und Hakennase der gotische Herkules Starkodder, der bei dem Krönungsturnier ebenfalls sein Wesen trieb.

Die Schweden fühlen sich heute nicht mehr als die wahren Erben der Goten, obwohl immer noch die zweite Krone im schwedischen Reichswappen für das *Regnum Gothorum*, das Königreich der Goten, steht. Aber den Aufstieg Schwedens zur Großmacht hat der Glaube an die gotische Sendung ebenso angefeuert wie der Glaube, die Herrlichkeit Schwedens und seines Monarchen sei untrennbar von der Herrlichkeit des Evangeliums, wie es von Martin Luther neu zutage gebracht worden war.

An der persönlichen Frömmigkeit Gustav Adolfs kann nicht ernsthaft gezweifelt werden. Selbst ein Autor, der dem König für sein Eingreifen in Deutschland ausschließlich machtpolitische Beweggründe unterstellt (Johannes Janssen), gibt zu, er sei »seinem lutherischen Glaubensbekenntnis mit Wärme ergeben« gewesen.

Aber wie legte Gustav Adolf dieses Bekenntnis aus, worin verkörperte es sich ihm? In den Aufbauten der *Wasa* jedenfalls verkörpert es sich ausschließlich in Gestalten des Alten Testaments. Kein Motiv aus dem Neuen Testament ist unter den Skulpturen zu finden, kein Apostel, kein Evangelist, weder der leidende noch der triumphierende Christus. Plätze genug wären dagewesen für solche Gestalten. Sie wurden ausgefüllt mit Herkules – sogar in doppelter Erscheinung –, römischen Kriegern, Cäsaren, Tritonen und Nereiden, ägyptischen Hermen, Wilden Männern und allerlei Fabelwesen, auch der Teufel fehlt nicht und freilich auch nicht die Schar der Engel – selbst ein ganzes Engelsorchester gibt es, idyllische Überraschung, in der Steuerhütte. Sonst sind aus der Bibel jedoch nur die Helden an Bord geholt worden: David, der ähnlich wie Herkules die Kraft und Weisheit des Königs darzustellen hat, und gleich ein ganzes Heer von Kriegern des Richters Gideon.

Die Geschichte Gideons, die in drei Kapiteln des Buches der Richter erzählt wird, berichtet, wie Gideon, von Gott persönlich berufen, nach der Vernichtung der Götzenbilder im Haus seines Vaters die von Süden her das Land ausraubenden Midianiter mit einer auserwählten kleinen Schar vernichtend schlägt; ihr Schlachtruf lautet: Hier Schwert des Herrn und Gideon! Wer Gideon sei, unterlag keinem Zweifel. In den Huldigungen an Gustav Adolf wird der König ihm gleichgesetzt. Daß das Lied »Verzage nicht du Häuflein klein« – es soll vor der Schlacht von Lützen gesungen worden sein – lange Zeit fälschlicherweise dem König zugeschrieben wurde, obwohl es von seinem Feldprediger stammt, kommt nicht von ungefähr, vielleicht ist es von ihm angeregt worden, auf alle Fälle aber war der Schlußsatz der zweiten Strophe auf ihn gemünzt: »Er wird durch einen Gideon, / den er wohl weiß dir helfen schon, / dich und sein Wort erhalten.«

Fühlte er sich ganz und gar, ohne Wenn und Aber, als Gideon, als Streiter des Herrn? Und zugleich als Vollstrecker der gotischen Sendung? Und als

König, der sein Amt von Gott und nicht von Menschen empfangen hatte – trotz der sehr menschlichen Umstände, die seiner Familie und zuletzt seinem Vater und ihm zur Macht verhalfen? Trotz der Subsidien der greulichen Papisten – etwa des Kardinals Richelieu –, die ihm halfen, seine Soldaten, seine Kanonen und Schiffe für den Krieg gegen die Papisten und Götzendiener zu bezahlen?

Wir müssen es bei diesen Fragen belassen; sie werden uns ein ganzes Buch hindurch beschäftigen. Blicken wir, ehe die *Wasa* für drei Jahrhunderte im Meer versinkt, noch auf die Löwen. An Löwen oder wenigstens Löwenköpfen ist wahrhaft kein Mangel auf diesem Schiff. Über 50 Löwenbildnisse sind bei der Bergung gefunden worden. 48mal saßen Löwenköpfe auf den aufklappbaren Lukendeckeln der großen Geschützpforten an den beiden Batteriedecks, dort also, wo das Schiff den Tod aussenden konnte. Wenn die Kanonenrohre aus den Pforten heraussprangen, zeigten über ihnen die fast einen halben Meter hohen Löwenhäupter die Zähne, grimmig gestaltet und grimmig bemalt: mit weißen Augen und weißen Zähnen vor rotem Rachen. Zwei weitere Löwen hielten das Reichswappen (auf dem sich nochmals zwei Leuen tummelten), auch diese Wappenhalter der Grimm in Person, zwei Löwen durften katzenhaft spielen, die beiden bedeutungsvollsten jedoch wiesen der *Wasa* den Weg. Der eine im wörtlichen Sinn: Aufrecht auf den Hinterbeinen stehend, krönt er das Ruder, das die Richtung bestimmt. Der andere als Galionsfigur: ein gewaltiges Tier, fast vier Meter lang, im Sprung nach vorn, mit dem Wasa-Schild zwischen den Tatzen, den roten Rachen weit aufgerissen. Wer ihn in seinem Goldglanz erblickte – und ganz Stockholm hatte ihn an der *Skeppsbro* gesehen – wußte: Hier setzte der Löwe aus dem Norden zum Sprunge an, zum Sprung über das Meer, nach Süden, jener geheimnisvolle Löwe, der nach der Paracelsus zugeschriebenen Prophezeiung das Strafgericht Gottes an dem römischen Babylon vollstrecken würde.

War dieser Löwe der Archetypus Gustav Adolfs, sein Urbild oder seine Maske? Der König kannte die Prophezeiung. Er nutzte sie für seine Propaganda. Glaubte er auch an sie?

Es scheint, als ob er den Raubtiercharakter der Macht durchschaut hätte. Einem Lobhudler, der nach der Schlacht bei Breitenfeld seinen Heldenmut als ein Geschenk des Himmels rühmte, soll er die Antwort erteilt haben: »Sagt vielmehr, daß es ein Merkmal seines Zornes sei. Ist der Krieg, den ich führe, ein Hilfsmittel, so ist er doch viel unerträglicher als euer Übel. Es ist ein Beweis der Liebe Gottes gegen sein Volk, wenn er dessen Königen gewöhnliche Seelen gibt. Derjenige, welcher keinen zu hohen Geist hat, macht nicht leicht übertriebene Anschläge. Die Ehr- und Ruhmbegierde lassen ihn in Ruhe. Wenn er seinen Geschäften obliegt, sind seine Länder desto glücklicher, und überläßt er einem seiner Untertanen einen Teil seiner Sorgen, so entspringt daraus kein größerer Nachteil, als daß dieser auf Unkosten des Volkes sein Glück macht, selbst Geld sammelt, seine Freunde emporhebt, von seinesgleichen gehaßt und beneidet wird. Alles dies ist kein Unheil und kann mit dem nicht in Vergleich gesetzt werden, das die Ehrsucht eines großen Königs anrichtet. Diese ausschweifende Leidenschaft raubt ihm alle Ruhe und zwingt ihn, sie auch seinen Untertanen zu rauben. Er hält alle diejenigen für seine Feinde, die sich ihm nicht unterwerfen wollen. Er ist ein Strom, der die Gegenden verwüstet, durch die er fließt, und da sich seine Waffen ebenso weit als seine Hoffnungen ausbreiten, so erfüllt er die Welt mit Schrekken, Elend und Verwirrung.«

Diese von dem hugenottischen Historiker Mauvillon nach den Aufzeichnungen von Johan Arckenholz (1696–1777, bis 1738 Registrator der schwedischen Reichskanzlei) zitierten Sätze, sind vielleicht apokrypher Herkunft, könnten jedoch vom König stammen. Sicherlich sah Gustav Adolf sich in diesem Herrscherbild nicht vollständig wiedergegeben; er forderte mehr von sich, mindestens dasselbe, was er in seiner fragmentarischen Schrift über die Pflichten der Kriegsleute von seinen Befehlshabern fordert: Tugend, Wissen, Autorität und Glück; und er verwarf immer wieder den »eitlen Ruhm«. Das klingt besonnen, staatsmännisch. Aber seinem hitzigen Temperament, seinem hochfliegenden Geist stand das Herrscherbild, das dem Lobredner vorgehalten wird, nicht fern, er muß es bewundert und gefürchtet haben. Die Furcht bekannte er einige Male, so kurz vor seinem Tod seinem Hofprediger: »Mein Herr Doktor, ich sorge, weil mich jedermann so sehr *venerieret* und gleichsam für einen Gott hält, es werde mich Gott einmal deswegen strafen.«

Ob ihn eine ähnliche Sorge berührte, als er die Nachricht vom Untergang der *Wasa* erhielt? Als er erfuhr, daß jetzt alles in den Schlamm des Meeresgrundes einsank: die Löwen, die gotischen Helden, die Krieger Gideons, der König David, die 48 Kanonen, das Reichswappen und das Schild des Hauses Wasa? Vielleicht erinnerte er sich daran, daß er während des Baus Order gegeben hatte, aus dem Schiff mehr zu machen als ursprünglich vorgesehen war, ihm auch mehr zuzumuten. (Wahrscheinlich war es zu rank gebaut und durch die vielen schweren Geschütze überladen.) Wenn ein Windstoß nun das Schiff zum Kentern gebracht hatte – wessen hatte er sich selbst zu versehen?

Gustav Adolf war nicht sternengläubig wie Wallenstein, die Astrologie – für alle Zeitgenossen eine anerkannte Wissenschaft – hat ihn offenbar kaum beschäftigt. Aber er glaubte sicherlich an Vorzeichen, an Fingerzeige des Himmels. Als solche waren auch die Kugeln zu betrachten, die ihn getroffen hatten, zweimal im Jahr vor dem Untergang der *Wasa*, die erste am 24. Mai bei einer nächtlichen Bootsfahrt auf der Weichsel am rechten Oberschenkel, ohne schweren Schaden; die zweite am 8. August bei Dirschau »zwei Finger von der Kehle« – diese Kugel blieb stecken, schmerzte in der Schulter und behinderte seinen rechten Arm, ein Pfahl im Fleisch. Der König hatte angeordnet, die Kleider mit den Schußspuren in der Stockholmer Leibrüstkammer aufzubewahren »zum ewigen Angedenken«.

Er wollte sich wohl auch selbst erinnern, obwohl er die Mahnung ständig mit sich herumtrug. Und doch ließ er sich nicht aufhalten, nicht durch die Verwundungen, nicht durch Rückschläge im Krieg, nicht durch den Untergang der *Wasa*. So tief ihn solche Stöße erschüttert haben mögen, er richtete sich wieder auf. Viele Zeitgenossen hielten ihn, vielleicht seiner Unbeirrbarkeit wegen, für gefeit. Er selbst bestimmt nicht. Er war sich seiner Sterblichkeit, der Möglichkeit seines Scheiterns bewußt. Und er kannte auch die Todesfurcht. Einmal spricht er von der »Todesbangigkeit, die von allen Ängsten die größte ist«.

Bei seinem Aufbruch in den deutschen Krieg nahm er in seiner berühmten Rede vor dem schwedischen Reichstag mit den Worten Abschied: »Und da es gemeinhin geschieht, daß der Krug so lange zu Wasser geht, bis er schließlich zerbricht, so wird es auch mit mir zuletzt so ergehen, daß ich, nachdem ich bei so vielen Gelegenheiten und Gefahren für das Wohl des Reiches Schweden mein Blut habe vergießen müssen, bisher durch Gottes Gnade am Leben geblieben bin, es schließlich doch werde lassen müssen.«

Ein Hasardeur, der mit hohem Einsatz spielt? Ein Eroberer, der ohne Krieg nicht leben kann, dem Macht und Machtzuwachs Lebenselixier sind und der dafür jeden Preis zu zahlen bereit ist? Oder einer, der sein Schicksal auf sich genommen hat, sein Amt und die Lasten seines Amtes, und der sich, seines Auftrags gewiß, für den Auftrag opfert? Es ist anzunehmen, daß die Verse, die der sächsische Dichter Paul Fleming kurz nach Gustav Adolfs Tod verfaßte, die Zustimmung des Königs gefunden hätten:

Hat er es denn beschlossen,
so will ich unverdrossen
an mein Verhängnis gehn.

Dieses Buch wird geschrieben, weil man Gustav Adolf mit einer Analyse seiner Beweggründe, seiner Antriebskräfte nicht beikommen kann. »Die alten Streitfragen, ob religiöse oder politische Motive bei Gustav Adolf überwogen und ob sein früher Tod ein Glück oder Unglück für Deutschland war, werden historisch wohl nie gelöst werden können; teils gehören sie ins Gebiet der Spekulationen, teils setzen sie einen Einblick in das

Innere des Königs voraus, der aus den verfügbaren Quellen nicht ungetrübt zu gewinnen ist« – so Ernst Walter Zeeden in »Das Zeitalter der Glaubenskämpfe«.

Was dem Historiker das weitere Vordringen erschwert – für den Erzähler ist es vielleicht nicht unüberwindlich. Hier soll zwar nicht fabuliert und spekuliert werden; nicht ein historischer Roman ist beabsichtigt, sondern eine Biographie, und das bedeutet Treue gegenüber den Quellen, Verzicht auf das Auffüllen von Lücken, Verzicht auch auf Eindeutigkeit, wo sich nur Mehrdeutiges ausmachen läßt. Aber erzählt soll werden. Ein Leben soll anschaulich, greifbar und begreifbar wiedererstehen. Wenn man Gustav Adolfs Leben erzählt, noch einmal erzählt, so wie es sich uns heute darbietet, vor dem Hintergrund seines Zeitalters, verknüpft in die schwedische, die deutsche, die europäische Geschichte, auf der hochdramatischen Schaubühne des Dreißigjährigen Krieges, wo sich Glaubens-, Wirtschafts- und Machtkämpfe unlösbar ineinander verknäueln, wenn man ihn noch einmal auftreten läßt in diesen barocken Kulissen, dann wird vielleicht doch Wahrheit sichtbar, nicht die Wahrheit der Analyse, sondern der Zusammenfassung, die schon immer Sache der Erzähler war.

Auch das Zeitalter, dem Gustav Adolf angehört, läßt sich nur in der Zusammenfassung nachvollziehen. Es ist eine ausladende Epoche, die Gegensätzliches zusammenband, indem sie es bis zu den Grenzen ausdehnte, den Grenzen der Maße, des Geschmacks, des Denkbaren, des Glaubbaren. Das Urteil Egon Friedells, zum Grundcharakter jener Zeit gehöre die Sucht, alles zu verzerren und aufzublasen, ins Abstruse und Monströse zu steigern, bezieht auch Gustav Adolf ein. Das mag einen komplizierten Zusammenhang allzu drastisch vereinfachen. Aus dem Auge verlieren darf man diesen Zusammenhang jedoch nicht, wenn nun Gustav Adolfs Leben zu erzählen ist; daher – auch daher – zu Anfang der Blick auf die Pracht der *Wasa* im Hafen der Hauptstadt eines armen Landes.

Das Leben, das wir begleiten, beginnt einfach: an einem trüben Dezembermorgen in einem Schloß, das die Eltern des Kindes nur gastweise bewohnen; und es endet kläglich: im Nebel eines Novembertages ein ausgeplünderter Leichnam auf der Erde liegend. Trotzdem sagte sein Kanzler Axel Oxenstierna dem König nach: »Er war reich an Glück in allen seinen Tagen.«

DAS HAUS WASA

Stammtafel der Wasa

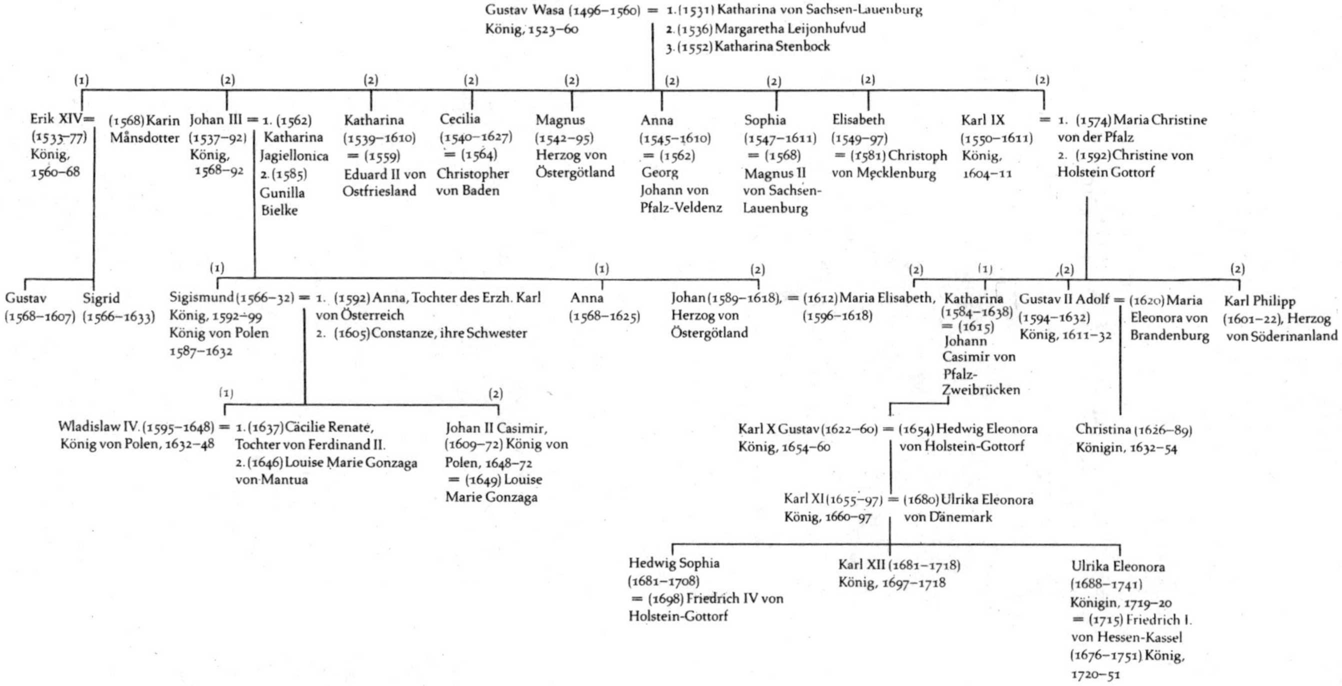

Der Patriarch

... wie Wir in unserer Regierungszeit an euch und diesem unserem Vaterland nicht anders wie der Heilige Moses an den Kindern Israel christlich und wohlwollend gehandelt haben.

Gustav Wasa an die Uppländer, 1539

»IM JAHR 1594, AM 9. DEZEMBER wurde im Stockholmer Schlosse mein Sohn Gustavus Adolphus geboren. Gott der Allmächtige gebe, daß ihm dies zu Lob, Ehre und Preis und seiner unsterblichen Seele Seligkeit geschehen sei und uns als Eltern zur Genugtuung und Freude. Er wurde zwischen sieben und acht Uhr des Morgens geboren.« Dies trug Herzog Karl von Södermanland auf dem Dezemberblatt seines deutschen Kalenders ein.

Karl, sonst in Nyköping residierend, weilte an diesem finsteren Dezembermorgen nicht zufällig in dem weitläufigen, verschachtelten, vieltürmigen Schloß *Tre Kronor*, so genannt nach den drei Kronen des Reichswappens, die den mächtigen runden Turm, den *Kärnan*, im Zentrum der alten Königsburg zierten. Und sicher war es ihm nicht unlieb, daß der lang erhoffte Sohn dort geboren wurde, wo seit 350 Jahren die schwedischen Herrscher saßen. Karl fühlte sich als der wahre Herr des Landes, obwohl sein Neffe Sigismund, im Februar des Jahres zum schwedischen König gekrönt, ihm nur einen vagen Vorrang eingeräumt hatte, ehe er im August auf seinen anderen Thron, den polnischen in Warschau, zurückgekehrt war.

Karl war 44 Jahre alt, als Gustav Adolf geboren wurde. Sechs Jahre später hatte er sich in Schweden endgültig durchgesetzt. Bei seinem Tod Ende Oktober 1611 hinterließ er seinem noch nicht 17jährigen Sohn ein Reich, das von einer harten Hand geeinigt, aber von innen und außen bedroht war. Daß das verarmte Land am Rande Europas zwei Jahrzehnte später als Großmacht die Geschicke des Kontinents bestimmen würde, war nicht vorauszusehen.

Dennoch war dies keine zufällige Entwicklung. Sie ist in dem Erbe begründet, das Gustav Adolf übernahm. Man kann das Leben Gustav Adolfs nur verstehen, wenn man mit dem Leben seines Großvaters Gustav Wasa beginnt, dem »Wundermanne«, wie dieser sich selbst bezeichnete, als er wenige Monate vor seinem Tode dem Reichstag sein Testament vorlegte. Den Aufstieg aus dem Zustand der Verfolgung, »da ich in Wäldern und Gebirgen vor dem blutdürstigen Schwerte der Feinde fliehen mußte«, hat

er bis zu seinem Tod als Zeichen der göttlichen Berufung zum König verkündigt.
Das »blutdürstige Schwert der Feinde« war vor allem am 8. November 1520 am Werk. Um ein Uhr, gleich nach dem Mittagessen, holte der Scharfrichter auf dem *Stortorget*, dem Großen Markt Stockholms, zum ersten Streich aus; um vier Uhr, als es schon dunkelte, hatte er seinen Auftrag vollendet: 82 Männer waren enthauptet, in den Rillen der Pflastersteine stand ihr Blut.
Der Scharfrichter Jörgen Homuth hat die Zahl der abgeschlagenen Köpfe der Nachwelt überliefert; er hat auch berichtet, wie er zu seinem Auftrag kam: »Meister Diedrich [Diedrich Slagheck, einer der Vertrauten des Königs] kam mit dem Benehmen eines Trunkenen zu mir, schwor seinen höchsten Eid und befahl mir im Namen des Königs, sie alle hinzurichten, ohne Beichte abzuwarten.«
Den am 8. November Hingerichteten war am Vormittag von einem geistlichen Gericht der Prozeß gemacht worden. Die Ketzerei, der die Angeklagten überführt wurden, bestand darin, daß sie Gegner des Erzbischofs waren. In der Klageschrift, die am 7. November vom König Rechtshilfe gegen »den toten Ketzer Herrn Sten« und seine Parteigänger forderte, war nicht die Rede davon, daß diese seit Jahren mit dem Dänenkönig Christian Krieg geführt hatten, der jetzt auch zum schwedischen König gekrönt worden war. Erst recht war nicht die Rede davon, daß Christian zweimal eine allgemeine Amnestie gelobt hatte. Nein, nicht den amnestierten Gegnern des Königs wurde am 8. November 1520 der Prozeß gemacht; aber da sie auch Gegner des mit Christian verbündeten Erzbischofs waren, ergab es sich, daß sie alle dem Spruch des geistlichen Gerichts verfielen. Eine Strafe setzte das Gericht nicht fest; das war Sache des weltlichen Arms. Christian II. zögerte nicht: Er bediente sich des Arms des Scharfrichters. Und um das ketzerische Übel vollends auszurotten, wurden die Hingerichteten am folgenden Samstag, zu drei Haufen geschichtet, auf dem Galgenberg von Södermalm, dem damals noch wenig besiedelten Festlandvorsprung südlich der Stadt, verbrannt, und mit ihnen brannten auch die ausgegrabenen Leichen des vor einem halben Jahr im Kampf gegen die Dänen gefallenen Herrn Sten, des letzten Reichsverwesers aus dem Geschlecht der Sture, und seines im Kindesalter verstorbenen Sohnes.

Unter den Hingerichteten befanden sich auch der Vater, der Schwager und zwei Onkel eines jungen Mannes, der sich seit einigen Monaten, nach der Flucht aus dänischer Gefangenschaft und dem Exil in Lübeck, wieder auf schwedischem Boden befand: Gustav Eriksson Wasa. Er war Ende Mai in der Nähe von Kalmar in Schweden an Land gegangen und hatte unweit Stockholm die weitere Entwicklung abgewartet. Die Nachricht von dem blutigen Novembernachmittag erreichte ihn auf Schloß Gripsholm. Nun war es Zeit, sich den Häschern des Königs zu entziehen. Er suchte Zuflucht in einem Gebiet, das sich als Hort der Freiheit verstand: in Dalarna, der nördlichsten Landschaft Svealands. Die »Dalekarler«, durchweg freie Bauern oder in den südlichen Teilen Bergleute, selbstbewußt und auf ihre Unabhängigkeit stolz, haben mehrfach in den Lauf der schwedischen Geschichte eingegriffen. Aus diesem Land, in dem es keinen Adel gab, stammte der Wilhelm Tell Schwedens: Engelbrekt Engelbrektsson, ein deutschstämmiger *bergsman* (ein den Hüttenbau betreibender Gutsbesitzer), der im 15. Jahrhundert die dänischen Vögte aus dem Lande gejagt hatte.

Gustav Wasas Flucht nach Dalarna, seine Abenteuer dort und endlich die Volkserhebung unter seiner Führung sind legendär ausgeschmückt worden; die Sage hat sich seiner Gestalt bemächtigt. Der als Bauer mit rundem Hut verkleidete junge Volksheld, bald im Wald unter einer Tanne, bald in einem Strohwagen versteckt, sich immer wieder dem Zugriff seiner Verfolger entziehend, regte Phantasie und Zuneigung des Volkes ähnlich an wie der württembergische Herzog Ulrich, den wir als Flüchtling aus Hauffs »Lichtenstein« kennen, oder wie in England »Bonny Prince Charlie«, der spätere Karl II., bei seiner sechswöchigen Flucht durch das Land in immer neuen Masken.

Tatsächlich hat man sich in Dalarna zunächst wohl nicht sonderlich um den Flüchtling gekümmert, der bei seinem alten Schulfreund Anders Persson auf Rankhyttan, südlich des Runn-Sees, unterschlüpfte und dann, gewarnt, zum Silja-See weiterzog. Leute seines Schlags, seiner Herkunft aus der oberen Schicht des Adels gab es noch mehr. Wenn seine Familie mit den Stures verschwägert war – das waren andere auch. Sein Vater war nie besonders hervorgetreten, er selbst einer der jungen Adligen aus der Umgebung des Reichsverwesers, ohne sich von ihnen abzuheben. Schließlich war er auch erst 21 Jahre alt gewesen, als er als Geisel in die Gewalt König Christians geraten war. Gustav gelang es, als Ochsentreiber verkleidet aus dem dänischen Gewahrsam zu entfliehen. Im September 1519 finden wir ihn in Lübeck; einige Bürger der Hansestadt, deren wirtschaftliche Interessen sich mit der Unabhängigkeit Schwedens deckten, hielten die Hand über ihn.

Die Verkleidung als Ochsentreiber, in Dalarna als Bauer, die Flucht nach Lübeck, die Rückkehr nach Schweden während des Kampfes um Stockholm weisen darauf hin, daß der junge Mann Eigenschaften besaß, die einer Karriere förderlich sind: Einfallsreichtum, Wagemut, Schlauheit, Tatendrang. In Dalarna offenbarte sich eine weitere Eigenschaft: Er war ein hinreißender Redner, ein Meister des Worts. In Rättvik am Silja-See steht nahe der Kirche ein Denkmal: Dort rief Gustav Wasa zu Weihnachten 1520 mit einer zündenden Ansprache die Leute des Tals zum Aufruhr; ohne unmittelbare Wirkung – diese stellte sich erst ein, als er, von Spähern aufgeschreckt, in das Gebirge nahe der norwegischen Grenze entwichen war. Die Nachricht von neuen Bluttaten des Königs bestimmte die Silja-Anwohner dem Rebellen Boten nachzusenden, worauf Gustav Wasa – so wird berichtet – auf Skiern in Rekordzeit zurücklief und sich an die Spitze des beginnenden Volksaufstandes stellte. (Der Skilanglauf Vasaloppet erinnert daran.)

Gustav Wasa erwies sich als fähiger Führer. Die Regierung, die der König – bevor er nach Dänemark zurückgekehrt war – in Stockholm eingesetzt hatte, war zerstritten. Das Volk, aufgestachelt durch obrigkeitliche Übergriffe auf Bauern und Priester, lief dem beredten Aufwiegler gegen »den schrecklichen Bluthund und Tyrannen« Christian in Scharen zu. Die Bergleute vom Großen Kupferberg störte die Nachricht auf, Christian wolle sich der schwedischen Gruben bemächtigen. Obwohl die Aufständischen im Vergleich zu den königlichen Truppen schlecht bewaffnet waren, siegten sie mit ihren Hellebarden, Spießen und Morgensternen schon im ersten Treffen. An der Spitze von 15000 Mann stieß Gustav Wasa nach Västmanland und Uppland vor, schlug im April die Söldner bei Västerås, nahm im Mai Uppsala und rückte an Rydboholm – dem Gut seiner Familie an der Vaxholmstraße – vorbei auf die Hauptstadt zu. Bei Sommerbeginn standen die Rebellen vor Stockholm. Aber noch beherrschte die dänische Flotte die See und die wichtigsten Küstenbefestigungen waren in dänischer Hand.

Die Anfangserfolge Gustav Wasas brachten den Adel und die Geistlichkeit auf seine Seite. Sie hofften wohl mit dem Neuling *ihre* Politik machen zu können und trauten sich zu, ihn unter Kontrolle zu halten. Auf jeden Fall gelang es dem jungen Mann, im August 1521 zum Reichsverweser gewählt zu werden. Ort der Wahl war Vadstena, wo vor 150 Jahren die Nationalheilige Schwedens, Birgitta, in dem von ihr gegründeten Kloster bestattet worden war.

Noch hielten die Kämpfe an. Ende 1521 war ganz Schweden in der Hand Gustav Wasas, aber einige feste Plätze wurden weiterhin von den Soldaten des Königs behauptet. Doch Anfang des folgenden Jahres gewann der Reichsverweser einen neuen, gewichtigen Bundesgenossen: Der deutsche Söldnerführer Berend von Melen trat auf seine Seite.

Vielleicht hatte schon bei diesem Wechsel Lübeck seine Hand im Spiel. Auf jeden Fall aktivierte um diese Zeit Gustav seine Beziehungen zu der Hansestadt. Ohne Hilfe zur See konnte er die Festungen Kalmar, Stockholm und Älvsborg – dies der einzige Zugang Schwedens zum Atlantischen Ozean – nicht bezwingen; auch fiel es ihm schwer, seine Freiwilligenarmee noch länger zusammenzuhalten: Die Bauern wollten heim auf ihre Höfe.

Gustav scheint ab Sommer 1521 mit den ihm bekannten lübischen Ratsherren verhandelt zu haben. Er fand günstige Umstände vor: Christian II. hatte ein mit Lübeck getroffenes Abkommen verletzt; er hatte versucht, die Fugger in den Nordhandel einzuschleusen; und offenbar strebte er an, die Hanse durch eine dänisch dominierte nordische Handelskompanie zu verdrängen.

Gustav Wasa war sich bewußt, daß die hanseatische Hilfe ihren Preis kostete; er scheute sich nicht, umfassende Handelsprivilegien in Aussicht zu stellen. Im Juni erfolgte die erste Hilfsaktion der »Väter, Brüder, Freunde und lieben Nachbarn zu Lübeck«, organisiert von einem privat auftretenden Konsortium: Eine Flotte von zehn Kriegsschiffen, 750 ausgebildete Soldaten, Waffen, Munition und dringend benötigte Güter trafen in Schweden ein – alles auf Kredit beschafft. Der zweiten Hilfsflotte, im Oktober entsandt, gelang es, einen Konvoi aufzubringen, der zur Unterstützung der dänischen Garnison in Stockholm unterwegs war. Nun waren die Aufrührer auch zur See Herr der Lage, und zu Land fielen sie sogar in die damals dänischen Besitzungen Schonen und Blekinge ein.

Die Entwicklung in Dänemark selbst beschleunigte ihre Erfolge. Der dänische Hochadel verschwor sich gegen den König und wählte im März 1523 Friedrich von Holstein zum dänischen König. Christian floh mit seiner Familie in die Niederlande. Auch der neue dänische König verdankte seinen Thron zu einem guten Teil den Lübeckern; sie hatten mit ihm ein »dauerndes Bündnis« geschlossen, Christian dagegen offen bekriegt.

Nun waren die Hanseaten auch in Schweden für geordnete Verhältnisse. Es war gewiß kein Zufall, daß zwei lübische Ratsherren als bevorzugte Gäste zugegen waren, als die Schweden einen eigenen König wählten. Zu Pfingsten 1523 trat in der alten Bischofsstadt Strängnäs am Südgestade des Mälar-Sees ein schwedischer Reichstag zusammen: einige Mitglieder des alten Reichsrates, viele Adelsherren, Vertreter der städtischen Bürger, der Bergleute, der Bauern – fast zu viele Gäste für die kleine Stadt. Gustav Wasa wurde einmütig zum König gewählt. Letzte Hemmungen, die der hohe Adel gehabt haben mag, zum ersten Mal seit dem Beginn der Kalmarer Union einen eigenen König für Schweden zu wählen – die Stures hatten als Reichsverweser um Autonomierechte Schwedens, nicht aber um Auflösung der Union der drei nordischen Reiche gekämpft – mochten durch die Entwicklung in Dänemark und die lübische Einflußnahme hier wie dort beseitigt worden sein.

Gustav Wasa selbst mag eher gezögert haben; er wußte als Realpolitiker, was er sich an Bündnislasten aufgeladen hatte: das Bündnis mit den Bauern und Bergleuten, mit dem Adel, mit Lübeck. Jedes dieser Bündnisse würde seinen Tribut kosten. Aber der jetzt 26jährige hatte auch seine eigenen Kräfte erprobt, und er traute sich – wie sich erweisen sollte zu Recht – zu, mit Ausdauer und Zähigkeit diese Lasten zu tragen und sich ihrer zur gegebenen Zeit, wenn es sein mußte auch mit List und Gewalt, zu entledigen. Er war gewillt, König zu sein, nicht nur dem Namen nach.

Nach der Wahl fielen die letzten Festungen in die Hand des Königs. Schon vorher hatten die Dänen Älvsborg geräumt. Am Mittsommerabend 1523 ritt Gustav Wasa in das vom Krieg gezeichnete Stockholm ein »mit großem Prozeß, Prunk und *Solennität*«. Berend von Melen eroberte Anfang Juli den letzten Hort des Widerstands, Schloß Kalmar.

Es mutet wie ein Symbol an, daß diese Festung bis zuletzt standhielt, denn mit dem Sieg Gustav Wasas zerbrach die zu Kalmar geschlossene Union endgültig. Die Vereinigung der drei nordischen Königreiche, vollzogen 1389 durch die Krönung Margaretas von Dänemark und Norwegen zur Königin Schwedens, 1397 zu Kalmar feierlich bekräftigt, war ein großer Gedanke. Die sprachliche, kulturelle und gesellschaftliche Verwandtschaft der skandinavischen Völker legte auch die politische Union nahe – die Skandinavier fühlten sich im Vergleich zum übrigen Europa als eine Welt für sich. Der Zusammengehörigkeit standen jedoch starke zentrifugale Kräfte entgegen: die Unterschiede der wirtschaftlichen Interessen infolge andersartiger ökonomischer Grundlagen und Entwicklungen (nicht von ungefähr waren die Bergwerksdistrikte der Nährboden schwedischer Unabhängigkeitsbestrebungen); die Ostorientierung der schwedischen Politik: Finnland, seit Mitte des 12. Jahrhunderts Ziel schwedischer »Kreuzzüge«, war unbestrittener Teil des schwedischen Reiches und verlockte zu weiteren Ausgriffen nach Osten, während der Westen durch den dänischen Besitz der Kattegat-Küste (mit Ausnahme von Älvsborg) abgeriegelt war.

Der Unionsgedanke, selten voll praktiziert, war in allen Kämpfen als Ideal lebendig geblieben, auch unter dem Reichsverweser Karl Knutsson aus dem Haus Bonde, obwohl er in der schwedischen Königsliste als König Karl VIII. figuriert, auch unter den drei *riksföreståndare* aus dem Haus Sture, trotz ihrer Kämpfe mit den Dänen. Als Christian II. die Sture besiegt zu haben glaubte, meinte er wohl, die Kalmarer Union endgültig verwirklicht zu haben – unter dänischer Vorherrschaft. Sein Versuch, die Union auch noch mit dem Blut des schwedischen Adels und der Stockholmer Bürger zu besiegeln, zerstörte sie jedoch für immer.

Schweden im Jahr 1523, beim Regierungsantritt Gustav Wasas, war ein großes, dünn besiedeltes Land mit nach Norden verschwimmenden Grenzen; im Süden und Westen schnitten die Dänen es von der See ab; im Osten gehörte Finnland ungefähr bis zu seiner heutigen Grenze mit Rußland zum Reichsverband. Von den rund 500 000 Einwohnern Schwedens ohne Finnland lebte ungefähr jeder 20. in Städten, die sich jedoch nicht sonderlich von den größeren Dörfern unterschieden; sogar in Stockholm, das sich am ehesten mit anderen europäischen Städten vergleichen ließ, weideten noch Ziegen auf den mit Gras bewachsenen Torfdächern der Häuser. Die Landstraßen waren schlecht, einen Ausgleich boten die vielen Wasserwege, und in den langen Wintern erleichterte der Schnee den Verkehr mit Schlitten und Pferden. Das Land konnte sich im wesentlichen selbst ernähren; die Weidegebiete Västergötlands und Smålands lieferten sogar Überschüsse für den Export: Butter und Tierhäute. Eingeführt wurden hauptsächlich Stoffe – aus England und den Niederlanden, Salz – aus Lüneburg und von der Biskaya, und Bier – aus Rostock und Danzig. Die wichtigsten Ausfuhrgüter waren Silber, Kupfer und Eisen. Die Silbergrube von Sala, seit 1510 erschlossen, lieferte bis Mitte des 16. Jahrhunderts ausreichende Mengen; für Gustav Wasa war dieses Silber von einiger Bedeutung. Wichtiger – auf die Dauer – waren das Kupfer des Stora Kopparberg und das Eisen in Närke, Västmanland und dem südlichen Dalarna. Die Metalle wurden noch kaum im Lande verarbeitet – Waffen und Rüstungen wurden meist importiert –, sondern an Deutsche verkauft, die am Bergbau finanziell beteiligt waren, meist nach Lübeck.

Das Interesse Lübecks an der Entwicklung Schwedens lag auf der Hand. Der Kredit, den die Stadt Gustav Wasa eingeräumt hatte, war durch ein Monopol belohnt worden: Andere Kaufleute waren vom Handel und vom Erwerb des schwedischen Bürgerrechts ausgeschlossen; die schwedische Handelsschiffahrt endete am Öresund. Das war eine Last, die dem König schwer auf dem Hals lag. Noch aber konnte er nicht daran denken, diese Last zu verringern oder sie gar abzuwerfen. Gleich die erste Krise seiner jungen Herrschaft ließ sich nur mit Hilfe Lübecks meistern.

Gustav sollte bald spüren, daß er noch nicht fest auf seinem Throne saß. Alte Anhänger der Sture sahen in ihm einen Renegaten, der die Sture-Erben verraten hatte, statt sie wieder in ihre Rechte einzusetzen. Der ehemalige Kanzler des Reichsverwesers suchte in Dalarna Unruhen anzuzetteln. Unter dem Zeichen der Verschwörung gegen Gustav Wasa sammelten sich die unterschiedlichsten Bundesgenossen: der Admiral des abgesetzten Dänenkönigs, Sören Norby, der von Gotland aus auf eigene Faust Kaperkrieg führte; Berend von Melen, den der Aufstieg in den schwedischen Reichsrat und die Einheirat in die Familie des Königs nicht abhielten, auf einen Umsturz zu setzen; und als Galionsfigur Kristina Gyllenstierna, die Witwe Sten Stures.

Gustav Wasa schaltete diese Gegner nacheinander aus, vertrieb sie ins Ausland oder brachte sie auf den Richtblock. Kristina Gyllenstierna zog vor, sich mit dem König zu vergleichen. In Dalarna brodelte es trotzdem weiter. Ein redegewaltiger junger Mann, der sich als Sohn von Sten Sture ausgab und der Daljunker genannt wurde, fügte den alten Klagen über die teuren Zeiten, das schlechte Geld, den Mangel an Salz einen neuen Vorwurf gegen den König hinzu: die »Lutherei«. Die Leute von Dalarna, fest an den alten Bräuchen hängend, schmähten Gustav Wasa als Kirchenschänder, als Beschützer von Frevlern, die freitags Fleisch aßen.

In der Tat fielen die Umtriebe des Daljunkers mit einer Krise des Verhältnisses zwischen Staat und Kirche zusammen. Gustav Wasa war entschlossen, den ganzen Komplex mit einem Schlag zu bereinigen. Zu diesem Zweck berief er die Stände auf Trinitatis 1527 zu einer Reichsversammlung nach Västerås ein.

Die Kirche besaß in Schweden ein gutes Fünftel der landwirtschaftlichen Anwesen, etwas mehr als der gesamte Adel. Die steuerpflichtigen Bauern verfügten über etwas mehr als die Hälfte. Für die Krone verblieben nicht ganz sechs Prozent. Die Geldnot Gustav Wasas, der dem durch die Kriege erschöpften Land nicht zuviel Steuern aufbürden konnte, schärfte seinen Blick für den Reichtum der Kirche, der ja nicht nur aus Ländereien bestand.

Gustav war gleich, nachdem er die Macht errungen hatte, mit Rom zusammengestoßen. Er hatte den für das Stockholmer Blutbad mitverantwortlichen Erzbischof Gustav Trolle des Landes verwiesen, jedoch verweigerte der Papst dem vom Domkapitel gewählten Nachfolger ebenso die Anerkennung wie den Anwärtern auf die freigewordenen Bischofssitze von Strängnäs, Skara und Åbo. Gustav Wasa drohte, das Kirchenregiment selbst zu übernehmen, »wie es nach seinem Urteil Gott und der Christenheit dienlich wäre«. Aber er geriet nicht nur mit dem Heiligen Stuhl, er geriet auch mit den Bischöfen im Land in Streit. Um der Leere seiner Kassen abzuhelfen, griff er ohne lange zu fragen dort zu, wo noch etwas zu holen war. Gegen das Votum des Reichsrates quartierte er seine Truppen in wohlhabenden Abteien ein; Teile des Kirchenzehnten wurden für den Sold der Landsknechte abgezweigt. Im August 1526 verlangte Gustav zwei Drittel des gesamten Einkommens der Geistlichkeit.

Der König machte sich zunutze, daß die Botschaft der Reformation auch nach Schweden vorgedrungen war, zuerst von hanseatischen Kaufherren ins Land gebracht, die schon 1521, also zur Zeit des Wormser Reichstages, in Stockholm Gesinnungsfreunde fanden. Einer der einflußreichsten war der Kanzler des Königs, Lars Andreae. Aller Wahrscheinlichkeit nach ist Andreae durch Olaus Petri von der neuen Lehre überzeugt worden. Petri, Sohn eines Schmiedes in Örebro, hatte zuerst in Uppsala, dann während der für die Reformation entscheidenden Jahre von 1516 bis 1518 in Wittenberg studiert. Von beweglichem Temperament und hochbegabt, war er ein glühender Verfechter des wiederentdeckten Evangeliums; als der

König ihm die Stadtpfarre von Stockholm übertrug, stand ihm die einflußreichste Kanzel Schwedens zur Verfügung.
Gustav Wasa machte von der neuen Lehre Gebrauch, ohne sich zu ihr zu bekennen. Der Lehrstreit war für ihn von geringer Bedeutung, theologische Feinheiten waren nicht seine Sache, seine Frömmigkeit bestand in der Erfüllung religiöser Pflichten. Aber da ihm die Reformer dienlich waren, hielt er seine Hand über sie. Als der Bischof von Linköping ihn aufforderte, die lutherischen Schriften zu verurteilen, lehnte er ab: Sie müßten erst von unparteiischen Fachleuten geprüft werden. Kurz vor dem Reichstag zu Västerås wurde gedruckt, was Olaus Petri zu strittigen, vom König zur Diskussion gestellten Fragen zu sagen hatte. Die Schrift weist ihn ebenso wie seine Übersetzung des Neuen Testaments als einen Meister der Sprache aus. Seine volkstümliche Klärung theologischer Probleme hat sicherlich auf die Entscheidung in Västerås eingewirkt.
Als sich der Reichstag in Västerås versammelt hatte, legte ihm der König seine *Proposition* vor, sozusagen einen Bericht zur Lage der Nation, wie ihn noch nie ein schwedischer Herrscher erstattet hatte, eine genaue Darstellung der Probleme, die den König bedrängten, klar und einleuchtend vorgetragen, mit Ironie gewürzt und für jeden verständlich. Der König behauptete nicht weniger, als daß *er* seine Pflichten erfüllt habe, das Volk jedoch die Erfüllung *seiner* Pflichten noch schuldig sei. Die Einkünfte des Reiches reichten nicht entfernt, um die dringlichsten Ausgaben zu dekken. Der Adel sei verarmt. Nur den Prälaten gehe es offensichtlich gut; der König und der Adel verfügten, nach seiner Rechnung, kaum über ein Drittel dessen, was die Kirche einnehme. Und wenn man ihn der Ketzerei bezichtige: Er habe nur die Verbreitung des Evangeliums gefördert. Um aber den Ständen selbst ein Urteil zu erlauben, sei eine öffentliche Disputation zwischen den Vertretern der Glaubensrichtungen vorgesehen. Im übrigen jedoch wolle er die Last der Herrschaft nicht länger tragen; er eigne sich nicht als Narr und Hampelmann, und wenn man ihn mit einem Stück Land versehe, kehre er in das private Leben zurück.
Die Drohung mit der Abdankung – im Lauf der mehrtägigen Debatte nachdrücklich wiederholt, von einem Zornesausbruch und auch von Tränen des Königs unterstrichen – verfehlte ihre Wirkung nicht. Der Reichstag beschloß genau das, was der König vorgezeichnet hatte. In dem *Rezess von Västerås*, der die einzelnen Beschlüsse zusammenfaßte, wurde bestimmt: ein gemeinsames Vorgehen gegen die Aufständischen und drastische Beschränkung der Macht, des Vermögens und der Einkünfte der Kirche. Die bischöflichen Schlösser fielen an den König, überschüssige Einnahmen flossen als dauernde Steuer in die königliche Kasse, die Klöster wurden gegen entsprechende Abgaben adeligen Lehnsherren unterstellt. Die Bedürfnisse des Adels wurden ebenfalls aus dem Schatz der Kir-

che befriedigt: Er konnte zurückfordern, was seit Mitte des 15. Jahrhunderts als fromme Stiftung verschenkt worden war. Schließlich stellte der *Rezess* noch fest, die Disputation habe erwiesen, daß die Reformer nur das Wort Gottes predigten: Es sei Sorge zu tragen, daß auch künftig das Wort Gottes rein und lauter im Reiche gepredigt werde.

Eine Ausführungsbestimmung zu dem *Rezess*, die *Ordinantie*, folgt wenige Tage später; sie verschärfte die Beschlüsse und ging, nach Buchstaben und Geist, ein gutes Stück darüber hinaus. Tatsächlich wurde auf dieser Grundlage in den nächsten Jahrzehnten das Kirchengut sozusagen Stück für Stück eingezogen, zuerst nur das Eigentum der Prälaten und Stifte, später auch das der Pfarrer und Kirchsprengel, wobei Druck, List und Gewalt nicht gescheut wurden. Am Ende dieses Prozesses war Gustav Wasa der reichste König, der je über Schweden geherrscht hatte; bei seinem Tod waren fast drei Zehntel des schwedischen Bodens im Besitz seines Hauses. Der Verlust der Kirche war der Gewinn der Krone.

Gustav Wasa, dem die Schwächung des Adels durch das Stockholmer Blutbad zustatten kam, hatte sich auf dem Reichstag von Västerås Spielraum gegenüber allen Ständen verschafft. Die Geistlichkeit war in seiner Hand; nicht lange, und er würde Bischöfe ein- und absetzen wie seine Vögte. Der gesättigte Adel konnte durch die Bauern und Bürger – die in Västerås ihre Rolle gespielt hatten – in Balance gehalten werden; umgekehrt war der Adel für den König ein Schutzschild gegen *Herrn Omnes*, den Jedermann, dessen Unzufriedenheit wiederkehren konnte.

Sie kehrte zurück, obwohl jetzt zunächst einmal dem Daljunker der Garaus gemacht wurde. Der angebliche Sture-Erbe floh nach Norwegen, von dort über Kopenhagen nach Rostock, wo ihn jedoch die Rachsucht des Königs einholte. Im Sommer 1528 wurde er hingerichtet.

Schon vorher war der König mit einem Adelsheer in Dalarna eingerückt. Die zur Rechenschaft bestellten Untertanen wurden auf der alten Gerichtsstätte von Tuna zusammengetrieben; und nachdem ihnen Gustav vor dem Hintergrund von Spießen und Kanonen die Leviten gelesen hatte, ließ er auf der Stelle einige der Rädelsführer hinrichten. Bei der Masse ließ er auf ihr Betteln die Gnade walten, die einem gekrönten Haupt gut ansteht – zwei Monate früher, im Januar 1528 hatte er endlich auch die Krönungsfeierlichkeiten absolviert.

Trotz des statuierten Exempels hörten die Unruhen nicht auf – zuviel Zündstoff wurde in dieser Zeit des Umbruchs angehäuft. Das konservative Landvolk – aufgestachelt von Gegnern des Königs aus der Oberschicht (ehemaligen Verbündeten, die sich von ihm hintergangen fühlten) – rebellierte in mehreren Gebieten, vor allem in Småland, gegen die kirchlichen Neuerungen. Und als auch noch die Ablieferung von Kirchenglokken verlangt wurde, geriet Dalarna erneut in Aufruhr, auch in den Bergwerksbezirken, die dem König bisher treu ergeben gewesen waren. Gustav Wasa sah sich zunächst gezwungen, seine alten Freunde zu beschwichtigen, denn von Norwegen her drohte eine neue Gefahr: Christian II. versuchte in diesem Teil des dänischen Königreiches Fuß zu fassen und von dort aus den Thron in Kopenhagen zurückzuerobern. Sein Einfall nach Bohuslän mißlang jedoch, und schließlich ließ er sich von Friedrich I., den er hatte vertreiben wollen, übertölpeln und für den Rest seines Lebens, 27 Jahre lang, auf Schloß Sønderborg gefangensetzen.

Nachdem die aus Westen drohende Gefahr abgewendet war, zeigte es sich, daß Gustav Wasa den Glocken-Aufruhr in Dalarna nicht vergessen hatte. Im Februar 1533 marschierte er mit seinen Truppen in den Bergwerksdistrikt ein, hielt am Kopparberg einen Landsting und setzte dort den Unruhen in Dalarna ein Ende. Die Rebellenführer wurden in Stockholm vor Gericht gestellt und zum Tode verurteilt. Es waren die ältesten Anhänger des Königs, Kameraden, Freunde, unter ihnen Anders Persson auf Rankhyttan, der ihn 1520 vor den Häschern des »Bluthunds« Christian II. verborgen hatte. Die Vollstreckung des Urteils ließ auf sich warten. Was der König empfunden hat, als er es dann doch vollstrecken ließ, ist nicht überliefert. Sein Hofchronist hat, sicher in königlichem Auftrag, die Rebellen möglichst schwarz gemalt. Für den König genügte es wohl, daß sie Rebellen waren. Er brauchte eine starke Zentralgewalt; die Zeit mehr oder weniger unabhängiger Provinzen war vorbei.

Auch mit der Selbstherrlichkeit der Bischöfe machte Gustav Wasa jetzt ein Ende: Als die päpstliche Bestätigung ausblieb und der 1523 zum Erzbischof gewählte Johannes Magnus von einer Mission in Polen – er hatte sich dort nach einer Braut für den König umzusehen – nicht mehr zurückkehrte und die übrigen Bischöfe fast alle steif auf ihren Rechten beharrten, berief er eine Versammlung der Geistlichkeit ein. Gustav Wasa vertraute auf seine oft erprobte Fähigkeit, seinen Willen zum Willen eines von ihm bestellten Parlaments zu machen – wie sich erwies zu Recht: Die mehr als 100 Erschienenen wählten den vom König Designierten zum Erzbischof: Laurentius Petri, Bruder des Reformators Olaus, der – natürlich als überzeugter Lutheraner – eben aus Wittenberg zurückgekehrt war. Er wurde jedoch alles andere als ein Werkzeug des Königs. Mit Eifer und Ausdauer schuf er eine Kirche, die den Launen des Königs standhielt und allmählich im schwedischen Volk tiefe Wurzeln faßte.

Am 22. September 1531 wurde Laurentius Petri ohne päpstliche Zustimmung geweiht, am 24. September traute er den König mit Katharina von Sachsen-Lauenburg und vollzog die Krönung der Königin. Die Heirat verschwägerte Gustav mit dem dänischen Thronfolger, dem späteren Christian III. Die Ehe soll nicht sonderlich glücklich gewesen sein und dauerte nur ein paar Jahre: Katharina starb 1535, zwei Jahre, nachdem sie

Gustav Wasa.
Gemälde von Cornelius Arendtz

dem König einen Erben geboren hatte, Erik getauft, auf den Namen des Großvaters also, der in Stockholm enthauptet worden war.

Schon ein Jahr nach dem Tod Katharinas heiratete Gustav in eines der großen schwedischen Adelshäuser ein, sicherlich nicht ohne Berechnung, denn die Zahl der mit der Königsfamilie Verwandten innerhalb des hohen Adels wuchs dadurch beträchtlich. Margareta Leijonhufvud gebar dem König drei Söhne und fünf Töchter; sie blieb bis zu ihrem Ende anno 1551 eine gläubige Katholikin, Beschützerin des Klosters zu Vadstena.

Für die Heirat mit Katharina von Sachsen-Lauenburg hatte Lübeck gute Dienste geleistet. Der König war jedoch nicht der Mann, der die Bindung an die Hansestadt auf die Dauer ertragen konnte, er mußte sie mehr und mehr als Fessel empfinden. Gustav zögerte die Zahlung seiner Schulden hinaus und verbrauchte das Geld für andere Zwecke. Als in Lübeck die patrizische Regierung durch eine von Jürgen Wullenweber geführte lutherisch-demokratische Opposition bedrängt wurde, suchte Gustav den sich abzeichnenden schärferen Forderungen der Hanseaten durch Verhandlungen zuvorzukommen. Sie führten zu einer vorübergehenden Besserung des Verhältnisses. Doch die Umwälzung in Lübeck im Frühjahr 1533, besiegelt durch die Wahl Wullenwebers zum Bürgermeister, hatte auch außenpolitische Wirkungen. Die neue Führung brauchte Erfolge. Sie wollte Lübecks Vorherrschaft in der Ostsee uneingeschränkt wiederherstellen und die konkurrierenden Niederlande verdrängen. Der Tod Friedrichs I. von Dänemark, die Verzögerung der Wahl seines Sohnes Christian zum Nachfolger, begleitet von anarchischen Zuständen im dänischen Reich, weitete den Konflikt aus, in den auch Schweden hineingezogen wurde.

Die hitzigen Anstrengungen Lübecks überschlugen sich, eine wilde Agitation wurde entfacht. Dem von Wullenweber zum Kommandeur der lübischen Landstreitkräfte bestellten Grafen Christoph von Oldenburg schlossen sich in dieser »Grafenfehde« die alten Feinde Gustav Wasas an, von Gustav Trolle bis Berend von Melen. Lübeck forderte ein schwedisch-dänisches Bündnis geradezu heraus; es wurde im Februar 1534 geschlossen. Mehrere schwedische Siege zu Land, eine Niederlage der Armee des Grafen Christoph gegen ein dänisches Adelsheer, vor allem aber der Erfolg einer kleinen schwedischen Flotte bei Bornholm und der Sieg einer vereinigten schwedisch-dänisch-preußischen Flotte (Albrecht von Preußen hatte sich dem Bündnis der skandinavischen Könige angeschlossen) im Kleinen Belt zwangen Lübeck zu desparaten Bemühungen um Hilfe von außen, schließlich nach Wullenwebers Sturz im August 1535, zu Friedensverhandlungen. Sie führten zuerst zu einem Vertrag mit Dänemark, später auch mit Schweden.

Die Friedenskonferenz zu Kopenhagen im Sommer 1537, unter dem Vorsitz des neuen dänischen Königs Christian III., brachte Ergebnisse, mit denen Gustav zufrieden sein konnte: Lübeck hatte sich einst gerühmt, es habe Gustav »mit 100 Mark zum König von Schweden gemacht; mit 500 Mark könnten sie ihn wieder stürzen«. Davon war jetzt keine Rede mehr. Zwar behielt Lübeck weiterhin erhebliche Rechte; sein Anteil am und sein Einfluß auf den Handel mit Schweden war zu groß, um von heute auf morgen zu schwinden. Aber obwohl der König weiter vor Lübeck auf der Hut bleiben mußte, war die Entscheidung gefallen. Die Auflösung der Hanse als politischer Organisation war augenscheinlich; und 1548 konnte Gustav Wasa es sich leisten, einen Versuch Lübecks, sein Monopol wieder in Kraft zu setzen, mit dem Ausschluß der lübischen Kaufleute von den Märkten Schwedens zu beantworten. Die eigentlichen Gewinner bei den langjährigen Querelen waren die Niederlande. Sie hatten, unterstützt vom Kaiser, die freie Fahrt durch den Sund verbrieft bekommen.

Gustavs Verhältnis zu Dänemark und zu seinem Schwager, dem König Christian III. – dessen Kampf um den Thron Gustav ohne Schwierigkeiten finanziert hatte, wobei mehr Geld floß, als die Schulden Schwedens an Lübeck betrugen –, blieb kompliziert. Dänemark hatte augenscheinlich von der Grafenfehde mehr profitiert als Schweden, und Gustav fühlte sich von den Dänen in die Isolation gedrängt. Aber es gab genug gemeinsame Interessen als Grundlage für einen Ausgleich, der bis zum Tod Gustav Wasas den Frieden im Norden sicherte.

In Stockholm hatte die Grafenfehde ein Nachspiel. Sympathien für Lübeck, von Agenten der Hansestadt genutzt, Begeisterung für die von Wullenweber geführte Umwälzung, religiöser Eifer radikaler Protestanten, denen der König zu langsam reformierte, wirtschaftliche Interessen vermengten sich zu einem bis heute nicht ganz durchsichtigen Komplott. Als 1535 Einzelheiten ans Licht kamen, war vermutlich der ganze Plan schon zusammengebrochen, aber die Enthüllungen reichten aus, um acht Männer auf das Schafott zu bringen. Sieben davon waren Deutsche. Gustav zog weitere Konsequenzen. Die Stockholmer Bürger hatten alle Waffen abzuliefern; die Verteidigung von Stadt und Schloß war künftig ausschließlich Sache der königlichen Truppen. Sowenig wie Dalarna konnte Stockholm noch eine selbständige politische Rolle spielen. Stockholm war die Hauptstadt des Königreiches, sonst nichts.

20 Jahre nach seiner Erhebung zum Reichsverweser schien Gustav Wasa sein Reich fest in Händen zu halten. Er hatte nicht nur die Kirche reformiert, sondern auch die Verwaltung Zug um Zug erneuert. Der König war als Sohn eines Gutsbesitzers geboren und für die Verwaltung eines Gutes erzogen worden. Mit zunehmendem Alter traten an ihm die Züge eines auf seinen Vorteil bedachten, tyrannisch-väterlichen Gutsherren immer deutlicher hervor. Er ordnete zusammenfassende Übersichten über sämtliche Kroneinkünfte in Geld und Ware an; mit dem Steueraufkommen in Naturalien – Vieh, Butter, Getreide – trieb er Handel, wobei er sowohl auf Handelsgewinn wie auf die Versorgung notleidender Landesteile achtete; und soweit möglich überwachte er alles persönlich. Aber je mehr es ihm darauf ankam, Herr der heimischen Verhältnisse zu werden, jede Tätigkeit seiner Untertanen, jeden Teil der Wirtschaft zu regulieren, um so deutlicher wurde ihm auch, daß er nicht nur tüchtige Amtsleute brauchte, die im Land nach dem Rechten sahen, sondern auch eine handlungsfähige Zentralverwaltung.

Auf der Suche nach geeigneten Beamten fand er in Deutschland einen Doktor beider Rechte, der sich den Titel eines Kaiserlichen Hofrats und Kriegsrats erworben hatte: Konrad von Pyhy, wie er sich nannte, aus der berühmten Augsburger Familie Peutinger. Als zweiter deutscher Helfer stellte sich 1539 Georg Normann, ein Theologe von der Universität

Greifswald, dem König zur Verfügung; ursprünglich war er als Erzieher des Prinzen Erik und Reorganisator des schwedischen Schulwesens von Luther und Melanchthon empfohlen worden.

Die beiden Deutschen gewannen rasch erheblichen Einfluß. Der König, der um diese Zeit schwer erkrankte, fühlte sich von ihnen entlastet und gut bedient. Zwar hatte er wohl nicht mehr vorgehabt, als die dürftige Besetzung seiner Kanzlei zu bessern, tüchtige Sekretäre heranzuziehen, für zuverlässige und eifrige Vögte zu sorgen, genaue Rechner und Verwalter in seine Kammer und vielleicht noch ein paar tüchtige Gouverneure in die Provinzen zu setzen. Pyhy wollte mehr: Er wollte eine von der Person des Herrschers unabhängige Bürokratie nach deutschem und burgundischem Vorbild.

Für Schweden war eine solche Verwaltungsreform ein zu abrupter Wechsel. Das neue System funktionierte leidlich, solange es von Pyhy, Normann, dem Bruder der Königin (dem Pyhy imponierte) und einer Handvoll deutscher Karrieremacher in Schwung gehalten wurde, wenn auch gegen erhebliche Widerstände mit knirschenden Rädern. Mit Pyhys Sturz im Jahr 1543 brach es zusammen, und die Krise dieses Jahres wurde nicht zuletzt durch die Reformversuche ausgelöst. Erst viel später wurde an die damalige Verwaltungsreform angeknüpft.

Die ersten Zusammenstöße ereigneten sich im Bereich der Kirche. Laurentius Petri, der Erzbischof von Uppsala, weigerte sich, dem neuen Mann Pyhy eine kirchliche Pfründe zu übergeben, die der König diesem als Teil seines Einkommens zugesprochen hatte. Der König griff den Bischof in einem Brief vom April 1539 aufs schärfste an: Er wolle, statt die Herde zu hüten, die Schafe scheren und die Wolle selbst behalten. Gustav verfuhr dabei nach der Methode »Haltet den Dieb!«, denn eben um diese Zeit war er dabei, die Kirche zugunsten der Krone vollends auszuplündern.

Im Dezember 1539 wurde Normann zum Superintendenten der Kirche ernannt; in diesem neugeschaffenen Amt sollte er als eine Art Minister für kirchliche Angelegenheiten die Staatskirche verwirklichen.

Dem König kamen die Reformen seiner deutschen Beamten teuer zu stehen. Normanns Visitationsreisen durch die Göta-Landschaften im Jahr 1540, begleitet von der Beschlagnahme von Monstranzen, Abendmahlgeräten, Brautkronen – mehr als ein Kelch und eine Patene für jede Kirche blieb kaum übrig – erregte Unwillen, blieb aber ohne unmittelbare Folgen. Als jedoch sein Koadjutor Bischof Henrick von Västerås die Visitation auf Småland ausdehnte, damals noch streng katholisch und verbittert, weil die bisher übliche Ausfuhr des Viehs direkt in die dänischen Häfen von Schonen verboten worden war, löste dies den letzten Aufstand gegen Gustav Wasa aus.

Vor Mittsommer 1542 erfuhr der König, ein Mann namens Nils Dacke habe in Småland zur Rebellion aufgerufen. Dacke war Bauer wie seine Gefolgsleute; die Pfarrer hielten zu ihm, aber dem Adel war er feind. Mut, Geschick und genaue Kenntnis des Geländes verschafften ihm große Erfolge im Guerilla-Krieg gegen die schwerfälligen Landsknechte des Königs. Ende 1542 hatten die Rebellen ganz Småland in ihrer Gewalt, weite Teile von Östergötland waren von ihnen besetzt, und Gustav war gezwungen, einen regelrechten Waffenstillstand mit seinen aufrührerischen Untertanen auszuhandeln.

Er verstand ihn als Atempause, in der er seine Kräfte sammeln konnte. Das in solchen Lagen erforderliche Spiel beherrschte er nun schon meisterhaft: Zugeständnisse, Appelle an die Treue der Untertanen, genau berechnete Propaganda und gründliche militärische Vorbereitungen. Anfang 1543 holte der König zum Gegenschlag aus. Ein Angriff Dackes auf Kalmar wurde abgewehrt. Im März wurde die Hauptmacht der Rebellen bei Högsby vernichtet, Dacke selbst verwundet. Mit seinem Tod Ende Juli erlosch die Rebellion. Das Andenken an Nils Dacke blieb lebendig.

Dem Sieg über den Rebellen folgte der Sturz von Konrad von Pyhy. Er hatte, während des Aufstandes zu einer diplomatischen Mission nach Frankreich entsandt, seine Vollmachten überzogen und mit dem Geld des Königs um sich geworfen; vor allem aber brauchte der König einen Sündenbock. Pyhy wurde gefangengesetzt und blieb, zehn Jahre lang, bis zu seinem Tod im Kerker.

Dem König war klar geworden, daß Pyhy den Bogen überspannt hatte. Das meiste, was der Deutsche ins Werk gesetzt hatte, hatte keinen Bestand. An Normann jedoch hielt der König fest, wenn er auch das Amt des Superintendenten abschaffte. Behutsam, maßvoll, ohne großes Geräusch diente Normann bis zu seinem Tod im Jahr 1552 seinem Herrscher.

Der König war, als er die letzte Krise seiner Herrschaft gemeistert hatte, 46 Jahre alt. Er regierte noch 17 Jahre – bemüht, seinem Volk als Vater zu erscheinen. Als Vatergestalt hat es ihn auch im Gedächtnis behalten, neben seinem Erscheinungsbild als jungem Volkshelden beim Aufstand gegen die Fremdherrschaft.

Was Gustav jetzt noch unternahm, diente der Sicherung seiner Herrschaft und der Zukunft seines Geschlechts. 1544 berief er, nach langer Pause, einen Reichstag, wieder nach Västerås. Er trug Sorge, eine möglichst repräsentative Vertretung des Volkes zu versammeln. Zum ersten Mal seit 1527 waren auch die Bischöfe und Prälaten geladen, nicht als Mitglieder des Reichsrates sondern als Führer der Geistlichkeit, die auch durch viele Pfarrer vertreten war, wobei Gustav meinte »je mehr Papisten desto besser« – er wollte diesmal auch die Widerspenstigen überzeugen.

Gustav eröffnete den Reichstag mit einer Thronrede, in der er die alten Muster aufgriff, und den Bogen von den schlechten Zeiten unter König Christian bis zu einer Rechtfertigung der Ausplünderung der Kirchen spannte. Die Wünsche des Königs liefen auf drei Regelungen hinaus: Änderung des Heereswesens, Bestätigung der Reformation und Verankerung der Erbmonarchie.

Die Heeresreform zielte auf die Schaffung eines Volksheeres. Der Kampf gegen die Freischaren von Nils Dacke hatte die Schwächen der Landsknechte enthüllt; auch waren die Söldner sehr kostspielig und bei Geldmangel unzuverlässig. Das sich allmählich entwickelnde System des *utskrivning* verlangte, daß zehn Bauern (oder bei Bauern, die dem Adel unterstanden, 20) einen Mann für den Waffendienst zu stellen hatten. Auf diese Weise wurde Schweden das erste europäische Land mit einem volksnahen, stehenden Heer.

Die Reformen in der Kirche wurden bestätigt. Die heftigen Angriffe des Königs auf Weihwasser, Monstranzen, Heiligenverehrung und Ablässe erregten keinen Unwillen, und obwohl die dogmatische Haltung noch einige Zeit in der Schwebe blieb, war eindeutig, daß Schweden Rom den Rücken gekehrt hatte.

An eine Erbmonarchie hatte Gustav sicher schon gedacht, als er sich zum ersten Mal nach einer Frau umsah. 1537 hatte er sich vom Reichsrat bestätigen lassen, daß beim Tod des Königs die Befehlshaber der Festungen Prinz Erik zu gehorchen hätten »und keinem anderen«. Im Dezember 1540 ließ der König in Gegenwart seiner ältesten Söhne Erik und Johan von zwölf Herren des Reichsrates und drei Bischöfen auf das blanke Schwert schwören, nicht nur ihm sondern auch seinen Leibeserben treu und ergeben zu sein. Jetzt in Västerås wurde die Erbmonarchie durch ein Dokument, den Erbvertrag, besiegelt. Er hielt in feierlichen Worten fest, daß Erik Thronfolger sei; ihm sollten seine männlichen Nachkommen folgen oder, falls solche nicht vorhanden, sein Bruder Johan und dessen Söhne.

Der Erbvertrag war ein tiefer Einschnitt in die schwedische Geschichte. Bisher hatte sich das Land entschieden als Wahlmonarchie verstanden, auch wenn die Söhne von Herrschern oder Reichsverwesern bei der Wahl bevorzugt wurden. Jetzt war die Erbmonarchie unzweifelhaft im Gesetz verankert. Gustav Wasa hatte Grund zufrieden zu sein. Drei Jahre später, als er sicher sein durfte, daß alles in seinem Sinn weiterlief, lud er die Reichsräte auf sein Schloß Gripsholm und feierte dort 14 Tage lang »unbeschwert und fröhlich mit seinen Getreuen«. Nach dem Bericht seines Schwestersohnes Per Brahe, der dabei war, bat er sie, »lustig und vergnügt zu sein, wie er auch selbst sein wolle, darum weil sie nun seine Söhne als Erben des Reiches Schweden anerkannt hätten«.

Außenpolitisch hatte Gustav Wasa während seiner Regierungszeit noch einige Klippen zu meistern. Das Verhältnis zu Dänemark bedurfte eines ständigen Ausgleichs. Mit dem Kaiser, der so lange die Feinde des Königs unterstützt hatte, konnte Normann 1551 ein Abkommen treffen, das die Beziehungen normalisierte. Die Sicherung im Westen und Süden war um so wichtiger, als im Osten Zeichen neuer Unruhe sichtbar wurden. Iwan der Schreckliche, der sich 1547 als 17jähriger bei seiner Krönung den Titel »Zar von ganz Rußland« zugelegt hatte, verlangte, daß auch der König von Schweden ihn als gleichrangig anerkenne. Doch die Anerkennung der neugeschaffenen Würde genügte ihm nicht, er erhob auch Anspruch auf Finnland. Die Schweden beantworteten dies mit Neusiedlungen in Karelien, was zu Grenzzwischenfällen führte, aus denen sich ein offener Krieg entwickelte. Die Kämpfe zogen sich drei Jahre lang hin. Ein schwedischer Sieg bei Joutelskä, der Fehlschlag eines russischen Angriffs auf Viborg brachten keine Entscheidung, förderten aber die Bereitschaft zum Vergleich. 1557 wurde ein Vertrag geschlossen, der im Grunde alles beim alten ließ, auch die Ursachen zu neuen Konflikten. Sie sollten Gustav Wasas Erben noch zu schaffen machen.

Gustav galt auf der Höhe seiner Macht als einer der reichsten Könige Europas; in den anderen Ländern kursierten Geschichten von seinen fabelhaften Schätzen. Tatsächlich handelte der König wie ein guter Hausvater, bemüht für Notzeiten reichlich zurückzulegen. Der damals noch unerschöpfte Silberschatz der Grube von Sala wurde zu Talern umgeprägt, gleichwertig mit dem deutschen Joachimstaler. Was nicht ausgegeben werden mußte, wurde in den Gewölben der Schlösser Stockholm und Gripsholm verwahrt. Was sich an Überschüssen erwirtschaften ließ, wanderte ebenfalls in Münze in die königlichen Truhen. Im letzten Jahrzehnt seiner Herrschaft war Gustavs Vermögen – durch die nur langsam nach Norden vordringende Preissteigerung jener Zeit noch kaum gefährdet – beruhigend groß. Dabei hütete er sich, die Steuern nennenswert zu erhöhen; ihm lag an der wirtschaftlichen Erholung seines Landes, und tatsächlich soll es den Bauern damals so gut ergangen sein wie lange nicht.

Gustav Wasa beschränkte sich nicht aufs Horten. Als erfahrener Geschäftsmann ließ er von eigenen Agenten die Produkte seiner Güter auf dem europäischen Markt verkaufen oder wies sie an, Importgüter gegen Erzeugnisse der schwedischen Wälder zu tauschen. Zeitweilig dachte er an die Gründung einer schwedischen Handelskompanie, traute dann aber doch den kaufmännischen Fähigkeiten seiner Untertanen nicht genug zu. Den Bergbau, der die höchsten Exporterträge brachte, überwachte er persönlich.

Als größter Grundbesitzer des Landes suchte er in ganz Schweden die Landwirtschaft zu heben, durch das Beispiel seiner Mustergüter, aber auch durch unmittelbare Eingriffe. Um das Land besser überwachen zu können, vermehrte er die Zahl seiner Vögte beträchtlich: von 60 auf 180. Er sah ihnen scharf auf die Finger. Wenn ein Vogt ihn zu hintergehen suchte, kam er ihm früher oder später auf die Schliche. Der Faule, Leichtsinnige oder auch nur Erfolglose konnte damit rechnen, über kurz oder lang einen Brief seines Königs zu erhalten, der mit den Worten begann: »Wir sind nicht wenig erstaunt . . .«

Acht Jahre vor seinem Tod heiratete der König ein drittes Mal – Königin Margareta wurde nur 38 Jahre alt. Die letzte Frau, Katharina Stenbock, eine Nichte Margaretas, überlebte, kinderlos, die drei Söhne Gustavs, die nacheinander den schwedischen Thron innehatten und starb erst 1621 als Gustav Adolf schon ein Jahrzehnt regierte. Gustav Wasa war bemüht, seine Töchter vorteilhaft zu verheiraten; alle fünf wurden die Frauen deutscher Fürsten. Seine Söhne ließ der König gut erziehen. Auch sonst wollte er sie als fürsorglicher Hausvater gut ausstatten und wies jedem – außer dem Erbprinzen – ein Herzogtum zu. Durch sein Testament glaubte Gustav alles wohlgeordnet zu haben; aber eben dieses auf brüderlichen Zusammenhalt rechnende Dokument erwies sich als Quelle von Zerwürfnissen.

Gustav war des Lebens überdrüssig, als er starb, mit 64 Jahren ein alter Mann, nur noch mürrisch die Last der Herrschaft tragend, von Kopfschmerzen heimgesucht, sich selbst bemitleidend. Am 29. September 1560 verschied er nach sechswöchiger Krankheit. Im Dom von Uppsala liegt er zwischen seinen beiden ersten Frauen begraben.

Die Portraits des Königs zeigen ihn in seinen besten Jahren als stattlichen Mann, aufrecht, würdig gekleidet, mit sorgfältig gepflegtem Haar und wuchtig breitem Bart, so etwa, wie ihn Per Brahe schildert: »Er hatte ein rundliches Haupt, weißblondes Haar, einen schönen großen und langen Bart, scharfe Augen, ein schönfarbiges Antlitz und rosige Wangen . . . Mannhafte und stattliche königliche Kleider trug er gern, wie ihm auch zukam, und nach welcher Art sie auch zugeschnitten waren, sie standen ihm immer vollkommen wohl an.« Auf anderen Bildern konnte der Maler nicht verbergen, daß der König von Verdüsterungen heimgesucht wurde; die Augen blicken besorgt, der Mund zeigt Müdigkeit.

Gustav Wasa war eine imponierende Erscheinung, faszinierend und abstoßend. Sowenig man sich auf sein Wort, seine Freundschaft, sein Wohlwollen verlassen konnte, so verläßlich war er in der Verfolgung seiner Ziele. Nachdem er bedenkenlos mit allen Mitteln die Macht an sich gerissen hatte, suchte er sie ebenso bedenkenlos zu sichern; für die Sicherstellung konnte er sogar opfern, was ihm sonst am höchsten stand: Reichtum und Ansehen. Sein klarer Verstand, sein glänzendes Gedächtnis vertrugen sich mit dem Mangel an Ideen, mit dem Fehlen von Einfühlungskraft und Phantasie. Seine Bildung blieb bescheiden, und er wußte es. Aber er war ein Meister des Wortes, der farbigen, saftigen Sprache, der geborene Volkstribun und Pamphletist. Sein cholerisches Temperament riß ihn zu schrecklichen Ausbrüchen hin. Immer wieder wird berichtet, daß er wie der preußische Soldatenkönig – mit dem er auch andere Züge teilt – Untertanen, Beamte, Familienangehörige schreiend und fluchend mit Schlägen traktierte. Einen Sekretär soll er, mit dem Dolch in der Hand, um den Stockholmer Schloßhof gejagt haben. Seine Kinder fürchteten seine Wut und seine schwere Hand; seiner schönen Tochter Cecilia riß er ein Büschel Haare aus. Und lange genug wurde das Gerücht geglaubt, er habe im Zorn seine erste Frau, Katharina, erschlagen. Überdruß und Schwermut, die seine letzte Zeit beschatteten, waren ihm auch vorher nicht fremd. Vielleicht hielt er sich darum – wie der vom bösen Geist heimgesuchte König Saul den Harfenspieler David – ein vielköpfiges Orchester; von Musik verstand er etwas, und er spielte selbst die Laute. Aber er konnte auch ein großzügiger Gastgeber, ein liebenswürdiger und gewinnender Gesellschafter sein. Meist glaubte der mit einer Glückshaube Geborene an seine Fortüne, und seine fast unerschöpfliche Arbeitskraft, sein Fleiß, sein Wille, seine Fähigkeit, das Wesentliche zu erkennen und durchzusetzen, rechtfertigten diesen Glauben.

Unter den Herrschern seiner Epoche ist er eine der markantesten Gestalten. Sein Volk hat ihn im Gedächtnis behalten und verklärt. Die Eichenholz-Statue von Carl Milles in der Eingangshalle des Nordischen Museums in Stockholm entrückt ihn in den Mythos: Wie ein Riese der Vorzeit mit mächtigen Gliedern und geschlossenen Fäusten, die Linke um das aufgestützte Schwert geklammert, thront der König über dem kleinen Volk.

Die feindlichen Brüder

Er machte Erik zum König und gab den anderen Herzogtümer und riet ihnen Eintracht an und brüderliche Einigkeit, in der Meinung, daß die gemeinsame Gefahr, welche selbst Feinde zu vereinigen pflegt, Brüder zusammenhalten werde. Aber hier allein hatte er sich getäuscht: Brüderliche Eintracht ist nur selten zu finden, und selten Macht und Einigkeit an einer Stelle.

Gustav Adolf über das Testament seines Großvaters

DIE SÖHNE GUSTAV WASAS teilten das Erbe ihres Vaters: die Macht, wie im Testament vorgesehen, aber auch die Eigenschaften. Der jüngste, Karl, bei Gustavs Tod erst zehn Jahre alt, kam ihm am nächsten; er besaß seine drastische Wortgewalt, auch den Sinn für politische Realitäten und für den Gebrauch der Macht, aber ihm fehlte das Charisma. Obwohl er wie der Jüngste im Märchen über alle seine Brüder triumphierte, war er nicht das Glückskind, dem die Zaubermächte helfen.

Als Märchen läßt sich die Geschichte der Brüder Wasa kaum erzählen, eher ist sie ein Stoff für ein Königsdrama im Stile Marlowes oder Shakespeares. Drei der vier Söhne Gustav Wasas trugen die schwedische Krone. Die Mittel, mit denen sie die Herrschaft behaupteten oder errangen, waren Einkerkerung, Mord und Bürgerkrieg. Der einzige der Wasa-Söhne, der es nicht zum König brachte, Magnus, Herzog von Östergötland, verlor den Verstand, als Erik XIV. im dritten Jahr seiner Herrschaft seinen Bruder Johan ins Gefängnis werfen ließ. Magnus starb 1595 kinderlos in geistiger Umnachtung.

ERIK XIV.

In dem Kampf zwischen Erik und Johan – einem Kampf auf Leben und Tod – verquickten sich persönliche und sachliche Motive. Vertieft wurde der Streit, der sich in veränderter Form zwischen Johans Sohn Sigismund und Herzog Karl fortsetzte, durch die religiöse Auseinandersetzung – Johan geriet, wenn auch halbherzig, in den Sog der Gegenreformation –, vorangetrieben wurde er durch den Griff nach dem *Dominum maris Baltici*, nach der Herrschaft über die Ostsee und damit über den europäischen Norden. Die Hanse, durch die Erschließung neuer Handelswege entscheidend geschwächt, war kein ernsthafter Machtfaktor mehr; in

Livland weckte der Zerfall des Ritterordens die Begehrlichkeit der Nachbarn. Dänemark, Rußland, Polen und Schweden rüsteten sich, das herrenlose Erbe anzutreten. Gustav Wasa, eher auf Wahrung des schwedischen Besitzes als auf Ausweitung bedacht und außenpolitischen Abenteuern abhold, hatte den russischen Drang nach Westen nach dreijährigen Kämpfen in Finnland mit einem Vergleichsfrieden für einige Zeit aufgehalten. Er konnte nicht verhindern, daß die Truppen Iwans des Schrecklichen 1558 Narwa am Finnischen Meerbusen eroberten – ein Ereignis von unmittelbarer und anhaltender Wirkung. Der russische Ostseehafen zog sofort die Kaufleute an, die bisher auf die baltischen Städte angewiesen gewesen waren: die Lübecker, die Holländer, die Engländer, deren Rußlandhandel seit einiger Zeit zum Teil schon über die nördliche Route zum Weißen Meer einen Weg gefunden hatte.
Nun suchte Livland Schutz: ein Teil, das spätere Herzogtum Kurland, bei den Polen, Ösel und Reval bei den Dänen. Die Annäherung Revals an die Dänen alarmierte Gustav: Von den Provinzen im Süden Schwedens über Gotland und Ösel drohte sich ein dänischer Ring um Schweden zu legen. Vor Dänemark, gegen das er die Unabhängigkeit Schwedens errungen hatte, blieb der alte König auf der Hut. Dezember 1558, zwei Jahre vor seinem Tod, schrieb er dem Kronprinzen: ». . . wenn die Dänen auf dieser Seite unser Nachbar werden sollten – ob nicht besser vorzukommen als zuvorgekommen, nicht besser dem Hund zur Zeit das Stück zu nehmen als von ihm gebissen zu werden.«
Erik bedurfte keines solchen Hinweises. Sein Sinn war auf Hohes gerichtet. Selbstherrlich und ehrgeizig, vom sagenhaften Ruhm seiner gotischen Vorfahren beflügelt – später im Gefängnis übersetzte er die phantasievolle Geschichte Schwedens von Johannes Magnus aus dem Lateinischen –, dürstete er nach Taten. Während Gustav sich zurückhielt, nachdem der betagte dänische König das Angebot aus Reval vorsichtig abgelehnt hatte, betrieb Erik – damals noch in Absprache mit seinem Bruder Johan – den Anschluß Revals und Estlands an Schweden.
Im Frühjahr 1561, nach Gustav Wasas Tod, rückte ein schwedisches Heer in Reval ein. Wenige Monate später ließ Erik sich, gegen Bestätigung der Privilegien, von den Häuptern der Stadt und dem estnischen Adel huldigen. Der Titel: »Der Schweden, Goten, Wenden, nebst mehrerer ihrer Angehörigen König, Herr über die livländischen Landmarken und über Refle« war ganz nach seinem Geschmack. Albrecht der Ältere von Preußen hat in einem Schreiben vom September 1564 über Erik geurteilt, »daß er danach zu trachten entschlossen sei, wie er ein solcher Herr sein möge, als der König von Hispanien ist«.
Das Urteil der Historiker über Erik reicht von völliger Verdammung bis zu hoher Anerkennung. Die Persönlichkeit Eriks gibt Anlaß zu dieser

Diskrepanz. Er war von höchst widersprüchlicher Natur. Als er 27jährig den Thron bestieg, war er nicht nur äußerlich eine blendende Erscheinung; er war auf der Höhe der Bildung seiner Zeit. Er sprach fließend ein elegantes Latein, las Hebräisch und Griechisch, verstand Deutsch, Französisch, Italienisch, Spanisch und Finnisch. Geographisch unterrichtet, in Geschichte belesen, an technischen Neuerungen interessiert, besaß er die Fähigkeit des abstrakten Denkens, der logischen Unterscheidung, sowohl auf dem Felde der Theologie wie der Jurisprudenz, der Wirtschaftstheorie und des Kriegswesens. Während sein Vater aus Instinkt nach Machiavellischen Grundsätzen handelte, machte er bewußt Machiavelli zur Richtschnur seiner königlichen Aufgaben. Von der provinziellen Enge seines Vaters war bei ihm nichts mehr zu spüren. Hoheit und vollendete Umgangsformen, Neigung zu den schönen Künsten hatte er schon bewiesen, während er als Kronprinz in Kalmar Hof hielt, wo er das Schloß im Renaissancestil ausbaute, Maler und Musiker einlud. Er komponierte und zeichnete, verwandelte den Kungsträdgården beim Schloß in Stockholm, der dem Hof das Gemüse geliefert hatte, in einen Lustgarten, hielt fremde Tiere und Vögel. An Erfahrung und Fleiß in Staatsgeschäften fehlte es ihm nicht – er hatte seinen Vater vertreten, während dieser in Finnland den Feldzug gegen die Russen führte. Die allen Wasa eigene Beredsamkeit veredelte er mit den Regeln der klassischen Rhetorik.

Der Astrologie, der Modewissenschaft seiner Zeit, diente er ein Leben lang mit Leidenschaft und genauen Kenntnissen; der Sternenglaube mag dazu beigetragen haben, ihn zu Fall zu bringen. Aber vermutlich transponierte er nur seine eigenen Schwierigkeiten in die himmlischen Zeichen: sein pathologisches Mißtrauen, das jedem Untergebenen das Leben schwermachte; den Mangel an Selbstkontrolle; die Trübung des Blicks bei der Unterscheidung zwischen Wunsch und Wirklichkeit; die Neigung sich in Projekte zu vergaloppieren. Das Gesicht auf seinen Portraits verrät Unsicherheit und Schwermut; nicht der brillante Mann, als den er sich in Gestalt und Kleidung darstellt, bestimmt den Eindruck, sondern der Zweifel an sich selbst. Einer schweren Belastung konnte er nicht standhalten. Das mag ihm auch die Nachrede eingetragen haben, er sei feige, obwohl er an militärischer Tüchtigkeit seinen Generälen überlegen war.

Mit militärischen Operationen hatte er in den acht Jahren seiner Regierung genug zu tun. Nach der Besitznahme Revals zerbrach die Einigkeit zwischen Erik und seinem Bruder Johan. Johan, als Herzog von Finnland in Åbo residierend, wollte selbst in Livland Fuß fassen; er setzte dabei auf ein Bündnis mit Polen, während Erik auf Ausgleich mit dem Zaren bedacht war und Polen als unvermeidlichen Gegner ansah.

Die Anzeichen einer selbständigen Politik Johans veranlaßten Erik, auf einem Reichstag in Arboga im Jahr 1561 Bestimmungen durchzusetzen, die das Testament seines Vaters zugunsten der Königsmacht revidierten. Die Befugnisse der Herzöge wurden erheblich beschnitten, ihre Streitkräfte dem König unterstellt. Vor allem aber wurde ihnen verboten, eine selbständige Außenpolitik zu führen, Heiratsverhandlungen als einziges ausgenommen.

Aber obwohl die Artikel von Arboga eindeutig auf Johan gemünzt waren, gab sich dieser nicht geschlagen. Er nutzte die Ausnahmebestimmung und verstärkte seine Bemühungen um die Hand von Katharina, Tochter von Sigismund II. Augustus, des letzten Jagiellonen auf dem polnischen Königsthron. Dabei war er in der Darstellung seiner Befugnisse und seines Vermögens nicht gerade kleinlich, auch gewährte er seinem künftigen Schwiegervater ein beträchtliches Darlehen, obwohl er kurz zuvor Erik die Finanzierung der estnischen Operationen versagt hatte.

Schließlich stimmte Erik, wenn auch zögernd, der polnischen Heirat zu. Daß Johan die Hochzeit beschleunigte und Katharina zu einem Zeitpunkt ehelichte, als die schwedisch-polnischen Beziehungen durch die Bewegungen schwedischer Truppen in Livland bis an den Rand eines Krieges gespannt waren, rückte den Herzog erneut ins Zwielicht. Als er sich auch noch brüstete, er sei in Schweden so unabhängig wie ein Fürst im deutschen Reich, als er bei seinen Erwerbungen in Estland in direkten Konflikt mit schwedischen Truppen geriet, und als schließlich einer seiner Diener – unter Tortur in Anwesenheit des Königs – ihn der Verschwörung bezichtigte, klagte ihn Erik vor dem Reichstag an und erreichte im Juni 1563 seine Verurteilung: Er habe Leben, Eigentum und Erbrecht verwirkt.

Erik bestand nicht auf der Vollstreckung des Urteils, er machte einen Kompromißvorschlag, der die Rechte des Königs verstärkte, jedoch Johan das Herzogtum beließ. Johan lehnte ab. Darauf rückten königliche Truppen auf Åbo und schlossen Johan in der Festung ein. Am 12. August mußte er kapitulieren und wurde mit seiner Frau in Gripsholm gefangengesetzt. Die Demütigung Johans war jedoch nur scheinbar ein Sieg des Königs. Er hatte sich einen erbitterten Feind geschaffen, der durch seine Mutter Margaretha Leijonhufvud aufs engste mit der Aristokratie Schwedens verbunden war.

Einen Tag, nachdem Johan sich ergeben hatte, erschien ein dänischer Herold in Stockholm und überbrachte die Kriegserklärung Friedrichs II., der seit 1559 in Kopenhagen regierte. Friedrich war von anderem Holz als der auf Ausgleich bedachte Christian III.; seine Kriegslust war nach der blutigen Unterdrückung der Dithmarscher Bauern zu Beginn seiner Regierung keineswegs gestillt. Nachdem er seinem unruhigen Bruder Magnus das immer noch feilgebotene Bistum Ösel gekauft hatte, und er sich damit auch auf diese Insel stützen konnte, die den Rigaer Meerbusen abriegelte, schien es ihm an der Zeit, Schweden entgegenzutreten – einem Land, das aus seiner Sicht immer noch zu seinem Reich gehörte, wie durch die drei Kronen im dänischen Wappen demonstriert wurde. Der Bruderzwist im Hause Wasa bot gute Voraussetzungen für den Angriff.

Der Nordische Siebenjährige Krieg galt dem Namen nach der Wiederherstellung der Kalmarer Union, auf die sich Friedrich II. berief, in Wirklichkeit jedoch war er der erste Waffengang um die Vorherrschaft im Ostseeraum, die erste Phase eines langen Ringens. Lübeck, das die freie Schiffahrt nach Narwa durch die Schweden bedroht sah, hatte sich mit Dänemark verbündet, doch mißlang der Versuch, die anderen deutschen Ostseestädte sowie Mecklenburg und Pommern für die Allianz zu gewinnen. Polen, die dritte Macht im Kampf gegen Schweden, war nur lose in das Bündnis eingeknüpft; die Kämpfe in Livland spielten in diesem Krieg eine eher beiläufige Rolle.

Dagegen verbissen sich Schweden und Dänemark ineinander, verwüsteten und plünderten die Grenzgebiete. Immer wieder fielen die Schweden in Norwegen, Schonen, Halland und Blekinge ein. Die Dänen unter dem fähigen, grausamen General Daniel von Rantzau verheerten Väster- und Östergötland. Große Ereignisse hat der Krieg zu Lande nicht aufzuweisen; das wichtigste war, daß die Dänen gleich im ersten Kriegsmonat Älvsborg an der Mündung des Göta-Älv eroberten, den einzigen Zugang Schwedens zum Atlantik. Den Schweden gelang es nicht, die Festung zurückzugewinnen.

Im Hin und Her der Feldzüge errangen die Dänen die größeren taktischen Erfolge, konnten sie aber nicht wirklich nutzen. Wesentlicher, vor allem auf lange Sicht, war, daß sich das junge schwedische Volksheer gegen die Berufssoldaten Rantzaus behauptete. Erik XIV. hatte seine Streitkräfte durch einschneidende Reformen auf den Krieg vorbereitet – Reformen, die, seiner eigenen Einsicht entsprungen, in manchem Belang die berühmten Neuerungen des Moritz von Oranien vorwegnahmen.

Zur See waren die Schweden erfolgreicher als zu Land. Gustav Wasa hatte eine kraftvolle Flotte hinterlassen; diese baute Erik weiter aus und verbesserte sie. Den schwedischen Seestreitkräften gelang es, die Verkehrswege offenzuhalten und die Versorgung des Landes zu sichern; unter dem Admiral Klas Kristersson Horn besiegten sie bei Bornholm eine dänisch-lübische Flotte.

Der schwedischen Kriegführung kam alles in allem zugute, daß Gustav Wasa die großen Mittel hinterlassen hatte, die Erik instandsetzten, Heer und Flotte zu reformieren und auszubauen. Sie litt darunter, daß die schwedischen Kommandeure meist unfähig waren und daß es dem König an Kriegserfahrung fehlte: Er vertraute zu sehr auf Planung und Theorie. Daß er nach Fehlschlägen über seine adeligen Offiziere herfiel und sie öffentlich verhöhnte, vertiefte den Graben, der sich zwischen ihm und der Aristokratie geöffnet hatte.

Zunächst hatte Erik das Verhältnis zum Adel gepflegt. Er ließ prüfen, wieweit der zurückerstattete kirchliche Grundbesitz, der jetzt als Erbe Gustav Wasas im Besitz der Herzöge war, zu Recht an die Familie Wasa gefallen war, und da bei dem Besitzwechsel seinerzeit nicht viel Federlesens gemacht worden war, gewannen jetzt, bei genauerem Hinsehen, die großen Familien eine Menge Land. Auch schuf der König zum erstenmal in der schwedischen Geschichte Adelstitel: drei Grafen – unter ihnen Svante Sture – und neun Freiherren. Bisher hatte es zwar Besitz- und Statusunterschiede zwischen den großen Grundherren und den ärmeren Adeligen gegeben; aber ihre Rechtsstellung, ihre Privilegien waren gleich. Nun entstand ein Hochadel mit Sonderrechten.

Als der König auch auf Sonderleistungen drang, begann der Bruch. Er verlangte die volle Erfüllung des Waffendienstes, den schon sein Vater festgelegt hatte, der aber lässig gehandhabt worden war, ja, er verschärfte sogar die Bedingungen und ließ die Befolgung in einem Register erfassen. Der Mißmut verstärkte sich, als er auch noch Lehen einzog und damit die Einkünfte des Adels empfindlich schmälerte. Nur wenige Adelsherren waren nach Bildung und Übung in der Lage, sich im Dienste des Königs dafür einen Ausgleich zu schaffen.

Die Aristokraten beobachteten mit wachsendem Mißtrauen, wie der König seinen Bedarf an geschulten Mitarbeitern aus anderen Klassen befriedigte. Diese Aufsteiger gewannen Einfluß und Vermögen. Unter ihnen zog der Sekretär und Prokurator Göran Persson immer mehr Macht an sich. Persson, Sohn eines Pfarrers aus der Silberstadt Sala, hatte mit Mitteln Gustav Wasas in Wittenberg Jurisprudenz studiert und war 1558 in die Dienste des alten Königs getreten. Seine Intelligenz und Effizienz machten ihn Erik unentbehrlich. Der Sekretär, machthungrig und von trockener Grausamkeit, verband sein Schicksal mit dem des Königs. Der Adel fürchtete und haßte ihn; er wurde für ihn der Repräsentant der königlichen Tyrannei, gegen die sich die Herren auf ihre alten Rechte besannen. Perssons Hauptinstrument war der Königliche Oberhof *(konungens höga nämmd)*, ein oberstes Gericht, dem der König die ihm zustehende Rechtsprechung übertrug. Die Urteile, die der Oberhof fällte, waren ungewöhnlich hart. Zwischen 1562 und 1567 wurden mehr als 300 Todesurteile ausgesprochen, oft wegen Geringfügigkeiten, ja Nachlässigkeiten und Versehen. Viele der Todesurteile wurden zwar nicht vollstreckt, aber der Willkür war Tür und Tor geöffnet.

Die Unzufriedenheit des Adels und die Furcht des Königs vor Verschwörungen entzündeten und steigerten sich gegenseitig. Die Krise war nicht mehr aufzuhalten. Ausgelöst wurde sie durch die Probleme, die mit der

Heirat des Königs zusammenhingen. Erik hatte sich seit langem mit Heiratsplänen herumgeschlagen. Noch als Kronprinz hatte er um Englands Königin Elisabeth geworben, die zwei Jahre vor ihm den Thron bestieg; als sein Vater starb, war er gerade im Aufbruch nach England, um ihr persönlich zu begegnen. Die Verhinderung der Reise betrachtete er nur als Aufschub, kehrte sich auch nicht an eine Absage Elisabeths, sondern warb weiter um sie mit eloquenten lateinischen Briefen nach allen Regeln der höfischen Liebe. Im September 1561 brach er mit einer stattlichen Flotte erneut nach England auf. Während in London schon Holzschnitte verkauft wurden, auf denen das Herrscherpaar Seite an Seite saß, scheiterte die Reise ein zweites Mal, diesmal an den Stürmen des Skagerrak. Hinter den Bemühungen um die englische Königin steckten hochfliegende, wenn auch unausgegorene Pläne für einen neuen nordischen Staatenbund, verknüpft mit der Idee, über einen Kanal von Älvsborg aus, mitten durch Schweden, dem Handel zwischen West und Ost einen neuen Weg zu öffnen.

Die anschließende Werbung um die hessische Prinzessin Christine zerschlug sich durch einen ihrem Vater in die Hände gespielten phantastischen Nachtrag zu Eriks Liebesbriefen an die englische Herrscherin. Auch in Polen, Sachsen, Mecklenburg wurde wegen einer Heirat vorgefühlt.

Die Heirat wurde immer mehr ein öffentliches Problem und von Erik als solches empfunden. Wiederholt wandte er sich deswegen an Reichsrat und Reichstag und ließ sich dabei auch ermächtigen, eine Landestochter, gleich welchen Standes, zu ehelichen. Zuletzt, ab 1665, konzentrierten sich seine Anstrengungen auf den lothringischen Hof. Dort herrschte nach dem Tod des Herzogs Franz dessen Witwe Christine, Tochter von Gustav Wasas Todfeind, des entmachteten Königs Christian II. von Dänemark. Christine hatte nie die Hoffnung aufgegeben, Dänemark zurückzugewinnen. Nun bot ihr der mit Dänemark im Krieg liegende Schwedenkönig an, eine ihrer Töchter zu heiraten und ihrem Geschlecht wieder zum dänischen Thron zu verhelfen – eine der vielen Paradoxien der Politik. Mit dem Segen des schwedischen Reichstags entsandte Erik 1566 Nils Sture als Brautwerber nach Nancy: eine merkwürdige Wahl, entweder aus den jähen Stimmungsumschwüngen des Königs zu erklären oder als Versuch, an einem Vertreter des hohen Adels dessen Zuverlässigkeit zu erproben, vielleicht auch eine Herausforderung an die Sterne, aus denen Erik gelesen hatte, ein hellhaariger Mann werde ihm die Krone rauben. Den eher rötlichen Nils Sture hatte Erik kurz zuvor aufs schlimmste gedemütigt; der Anlaß war eine Befehlsverweigerung, der tiefere Grund sicherlich die Absicht des Königs, ein führendes Mitglied der von ihm gefürchteten Sture-Familie als Thronanwärter unmöglich zu machen.

Die lothringische Mission war somit aus doppeltem Grund zum Scheitern verurteilt: Christine hatte die Heiratsverhandlungen nie ernstgenommen, sondern den schwedischen König nur als Trumpfkarte in ihrem diplomatischen Spiel benutzt. Nils Sture aber reiste als erklärter Feind Eriks und als Haupt einer adeligen Fronde, die sich auf einer Insel der Stockholmer Schären getroffen hatte – Männer der führenden Familien, unter ihnen der jüngste Bruder des Königs, der damals 16jährige Herzog Karl.

Die unterirdisch brodelnde Spannung zwischen König und Adel explodierte Anfang 1567. Nachrichten aus Lothringen erwiesen, daß die Heiratsverhandlungen ohne jedes Ergebnis blieben. Erik machte Nils Sture dafür verantwortlich, und als einer der Pagen des Königs unter der Folter offenbarte, Vertreter des Hochadels hätten sich verschworen, jede ausländische Heirat des Königs zu verhindern und ihm Sten Eriksson Leijonhufvuds Tochter aufzunötigen, war das Maß voll. Der König preßte den Betroffenen ein schriftliches Schuldbekenntnis ab. Kurz darauf erfuhr er von dem geheimen Treffen auf der Schären-Insel.

Der König war in dieser Zeit einer fast unerträglichen Belastung ausgesetzt. Im Licht der späteren Ereignisse ist nicht zu übersehen, daß seine psychische Labilität bereits in eine schwere Erkrankung umschlug, die Anzeichen des Verfolgungswahns wurden immer deutlicher, sinnlose Anschuldigungen, Wutausbrüche, Angstzustände häuften sich.

Neben den vermeintlichen Bedrohungen hatte Erik jedoch auch tatsächliche Fehlschläge zu ertragen. Der König hatte sich nicht nur durch die Verhandlungen in Lothringen, sondern auch durch eine Verbindung mit dem Herzog Johann Friedrich II. von Sachsen-Gotha-Altenburg und dem von diesem beschützten Reichsritter Grumbach sowie durch Kontakte zu der oranischen Partei in den Niederlanden europäischen Rückhalt zu verschaffen versucht. Nun brach dies alles zusammen: Die Heirat mit Renata von Lothringen konnte er abschreiben; die »Grumbachschen Händel« endeten nach der Erstürmung Gothas durch Kurfürst August von Sachsen mit der Vierteilung des geächteten Ritters, und in den Niederlanden rückte Herzog Alba ein. In Norwegen war ein zunächst erfolgreiches Unternehmen der schwedischen Truppen von dänischen Gegenzügen bedroht. Auch der Zar machte dem König zu schaffen. Iwan, der wußte, wieviel seine wohlwollende Neutralität den Schweden wert war, verlangte ein Zugeständnis nach dem anderen, und nun drängte er auf die Auslieferung der in Gripsholm gefangenen Herzogin Katharina Jagiellonica.

In diese Anhäufung von Schwierigkeiten platzte am 21. Mai 1567 die Rückkehr von Nils Sture. Er wurde sofort zu seinem Vater, Svante Sture, ins Gefängnis gesteckt; dieser war zuvor mit anderen der Verschwörung

Verdächtigen unter Anklage gestellt worden. Die Todesurteile des Oberhofs waren entweder schon gefällt oder zu erwarten; sie sollten von einem Reichstag, der ab 19. Mai nach Uppsala einberufen war, bestätigt werden. Die Rede des Königs vor dem Reichstag war verworren. Seine Stimmung schlug von einem Tag zum anderen, ja von einer Stunde zur anderen um. Offenbar fürchtete er, der Hochadel wolle Nils Sture zum König erheben. Hin- und hergerissen zwischen dem Wunsch, sich zu verständigen, und der Lust, seine Feinde zu vernichten, suchte er am Morgen des 24. Mai Svante Sture im Schloß von Uppsala auf. Im Beisein anderer Gefangener fiel der König vor Svante auf die Knie, erbat seine Verzeihung und versöhnte sich nach einem verwirrenden Auftritt mit ihm. Nach dem Weggang des Königs erwarteten die Gefangenen im Schloß von Uppsala ihre Befreiung.

Aber Erik kehrte wenige Stunden später als ein Verwandelter zurück. Den Hut in die Stirn gezogen, stürmte er, von bewaffneten Wachen gefolgt, mit weiten Schritten den Schloßhügel hinauf. So drang er bei Nils Sture ein und streckte, nach einem kurzen, heftigen Wortwechsel, den Gefangenen mit eigener Hand nieder. Dann, völlig außer sich, befahl er, während er blindlings den Hang hinabstürzte, alle Gefangenen zu töten, »außer Herrn Sten«. Der Befehl wurde befolgt: Svante und Erik Sture, Abraham Stenbock und Ivar Ivarsson wurden erschlagen; Sten Eriksson Leijonhufvud und Sten Banér blieben verschont, weil niemand wußte, welchen Herrn Sten der König gemeint hatte.

Dieser war, nun zweifellos geisteskrank, auf der Flucht. In Bauernkleidern, die er sich verschafft hatte, irrte er tagelang im Wald umher. Schließlich konnte man ihn nach Uppsala, dann nach Stockholm bringen. Ein halbes Jahr blieb sein Verstand umnachtet. In dieser Zeit übernahm der Reichsrat die Regierung und suchte Adel und Königshaus zu versöhnen. Alle Schuld wurde Göran Persson aufgehalst. Er wurde zum Tode verurteilt, jedoch schob man die Hinrichtung hinaus. Als dem König die Freilassung Herzog Johans nahegelegt wurde, zeigte sich, daß er sich selbst als Gefangenen seines Bruders betrachtete. Im Oktober wurde der Herzog aus der Haft befreit. Bei der ersten Begegnung der Brüder setzte sich die Verwirrung fort: Jeder fiel vor dem anderen auf die Knie. Als sie schieden, schienen sie versöhnt.

Allmählich lichtete sich der Verstand des Königs; zu Beginn des Jahres 1568 hatte er ihn wiedergewonnen. Er griff sofort in die Kämpfe mit den Dänen ein, die nach Östergötland vorgedrungen waren. Dabei zeigte er sich wiederum seinen Kommandanten überlegen. Während er die Dänen nach Süden verfolgte, noch im Januar 1568, wurde ihm ein Sohn geboren, den er Gustav taufen ließ. Die Mutter des Kindes, Karin Månsdotter, hatte Erik während seiner Krankheit in einer Phase des Wohlbefindens heimlich geheiratet. Karin, aus bäuerlicher Familie, Tochter eines Gefangenenaufsehers und Soldaten, zeitweilig als Schenkmagd tätig, war seit 1565 die Geliebte des Königs und hatte ihm schon eine Tochter geboren. Mit Sanftmut, Gutherzigkeit, unverwüstlichem Frohsinn und gesundem Menschenverstand, gelang es ihr, die Verdüsterungen des Königs aufzuhellen, und ihr war es wohl hauptsächlich zu verdanken, daß er wieder zu sich zurückfand. Nun, da sie ihm den Erben geboren hatte, machte der König die Ehe öffentlich. Am 4. Juli 1568 fand die feierliche Hochzeit statt, tags darauf Karins Krönung. Mit ihren beiden Kindern saß sie unter dem Baldachin; ja, der König hatte sogar ihre drei Onkel, Bauern aus Uppland, wie Edelleute ausstaffiert, zu der Zeremonie geladen und sie mit Geschenken entlassen.

Heirat und Krönung waren ein Affront gegen den hohen Adel. Die beiden Herzöge aus dem Königshaus, Johan und Karl, waren außer sich; statt an der Hochzeit teilzunehmen, bereiteten sie den Aufstand vor. Schon vorher hatte Erik böses Blut gemacht, als er Göran Persson freiließ, ihn wieder in seine Ämter einsetzte, ihn sogar adelte und ihm befahl, die Bußgelder zurückzufordern, die an die Hinterbliebenen der Opfer des Mai-Massakers worden waren.

Eine Woche, nachdem Karin zur Königin erhoben worden war, schlugen die Aufständischen los. Von Vadstena marschierten sie auf Stockholm. Die Versuche des Königs, sie aufzuhalten, schlugen trotz erster Kampferfolge fehl. Seine Soldaten liefen ihm davon; der Erzbischof, die meisten Herren des Reichsrates, seine Halbschwestern gaben seine Sache verloren und gingen zu den Rebellen über; die Stockholmer Garnison lieferte Göran Persson den Herzögen aus, die ihn zu Tode bringen ließen; und schließlich öffnete Verrat den Truppen des 18jährigen Herzogs Karl die Tore Stockholms.

Am 29. September hielt Johan seinen Einzug und übernahm die Herrschaft. Erik, Karin und ihre Kinder wurden ins Gefängnis gesteckt. Erik wurde neun Jahre lang in Haft gehalten; er wanderte von einem Kerker zum anderen, von Stockholm nach Åbo, von dort nach Gripsholm und Västerås. Schließlich starb er am 24. Februar 1577 in Schloß Örbyhus. Das Gerücht, man habe ihn mit einem Süppchen vergiftet, behielt recht: Eine Exhumierung im Jahre 1958 erbrachte den Nachweis von erheblichen Mengen Arsen in seinen Überresten. Der neue König Johan III. gönnte ihm nur einen einfachen Eichensarg und ein schäbiges Begräbnis, zum Mißfallen seines Bruders Karl, der von vornherein Giftmord argwöhnte. Ob Johan den Giftmord veranlaßt, gebilligt oder geduldet hat, muß offen bleiben; auf jeden Fall hatte er sich 1575 vom Reichsrat und einem geistlichen Konsilium ermächtigen lassen, Erik zu töten, falls er gefährlich würde. Die Anweisung zum Mord hat wohl Hogenskild Bielke gegeben, ein

Wortführer des Adels, der – immer wieder in Intrigen verwickelt – als alter Mann auf dem Richtblock endete.
Karin Månsdotter trennte man bald von Erik; man ließ sie frei und gab ihr einen Besitz in Finnland. Ihre Tochter heiratete in den Hochadel ein. Ihr Sohn Gustav, in Polen den Jesuiten anvertraut, wurde von Boris Godunow nach Rußland gelockt, jedoch blieb er eine Nebenfigur auf dem politischen Schachbrett.
Gustav Adolf schrieb in seiner fragmentarischen Geschichte Schwedens über Erik: »Aus Mißtrauen nahm er König Johan gefangen, streckte die Stures nieder und brachte vielen anderen den Tod; und weil es so viele waren, urteilte die Welt, sie wären alle unschuldig.« Aber Gustav Adolf glaubte nicht, daß alle unschuldig waren. Das Volk rehabilitierte Erik auf seine Weise. Trotz der Verleumdungskampagne, die Johan gegen den entmachteten Bruder entfesselte, bewahrten die Leute die Geschichte von dem strahlenden König und seiner Liebe zu dem armen Mädchen. Die Romanze hat die Nachfahren immer wieder zu Tränen gerührt: Wie der König die Soldatentochter auf dem Stockholmer Markt Nüsse feilhalten sieht, wie er sie zur Königin erhebt und um ihretwillen Thron und Leben verliert.

Johan III.

Im Januar 1569 wurde der Aufruhr legalisiert. Der Reichstag, in Stockholm versammelt, erklärte Erik für abgesetzt. Johan wurde als König bestätigt, sein in Gripsholm während der Gefangenschaft geborener Sohn Sigismund als Erbe anerkannt.
Der neue König mußte den Preis für das Bündnis mit dem Adel und seinem Bruder Karl bezahlen. Trotz der Bestätigung des Erbvertrages war nicht zu verkennen, daß Johan III. eher ein Wahlkönig war.
Johans Krönungseid enthielt das Versprechen, einen Krieg nur mit Zustimmung der »führenden Stände« zu beginnen und die »führenden Stände in Ehren zu halten, keinen Fremden oder eine niedrig geborene Person über ihre Häupter oder die Häupter des Rates zu setzen«. Auch die materiellen Zugeständnisse des »erwählten erblichen Königs« waren nicht gering: Neben Donationen wurden neue Freiherren-Titel verbrieft und eine Reihe umfassender Privilegien zugestanden, auch eine Einschränkung des *rusttjänst*, des adeligen Waffendienstes. Ein neues Selbstverständnis des Adels zeichnete sich ab, das auch in einer schärferen Abgrenzung zum Ausdruck kam: Ehen außerhalb des eigenen Standes wurden verpönt. Der »uralte Stamm und Herkunft der Ritterschaft« wurde betont. Die neue Generation des Adels war bemüht, sich eine standesgemäße Bildung anzueignen. Die Brahe, Bielke, Banér, Leijonhufvud gin-

gen auf Kavaliersreisen, wie es auch in anderen Ländern üblich geworden war, und studierten an ausländischen Universitäten. Trotz der Stärkung der Adelsposition konnte jedoch Johan III. seine Rechte einigermaßen behaupten. Erst gegen Ende seiner Regierungszeit lud sich der Konflikt auf, ohne wirklich ausgetragen zu werden. Die Machtprobe an der Wende zum neuen Jahrhundert erlebte Johan nicht mehr.

Der Mann, der aus dieser Machtprobe als Sieger hervorging, Herzog Karl, forderte bei Johans Regierungsantritt ebenfalls seine Rechte ein. Er sorgte dafür, daß die Artikel von Arboga, mit denen König Erik die Herzogsrechte beschnitten hatte, wieder fielen. Gustav Wasas Testament wurde buchstabengetreu erneut in Geltung gesetzt, Karl konnte sein Herzogtum »so frei halten wie Seine Majestät das Königreich«. Er machte vollen Gebrauch von diesem Recht und baute es zu einem Staat im Staate aus.

Der König erbte von seinem Bruder die Bürde des Krieges. Er beeilte sich, ihn zu beenden. Die Kämpfe entwickelten sich nicht zu Schwedens Gunsten. Aber Johan konnte bei seinen Friedensbemühungen auf die Erschöpfung beider Seiten rechnen. Die Kriegsfurie hatte die Grenzgebiete hüben und drüben verwüstet; die Städte waren verbrannt, den Bauern fehlte das Saatgetreide. Die in dänischen Diensten stehenden Landsknechte meuterten, weil sie aus dem ausgesogenen Land nichts mehr herauspressen konnten.

Unter Einschaltung verschiedener Vermittler, vom Kaiser bis zum französischen Gesandten in Kopenhagen, kam der Friede von Stettin zustande, unterzeichnet am 30. November 1570. Er enthielt harte Bedingungen für Schweden, von denen jedoch die meisten nicht wirksam wurden. Die Freigabe der Narwa-Schiffahrt unterlief Schweden mit seiner starken Flotte: Es kaperte die Handelsschiffe, vor allem die lübischen, oder sie mußten Zoll zahlen und teure Paßbriefe kaufen. Nicht zu umgehen war die im Friedensvertrag festgelegte Auslösung der Festung Älvsborg, Schweden brauchte diesen Zugang zur westlichen See. Die 150 000 Reichstaler wurden in drei Raten bezahlt, ein verbliebener Rest 1578 in Kupfer und Eisen.

Das wichtigste Ergebnis des Friedensschlusses war jedoch, daß Schwedens Selbständigkeit nicht länger in Frage gestellt war. In dem als Ehrensache wichtigen Streitpunkt der drei Kronen im Wappen der beiden nordischen Staaten wurde ein Kompromiß geschlossen: Jeder durfte sie führen.

Johan, der bei der Ostpolitik im Gegensatz zu seinem Bruder auf Polen gesetzt hatte, konnte nun die Annäherung an diesen Nachbarn betreiben. Solange sein Schwiegervater Sigismund Augustus lebte, schien sich tatsächlich eine Allianz anzubahnen, die Allianz mit einem Staat von großer Bedeutung. Sigismund Augustus gelang es, das Gebiet, das er beherrschte, beträchtlich auszudehnen. Nach der Vereinigung Litauens, Preußens, der russischen Provinzen Wolynien, Podolien, Podlachien und der Ukraine mit Polen durch die Lubliner Union von 1569 und nach dem Erwerb der Walachei und Livlands reichte sein Königreich von den Küsten der Ostsee bis zum Dnjestr, von der Netze im Westen bis zur Desna im Osten und war dreimal so groß wie das heutige Polen. Nach dem Tod dieses letzten Jagiellonen im Jahre 1572 geriet jedoch in Polen alles in Verwirrung. Das Recht des polnischen Adels zur Königswahl, bisher fast ohne Bedeutung, wurde voll ausgeschöpft, das Land zu einer Adelsrepublik mit monarchischer Spitze.

Johan stellte sich selbst als Thronkandidat, mit Versprechungen, die er nicht halten konnte, in der Hoffnung auf eine Lösung der Probleme im Osten durch eine Personalunion der beiden Kronen. Es war, wie so manches bei Johan, ein halber Versuch. Als die polnischen Stände statt seiner erst Heinrich von Anjou und, nachdem dieser als Heinrich III. den französischen Thron erbte, den Fürsten von Siebenbürgen, Stefan Batory, wählten (eine Niederlage Habsburgs, das Maximilian II. als Gegenkandidat aufgestellt hatte), zeigte er keine Enttäuschung, suchte aber sofort die Bundesgenossenschaft des neuen Herrschers.

Die Schweden behaupteten sich in dieser Zeit nur mühsam in Estland, aber Johan hielt an diesem Besitz, den er schon als Herzog von Finnland ins Auge gefaßt hatte, hartnäckig fest. Die schwedische Position in Estland war nach dem Frieden von Stettin zunächst schweren Belastungen ausgesetzt gewesen. Die Erschöpfung Schwedens nach dem langen Krieg und die Schwäche Polens während der Königswahlen hatte der Zar für sich genützt, und Reval war lange in Gefahr, von den Russen erobert zu werden. Im Oktober 1578 kam die Wende: Die Russen wurden von gemeinsam operierenden schwedischen und polnischen Streitkräften bei Wenden entscheidend geschlagen. Der Zar, der anfangs der siebziger Jahre mit Johan einen Briefwechsel von beispielloser Grobheit geführt hatte, mußte eine Niederlage nach der anderen hinnehmen. Batory drang in Richtung Nowgorod vor, eroberte nacheinander Polozk, Welikije Luki und Cholm und begann 1581 mit der Belagerung von Pskow. Die Schweden, geführt von Pontus de la Gardie, einem französischen Berufssoldaten, der aus dänischen in schwedische Dienste getreten war, fegten die Russen aus Livland hinaus. Pontus de la Gardie, mit dem König verschwägert (er hatte dessen illegitime Tochter geheiratet), eroberte 1580 die russische Grenzfestung Kexholm (Käkisalmi) in Ingermanland, im September 1581 erstürmten seine Truppen Narwa und richteten »wie es Sitte ist« (so de la Gardie) ein fürchterliches Blutbad an: 7000 Menschen – Männer, Frauen und Kinder – fielen ihm zum Opfer.

Die Siege des rücksichtslosen Feldherrn entschieden das Schicksal Estlands: Es wurde für mehr als ein Jahrhundert Teil des schwedischen Reiches. Johans Freudenschrei, den Russen sei das Rückgrat gebrochen, war jedoch verfrüht. Bevor der Zar sich zu einem Waffenstillstand bequemte, mußte weitergekämpft werden, ab Januar 1582 ohne die polnische Rükkendeckung, denn Stefan Batory, dem die schwedischen Erfolge unbehaglich wurden, hatte sich um diese Zeit im Vertrag von Jam Zapolski für zehn Jahre mit Rußland verglichen. Aus den polnisch-russischen Vereinbarungen, in denen Iwan auf das Ordensland verzichtete, leitete Polen Ansprüche gegen Schweden ab, die zwar zu dieser Zeit aussichtslos waren, jedoch künftige Konflikte in sich bargen.

Der Waffenstillstand Schwedens mit Rußland wurde 1583 für drei Jahre geschlossen und 1586 um weitere drei Jahre verlängert; er schrieb den erreichten Besitzstand fest. Der Machtwechsel in Rußland nach dem Tod Iwans des Schrecklichen, der 1584 Boris Godunow auf den Thron brachte, schaffte für einige Zeit Ruhe an der Grenze.

Die Eroberung Narwas hatte nicht den erhofften wirtschaftlichen Erfolg. Der Handel suchte, durch Stefan Batory ermuntert, seinen Weg über Riga und Pernau nach Dorpat, gleichzeitig gewann der Verkehr zum Weißen Meer, wo 1584 Archangelsk gegründet wurde, an Bedeutung. Johan versuchte daher auch stärker nach Norden auszugreifen; er beanspruchte die Steuerhoheit in Lappland, meldete Rechte auf die arktische Küste vom Weißen Meer bis zum Varanger-Fjord und auf die Halbinsel Kola an. In seinen beiden letzten Regierungsjahren suchte er diesen Ansprüchen durch sorgfältig geplante, wenn auch erfolglose Expeditionen Nachdruck zu verleihen.

Wie bei so vielen Unternehmungen, die einer richtigen Einsicht Johans entsprangen, fehlte auch seiner Norrland-Politik die Konsequenz. Er konnte Zähigkeit beweisen wie in seinem Ringen um Estland, aber den laufenden Geschäften, den Notwendigkeiten der Umsetzung von Einfällen in kontinuierliche Arbeit war er nicht gewachsen. Er vermehrte die Zahl seiner Sekretäre, Kammerherren und Schreiber, ließ sie aber ohne Aufsicht. Das Herz der Regierungsgewalt schlug kraftlos. Reformversuche scheiterten an der Eifersucht, der Unzuverlässigkeit oder der Gleichgültigkeit des Königs. Er war wirklich gebildet, aber seine Kenntnisse blähten ihn auf, und er war bis zur Prahlsucht auf seine Würde bedacht. Wie alle Wasa war er zu heftigen Ausbrüchen fähig. Aber er bellte mehr als er biß – im Guten wie im Bösen. Trotz oder wegen der Untat an seinem Bruder Erik wollte er ein gerechter König sein. Seine tiefste Neigung galt der Theologie. Auch Erik hatte lebhafte theologische Interessen, aber sie nahmen ihn nicht wie Johan ganz und gar gefangen. Und im Gegensatz zu Eriks nüchternem Luthertum war Johan von einer dunklen, mystischen Frömmigkeit geprägt. Er berief sich auf die Kirchenväter, und die frühe Kirche war sein Ideal; dort sah er den Heiligen Geist am Werk, nicht in Rom, Wittenberg oder Genf. Der Versuch dieses Ideal zu verwirklichen, eine Art König Hiskia seines Landes zu sein, führte ihn in einen schweren, langwierigen Konflikt mit der schwedischen Kirche.

Unter Erik XIV. hatte die von Erzbischof Laurentius Petri geführte Kirche mehr Bewegungsfreiheit gewonnen als unter seinem Vater, obgleich er die Annahme der bereits vorbereiteten neuen Kirchenordnung hinauszögerte; sie wurde erst nach seinem Sturz 1571 in Kraft gesetzt. Das kirchliche Leben erstarkte und mit ihm das Selbstbewußtsein der Bischöfe. Vielleicht war es die Autorität des Erzbischofs, die Johan zunächst Zurückhaltung auferlegte. Nach dessen Tod im Jahre 1573 begann sich der König immer mehr um die Kirche zu kümmern. Die Kirchenordnung von 1571 war in vieler Hinsicht unentschieden formuliert; sie forderte zur Präzisierung und Interpretation heraus. Eine vom König veranlaßte Anweisung zur Besserung der Amtsführung der Pastoren wurde noch ohne Widerspruch hingenommen; in der Tat blieb hier manches zu wünschen übrig, und gegen die Bestimmung, die Pfarrer sollten unterlassen, »ihre alten Hüte und schmutzigen Handschuhe auf den Altar, ja zwischen Kelch und Patene zu legen« oder sich unmittelbar vor Sonn- und Feiertagen zu betrinken, war im Ernst nichts einzuwenden.

Der nächste Schritt, die Einführung der *Nova Ordinantina* im Jahr 1575 stieß bereits auf Widerstand. Obwohl weithin mit der lutherischen Lehre übereinstimmend, zeigte sie in manchen Abschnitten deutlich, bis zur wörtlichen Übernahme, den Einfluß des katholischen Theologen Georg Cassander, der auf altkirchlichen Grundlagen eine Versöhnung mit den Protestanten anstrebte. Die strengen Lutheraner witterten Papismus.

Noch schärfer wurde die 1577 dem Reichstag vorgelegte neue Liturgie, das sogenannte »Rote Buch« abgelehnt. Die Kirche als Institution ließ sich zögernd darauf ein, aber viele Geistliche verweigerten den katholisierenden Tendenzen der Liturgie ihre Zustimmung. Wirklich angenommen und in der ganzen Kirche praktiziert wurde sie nie. Den stärksten Rückhalt fanden die Gegner des »Roten Buches« bei Herzog Karl, der für sein Herzogtum Södermanland und die dortige Diözese Strängnäs das »Rote Buch« entschieden ablehnte und Pfarrern, die der König ihres Widerstandes wegen aus dem Amt jagen ließ und mit Gefängnis bedrohte, in seinem Gebiet Schutz gewährte. Die Aufsässigkeit reizte den König zu noch schärferen Maßnahmen, und die Wortgefechte beider theologischen Lager wurden immer hitziger und bösartiger bis zur Verbreitung von Greuelmärchen. Karl trieb den Konflikt auf die Spitze, als er einen der vom König amtsenthobenen Pfarrer 1585 zum Bischof von Strängnäs wählen ließ. Kurz vor seinem Tod erst gab der König den Kampf um das »Rote Buch« auf; es war eine Zeit, in der Johan auf die Hilfe seines Bru-

ders angewiesen war. Aber er fühlte sich in seinen besten Absichten mißverstanden, im Herzstück seines Lebens verletzt.
Wie weit Johan sich tatsächlich der katholischen Kirche genähert hat, ist eine umstrittene Frage. Seine Frau Katharina war eine strenggläubige Katholikin, obwohl ihr Vater als König die Reformation in Polen zumindest nicht behindert hatte. Seinen Sohn Sigismund ließ Johan auf Katharinas Wunsch katholisch erziehen. Gustav Droysen unterstellt Johan die Absicht, den Katholizismus in Schweden zu restaurieren, wenn auch in einer gemäßigten Form. In der Tat hat der König sich in Verhandlungen mit dem Papst eingelassen, und in Rom bestand zeitweilig die Hoffnung, den dem Glauben der Väter nahen Herrscher und mit ihm sein Land in den Schoß der Kirche zurückführen zu können. Ein nach Stockholm entsandter, als Lutheraner getarnter norwegischer Jesuit, Laurentius Nicolai, diente dem König beim Aufbau einer Schule im Grauen Kloster zu Stockholm, in der »Klosterlasse«, wie er genannt wurde, angehende Geistliche mit Bruchstücken eines lauen Luthertums speiste und das »Rote Buch« verteidigte. Eine Reise von Pontus de la Gardie nach Rom, die einerseits der Regelung von Vermögensansprüchen Johans diente, andererseits als Eröffnung eines Gesprächs über die Wiedervereinigung der Kirchen gedacht war, wurde durch den Besuch eines Sonderbotschafters erwidert: Antonio Possevino, ehemals Generalsekretär des Jesuitenordens, traf Weihnachten 1577, von zwei anderen Jesuiten begleitet, in Stockholm ein. Er wurde von dem König, der seit Ostern nicht mehr nach lutherischem Ritus kommunizierte und der durch Klosterlasse geförderten Annäherung einiger Aristokraten an die katholische Kirche nichts in den Weg legte, warm empfangen. Die stillen Verhandlungen platzten jedoch, als Klosterlasse durch einen öffentlichen Skandal als Jesuit entlarvt wurde. Die Alarmierung der schwedischen Kirche veranlaßte den König zu einem Brief an den Papst, den Possevino nach Rom mitnahm. Darin forderte Johan als Voraussetzung für die Wiedervereinigung: den Laienkelch, die Messe in schwedischer Sprache, die Rechtsprechung über die Bischöfe in politischen Fällen, Anerkennung der in der Reformation vollzogenen Landabtretungen der Kirche. Während er zu glauben schien, in Rom damit durchdringen zu können, hoffte Possevino – aus dessen Hand der König vor der Abreise das Sakrament empfing und sich dabei enthusiastisch zu der einen katholischen Kirche bekannte (wobei er den Zusatz »römisch« allerdings vermied) –, Johan werde sich schon den Wünschen der Kirche anpassen, weshalb er in ganz Europa die Nachricht verbreitete, Schwedens Heimkehr nach Rom stehe bevor.
Daß beide sich täuschten, ist charakteristisch. Sie hatten offenbar nicht begriffen, wie eng das Schicksal des Hauses Wasa und damit das Schwedens mit der Reformation verknüpft war. Immerhin stürzte die Antwort

des Papstes Johan aus seinen Illusionen. Trotz einiger kleinerer Zugeständnisse blieb Gregor XIII. unnachgiebig; das »Rote Buch«, Johans liebstes Kind, wurde als häretisch verworfen.

Der Stolz des Königs war tief verletzt. Im Juli 1579 wohnte er nach zwei Jahren erstmals wieder einer lutherischen Messe bei und nahm das Abendmahl in beiderlei Gestalt. Die römische Kirche mußte ihre Hoffnungen von ihm abziehen und in seinen Sohn Sigismund setzen, der bei seinem katholischen Glauben beharrte.

Johan bestritt nachdrücklich, je ein Papist gewesen zu sein, und obwohl er als Werkzeug der Gegenreformation benutzt wurde, entsprach dies vermutlich der Wahrheit. Ganz bestimmt war er aber kein Realist, kein *homo politicus*. In einer Zeit, in der die konfessionellen Gegensätze sich aufs äußerste verschärften und blutig entluden, in der in England die Katholiken verfolgt wurden, in Spanien die Scheiterhaufen der Inquisition brannten, in den Niederlanden die Truppen Herzog Albas marschierten und in Paris die Bartholomäusnacht mit den Hugenotten aufräumte, war es naiv, sich in die frühe Kirche zurückzuträumen, und die unauflösbare Verquikkung von Politik und Religion zu verkennen.

In der schwedischen Kirche weckten die Vorgänge einen scharfen Widerstand gegen den Papismus, der den Gegnern des »Roten Buches« zugute kam. Daß das Festhalten am Luthertum für Schweden von eminent politischer Bedeutung war, erkannte am deutlichsten Herzog Karl, obwohl man ihm Neigungen zum Calvinismus nachsagte. Karl schob sich in den letzten Jahren Johans III. immer deutlicher in den Vordergrund. Immer wieder war er mit seinem Bruder zusammengestoßen, nicht nur in Fragen der Liturgie. Der Ton zwischen König und Herzog war barsch, die Streitigkeiten um Güter und Rechte rissen nicht ab. Als der König nach Katharinas Tod (1583) Gunilla Bielke zur Frau nahm, um sich »seine schweren und tiefen Gedanken zu vertreiben«, verweigerte Karl die Teilnahme an der Hochzeit.

Der latente Konflikt mit dem Adel brachte die Brüder schließlich zusammen. Johan, zur Wahrung der dynastischen Rechte auf Karl angewiesen, geriet immer mehr in dessen Abhängigkeit. Zuletzt regierte Karl praktisch das Reich. Dazu trug bei, daß Kronprinz Sigismund, den Johan von Herzen liebte, vom polnischen Reichstag zum König gewählt wurde und seit 1587 nicht mehr im Lande weilte. Die Wahl, die Schweden in eine jahrhundertelange Auseinandersetzung ziehen sollte, war durch ein Doppelspiel gewonnen worden: Einem halben Versprechen der schwedischen Unterhändler, in die Abtretung Estlands an Polen zu willigen, stand die Zusage Sigismunds an seinen Vater gegenüber, niemals eine solche Abtretung zu betreiben. Johan, der durch die Erhebung seines Sohnes zum polnischen König eigentlich am Ziel langgehegter Ambitionen war, konnte sich mit der Abwesenheit Sigismunds nicht abfinden. Obwohl ihm Gunilla Bielke 1589 einen zweiten Sohn, Johan, gebar, suchte er in diesem Jahr bei einer Zusammenkunft in Reval Sigismund zur Rückkehr nach Schweden zu bewegen.

Sigismund bemühte sich tatsächlich um die Abdankung. Dem widerstanden sowohl Polen wie Schweden: Die anwesenden Herren des Reichsrates, die in der Allianz mit Polen eine Garantie gegen die erneut drohende russische Gefahr sahen, setzten den König durch Inszenierung einer Meuterei unter Druck; die polnischen Senatoren beriefen sich auf einen Tatareneinfall nach Podolien, um Sigismunds Rückkehr nach Warschau zu erzwingen.

Johan III. starb am 17. November 1592 »an einem Zehrfieber«, 55 Jahre alt, versöhnt mit seinen Nächsten, aber sicher nicht frei von Zukunftsängsten. Er hinterließ seinem Sohn ein schweres Erbe: den konfessionellen Gegensatz des schwedischen Volkes zu seinem neuen Herrscher, den Interessenkonflikt zwischen zwei Kronen, eine auf ihre Rechte pochende Adelsschicht, einen mächtigen Gegenspieler in der Gestalt des Herzogs Karl, gewaltige außenpolitische Probleme, eine schlecht funktionierende Verwaltung und zerrüttete Staatsfinanzen.

Johan hatte das Geld mit vollen Händen ausgegeben, um glänzend Hof zu halten und fürstlich zu bauen. Er hatte fremde Baumeister ins Land geholt, das Stockholmer Schloß ausgestaltet, es mit fließendem Wasser und einem Schwimmbecken versehen, die Festungen von Kalmar, Västerås, Älvsborg zu Palais verwandelt, in Uppsala, Borgholm, Svartsjö, Vadstena, Gävle gebaut und Drottningholm als Sommerresidenz für Katharina gegründet. Auch für Kirchen, Hospitäler und Grabdenkmale öffnete er den Beutel. Aber er mußte auch seine Schwestern ausstatten, Älvsborg freikaufen und seine Soldaten bezahlen. Was durch oft fragwürdige Maßnahmen zusammengescharrt wurde, auch durch eine wachsende Belastung des Volkes, verschlang vollends der kaum abreißende Krieg, zuerst gegen Dänemark, dann gegen Rußland.

Der Vater

Wir wollen nicht mehr Regenten haben, als unser Gesetzbuch angibt, wo steht: Über ganz Schweden darf nicht mehr als einer König sein. Und da der König selbst nicht im Reich, sein Sohn und sein Bruder aber unmündig ist, so können und wollen wir keinen anderen als Reichsverweser anerkennen als seine fürstliche Gnaden, den Herzog Karl.

Sendschreiben aus Dalarna, 1597

AM 1. FEBRUAR 1594 WURDE JOHAN III. im Dom von Uppsala feierlich bestattet. Die Krönung seines Sohnes Sigismund, der erst Ende 1593, im elften Monat nach seines Vaters Tod, mit geringem Geleit schwedischen Boden betreten hatte, sollte unmittelbar darauf stattfinden, jedoch zogen sich die Verhandlungen über Krönungseid und Königsversprechen noch fast drei Wochen hin. Der König mußte sich den ultimativ vorgebrachten Forderungen aller vier Stände des versammelten Reichstages beugen. Gegen den von 2000 Soldaten des Herzogs Karl gestützten Volkswillen konnte Sigismund sich nur durch einen geheimen Vorbehalt wehren; sein Beichtvater, der Jesuit Malaspina (»Mala-Spina, der böse Dorn, der in des Königs Fuße steckte«, nannte ihn Gustav Adolf später) entband ihn von Versprechen, die ihm unter Zwang abverlangt würden.

Der Wortführer des Adels, Erik Sparre, nahm als Vertreter des Reichsrates Sigismund den Eid ab. Während der König die verpflichtenden Worte sprach, ließ er die Schwurhand sinken. Herzog Karl, als argwöhne er den Vorbehalt, trat auf seinen Neffen zu und herrschte ihn an, die Hand oben zu halten. Nachher, als er dem gedemütigten König den Treueid zu leisten hatte, legte er ihm nur den Hut zu Füßen; er selbst blieb aufrecht stehen. Die Szene spiegelt, was sich zwischen Karl und Sigismund abspielte, vorher und nachher.

Vorangegangen war, gleich nach Johans Tod, eine Verständigung über eine interimistische Regierung zwischen Karl und dem Reichsrat, auch jenen Mitgliedern des Reichsrates, die, geführt von Erik Sparre, in Reval Johan III. ihren Willen aufgezwungen hatten und daraufhin von König und Herzog gemeinsam bekämpft worden waren. Karl scheute sich nicht, ein Zweckbündnis mit ihnen einzugehen, auf das sie mehr angewiesen waren als er. Die Ziele beider Seiten dieser brüchigen Allianz waren höchst unterschiedlich: Karl wollte die Macht, gleich unter welchem Titel. Seine Bundesgenossen wollten eine konstitutionelle Ordnung, die an al-

tes schwedisches Recht anknüpfte. Der Reichsrat, aus Vertretern der wenigen großen Adelsfamilien zusammengesetzt, hatte unter Gustav Wasa seine angestammte Rolle, dem König beizustehen und den Mittler zwischen König und Volk zu spielen, völlig eingebüßt. Er trat nur noch selten zusammen; der König lenkte die Geschäfte mit eigener Hand, und als diese schwieriger wurden, holte er sich seine Helfer von außen oder aus den unteren Klassen. Seit den 60er Jahren jedoch drängte die neue Generation des Adels, die sich die nötigen Bildungsvoraussetzungen verschafft hatte, in die Verantwortung. Erik Sparre artikulierte ihr Programm, vor allem in seinem in den 80er Jahren geschriebenen Buch »Pro Lege, Rege et Grege«. Er berief sich auf das allgemeine Landrecht von 1350, beanspruchte für den Reichsrat das Amt des Wächters über die Freiheiten des Volkes und betrachtete das Verhältnis zwischen Souverän und Untertanen, vertreten durch die vier Stände, als einen Vertrag mit gegenseitiger Verpflichtung. Eine Verletzung der Pflichten durch die eine Seite berechtigte die andere zum Eingreifen. In der Praxis – das ergab sich aus der langen, feierlichen und großartigen Rede, in der Erik Sparre unmittelbar vor der Krönung Sigismunds die *Postulata* des Adels vortrug – lief dies auf ein Monopol der Herren auf die großen Staatsämter und auf eine kollegiale Organisation hinaus – ein aristokratisches Regime mit libertären Zügen.
Das Krönungsversprechen, das Sigismund als Voraussetzung der Krönung abgeben mußte, enthielt die Zusage, Schweden »mit dem Rat Herzog Karls und des Reichsrates« zu regieren; gute Beziehungen zu Polen aufrechtzuerhalten, ohne schwedische Interessen zu opfern; in seinen Diensten keine fremden oder niedrig geborenen Personen dem schwedischen Adel vorzuziehen; ohne Zustimmung aller Stände weder einen Krieg zu beginnen, noch Frieden oder ein Bündnis zu schließen, noch »irgendeine andere bedeutende Sache zu unternehmen«. Vor allem aber verpflichtete sich der König, die Beschlüsse der Kirchenversammlung von Uppsala einzuhalten und nur Lutheranern ein Amt anzuvertrauen, sei es weltlich oder geistlich.
Die Kirchenversammlung von Uppsala war acht Wochen nach Johans Tod, unmittelbar nachdem Karl und der Reichsrat sich verständigt hatten, einberufen worden. Der Herzog verlor keine Zeit, im Zeichen der Religion das Land zu einigen. Dem Onkel des Königs war es sicherlich auch um eine Stärkung seiner Position zu tun; aber man muß ihm wohl glauben, daß er sich vor Sigismund als einem Werkzeug der römischen Kirche fürchtete. Sein Widerstand gegen das »Rote Buch« war seiner Sorge entsprungen, die Liturgie bahne den Weg nach Rom; die Forderung nach einem Konzil zur Bereinigung der strittigen Fragen hatte er schon lange erhoben.
Wieweit war seine Sorge berechtigt? Papst Clemens VIII., seit 1592 auf

dem Heiligen Stuhl, betrachtete Schweden als bevorzugtes Ziel der Gegenreformation. Als er nach seiner Wahl Germanico Malaspina zum Nuntius in Polen ernannte, stellte er ihm nicht nur die Heimholung dieses noch immer protestantisch gefleckten Landes, sondern ausdrücklich auch Schwedens zur Aufgabe. Zwar war der Boden in Schweden dafür schlecht vorbereitet, aber die Beispiele anderer Länder nährten die Hoffnung des Papstes und die Sorge der Protestanten, mit dem katholischen Souverän könnte auch seine militante Kirche Einzug halten.

Als die Kirchenversammlung Ende Februar 1593 zusammentrat – mehr als 300 Geistliche, dazu Vertreter der anderen Stände und neun Mitglieder des Reichsrates waren in Uppsala erschienen – war die Abwehr aller Papisterei das einigende Band. Das »Rote Buch« wurde nach freier Disputation als *monstrum horrendum* [schreckliche Ungeheuerlichkeit] verworfen, der wegen seines Widerstandes gegen die Liturgie verfolgte Angermannus zum Erzbischof gewählt, und hinsichtlich der Zeremonien und Riten wurde die Kirchenordnung von 1571 zur Richtschnur genommen. Vor allem aber gab sich die protestantische Kirche Schwedens erstmals ein Glaubensbekenntnis: Man wählte einmütig die *Confessio Augustana invariata*, das Augsburger Glaubensbekenntnis von 1530 in seiner ursprünglichen Gestalt. Alle abweichenden Lehren wurden verworfen; ihren Anhängern, also vor allem Katholiken und Calvinisten, war der Aufenthalt in Schweden nur gestattet, wenn sie sich nicht öffentlich versammelten.

Das Ergebnis des Konzils: »Nun steht Schweden wie ein Mann, und alle haben wir einen Herren und Gott!« wurde durch die Unterschrift aller Anwesenden unter der Schlußresolution bekräftigt, und Abschriften dieses Dokuments wurden im ganzen Land verbreitet und gegengezeichnet.

So gerüstet, in einem Zustand religiöser Kampfstimmung, erwartete Schweden die Ankunft des neuen Herrschers. Ein Wetterleuchten der kommenden Auseinandersetzung war auch in Finnland sichtbar: Der dortige Gouverneur Klas Fleming hatte sich auf die Seite Sigismunds gestellt und sich den Anweisungen der interimistischen Regierung in Stockholm widersetzt. Statt, nach dem Waffenstillstand mit den Russen, sein Heer aufzulösen, zwang er die finnischen Bauern den Soldaten Quartier zu geben. Gestützt auf eine Vollmacht des Königs, trotzte er Karl und dem Rat.

Sigismunds Abreise aus Warschau hatte sich verzögert: Seine polnischen Landeskinder argwöhnten, er wolle sie auf immer verlassen (was er ja schon einmal versucht hatte), und sie zwangen ihn zu einem schriftlichen Versprechen, Estland an Polen abzutreten und vor dem Bartholomäustag, dem 24. August 1594 zurückzukehren. In Danzig, wo er Ende August eintraf, um sich von Flemings Flotte übersetzen zu lassen, wurde er von zwei

Seiten unter Druck gesetzt: einerseits von einer Gesandtschaft des Papstes, der mit 20000 Scudi und Malaspina als Begleiter die Sache der Gegenreformation stärkte, und andererseits von den beiden Reichsräten Erik Sparre und Klaus Bielke, die ihn nicht nur einholen, sondern ihm gleich auch die erwarteten Zugeständnisse abhandeln wollten.

Die Reise nach Stockholm war stürmisch – der Wind schien sich mit den Protestanten verbündet zu haben. In Stockholm war die Wetterlage der Volksstimmung und der Verhandlungen nicht freundlicher: Sigismund mußte sich allen Forderungen beugen. Seine Krönung unter demütigenden Umständen besserte nichts; die Diskussionen über eine Regierungsordinanz für die Zeit seiner Abwesenheit blieben ohne Ergebnis; die Chance des Königs, die verdeckten Gegensätze zwischen Karl und dem Reichsrat zu nützen, wurde vertan.

Schließlich glaubte der König einen besseren Weg gefunden zu haben: Er erließ eine Regierungsordnung, die der aus Herzog Karl und dem Reichsrat bestehenden Stockholmer Regierung wenig mehr anvertraute als die laufenden Geschäfte; daneben aber schuf er sich – wie in Finnland – auch in Schweden feste Stützpunkte, indem er für Öster- und Västergötland, Stockholm, Uppland und Norrland Statthalter seines Vertrauens ernannte.

Weder Karl noch der Reichsrat waren bereit, unter solchen Bedingungen eine Regierungsverantwortung zu übernehmen. Der Herzog drängte auf eine Bestätigung als »Regent und *föreståndere*«, sonst würde er sich an den Reichstag wenden. Sigismund entzog sich der weiteren Diskussion. Er hatte sich bereits zur Rückkehr nach Polen eingeschifft und wartete nur auf günstige Winde. Nach einigen verbalen Zugeständnissen – er nannte Karl den »vornehmsten im Rate nach König Gustavs Testament«, verlangte jedoch für jede Entscheidung den einstimmigen Beschluß des Rates und verbot die Einberufung der Stände in seiner Abwesenheit – beeilte er sich, die Segel setzen zu lassen, bevor der geharnischte Protest des Herzogs ihn erreichte. Als an diesem 4. August 1594 seine Schiffe nach Süden entschwanden, hatte im Grunde der Bürgerkrieg schon begonnen. Die Probleme, die Sigismund hinterließ, waren unlösbar.

Der Reichsrat, der sich über die Machtstellung des Herzogs nicht täuschen konnte, versuchte mit diesem ein Übereinkommen für die weitere Zusammenarbeit auszuhandeln. Einen Monat nach der Abreise des Königs machten die Herren deshalb das folgenschwere Zugeständnis, Karl als einzigen *riksföreståndere* und Haupt der Regierung anzuerkennen, wenn auch mit Vorbehalten, so der Anerkennung des Beschlusses durch den König und der Auflage, nicht nur mit dem Rat des Rates sondern mit dessen Zustimmung zu regieren: Sie banden sich »alle für einen und einer für alle«. Erik Sparre mochte hoffen, der von ihm und seinen Freunden angestrebten kollegialen Organisation der Regierungsgewalt ein Stück näher gekommen zu sein – für Karl war das Abkommen eine Durchgangsstation. Doch bemühte er sich vorerst um gute Beziehungen zu den Reichsräten – Erik Sparre wurde einer der Taufpaten seines im Dezember 1594 geborenen Sohnes Gustav Adolf – und hielt sich zurück, zumal Erik Brahe, der von Sigismund ernannte katholische Statthalter in Stockholm, auf sein Amt verzichtete.

Das Hauptproblem war Klas Fleming. Mit der vereinbarten Einstimmigkeit beorderten Herzog und Reichsrat den Statthalter aus Finnland nach Stockholm, um ihm den Treueschwur abzunehmen. Seine barsche Antwort blieb zunächst ungerügt, solange die Friedensverhandlungen mit Rußland schwebten, die schließlich im Mai 1595 zum Frieden von Teusina führten. Der Vertrag war eindeutig zu Schwedens Gunsten: Sein Recht auf Narwa und Estland wurde anerkannt, eine genaue Festlegung der östlichen Grenze Finnlands wurde vereinbart, Schwedens Souveränität bis an das Nordmeer ausgedehnt. Rußland war fast völlig von der Ostsee verdrängt, ein hoher Preis für die innere Schwäche des Moskowiterreichs.

Der Friedensschluß demonstrierte der Stockholmer Regierung jedoch auch, wie notwendig es war, Finnland wieder mit dem Mutterland zusammenzubinden. Der heftige Notenwechsel mit Fleming erbrachte das Gegenteil: Tatsächlich blieb dort ein unabhängiger, auf eine Armee gestützter Statthalter ihrem Zugriff entzogen, und er konnte sich dabei auf seinen König berufen. Dies taten auch die Brüder Stenbock, denen mit der Statthalterschaft von Väster- und Östergötland ein erheblicher Teil Schwedens anvertraut war. Und Sigismund gab deutlich zu verstehen, daß er weiter auf solche Männer seines Vertrauens setzen wollte. Karl dagegen – das stand in einem Brief, der Mitte 1595 eintraf – wurden alle Rechte verweigert, die ihm der Reichsrat zugesprochen hatte. Seit langem zum Handeln entschlossen, fühlte sich Karl nun endgültig zur Tat gedrängt. Er zwang den widerstrebenden Herren des Reichsrates die Einberufung eines Reichstages auf. Um Schlimmeres zu verhüten, willigten sie in diesen Verstoß gegen die Anweisungen des Königs.

Der Reichstag, der Ende September 1595 in Söderköping zusammentrat, war ungleichmäßig zusammengesetzt: Der Adel war schwach vertreten, die drei anderen Stände stärker als üblich, am stärksten die Bauern. Bei ihnen fand Karl, der sich als ihr Freund zu geben verstand, auch uneingeschränkten Rückhalt, während die anderen Stände dafür sorgten, daß der Entschluß von Söderköping gemäßigter ausfiel, als der Herzog dies erhofft hatte. Sein Status als Reichsverweser war nun zwar von einer Vertretung des ganzen Volkes anerkannt, aber er blieb an den Reichsrat gebunden, an gemeinsame Beschlüsse und gemeinsame Aktionen. Die von Erik Sparre und dem aus Gewissensgründen für die Rechte des Königs eintretenden Erzbischof Angermannus ausgeklügelten Feinheiten der Resolution sollten Sigismund die Zustimmung erleichtern; dessen langes Schweigen nach dem Reichstag wurde als Zustimmung verstanden. Dann aber, Anfang November, zerstörte ein Schreiben des Königs alle derartigen Hoffnungen: Er erklärte den Reichstag für illegal und dessen Beschlüsse für nichtig.

Der aufgestörte Reichsrat wehrte sich mit halbherzigen Kraftakten, darunter der Aufforderung an Sigismund, Fleming zur Rechenschaft zu ziehen. Fleming benahm sich selbstherrlicher denn je. Seine 5000 Soldaten lebten auf Kosten der Bauern und verübten Greuel im eigenen Land; wer es wagte, sich darüber bei Herzog Karl zu beklagen, wurde barbarisch bestraft. Kein Zweifel: Der König, der Fleming deckte, wurde durch ein solches Regime kompromittiert, während Karl als Beschützer der Bauern auftreten konnte.

Die Herren des Reichsrates waren der Zerreißprobe nicht gewachsen. Sie konnten Fleming nicht gewähren lassen, scheuten jedoch einen Bruch mit dem König und eine bewaffnete Auseinandersetzung. Als Karl, im Gegensatz zu ihnen zum Risiko bereit, ihnen immer mehr auf den Leib rückte, zogen sie sich auf ihre Güter zurück und gingen Verhandlungen aus dem Weg. Im Juli und August 1596 schwoll dafür die Korrespondenz zwischen Karl und den Räten zu einem Umfang, der Hogenskild Bielke zu der Bemerkung veranlaßte, so viel hätten ihre Vorfahren in Jahrhunderten nicht geschrieben. Karl überhäufte die Herren mit Vorwürfen und Drohungen. Der Gipfel seines Nervenkrieges war ein Griff in das Arsenal seines Vaters: Er kündigte seinen Rücktritt und die Einberufung eines Reichstages an, auf dem er die Gründe für diese Entscheidung darlegen würde.

Die Resolution von Söderköping, als Bindemittel zwischen Herzog und Reichsrat gedacht, erwies sich in Karls Händen immer deutlicher als Sprengstoff. Er scherte sich weder um schriftliche Anweisungen des Königs noch um weitere Vermittlungsbemühungen der Herren. Am 29. Oktober 1596 teilte er ihnen mit, daß er sich tatsächlich aus der Regierung zurückziehe und den Reichstag auf Anfang nächsten Jahres nach Arboga rufe.

Gespräche mit Vertretern der oberen Stände hatten dem Herzog gezeigt, daß dort auf Abwarten gesetzt wurde. Von ihnen hatte er wenig zu erhoffen. Er hatte keine Bedenken, sich an den »grauen Haufen«, an die breiten unteren Schichten zu wenden. Er war bereit zum Umsturz.

Das zeigte er in den beiden letzten Monaten des Jahres. Ungeachtet seines Rücktritts mischte er sich weiter in die Regierungsgeschäfte, vor allem aber entfesselte er – ebenfalls nach dem Vorbild seines Vaters – eine heftige Agitation, bei der er mit vulgärer Beredsamkeit seine Zuhörer begeisterte. »Karl Krummnases« grober Witz kam bei den Leuten an, die er jetzt brauchte, obwohl sie ihm wenig bedeuteten. So trat er auf den Wintermärkten auf, verschickte offene Briefe, die wiederum Sendschreiben der Bauernräte auslösten. Auf Volksversammlungen wurde beschworen, treu zu Herzog Karl und der protestantischen Sache zu stehen. Denn Karl hatte nicht verfehlt, vor den finsteren Plänen der Katholiken, vor einer papistischen Verschwörung zu warnen.

Zur gleichen Zeit gab er auf Klagen der finnischen Bauern, die nicht nur über Klas Flemings Soldaten, sondern auch über eine Mißernte stöhnten, unmißverständlich den Rat, sie sollten sich wehren, wenn nicht anders möglich »mit Prügeln und Keulen«. Darauf begann in Österbotten ein blutiger Bauernaufstand, und bald dehnte sich dieser »Keulenkrieg« auch in das südliche Finnland aus – ein Wüten mit Sengen und Brennen, Überfällen, Massakern. Fleming zog seine Truppen zusammen; diese trieben schon im Januar 1597 die Bauern zu Paaren, am 24. Februar machten sie ihnen den Garaus. Fleming lieferte damit Herzog Karl neuen Agitationsstoff für den Reichstag in Arboga.

Am 18. Februar hatte sich dieser Reichstag zu versammeln begonnen, Bürger und Bauern waren in großer Zahl erschienen; auch die Bischöfe – bis auf den aus Finnland – waren anwesend; aber von den Reichsräten hatte sich nur einer eingefunden: Axel Leijonhufvud, ein unsicherer Patron, der, von Karl gekauft, den Mantel nach dem Winde hängte. Die übrigen hielten es für besser, dem Reichstag fernzubleiben.

Sie hatten dort auch nichts zu suchen und nichts zu finden. Die Rechtsordnung, die Erik Sparre vertrat, wurde in Arboga von Anfang an mißhandelt. Karl trat als Demagoge auf; seine Reden dröhnten von Gemeinplätzen; das blutige Beispiel Finnlands wurde an die Wand gemalt. Der Herzog fragte, die Menge antwortete. Sie antwortete: »Sie haben gelogen!«, als er fragte, was von den Gerüchten zu halten sei, die die Reichsräte über ihn ausgestreut hätten. Sie schrieen: »Ja, ja, ja!«, als er wissen wollte, ob die Herren bestraft werden sollten, und sie schrieen nochmals: »Ja, ja, ja!«, als er sie aufforderte, ihm zu folgen, und jeder hob seine Hand.

Der Herzog erreichte einen Beschluß, daß alle, die sich dem Reichstag ferngehalten und sich nicht innerhalb von sechs Wochen zu seinen Ergebnissen bekannt hätten, als Reichsfeinde zu betrachten und darum zu verfolgen seien. Die Ergebnisse bestanden in der Hauptsache darin, daß Karls Stellung als Reichsverweser bestätigt wurde. Er war uneingeschränkt Herr im Lande.

Der Versuch Karls, von dieser Position aus mit dem Reichsrat zu einem Akkord zu kommen, scheiterte, jedoch zerstritten sich die adeligen Herren untereinander über die Konsequenzen. Einige setzten ihre Hoffnung auf eine baldige Rückkehr des Königs, und sie entschieden sich, ihn zu-

rückzuholen. Erik Sparre und Erik Stenbock entschwanden im März über die dänische Grenze, um in Polen vorstellig zu werden, Sten Banér und Göran Posse folgten ihnen im Mai.
Der Reichsverweser zögerte nicht, den nächsten Schritt zu tun: Er sicherte sich die militärische Kontrolle des Landes. Die königlichen Statthalter in Schweden wurden ausgeschaltet. Auf einer Ständeversammlung in Stockholm im Juli – ohne die Bauern, die Karl nicht von der Ernte wegholen wollte – verschaffte sich der Herzog die Vollmacht, in Finnland Ordnung zu schaffen. Fleming war im April als verbrauchter Mann gestorben; sein von Sigismund ernannter Nachfolger, Arvid Stålarm, war Karl nicht feindlich gesonnen, doch befolgte er den Befehl des Königs und verteidigte Åbo gegen die Truppen des Herzogs, als dieser Anfang September die Festung angriff. Ende des Monats war sie in Karls Hand. Er ließ sich von den finnischen Ständen als Reichsverweser anerkennen. Da er aber mit seinen Streitkräften Finnland nicht auf die Dauer besetzt halten konnte, war dies nicht viel mehr als ein Rechtstitel. Nach seinem Abzug übernahm Stålarm wieder die Macht.
Die Entscheidung konnte nicht in Finnland, sie mußte zwischen Karl und Sigismund fallen. Es war vielleicht nicht nur Taktik, daß der Herzog dem König vorschlug, auf der Grundlage gemeinsamer dynastischer Interessen zusammenzugehen – gegen den Reichsrat: »Mit Ausnahme der Religion will ich alles tun, was Ihre Majestät wünscht; ich bin Ihres Blutes und wünsche meinem Blut nichts Böses.«
Der Ruf blieb ohne Echo. Sigismund hatte Grund, seinem Onkel zu mißtrauen, obwohl dessen Glaube an die Rechte der Dynastie sicher ebenso echt war wie der religiöse Glaube, was Karl nicht hinderte, beides auch als Mittel zu anderen Zwecken einzusetzen. Nun spielte er auch in der Auseinandersetzung mit Sigismund das religiöse Argument als Trumpfkarte aus – in der Gewißheit, daß Schweden das Bekenntnis zu *einem* Glauben benötigte, und das konnte nur das Bekenntnis sein, das in Uppsala bestätigt worden war. Mit Überzeugungskraft blies er das Feuer an, ein Feuer, das die letzten Rechte der königlichen Autorität in Schweden zu verbrennen drohte.
Sigismund mußte einsehen, daß er nicht länger seinem schwedischen Reich fernbleiben konnte, so schwer es den Polen fiel, ihn ziehen zu lassen. Das Unternehmen wurde sorgfältig vorbereitet, auch diplomatisch. Die diplomatischen Demarchen verzögerten jedoch die Abreise des Königs. Erst Ende Juli 1598 brach er in Danzig mit 80 Transportschiffen, gesichert von einigen Kriegsschiffen, auf. An Bord befanden sich an die 5000 Soldaten, meist Kavallerie, ein paar polnische Senatoren und die meisten der emigrierten schwedischen Reichsräte.
Bei der Landung in Kalmar ergab sich die Festung ohne Gegenwehr. Si-

gismund proklamierte, er komme in Frieden, und entschuldigte sich, daß er fremde Truppen mitbringe. Seinen friedlichen Absichten widersprach, daß er einen Vorstoß der königstreuen Truppen aus Finnland unter Stålarm in Richtung Uppland mit seiner Landung hatte koordinieren wollen. Wegen der verzögerten Abreise des Königs waren die finnischen Streitkräfte jedoch zu früh vorgerückt und hatten sich dann zurückziehen müssen.

Dafür konnte Sigismund bald weitere Stützpunkte gewinnen: Er segelte nach Stegeborg, dem stattlichen eintürmigen Schloß an der Einfahrt nach Söderköping, in dem sein Vater geboren worden war und in dem jetzt seine Schwester Anna lebte; dort konnte er sein ganzes Heer an Land setzen. Durch einen Zufall, nämlich durch ein paar Schiffe der königlichen Flotte, die ein Sturm nach Norden trieb, fiel Stockholm ohne Schwertstreich dem König zu. Ein Aufstand in Västergötland, zeitgerecht inszeniert, brachte Älvsborg in die Hand der Royalisten. In dieser ersten Zeit, während Karl noch sein Heer sammelte und beide Seiten sich um Parteigänger bemühten, schien der König im Vorteil zu sein. Selbst Karls Bauernsoldaten drohten zu desertieren – die Ehrfurcht vor dem gekrönten Haupt war groß.

Karl griff zu der den Wasa geläufigen Waffe der Propaganda: Sigismund sei tot, seine Armee werde von einem Betrüger geführt; und dieses ausgesprengte Gerücht fand Glauben. Noch stärker wirkte, daß die Pfarrer ihren Gemeinden von ganzen Schiffsladungen mit Mönchen und Jesuiten erzählten, die von fremdem Raubgesindel ins Land geschleust würden. Besonders in Dalarna fand dergleichen offene Ohren.

Schließlich lagen sich die beiden Streitmächte in einiger Entfernung gegenüber: Sigismunds Soldaten noch immer in Stegeborg, Karls Heer landeinwärts bei Linköping. Unterhändler zogen hin und her. Ihre Aufgabe mußte scheitern, solange Sigismund seinen Oheim als rebellischen Vasallen bezeichnete und der Herzog seine Feinde aus dem Reichsrat als Geiseln verlangte.

Am 8. September versuchte Karl durch eine Attacke die Sache für sich zu entscheiden. Seine Truppen wurden mit Verlusten zurückgeworfen. Ausgerechnet die exilierten Herren des Reichsrates retteten die herzoglichen Truppen vor einer Verfolgung. So wie sie, auf Mäßigung und Ausgleich bedacht, in Polen durchgesetzt hatten, daß Sigismund seine Streitmacht auf 5000 Mann beschränkte, so drängten sie jetzt auf eine Waffenruhe.

Die neuen Verhandlungen fraßen sich bald fest, aber die Verhandlungsspanne genügte, um die seither durch widrige Winde bei den Åland-Inseln festgehaltene Flotte des Herzogs, befehligt von Karl Karlsson Gyllenhielm, einem illegitimen Sohn Karls, vor Stegeborg zu bringen. Sigismund, zwischen einer zahlenmäßig überlegenen Armee und einer für ihn unangreifbaren Flotte, versuchte einen Ausbruch unter Aufgabe der Bagage und der Verwundeten.

Am 25. September lagen sich die beiden Heere auf den Ufern des Stånge-Flusses südöstlich Linköping gegenüber. Aus Vorpostengefechten und Scharmützeln entwickelte sich ein Angriff der herzoglichen Truppen auf die beiden von den Königlichen gehaltenen Brücken. Während dieses Angriffs ließ sich Sigismund wieder einmal zu einer Waffenruhe überreden. Das war sein Verhängnis, denn Karl setzte im Schutz des Nebels seine Truppenbewegungen fort, überrannte eine Brücke und jagte so, durch Täuschung und Überraschung, den Gegner in die Flucht, allerdings ohne ihn zu verfolgen. Das war die entscheidende »Schlacht von Stångebro«, von der man lesen kann, Karl habe einen glänzenden Sieg errungen und den König vernichtend geschlagen – gemäß einer lange gepflegten historischen Legende.

Der König mußte erneut verhandeln. Am 28. September wurde der Vertrag von Linköping unterzeichnet. Sigismund verpflichtete sich, einen »freien Reichstag« nach Stockholm einzuberufen, eine Amnestie zu erlassen, sich an sein Königsversprechen zu halten, auf fremde Soldaten zu verzichten und – in diesem Punkt blieb Karl unerbittlich – die fünf Gegner Karls aus dem Reichsrat, an ihrer Spitze Erik Sparre, dem Herzog auszuliefern. Auch versprach der König, sofort nach Stockholm zu ziehen und dort die Regierung zu übernehmen, worauf Karl ihm alles königliche Eigentum, das in seinem Besitz war, zurückerstatten wollte.

Onkel und Neffe spielten Versöhnung und zeigten sich gewillt, den von den Ständen garantierten Vertrag zu halten: Sigismund schickte Diener und Gepäck nach Stockholm voraus, beorderte ein – zu spät – zu seinem Entsatz im Hafen von Stockholm eingetroffenes finnisches Truppenkontingent in seine Heimat zurück und beschaffte Schiffe für seine polnischen Soldaten.

Was den König veranlaßte, mit seinen Schiffen Kurs nach Kalmar statt nach Stockholm zu nehmen und von dort mit seiner Schwester Anna nach Danzig weiterzureisen, kann nur vermutet werden. Gewiß: Er wurde von seinen polnischen Landeskindern dringend zurückverlangt. Aber den Ausschlag für seinen zweiten, endgültigen Rückzug aus Schweden muß etwas anderes gegeben haben. Letztlich, so ist anzunehmen, fühlte er sich Karl nicht gewachsen.

Die beiden Männer, die den Kampf um die Macht in Schweden ausfochten, hatten trotz ihrer nahen Verwandtschaft so gut wie nichts gemeinsam. Sigismund hatte Mühe im Umgang mit Menschen, ihm mangelte die Rednergabe und Wortgewalt der anderen Wasa, seine polnischen Untertanen hielten ihn für schwerfällig und unbeholfen. Er war steif und zurückhaltend, melancholisch, seinem eigenen Urteil gegenüber mißtrauisch, ohne Ehrgeiz, aber nicht ohne Stolz. Seine künstlerischen Interessen – er war selbst ein talentierter Maler – waren stark, dominierend jedoch war seine Frömmigkeit, eine echte, tiefe Religiosität, die auch den Verlust eines Königreiches verschmerzen konnte.

Wenn man ihm Karl gegenüberstellt, einen »Macher«, hart, seiner Sache sicher, fähig sich auf Kosten anderer durchzusetzen, auf den Buchstaben des Rechts und der Bibel bedacht, der Macht ergeben und, wie viele Politiker, ein Menschenverächter, bedenkenlos in der Wahl seiner Mittel – wenn man sich diesen Herzog von Södermanland, der sich den Titel eines Reichsverwesers genommen hatte, vergegenwärtigt, wie er auch im Portrait festgehalten ist, mit der gewaltigen Nase, den tiefen Wangenkerben und dem unerbittlichen Blick, dann versteht man, warum Sigismund vor ihm zurückgewichen ist.

Karl wollte zuerst nicht glauben, daß Sigismund das Land verlassen hatte, so sehr widersprach dies seinem eigenen Verhaltenskodex. Die Anhänger des Königs, soweit sie nicht dem Herzog ausgeliefert waren, verkrochen sich oder suchten sich mit Karl auszusöhnen. Alle aber mußten begreifen, daß eine neue Epoche begonnen hatte.

Karl, so wird berichtet, habe vor dem Reichstag zu Söderköping, der ihn als Reichsverweser bestätigte, geträumt, ihm seien beim Essen zwei zugedeckte Schüsseln aufgetragen worden. Als er aufdeckte, lag in der einen das schwedische Wappen mit den drei Kronen, in der anderen ein Totenschädel mit vielen Menschenknochen. Der Herzog soll über den Traum sehr erschrocken sein. Aber sein Verhalten zeigt, daß er, wenn schon das eine ohne das andere nicht zu haben war, Schädel und Knochen nicht scheute.

Nach Sigismunds Flucht begann er aufzuräumen. Der König hatte in Kalmar eine Garnison hinterlassen und sie nach seiner Rückkehr nach Polen verstärkt, sich dann aber, als die Truppen seines Widersachers vor Stadt und Schloß rückten, nicht mehr um Entsatz gekümmert. Den Sturm auf Kalmar befehligte Karl persönlich. Anfang Mai 1599 wurde die Stadt genommen, zehn Tage später kapitulierte die in die See vorgeschobene Festung. Die drei ranghöchsten Offiziere wurden als Verräter enthauptet, ihre Köpfe auf die Mauern gespießt. Im September und Oktober wurde Finnland unterworfen; auch hier endeten viele auf dem Richtblock, unter ihnen der Sohn Klas Flemings und alte Feinde Karls aus dem »Keulenkrieg«; andere, unter ihnen Stålarm und der Bischof von Åbo, wurden für spätere Gerichtsverfahren in schwedische Gefängnisse verbracht. Sigismund, den Mitte 1599 ein Reichstag in Stockholm für abgesetzt erklärte, versuchte im Oktober sich durch einen Angriff auf Älvsborg nochmals ins Spiel zu bringen, doch schlug dies fehl. Dann begann auch in Estland

seine Autorität zusammenzubrechen. Ein Versuch des Königs, durch eine förmliche Abtretung Estlands an Polen, sich größere militärische Hilfe zu sichern, erbrachte wenig. Als sich Reval für Karl erklärte, mußte Sigismund den letzten Rest seines schwedischen Besitzes verlorengeben.
Um die inneren Verhältnisse zu bereinigen, hatte der *riksföreståndere* auf Anfang März einen Reichstag nach Linköping, den Ort seines Triumphes, einberufen. Das Aufgebot war beträchtlich: An die 800 Vertreter aller Stände entschieden, Sigismund und seiner Familie für immer den schwedischen Thron zu verwehren. Für den elfjährigen Prinzen Johan, den jüngsten Sohn Johans III., wurde ein neues Herzogtum, Östergötland, geschaffen, auch wurde ihm ein nachgeordnetes Recht bei der Thronfolge eingeräumt. Dann aber wandte sich der Reichstag an Karl, den Befreier Schwedens »von päpstlichen Banden, von fremdem Joch und Knechtschaft« und trug ihm und seinen Erben die Krone an.
Der Herzog jedoch hatte Skrupel, und sichtlich waren dies nicht nur taktische Bedenken. Er hatte die Stände, vor allem die Bauern benutzt, um die Macht zu erringen, aber er wollte nicht von ihnen abhängen. Im Grunde seines Herzens war der Rebell ein Legitimist, der Vorwurf, ein Usurpator zu sein, machte ihm zu schaffen. So räumte er Sigismund eine Frist ein, doch noch seinen Sohn Wladislaw nach Schweden zu schicken und dort als Thronfolger protestantisch erziehen zu lassen, wie ihm dies schon einmal angeboten worden war. Karl selbst begnügte sich damit, wie ein König handeln zu können.
Seine erste Tat, noch während des Reichstages, war die Abrechnung mit seinen Widersachern aus dem Reichsrat. Als Sigismund die fünf zu ihm geflohenen Herren auslieferte, hatte er einem Versprechen Karls vertraut, ihr Urteil durch unparteiische ausländische Fürsten sprechen zu lassen. Der Gerichtshof setzte sich jedoch aus nicht weniger als 155 Männern zusammen, die Karl aus allen Ständen außer der Geistlichkeit selbst ausgewählt und für dieses Verfahren ihres Treueids ihm gegenüber entbunden hatte. Sie wußten trotzdem, was von ihnen erwartet wurde. Noch genauer wußten dies die beiden obersten Richter aus dem Reichsrat, der windige Axel Leijonhufvud und – kaum zu glauben – Erik Brahe, der Katholik und frühere Statthalter von Sigismunds Gnaden, der zu Karl übergelaufen war.
Der Herzog trat als Ankläger, als Anwalt des schwedischen Volkes auf, wobei er seine Beredsamkeit voll ausspielte. Den angeklagten zehn Herren – Karl hatte noch weitere fünf in die Anklage einbezogen – wurden ihre alten Sünden vorgehalten, von der Unbotmäßigkeit gegen Johan III. in Reval bis zur Mißachtung der Resolutionen von Söderköping und Arboga, wobei mit Zitaten aus ihrer beschlagnahmten Privatkorrespondenz und allen möglichen Mitteln der Einschüchterung gearbeitet wurde.

Die Angeklagten verteidigten sich nach Kräften und beeindruckten damit auch den Gerichtshof, aber ihre Anstrengungen blieben vergeblich. Der Reichsverweser brauchte den Schuldspruch, um nicht selbst schuldiggesprochen zu werden. Die Nebenfiguren dieses Prozesses konnten Gnade erflehen und erhielten sie auch. Dem listigen Hogenskild Bielke gelang es, sich aus den Maschen der Anklage herauszuwinden und damit für einige Jahre dem Schafott zu entrinnen. Den Hauptvertretern des konstitutionellen Rechts – Erik Sparre, Ture Bielke, Gustav und Sten Banér – war der Rückzug versagt. Von ihrer Sache überzeugt, hielten sie sich bis zuletzt aufrecht. Am 20. Mai 1600 wurden sie dem Scharfrichter übergeben, »schuldig des Meineides, der Lästerung und des Landesverrats«.
In dem von Gustav Wasa in ein Renaissanceschloß umgebauten alten Bischofspalast neben dem Dom nahmen die Verurteilten Abschied von ihren Angehörigen. Die Tochter Gustav Banérs hat darüber berichtet: »Sie baten zuletzt ihre Frauen, in Frieden zurückzubleiben, in der Hoffnung, daß sie in einen ewigen Freudenstand versetzt würden . . . So gingen sie von uns mit gesunden Gliedern und wurden nie mehr in diesem Leben gesehen. Und es folgte ihnen ein großes Gefolge, und dann schlug das Schloßtor hinter ihnen zu. Da gingen sie zwischen starken Wachen die Straße hinunter zum Markt der Stadt . . .«
Zum Tode verurteilt wurden auch drei Führer des Widerstandes in Finnland, aber nur einer, Bengt Falk, wurde mit den vier Aristokraten hingerichtet, den beiden anderen – einer war der Gouverneur Stålarm – rettete ein Aufschub das Leben.
Die Sache der vier Hauptangeklagten, der aristokratische Konstitutionalismus, war mit ihrem Ende auf »Herzog Karls Schlachtbank« – unter diesem Titel erschien später ein maßlos übertreibendes Pamphlet – nicht für immer untergegangen, aber fürs erste schien die Herrschergewalt den Sieg davongetragen zu haben; er wurde als Triumph über Papisterei und Aberglaube ausgegeben, Karl als Retter des Protestantismus gepriesen, das Schwert des Scharfrichters als Schwert des Herrn. Gewiß hätte Sigismund bei einer gewaltsamen Herrschaftsübernahme dem Land den Katholizismus aufgezwungen, aber zur Gewalt war er wohl nie wirklich entschlossen. Karl, so ist anzunehmen, identifizierte sich mit der ihm zugeschriebenen Rolle. Seine Einseitigkeit, seine Blindheit für andere Ansichten als die seine, hatten die Zusammenarbeit mit dem Reichsrat zerstört; diese Eigenschaften erleichterten jetzt sicherlich sein Gewissen, falls es überhaupt einer Erleichterung bedurfte und er nicht nur Genugtuung über den Sieg seiner gerechten Sache empfand – gerecht, weil es die seine war, wenn er es auch wohl umgekehrt sah.
Die Auseinandersetzung mit dem Adel grollte noch lange nach, geschürt von den aristokratischen Emigranten, etwa 100 an der Zahl, in den nor-

wegischen und dänischen Grenzgebieten, in Polen und in den baltischen Ländern. Auch Axel Leijonhufvud hatte es nach seiner Richterrolle in Linköping vorgezogen, das Land zu verlassen. Die meisten Adelsfamilien, eng miteinander verwandt, waren auf diese Weise äußerlich zertrennt und innerlich gespalten. Sigismund suchte das zu nutzen, so wie er auch ständig gegen Karl polemisieren ließ. Karl wehrte sich dagegen teils durch Verfolgung, teils durch Großmut. Auf Landkonfiskationen und Ausübung von Sippenhaft gegen die Angehörigen der Opfer von Linköping folgten Gnadenerweise: Entlassung von Gefangenen, unter ihnen Stålarm und der Bischof von Åbo, Versprechen für die Heimkehr aus dem Exil, Rückerstattung von eingezogenen Gütern.
1603 schnitt ein Komplott der Familien Bonde und Posse diese Versöhnungsversuche ab. 1604 wurden Verbindungen der Uppland-Reiterei zu Sigismund entdeckt, die Stålarm erneut vor Gericht brachten; der alte Soldat, der wohl etwas zu opportunistisch dachte, wurde erneut zum Tod verurteilt, gefoltert, zur Exekution geführt und dann zu einem »natürlichen« Tod im Gefängnis begnadigt. Das Verfahren gegen Stålarm war jedoch nur das Seitenstück eines großen Prozesses, der während des Reichstages in Stockholm im Frühjahr 1605 vor einem Monstergerichtshof – das Sondergericht setzte sich diesmal aus 274 Mitgliedern zusammen – ablief und in dessen Mittelpunkt der alte Fuchs Hogenskild Bielke stand. Dieser hatte sich, kaum der »Schlachtbank« von Linköping entronnen, in eine heftige, gegen Karl gerichtete Korrespondenz gestürzt, und diese Briefe waren entdeckt und beschlagnahmt worden. Bei dem Prozeß ließ Karl auch noch mit anderen alten Feinden abrechnen, so mit dem ehemaligen Erzbischof Angermannus, der aus Loyalität zum König von Karl abgefallen war. Hogenskild, von Karl auf das heftigste angegriffen, wurde zum Tod verurteilt. Er endete die vielen Windungen seines Lebens mit einem geraden Schritt in den Tod. Noch auf dem Schafott entlastete er Angermannus und die anderen Verdächtigen, riet seinen Landsleuten, in solchen Zeiten Zunge und Feder zu hüten, und bestritt die Rechtmäßigkeit des Urteils.
Solange Karl regierte, blieb der abgeschlagene Kopf des alten Aristokraten auf dem Südtor von Stockholm aufgesteckt – ein Zeichen, daß ihn die Rache des neuen Herrschers doch noch eingeholt hatte.
Das den Wasa eigene pathologische Mißtrauen lud die Atmosphäre am Hofe Karls mit Furcht und verstecktem Haß auf. Obwohl Karl keineswegs den Adel als Stand unterdrücken sondern letzten Endes für seine Dienste gewinnen wollte – was seiner legitimistischen Grundhaltung entsprach –, stand eigentlich der ganze alte Adel unter Verdacht, und seine Söhne bei Hof konnten als Geiseln für das Wohlverhalten der Eltern angesehen werden. Die Propaganda Sigismunds konnte mit dem Anschein

der Berechtigung behaupten, es herrsche Inquisition, Elend und Verfolgung und man könne es nicht wagen, Briefe und Schriftstücke aufzubewahren.

Erst nach 1606 entspannte sich die Stimmung, wenngleich auch weiterhin nicht nur der Adel, sondern auch Bürger und Geistliche den Tod Karls eher erhofften als befürchteten. Karl hatte Ende 1606 die Last seines Mißtrauens auf den Reichstag abzuwälzen versucht: Die Stände mußten ihm das Versprechen geben, schärfer gegen Verräter vorzugehen. Dafür versprach Karl, sich endlich zum König krönen zu lassen.

Karl, der sich darüber im klaren war, daß er seine Herrschergewalt nur einem Teil des Volkes verdankte – hauptsächlich der Bauernschaft und den kleinen Leuten in den Städten, neben der auf Unabhängigkeit bedachten und daher kritischen Geistlichkeit –, spielte den Wunsch der Stände nach geordneten Verhältnissen voll zu seinen Gunsten aus. Indem er sich immer wieder nötigen ließ, die Krone anzunehmen, löste er sich aus der Abhängigkeit von seinen Anhängern, schüttelte er die Eierschalen des von ihm verachteten Wahlkönigtums ab. Der Reichstag mußte nicht nur selbst anerkennen, daß er König kraft Erbrechts war, er mußte dies auch den ausländischen Herrschern, bei denen Karl im Geruch des Emporkömmlings stand, durch Sondergesandte vortragen lassen. Bei der Annahme des Königstitels auf dem Reichstag von Norrköping im Jahr 1604 wurde eine neue Erb-Einigung besiegelt: Der Erbvertrag von 1544 wurde aus der Dankbarkeit für die Wohltaten des Hauses Wasa abgeleitet; als Erben Karls wurden sein Sohn Gustav Adolf und dessen Söhne anerkannt; nach ihnen hatten der 1601 geborene zweite Sohn des Königs, Karl Philipp, und dessen männliche Erben die nächste Anwartschaft; dann erst kam Herzog Johan; und falls dieser ohne Sohn blieb, konnte die Krone an Gustav Adolfs Töchter fallen, die gehalten waren, einen protestantischen deutschen Fürsten zu heiraten. Die Herrschaft über Schweden wurde ausdrücklich von dem Bekenntnis zum lutherischen Glauben abhängig gemacht.

König Karl IX. schob auch nach dieser Bestätigung der neuen Ordnung seine Krönung noch jahrelang hinaus. Einer der Gründe war wohl, daß er zuerst in Livland eine Entscheidung erzwingen wollte. Mehr noch trugen Querelen mit der Kirche zu der Verzögerung bei. Vor allem aber erleichterte der Zwischenzustand dem König den Gebrauch seiner Taktik, mit dem Rücktritt zu drohen, gegen Undankbarkeit und Lässigkeit zu wettern, wenn er etwas durchsetzen wollte. Er war auch in dieser Hinsicht ein gelehriger Schüler seines Vaters.

So stand Karl erst am 15. März 1607, 13 Jahre nachdem er Sigismund im Dom von Uppsala zur formgerechten Leistung seines Krönungseides angehalten hatte, selbst an dessen Stelle, um sich in feierlicher Weise und mit festlicher Musik nach italienischer Manier krönen zu lassen. Seinen Eid aber sprach er erst *nach* der Krönung.

In diesem Eid fand der lange Streit zwischen König und Kirche Ausdruck in einer Formel, die die Meinungsverschiedenheit als unabänderlichen Zustand festschrieb, unabänderlich, solange der König lebte und regierte. Karl verpflichtete sich neben dem üblichen Versprechen, das Recht zu wahren, die unveränderte Augsburger Konfession und die Resolution von Uppsala aufrechtzuerhalten, »in so fern sie auf das reine und klare Wort Gottes gegründet sind und mit diesem übereinstimmen«.

Für die Geistlichkeit war diese Einschränkung überflüssig – sie war von der Übereinstimmung überzeugt. Für den König bedeutete sie ein Beharren auf dem Standpunkt, von dem aus er schon seit Jahren in die Kirche einzugreifen versuchte.

Karl bekannte sich zwar als Lutheraner, aber was die lutherische Kirche Schwedens dem Wort Gottes hinzugefügt hatte, blieb für ihn Menschenwerk; ihm kam es auf den genauen Wortlaut der Heiligen Schrift an, und er scheute sich nicht, diesen gegen die Schriften der Kirche ins Treffen zu führen.

So kam es zum Streit über eine Neufassung der Ordinanz, der Gottesdienstordnung, des Katechismus und die Neuübersetzung der Bibel. Dem König wurden von der Kirche Neigungen zum Calvinismus unterstellt, und in vielen Punkten stimmte sein nüchterner Glaube in der Tat mit den von der lutherischen Orthodoxie heftig befehdeten Lehren des Genfer Reformators überein, obwohl er dessen Prädestinationslehre ablehnte – nicht von ungefähr stützte Karl sich in einem eigenen, anonym veröffentlichten und vom Erzbischof prompt angegriffenen Katechismus-Entwurf auf den Heidelberger Katechismus der Reformierten –, und er fand auch nichts dabei, einen Calvinisten als Hofprediger anzustellen.

Als der Erzbischof für dessen Entfernung sorgte, begann eine dreijährige öffentliche Polemik zwischen König und Bischof. Der Lehrstreit vermischte sich mit dem Kampf um die Macht in der Kirche. Dem König schwebte das in Deutschland geübte landesherrliche Kirchenregiment vor; die Bischöfe verteidigten die Selbständigkeit, die sie seit Gustav Wasas Tod gewonnen hatten. Der König schlug seinen Bischöfen keineswegs nur das Wort Gottes um die Ohren, sondern handfeste Grobheiten; er scheute sich nicht, in die Amtsbesetzung einzugreifen, und die angeblichen oder wirklichen Verschwörungen brachten auch Geistliche in den Kerker. 1607 wurde der seit seinem Abfall von Karl erbittert verfolgte Angermannus erneut ins Gefängnis geworfen, wo er zwei Jahre später starb. Im Grunde konnte der König die vom Vertrauen des Volkes gestützte Stellung der Kirche jedoch nicht erschüttern.

Karls kurze Regierungszeit – nach der Übernahme der uneingeschränk-

Karl IX.
Kupferstich von H. Nützal

ten Regentschaft regierte er noch elf Jahre, als König sieben, als gekröntes Haupt nur vier – war von einer Fülle von Planungen gekennzeichnet, von einer gewissen Unrast. Karl bemühte sich um eine Reform des Rechtswesens, ohne diese Reform abschließen zu können. Er förderte die Landwirtschaft, ließ verlassene Gebiete wiederbesiedeln, holte Finnen in schwedische Einöden, um neuen Boden zu gewinnen. Er rief deutsche und wallonische Bergleute ins Land, bot den Entdeckern von Bodenschätzen Hilfe für den Abbau; der Bergbau in Värmland und dessen Zentrum Karlskoga gehen auf ihn zurück. Dagegen nahm die schwedische Handelsschiffahrt ab, beeinträchtigt durch die Kämpfe in Polen und den Handelskrieg mit Lübeck. Die Gründung von Göteborg, nördlich der Mündung des Göta-Älv unter dem Schutz der Festung Älvsborg, einer Stadt mit holländischen Siedlern und einer an Amsterdam orientierten Verfassung, sollte neue Handelswege erschließen. Vor allem richtete Karl den Blick dabei nach Norden. Er dachte an die Schiffahrt ins Weiße Meer, an die Fischerei in nördlichen Gewässern und an Lappland.

Bei seiner Krönung hatte er sich den Titel »König der Lappen des Nordlands« zugelegt. Er ernannte einen Statthalter für Lappland, gab Befehl, dort ein Fort zu errichten, ließ Siedlungen gründen, entsandte Vögte und Pastoren und stellte die *birkarlar*, die schwedischen Pelzjäger und -händler, in seine Dienste. Diese Landnahme wurde unterstützt durch Landmesser, die ihre bereits unter Gustav Wasa begonnene Arbeit (die eigentlich einer besseren Steuererfassung dienen sollte) bis nach Lappland ausdehnten. Die kartographische Erfassung ganz Schwedens wurde 1626 durch eine Generalkarte abgeschlossen.

In der Verwaltung kam Karl seine lange Erfahrung im eigenen Herzogtum zugut. Er dehnte diese Erfahrungen auf das Königreich aus, ohne wesentliche Neuerungen einzuführen. Nicht eine Reform löste also den Schlendrian unter Johan ab, sondern eine straffe Führung nach überkommenen Regeln. Der Reichsrat, zwei Jahre nach dem Aderlaß von Linköping wieder ins Leben gerufen – wobei Karl darauf achtete, daß er mit seinen Anhängern besetzt wurde –, blieb von geringer Bedeutung, auch wenn der König außer Landes Krieg führte. Immer mehr stützte Karl sich wie sein Vater und wie sein Bruder Erik auf Sekretäre nichtadeliger Herkunft; unter ihnen spielte Nils Chesnecopherus eine besondere Rolle.

Daß so vieles unter Karls Herrschaft zwar begonnen, aber nicht vollendet wurde, lag nicht nur an der Härte und Schroffheit des Königs, auch nicht nur an der Kürze seiner Regierungszeit, sondern wesentlich an seiner Eile, Schweden wieder in einen Krieg zu führen.

Im August 1600, drei Monate nachdem Karl der aristokratischen Opposition die Häupter hatte abschlagen lassen, setzte er mit Heer und Flotte über die See, um von Estland aus Livland anzugreifen. Er wußte seit Mitte Juni, daß der polnische *Sejm* König Sigismund die Unterstützung für die Rückgewinnung Schwedens verweigert und sich jedem Versuch, Estland zu erobern widersetzt hatte; Estland selbst war seit März fest auf Karls Seite. Schweden war also dort nicht bedroht, von einem Präventivkrieg konnte nicht die Rede sein. Der Krieg, von 17000 Mann gegen 2000 Verteidiger vorgetragen, wurde vom Zaun gebrochen, begleitet von der Behauptung Karls, durch die »schreckliche Heimtücke« Sigismunds und der Papisten seien seine Friedensbemühungen zuschanden geworden. Die unvorbereiteten polnischen Truppen wurden überrannt. Ein halbes Jahr lang gab es keinen ernsthaften Widerstand. Im Frühjahr 1601 war fast ganz Livland erobert, die Düna erreicht. Aber Riga hielt stand, auch als es von der schwedischen Flotte blockiert wurde, ebenso weiter im Osten die Festung Kokenhusen an der Düna. Bis es Sommer wurde, hatte Sigismund mit dem Pfanderlös für seine Kronjuwelen eine Armee angeworben. Als diese die Belagerer von Riga angriff, zog Karl es vor, nach Estland zurückzuweichen. Das vor Kokenhusen liegende schwedische Heer erlitt eine schwere Niederlage.

Ihre zahlenmäßige Überlegenheit nützte den Schweden wenig – sie waren den polnischen Truppen jetzt nicht mehr gewachsen. Vor allem der polnischen Kavallerie hatte Karl wenig entgegenzusetzen. Die Errungenschaften der schwedischen Heeresreform unter Erik XIV. waren in Verfall geraten, Waffen und Taktik veraltet. Karl sah nach der Niederlage ein, daß Reformen dringend waren, konnte sie aber nicht durchsetzen. Als sich abzeichnete, daß die katholischen Mächte sich von dem Krieg in Livland Großes erhofften – Philipp II. verlieh um diese Zeit Sigismund das Goldene Vlies und versprach Flottenhilfe –, schickten die alarmierten protestantischen Staaten dem schwedischen Regenten einen Kommandeur, der sein Heer modernisieren sollte, Johann von Nassau. Dieser erkannte sofort die kämpferischen Qualitäten der schwedischen Soldaten, aber den Rückstand an Ausbildung und Bewaffnung konnte er nicht aufholen – er gab Auftrag und Kommando zurück.

Die polnische Gegenoffensive ab Ende 1601 vertrieb die Schweden so rasch aus Livland, wie sie eingedrungen waren. Bei der Eroberung Wolmars nahmen die Polen Gustav Adolfs Halbbruder Karl Karlsson Gyllenhielm gefangen. Im Sommer 1602 waren nur noch Dorpat und Pernau in schwedischem Besitz, 1603 nahm der bedeutende polnische Feldherr Jan Karol Chodkiewicz auch Dorpat. In Estland wurden die Schweden auf die Umgebung von Reval und Narwa zurückgedrängt, eine Hungersnot suchte das Land heim, die Soldaten begannen zu meutern.

Mit einer Sondersteuer, die Karl bei der Annahme der Königswürde 1604 dem Reichstag von Norrköping abverlangte, warb er ein Heer an, das er selbst nach Livland führte, um eine Entscheidung zu erzwingen, indem er geradewegs auf Riga marschierte. Die Entscheidung fiel Anfang September 1605 bei Kirchholm, aber anders als Karl erwartet hatte: Seine 11 000 Mann wurden von den 3400 Soldaten, die Chodkiewicz befehligte, vernichtend geschlagen. 7600 Schweden wurden getötet. Karl selbst entkam mit Mühe dem Gemetzel. Die Polen verloren ganze 900 Mann.

Das hätte das Ende für Schwedens baltischen Besitz sein können, der Ansatz für die Restauration der Herrschaft Sigismunds in Stockholm. Im ersten Jubel schmiedete Sigismund schon Pläne für die Regelung der Regentschaft in Polen im Falle seiner Rückkehr auf den schwedischen Thron. Die Hilfe für Karl kam ebenso unerwartet wie die Niederlage: Ein Teil des polnischen Adels, auf Unabhängigkeit bedacht und, da protestantisch gesinnt, durch die gegenreformatorischen Anstrengungen Sigismunds gereizt, begann einen großen Aufstand, den *rokosz*, der Polen lähmte. Den Schweden blieb Zeit sich zu erholen. Sie konnten ihre Stellung in Estland wieder festigen und erneut in Livland eindringen. Eine nicht abreißende Folge von Streifzügen, Belagerungen, Scharmützeln und Verwüstungen trieb beide Seiten in einen Zustand der Erschöpfung. Anfang 1611 schloß Chodkiewicz mit dem Statthalter von Reval einen örtlichen Waffenstillstand; dieser war noch in Kraft, als Gustav Adolf seinen Vater ablöste.

Inzwischen hatten die beiden Mächte ihren Konflikt tief nach Rußland verlagert. Polen und Schweden hatten in der Zeit der »Großen Wirren«, die das Moskowiterreich zu Beginn des 17. Jahrhunderts erschütterten, in die Kämpfe eingegriffen, Polen erst auf seiten des falschen Dimitri, dann mit Ansprüchen auf den Zarenthron für Sigismunds Sohn Wladislaw, Schweden im Bund mit dem Fürsten Schuiski, dem letzten Zaren aus dem Stamm der Ruriks.

Der falsche Dimitri, der selbst an seine fürstliche Abkunft glaubte, aber nicht wie er ausgab der Sohn Iwans des Schrecklichen war, hatte Moskau errungen, kurz nachdem Boris Godunow, der das Reich von 1598 bis 1605 regierte, gestorben war. Als er, in Polen heimlich römisch-katholisch geworden, mit seiner katholischen Frau und seinem polnischen Gefolge den religiösen und nationalen Stolz der Russen beleidigte, wurde er in einem von Schuiski geführten Aufstand erschlagen. Weitere Thronprätendenten fanden den Zulauf des Volkes. In der allgemeinen Verwirrung setzte Sigismund seine Heere nach Osten in Marsch.

Karl hatte die Entwicklung in Rußland aufmerksam beobachtet. Als Schuiski sich verhandlungsbereit zeigte, schloß er im Vertrag von Viborg (Februar 1609) mit ihm eine Allianz gegen Polen. 5000 Schweden, unter dem Befehl von Jakob de la Gardie, dem Sohn des Eroberers von Narwa, rückten auf Moskau vor und zogen im März 1610 dort ein.

Inzwischen hatte eine Gruppe abtrünniger Bojaren sich für Sigismunds Sohn Wladislaw entschieden. Die polnischen Truppen, die seine Ansprüche durchsetzen wollten, stießen am 24. Juni 1610 bei Kluschino auf das schwedisch-russische Heer und besiegten es. Wenige Wochen später wurde Schuiski gestürzt. Mitte August war Wladislaw der erwählte Zar der Russen. Im Kreml lag eine polnische Garnison.

Jakob de la Gardie, nach der Kapitulation von Kluschino mit ganzen 400 Mann nach Estland zurückgekehrt, schmiedete neue Pläne: Er wollte Karls jüngsten Sohn Karl Philipp auf den Zarenthron bringen. Tatsächlich gelang es ihm, das einflußreiche Nowgorod – das er im Juli 1611 eroberte – für diesen Plan zu gewinnen, und im Anschluß daran erklärte sich eine stattliche Reihe russischer Städte für den schwedischen Kandidaten, dessen Bereitschaft, den Glauben seiner künftigen Untertanen anzunehmen oder wenigstens zu achten, vorausgesetzt wurde. Mitten in diesen Bemühungen starb Karl IX. Es war Sache des neuen Königs Gustav Adolf, die russischen Probleme zu entwirren: Bald nach seiner Thronbesteigung traf eine Gesandtschaft aus Nowgorod in Stockholm ein, um Karl Philipp die Zarenkrone anzutragen.

Die russischen Abenteuer Jakob de la Gardies vollzogen sich, während König Karl schon ein gebrochener Mann war. Im August 1609 erlitt er, erst 59jährig, nach einem seiner Wutausbrüche einen Schlaganfall. Einige Monate lang war er handlungsunfähig, und als er im Frühjahr 1610 sich wieder um die Geschäfte zu kümmern begann, blieb er behindert. Bei seiner Reichstagsrede von 1610 hatte er Mühe, sich verständlich zu machen; mit schwerer Zunge erklärte er, Gott habe ihn gestraft.

Trotzdem hielt er die Macht mit beiden Fäusten fest. Seine Streitlust verschärfte die Gegensätze zu Dänemark, die ohnehin seit Jahren zu Zusammenstößen geführt hatten. Vor allem Karls Ausgriff nach Nordskandinavien und die Einschränkung des dänischen Handels nach den livländischen Häfen reizten die Kriegslust des Dänenkönigs. Anfang 1611 gelang es dem von leichten Siegen gegen den alternden Schwedenkönig träumenden Christian IV., seinem Reichsrat die Zustimmung zum Krieg gegen Schweden abzunötigen. Die Niederlage der Schweden in Kluschino, die Tatsache, daß sie weiter im Osten gebunden blieben, ermutigten ihn zum Handeln: Am 4. April überschritt ein dänischer Herold die Grenze, um den Fehdebrief zu überbringen.

Das Hauptziel des dänischen Angriffs war Kalmar. Anfang Mai erreichte das Heer die Stadt, Ende des Monats wurde sie gestürmt. Das Schloß konnte sich noch bis Anfang August halten. Ein Versuch Karls, es zu entsetzen, schlug fehl.

In seinem Altersstarrsinn forderte Karl den dänischen König zum Zweikampf heraus. Christian ließ ihn höhnisch abfahren. Einige kleine Erfolge, die der 16jährige Thronfolger Gustav Adolf errang, blieben ohne Wirkung – dieser Krieg war für die unterlegenen Schweden nicht zu gewinnen. Offen blieb nur, wie schwer ihre Niederlage sein würde. Noch bevor ein Ende des »Kalmar-Krieges« abzusehen war – erste Vermittlungsversuche der Niederländer waren vom dänischen König zurückgewiesen worden –, legte sich Karl auf dem Weg vom Kriegsschauplatz in Småland nach Stockholm zum Sterben. In Nyköping, der Residenz seines alten Herzogtums, schloß er am 30. Oktober 1611, in seinem 62. Lebensjahr, die strengen Augen.

Sein Leichnam blieb bis Ende Dezember in Nyköpinghus aufgebahrt, in jenem Renaissanceschloß, das er als Residenz seines Staates im Staate ausgebaut hatte. Im Januar wurde er nach Norrköping geleitet. Erst am 21. April 1612 wurde er feierlich zu Grabe getragen, nicht in Stockholm oder Uppsala, sondern seinem Wunsch gemäß im Dom von Strängnäs,

dem Bischofssitz »seiner« Diözese, dem Ort, wo sein Vater zum König gewählt worden war.
An seinen Vater wollte er erinnern; mit ihm ist er am häufigsten verglichen worden. Manche Historiker rücken ihn so dicht neben Gustav Wasa, daß die anderen Wasa-Könige dazwischen fast verschwinden. Bei der Feier in der hohen gotischen Backsteinkirche, die die ganze Stadt beherrschte, hielt auch Axel Oxenstierna eine Rede; er war um diese Zeit schon drei Jahre Mitglied des Reichsrates, seit Anfang Januar Kanzler des neuen Königs; seine künftige Stellung neben Gustav Adolf zeichnete sich schon ab.
Der Bischof von Strängnäs verglich in seiner Leichenpredigt Karl mit Josia, dem König von Juda. Sicher wollte er nicht daran erinnern, daß Josia einer der letzten Könige zu Jerusalem war, bevor die Stadt von Nebukadnezar eingenommen wurde. Ihm schwebte eher vor, daß Josia das wiederentdeckte Gesetz des Herrn feierlich in Kraft gesetzt, den Bund mit Gott erneuert, die Götzen vernichtet und die Götzenpfaffen abgetan hatte. Wie Gustav Wasa als Moses oder David seines Volkes, als einer der großen Gründer fortleben wollte, so sollte Karl als der große Erneuerer, als der Retter von dem papistischen Götzendienst der Nachwelt vor Augen gestellt werden.
Dieses Bild wurde gepflegt und weitergegeben. Es überlagerte die Wirklichkeit einer Herrschaft, deren Härte und Unzulänglichkeit – vor allem in der Außenpolitik – in den letzten Jahren des Königs zunehmend als Last empfunden wurde. In Värmland, einem Gebiet, um das Karl sich besonders gekümmert hat, wurde damals eine alte Weissagung weitererzählt: von einem schwedischen König, Karl genannt, der sich als Fuchs einschleiche, als Löwe regiere und wie ein Hund vertrieben werde. Und kurz nach Karls Tod stand in einem Pamphlet: »Gott im Himmel bewahre uns hier in Schweden vor so viel Herrentagen und vor so einem blutigen und schmerzvollen Regiment, wie es bis jetzt herrschte.«
Gustav Adolf hat trotzdem sein Leben lang in Verehrung seines Vaters gedacht. Er ist in dieser Ehrfurcht erzogen worden, und er suchte auch später die Schuld für die Bürgerkriege, Unruhen und Nöte bei den Gegnern Karls IX.
Zu den Anekdoten über Karl gehört, er habe kurz vor seinem Tode oder in seinen letzten Jahren wiederholt – es gibt verschiedene Lesarten – auf seinen Sohn Gustav Adolf gewiesen: »*Ille faciet*« – er wird es machen. Dieses Wort läßt sich unterschiedlich auslegen, auch als Eingeständnis Karls, welche Bürde er seinem Sohn auflud, wie vieles zu vollenden, wie vieles zu bessern, wie vieles neu anzufangen war.

»ER WIRD ES MACHEN«

Erziehung zum König

Vor allem fürchte Gott, ehre Vater und Mutter, beweise deinen Geschwistern brüderliche Zuneigung, liebe die treuen Diener deines Vaters, belohne sie nach Gebühr, sei gnädig gegen deine Untertanen, strafe das Böse, liebe das Gute und Milde, trau allen wohl, doch nach Maßgabe und nachdem du die Personen kennengelernt hast, wache über dem Gesetz ohne Ansehen der Person . . .

Eigenhändige Unterweisung Karls IX. für Gustav Adolf

BEI DER BESTATTUNG KARLS im Dom zu Strängnäs war sein Sohn Gustav Adolf schon vier Monate schwedischer König. Der Vater hatte viele Jahre ein Verwirrspiel mit der Thronfolge getrieben. Als klar war, daß der gläubige Katholik Sigismund und seine habsburgische Frau nie auf die Bedingung eingehen würden, ihren Sohn Wladislaw in Schweden erziehen zu lassen, trug Karl seinen legitimistischen Bedenken dadurch Rechnung, daß er immer wieder die Rechte Johans, des jüngsten Sohnes seines Bruders aus der späten Ehe mit Gunilla Bielke, also Sigismunds Halbbruder, zur Geltung brachte.

Trotz dieser von Taktik und Skrupeln bestimmten Schachzüge war es sicherlich nicht Karls Wunsch, Johan auf den Thron zu bringen. Es gibt genug Zeichen dafür, daß er schon sehr früh *seinen* Sohn im Glanz der Krone sah, vielleicht schon bei dessen Geburt, obwohl er damals im Dezember 1594, zehn Monate nach der Krönung Sigismunds, noch weit von der eigenen Königswürde entfernt war. Alle noch folgenden Umgehungsmanöver können nicht verbergen, daß Karl insgeheim bei der Thronfolge ein klares Ziel vor Augen hatte. Am deutlichsten wird dies dadurch, daß er seinen Sohn von Anfang an zum König erziehen ließ und ihn unmißverständlich dem Volk als seinen Erben präsentierte.

Schon als er im Herbst 1595, wenige Monate nach Wladislaws Geburt, sich auf dem Reichstag von Söderköping den Rückhalt für seine Politik sicherte, brachte er, sichtbar genug, seinen Sohn mit.

Gustav Adolf war an jenem 4. Oktober 1595, als er im Frauenzimmerwagen seiner Mutter in Söderköping eintraf, knapp zehn Monate alt. In Herzog Karls Rentkammerbuch findet sich unter den Summen für Arbeitslöhne auch eine für »des jungen Herrn Wiege«, angefertigt in Söderköping, »den 9. Octobris 95«. Schon früher hatte der Herzogsohn in diesem Rechnungsbuch Spuren hinterlassen: die Kosten für Milch und Eier »für des jungen Herrn Bedarf« in den Monaten Juli und August. Um diese

Zeit wurde der »junge Herr« also nicht mehr ausschließlich von seiner Amme genährt, die wir aus der Anweisung Karls an einen Vogt kennen: Sie sollte ein Paar Ochsen und zwei *pund* Getreide erhalten.

Das Kind, auf dessen Wohlergehen der Vater so bedacht war, daß er auch der fürsorglichen Amme seinen Dank bezeigen wollte, war erst im Februar 1595, also im Alter von zwei Monaten getauft worden. Einer der Taufpaten war Erik Sparre, der Kopf des Reichsrates, damals noch mit Karl im Bund – fünf Jahre später endete er auf dem Richtblock in Linköping. Der Bevollmächtigte König Sigismunds, Lindolm Bonde, hatte es vorgezogen, der Taufe fernzubleiben. Der Prinz erhielt die Namen seiner Großväter: des Gründers der Dynastie Wasa und des Herzogs Adolf I. von Holstein-Gottorf. Später versuchte man dem schlichten, gebräuchlichen Namen GVSTAVVS tiefere Bedeutung zu unterlegen, indem man seine Buchstaben zu AVGVSTVS zurechtschüttelte, so wie nachträglich auch registriert wurde, der große dänische Astronom Tycho Brahe habe zehn Jahre vor der Geburt des Kindes die »wunderbare Entdeckung« eines neuen Sternes im Bild der Cassiopeia gemacht, was nichts anderes bekunde, als daß »ein protestantischer Fürst sich im Norden erheben werde, der jenen, die protestantischen Glaubens, große Hilfe schaffe«. Auch war von Horoskopen die Rede, die eine glänzende Laufbahn und einen gewaltsamen Tod voraussagten.

Gustav Adolf scheint trotz der Astrologiegläubigkeit seiner Zeit nicht allzuviel von solchen Prophezeiungen gehalten zu haben. Der finnische Gelehrte Forsius, der seinem Vater den Halleyschen Kometen von 1607 als böses Vorzeichen ausgedeutet hatte, wurde 1618 inhaftiert und mußte seine Lehren von der Chiromantie und von der prädestinierenden Macht der Sterne widerrufen. Eher hielt sich Gustav Adolf wohl an Glückszeichen des Augenblicks, so wie sein Großvater Gustav Wasa den Nordwind als Gewähr dafür nahm, daß Gott das Gelingen geben werde. Gustav Adolf konnte sich darauf berufen, daß der Dezembertag in dessen dunkler Frühe er geboren wurde, klar und hell aufgegangen war und daß diese Helligkeit sein Leben prägte.

Noch mehr aber bedeutete ihm seine Herkunft. Er wurde im Glauben an das Recht der Wasa, das Recht seines Vaters auf den schwedischen Thron erzogen, und er konnte sich auch mütterlicherseits an Vorfahren halten, die seinen Stolz stärkten.

Seine Mutter Christine von Holstein-Gottorf war nicht nur mit dem dänischen Königshaus eng verwandt; ihre Mutter, die ebenfalls Christine hieß, war eine Tochter des Landgrafen Philipp des Großmütigen von Hessen-Kassel, des führenden Kopfes der protestantischen Partei in der Reformationszeit, Freund Melanchthons und Luthers. Dem vergleichenden Blick fällt manche Übereinstimmung zwischen Gustav Adolf und Philipp auf: Beide übernahmen ganz jung die Herrschaft – Philipp mit 14, Gustav Adolf mit 17 Jahren –, beide bewiesen trotz ihrer Jugend von Anfang an nach innen und außen staatsmännisches Geschick, beiden war Kühnheit, Entscheidungsfreude, Mut zum Risiko eigen.

Unmittelbarer als das hessische Erbe kamen die Einflüsse des Schlosses Gottorf zur Geltung. Der holsteinische Großvater, der acht Jahre vor Gustav Adolfs Geburt gestorben war – Christine war damals erst 13 Jahre alt – war ein tapferer und kunstliebender Herr, mit starkem Sinn für das Schöne, nicht gerade glaubensstreng, ein nordischer Renaissancemensch. Gustav Adolfs Mutter wuchs mit einer Bibliothek von 700 Bänden auf, eine stattliche Zahl für jene Zeit und für den Hof eines kleinen Landes. Als Bücherfreundin wird Christine auch später noch bezeichnet.

Ihre Ehe hatte eine delikate Vorgeschichte. Christine hatte sich jahrelang als Verlobte des schwedischen Thronfolgers Sigismund betrachtet. Als Sigismund 1587 zum König von Polen gewählt wurde, durfte sie erwarten, polnische und später schwedische Königin zu werden. Sigismund jedoch zögerte, und schließlich schien es ihm ratsam, sich mit dem Haus Habsburg zu verbinden. Im Frühjahr 1592 feierte er in München seine Hochzeit mit der Erzherzogin Anna. Im selben Jahr, am 27. August, ließ sich die 19jährige Christine mit dem fast doppelt so alten, verwitweten Herzog Karl von Södermanland in Nyköping trauen.

Es paßt zu den sich später zeigenden Charakterzügen Christines, daß man hinter dieser Heirat ihr trotziges Aufbegehren gegen Sigismund vermutete. Und als nach dem Reichstag von Söderköping der Gegensatz zwischen Herzog und Reichsrat immer tiefer, die Feindschaft zwischen Reichsverweser und König immer schärfer wurde – bis zum offenen Kampf und bis zu dem Blutgericht von Linköping –, hielten viele Christine für die treibende Kraft. Pamphlete verglichen sie mit Isebel, die den Namen ihres Gatten, des Königs Ahab von Israel, zu falschen Urteilen mißbrauchte und auf dem Acker Jesreels von den Hunden gefressen wurde, wie es der Prophet Elia geweissagt hatte.

Der Haß übertreibt, aber er ist scharfsichtig. Auch der Haß gegen Christine hatte einen Grundzug ihres Wesens erkannt, ihn aber ins Monströse verzerrt: Sie war von unbeugsamer Art, fest in ihren Entschlüssen, und konnte es an Tüchtigkeit mit jedem Mann aufnehmen. Andreas Fryxell hat sie wie folgt beschrieben: »Sowohl innerlich wie äußerlich die passende Gemahlin zu König Karl: ein groß gewachsenes und stark gebautes Frauenzimmer mit hoher und breiter Stirn, großen scharfen Augen von blauer Farbe, kräftiger Nase, hart und befehlend aussehend und mit dem entsprechenden Temperament. Ihren Hof beherrschte sie, hielt ihn streng in Zucht und Ordnung, ihren Hausstand desgleichen, als wolle sie ihren Mann noch übertreffen. Man behauptet, sie habe ihren Mägden

den Nähfaden mit der Elle abgemessen, wenn sie die Wäsche zu säumen hatten.«

Das Bild von Christine, das hier umrissen wird, stimmt mit den vorhandenen Portraits überein. Es traf gewiß nicht zu, was König Johan III. über die Braut seines Sohnes Sigismund erzählt bekam: Sie besitze »weder Verstand noch Schönheit«. Ihren Verstand bewies sie ein Leben lang, und bei dem Urteil über ihre Schönheit darf man wohl Axel Oxenstierna vertrauen, der ihr »liebliche Gestalt und stattlichen Wuchs« zuschrieb und im übrigen von ihr zu berichten wußte, sie sei »angenehm und wohlerzogen, von Mut und Sinn hoch und edel« gewesen. Sicherlich haben sich im Laufe ihres Lebens, in den harten Erfahrungen an der Seite ihres kantigen und umstrittenen Mannes strengere Züge an ihr ausgeformt. Das zeigt auch die Gedenkmünze, die in Karls letzten Lebensjahren geschlagen wurde; dort wirkt sie, als habe sie nur darauf gewartet, in Erz gegossen zu werden. Die Entschlossenheit, mit der sie später Gustav Adolfs Verbindung mit dem Edelfräulein Ebba Brahe hintertrieb, die Geschäftstüchtigkeit, mit der die wohlhabende Witwe ihr Vermögen mehrte, passen zu diesem Erscheinungsbild. Aber man muß danebenhalten, daß sie sich zur gleichen Zeit nachdrücklich für die Rechte ihres jüngsten Sohnes Karl Philipp einsetzte und ihretwegen selbst den öffentlichen Streit mit ihrem Ältesten, dem König, nicht scheute. Und so wie sie hier den Schwächeren gegen den Stärkeren verteidigte, so kümmerte sie sich auch um die Frau des in Linköping hingerichteten Reichsrates Sten Banér und bot sich an, Patin ihrer Kinder zu werden, so gewährte sie Flüchtlingen gegen den Willen des Königs Asyl. Oxenstierna durfte ihr bei seiner Gedächtnisrede mit Recht nachrühmen, sie habe die Demütigen geschont und geschützt.

Diese milderen Züge waren bei der 21jährigen, die dem schon alternden Herzog endlich den Erben in die Arme legen durfte, sicherlich noch deutlicher wahrzunehmen. Sie überließ das Kind nicht allein der Amme, auch nicht ihren Hofdamen, sondern kümmerte sich selbst um seine erste Erziehung. So wurde Deutsch im eigentlichen Sinn des Wortes seine Muttersprache, die er auch als erste schreiben lernte, vor dem Schwedischen. Im Verkehr mit seiner Mutter hielt »Eurer Majestät dienstgeflissener gehorsamer Sohn Gustavus Adolphus« sich stets an das Deutsche, mündlich und schriftlich. Aus einem Brief, den der 17jährige, damals schon König, vom Kriegsschauplatz im Kampf gegen die Dänen schrieb, läßt sich schließen, daß sich im Verhältnis des Sohnes zur Mutter respektvolle Distanz und Zuneigung die Waage hielten.

Herzlicher, näher klingen die Briefe an die zehn Jahre ältere Stiefschwester Katharina. Dieses einzige überlebende Kind aus der 15 Jahre dauernden Ehe Herzog Karls mit Maria von der Pfalz – alle anderen waren früh gestorben – stand Gustav Adolf besonders nahe. Im Geist ihrer frommen

und milden Mutter, dem sie ihr Leben lang treu blieb, bot sie dem impulsiven Halbbruder wohl ein Stück Geborgenheit, jene Wärme, die Christine nicht so leicht zeigen konnte.
Die Tochter Gustav Adolfs, die spätere Königin Christina, unterstreicht die Vertrauensstellung Katharinas, wenn sie in ihren Memoiren berichtet, wie bei ihrer Geburt, nach der zuerst dem König zugetragenen Nachricht, es sei ein Knabe, der Irrtum korrigiert wurde: »Sie waren in großer Bedrängnis, wie sie dem König die Wahrheit sagen sollten. Prinzessin Katharina, des Königs Schwester, übernahm es.«
Die andere Schwester, Maria Elisabeth, zwei Jahre nach ihm geboren, bleibt mit ihrem kurzen Leben – sie wurde nur 22 Jahre alt – im Schatten; eigentlich wird sie im Zusammenhang mit Gustav Adolf kaum sichtbar. Als Frau des Herzogs Johan – die Ehe wurde von ihrer Mutter erzwungen, als sie 16 Jahre alt war – kränkelte sie unglücklich dahin, mit Zeichen geistiger Verwirrung, und starb im August 1618, fünf Monate nach ihrem Mann, der, ebenfalls von schwacher Gesundheit, nicht einmal das dreißigste Lebensjahr erreichte.
Aus den ereignisreichen Jahren bis zum Reichstag von Linköping hat Gustav Adolfs illegitimer Halbbruder Karl Karlsson Gyllenhielm in seinen Aufzeichnungen einige Anekdoten über den kleinen Prinzen festgehalten. 1599, nachdem die letzte Bastion Sigismunds in Schweden, die Festung Kalmar, genommen war, besichtigte Herzog Karl die dort liegende schwedische Flotte. Er bestieg mit seinem fünfjährigen Sohn ein Boot, und nachdem sie um die Schiffe herumgefahren waren, »fragte Karl Karlsson den jungen Herrn, welches Schiff Seiner Fürstlichen Gnaden am besten gefalle. Da wies der junge Herr auf das Schiff, das der ›Schwarze Ritter‹ hieß: ›Das gefällt mir am besten.‹ Gefragt warum, sagte der Prinz: ›Ja, deshalb, weil es vorn und achtern so viele Kanonen hat.‹ «
Eine andere Geschichte versetzt uns nach Nyköping, der Residenz des Herzogs. Wir erfahren daraus, daß Karl mit dem Fünfjährigen in den Wiesen spazierenging. Der Junge rannte herum und wollte auch in das Gebüsch eindringen. Die Begleiter warnten ihn vor Schlangen. Die Antwort: »Einen Stock her, damit ich sie erschlagen kann.« Darauf der Vater, stolz lächelnd: »Glaubt nur nicht, daß er Angst hat.«
Ein andermal ist Gustav Adolf vor dem Schloß in Nyköping mit seinem Kindermädchen Dorothea, genannt Dordeij, unterwegs. Als sie von einer Bekannten ins Gespräch gezogen und aufgehalten wird, fährt der Prinz diese an: »Geh aus dem Weg. Oder weißt du nicht, daß ich ein Herr bin!«
Eine vierte Geschichte spielt auf der Insel Öland: Ein Bauer wollte dem Prinzen eines der kleinen Pferde der Insel schenken. Gustav Adolf aber zog einige Dukaten aus der Tasche und sagte: »Ich will Euer Pferd bezahlen, Ihr könnt wohl Geld brauchen.«

Aus diesen Anekdoten läßt sich manches ablesen, auch wenn sie der legendären Verklärung des Volkshelden dienen sollten. Gustav Adolf wurde von Anfang an zu der Überzeugung erzogen, sich von anderen zu unterscheiden. Nebenbei erfahren wir aber auch, daß der Prinz wie andere Kinder spielen und rennen durfte, daß sein Vater sich persönlich um ihn kümmerte und daß er, wenngleich in Nyköping zu Haus, mit seinen Eltern viel unterwegs war.

Als er noch nicht ganz sechs Jahre alt war – der Reichstag von Linköping hatte vor kurzem Karl die Königswürde angetragen und Gustav Adolfs Recht auf die Thronfolge konstatiert –, nahmen die Eltern ihren Sohn mit auf eine lange Reise. Im März 1600 hatte sich Reval für Karl erklärt, nun im August brach der Reichsverweser – noch hatte er den Königstitel nicht angenommen – nach Estland auf. Die Seereise muß auf den wißbegierigen, lebhaften Sechsjährigen einen tiefen Eindruck gemacht haben. Als Gustav Adolf 20 Jahre später mit dem Kriegsschiff *Zepter* auf Brautfahrt nach Deutschland segelte, fielen seinen Begleitern seine seemännischen Kenntnisse, sein lebhaftes Interesse für die Schiffahrt auf.

Die Familie richtete sich für einen längeren Aufenthalt in Reval ein und verbrachte dort den Winter. Christine war erneut guter Hoffnung. Im Frühjahr 1601 gebar sie ihren zweiten Sohn, Karl Philipp.

Inzwischen schickte sich Karl an, von der estländischen Basis aus Livland zu erobern. Nach den großen Anfangserfolgen wagte er es, seine Familie nach Schloß Weißenstein an der livländischen Grenze zu holen. Der polnische Gegenangriff im Sommer ließ ihn wieder zurückweichen, doch als er sich im Spätherbst zur Heimreise nach Schweden entschloß, schien er immer noch Grund zu haben, mit dem Erreichten zufrieden zu sein. Die Niederlagen des Winters und vor allem der kommenden Jahre zeichneten sich noch nicht ab, als seine Schiffe nach Norden segelten, um den Finnischen Meerbusen zu überqueren. Vor den finnischen Schären gerieten sie in Eis; ein Teil der Flotte ging verloren; zwei Schuten kehrten nach Reval zurück; Karl und seine Angehörigen erreichten am 20. November bei Ekenäs die finnische Südwestküste. In einem Brief berichtet Karl von »großer Lebensgefahr bei dichtem Nebel und viel Eis auf dem Meer«. Nach einer Mitteilung von Axel Oxenstierna mußte der Reichsverweser mit seinem Gefolge über das Eis an Land gehen.

In Polen liefen Gerüchte um, die ganze Familie sei bei einem Schiffbruch ums Leben gekommen. Doch befanden sich Karl, Christine mit dem kleinen Karl Philipp, Katharina, Gustav Adolf und Johan damals schon im Schloß von Åbo, wo sie auch Weihnachten feierten. Karl entschloß sich, die Heimreise auf dem Landweg fortzusetzen, der Küste entlang, rund um den Bottnischen Meerbusen. Diese Winterreise über eine Entfernung von 1800 Kilometern ist von der Nachwelt legendär ausgeschmückt worden: Schneeverwehungen, die den Weg verwischten oder verstellten, Übernachtungen in armen Bauernhütten, deren Bewohner ihr schlichtes Mahl mit den Herrschaften teilten und ihnen keine andere Ruhestatt bieten konnten als harte Holzbänke. Die Wirklichkeit war zwar auch strapaziös, aber doch nicht so romantisch: Die Übernachtungen waren wohlvorbereitet, man hatte Pfarrhäuser als Unterkünfte ausgewählt und diese im voraus mit Lebensmitteln versorgen lassen. Aber auch die Pfarrhäuser waren damals einfach genug, das ganze Leben in Schweden zu Beginn des 17. Jahrhunderts war einfach und hoch im Norden in den weit verstreuten Siedlungen besonders hart. Vielleicht haben solche Erfahrungen, neben den Auflagen der sparsamen Mutter, bewirkt, daß Gustav Adolf als König für gewöhnlich bescheiden lebte.

Im März 1602 traf die Familie wieder in Stockholm ein, dessen Schloß jetzt ihr Sitz blieb. Karl brachte einen Hofprediger mit, den er in Livland kennen und schätzen gelernt hatte: Theodor Micronius, der wohl auch als Lehrer Gustav Adolfs wirken sollte. Gerade das brachte die lutherische Geistlichkeit des Landes auf, denn der »deutsche Prädikant« war ein Calvinist, und man mußte sich vorsehen, »daß die jungen Herrschaften, die künftig der Regierung vorstehen sollen, nicht von seinem untauglichen Sauerteig angesteckt würden«. Karl mußte sich vor Zorn knirschend beugen und den Prädikanten ziehen lassen. Statt seiner wurde im Mai Johan Schroderus zum Lehrer Gustav Adolfs berufen.

Johan Schroderus, Sohn Bengt Nilsson Skräddares, des Bürgermeisters der Residenzstadt Nyköping, hatte die Lateinschule besucht, mit Protektion des Herzogs Karl in Deutschland studiert und dort seinen dem Deutschen angepaßten Namen mit einer lateinischen Endung versehen. Als er 1604 geadelt wurde, nahm er – nach einem erloschenen Geschlecht – den Namen Johan Skytte an. Er war 25 Jahre alt, als er zum Erzieher Gustav Adolfs und der anderen Kinder der Herrscherfamilie berufen wurde, ein Mann von umfassender Bildung. Er verdankt seiner glänzenden Begabung und seiner Treue zu Karl und seinem Hause einen steilen Aufstieg.

Johan Skytte hat auf Gustav Adolf einen tiefen und bleibenden Einfluß ausgeübt. 1604, im Jahr der Erb-Einigung auf dem Reichstag von Norrköping, durch die der dort anwesende Gustav Adolf als Erbe Karls IX. anerkannt wurde, ließ Johan Skytte ein Buch drucken: »Eine kurze Unterweisung in welcherlei Künsten und Tugenden eine fürstliche Person, so mit der Zeit Land und Reich glückselig zu regieren gedenkt, sich üben und betätigen muß«. Die Grundsätze dieser *Kort Underwijsning* leiteten Skytte bei der Erziehung Gustav Adolfs zum König. Sie führen die Macht des Fürsten auf das von Gott verliehene Amt zurück und stellen ihn darum auch in die Verantwortung vor Gott, besonders durch die Aufgabe, für das Wohl der kleinen Leute zu sorgen. Zwar wird dem Volk Wankelmut

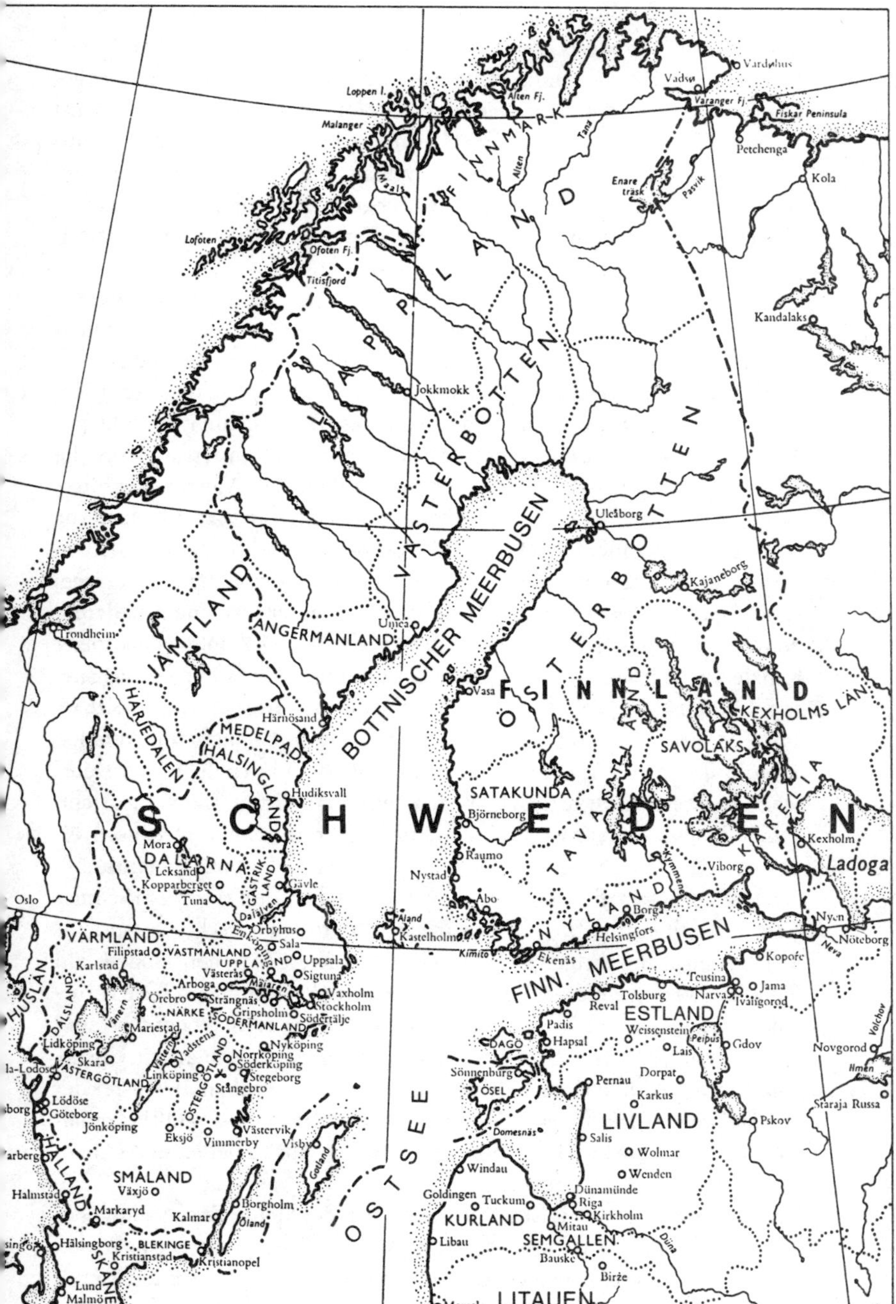
SCHWEDEN
FINNLAND
LAPPLAND
FINNMARK
VÄSTERBOTTEN
ÖSTERBOTTEN
BOTTNISCHER MEERBUSEN
FINN. MEERBUSEN
OSTSEE
JÄMTLAND
ÅNGERMANLAND
MEDELPAD
HÄLSINGLAND
HÄRJEDALEN
DALARNA
GÄSTRIKLAND
VÄRMLAND
VÄSTMANLAND
UPPLAND
NÄRKE
SÖDERMANLAND
DALSLAND
BOHUSLÄN
VÄSTERGÖTLAND
ÖSTERGÖTLAND
SMÅLAND
HALLAND
BLEKINGE
SKÅNE
SATAKUNDA
TAVASTLAND
NYLAND
SAVOLAKS
KEXHOLMS LÄN
KARELIA
ESTLAND
LIVLAND
KURLAND
SEMGALLEN
LITAUEN
DAGÖ
ÖSEL
Gotland
Öland
Ladoga
Peipus
Loppen I.
Malanger
Lofoten
Ofoten Fj.
Titisfjord
Alten Fj.
Varanger Fj.
Fiskar Peninsula
Vardøhus
Vadsø
Petchenga
Kola
Enare träsk
Kandalaks
Jokkmokk
Uleåborg
Kajaneborg
Umeå
Härnösand
Hudiksvall
Trondheim
Vasa
Björneborg
Raumo
Nystad
Åbo
Åland
Kastelholm
Kimito
Ekenäs
Helsingfors
Borgå
Viborg
Kexholm
Nyen
Nöteborg
Neva
Kopore
Teusina
Narva
Jama
Ivangorod
Tolsburg
Reval
Padis
Hapsal
Weissenstein
Lais
Gdov
Novgorod
Ilmen
Volchov
Staraja Russa
Pskov
Pernau
Dorpat
Karkus
Sönnenburg
Domesnäs
Salis
Wolmar
Wenden
Windau
Goldingen
Tuckum
Dünamünde
Riga
Kirkholm
Mitau
Libau
Bauske
Birże
Düna
Memel
Mora
Leksand
Kopparberget
Tuna
Dalälven
Gävle
Örbyhus
Sala
Enköping
Uppsala
Sigtuna
Vaxholm
Stockholm
Södertälje
Västerås
Arboga
Mälaren
Strängnäs
Gripsholm
Örebro
Filipstad
Karlstad
Vänern
Mariestad
Lidköping
Skara
Vättern
Vadstena
Nyköping
Norrköping
Söderköping
Stegeborg
Stångebro
Linköping
Lödöse
Göteborg
Jönköping
Eksjö
Vimmerby
Västervik
Visby
Växjö
Markaryd
Halmstad
Kalmar
Borgholm
Hälsingborg
Kristianstad
Kristianopel
Lund
Malmö
Oslo

unterstellt – »Der gemeine Mann ist schwankend, dem Wechsel geneigt und sieht mit Freuden einen Wechsel bei den Herrschern des Landes« –; aber neben dieser Warnung steht auch die vor dem Wankelmut hochgestellter Ratgeber, die ihrem Herrn nach dem Mund reden. Skytte wird nicht müde, den künftigen Herrscher in die Pflicht zu nehmen und ihm durch Beispiele aus der Geschichte vorzuhalten, was eine schlechte Regierung anrichten und wie segensreich eine gute Regierung wirken kann.

Skytte stieg später zu hohen Ämtern auf: Karl und Gustav Adolf entsandten ihn zu diplomatischen Sondermissionen, 1617 wurde er in den Reichsrat berufen, von 1622 an war er 23 Jahre lang Kanzler der Universität Uppsala, ebenfalls ab 1622 war er dank seiner Fähigkeiten und seines Fleißes praktisch der Leiter der kollegial geführten Kammer und erwarb sich große Verdienste um deren Ausbau, von 1629 bis 1633 regierte er Livland als Generalgouverneur und pflegte von Riga aus den Kontakt mit Rußland. Aber er hat nie vergessen, daß er aus dem Bürgertum kam; die Distanz zum Hochadel, für den der Freiherr Skytte ein Außenseiter blieb, ist unverkennbar, und sie wurde beiderseits bemerkt: Axel Oxenstierna schrieb 1629 in einem Brief an seinen Bruder Gabriel sogar von »seinem Feind« Skytte – gewiß eine Übertreibung aus vorübergehender Verärgerung. Doch daß Skytte seinem ehemaligen Schüler aus einem anderen, dem Volke näheren Geist heraus diente als Gustav Adolfs adelsstolzer Kanzler, zeigen seine Grundsätze in der Bildungspolitik, am deutlichsten sein Manifest zur Gründung des Gymnasiums zu Dorpat im Jahre 1630. Mit ihm öffnete er das Gymnasium und damit die Chance zum Aufstieg allen Volksschichten, nicht nur den im Baltenland privilegierten Deutschen, sondern ausdrücklich auch den Letten und Esten. Dem entspricht, daß er ein Jahr später im Norden, in Piteå am Bottnischen Meerbusen, eine Schule für die Lappen, die *Skytteanska Lappskolan*, ins Leben rief.

Ob der Haß gegen die rebellierenden Aristokraten, den er seinem Schüler Gustav Adolf einimpfte, nur der Treue zu seinem Herrscher entsprang? Er ließ den zehnjährigen Prinzen eine Anklagerede gegen Hogenskild Bielke entwerfen, als dieser 1605 vor Gericht gestellt und zum Tode verurteilt wurde: »Invectiva Gustavi Adolphi Prinicipis in Hogenschildum Bielke« steht auf dem Schriftstück, das als einzige Schularbeit Gustav Adolfs erhalten blieb. Nach dem ausdrücklich vorgegebenen Muster der Anklagereden Ciceros gegen Catalina hält der Knabe in sorgfältig gemalter, wenn auch nicht selten verbesserter Schrift auf 26 Seiten dem Angeklagten seine Missetaten vor.

Einer der emigrierten Aristokraten berichtet, der kleine Gustav Adolf habe sich nicht mit dem Entwurf von Anklagereden begnügt, er habe den Haß gegen die Rebellen auch im Spiel ausgetobt, indem er seinen Kameraden mit einem Holzschwert die Mütze vom Kopf schlug und feststellte:

»Da liegt das Haupt des Verräters, des Herrn Gustav Banér, des Herrn Erik Sparre, des Herrn Hogenskild.«

Gewiß entsprach es dem Erziehungsauftrag Karls an Skytte, wenn dieser seinem Zögling den Glauben an die Gerechtigkeit des richtenden Vaters einpflanzte, und gewiß wäre es verkehrt, in Skytte den Kopf einer volksnahen Partei zu sehen, die gegen den hohen Adel aufbegehrte, aber zu dem, was ihn mit dem Hause Wasa verband und ihm in unermüdlicher Treue dienen ließ, gehörte sicher auch die vom Herrscherhaus immer wieder beschworene und immer wieder benutzte Nähe zum Volk. Wenn Skytte im Reichsrat die Opposition vertrat, zum Beispiel bei den Beratungen über das Eingreifen in den deutschen Krieg, so handelte er zwar nach Brauch und Auftrag – es war üblich, Gründe und Gegenstände durch die Räte in einer Disputation vortragen zu lassen –, jedoch mag es kein Zufall gewesen sein, daß gerade er diese Rolle übernahm.

Auch im kirchlichen Bereich vertrat er eine volksnahe Haltung. Er erstrebte eine breite Grundlage des religiösen Lebens und wehrte sich gegen die Übermacht der hohen Geistlichkeit. Seine Frömmigkeit war frei von Zelotentum. Skytte sorgte 1611 für einen Zusatz zum Königsgelübde Gustav Adolfs: Die Nichtlutheraner, denen jedes Amt in Schweden verwehrt war, sollten darüber hinaus, sofern sie sich ruhig und ordentlich verhielten, nicht beschwert werden, denn »kein Herrscher hat die Macht, eines Mannes Gewissen zu regieren«.

Dazu paßt, daß zur Lektüre Gustav Adolfs das 1470 erstmals gedruckte Buch »De imitatione Christi« des Thomas a Kempis, eines der Brüder vom gemeinsamen Leben, gehörte. Wenn, wie vermutet werden darf, Skytte ihn zu der Lektüre dieses Werkes anhielt, das die Grundzüge der mittelalterlichen Mystik in praktische Anweisungen umsetzte, so zeigt sich darin Skyttes Neigung zu einer vertieften Frömmigkeit.

Ein Portrait des 57jährigen Johan Skytte, zwei Jahre nach Gustav Adolfs Tod gemalt, zeigt ein schmales, nachdenkliches Gesicht, von einem Hauch Melancholie überschattet, mit genau blickenden, aufmerksamen Augen. Diese Augen sind sehr eindringlich. Man kann sich vorstellen, wie der Lehrer Skytte seinen Schüler Gustav Adolf in den acht Jahren, in denen er für ihn verantwortlich war – ab 1610 übernahm er andere Aufgaben – mit diesen Augen gelenkt hat.

Skytte unterrichtete seinen Schüler nach neuen Methoden. In der alten Lateinschule war, unter Berufung auf Aristoteles, die trockene, seelenlose Einübung einer formalistischen Logik und das endlose Pauken grammatikalischer Finessen die Regel; das Lernen war Selbstzweck, ohne Bezug zum Leben. Der Calvinist Pierre de la Ramée, lateinisch Peter Ramus, hatte in den 30er Jahren des 16. Jahrhunderts an der Universität Paris diese Methoden heftig angegriffen. Als er 1572 in der Bartholomäusnacht um-

gebracht wurde, hatte er schon genug Jünger für die Verbreitung seiner Reformideen gefunden. Der »Ramismus« ersetzte das bloße Einpauken von Regeln und Formeln durch den Appell an die Intelligenz, veranschaulichte den Lehrstoff durch Beispiele aus Literatur und Leben, kurz die Schüler wurden angehalten, selbst zu deuten und zu ergründen statt die Leitsätze des Lehrers nachzuleiern. Neben die klassischen Sprachen und Autoren traten Mathematik und Naturwissenschaften, die Richtlinien des Unterrichts waren Einfachheit, Klarheit, Kürze. Skytte war und blieb überzeugter Ramist: Er förderte das selbständige Denken seines Schülers und dehnte den Unterricht auf eine Vielfalt von Fächern aus.
Das Latein blieb die Grundlage des Unterrichts. Das Beispiel der fingierten Anklageschrift zeigt, wie Skytte den Sprachunterricht mit Politik und Geschichte verknüpfte. Beide Fächer wurden durch intensive Lektüre gepflegt, wobei auch die klassischen Lehrer der Kriegskunst herangezogen wurden. Es ist nicht verwunderlich, daß der historisch gebildete Gustav Adolf sich später selbst als Historiker versuchte.
Mathematik, Mechanik, Optik wurden unter praktischen Gesichtspunkten gelehrt, vor allem als Hilfswissenschaften für den Soldaten. Auch Kenntnisse in Recht und Rechtswesen wurden vermittelt.
Für Sprachen scheint Gustav Adolf eine besondere Begabung gehabt zu haben. Deutsch sprach er ja von klein auf und schrieb es schon, als Skytte sein Lehrer wurde. Wie und wann der Erbprinz neben Latein und den Anfangsgründen des Griechischen – das er später weiter studierte – andere Sprachen lernte, ist nicht überliefert. Laut Axel Oxenstierna sprach er Französisch, Italienisch und Niederländisch, verstand Spanisch und Englisch und hatte auch Kenntnisse des Russischen und Polnischen.
Im Französischen war er besonders gewandt. Es ist jedoch nicht sicher, ob er auch die Memoiren des Ritters Philippe de Commynes, die ihm der Vater empfahl, in dieser Sprache kennenlernte. Dieses Buch aus der Zeit Ludwigs XI. und Karls VIII. (sie regierten Frankreich in den letzten vier Jahrzehnten des 15. Jahrhunderts) war so beliebt, daß es schon seit Mitte des 16. Jahrhunderts deutsche Übersetzungen gab. Noch verbreiteter war eine freie, stark kürzende lateinische Fassung. Commynes Aufzeichnungen über die »wichtigsten Taten und Werke« der beiden Könige, denen er gedient hat, sind keine persönlichen Memoiren. Aus den historischen Realitäten werden Grundsätze politischen Handelns abgeleitet. Analyse und Vergleich mit ähnlichen Fällen laufen auf Ratschläge hinaus. Politik ist für Commynes eine lernbare Kunst.
Man sieht an den Beispielen der Lektüre des jungen Prinzen, daß der Unterricht bewußt als Erziehung zum Herrschen angelegt war. Diesem Ziel diente auch die Ausbildung der rednerischen Fähigkeiten. Zwar besaß Gustav Adolf – wie die meisten Wasa – eine natürliche Rednergabe; aber

bei ihm gedieh sie durch die Schulung zu einer Verfeinerung, die sich deutlich von dem robusten Stil seines Vaters abhebt. Schon als Achtjähriger hielt er zusammen mit seinem Vetter Johan eine lateinische Rede, und als Skytte 1606 heiratete, war es die Aufgabe seines Schülers, in einer Rede die Braut zu preisen, diesmal auf schwedisch.

Johannes Bureus, der Skytte beim Unterricht unterstützte – Gustav Adolf hat selbst festgehalten, daß er mit ihm Cicero studierte –, blieb Gustav Adolf lebenslang ein väterlicher Freund. Ihm las der König 1627 aus der fragmentarisch erhaltenen und nie vollendeten »Historia über sich selbst« vor, bei ihm setzte er im selben Jahr den Griechisch-Unterricht fort, um Xenophon im Original lesen zu können, und bei ihm holte er sich bei inneren Konflikten Rat, auch wenn er die Absonderlichkeiten seines alten Lehrers verspotten konnte.

Johannes Bureus war ein Jahrzehnt älter als Skytte, hätte also tatsächlich Gustav Adolfs Vater sein können. Als der Vierzigjährige mit dem Erbprinzen Cicero las, war er längst eine Leuchte schwedischer Gelehrsamkeit, unersättlich in seinem Wissensdurst, ein Polyhistor, der zu der *scientia scientiarum* vordringen wollte, zu der Wurzel alles Wissens. Die Entzifferung der Runen ist ihm zu danken und als Lehrer des Hebräischen und Kenner der Kabbala und damit des magischen Gebrauches von Buchstaben, mühte er sich, eine Kabbala der Runen zu schaffen. Im Laufe seines langen Lebens – er wurde 84 Jahre alt – drang er immer tiefer in die Welt der Mystik ein, in die »Vier Bücher vom wahren Christentum« des Johann Arnd, in die Schriften der Rosenkreuzer und des Paracelsus – wobei auch die dem Paracelsus zugeschriebene Prophezeiung des Löwen aus dem Norden eine Rolle spielte (Bureus schrieb später selbst über den »Brüllenden Löwen aus dem Norden«). Die mystischen Züge seines Wesens verstärkten sich nach einem Erweckungserlebnis im Jahr 1613. Um 1620 erregten die Spekulationen des hochgelehrten Magus den Argwohn der Hüter der rechten Lehre, und es ist wohl nur der schützenden Hand des Königs zu danken, daß er unbehelligt blieb.

Was erst den Prinzen, dann den König mit dem hintergründigen Gelehrten verband, läßt sich nur vermuten. Vor allem war es wohl die Fülle und Kraft der Persönlichkeit des Johannes Bureus: Die Dunkelheit und Absonderlichkeit seines Wesens war kein Beiwerk; sie gehörte wie etwa bei Johann Georg Hamann untrennbar zu einer weiträumigen und tiefen Gedankenwelt. Neben der großen Leistung der Erforschung der Runen, war Bureus ein begabter und gewandter Poet, der Schöpfer einer schwedischen und altnorwegischen Grammatik, eines schwedischen Wörterbuches und ein Meister vieler Sprachen, auch entlegener. Für sein naturwissenschaftliches Verständnis spricht, daß er, im Gegensatz zu den übrigen Professoren von Uppsala, von den Lehren des Kopernikus überzeugt war.

Er erfand eine eigene Stenographie, musizierte und war ein vielseitiger Künstler: Er schuf Radierungen und Holzschnitte, fertigte Siegel und schliff Diamanten. Mit dem Amt des Königlichen Altertumsforschers betraut, dehnte er seine Erkundung der Vergangenheit über die Runen hinaus auf alte Manuskripte aus; er sammelte Sagas und Volkslieder, Anekdoten und sogar Rezepte der Volksmedizin.

Nochmals: Ausgerechnet bei diesem gelehrten Gottesnarren holte sich Gustav Adolf ein Leben lang Rat und hielt ihn wie einen, wenn auch mitunter belächelten Vater. So geradlinig ungebrochen, so hell und leuchtend, wie er immer wieder geschildert wurde, kann der Mann nicht gewesen sein, der sich diesen dunklen Magus zum Vertrauten wählte.

Freilich, ein Band verknüpfte die beiden zusätzlich: der Glaube an die Größe Schwedens und die Ehrwürdigkeit seiner Geschichte. Die großgotische Deutung der Historie, wie sie Johannes Magnus, der letzte katholische Erzbischof von Uppsala, in Anknüpfung an Überlieferungen aufgestellt hatte, fand Johannes Bureus durch sein Runenstudium bestätigt: Die Runen galten ihm als Beweis für die uralte Kultur der Goten, die mit den Schweden gleichgesetzt wurden. Gustav Adolf teilte diese Geschichtsauffassung seines Lehrers, welche die Stammväter der Goten und Schweden auf Magog, den Sohn Japhets und Enkel Noahs, zurückführte; sie wurde ihm von Kind an beigebracht, zumal auch Skytte an ihrer Wahrheit nicht zweifelte. Gustav Adolf schlüpfte bei seiner Krönung nicht von ungefähr in die Maske der sagenhaften Gotenkönige. Wenige Jahre nach seinem Regierungsantritt sorgte eine Geschichte Schwedens in schwedischer Sprache für eine noch weitere Verbreitung dieses Geschichtsbildes; dem Verfasser Petrus Petrejus war es sogar gelungen, die Liste vorhistorischer schwedischer Könige beträchtlich zu verlängern.

FRÜHE SPUREN EINES LEBENS, nicht gerade zahlreich, die Einflüsse des Vaters, der Mutter, der Schwester, der Erzieher – geben sie zusammen ein Bild oder wenigstens den Umriß des Heranwachsenden? Man muß, um zu verdeutlichen, noch weitere Linien einzeichnen, weiteren Einflüssen nachgehen.

Da ist der Hofmeister Bernt Dietrich von Mörner, ein brandenburgischer Edelmann, der um die Jahrhundertwende, zusammen mit seinem Bruder Otto Helmer, dem späteren Hofmarschall, in Karls Dienste getreten ist. Er hatte sich darum zu kümmern, daß der Prinz in den ritterlichen Künsten, im Fechten, Schießen, Reiten, Jagen und im höfischen Benehmen vervollkommnet wurde, wobei er zweifellos einen gelehrigen Schüler hatte, denn schon der Achtjährige tat sich bei einem Turnierspiel gegen den fünf Jahre älteren Vetter Johan hervor.

Da ist Jakob de la Gardie, der erfahrene Soldat, der, mit der Taktik des

Prinzen Moritz von Oranien, Statthalter der Niederlande, vertraut, den Vierzehnjährigen in der Kriegskunst unterrichtete. Auch er konnte an Vorhandenes anknüpfen, denn Skytte hatte ja die klassischen Lehrer der Militärwissenschaft bereits als Unterrichtsstoff benutzt und seinen Schüler auf die Beispiele im Freiheitskampf der Niederländer verwiesen. Aber es war doch lebensnäher, von dem alten Haudegen zu hören, wie der große spanische Feldherr Spinola von Prinz Moritz geschlagen wurde. Moritz wurde Gustav Adolfs Vorbild. Als nach dem spanisch-niederländischen Waffenstillstand 1609 Berufssoldaten aus halb Europa – Schotten, Engländer, Deutsche, Franzosen, auch Niederländer – sich in Schweden nach einem neuen Dienst umtaten, ließ sich der Thronfolger von ihnen berichten, was sie erlebt hatten und welche Lehren sie daraus zogen.

Sein Vater sah solche Begegnungen sicher gerne. Als ein Mann der Praxis war er bemüht, dem Sohn schon früh Erfahrungen für seine künftigen Aufgaben zu vermitteln. Von seinem zehnten Lebensjahr an nahm Gustav Adolf an Beratungen und Audienzen teil. Axel Oxenstierna berichtet: »Als er an Jahren zuzunehmen begann, insbesondere nachdem er das zehnte Jahr erreicht hatte, wurde er von dem Herrn Vater mehr und mehr zugelassen, bei den allgemeinen Ratsversammlungen zuzuhören und Zeuge zu sein, mußte allzeit zur Stelle sein beim Anhören von Gesandten; und wurde ihm schließlich vom Herrn Vater aufgetragen, den Gesandten zu antworten und sich so an wichtige Dinge zu gewöhnen und an ihre Behandlung.«

In seinem zwölften Lebensjahr mußte Gustav Adolf in Örebro den Ständen jene Erklärung des Königs vorlesen, die – mit der Drohung der Abdankung zugunsten des Herzogs Johan – zu verstärkten Treuekundgebungen der Untertanen führte.

Im darauffolgenden Jahr, 1607, als sich Karl am 15. März endlich mit allem Pomp zum König krönen ließ, woran sich wochenlange Festlichkeiten anschlossen, belehnte Karl seinen ältesten Sohn mit Finnland, und er gab ihm nicht nur den Titel eines Großfürsten von Finnland, sondern auch eines Herzogs von Estland in Livland. Bis dahin hatte sich – seit Karl den Königstitel führte – Gustav Adolf als Herzog von Södermanland bezeichnet; dieser Rang ging nun auf seinen jüngeren Bruder Karl Philipp über, Johan wurde Östergötland übertragen.

Der Zufall hat Aufzeichnungen Gustav Adolfs aus der Zeit kurz vor der Krönung seines Vaters erhalten: neun Seiten bunt gemischten Inhaltes, Auszüge aus lateinischen Texten, so des Livius; Vermerke über seine Lektüre – erwähnt werden Thomas a Kempis, Cicero, Ovid (der als schwierig bezeichnet wird), »Cornelium« (wohl Cornelius Nepos) und immer wieder die Heilige Schrift; Unterrichtsstunden mit Skytte, Bureus, dem Bischof Olaus Martini, dem wohl die religiöse Unterweisung oblag, und der eigenen Mutter (»deutsch gelesen mit der Königin«); aber auch eine Abschiedsaudienz für den Pommerschen Gesandten, Ausfahrten, Ausritte, Fechtübungen, Besuche (so des Herzogs Johan), Spiele mit Kameraden. An einigen Stellen wird die sonst um Kalligraphie bemühte Schrift unruhig und kritzelig, so bei der Notiz vom Tod seines Reitknechts Olaf Svensson und gleich darauf von einem Feuer in Stockholm – die beiden Schicksalsschläge müssen ihn aufgestört haben, zumal er kurz zuvor einen anderen Todesfall festzuhalten hatte: Gustav, der Sohn seines Onkels Erik XIV. mit Karin Månsdotter, war, 39 Jahre alt, in Rußland gestorben. »Gott gebe ihm eine fröhliche Auferstehung«, schreibt Gustav Adolf und fügt, auffällig in die Mitte der Zeile gerückt und mit drei Ausrufezeichen hinzu: »Memento mori.«

Fast wie ein Epitaph sieht der Beginn der Seite aus, wo diese Nachricht festgehalten ist. Es nimmt nicht wunder, daß den Jungen, ständig in Pflicht genommen und mit Verantwortung beladen, immer wieder ernste Gedanken bewegen. Das kommt nicht nur im Anruf Gottes zum Ausdruck, sondern auch im Nachdenken über das Amt des Herrschers. Elf Tage vor der Krönung seines Vaters stellt er fest: »Die eingesetzt sind, das Schwert zu führen, müssen sich um Weisheit bemühen. Wer aber im Herrn regiert, der regiert weislich. König Karl regiert weislich.«

Diese Zensur der Regierung seines Vaters hat Gustav Adolf unterstrichen, und wie um zu beweisen, daß er mit seiner Behauptung recht hat, läßt er noch zwei Sätze folgen, zuerst einen lateinischen: »Göttliches und menschliches Recht verpflichten die Könige und alle Regierenden, sich für die Unschuldigen einzusetzen, vor allem für jene, die um ihrer Religion willen verfolgt werden.« Die Seite schließt mit der lapidaren Mahnung in schwedischer Sprache: »Wer im Regimente sitzt, der mag wohl zusehen, was dem Reiche notwendig ist.«

Das alles ist dem Prinzen sicher eingeschärft worden – von seinen Lehrern, von Vater und Mutter. Daß er es verinnerlichte, als seine eigene Aufgabe erkannte, wird aus einem Bericht Johan Skyttes deutlich: Der junge Prinz wurde eines Tages in Tränen aufgelöst gefunden. Auf die Frage, was ihn bedrücke, antwortete er: des Reiches Not und die Zukunft nach seines Vaters Tod.

Ausländischen Besuchern fiel auf, wie groß das Lernpensum des Prinzen war und wie hart er erzogen wurde. Es überrascht nicht, daß der Heranwachsende mit dem Abschied von seiner Kindheit aus diesem straffen Korsett auszubrechen versuchte. Der Hofmarschall hat das Aufbegehren des 15jährigen Thronfolgers angeprangert: Er wolle sich nicht mehr dukken lassen, spiele Karten, kümmere sich mehr um das Reiten, Schießen und Jagen als um die Bücher und vor allem zeige er ein auffälliges Interesse für die jungen Damen des Hofes.

Daß Gustav Adolf sich von Frauen leicht entflammen ließ, hat seine Tochter Christina in ihren Memoiren festgehalten. Von den acht kurzen Sätzen, mit denen sie sein Wesen und seine Erscheinung schildert, lautet einer: »Er war heftig und impulsiv und zu schwach gegenüber den Frauen.« Und auch für seine Fähigkeiten als Schütze und Reiter gibt es genug Zeugnisse. Der junge Jäger »Gösta Hakennase« gehörte noch im vorigen Jahrhundert zum Geschichtenrepertoire der Leute am Mälar-See.

Aus dieser Zeit der »Flegeljahre« Gustav Adolfs stammt ein Portrait auf einer Gedenkmünze; sie zeigt ihn Aug in Auge mit seinem Bruder Karl Philipp im Profil, hübsch aufgeputzt mit Spitzenkragen und besticktem Wams, darüber einen Umhang eingeknöpft, langgelockt und wohlfrisiert (im Gegensatz zum kurzen Haar des Bruders), mit dem auffallend großen, schräg gestellten Ohr, das auch spätere Bildnisse erkennen lassen, und schon recht festen Gesichtszügen; nur der Mund verrät, daß es sich um einen Fünfzehnjährigen handelt. Das heftige und impulsive Temperament, von dem Christina schreibt, ist noch im Metallbild zu spüren. Vor allem aber hat man den Eindruck, einen sehr wachen Menschen vor sich zu haben. Der erst achtjährige Karl Philipp wirkt noch ganz kindlich weich – die Distanz zwischen den beiden Brüdern muß groß gewesen sein. Es ist nicht bekannt, ob in der Kindheit eine engere Beziehung zwischen ihnen bestanden hat.

Viel Zeit, pubertär über die Stränge zu schlagen, blieb Gustav Adolf nicht. Kurz nach einem Höhepunkt der Regierungszeit Karls IX., seiner *eriksgatan* im Frühjahr 1609 (dem Königszug nach überliefertem Muster), wurde der Thronfolger ernster als zuvor in die Pflicht genommen. Der Schlaganfall des Königs auf dem Reichstag von Stockholm stellte Gustav Adolf am 15. August des Jahres vor die Aufgabe, seine erste Ansprache an die Stände zu halten. Auf dem nächsten Reichstag Ende 1610 in Örebro, wo Karl, dessen Zustand gebessert schien, wieder die Zunge versagte, mußte der Erbprinz erneut als Wortführer der Regierung auftreten. Allmählich wuchs er – neben seiner Mutter – in die Rolle eines Mitregenten hinein und erfuhr dabei auch, daß die Schwäche des Herrschers das Gewicht des Reichsrates verstärkte, als dessen bedeutendste Figur sich Axel Oxenstierna herauszustellen begann.

Gustav Adolfs jungenhaftes Drängen, beim Rußlandzug der Schweden Anfang 1610 den Oberbefehl anvertraut zu bekommen, hatte Karl zurückgewiesen und Jakob de la Gardie allein den Oberbefehl überlassen; aber im Frühjahr 1611, im Zeichen des Kriegs mit Dänemark, wurde der Sechzehneinhalbjährige für wehrhaft erklärt, und das war mehr als ein formaler Akt: Gustav Adolf rückte mit einem Teil des schwedischen Heeres – den anderen befehligte sein Vater – auf die von den Dänen eroberte Festung Kalmar vor. Als der Entsatz mißlang, fiel er mit 1500 Mann in die damals dänische Provinz Blekinge (östlich von Schonen) ein. Er überrumpelte bei Nacht die Hafenstadt Christianopel, bezwang die Festung, indem er das Stadttor mit einer Pulverladung aufsprengen ließ, und stand beim Heraufdämmern des Mittsommertages mit seinen Reitern auf dem Marktplatz. Gustav Adolf folgte dem Muster der bisherigen Grenzkriege mit den Dänen: Er ließ die Stadt plündern und in Asche legen. Einen Pfarrer, der ihn vorher um Schonung gebeten hatte, ließ er aus dem Tor jagen, allerdings erst, nachdem er ihm erregt klargemacht hatte, was für ein unverschämter Kerl sein König sei. Man spürt bei diesem Auftritt die Hitzigkeit Gustav Adolfs, die auch später immer wieder ausbrach.

Folgen für den Kriegsverlauf hatte dieser Ausfall über die Grenze nicht; er bot den Dänen allenfalls einen Vorwand für Vergeltungstaten in einem Ringen, das sich in Verwüstung, Raub und Brandschatzung erschöpfen sollte. Auch die Wiedereroberung der Insel Öland durch Gustav Adolf, die im Oktober mit der Kapitulation der dänischen Truppen von Borgholm abgeschlossen wurde, war nicht von Dauer; im folgenden Jahr setzte sich der dänische Feldherr Rantzau erneut dort fest.

Immerhin: Gustav Adolf hatte einen frischen Erfolg vorzuweisen, als er sich gegen Ende Oktober mit seinem Vater in einem Hafenort in Småland traf. Für dieses Jahr hatte der hereinbrechende Winter dem Krieg eine Pause gesetzt. Karl reiste zu Schiff nach Nyköping weiter. Gustav Adolf begab sich zunächst nach Bråborg in Östergötland, wo Herzog Johan residierte. Dort war er mit seiner Mutter, seinem Bruder und dem Herzog zusammen, als ein Bote mit der Meldung eintraf, Karl sei auf dem Schiff erkrankt und liege nun im Schloß von Nyköping – in das er nicht mehr mit eigener Kraft gelangt war – im Sterben.

Sie brachen sofort auf und trafen den König noch lebend an; er konnte sie auch noch erkennen, aber er brachte kein Wort mehr über die Lippen.

Gustav Adolf, der die Last seines Amtes schon vor Jahren vorausgeahnt, hatte Grund mit Sorge an die Zukunft zu denken. Sechs Jahre später, als er sich im Dom zu Uppsala zum König krönen ließ, stellte er in einer Ansprache an die Reichsstände fest: »Wer war ich, als ich ans Regiment kam, daß ich jemand hätte zwingen können? War ich nicht ein Jüngling von 17 Jahren, der keine Autorität hatte, durch die jemand gezwungen werden konnte? . . .Wahrlich, ich habe niemals, nächst Gott, mich auf eine andere Macht verlassen, als die, die aus schwedischer Treue stammt.«

Beides, der Beistand Gottes und des schwedischen Volkes, war nicht mehr als eine Hoffnung an jenem 30. Oktober 1611 im Trauerschloß zu Nyköping. Aber – das sollte sich zeigen – er kannte die Aufgabe, zu der er erzogen worden war. In den Notizen aus dem Jahre 1607 findet sich auch ein Eintrag, der so etwas wie die Losung seines Lebens wurde: »Wer in des Herrn Namen streitet, kämpft mannhaft. Amen.«

Die Stufe zum Thron

Gustav Adolf hatte das siebzehnte Jahr noch nicht vollendet, als der schwedische Thron durch den Tod seines Vaters erledigt wurde; aber die frühe Reife seines Geistes vermochte die Stände, den gesetzmäßigen Zeitraum der Minderjährigkeit zu seinem Vorteil zu verkürzen.

Friedrich Schiller in »Geschichte des Dreißigjährigen Krieges«

WÄHREND DER TOTE KÖNIG im oberen Saal des Schlosses von Nyköping aufgebahrt lag, versammelte sich in dem großen Saal darunter der Reichstag. Unmittelbar nach dem Tod Karls IX. hatten Königin Christine und Herzog Johan die vorläufige Regierungsgewalt übernommen. Sie entboten den Reichsrat nach Nyköping und forderten die Stände auf, sich Anfang Dezember am Sterbeort des Königs zum Reichstag einzufinden, so vollzählig als nur möglich.

Dem Reichsrat und den beiden provisorischen Regenten schien eine baldige Regelung der Herrschaftsverhältnisse dringlich. Das Land steckte in einer tiefen Krise. Der glücklose Krieg mit Dänemark würde noch im Winter erneut aufflammen und im Sommer einer Entscheidung zutreiben; die Kassen waren erschöpft; und der kleine Mann war – wie Skytte es in seiner »Kurzen Unterweisung« vorausgesagt hatte – »schwankend, dem Wechsel geneigt«. Überall, besonders in Dalarna, brodelte Unruhe. Nun, da die strenge Hand Karls nicht mehr die Zügel führte, witterten die Gemaßregelten neue Freiheiten, und der unterdrückte Haß gegen seine Herrschaft schien sich auf die Königin zu richten, ein Haß, den sich Sigismund zunutze machen konnte.

Die vor sieben Jahren besiegelte Erb-Einigung von Norrköping schien zwar alles zu regeln: Gustav Adolf sollte seinem Vater folgen, jedoch erst mit 18 Jahren die teilweise und mit 21 Jahren die volle Regierungsgewalt übernehmen. Bis dahin war eine Regentschaft vorgesehen. Für diese fehlten jedoch Ausführungsbestimmungen, mindestens in schriftlicher Form. Klar war nur, daß Christine und Johan zu den Regenten gehörten, und dementsprechend suchten sie mit dem Reichsrat zusammen das Nötigste zu tun, unterstützt von Karls Sekretär, Dr. Chesnecopherus.

Herzog Johan hätte mit entschlossenem Zugriff in dieser kritischen Stunde eine führende Rolle, wenn nicht den Thron erlangen können. Einen Anspruch auf die Krone hatte Karl ihm bis zuletzt zugestanden, jedoch war dieses Vermächtnis von den Ständen nicht bestätigt wor-

den. Johan war zu schwach und zu unbeweglich, sich trotzdem durchzusetzen.
In Nyköping lagen beim Tod Karls dessen deutsche Söldner im Quartier. Sie wurden in andere Städte verlegt, um Platz zu schaffen für die Abgeordneten der Stände. Ab Anfang Dezember ritten und fuhren sie von allen Teilen des Landes in die kleine Stadt ein, als letzter mit einem prächtigen Gefolge und mit 300 Pferden Herzog Johan.
Der Reichstag wurde am Nikolaustag 1611 eröffnet, drei Tage bevor Gustav Adolf 17 Jahre alt wurde. Herzog Johan begrüßte die Versammlung mit einer Rede im großen Saal des Schlosses in Anwesenheit der beiden Prinzen.
Als vordringlichste Themen – die in einer schriftlichen *Proposition* des Reichsrates unterbreitet wurden – standen die Neuordnung des Regiments und die Fortführung des Krieges mit Dänemark auf der Tagesordnung. Am 10. Dezember richtete Herzog Johan im Namen der beiden Regenten an den Reichstag die Frage, ob es bei den Beschlüssen von 1604 bleiben solle oder ob eine andere Lösung zu finden sei. Vielleicht war dies ein versteckter Versuch Johans, sich selbst als Lösung anzubieten. So verstanden wurde es nicht, denn die Stände plädierten fast einmütig für den Beschluß von Norrköping; jedoch wiesen die Bürger zugleich darauf hin, daß Gustav Adolf in sein 18. Lebensjahr eingetreten sei.
Was sich nun bis zum Jahresende abspielte, verrät eine Regieführung, die in mehreren Auftritten eine bereits geplante Lösung des Regierungsdramas ansteuerte. Der Regisseur, der sich die Unterstützung des Reichsrates gesichert hatte, war Axel Oxenstierna.
Am 16. Juni 1583 auf Fanö in Uppland geboren, war er eines der jüngsten Mitglieder des Reichsrates. Sein Geschlecht gehörte seit Jahrhunderten zur Führungsschicht des Landes: 13 Reichsräte und ein Bischof sind in seinem Stammbaum verzeichnet. Sein Vater hatte, unter Wilhelm von Oranien, in den Niederlanden gekämpft. Ein Netz von Verwandtschaften verknüpfte ihn mit der Hocharistokratie: Seine Mutter war eine Bielke, deren Mutter eine Posse – Namen aus der Adelsopposition gegen Karl IX. Diplomatisches Geschick schien den Oxenstiernas angeboren zu sein, denn sie hatten die politischen Wetterstürze der letzten 200 Jahre fast unversehrt überstanden. Sie hatten nicht nur überlebt, sie hatten auch ihr Vermögen und ihren guten Ruf gerettet. Vielleicht war auch die Entsendung Axel Oxenstiernas und seines jüngeren Bruders Gabriel auf deutsche Universitäten ein Akt diplomatischer Vorsicht: In Begleitung eines schwedischen Hauslehrers, vor allem für den erst zehnjährigen Gabriel, studierten sie ab 1597, also in der Zeit der Zuspitzung des Konfliktes zwischen Karl und dem Hochadel, an den Universitäten Rostock, Wittenberg und Jena. Axel Oxenstierna war ein erfolgreicher und fleißiger

Student, der schon an der Universität lernte, rastlos tätig zu sein. Neben den Staats- und Rechtswissenschaften widmete er sich vor allem der Theologie; seine Mutter soll eine geistliche Laufbahn für ihn erhofft haben.

Auch als Politiker blieb er ein Mann der Wissenschaft: Die geistigen Grundlagen seines Handelns waren wohldurchdacht und von der Kenntnis des römisch-deutschen Rechts, von Aristoteles und der Bibel geprägt. Der erste deutsche Theoretiker der Staats- und Gesellschaftslehre, Johannes Althusius – der in seinem 1603 erschienenen, vom Calvinismus getragenen Werk »Politik, methodisch dargestellt und durch heilige und profane Beispiele erläutert« die höchste Gewalt dem Volk zuschreibt, das sie an den Herrscher nur delegiert – war ihm ebenso vertraut wie Jean Bodin, der bedeutendste französische Staatsrechtslehrer des 16. Jahrhunderts, der in seinen »Six Livres de la République« die von ihm mit Entschiedenheit vertretene absolute Macht des Herrschers ebenso entschieden den göttlichen Geboten und den Naturgesetzen unterwirft. Später als Hugo Grotius sein Werk »De iure belli ac pacis« veröffentlichte (1625), wurde dieses – wie für Gustav Adolf – für Oxenstierna zu einem Leitfaden der eigenen Politik: Für ihn war Politik Handeln aufgrund von Wissen, noch besser von Weisheit, eine Sache des planenden Verstandes.

Oxenstierna war ein geübter Redner – die Kunst der Disputation hatte er schon auf der Universität gelernt. Drei Disputationen, die er in Wittenberg zu bestehen hatte, sind erhalten geblieben; sie zeigen, daß schon der 19jährige Student sich zu den Grundsätzen bekannte, die später seine Politik bestimmten. Er sprach – neben den klassischen Sprachen Latein, Griechisch und Hebräisch – Deutsch, Französisch und Niederländisch, gab aber bei diplomatischen Verhandlungen dem Latein den Vorzug, schon allein, um keiner anderen lebenden Sprache den Vorrang vor dem Schwedischen einzuräumen.

1603, als Karl IX. die Adligen, die keine Anhänger seines Rivalen Sigismund waren, nach Schweden zurückrief, kehrte auch Axel Oxenstierna heim. Bei dem Prozeß gegen Hogenskild Bielke geriet seine Familie in Schwierigkeiten, weil seine Mutter als geborene Bielke durch ihre Verbindungen belastet war. Axels Dienst in der Kanzlei des Königs kann als Bürgschaft der Familie für ihr Wohlverhalten angesehen werden.

Karl scheint die Fähigkeiten des jungen Mannes bald erkannt zu haben. Er betraute ihn mit Aufgaben von wachsender Bedeutung. Im Winter 1606/07 entsandte er ihn nach Mecklenburg, um eine Erbschaftsangelegenheit zu regeln. In den folgenden Jahren band er ihn immer stärker an sich; eine ganze Anzahl von Unterredungen zwischen dem König und dem aufstrebenden Staatsdiener ist urkundlich festgehalten. Im Mai 1609 wurde Oxenstierna, erst 26 Jahre alt, in den Reichsrat berufen. Seine Fähigkeiten, sein Arbeitseifer und seine geschickte Hand in der Führung der Geschäfte verschafften ihm trotz seiner Jugend bald die dominierende Stellung in diesem Gremium, das mit der Erkrankung Karls wieder an Bedeutung gewann.

Die Einrichtung des Reichsrates geht auf die Magna Charta Schwedens, das bei der Wahl des Königs Magnus Erikson (1319–1363) ausgehandelte Grundgesetz zurück, das 1350 durch das Allgemeine Landrecht ergänzt wurde und bis 1719 in Geltung blieb. Neben der Sicherung des Rechtes auf Freiheit und Eigentum und erheblichen Einschränkungen der Königsgewalt verpflichtete es den Herrscher, sich des Beistandes durch den Reichsrat zu bedienen. Der Rat bestand – neben den Bischöfen, die dann infolge der Reformation ausschieden – aus zwölf Adelsherren, die der König zwar berief, die jedoch nicht seine Minister waren, nicht ihm, sondern dem Reich verantwortlich, und lebenslänglich darüber zu wachen hatten, daß König und Untertanen *gegenseitig* ihre Pflichten erfüllten. Später wurde das Verhältnis des Königs zum Rat auf die Formel gebracht, der König habe *med råds råde* – mit dem Rate des Rates – zu regieren. Dem Verfall der Rechte und der Stellung des Reichsrates, schon unter den Stures, mehr noch unter Gustav Wasa und Erik XIV., folgte die Wiederbelebung des Gedankens des aristokratischen Konstitutionalismus unter der Wortführung von Erik Sparre, schließlich die blutige Verfolgung dieser Idee durch Karl IX. Aber Ideen lassen sich nicht so leicht umbringen wie Menschen, und das Verhältnis zwischen dem König und den Ständen war zwar verhärtet, aber nicht gefestigt.

Jetzt, da die Hand Karls nicht mehr auf dem Land lastete und die Not Schwedens den inneren Frieden erheischte, erwies es sich, daß die Idee einer konstitutionalen Regierung lebte und in praktische Politik umzusetzen war.

Axel Oxenstierna, der die Gunst der Stunde erkannte, zögerte nicht, die Schwäche des Herrscherhauses zu nutzen und seinen Standesgenossen und dem Reichsrat die Stellung zurückzugewinnen, die seinem Verständnis von der Regierungsgewalt in einer verfassungsmäßigen Ordnung entsprach.

Franz Mehring, der sich in einer kleinen Schrift aus marxistischer Sicht mit Gustav Adolf beschäftigt hat, schreibt in diesem »Fürstenspiegel zu Lehr und Nutz der deutschen Arbeiter«: »Der junge König hatte nur einen Weg, sich die Krone zu sichern: er mußte die Macht, die der schwedische Adel tatsächlich besaß, auch rechtlich anerkennen. Er gab der schwedischen Ritterschaft das entscheidende Wort auf den Reichstagen . . ., kurz, die schwedischen Junker gewannen eine so überragende Stellung, daß sie mit ihren ›fürnehmen Privilegien‹ verächtlich auf den deutschen Adel als einen ›Sklaven der Fürsten‹ herabsahen und sich mit den reichsunmittelbaren Fürsten in Deutschland verglichen. Der Vergleich hinkte, denn das kleine Schweden besaß die Bedingungen nationaler Einheit, die dem großen Deutschland fehlten; die schwedischen Junker brauchten die monarchische Gewalt, welche die deutschen Fürsten unablässig zu zerstören trachteten.«

Mehring simplifiziert und verzerrt; er verkennt die Bedeutung der Verwirklichung einer Verfassungsidee inmitten eines mächtigen Trends zum Absolutismus; aber er hat recht, wenn er das Ergebnis des Reichstages von Nyköping als Zweckbündnis kennzeichnet.

Das Ergebnis des »historischen Kompromisses« vom Dezember 1611 war ein Gleichgewicht zwischen der Krone und den Ständen, das den König nicht an der Entfaltung seiner großen Fähigkeiten hinderte, ihn aber auch streng an seine Pflichten band. Axel Oxenstierna hat das später auf die Formel gebracht: »Treu Herr und getreu Knecht«. Axel Oxenstierna muß gewußt haben, daß er in Gustav Adolf einen Herrn vor sich hatte. Seine Standesgenossen mochten annehmen, der Siebzehnjährige sei leichter zu lenken als der fünf Jahre ältere Johan oder als ein Regentschaftsrat mit einer schwierigen Königin, der zu neuen Parteiungen Anlaß bot. Auch schien es möglich, dem ehrgeizigen jungen Prinzen für das Angebot der sofortigen Herrschaft einen größeren Preis abzuverlangen. Oxenstierna blickte weiter. Gewiß war auch er darauf bedacht, die Rechte des Adels zur Geltung zu bringen, aber als Anhänger einer gerechten Ordnung mußte er mehr anstreben als einen Augenblickserfolg, mehr als eine Steigerung der Adelsprivilegien. Ihm schwebte von Anfang an jenes Bündnis vor, das sich nachher in der Partnerschaft von König und Kanzler verwirklichte.

Wie ein Schachspieler, der Zug um Zug vorausberechnet, setzte der kluge Politiker seine Figuren.

Als nach der Rede Johans vor dem Reichstag klar war, daß der Herzog keine Aussicht mehr auf die Krone hatte, wurde er gegen »Verbesserungen« seines Besitzes veranlaßt, am 16. Dezember förmlich auf alle Thronansprüche zu verzichten und den Sitz in einem Regentschaftsrat abzulehnen. Axel Oxenstierna hatte auch Christine überzeugen können, daß die sofortige Thronerhebung ihres Sohnes die beste Lösung sei. Er gab nach Johans Erklärung im Namen der Königin auch deren Verzicht auf alle Herrschaftsansprüche bekannt. Ihr Sohn werde fähig sein, Schweden »christlich und wohl« zu regieren.

Nun wurden die Stände aufgefordert, Gustav Adolf ohne Wartezeit die Krone anzutragen und Vorschläge zu unterbreiten, »auf welche Weise er am besten die Regierung führen möge«.

Damit war der unter Karls Herrschaft aufgestauten Unzufriedenheit ein Ventil geöffnet. Sie entlud sich in Forderungen, die deutlich genug die

bisherigen Zustände kritisierten. Vor allem die Beschwerden und Wünsche des Adels enthielten ein hartes Urteil über die Regierung des noch immer in Nyköping aufgebahrten Königs.
Da die Forderungen der Stände sich nur teilweise deckten, war es Sache des Reichsrates und damit Axel Oxenstiernas aus den verschiedenen Stellungnahmen einen einheitlichen Entwurf für eine dauerhafte Reform zu machen. Am 19. Dezember 1611 wurde Gustav Adolf ein Schreiben überreicht, das in 13 Punkten zusammenfaßte, was von dem neuen König erwartet wurde. In diesen Katalog war auch aufgenommen, was der Reichsrat für sich selbst verlangte: tatsächliche, nicht – wie bisher häufig – nur vorgetäuschte Mitwirkung an den Entscheidungen des Königs.
Das Dokument, das eine Art Ultimatum an den Thronanwärter darstellte, endete mit der Versicherung, daß als Gegenleistung für die Garantie der geforderten Rechte Rat und Stände ihrerseits fest und treu zu ihren Pflichten stehen und »Königliche Hoheit« als Herrn und König anerkennen wollten, als ob er bereits sein volles Alter erreicht hätte, da Gott ihm »an Verstand verliehen, was ihm an Jahren fehlt«.
Am zweiten Weihnachtsfeiertage stimmte Gustav Adolf dem auf der Grundlage dieses Dokuments formulierten Königsversprechen zu. Die *Försäkring som then stormechtige högborne furste och herre, herr Göstaf Adolph* ging über die Königsgelübde seiner Vorgänger aus dem Hause Wasa hinaus: Es grenzte die Macht des Königs und die Rechte des Volkes, vertreten durch die Stände, und die Aufgaben des zwischen beiden vermittelnden Reichsrates genau voneinander ab.
Am Neujahrstag 1612 wurde die auf Silvester 1611 datierte endgültige Ausfertigung des Königsversprechens verlesen. Drei Tage später leistete der Rat Gustav Adolf den Treueid. Am 6. Januar berief »der Schweden, Goten und Wenden erwählter König und Erbfürst« den 28jährigen Axel Oxenstierna zu seinem Kanzler.
Es ist nicht überliefert, welche Rolle Gustav Adolf spielte, während in den Wochen nach seines Vaters Tod die künftigen Entscheidungen vorbereitet wurden, und in welcher Weise er in den so vorbereiteten Ablauf der Ereignisse auf dem Reichstag eingriff – abgesehen von seiner Stellungnahme zu den ihm vorgelegten Dokumenten.
Es ist jedoch undenkbar, daß der tatendurstige, seiner Verantwortung und seines Ranges bewußte junge Mann das Geschehen dieser zwei Monate passiv über sich ergehen ließ. Zwar zeigte er später, daß er gelernt hatte, sein hitziges Temperament zu zügeln, wenn auch nicht zu unterdrücken, aber einfach zuzuwarten war dem 17jährigen sicherlich noch weniger gegeben als dem erwachsenen Mann, dessen Ungeduld vielfach bezeugt ist und von dem es in dem 1633 erschienenen Werk »Le soldat

suédois« heißt: »Er besaß den Charakter, der Feuerseelen zu eigen ist, die beim Ausüben ihrer Tätigkeit in Brand geraten.«
Man darf vermuten, daß Gustav Adolf in den entscheidenden Wochen vor seinem Regierungsantritt mit aller Energie seinen künftigen Weg zu bestimmen suchte. Die spätere Zusammenarbeit mit Axel Oxenstierna muß sich in dieser Zeit vorbereitet haben. Der Thronprätendent hatte sicherlich begriffen, daß ihm nur das Bündnis mit diesem Mann die Herrschaft sichern konnte, so wie umgekehrt Oxenstierna die genialen Züge des jungen Wasa erkannte, mit dem das Wagnis, Schweden aus der Krise zu führen, bestanden werden konnte. Beide entschieden sich, den Preis zu bezahlen, den die Zusammenarbeit kostete.
Ricarda Huch hat in ihrem hinreißenden Buch »Der große Krieg in Deutschland« den Konflikt, mit dem dieses Bündnis leben mußte (und der immer wieder aufflackerte), in einem erdachten Gespräch zwischen Skytte und Gustav Adolf mit vereinfachenden Linien umrissen. Skytte, sagt Gustav Adolf dort, habe unrecht, Oxenstierna zu mißtrauen, der ihn liebe und es treu mit ihm meine. Skytte schränkt ein: so treu es ein Adliger mit seinem König meine, dem er sich im Grunde überlegen fühle. Darauf der junge König: »Möchtest du auch aus dem Himmel eine Republik machen? Einer muß nun einmal die Zügel führen, und das werde ich tun trotz Oxenstierna.«
Als Gustav Adolf am Neujahrstag 1612 auf sein Königsversprechen als neue Verfassungsurkunde festgelegt wurde, und als er zehn Tage später, unmittelbar ehe er zum ersten Mal als König gegen die Dänen zu Felde zog, die neuen Privilegien des Adels in einem gesonderten Dokument bestätigte, war freilich noch keineswegs sicher, wer die Zügel führen und den Weg bestimmen würde.
Die Urkunde enthielt in zehn Punkten neben der Verpflichtung, für ordentliche Rechtsprechung zu sorgen, über die Unverletzlichkeit des Eigentumsrechtes zu wachen und die persönliche Freiheit des Einzelnen gegenüber der Königsmacht zu wahren, die Bindung an die Beschlüsse von Uppsala, also die Zusage, die Rechte der Kirche zu garantieren und nur Bekennern des lutherischen Glaubens ein öffentliches Amt anzuvertrauen, auch wenn es Andersgläubigen erlaubt war, sich im Reich aufzuhalten, sofern sie einer nützlichen Beschäftigung nachgingen. Am schwersten wogen jedoch die Zusagen, die wichtigsten Staatsämter nur mit schwedischen Adligen zu besetzen, die Amtsträger für ihre Mühen gebührend zu entschädigen, niemand ohne rechtskräftiges Urteil aus seinem Amt zu entfernen, auch für die Ämter der mittleren und unteren Verwaltungsstufen und der Gerichte nur Schweden heranzuziehen, neue Gesetze nur mit Zustimmung des Reichsrates und der Stände zu erlassen, von deren Zustimmung auch Kriegserklärung, Waffenstillstand und Frie-

densschluß abhängig zu machen, und den Reichstag nur im Einvernehmen mit dem Reichsrat einzuberufen.
Für jene Entscheidungen und Beschlüsse, welche Stände und Reichsrat gemeinsam zu tragen hatten, war auch die Mitwirkung von Herzog Johan vorgesehen, aber das war wohl eine mehr formale Bestimmung. Die eigentlichen Entscheidungsträger waren künftig die Vertreter des Adels. Nicht von ungefähr wurden die *Privilegier* von *Swerigis rikis ridderskap och adel* noch einmal eigens festgehalten.
Im Zusammenhang mit der Königsversicherung Gustav Adolfs, die neben die frühen Verfassungsurkunden Englands und Württembergs (Tübinger Vertrag) gestellt werden kann, bemerkt Jonas Hallenberg in seiner Ende des 18. Jahrhunderts erschienenen »Geschichte des schwedischen Reiches unter der Regierung Gustav Adolfs des Großen«, Gustav Adolf habe zu Beginn seiner Herrschaft nicht zu wenig Macht gehabt, um ein großer König zu werden, in manchem aber doch weniger als seine Vorgänger.
Eine geschickte Regie sorgte dafür, daß auf dem Reichstag zu Nyköping der Bruch mit der Vergangenheit nicht allzu deutlich sichtbar wurde. Am 5. Januar 1612, einen Tag nach der Eidesleistung des Reichsrates, wurde König Karls Leiche aus dem oberen Saal in den großen Reichssaal hinabgetragen. Vorher hatte die königliche Familie von Karl Abschied genommen. Der Zinnsarg mit dem königlichen Leichnam wurde in einen größeren Schrein gelegt, der mit schwarzem Samt drapiert und »mit vergoldeten Nägeln so dicht beschlagen war, daß man schwerlich einen Messerrücken dazwischen legen konnte«. Der mit dem Reichswappen, mit Karls Namenszug und auf dem Deckel mit einem großen Kreuz – »alles vergoldet und prächtig angeordnet« – geschmückte Sarg stand im Saal, als Gustav Adolf tags darauf die Stände entließ.
In seiner Rede dankte er seiner Mutter, Herzog Johan und den Ständen, vom Adel bis zu den Bauern, und versprach dem Reich ein gerechter König zu sein, Glauben und Freiheit zu schützen und dabei sein Leben nicht zu schonen. »Gleichwie es unseren Vorfahren zum ewigen Ruhme gereicht, daß sie sich mannhaft und ritterlich gegen die Dänen verteidigt und dadurch, im Gegensatz zu den Norwegern, ihre aus unvordenklicher Zeit übernommene Freiheit bewahrt haben, so wollen auch wir in gleicher Weise in die Fußstapfen unserer Vorväter treten.«
Der Reichstag, der den Frieden mit Dänemark, nicht aber die Unterwerfung unter Christian IV. wollte, hatte Geld und Soldaten für die Fortführung des Krieges bewilligt. Am 10. Januar 1612 stieg Gustav Adolf, nun als oberster Kriegsherr, in einen schwarz ausgeschlagenen Schlitten, um auf den frostharten Wegen die im Süden liegenden Dänen aus der Ruhe ihrer Winterquartiere aufzuschrecken.

Das Erbe

Dieser Fürst erbte bei Regierungsantritt von seinem Vater drei verschiedene Kriege: gegen Dänemark, Rußland und Polen, die er beendigen mußte.

Christina von Schweden in ihren Memoiren

Wenn nicht die Bauern in ihrem großen Elend jetzt Hilfe suchen und erlangen, so kann nichts die Verödung dieser Landschaft aufhalten.

Jonas Rothovius, Pfarrer in Angelstad, Småland, Herbst 1613

»WER WAR ICH, ALS ICH ANS REGIMENT KAM . . .« Dieser Satz aus Gustav Adolfs Ansprache bei seiner Krönung muß hier nochmals zitiert werden – er kennzeichnet die Ausgangslage Anfang 1612 und sicher auch die Stimmung des Siebzehnjährigen auf seiner Schlittenfahrt nach Süden in das verschanzte Lager der Schweden von Ryssby, nördlich Kalmar.

Der Horizont war düster. Die Erfolge, die Gustav Adolf im Sommer und Herbst hatte erringen können, konnten nicht verhüllen, daß mit Kalmar die stärkste Festung der Ostküste in dänische Hand gefallen war. Die dänischen Streitkräfte, meist deutsche Berufssoldaten, waren besser bewaffnet und trainiert als die schwedischen. Die Hauptmacht der Schweden stand in Rußland. Der schwedischen Flotte, obwohl von Karl unablässig ausgebaut, fehlte es an größeren Schiffen und vor allem an einer entschlossenen Führung.

Dieser Lage zum Trotz wollte Gustav Adolf seinem Gegner in Kopenhagen zeigen, daß Schweden den Kampf nicht aufgab. Die Winterkampagne, in die er zog, konnte gewiß das Blatt nicht wenden, aber sie konnte signalisieren, daß der junge König entschlossen war, Christian IV. den Griff nach dem Reich Gustav Wasas und die Wiederherstellung der Kalmarer Union zu verwehren.

Auch in Rußland stand eine Entscheidung an. Jakob de la Gardie, im Besitz von Nowgorod, betrieb weiter mit Nachdruck die Kandidatur des zehnjährigen Prinzen Karl Philipp für den Zarenthron. Gustav Adolf sah langwierige, schwierige Verhandlungen und eine noch tiefere Verstrikkung in die russischen Wirren auf sich zukommen. Er mußte damit rechnen, daß Jakob de la Gardie, fern von Stockholm, eine eigenmächtige Politik betrieb, die leicht außer Kontrolle geraten konnte. Für König und Kanzler würde es nicht leicht sein, ihn im Zaume zu halten.

Mit Polen herrschte Waffenruhe, von Frieden konnte jedoch keine Rede sein. Sigismund dachte nicht daran, seine Ansprüche auf den schwedischen Thron aufzugeben. Er wußte, in welchen Nöten Gustav Adolf steckte; er behandelte den »Herzog von Södermanland« – wie er ihn betitelte – als Thronräuber und trat im diplomatischen Verkehr als der rechtmäßige König Schwedens auf.

Die in Polen lebenden schwedischen Emigranten – von denen viele die Namen der führenden Familien Schwedens trugen – waren seine Verbündeten, einig im Haß gegen Karl IX., den sie nun auf dessen Sohn übertrugen.

Sigismunds Schwester Anna, seit 1598 ständig in Polen ansässig, ohne ihren lutherischen Glauben aufzugeben, kümmerte sich besonders um diese Emigranten. Sie bemühte sich auch um Karl Karlsson Gyllenhielm, der nach der Gefangennahme in Wolmar (1601) sechseinhalb Jahre in Ketten gelegen hatte und bis 1613 auf die Heimkehr warten mußte. Göran Knutsson Posse, das Haupt der schwedischen Emigrantenpartei, Verfasser des Pamphlets »Herzog Karls Schlachtbank«, versuchte den prominenten Gefangenen auf seine Seite zu ziehen; und der spätere Reichsadmiral scheint in der Tat eine Zeitlang geschwankt zu haben – mit den Umständen ändert sich leicht auch die Gesinnung.

Skytte hatte Gustav Adolf vor dem Wankelmut der Großen und des Volkes gewarnt. Der junge König hatte diese Warnung sicherlich nicht vergessen, sowenig wie den schriftlichen Rat seines Vaters: »Mein Sohn muß wissen, daß eine Krone in Gefahr ist, wenn nicht die treuen Diener des Fürsten, der sie trägt, und die Liebe seines Volkes auf der einen Seite und seine eigene Tugend auf der anderen Seite sie schützen.«

Reichte seine Tugend? Durfte er der Treue seiner Diener und der Liebe seines Volkes gewiß sein? Er hatte gelernt, die Augen aufzumachen, und er wußte, daß es mit seinem Volk und seinem Land nicht gut bestellt war.

Schweden war damals – trotz aller Bemühungen der Wasa – ein armes, rückständiges Land. Die Einwohnerzahl hatte sich seit dem Regierungsantritt Gustav Wasas zwar vermehrt, betrug aber in Schweden selbst kaum mehr als 800 000, in Finnland höchstens 400 000 (die Zahlen lassen sich nur annähernd ermitteln). Einem raschen Bevölkerungszuwachs standen die vielen Kriege und die durch sie bewirkte Verwüstung des Landes entgegen. Die hygienischen Verhältnisse waren unzulänglich, die Nahrung der Gesundheit bestimmt nicht förderlich.

Das Essen war einförmig und schwer verdaulich, in den Städten wie auf dem Land und bei allen Schichten der Gesellschaft; selbst die Aristokratie und der Hof lebten nur wenig besser als der Durchschnitt. Das rauhe, dunkle Brot wurde hauptsächlich aus Gerste und Roggen gebacken: Zwei Drittel der Getreideernte entfielen auf Gerste, den Rest lieferte neben

Roggen der Hafer, aus dem meist Brei gekocht wurde; Weizen gedieh kaum. In der Regel reichte der Ernteertrag für Mehl und Braugerste. In schlechten Jahren mußte, besonders im Norden, das Brot mit Baumrinde, Kleie, Spreu, Rüben und Moos gestreckt werden.

Nicht alle Teile des Landes konnten sich selbst ausreichend mit Korn versorgen. Im Süden herrschte Weidewirtschaft vor; dort wurde gegen den Überschuß an Butter und Fleisch Getreide erworben. Auch die Bergbauregionen und Norrland waren auf den Tauschhandel mit ihren Produkten angewiesen. Die Kornkammer des Landes war Östergötland.

Frischfleisch gab es nur im Sommer und Herbst. Vor dem Winter zwang der Futtermangel zur Verminderung der Viehbestände, und für den Winter wurde alles eingesalzen: das Fleisch, die Butter und die Fische. Rüben und Kohl brachten nicht allzuviel Abwechslung in diese Winterdiät.

Kein Wunder, daß zu diesem Essen das Bier in Strömen floß. Auf dem Land wurde es daheim gebraut. In den Städten gab es genug Schenken: Jönköping, an der Südspitze des Vättern-Sees verkehrsgünstig gelegen und daher der wichtigste Markt des nördlichen Småland, zählte bei 148 Bürgern (Einwohner waren es natürlich mehr) nicht weniger als 18 Wirtshäuser. Eine *kanna* Bier – etwas mehr als zwei Liter – galt als normaler Tagessatz, wenn nicht als Mindestmenge, denn aus einer Anweisung aus der Zeit Johans III. ergibt sich, daß ein Soldat auf täglich vier *kanna* (nahezu zehn Liter) Anspruch hatte.

Es gab verschiedene Biersorten. Auch Met wurde getrunken und Wein, doch blieb dieser teure Einfuhrartikel – sofern er nicht für das Abendmahl verwendet wurde – den Wohlhabenden vorbehalten. Seit Beginn des Jahrhunderts verbreitete sich der Genuß von Branntwein, der vorher eher als Medizin gebraucht worden war. Hauptsächlich die Feldzüge nach Rußland machten den Schnaps populär; die Soldaten brachten die Kunst des Destillierens und den Geschmack an dem scharfen Getränk von dort mit.

Schweden war ein Bauernland. Nach wie vor lebten nicht mehr als fünf Prozent in den meist kleinen Städten. Stockholm mit seinen rund 9000, oder wenn man die damals selbständige Vorstadt Norrmalm dazurechnet, 12 000 Einwohnern, war mit Abstand die größte Stadt; selbst so bedeutende Plätze wie Norrköping, Uppsala, Örebro brachten es wohl nicht auf 5000. (Zum Vergleich: Hamburg und Danzig zählten damals rund 40 000 Einwohner.)

Nicht einmal die knapp 50 000 Stadtbewohner ganz Schwedens können insgesamt als Bürger bezeichnet werden. Wenn man die Unbegüterten abzieht, bleibt nur eine sehr bescheidene Zahl von Angehörigen der neuen Klasse, die in anderen Ländern, vor allem in den Niederlanden und den deutschen Städten, den Wohlstand mehrte. Dem entsprach, daß zu einem Zeitpunkt, zu dem die Geldwirtschaft sich in ganz Europa durchsetzte, in Schweden die Naturalwirtschaft weiter vorherrschte. Die Folgen der bürgerlichen Renaissance des 16. Jahrhunderts: eine erhebliche Zunahme des Geldumlaufs – »Das Wort ›Geld‹ scheint plötzlich einen magischen Klang bekommen zu haben« (Frans van der Ven in »Sozialgeschichte der Arbeit«) –, begleitet von einer Inflation mit starken Preisschüben, berührten Schweden nur am Rande und fast nur im Bereich des Außenhandels. Die Binnenwirtschaft basierte im wesentlichen unverändert auf dem Tauschhandel oder auf der Bezahlung von Leistungen in Gütern. Die Arbeiter, die die Wasa-Schlösser bauten, wurden mit Salzfisch oder Butter entlohnt; ebenso erhielt die Dienerschaft bei Hof Waren als Entgelt; die mittleren Beamten wurden teils mit Waren, teils mit Geld bezahlt; und die höheren Ränge bezogen ihre Einkünfte aus den ihnen zugesprochenen Ländereien.

Wie die Krone, so wirtschafteten auch die Untertanen. Oft gab es regelrechte Tauschringe, um die benötigte Ware mit den eigenen Erzeugnissen bezahlen zu können, und Schulden konnten statt mit Geld auch mit Kochtöpfen oder Silberlöffeln beglichen werden.

Trotzdem war natürlich Geld im Umlauf, zu gewissen Zeiten für ein solches Wirtschaftsleben sogar zuviel, was mehrfach zu Entwertungen führte. Karl IX. sorgte jedoch, im Gegensatz zu seinen Vorgängern, für eine stabile Währung, so daß Gustav Adolf in diesem Bereich geordnete Verhältnisse vorfand.

Die Kaufleute in den schwedischen Städten waren weiterhin zu einem guten Teil Ausländer. Immer noch spielten die Deutschen eine große Rolle, wenn auch ihr Monopol gebrochen war. Dafür gewannen die Holländer an Einfluß. Der Import von Salz, jetzt meist aus den Salinen an der Küste der Biskaya, und von Salzheringen ging durch ihre Hände.

Der Löwenanteil des Außenhandels lief über Stockholm; die anderen Häfen fielen dagegen weit ab. Während zu Gustav Wasas Zeiten hauptsächlich Güter des täglichen Bedarfs eingeführt worden waren, nahm jetzt der Anteil der Luxusgüter zu: Die schmale Schicht, die sich ausländische Stoffe, bessere Getränke und fremde Gewürze leisten konnte, war trotz der Kriegslasten breiter geworden. Exportiert wurden vor allem Kupfer und Eisen; sie machten vier Fünftel des gesamten Ausfuhrwertes aus. Gemessen an den Warenströmen im übrigen Europa war jedoch der ganze schwedische Außenhandel ein Rinnsal, und für die allermeisten Untertanen Gustav Adolfs fiel nur die Salzeinfuhr ins Gewicht.

Die andere Gruppe der Stadtbürger, die Handwerker, war gehalten, sich nach deutschem Vorbild in Zünften zu organisieren, doch war auch das Zunftwesen hauptsächlich für Stockholm von Bedeutung; in den anderen Städten reichte die Zahl der Meister und Gesellen eines Gewerbes kaum zur Bildung einer Zunft; auch bestand wenig Bedarf für Bäcker, Metzger oder Brauer, weil die Haushalte sich selbst versorgten. Im Vergleich zu den Kaufleuten waren die Handwerker nicht sonderlich wohlhabend. Auch unter ihnen gab es viele Deutsche: In der Regierungszeit Gustav Adolfs war nicht durchzusetzen, daß in Stockholm zwei schwedische Schuhmacher auf einen deutschen kamen, man mußte ein Verhältnis von drei zu zwei zugestehen.

Die Hauptbedeutung der kleineren Städte beruhte auf dem Marktrecht. In 15 Städten wurden freie Märkte abgehalten, was bedeutete, daß dort Fremde direkt mit Fremden handeln konnten, ohne daß die Stadt ein Stapelrecht hatte. Die meisten Märkte fanden im Winter statt, weil der Frost dann auch die Landwege benutzbar machte, während sonst Reisen und Transporte zu Lande äußerst beschwerlich waren, meist nur von Reitern oder Lasttieren zu bewältigen. Wo es sich anbot, gebrauchte man die Wasserwege: Die großen und zahlreichen Seen, häufig durch Flüsse miteinander verknüpft, und die Küstengewässer schufen Verbindungen, auf denen man im Sommer im Boot, im Winter im Schlitten rasch vorankam. Die Märkte dienten nicht zuletzt der Versorgung der Bergbaugebiete mit Nahrungsmitteln. Örebro, Västerås und Strängnäs waren solche Umschlagplätze, wo sich Eisen in Brot verwandelte.

Die Bergleute stellten eine besondere Schicht der schwedischen Gesellschaft und spielten eine auffallende Rolle in der Politik des Landes. Der Status der *bergsmän* lag über dem der Bauern, zu denen sie auf den Reichstagen gerechnet wurden, trotz ihrer Bemühungen als eigener Stand anerkannt zu werden.

Das schwedische Eisen genoß seit langem einen guten Ruf. Neue technische Verfahren erhöhten Ende des 16. und Anfang des 17. Jahrhunderts Umfang und Qualität der Produktion. Die meisten *bergsmän* waren Kleinunternehmer; sie arbeiteten zwar zusammen und spezialisierten sich in dieser Zusammenarbeit, blieben jedoch selbständig. Dies galt auch für die von der Krone geförderten Manufakturen, die trotz Nutzung der Wasserkraft und Serienfertigung von Eisenwaren auf der Selbständigkeit der Arbeitskräfte basierten.

Zwischen Bergmann und Schmied wurde nicht eigentlich unterschieden. Der *bergsman* förderte und schmolz im Sommer das Erz, schmiedete im Herbst und Frühjahr und brannte im Winter die benötigte Holzkohle. Allmählich jedoch – diese Entwicklung hatte erst begonnen – erkannten fremde Kaufleute und Unternehmer, welche Chancen ihnen die schwedischen Bodenschätze boten. Ausländische Facharbeiter, vor allem Wallonen, waren schon früher in den *bergslag* geholt worden; jetzt folgten ihnen die Unternehmer, häufig aus den kapitalstarken Niederlanden.

Die Eisengewinnung war ihre Hauptdomäne, doch zog die wachsende

Bedeutung des schwedischen Kupfers ebenfalls fremdes Kapital an. Die Einführung des Kupfermünzfußes in Spanien um die Jahrhundertwende hatte die Nachfrage nach Kupfer und dessen Preis erheblich gesteigert, auch waren neue Minen erschlossen, bessere Gewinnungsmethoden gefunden worden. Der *Stora Kopparberg*, der Große Kupferberg in Dalarna, barg einen Schatz, den Gustav Adolf zu nutzen gewillt war. Nicht von ungefähr besuchte er später die Kupferbergwerke rund ein dutzendmal. Aus den Gruben von Falun holte der König die Steine für den Bau seines Reiches. Seine Soldaten jedoch mußten ihm die Bauern stellen.

Der König, dessen erste Aufgabe es war, einen ihm vererbten Krieg fortzusetzen und sich in zwei anderen Konflikten zu behaupten, besaß trotz seiner Jugend genug Erfahrung mit den Bauern seines Landes. Er hatte sie von Kind an kennengelernt und war weit im Land herumgekommen. Er wußte, wie sie lebten, wie sie dachten und was sie sich wünschten.

Ganz gewiß wünschten sie keine Kriege und ganz gewiß wurden sie nicht gerne Soldat. Sie wollten in Frieden ihr Land bestellen und dabei möglichst nicht gestört werden. Den Bauern mangelte es nicht an Selbstbewußtsein. Die Rolle, die sie in der schwedischen Geschichte und insbesondere in der Geschichte des Hauses Wasa gespielt hatten, bewies deutlich, daß nur sie und der Adel in der schwedischen Gesellschaft volles Gewicht besaßen.

Das hatten sie nicht nur ihrer erdrückenden Überzahl zu verdanken, sondern auch ihrer Stellung: Sie waren frei, es gab keine Leibeigenschaft in Schweden. Zwar waren die Zeiten, in denen alle Schweden Bauern und alle Bauern eine Gesellschaft der Gleichen gewesen waren, längst vorüber; die Besitzverhältnisse hatten sich verschoben: zugunsten der Krone, zugunsten der Adelsherren, aber frei waren die Bauern geblieben, frei vor dem Gesetz, und nicht nur sie waren sich dessen bewußt, sondern auch die anderen Stände.

Das galt auch für die Bauern, die die Ländereien der Krone (etwa ein Drittel des bestellten Bodens) und des Adels (etwa ein Fünftel) bewirtschafteten. Diese *kronobönder* und *frälsebönder* zahlten für die von ihnen genutzten Felder und Weiden eine Pacht und arbeiteten einige Tage im Jahr für die Herrschaft, in der Regel nicht mehr als zusammengerechnet einen Monat. Dafür waren sie von den regulären Steuern befreit, welche die unabhängigen Bauern (die fast die Hälfte des Landes innehatten) zahlen mußten. Nur bei Sondersteuern, wie sie der Reichstag von Zeit zu Zeit, insbesondere in Kriegsfällen, beschloß (mit den Stimmen der Bauern), mußten die Kronbauern auch in die Tasche (oder eher in die Vorratskammer) greifen; auch waren sie verpflichtet, die königliche Familie und alle, die im Auftrag des Königs reisten, zu herbergen und mit Pferden zu versehen. Die Bauern der Aristokratie waren von solchen Pflichten frei, dafür waren sie stärker den Forderungen ihrer Herren ausgesetzt, dies jedoch nicht ungeschützt: Sie konnten sich gegen Mißbrauch an das Gericht wenden.

Die Lebens- und Arbeitsgewohnheiten der Bauern waren kaum von ihrem Status abhängig. Unterschiede rührten vor allem von den Unterschiedlichkeiten ihres Ackerlandes her. Die Äcker wurden fast noch so bestellt wie im Mittelalter; die Bauern waren den Risiken von Neuerungen abgeneigt. Das Zwei- oder Dreifeldersystem herrschte vor. Im Norden waren die Erträge besonders gering; doch mußte man sich auch sonst mit dem drei- bis vierfachen Ertrag des Saatgutes zufriedengeben. Die kornreichen Länder boten wenig Futter für das Vieh, besonders für die Winterfütterung, wodurch der Viehbestand dort klein blieb. In den waldreichen Gegenden dagegen nützte man das in den Wäldern reichlich wachsende Gras, um im Sommer das Vieh zu mästen und ihm genug Butter für den Eintausch von Getreide abzugewinnen.

Wald bedeckte weite Teile des Landes; er war teils im Besitz der verstreuten Dorfgemeinschaften, teils Eigentum der Krone – ein wenig genutzter, ungepflegter Reichtum. Das Holz wurde verheizt, für Geräte und Gebäude verwendet und für die Verhüttung der Erze zu Holzkohle gebrannt, spielte jedoch in der Ausfuhr Schwedens kaum eine Rolle. Pech und Teer wurden fast nur in Küstennähe gewonnen. Wild bot der Wald freilich in Fülle und die Jagd war nicht nur den Herren vorbehalten, in den unwegsamen Gehölzen aber schwierig und zeitraubend. Immerhin wird berichtet, daß die Värmland-Bauern ihre Steuern in Elchhäuten zahlten. Das Fleisch der Waldtiere und die Fische der Seen ergänzten die bescheidene Nahrung der Waldleute.

Auch die Finnen, die von Gustav Wasa und Karl IX. ins Land geholt worden waren, lebten meist in den Wäldern. Sie fällten die Bäume, verbrannten sie, wenn sie trocken waren, und streuten ihre Roggensaat in die Asche. Wenn nach zwei Ernten der Boden der Lichtung erschöpft war, rodeten sie ein neues Stück Wald. An die Vorschriften, die ihnen bei der Ansiedelung auferlegt worden waren, hielten sie sich nur unter Zwang: Der Wald war groß und die Siedlungen weit verstreut.

Weitab von den Städten, den Vögten, verstreut, im wesentlichen von den eigenen Erzeugnissen lebend, hausten viele der schwedischen Bauern. Sie waren darauf angewiesen, sich in jeder Weise selbst zu versorgen. Der niederländische Unternehmer Willem Usselincx notiert bei einer Beschreibung des bäuerlichen Lebens in Schweden: »Es fällt auf, daß die Bauern allerlei Handwerk können. Sie zimmern, tischlern, schmieden, backen, brauen, weben, färben, nähen Schuhe und anderes mehr.«

Die Kirche war der Mittelpunkt der bäuerlichen Welt, der Pfarrer ihr Haupt. Er kümmerte sich nicht nur um das geistliche Wohl seiner Bauern.

Er war ihr Arzt und Helfer, ihr Lehrer und Ratgeber; er hatte Verwaltungsaufgaben, vertrat also den Staat, ebenso aber vertrat er seine Gemeindeglieder gegen den ungebührlichen Zugriff der Vögte und Herren. Die »Volkstribunen«, wie sie Gustav Adolf einmal nannte, wehrten Überforderungen bei Steuern und Aushebungen ab; auf den Reichstagen waren die Pfarrer oft die beredten Anwälte der bäuerlichen Wünsche. Das entsprach auch ihrem eigenen Interesse und oft ihrer Herkunft. Viele stammten aus der Bauernschaft, alle lebten von dem, was die Bauern als Kirchenzehnten abliefern konnten, und von dem Ertrag ihrer Pfarrgüter.
Das Vertrauensverhältnis zwischen Pfarrer und Gemeinde wurde unterbaut durch eine recht demokratische Form der Selbstverwaltung jedes Sprengels. Die Gemeindeglieder eines Sprengels (schwedisch: *socken*) wählten einen Kirchengemeinderat, der zweimal im Jahr den Zustand von Kirche und Gemeinde zu prüfen hatte und zwei Kirchenvorsteher bestimmte. Den Kirchenvorstehern oblag die Pflicht, über die Einnahmen der Pfarrgemeinde zu wachen, für den Abendmahlswein und für den Bau und die Pflege des Kirchengebäudes zu sorgen. Einmal im Jahr hatten Pfarrer und Kirchenvorsteher vor einer Versammlung des ganzen Sprengels, *sockenstämma* genannt, einschließlich der Frauen, Rechenschaft abzulegen.

Hier, im Bereich der Kirchengemeinde, der kleinsten Verwaltungseinheit des Landes, fand der schwedische Untertan sein eigentliches Feld, hier ging es ganz um seine eigenen Interessen. Der sonntägliche Gottesdienst, für den man weite Wege auf sich nahm, die Kirche, oft ganz für sich weithin sichtbar auf einem Hügel gelegen, nicht selten mit einem Bierhaus gepaart, waren Kernstücke des bäuerlichen Lebens. Hier erfüllte man nicht nur seine religiösen Pflichten, hier stillte man nicht nur seine seelischen Nöte, hier begegnete man sich, tauschte Erfahrungen aus, traf Abreden, hier war man in seiner Ordnung und an seinem Platz.

Etwa seit der Jahrhundertwende war Schweden auch auf dem Lande ganz und gar vom lutherischen Glauben durchdrungen. Bis dahin hatte der langwierige Umwandlungsprozeß gedauert. Bauern sind konservativ und halten zäh an alten Bräuchen fest. Jetzt aber waren an Stelle der Heiligenbilder und der katholischen Zeremonien der Katechismus und die Predigt getreten, was nicht ausschloß, daß uralte Elemente heidnischer Frömmigkeit fortlebten.

Trotz der heidnischen Einschüsse waren Katechismus und Gesangbuch die prägenden Kräfte, nicht sosehr die Bibel, die dem einfachen Mann, auch wenn er lesen konnte, Mühe machte und deren Texte er sich lieber von der Kanzel auslegen ließ. Der Katechismus jedoch, in das Gesangbuch eingeschlossen, bot klare Richtlinien, die man auswendig gelernt hatte. Auch die Gebete, die das Gesangbuch anbot, wurden wirklich verwendet;

in alten Gesangbüchern sind gerade diese Seiten besonders zerlesen. Eine der Erklärungen für den rätselhaft erscheinenden, schnellen Aufstieg Schwedens in den zwei Jahrzehnten der anstrengenden Herrschaft Gustav Adolfs muß in der Alltagsfrömmigkeit des schwedischen Volkes gesucht werden, in der Verinnerlichung eines Glaubens, der ihm zunächst von oben her befohlen worden war.

Auch dem jungen König war es ernst mit diesem Glauben. Auf der Fahrt in den Winterfeldzug mag er an diesen unverwüstlichen Kern der Meinungen, Hoffnungen, Ängste seines Volkes gedacht und daraus selbst Hoffnung geschöpft, damit seine eigenen Ängste vertrieben haben.

Als gelernter und trotz seiner Jugend schon geübter Politiker zog er aber gewiß auch die Hilfe von außen ins Kalkül. Die Lage in Europa rechtfertigte es, auf eine Unterstützung Schwedens durch die Niederlande, die Hansestädte und vielleicht auch England zu hoffen; auch die protestantischen Staaten Deutschlands sollten eigentlich für eine Annäherung an Schweden zu gewinnen sein. Karl IX. hatte in ihnen stets die gegebenen Bundesgenossen gesehen, allerdings ohne Gegenliebe zu finden.

Andererseits zeichneten sich neben neuen Möglichkeiten auch neue Gefahren ab. Heinrich IV., der Frankreich mit dem Edikt von Nantes den inneren Frieden geschenkt hatte, war im Mai 1610 durch den zelotischen Katholiken Ravaillac ermordet worden, so wie sein Vorgänger dem vergifteten Dolch eines Dominikaners zum Opfer gefallen war. Damit war das Haupt der Gegner Habsburgs beseitigt; und seine Gattin Maria von Medici, Regentin für ihren noch unmündigen Sohn Ludwig XIII., betrieb eine Politik der Distanzierung von den europäischen Händeln und der vorsichtigen Annäherung an Spanien, das sich, trotz der Niederlage in Holland, noch im Nachglanz Philipps II. sonnte. Im Inneren Spaniens ging die Zerrüttung des von Inflation und langen Kriegen erschöpften Landes weiter. Die Vertreibung der fleißigen, tüchtigen Morisken, die korrupte, verschwenderische Mißwirtschaft des Herzogs von Lerma, Günstling des mittelmäßigen, bigotten Philipp III., beschleunigte den Niedergang, der jedoch durch die Großmachtstellung Spaniens und durch das Prestige seiner Soldaten verdeckt wurde. Auch England unter Jakob I., Sohn von Maria Stuart, wurde von Spanien umworben; aber noch schien es durch einen Vertrag von 1608 eng mit den Niederlanden verbunden, und Robert Cecil, Earl of Salisbury, der seit 1598 die englische Politik lenkte, verfolgte das Ziel einer protestantischen Allianz.

In Deutschland standen sich die beiden Parteien, die katholische Liga und die protestantische Union, nach dem Hin und Her im Jülich-Klevischen Erbfolgestreit – einer ersten, gefährlichen Wolke des heraufziehenden schweren Ungewitters – drohend gegenüber; noch war die Krise ungelöst, und neue Verwicklungen zeichneten sich ab.

Vom Hause Habsburg schien fürs erste wenig zu befürchten. Rudolf II., der kranke, einsame, verbitterte Kaiser im Hradschin zu Prag, hatte seine Königskronen an seinen Bruder Matthias verloren; er lag im Sterben, und seine Erblande wurden von Unruhen geschüttelt. Noch war nicht vorauszusehen, daß sich gerade daraus der Große Krieg zusammenbrauen würde; aber dieser Krieg hing in der Luft wie die unheilschwangere Schwüle, in der sich Blitz und Donner sammeln.

Gustav Adolf hat später erklärt, in Europa hänge alles mit allem zusammen. Auch Schweden, obwohl am Rande Europas gelegen, hing unlösbar in diesem Netz. Der König und sein Kanzler konnten sich nur bemühen, selbst die Fäden der europäischen Politik zu bewegen, statt sich von ihnen bewegen zu lassen.

DIE BEWÄHRUNG

Krieg und Frieden mit Dänemark

Zum ersten ist allgemein bekannt, daß alle unsere Nachbarn unsere Feinde sind, so daß kein Ort in Schweden, Finnland oder Livland sagen kann, er sei vor dem Feind sicher. Zum zweiten gibt es keinen unserer Feinde, der nicht größer oder stärker ist als wir oder dies mindestens glaubt.

Axel Oxenstierna an den Reichsrat, 1612

UNTER DEN WASA HATTE SICH SCHWEDEN zwar von der dänischen Herrschaft befreit und sich im Nordischen Siebenjährigen Krieg mühsam gegen den Nachbarn behauptet, aber das Königreich Dänemark lief ihm bei weitem den Rang ab. Christian IV. aus dem Hause Oldenburg, bei Gustav Adolfs Regierungsantritt 34 Jahre alt, seit seinem elften Jahr dänischer König, gebot über Dänemark, Norwegen und Island, zum Teil über Schleswig und Holstein, über die heute schwedischen Gebiete Bohuslän, Halland, Jämtland, Härjedalen, Schonen und Blekinge und in der Ostsee über die bis an die estnische Küste reichende Inselbrücke Bornholm-Gotland-Ösel. Damit beherrschte er nicht nur den Zugang zur Ostsee – was ihm die reichen Einnahmen der Sund-Zölle sicherte –, sondern dank seiner überlegenen Flotte und ihren Stützpunkten weite Teile des *mare balticum*.

Dänemark war ein üppiges Land. Die Aristokraten – die ihre Stellung gegenüber der Krone zu behaupten wußten – bauten sich prächtige Herrensitze und lebten aus dem vollen zu einer Zeit, da ihre schwedischen Standesgenossen sich nicht viel besser stellten als ihre Bauern. Der König führte einen der glänzendsten Höfe Europas. Sein Volk liebte ihn – auch in Norwegen, das er Jahr für Jahr besuchte, war seine Herrschaft unangefochten, trotz schwedischer Appelle an die Freiheitsliebe der Norweger. Sein Tatendrang trieb ihn zu gefahrvollen Expeditionen. 1599 umsegelte er das Nordkap. Auch bei der Entfesselung des Krieges gegen Schweden war, neben realen politischen Interessen, seine Abenteuerlust im Spiel.

Nach der Eroberung Kalmars fühlte Christian sich ganz als Herr der Lage. Der schwedische Reichsrat hatte neben der Bewilligung von Mitteln und Mannschaften für die Fortsetzung des Krieges ein Schreiben an den dänischen Reichsrat gerichtet, das die Bereitschaft zu Verhandlungen signalisierte, auch unter Einschaltung eines Vermittlers. Es blieb ohne Echo: Der schwedische Trompeter, der die Botschaft überbrachte, wurde einfach zurückgeschickt.

Die Dänen, erfolgreich und bereit, die Schweden von mehreren Seiten anzugreifen, glaubten sich ihrem Ziel nicht allzuferne: nach Stockholm vorzudringen und sich damit des ganzen Landes zu bemächtigen. Dazu mußte allerdings Jönköping an der Südspitze des Vättern-Sees genommen werden, denn dies war das Tor zu Öster- und Västergötland und damit zum Herzen Schwedens. Der Besitz Kalmars sicherte die östliche Flanke dieses Unternehmens; wenn Älvsborg in dänische Hand fiel, war auch die westliche Flanke frei für den Stoß in das Zentrum. Dieses jedoch – darauf setzten die Schweden – bot seine eigenen Schwierigkeiten: Selbst wenn Jönköping erobert wurde, blieben die zerklüfteten, wilden Wälder, in denen schon die Sture mit den »Jüten« gekämpft hatten, blieb der gewaltige Wassergraben der großen Seen, ernsthafte Hindernisse für schwere bewaffnete Söldnerheere mit Troß und Artillerie.
Gustav Adolf war gewillt, die Dänen mit allen Mitteln aufzuhalten und wo immer möglich, ihnen zuvorzukommen. Auf der Schlittenfahrt nach Süden hoffte er sogar noch, Kalmar ähnlich überrumpeln zu können wie im Herbst Christianopel – der Handstreich mit Sprengung der Tore entsprach seinem Ungestüm. Unterwegs erreichten ihn jedoch Meldungen, daß die Befestigung dort erheblich verstärkt worden war. Ein Angriff war aussichtslos. Der König mußte sich auf Streifzüge in das Grenzland des Feindes beschränken.
Während im Westen Herzog Johan und Feldmarschall Jesper Matsson Cruus von Västergötland aus nach Halland vorstießen, fiel Gustav Adolf in Blekinge ein. Er mußte bald abschwenken. Eine dänische Streitmacht war östlich von ihm nach Norden vorgedrungen. Am Helga-See in Småland hatte sie die Bischofsstadt Växjö, in deren Dom die Gebeine des Heiligen Siegfried, des Apostels von Småland, ruhten, und die Festung Kronoberg in Brand gesteckt. Gustav Adolf gelang es nicht, die Dänen zu stellen. Bei seinem Anrücken hatten sie sich schon wieder nach Süden zurückgezogen. Der Heerhaufe des Königs, begierig, Gleiches mit Gleichem zu vergelten, ergoß sich nun, ohne Widerstand zu finden, plündernd und brennend tief nach Schonen, wo die Stadt Vä (beim heutigen Kristianstad) in Flammen aufging. 24 Kirchsprengel fielen der Zerstörung durch die Schweden anheim. Verwüstung hier, Verwüstung dort – das war der grausame Alltag dieses Krieges und sollte es bleiben. Diesmal freilich blieb es nicht beim Alltäglichen.
Am 10. Februar 1612 hatte sich Gustav Adolf beim Rückmarsch mit seinen Reitern in einem Dorf bei Vittsjö einquartiert, zwei Wegstunden vor der småländischen Grenze. Die Artillerie und den Troß hatte er vorausgeschickt. Die Pferde wurden in der Kirche untergestellt. Anderntags sahen sich die Schweden plötzlich von dänischen Reitern umringt: Feldmarschall Gert von Rantzau hatte sich der königlichen Streitmacht an die Fer-

sen geheftet. Die überraschten Schweden wurden niedergehauen; wer sich retten konnte, mußte fliehen. Auch der König floh. Als er mit seinem Pferd einen kleinen See überquerte, brach er durch das dünne Eis und konnte nur mit Mühe gerettet werden. Sein Pferd mußte er zurücklassen. Die beiden Männer, denen Gustav Adolf sein Leben verdankte, waren Thomas Larsson, ein Reiter aus Uppland, der für seine Tat mit einem Gut belohnt wurde, und Per Banér. Dessen Vater Gustav Banér hatte Karl IX. in Linköping hinrichten lassen, und als Kind hatte Gustav Adolf diese Hinrichtung mit einem Holzschwert nachgespielt. Die gemeinsame Taufe mit dem eiskalten Wasser des Pickelsjö (um diesen hat es sich wohl gehandelt) symbolisiert das Ende einer Ära und den Beginn einer neuen.
Zehn Tage später hätte eine schwedische Streitmacht unter Feldmarschall Cruus beinahe den Dänenkönig gefangengenommen. Christian hatte versucht, mit 2500 Mann – meist deutschen Söldnern unter Herzog Georg von Lüneburg – Gullberg, die Zwillingsfestung zu Älvsborg, im Handstreich zu nehmen. Da dies mißlang, war er das Tal des Göta-Älv hinaufgezogen und hatte, seinen Weg wie üblich mit Verwüstungen markierend, die Bischofsstadt Skara erreicht und in Asche gelegt, den Dom dabei allerdings geschont. Ein schwedisches Heer hatte vergebens versucht, ihm den Rückzug abzuschneiden. Den Schweden gelang es jedoch, entlang des Viskan-Flusses bis zur Küste vorzustoßen und dort die halländische Stadt Varberg zu nehmen und zu zerstören.
Tags darauf, am 21. Februar, wurden die 4000 Mann auf dem Rückmarsch von sieben dänischen Reiterfähnlein angegriffen. Christian IV. hatte sie in aller Eile herbeigeführt. Anders als bei Vittsjö kam es zum offenen Kampf. Die zahlenmäßig überlegenen Schweden siegten. Die zersprengten dänischen Reiter mußten fliehen, unter ihnen ihr König. Christian entrann mit knapper Not den Verfolgern. Der bedeutende Erfolg konnte von den Schweden nicht genutzt werden, dazu reichten ihre Kräfte nicht aus. Eine Spur von Blut und Brand hinter sich lassend, kehrten sie nach Västergötland heim.
Das Nahen des Frühjahrs bewirkte Waffenruhe. Gustav Adolf übergab Nils Stiernsköld das Kommando in Småland und reiste nach Strängnäs zur Bestattung seines Vaters, die bis zum Ende des Winterfeldzuges hinausgeschoben worden war.
Vorher, im März, hatte Axel Oxenstierna die Lage analysiert. Er kam zu einem düsteren Ergebnis, nicht nur, weil Schweden von allen Seiten dem Feind offenlag, sondern vor allem wegen der tiefen Erschöpfung des Landes: Die Vorräte an Waffen und Munition, an Fourage und Kleidung gingen zur Neige; höhere Steuern zur Finanzierung des Krieges konnten dem überforderten Volk kaum noch abgepreßt werden. Es blieb nichts, als sich mit dem Mut der Verzweiflung zu wehren. Der König jedenfalls war

entschlossen, sich bis zum äußersten einzusetzen, seinen Offizieren und Soldaten ein Vorbild zu sein.

Er hatte genug Gelegenheit dazu in diesem Frühjahr und Sommer 1612. Anfang Mai, wenige Tage nach der Beisetzung Karls IX., begann im Westen und Osten der erwartete dänische Angriff. Jetzt waren es keine Streifzüge mehr, sondern geplante militärische Operationen. Im Westen waren die Festungen Älvsborg und Gullberg ihr Ziel. Älvsborg war gut ausgebaut, mit sternförmig vorspringenden Bastionen auf einem steilen Felsen am Südufer des Göta-Älv und mit 600 Mann ausreichend besetzt. Die vor der Festung ankernde schwedische Westflotte wurde seit Ende März von einem dänischen Geschwader am Auslaufen gehindert; dieses sperrte auch jede Zufuhr von See her, weshalb die Schweden die Söldner, die sie in England und den Niederlanden angeworben hatten, nicht an Land bringen konnten.

Christian leitete den Angriff auf Älvsborg selbst. Schwere Artillerie nahm Schanzen und Türme unter Beschuß, Sappeure trieben Laufgräben vor. Als ein Vorwerk genommen war, forderte der König den Kommandanten zur Übergabe auf. Dieser, auf Entsatz hoffend, lehnte ab. Am 22. Mai brach einer der Türme unter dem Feuer der Kanonen zusammen. Die dänischen Regimenter, ihre deutschen und englischen Hilfsvölker stürmten in die Bresche. Am 24. Mai gab der Kommandant seine Sache verloren. Er kapitulierte und durfte mit seinen Soldaten unter fliegenden Fahnen abrücken. Bald darauf eroberten die Dänen auch Gullberg. Der Verlust von Älvsborg drückte die Stimmung im schwedischen Volk noch tiefer. Der alte Groll gegen den Adel machte sich Luft: Man warf ihm vor, sich vor den Kriegslasten zu drücken. Gustav Adolf reagierte mit einer Mahnung an den Reichsrat, für die Einhaltung der Verpflichtungen zu sorgen.

Bald erwies sich jedoch, daß auch den dänischen Kräften Grenzen gesetzt waren. Die Söldner des »Jütenkönigs« litten in den verwüsteten Gebieten unter dem Mangel an Nahrung für Mensch und Tier und wurden von Seuchen heimgesucht. Als Christian mit seinem Westheer zum Väner-See vordrang, blieb er bei Lidköping stecken und mußte sich dann auf seine Basis zurückziehen. Die Nachzügler wurden von schwedischen Partisanen erschlagen.

Im Osten war es Gert von Rantzau gelungen, die vor Wintereinbruch an Gustav Adolf verlorene Insel Öland wiederzuerobern. Jetzt führte er, durch die von den einheimischen Bauern errichteten Sperrverhaue kaum behindert, sein deutsches Söldnerheer von Kalmar her nach Nordwesten. Er erreichte jedoch nicht einmal die Grenze von Östergötland: In Vimmerby, noch in Småland, kam er nicht mehr weiter. Die leergefegte Stadt ließ die Soldaten hungrig, der Nachschub von der Küste her erwies sich als schwierig und unzureichend. Hunger macht aufsässig: Rantzau konnte seine Leute kaum noch zügeln. Die von Vimmerby ausschwärmenden Reiter waren mehr auf Nahrung und Beute als auf militärische Erfolge aus; auf jeden Fall blieben ihre Streifzüge ohne Wirkung.

Rantzau mußte den Rückzug befehlen. Während seine Truppen wieder nach Süden marschierten, versuchte Gustav Adolf, seit Anfang Juni mit seinen Streitkräften im Zentrum bei Jönköping stehend, um sich den Dänen je nach Kampflage entgegenwerfen zu können, dem Feind in die Flanke zu stoßen. In Eilmärschen, bei denen er sich bis zur Erschöpfung verausgabte, jagte der König nach Südosten auf Högsby zu. In den dortigen Wäldern kannten sich die Schweden aus; sie hofften auf kürzeren Wegen dem Heer Rantzaus zuvorzukommen. Doch dessen Söldner, von Scharmützeln mit Spähtrupps aufgeschreckt, besannen sich auf die ihnen eingebleute Disziplin und erreichten Högsby einen Tag vor den Verfolgern. Als geschlossene Formation mit einem Stützpunkt waren sie den Schweden überlegen. Gustav Adolf mußte von ihnen ablassen.

Da Högsby den hungrigen Soldaten Rantzaus auf die Dauer auch nicht genug Nahrung bot, mußte der Feldmarschall sich unter ihrem Druck noch weiter zurückziehen: in das befestigte Lager von Ryssby, das die Dänen gleich Anfang Mai den Schweden abgenommen hatten. Jetzt Ende Juli standen sie wieder dort. Außer der Rückgewinnung von Öland hatten sie im Osten nicht viel vorzuweisen. Västervik, das als Versorgungsstützpunkt an der Küste mit einer dänischen Garnison besetzt worden war, erwies sich nach dem Rückzug als nutzlos; es wurde bald wieder aufgegeben.

Im Westen setzte der dänische König von Älvsborg aus zu einem zweiten Vorstoß an. Am 23. Juli stand er vor Jönköping, jedoch ohne Artillerie und Ingenieurtruppen. Diese, auf eine Straße angewiesen, waren von Feldmarschall Cruus zu einem Umweg gezwungen worden. Ohne ihre Unterstützung konnten die Dänen gegen die in der Burg von Jönköping verschanzten Schweden nichts ausrichten. Als Christian auch noch erfuhr, daß Rantzau, mit dem er sich hier hatte vereinigen wollen, auf Ryssby zurückgefallen war, und daß statt seiner Gustav Adolf von Småland her zum Entsatz von Jönköping herbeieilte, blieb ihm nichts übrig, als das Unternehmen abzubrechen. Das Heer des dänischen Königs zog sich kampflos nach Schonen zurück.

Mit diesem nicht gerade rühmlichen Vorstoß waren die dänischen Operationen zu Lande nach der Eroberung Älvsborgs gescheitert. Christian unternahm einen letzten Versuch, die Entscheidung zu erzwingen: Er wollte seine Überlegenheit zur See ausspielen. Mit einem Aufgebot von 36 Schiffen, die er selbst befehligte, suchte er die schwedische Flotte zu stellen. Diese hatte sich jedoch nach ziellosem Umherkreuzen vor der

Weichselmündung auf ihren Stützpunkt Älvsnabben im südlichen Schärengebiet Stockholms zurückgezogen. Nach der ersten Feindberührung verbargen sich die schwedischen Schiffe, wie von Gustav Adolf befohlen, noch tiefer in dem Gewirr von Inseln und Wasserwegen vor Stockholm. Christian, dessen Ruhm als mutiger Seemann in dem Lied »König Christian stand am hohen Mast« fortlebt, folgte ihnen bis vor die Inselfestung Vaxholm, welche mit einem mächtigen Rundturm die Einfahrt nach Stockholm bewachte.

Als Christian begann, die Festung zu beschießen, wurde Gustav Adolf, noch immer bei seinem Heer in Jönköping, vom Reichsrat durch einen Eilboten alarmiert. Doch die Hilfe kam von anderer Seite. Das Glück wollte es, daß, nach einem abenteuerlichen Zug, gerade 700 Söldner in Stockholm eintrafen. Der flämische Oberst Johann Mönnichhofen, der sie angeworben und Anfang Juli in Amsterdam auf Schiffe verladen hatte, Bestimmungsort Älvsborg, war mit ihnen, nach dem Fall dieser Festung, hoch im Norden in Trondheim an Land gegangen und quer durch Norwegen nach Jämtland marschiert, dem Grenzland nördlich Dalarna, das die Schweden zusammen mit dem anschließenden Härjedalen bald nach Beginn des Kalmar-Krieges besetzt hatten.

Nun halfen die Flamen, den Ansturm Christians abzuwehren. Der entschlossene Widerstand ließ den dänischen König erkennen, daß ihm die Mittel fehlten, Vaxholm zu erobern. Er hatte zwar Truppen an Bord genommen, aber von einem Landungsheer konnte nicht die Rede sein. Als Gustav Adolf nach scharfem Ritt in Stockholm eintraf, war die dänische Flotte schon abgesegelt. Christian hatte sich am 4. September entschlossen, den Angriff abzubrechen.

Zwei Wochen später war er in Kopenhagen. Nun zögerte er nicht länger, den Schweden Verhandlungen anzubieten. Zwar willigte er in keinen Waffenstillstand, weshalb beide Seiten mit Truppenaufmärschen und Festungsbauten ihre Stärke zu demonstrieren suchten, aber in Wirklichkeit wußte der dänische König, daß ihm weitere kostspielige Kämpfe nicht mehr viel einbringen konnten: Mit dem Besitz von Kalmar und Älvsborg hatte er die besten Trümpfe für das Spiel um den Frieden in der Hand.

Gustav Adolf aber hatte eingesehen, daß Schweden ausgeblutet und erschöpft war, am Ende seiner Kräfte. Der Friede würde einen hohen Preis kosten, doch blieb keine Wahl: Er mußte bezahlt werden. Er brauchte den Rücken frei für die aufgeschobene Entscheidung in Rußland, für den inneren Ausbau seines aus den Fugen geratenen Landes.

Die schwedische Delegation wurde zwar angewiesen, von einer scheinbaren Position der Stärke aus zu verhandeln, um den Preis für den Frieden zu senken, aber geheime Instruktionen gaben ihr Spielraum für große Zugeständnisse. Der König wußte sich dabei einig mit dem Reichsrat, der ihm geschrieben hatte, »wenn wir in gegenwärtiger Lage auch einige Mannschaft und andere Bedürfnisse zusammenbringen, dieses nur in geringen Quantitäten, zu spät und nachdem der Feind seinen Willen ausgeführt hat, beschafft werden kann«.

Seit Beginn des Kalmar-Krieges hatten ausländische Staatsmänner versucht, zwischen den Feinden zu vermitteln. Der erste Vermittlungsversuch durch die Niederländer war von Christian schroff und beleidigend zurückgewiesen worden. Dann hatte der englische König Jakob I., bestrebt, es in der Außenpolitik möglichst mit niemandem zu verderben, seine guten Dienste angeboten. Er konnte zwei fähige und bei den Parteien gut eingeführte Vertrauensleute vorschicken: in Kopenhagen Sir Robert Anstruther, in Stockholm Jakob Spens, einen Schotten, der für Karl IX. und Gustav Adolf Truppen angeworben hatte und sich fast schon als Schwede fühlte.

Christian gab Anstruthers Vermittlung auch deswegen den Vorzug, weil er die Niederlande nicht gerne ins Spiel bringen wollte; er wußte, daß dort Sympathie für die Schweden vorherrschte und daß Gustav Adolf ein Bündnis mit den Generalstaaten anstrebte.

Der dänische Reichsrat, der sich nur ungern in den Krieg hatte hineinziehen lassen, bestärkte Christian in seiner Verhandlungsbereitschaft. So begannen Ende November 1612 die Gespräche der beiden Delegationen: auf schwedischer Seite drei Reichsräte, geführt von Axel Oxenstierna, auf dänischer Seite dieselbe Zahl von Reichsräten, unter Leitung des Reichskanzlers Christian Friis, der bei Gustav Adolfs Taufe Gast gewesen war. Die Dänen wohnten in Knäred in Halland, die Schweden gegenüber im småländischen Ulvsbäck; Treffpunkt war die Grenzbrücke von Sjöaryd. Beide Könige blieben ihren Beauftragten nahe, um rasch konsultiert werden zu können.

Die harten und zähen Verhandlungen zogen sich lange hin. Erst am 21. Januar 1613 wurde der Friede von Knäred unterzeichnet. Für die Schweden war es ein Verzichtfriede, aber er wahrte den Bestand des Reiches. Die Dänen zogen sich auf die alten Grenzen zurück, räumten also auch Kalmar und Öland; die Schweden ihrerseits geben Jämtland und Härjedalen auf. Am mühsamsten war die Einigung über Älvsborg. Die Dänen wollten sich diesen Zugang Schwedens zum Skagerrak teuer bezahlen lassen und feilschten lang um den Preis. Zuerst forderten sie zwei Millionen Reichstaler, ließen sich dann aber auf die Hälfte herunterhandeln, zahlbar ab Januar 1616 in vier gleichen Jahresraten. Bis zur vollständigen Zahlung blieb Älvsborg mit Umgebung, einschließlich des im Krieg zerstörten Göteborg, den Dänen als Pfand.

Im Frieden von Stettin, 1570, hatten sich die Dänen mit einer Pfandsumme von 150000 Reichstalern begnügt. Die Summe von einer Million

Reichstaler, der internationalen Handelswährung im Ostseeraum, entsprach, wenn man von dem Silbergewicht eines Reichstalers – rund 26 Gramm – ausgeht, ungefähr 25 Millionen DM. Was dieser Betrag für Schweden bedeutete, wird deutlicher, wenn man hinzufügt, daß er den Staatsausgaben eines ganzen Jahres gleichkam.

Christian IV. hoffte, Älvsborg zu behalten; er traute den armen Schweden nicht zu, das Pfand einlösen zu können. Er sollte sich täuschen; Gustav Adolf war dieser »Augapfel« Schwedens den ungeheuren Preis und die Mühsal, ihn aufzubringen, wert.

Die übrigen Bestimmungen des Friedensvertrages stellten die Zoll- und Handelsfreiheit zwischen den beiden Reichen wieder her – die Schweden brauchten für die Fahrt durch den Sund nichts zu bezahlen, die Dänen hatten freien Zugang nach Riga. Die Zugeständnisse für den Norden Skandinaviens bedeuteten eine entschiedene Abkehr von der Nordlandpolitik Karls IX., die den Krieg mit ausgelöst hatte. Schweden verzichtete auf alle Rechte längs der Küste des Nordmeers und der Barentssee, vom Tys-Fjord (bei Narvik) bis zum Varanger-Fjord, und damit in der Folge auf ganz Finnmark. Gustav Adolf führte auch nicht mehr den von seinem Vater beanspruchten Titel: »Der Lappen im Nordland König«. Schließlich duldete jeder der beiden Könige weiterhin die drei Kronen im Wappen des anderen, vorausgesetzt, daß daraus keine Gebietsansprüche abgeleitet wurden.

Der Friede von Knäred bedeutete trotz der Last, die er Schweden auferlegte, das Ende des Anspruchs der dänischen Krone auf die Herrschaft über Schweden. Für 30 Jahre ruhten die Waffen zwischen den beiden nordischen Reichen; die Rivalität dauerte an; der nächste Waffengang im Jahre 1643, von den Schweden ausgelöst, erwies, daß Schweden die Vormacht übernommen hatte.

Gustav Adolf hatte sich im Kampf gegen »unseren alten Neider, den Jüten« mit allen Kräften eingesetzt, weder sich noch seine Truppen geschont und eben dadurch das Vertrauen des Volkes gewonnen. Zweimal wurde er krank, ließ sich jedoch auch von den dringenden Bitten seiner Mutter nicht bewegen, die Front zu verlassen und sich Erholung zu gönnen. Vermutlich legte er keinen sonderlichen Wert auf die Nähe seiner Mutter. Es gab Spannungen, politische und persönliche. Er kannte oder ahnte Christines Widerstand gegen seine Liebe zu einer ihrer Hofdamen – der jungen Ebba Brahe. Und er kannte ihren eisernen Willen. Sie erwies ihn erneut, als sie die Hochzeit seiner sechzehnjährigen Schwester Maria Elisabeth mit Herzog Johan, erzwang – gegen die Gefühle der beiden und gegen den scharfen Widerstand der Geistlichkeit, die eine Ehe zwischen den Kindern zweier Brüder nicht erlauben wollte. Die Hochzeit wurde am 29. November im Stockholmer Schloß gefeiert.

Christines Verhalten bei dieser Eheschließung zeigte Gustav Adolf sehr deutlich, wessen er sich bei seiner Werbung um die siebzehnjährige Ebba Brahe von seiner Mutter zu versehen hatte. Diese wollte mit ihm höher hinaus. Schon in seinem sechzehnten Lebensjahr waren mit dem englischen Hof Verhandlungen über seine Vermählung mit Elisabeth, der Tochter Jakobs I., geführt worden. Die geplante Verbindung war am Widerstand der Mutter Elisabeths, einer Schwester Christians IV. von Dänemark, gescheitert; Elisabeth wurde die Frau Friedrichs V. von der Pfalz, der als geschlagener »Winterkönig« sich später hilfesuchend an Gustav Adolf hängte.

Gustav Adolf wußte, daß seine Mutter jetzt an andere Verbindungen dachte, möglichst mit einem protestantischen deutschen Fürstenhof. Er wußte aber auch, daß Ebba Brahe seiner eigenen Großmutter Margareta Leijonhufvud ebenbürtig war; und die noch auf Gut Strömsholm lebende dritte Frau Gustav Wasas, Katharina Stenbock, war sogar die Schwester von Ebbas Großmutter väterlicherseits.

Noch glaubte er an die Erfüllung seiner Liebe, und dieser Glaube war für ihn sicherlich eine Quelle seiner Kraft. Der Achtzehnjährige, der seine erste große Probe bestanden, sich der drückendsten Last, wenn auch um einen hohen Preis, entledigt hatte, brauchte viele Kräfte: für die anstehende Auseinandersetzung im Osten und für die ungeheuren Aufgaben im Inneren des Landes.

Amores et virtus

Ich hoffe, Ihr werdet nicht von mir behaupten, ich strebe nach eitlem Ruhm oder irgend etwas sonst als nur dem Nutzen und der Sicherheit des Vaterlandes.

Gustav Adolf 1629 vor dem Reichsrat

DIE VERSICHERUNG, ER STREBE NICHT NACH EITLEM RUHM, die Abwehr der Unterstellung, er führe Krieg aus Vorwitz und Lust an den Waffen, wiederholt sich in den Reden Gustav Adolfs ständig. Man merkt: Er traut sich selbst nicht über den Weg. Man spürt: Hier fürchtet sich einer vor seiner Natur, vor der »ausschweifenden Leidenschaft«, anderen überlegen zu sein, zu herrschen, zu erobern, Macht auszuüben. Die Frage: Regiere ich weislich, bin ich ein gerechter König? bewegt ihn, seit er die Frage nach der Weisheit und Gerechtigkeit seines Vaters gestellt (und bejaht) hat; die Lehren des Commynes: »Die größten Übel kommen vom Willen der Stärksten« sind ihm im Gedächtnis geblieben; und in das größte Abenteuer seines Lebens, den Zug nach Deutschland, begleitet ihn das Werk des Hugo Grotius, das vom Problem des gerechten Krieges handelt.
Der junge Herrscher mag beim Friedensschluß von Knäred sich nicht nur der Notwendigkeit gebeugt, nicht nur der politischen Einsicht des Reichsrates und Axel Oxenstiernas gefolgt sein, sondern begriffen haben, daß er seinem Land keinen größeren Dienst leisten konnte, als ihm Frieden zu schaffen.
Aber da waren auch die Erfahrungen eines Jahres als Soldat, die munteren Scharmützel und verwegenen Handstreiche, die scharfen Ritte – so scharf, daß er, vom Pferd springend, den Durst aus Wasserlachen am Wegrand löschte –, die hitzigen Attacken und gefährlichen Rückzüge, da war, alles in allem, die Steigerung des Lebens durch die Nähe des Todes. Und da war auch die wachsende Überzeugung, daß er nicht nur zum Soldaten erzogen war, sondern sozusagen Soldat von Natur, eine militärische Begabung, die es zur Entfaltung drängte.
Und da war der *impetus ingenii*, das geniale Ungestüm, das später Oxenstierna bezeugte, eine Unruhe, die ihn vorwärtstrieb, äußerlich von Ort zu Ort – die Tagebücher seiner Aktivitäten in den ersten Regierungsjahren lesen sich wie ein Ortsregister Schwedens –, innerlich zu immer neuen Zielen, nicht zu weit vorausgesteckt, stets in gerade noch erreichbarer Nähe, mit Vernunft und Maß angestrebt, aber dann gleich wieder weitergepflockt, so daß das letzte Ziel seiner Berufung nur der sich mit ihm weitende Horizont begrenzte.

All das mischt sich in den ersten Regierungsjahren glühender, intensiver, verwirrender als später, da der König sich von der Staatsraison bändigen lassen muß, seine Frömmigkeit ihn in Schranken weist, über die er im ersten Schwung noch hinwegsprengte.
Auch die Liebe zu Ebba Brahe, auch die flüchtige Leidenschaft zu Margarethe Slots gehören in dieses Bild. Es muß versucht werden, die vielen Elemente dieses Bildes, den Wechsel der Schauplätze, der Vorder- und Hintergründe so ineinanderzuschieben wie auf jenen alten Tafeln, auf denen eine ganze Folge von Ereignissen sich in derselben Landschaft abspielt. Die Landschaft ist die Seele des Königs, die Ereignisse – wir müssen zurückblenden – reichen vom Frühjahr 1612, vom Empfang einer russischen Gesandtschaft in Stockholm, bis zum Friedensschluß mit den Russen, fast genau fünf Jahre später, und die Szenen zeigen nacheinander und nebeneinander Gustav Adolf als Gesetzgeber und Verfasser zärtlicher Briefe, im heftigen Disput mit der Königin und als Redner vor dem Reichstag oder den finnischen Ständen, als Autor von Liebesgedichten und als Eroberer von Gdow, bei der Hochzeit seiner Schwester und als Triumphator eines gewonnenen Krieges.

Die Zarenkrone

Das Diarium der königlichen Kanzlei verzeichnet am 28. März 1612: »Ankunft einer russischen Gesandtschaft in Stockholm, siebzig Mann stark« und am 6. April: »Die russische Gesandtschaft war zur Audienz im Schloß bei Seiner Königlichen Majestät.«
Zwei Wochen vor der Ankunft der Russen war Gustav Adolf von seinem Winterfeldzug gegen die Dänen nach Stockholm zurückgekehrt. Zwei Tage, nachdem er die Gesandtschaft empfangen hatte, reiste er über Nyköping zum Begräbnis seines Vaters.
Der König nahm die Botschaft der Abordnung aus Nowgorod wohlwollend zur Kenntnis, ließ aber offen, wie er sich zu dem Angebot der Zarenkrone für seinen Bruder Karl Philipp stellte. Immerhin deutete er an, daß er geneigt sei, das Angebot eher für sich selbst anzunehmen als für seinen Bruder. So hatten die Russen nicht gerechnet. Ein Prinz, noch jung und lenksam, bereit, zum orthodoxen Glauben überzutreten, konnte akzeptiert werden, nicht aber der König eines anderen Staates.
Es läßt sich nicht ergründen, ob Gustav Adolf ernsthaft daran gedacht hat, die Kronen beider Länder auf seinem Haupte zu vereinen, oder ob seine »Bereitschaft« taktischer Art war. Vielleicht stieg damals in ihm einer seiner großen Träume auf, diesmal ein Traum von einem gewaltigen Reich vom Atlantik bis zum Ural, so wie sein Oheim Johan von einer Union

Schwedens und Polens geträumt hatte, als er seinen Sohn Sigismund nach Warschau ziehen ließ. Aber eben der Bruderzwist im Hause Wasa, der durch die Verbindung mit Polen entstanden war, mußte den König und mehr wohl noch seinen Kanzler bedenklich stimmen.

Trotzdem wollte Gustav Adolf sich seine Option offenhalten. Er ließ die Russen auf eine deutliche Antwort warten und nahm sich vor, nach den Bestattungsfeierlichkeiten in Strängnäs selbst nach Osten aufzubrechen: In Viborg sammelten sich finnische Truppen, mit denen er gegebenenfalls in Rußland eingreifen konnte. Den Oberbefehl im Kampf gegen die Dänen wollte er Herzog Johan überlassen. Erst der Angriff auf Älvsborg brachte ihn von diesem Plan ab; die akute Gefahr durch die Dänen verdrängte seine russischen Ambitionen.

Eben um diese Zeit bot sich Jakob de la Gardie die Aussicht, über Nowgorod hinaus die Russen für einen schwedischen Zaren zu gewinnen. Der russische Aufstand gegen die polnische Fremdherrschaft war zu einer Welle nationaler Leidenschaft angeschwollen. Der Fleischer Komas Minin aus Nischni-Nowgorod, ein flammender Volkstribun, hatte den Fürsten Dimitri Poscharski zum Führer dieser »Zweiten nationalen Erhebung« gewonnen. Poscharski erkannte, daß er Hilfe von außen brauchte, nicht nur gegen die Polen, sondern auch gegen die eigenen, mächtigen Kosaken; vor allem aber benötigte er einen respektablen Kandidaten für die Zarenkrone. Was er aus Nowgorod erfuhr, das sich für Karl Philipp entschieden hatte und weiter an ihm festhielt, überzeugte ihn. Von Jaroslawl aus, wo sich sein Heer versammelt hatte, nahm er im Mai 1612 Verhandlungen mit Jakob de la Gardie auf. Er gab zu erkennen, daß er auf Karl Philipp setzte, doch sei es notwendig, daß dieser bald in Nowgorod eintreffe und den Glauben seiner künftigen Untertanen annehme, sonst seien andere Beschlüsse zu erwarten.

Für den schwedischen Feldherrn war dies eine Bestätigung seiner Politik. Das Verhältnis zu seinem königlichen Herrn in Stockholm war in den vergangenen Monaten nicht das beste gewesen. Im Widerspruch zu ihm hatte er eigensinnig an der Kandidatur Karl Philipps festgehalten und sich nicht gescheut, sie auf eigene Faust zu betreiben.

Seine militärischen Erfolge stützten ihn. Nöteborg, die am Austritt der Newa aus dem Ladoga-See gelegene Grenzfestung, wurde zur Kapitulation gezwungen; Evert Horn, einer der fähigsten Offiziere des schwedischen Heeres, gewann weite Teile von Ingermanland und stand nun vor Gdow und Iwangorod, den letzten Stützpunkten des Widerstandes gegen die Schweden.

Die neuen Nachrichten aus Rußland überzeugten schließlich auch Gustav Adolf, daß er dort seinem Bruder den Vortritt lassen mußte. Trotzdem zögerte er, dem Drängen Jakob de la Gardies nachzugeben, den elfjährigen

Prinzen sofort in den Osten zu entsenden, und sei es auch nur in das finnische Viborg.
Es gab mehrere Hindernisse.
Noch schwelte der Krieg mit den »Jüten«. Die dänische Sommeroffensive war zwar zurückgeworfen, als im August jene dringlichen Botschaften aus Nowgorod eintrafen, aber der Frieden war noch fern. Hier war der König gefordert, viel unmittelbarer als durch die Entwicklung im Osten.
Noch schwerer wog, daß sich die verwitwete Königin dem Plan widersetzte, ihren Jüngsten den russischen Wirren preiszugeben. Als Christine Mitte August den erkrankten König in Jönköping besuchte und eine Woche lang bei ihm blieb, geschah dies vermutlich nicht nur »seiner Schwachheit wegen« (wie das Kanzleidiarium vermerkt), sondern auch um ihre Meinung zu dem eben anstehenden Punkt zu bekräftigen.

Die schöne Hofdame

Ob die Königin-Witwe damals auch schon Anlaß hatte, ihrem Sohn in Sachen Ebba Brahe ihre Meinung zu sagen? Aus den zehn Briefen Gustav Adolfs an Ebba, die erhalten geblieben sind – Teil einer umfangreicheren Korrespondenz – läßt sich das nur indirekt schließen.
Ebba Brahe, als Tochter des Grafen von Visingborg, Magnus Brahe, 1596 auf Visingö, einer Insel im Vätter-See, geboren, entstammte einer der angesehensten Familien des Landes, mit dem Königshaus eng verwandt. Ihr Vater gehörte seit 1602 dem Reichsrat an, übte seit 1611 eines der fünf höchsten Staatsämter, das des Reichsdrosten (Vorsitzender des Obersten Gerichtshofes), aus und war im Besitz großer Ländereien.
Nach dem Tod von Ebbas Mutter, Britta Leijonhufvud, hatte sich Christine der Halbwaise angenommen, sie hatte die Fünfzehnjährige zu ihrer Hofdame gemacht. Ebba wird in etwas allgemeinen Worten als schönes Mädchen geschildert, mit dem Überschwang der barocken Sprache werden »Augen von Kristall, Wangen wie Morgenrot und rosige Lippen« gerühmt. Neben einem größeren Porträt der Vierzigjährigen ist eine Elfenbeinminiatur aus ihrer Jugend erhalten geblieben. Sie zeigt ein noch unfertiges Gesicht, mädchenhaft rundlich, mit lebhaften Augen. Ihr Temperament, ihre Abhängigkeit von Stimmungen lassen sich allerdings eher aus ihrem späteren Leben als aus diesem Bild ablesen. Offenbar hat sie bei Hofe von Anfang an Aufsehen erregt. Nach einer nicht ganz verbürgten Überlieferung soll sie die anderen Damen überstrahlt und einen Schwarm von Verehrern angezogen haben, unter ihnen auch Herzog Johan. Eben das soll die Königin veranlaßt haben, schleunigst die Vermählung Johans mit ihrer Tochter Maria Elisabeth zu betreiben.

Diese überlieferten Gerüchte klingen wahrscheinlich, und wahrscheinlich ist auch, daß Gustav Adolf, dessen Empfänglichkeit für weibliche Reize nicht nur der Hofmarschall, sondern postum auch noch seine eigene Tochter gerügt hat, ebenfalls schon recht bald für Ebba entflammte.
Aus dem ersten der uns erhaltenen Briefe Gustav Adolfs an Ebba Brahe, datiert mit dem 6. März 1613, läßt sich schließen, daß der junge König sich im ersten Jahr seiner Regierung, mitten im Krieg und neben den laufenden Geschäften (einschließlich der russischen Frage), intensiv um Ebba bemüht hat. Im August 1612, als seine Mutter ihn in Jönköping besuchte, war er wohl schon entschlossen, Ebba seine Hand anzutragen. Den scharfen Augen Christines konnte dies nicht verborgen geblieben sein. Und Christine war nicht die Frau, die ihrem Willen – in diesem Fall Widerwillen – keinen Ausdruck gab.
Gustav Adolf hatte also nicht nur politische, sondern auch private Gründe, wenn er auf die Meinung seiner Mutter zur Thronkandidatur seines Bruders Rücksicht nahm. In beiden Fällen war er von ihrer Zustimmung abhängig. Karl Philipp war noch nicht mündig, und eine Heirat ohne das Einverständnis seiner Mutter konnte sich der König nicht leisten.

Der Konflikt mit der Königin

Die fälligen Entscheidungen drängten sich im November 1612. Die Friedensverhandlungen mit Dänemark kamen in Gang. In Rußland schritt die nationale Erhebung von Erfolg zu Erfolg: Die widerspenstigen Kosaken unter ihrem Hetman Zarutski wurden ausgeschaltet, der polnische Feldherr Chodkiewicz wurde zum Rückzug gezwungen, und am 25. Oktober zwang der Hunger die polnische Besatzung des Kreml, die sich bis zuletzt tapfer gewehrt hatte, zur Kapitulation.
Noch immer war Karl Philipp der Kandidat der siegreichen Truppen. Über 200 Städte des Zarenreiches hatten sich schon für ihn erklärt – es war Zeit, daß auch in Schweden ein Entschluß gefaßt wurde. Als im November in Stockholm der Reichstag zusammentrat, wurde ihm auch diese Frage vorgelegt. Er kam zu keiner Entscheidung. Die Geistlichkeit äußerte Bedenken wegen des verlangten Glaubenswechsels; die Mutter des Kandidaten bestand auf einem starken Geleitschutz; und Herzog Johan drückte sich um eine klare Stellungnahme. Insgesamt wurde zwar eine Annahme des ehrenvollen Antrags befürwortet, die Entscheidung jedoch der Weisheit des Königs und seiner Ratgeber überlassen. Die Vorbehalte zögerten den Aufbruch Karl Philipps noch einmal hinaus, vielleicht auch deshalb, weil die Friedenskonferenz an der dänischen Grenze nun im Ernst begann und man deren Ergebnis erst abwarten wollte.

Am selben Tag, an dem sich die schwedische und die dänische Delegation zum ersten Mal trafen, wurde im Stockholmer Schloß die Hochzeit Herzog Johans mit seiner Kusine gefeiert – der Beginn einer unglücklichen und kurzen Ehe. Für Gustav Adolf war das Fest eine Gelegenheit, sich mit Ebba Brahe zu treffen. Der schon erwähnte Brief von Anfang März 1613 gibt Anlaß zu der Vermutung, daß der König sie während dieses Festes gebeten hat, seine Frau zu werden. Auch von den Hindernissen, die dem entgegenstanden, wird die Rede gewesen sein, und von den Mitteln, sie zu überwinden.

Ebba Brahe scheint gezögert zu haben, denn in seinem Brief drängt der junge König auf eine Antwort. Es war klar, daß das Mädchen mit ihrem Vater reden mußte. Aus der Spiegelung der Ereignisse in den Briefen des Königs – von Ebba selbst kennen wir nur einen Brief aus einer viel späteren Zeit, dem Oktober 1614 – ergibt sich, daß Ebba alles dem Willen ihres Vaters anheimstellte. Dieser dürfte darüber nicht gerade glücklich gewesen sein, denn die Meinung der Königin-Witwe über die ganze Geschichte war ihm sicher nicht verborgen. Christine ließ deutlich genug ihre Launen an dem Mädchen aus, so deutlich, daß Gustav Adolf sich erleichtert zeigte, wenn sie sich einmal freundlicher benahm. Er mußte seinem Herzen Luft machen, er eröffnete sich seiner Schwester Katharina, und er wehrte sich heftig dagegen, daß man seine Liebe in Zweifel zog.

Schließlich sagte er seiner Mutter ins Gesicht, daß er Ebba Brahe heiraten wolle und keine andere. Christine gab ihm eine »unbestimmte und nichtssagende Antwort«. Sie setzte auf ihre Zähigkeit und auf eine mächtige Verbündete – die Zeit. Schließlich gab es ein Horoskop, nach dem ihr Sohn nicht vor seinem fünfundzwanzigsten Jahr heiraten würde. Und selbst wenn das nicht stimmen sollte: Die beiden jungen Leute sollten erst einmal warten, dann würde ihre Hitze schon abkühlen.

Im übrigen scheint sie ihre Hofdame weiterhin unter Druck gesetzt zu haben, denn in einem der folgenden Briefe versprach Gustav Adolf, dafür zu sorgen, daß Ebbas Vater sie nach Hause nähme, um sie den Bedrängnissen am Hofe von Nyköping (wo Christine residierte) zu entziehen.

Der König konnte sein Versprechen nicht halten. Christine erwies sich als die Stärkere. Ebba blieb in ihrer Umgebung und unter ihrer Aufsicht.

Nun schickte Gustav Adolf einen Mittelsmann vor. Warum er gerade den Grafen Heinrich Julius von Sachsen-Lauenburg wählte, ist nicht mehr zu erhellen. Der Graf, ein entfernter Verwandter, diente schon seit einigen Jahren im schwedischen Heer. Der König scheint sich nicht gerade gut mit ihm vertragen zu haben; es wird berichtet, daß er kurz vor diesem Sonderauftrag heftig mit ihm zusammengestoßen sei; sogar von einer Ohrfeige und einem Duell ist die Rede. Nun aber schickt ihn der König zu seiner Mutter als Fürsprecher für sich und Ebba.

Christine blieb bei ihrer Taktik: Sie versprach, Ebba zu fragen, ob sie bereit sei, noch einige Jahre auf ihren königlichen Freier zu warten. Was sie erhoffte, wird durch die Einschränkung deutlich, daß dies Warten auch vergeblich sein könnte, »denn man wisse, daß ein junger Mann seinen Sinn oft ganz plötzlich ändern könne«.
Gustav Adolf war seines Herzens so sicher, daß er mit diesem Ergebnis zufrieden war. Hauptsache war – das prägte er auch seiner Liebsten ein –, daß sich Ebba in der Wartezeit mit seiner Mutter zu vertragen suchte.
Hinter dieser scheinbar ganz privaten Auseinandersetzung zwischen Sohn und Mutter, die nun im Sommer 1613 vorläufig mit einem Vergleich geendet hatte, verbargen sich auch finanzielle und politische Gegensätze, die sich erst voll zu entwickeln begannen und über viele Jahre hinweg ausgetragen wurden. Es ging um die Sonderrechte, welche die Herzöge innerhalb des schwedischen Reiches beanspruchten.
Johan regierte Östergötland von Bråborg aus mit einem eigenen Hof, einem eigenen Rat und einer eigenen Kanzlei. Er ließ selbst Geld prägen, konnte Bischöfe und Regierungsbeamte ernennen. Seit 1609 war auch Herzog Karl Philipp Herr eines Gebietes, das außer Södermanland noch Västmanland und Närke einschloß, und auch er verfügte über die Privilegien und Rechte, die Johan eingeräumt worden waren – Gustav Adolf mußte sie ihm 1613 bestätigen. Als Minderjähriger mußte er die Lenkung des Herzogtums den festen Händen seiner Mutter überlassen, und diese machte das Schloß von Nyköping zur Trutzburg für die Rechte ihres Jüngsten gegen den König. Schon im November 1612 stieß Gustav Adolf heftig mit seiner Mutter zusammen, weil diese sich gegen die Aushebung eines angemessenen Kontingents von Soldaten aus dem Herzogtum gewehrt hatte. Größere Konflikte zeichneten sich schon ab; ihren Höhepunkt erreichten sie im Jahre 1617.
Dem König war das Beharren auf solchen Privilegien, während das Land um sein Überleben kämpfte, ein Stein im Wege. Seine von großen Zielen beflügelte ungeduldige Gangart und die harte Beharrlichkeit seiner Mutter mußten zum Zusammenstoß führen.
Gustav Adolf hatte Gründe zur Eile. Sie entsprach nicht nur seiner vulkanischen Natur, sie wurde ihm auch durch den Zustand des Landes aufgezwungen. Die Rechtspflege lag darnieder, die Verwaltung mußte reorganisiert werden. In Småland, wo der Kalmar-Krieg schreckliche Verwüstungen hinterlassen hatte, machte sich der Pfarrer von Angelstad, Jonas Rothovius, zum Fürsprecher der geplagten Bauern. In Briefen an seinen Studienfreund Axel Oxenstierna klagte er die Aushebungsbeamten und Vögte der Ungerechtigkeit und Bestechlichkeit an.
Noch mehr als im Süden gärte es wieder einmal in Dalarna. Dort wuchs der tief eingewurzelte Groll gegen den Adel. Was jetzt infolge des Krieges

an Lasten zu tragen war, wurde Machenschaften von oben zugeschrieben. Als für den Krieg im Osten in Dalarna Soldaten ausgehoben wurden, desertierten diese aus Finnland in ihre Heimat, und der Versuch, die Fahnenflüchtigen zu stellen, wurde mit Gewalttaten beantwortet.

Im Jahre 1613 reiste Gustav Adolf zweimal nach Dalarna, um nach dem Rechten zu sehen, im März und November. Bei diesem zweiten Auftritt vor seinen rebellierenden Untertanen unterstützte ihn der Propst von Dalarna, Eleus Terserus. Es gelang, die aufgebrachte Stimmung zu dämpfen; doch brodelte die Unruhe weiter bis zum Reichstag von Örebro im Januar 1614, und noch im Jahre 1615 hielt es der König für angebracht, sich an Ort und Stelle persönlich an die Dalekarler zu wenden.

Entscheidung in Moskau

Während Gustav Adolf um die Liebe seines Lebens kämpfte, sich gegen die Ansprüche seiner Familie wehrte und sich um die Nöte seiner Untertanen kümmerte (mit der Last vor sich, zum Neujahr 1616 den Dänen die erste Rate der Pfandsumme für Älvsborg zahlen zu müssen), lief die Entwicklung in Rußland für Schweden aus dem Geleise.

Im Januar 1613 trat in Moskau ein *Semski Sobor*, eine allgemeine Ständeversammlung, zusammen, um einen neuen Zaren zu wählen. Poscharski, der fürchtete, daß die Wahl eines Russen einen neuen Bürgerkrieg auslösen würde, und der Beistand gegen die Polen suchte, hielt weiterhin an Karl Philipp fest. Als ihm auf sein Drängen Jakob de la Gardie mitteilte, der Prinz werde im Februar in Viborg eintreffen, gelang es ihm, am 7. Februar einen Beschluß der Ständeversammlung herbeizuführen, der die Wahl Karl Philipps im Prinzip vorwegnahm, den Wahlakt jedoch auf Ende des Monats festlegte: Bis dahin erwartete man den Kandidaten auf russischem Boden.

Auch Jakob de la Gardie wartete. Vergebens. Am 17. Februar meldete er beunruhigt nach Stockholm, wenn der Prinz jetzt nicht eintreffe, laufe ihm ein Russe den Rang ab.

Er behielt recht. Die wiedererstarkten Kosaken setzten sich in der *Semski Sobor* durch. Am 21. Februar erzwangen sie den Weg in den Kreml und nötigten der Versammlung die Wahl ihres eigenen Kandidaten auf: Michael Romanow, 17 Jahre alt, unbelastet von den Greueln der letzten Jahre und – obwohl er einer der nichtfürstlichen Bojaren war – durch Heirat mit der alten Herrscherdynastie verwandt. Die Kosaken glaubten in dem weichen Jüngling ihre Marionette gefunden zu haben.

Michael zögerte einen Monat lang, ehe er die Wahl annahm, doch auch diese Zeit wurde von den Schweden nicht genutzt. Als im Juli der erste

Romanow gekrönt wurde, traf endlich Karl Philipp in Viborg ein – zu spät, wie sich erweisen sollte. Schweden hatte seine Stunde versäumt. Selbst Jakob de la Gardie mußte einsehen, daß seine Rechnung, die Bojaren würden sich erneut zerfleischen, nicht aufging. Der neue Zar, unterstützt von seinem kraftvollen Vater Philaret, der, als Mönch aus polnischer Gefangenschaft heimgekehrt, Patriarch von Moskau wurde, gewann das Vertrauen und die Achtung ganz Rußlands. Das beeinflußte auch die Nowgoroder Delegation, die sich zu den lange hinausgezögerten Verhandlungen mit Karl Philipp und dessen Räten nach Viborg begab.

Als sich der zwölf Jahre alte Karl Philipp auf die Reise nach Viborg in Stockholm einschiffte, führten seine Begleiter, an ihrer Spitze Henrik Horn (der Bruder des Heerführers in Ingermanland) und Reichsmarschall Axel Ryning, eine vom 18. Juni 1613 stammende Instruktion für die bevorstehenden Verhandlungen mit. Diese »Anweisung an die schwedischen Commissarien« geht noch immer von der Möglichkeit einer Wahl Karl Philipps zum Zaren aus, doch scheint dies eher eine Karte im diplomatischen Spiel gewesen zu sein. Der Kern der schwedischen Forderungen, der in allen Varianten der Anweisung wiederkehrt, lief auf gewaltige Gebietsabtretungen hinaus: Die Unterhändler sollten nicht weniger verlangen als die gesamten Festungen vom Peipus- bis zum Ladoga-See, dazu noch Stützpunkte am Weißen Meer, einschließlich Archangelsk, und an der Nordküste der Halbinsel Kola. Für den Fall der Ablehnung Karl Philipps sollte den Unterhändlern aus Nowgorod nahegelegt werden, ihre Gebiete endgültig unter schwedischen Schutz zu stellen, noch besser: sie in den schwedischen Reichsverband einzubringen – bei Wahrung ihres Rechts und ihrer Privilegien. Wenn das nicht durchzusetzen war, lautete die Ersatzforderung auf eine Geldzahlung.

Die Herren aus Nowgorod hatten für alle diese Forderungen nicht viel übrig. Die Verhandlungen zogen sich ergebnislos hin. Im Januar 1614 kehrte Karl Philipp mit leeren Händen nach Schweden zurück. Die Auseinandersetzung wurde mit dem Schwert fortgesetzt.

Angesichts des Katalogs von Forderungen, den die schwedische Delegation nach Viborg mitbrachte, ist die Frage berechtigt, ob nicht vor allem politische Ursachen die Entsendung des Thronkandidaten verzögert hatten. Eine Zeitlang mag für Gustav Adolf und seine Berater der Gedanke verlockend gewesen sein, das russische Reich dynastisch an Schweden zu binden; aber nicht nur die Erfahrungen mit den Wasa in Polen, sondern auch die Einsicht in die Unberechenbarkeit und schreckliche Kraft des riesigen Nachbarn im Osten geboten Zurückhaltung.

Das Mißtrauen gegen die Russen hat Axel Oxenstierna während der späteren Verhandlungen sehr deutlich formuliert: »Es ist unzweifelhaft wahr, daß wir in den Russen einen falschen und zugleich mächtigen

Nachbarn haben.« Jakob de la Gardie hat seine unmittelbaren Erfahrungen im Osten in den Satz gefaßt: »Trau dem Moskowiter nicht, wenn er gute Worte gibt; trau ihm ein wenig, wenn er flucht und tobt.«

Nach dem Scheitern der Verhandlungen mit Nowgorod, dessen riesiges Gebiet vom Weißen Meer bis zum Ural 1478 der Herrschaft des Moskauer Großfürsten unterworfen worden war und dessen eigene Kraft seither verdämmerte, mußte die Lösung in der Konfrontation mit eben diesen Moskowitern gesucht werden.

Die schwedische Position im Nordwesten Rußlands war im Laufe des Jahres 1613 erheblich schwächer geworden, was den Widerstand der Nowgoroder Delegation gegen die Forderungen aus Stockholm bestärkt haben mag.

Als ein Heer des neuen Zaren gegen Nowgorod vorrückte, konnte ihm Jakob de la Gardie nur geringe Kräfte entgegenstellen. Er mußte seine Söldner aus eigener Tasche bezahlen: Die durch den Kalmar-Krieg verarmte schwedische Krone verschuldete sich bei dem durch den Handel mit Zobelpelzen reich gewordenen Feldherrn mit 60000 Talern, die er für die Bedürfnisse seiner Armee vorstreckte.

Im Mai fiel Tichwin, der nordöstliche Vorposten der Schweden, in russische Hand, im Juni eroberten die zaristischen Truppen Gdow an der südlichen Flanke. Versuche, nach der Ankunft schwedischer Ersatztruppen im Sommer und Herbst – also während der Verhandlungen in Viborg – die Festungen zurückzuerobern, scheiterten.

Der Reichstag von Örebro

Das Jahr 1613 endete also auch im Osten mit Belastungen, die Gustav Adolf nicht allein tragen konnte. Im Januar wurde ein Reichstag nach Örebro einberufen, dem die Probleme der Außen- und Innenpolitik vorgelegt wurden.

Die Stände wollten den Frieden, Frieden mit Polen und Frieden mit Rußland, jedoch nur unter annehmbaren, ehrenvollen Bedingungen, und erklärten sich bereit, bei einem unvermeidbaren Krieg auch dessen Lasten auf sich zu nehmen.

Der Waffenstillstand in Polen ruhte auf gebrechlichen Stützen. Er wurde zwar im Juni 1612 verlängert, weil beide Seiten anderweitig zu sehr in Anspruch genommen waren. Aber für Gustav Adolf war dies nur eine Übergangssituation. Solange Sigismund nicht bereit war, seine Herrschaft anzuerkennen – und davon schien er weit entfernt –, war für den schwedischen König die Verlängerung des Waffenstillstands nur ein Zeitgewinn für das Sammeln neuer Kräfte, und er ging davon aus, daß Sigismund die Lage genauso beurteilte. Die Vermittlungsversuche anderer Mächte, erst des Kurfürsten von Brandenburg, dann des englischen Königs und der Niederlande, brachten nicht mehr als einen Gefangenenaustausch im Dezember 1613, bei dem auch Gustav Adolfs vierzigjähriger Halbbruder Karl Karlsson Gyllenhielm nach Schweden zurückkehrte, und im Januar 1614 eine kurzfristige Verlängerung des Waffenstillstands. Um diese Zeit hoffte der schwedische König noch auf einen raschen Friedensschluß mit Rußland; erst als er erkannte, daß dieser noch lange nicht zu erwarten war, stimmte er einer Vereinbarung zu, die die Waffenruhe bis zum 29. September 1616 fortschrieb.

Gustav Adolfs Hoffnung auf einen baldigen Frieden mit dem Zaren wurde von den Ständen und dem Reichsrat geteilt. Auf jeden Fall hielten sie es nicht für nötig, daß sich der König im Falle weiterer Kämpfe selbst an die Front begab; er sollte sich in Stockholm um sein Reich kümmern und den Krieg seinen Generälen überlassen. Der König hatte darüber seine eigenen Gedanken, wie sich bald erweisen sollte.

Das hinderte ihn nicht, den Problemen im eigenen Lande seine volle Aufmerksamkeit zuzuwenden. Vor allem wurde auf dem Reichstag von Örebro das Rechtswesen Schwedens neu geordnet. Die Gerichtsordnung *(Rättegångsordinantia)*, die den Ständen vorgelegt wurde, geht im Ansatz vermutlich auf einen Entwurf zurück, der unter Karl IX. 1604 entstanden war, führt jedoch weit darüber hinaus. Dieses im Dezember 1613 vom Reichsrat beratene Gesetz trägt die Handschrift Axel Oxenstiernas. Die wichtigste Neuerung darin ist die Schaffung eines Obersten Gerichtshofes, des *Svea hovrätt*. Das *Svea hovrätt*, bestehend aus 13 Richtern, davon vier aus dem Reichsrat, vier aus dem Adel, vier aus den nichtadeligen Ständen, und dem Reichsdrosten als Vorsitzenden, war als höchste Instanz des Reiches gedacht, die in An- und Abwesenheit des Königs in seinem Namen Recht zu sprechen hatte. Dieser tiefe Eingriff in die überlieferte Ordnung bildete einen Meilenstein in der Rechts- und Verfassungsgeschichte des Landes.

Genaue Regeln machten die neue Institution zu einem funktionsfähigen Instrument der Regierung, wie es bislang nicht zur Verfügung gestanden hatte: Die Richter mußten mindestens fünf Monate jährlich in Stockholm amtieren, verteilt auf zwei Sitzungsperioden im Frühjahr und Herbst, und der Reichsdrost war nicht mehr länger der Träger eines Titels mit unbestimmten Funktionen, sondern der Inhaber eines wesentlichen Regierungsamtes. Im Laufe der nächsten Jahre bildeten sich die Verantwortlichkeiten *aller* traditionellen hohen Reichsämter vollends heraus: Drost, Marschall, Admiral, Schatzmeister und Kanzler wurden die Spitzen der Hauptzweige der Reichsverwaltung. Für eine lange Übergangszeit wurde freilich noch vieles improvisiert, bedingt durch die Reisen des Königs im eigenen Lande, während deren er nur mit einem kleinen Stab arbeitete, oder durch seine langen Abwesenheiten in Kriegszeiten, während derer eine Ordnung der Regierungsgeschäfte erst gesucht werden mußte. Dank der überragenden Persönlichkeit und Arbeitskraft Axel Oxenstiernas lief in den ersten zehn Jahren der Regierung Gustav Adolfs, in denen das neue System heranwuchs, eine Überfülle von Geschäften durch dessen Hände – nicht zum Schaden des Königs und seiner Untertanen. Das alles wurde auf dem Reichstag von Örebro erst in Umrissen sichtbar. Immerhin: Der Einschnitt wurde bemerkt. Die Geistlichkeit erhob Einspruch. Sie zweifelte an der Befugnis des Reichstages, gemeinsam mit dem König Gesetze zu erlassen, die ältere, lobenswerte Ordnungen änderten. Auch die Königin-Witwe meldete Bedenken gegen die Neuerungen an.

Gustav Adolf nahm solche Einsprüche zwar ernst und ließ sie sich schriftlich vorlegen, trat ihnen dann aber entschieden entgegen. Der König müsse das Recht haben, gestützt auf die Stände, sich der Zeit anzupassen, »sintemal die Sitten sich ändern und das, was für eine Zeit ein nützlich Gesetz sei, bei veränderten Zeitumständen und Personen sich wiederum als ungesetzlich und schädlich erweisen könne«.

Daraufhin wurde die Gerichtsreform einstimmig gutgeheißen. Am 10. Februar 1614 wurde mit ihr eines der wichtigsten Gesetze der Regierungszeit Gustav Adolfs in Kraft gesetzt; am 16. Februar unterschrieb der König die Ernennung der Mitglieder des *Svea hovrätt* und des Reichsdrosten Magnus Brahe zu dessen Präsidenten.

Auch eine neue Kirchenordnung stand in Örebro zur Debatte. Die Revision der Ordinanz von 1571 war ein alter Streitpunkt zwischen Karl IX. und der hohen Geistlichkeit gewesen. Der von den Bischöfen gefertigte Entwurf wurde von diesen bis nach Karls Tod zurückgehalten; doch ihre Hoffnung, der neue König werde ihn unverzüglich bestätigen, erfüllte sich nicht. Als Gustav Adolf in Örebro aufgefordert wurde, die neue Ordnung zum Druck freizugeben, verlangte er vorherige Einsicht, und da die Bischöfe – Änderungen befürchtend – dies nicht zugestehen wollten, schleppte sich die Auseinandersetzung um eine verbesserte Kirchenordnung durch die ganze Regierungszeit Gustav Adolfs, ohne eine klare Entscheidung.

Gemessen an den finanziellen Nöten des Landes war die Meinungsverschiedenheit mit den Bischöfen für den König eine Nebensache. In der Tat stand Schweden am Rande eines Bankrotts. Im Rückblick erklärt der König 1615 dem Reichsrat: »Viele Jahre lang waren keine Reserven mehr in der Schatzkammer; unsere Untertanen sind erschöpft durch Steuern und Auflagen, die nun schon unter mehreren Herrschern andauern; der letzte Krieg gegen Dänemark hat sie noch mehr erschöpft.«

Der Spielraum der königlichen Kammer war so eng, daß nur noch improvisiert, nur von der Hand in den Mund gelebt werden konnte. In der Vergangenheit hatte die Krone ihre Verpflichtungen in großem Ausmaß immer wieder auf Kosten ihrer Ländereien erfüllt: Die Beamten und Offiziere wurden mit Donationen belohnt, Darlehen wurden durch Grundstükke abgegolten, und statt laufender Einkünfte erhielten die Diener des Königs einen Besitz, der ihren Unterhalt garantierte. Damit aber war die Basis für die Einkünfte der Krone immer mehr zusammengeschmolzen. Die Folge waren wachsende Steuern bis an die Grenze des Erträglichen, begleitet von dem Versuch der Untertanen, sich vor dieser Last zu drücken, und neue Darlehen. Zur wichtigsten Geldgeberin wurde die Königin-Witwe, die es verstanden hatte, ihr beträchtliches Vermögen zu mehren, und es nun weiter mehrte, indem sie dem Staat zu guten Zinsen und gegen entsprechende Sicherheiten das rare Geld vorstreckte. (Auch ein Grund für Gustav Adolf, mit seiner Mutter vorsichtig umzugehen.)

In dieser drückenden Lage mußte nun noch das Lösegeld für Älvsborg aufgebracht werden, dessen erste Rate am 20. Januar 1616 fällig war. Ein halbes Jahr nach dem Friedensschluß von Knäred hatte ein Sonderausschuß des Reichstags eine Sondersteuer bisher unerhörter Art beschlossen: Jeder erwachsene Schwede, vom König bis zur Kammermagd und zum Bauernknecht, mußte seinen Anteil entrichten; der König und Herzog Johan versprachen 32 Prozent ihres Einkommens; der Adel wurde trotz seines Privilegs der Steuerfreiheit je nach der Zahl seiner bewaffneten Dienstleute zur Kasse gebeten; und all diese Einnahmen sollten gesondert erfaßt und nicht mit den anderen Steuern vermengt werden.

Der Sonderbeschluß wurde auf dem Reichstag von Örebro nicht noch einmal eigens beraten; aber er wurde hingenommen; vereinzelter Widerspruch verstummte angesichts der gleichen Verteilung der Last. Bis zum nächsten Reichstag, wiederum in Örebro, vergingen drei Jahre; aber in diesen drei Jahren konnten sich König und Reichsrat in den wesentlichen Fragen in Übereinstimmung mit den Vertretern des Volkes wissen, denn auch mit der Abordnung der Bauern aus Dalarna war eine einigermaßen befriedigende Absprache zustande gekommen.

Der Troubadour

Die Hoffnungen Gustav Adolfs auf einen baldigen Frieden mit Rußland zerrannen. Mit Vorstößen auf Nowgorod, auf Ladoga und Nöteborg schrieben die Russen das Gesetz des Handelns vor, und als sich im Zentrum, vor Bronnici, eine starke russische Armee unter Fürst Dimitri Trubetskoi sammelte, wurde die Lage bedrohlich.

Es erwies sich als richtig, daß Gustav Adolf den Wünschen von Rat und

Reichstag, sich der Front fernzuhalten, nicht gefolgt war, sondern ein 2000 Mann starkes Heer, Vorräte und Geld gesammelt hatte, um im Osten eingreifen zu können. Zugleich hatte er auch den Reichsrat befragt, ob es nicht vernünftig wäre, auch hier neutrale Vermittler einzuschalten, und darauf die Empfehlung erhalten, sich deswegen an England, die Niederlande und den Landgrafen von Hessen zu wenden. Doch Jakob Spens, der schon seit Ende 1613 in London Unterstützung suchte, fand wenig Gegenliebe, vor allem der englischen Handelsinteressen in Rußland wegen, und auch das gute Verhältnis zu den Niederlanden, das im April 1614 durch ein Defensivbündnis besiegelt wurde, brachte zunächst in Moskau keinen Nutzen.

Als Gustav Adolf sich entschloß, selbst in den Osten aufzubrechen, war jedoch der Vertrag mit den Niederlanden eine starke Rückendeckung. Für Schweden bedeutete er nicht nur eine Sicherung gegen weitere dänische Übergriffe, sondern auch eine Sprengung der Isolation, in der sich das Land befunden hatte.

Einer der schönsten Briefe Gustav Adolfs an Ebba Brahe, undatiert, stammt vielleicht aus den Tagen unmittelbar vor dem Aufbruch des Königs nach Osten. Er sagt ihr darin für lange Zeit adieu, brieflich, weil sein Wunsch, sie noch einmal zu sehen, sich nicht erfüllen ließ: »Weil mir dieses Glück nicht mehr widerfahren konnte, habe ich mich unterfangen, bewegt von der großen Affektion, dem guten Willen, womit mein unglückliches Herz ganz gegen Euch erfüllt ist, meine armen Worte auf dieses grobe, schlechte Papier zu setzen, welches mir gleichwohl – nachdem ich in der Eile kein anderes finden kann – dienen soll, Euch meinen ergebenen und treuen Sinn anzutragen, zu jedem Dienst und guten Willens in Festigkeit in allen meinen Tagen, sowie Euch ergebenst zu bitten, auszuharren in Gunst und Gewogenheit und beständig in Eurem tugendreichen Herzen. Bedenket, daß ich mich um Euch sorge, und wenn auch mein Leib von Euch scheiden muß, so sollen doch Herz und Gedanken stetig bei Euch sein. Und da ich befürchte, daß ich Euren Anblick und den Umgang mit Euch lange Zeit missen muß, so will ich Euch dieses Blümlein, das die Deutschen ›Vergiß nicht mein‹ nennen, zu Händen schicken, bittend, daß dessen arme Geringfügigkeit nicht verachtet werde, sondern daß es mit solchem Herzen aufgenommen werde, wie es gewißlich überreicht wurde von dem, der Euch vielhunderttausendmal Lebewohl sagt und der verbleibt bis zu seinem Tode Euer treuer und dienstwilliger Vetter G. A.«

Der Liebesbrief eines Zwanzigjährigen: Er legt ein Vergißmeinnicht bei und verschlingt bei der Unterschrift seine Initialen G. A. mit dem Monogramm des Mädchens E. B. Der junge Mann scheint seiner Erwählten sicher zu sein; er unterschätzt die Härte seiner Mutter und überschätzt die

Standfestigkeit des Fräuleins, das zum Gehorsam erzogen worden ist. Noch mehr freilich als auf das Mädchen scheint er auf sein eigenes Glück zu vertrauen. Wenn er, immer wieder, knapp dem Tod entrinnt, nimmt er dies als Zeichen seiner Berufung.

In Åborg, wo er nach der Landung an der finnischen Küste auf dem Weg nach Narwa sich im Schloß einquartierte, fing das im 13. Jahrhundert an der Mündung des Aurajoki aufgeführte Gebäude Feuer, im Stockwerk über dem Gemach, in dem der König gerade zu Tisch saß. Das Gerücht, er sei durch den wassergefüllten Burggraben den Flammen entronnen, verbreitete sich und trug dazu bei, den Herrscher, der durch Feuer und Wasser gegangen war, in den Augen des Volkes unverletzlich zu machen.

Ein anderer hätte den Brand als böses Omen nehmen können. Gustav Adolf ließ sich nicht aufhalten. Von Narwa aus, wo er vorläufig blieb, schickte er Jakob de la Gardie die notwendigen Verstärkungen und Vorräte. Im Juli gelang es dem Feldherrn, die Truppen des Fürsten Trubetskoi bei Bronnici zu schlagen und die Umgebung von Nowgorod zu sichern.

Das nächste Ziel war nun die Rückgewinnung von Gdow, das den Weg am Ostufer des Peipus-Sees nach dem bedeutenderen Pskow blockierte. Evert Horn gelang die Eroberung nicht im ersten Anlauf. Den Schweden fehlte noch die Erfahrung bei der Belagerung von festen Plätzen; sie waren auf sachkundige Offiziere aus den Niederlanden angewiesen.

Auf dem Höhepunkt der Kämpfe erschien der König selbst im Lager. Am 10. September, vierzehn Tage nach seiner Ankunft, ergab sich die Stadt. Am 20. September schrieb er aus Narwa an Ebba Brahe, zu ihrer *Faveur* habe er die Feinde überwunden – ein Nachklang aus der Zeit des Minnedienstes.

Gustav Adolf versprach in seinem Brief, bald heimzukehren; der Feldzug war für dieses Jahr zu Ende, den Russen konnte aus einer Position der Stärke erneut Frieden angeboten werden. Wenn sie nicht darauf eingingen, sollte im folgenden Jahr um Pskow gekämpft werden.

Der Verzicht

Gustav Adolf hatte, als er mit Jakob de la Gardie nach Schweden zurückkehrte – Evert Horn übernahm für den Winter das Kommando in Nowgorod – offenbar genaue Pläne, um den Widerstand seiner Mutter gegen die Verbindung mit Ebba Brahe vollends zu überwinden: Er wollte seine Schwester Katharina einschalten, um eine öffentliche Verlobung herbeizuführen.

Er sollte bald erkennen, daß er weit von diesem Ziel entfernt war. Zwar hatte sich ein vornehmer Bewerber um die Hand des Fräuleins, Graf Klas

Sture, wieder zurückgezogen, als sein in aller Form vorgebrachter Antrag von Magnus Brahe mit Ausflüchten beantwortet worden war. Aber die Mutter des Königs hatte nicht aufgehört, ihre Fäden zu ziehen.

Sie benutzte die guten Beziehungen zu dem Landgrafen Moritz von Hessen, um sich für ihren Sohn nach einer anderen, ebenbürtigen Frau umzusehen. Moritz, ein umfassend gebildeter Mann und kluger Politiker, war schon während des Kalmar-Krieges für Schweden eingetreten; er war auch bemüht, Schweden aus den Verwicklungen in Rußland zu lösen, um das Land im Norden zum Bundesgenossen der protestantischen Partei Deutschlands zu gewinnen. Schon 1613, als der Streit um Jülich-Kleve zu neuen Spannungen führte und sich bereits die spanischen Truppen unter Spinola und die niederländischen unter Moritz von Oranien kampfbereit gegenüberstanden, hatte er in Stockholm vorfühlen lassen, und im Februar 1614 hatte die protestantische Union einen Vertreter entsandt, um die Bande enger zu knüpfen.

Als im Vorsommer eine Gesandtschaft des Landgrafen der Königin-Witwe in Nyköping einen Besuch abstattete, waren sich beide Seiten bald einig, daß eine Ehe zwischen Gustav Adolf und einer der Töchter des Landgrafen höchst erstrebenswert wäre. Aus der späteren Korrespondenz zwischen Christine und Moritz läßt sich ablesen, daß es in den Monaten, die Gustav Adolf im Osten verbrachte, bereits beschlossene Sache war, das Hindernis Ebba Brahe wegzuräumen. Gustav Adolf scheint von dieser Seite der hessischen Bemühungen nichts bemerkt zu haben, obwohl ein Gesandter des Landgrafen ihn in Narwa besuchte, um seinen Blick nach Deutschland zu richten, statt in Rußland einem »glitzernden und gläsernen Glück« nachzujagen; er stellte in Aussicht, daß die Fürsten der Union ihm entsprechende Vorschläge unterbreiten würden. Tatsächlich schrieben ihm diese bei ihrem Treffen in Heilbronn Ende 1614 einen Brief mit der Einladung, dem Bund beizutreten. Die Entschlossenheit des Königs, nach dem Erfolg in Gdow erst den Krieg in Rußland zu Ende zu führen, und die Beilegung des Jülich-Kleveschen Konflikts durch den Vertrag von Xanten im November 1614, ließen diese Annäherung im Vorfeld enden.

Was der König fernab von der Privatdiplomatie seiner Mutter nicht erkannte – Ebba Brahe, in Nyköping immer noch unter einem Dach mit der Königin-Witwe, blieb es nicht verborgen. Vermutlich hat Christine – bemüht, das Mädchen zu zermürben – dafür gesorgt, daß dieses erfuhr, was gespielt wurde. Auf jeden Fall hielt Ebba es für notwendig, ihrem königlichen Freier am 19. Oktober einen Brief zu schreiben – den einzigen aus dieser Korrespondenz, der von ihrer Hand erhalten geblieben ist –, der recht deutlich macht, daß sie bereit sei, zu resignieren. Der große Abstand wird betont: »Mir geringer Jungfrau steht es nicht wohl an, nach

Eurer Majestät königlicher Person zu trachten.« Die Furcht vor bedrängenden Fragen quält sie. Die Versicherung: »Ich habe Eure königliche Majestät doch ständig in meinem Sinn« klingt wie ein Abschiedswort.
So hatte Gustav Adolf sein Vergißmeinnicht nicht verstanden wissen wollen. Seine Antwort – der Brief ist undatiert, kann aber eigentlich nur als eine Reaktion auf Ebbas Rückzug eingeordnet werden – sucht dem Fräulein Mut zuzusprechen und erinnert an das gegenseitige Gelöbnis.
Der König wäre sicher am liebsten sofort persönlich in Nyköping erschienen, aber bis Ende November hielten ihn seine Pflichten in Stockholm fest. Als er endlich im Schloß der Herzöge von Södermanland eintraf, jenem Schloß, in dem er seine Kindheit erlebt hatte, war die, welche er dort suchte, nicht mehr anzutreffen. Ebba Brahe hatte bei einer anderen Königin-Witwe, bei Katharina Stenbock auf Strömsholm, Zuflucht gesucht, also bei der eigenen Verwandtschaft. Ihre Familie wird sie auch bewogen haben, den König zu bitten, nicht länger um sie zu werben, wie sich aus dem langen Brief vom 19. Januar 1615 entnehmen läßt, mit dem ihr Gustav Adolf antwortete:
»Aufs herzlichste danke ich Euch für die Neujahrswünsche, die ich von Herzen erwidere; ich bitte den Allerhöchsten, er möge Euch vollkommenes Glück nicht nur in diesem kommenden Jahr, sondern auch für Euer ganzes Leben zur Genüge zuteilen und bescheren, Euch und mir zu Nutzen und Freude. Danach habe ich auch nicht ohne Kummer vernommen, daß Ihr dagegen seid, aus den Gründen, die Ihr in Eurem Schreiben anführt, daß ich weiter fortfahre, die Sache zu betreiben, deren ich mir auch selbst wohl bewußt bin – so man davon reden sollte, kann das zu nichts anderem führen, als daß Ihr dadurch in Unglück und Verderben geraten müßt und sich meiner Frau Mutter Übelwollen noch verstärkt. So kann ich Euch zur freundlichen Antwort nicht unberichtet lassen, daß ich, obwohl ich mich gänzlich dem *devoviert* [ergeben], immer zu Eurem Besten zu handeln, doch – Gott sei mein Zeuge – gerne solches Unglück abwenden will und bei Gott hoffe, daß ich so machen will, daß mein Tun Euch nicht zum Unheil gerate. Denn meine Frau Mutter mag darüber wohl in Zorn geraten – ein Zorn, der sich im Lauf der Zeit in um so größere Liebe verwandeln kann . . . Und da Ihr nun ebenso wie ich gewillt seid, die Zeit abzuwarten, bösen Geredes nicht zu achten und Euer sowie ich mein Glück andernorts nicht zu suchen, so will ich auch keine Mühe sparen und es nicht an Geduld mangeln lassen, auch nicht an Treue, den Willen Ihrer Majestät, von dem alles abhängt, umzustimmen. Ich bin gewiß, daß sich mit der Zeit hier etwas erreichen läßt.«
Gustav Adolf ließ sich also nicht abschrecken, auch nicht durch den Zorn seiner Mutter. Aber er ließ auch erkennen, daß der »Willen Ihrer Majestät« von ihm nicht übergangen werden konnte.

So standen sich also in den nächsten Monaten Mutter und Sohn gegenüber, beide entschlossen, ihren Willen durchzusetzen. Der König schrieb den eben zitierten Brief in Absprache mit dem Vater des Mädchens. Gustav Adolf hatte Magnus Brahe als Gast in das königliche Gut Väsby im Bergwerksgebiet von Sala eingeladen, und er ließ auch noch dessen Bruder Abraham zu sich rufen. Schließlich wurde der Familienrat noch um zwei Vertraute des Königs erweitert: Axel Oxenstierna und Johan Skytte. Offenbar wurde beschlossen, mit vereinten Kräften und mit Hilfe einiger Mittelspersonen nochmals zu versuchen, Christine umzustimmen. Für den Fall des Mißlingens scheint ebenfalls eine bindende Vereinbarung getroffen worden zu sein. Sie fand Ausdruck in der Predigt, die der Hofprediger Johannes Rudbeckius am 27. Januar vor den Herren hielt, eine Ermahnung der Kinder zum Gehorsam gegenüber den Eltern »in allen löblichen und ehrenhaften Dingen, auch wenn es mitunter schwer erscheine«.

Axel Oxenstierna gelang es, den Kanzler der Königin, der schon unter Karl IX. gedient hatte und der der Mann ihres Vertrauens war, Dr. Nils Chesnecopherus, zur Fürsprache für das Herzensanliegen des Königs zu bewegen. Auch Karl Karlsson Gyllenhielm wurde vorgeschickt, und schließlich auch noch Johan Skytte. Sie ließen keinen Zweifel daran, daß der König mit den hessischen Heiratsplänen nichts zu tun haben wollte. Die Königin-Witwe machte unmißverständlich klar, daß sie allenfalls den Schwebezustand aufrechterhalten würde – sofern das Fräulein in ihr Schloß zurückkehre – mehr nicht. »Es wird sich mit der Zeit schon ergeben, was daraus werden soll.« Ihren Dr. Chesnecopherus verwies sie auf das Horoskop, das ihrem Sohn noch mindestens fünf Jahre Zeit bis zur Heirat einräume.

Die Gespräche im Schloß in Nyköping scheinen mitunter recht heftig geworden zu sein. Die schlagfertige Königin-Witwe teilte sogar Maulschellen aus. Offen ist nur, wem von den Fürsprechern Gustav Adolfs. Auch der König hörte von diesen Handgreiflichkeiten und fragte am 10. März bei seinem Kanzler an, »was die Maulschellen, die dort ausgeteilt wurden, veranlaßt und wie die Komödie geendet habe«. Die Antwort auf diese Frage kennen wir nicht, wohl aber den Bescheid des Dr. Chesnecopherus zur Haltung seiner Herrin: »Ich glaube kaum, daß irgendein Mensch auf der ganzen Welt Ihre Majestät zu *persuadieren* und bewegen vermöchte, hierzu ihre Einwilligung und Consens zu geben.«

Der König, nochmals im unruhigen Dalarna unterwegs, mußte erkennen, daß er Ebba Brahe verloren hatte. Sein Stiefbruder Gyllenhielm scheint das auch noch schwarz auf weiß bestätigt zu haben.

Wir wissen nicht, wie der König mit diesem Riß in seinem Leben, mit diesem Opfer für die Staatsraison innerlich fertig wurde. Noch drei Jahre

später brachte er es nicht über sich, an Ebba Brahes Hochzeit teilzunehmen; er zog es vor, sich an diesem Tag auf einem Schiff den Seewind ins Gesicht blasen zu lassen; nach einem anderen Bericht soll er während der von Katharina Stenbock ausgerichteten Feier, an der auch seine Mutter und sein Bruder teilnahmen, ein junges Pferd zugeritten haben.
Aber er stand zu dem, was er zugesagt hatte, und er stellte jede weitere Bemühung um das Fräulein ein. Auch wollte er sie, nach allem, was geschehen war, nicht im Zwielicht stehenlassen. Sicherlich geschah es mit seiner Zustimmung, daß sein Feldherr Jakob de la Gardie Ende März durch Henrik Horn um die Hand Ebba Brahes anhalten ließ. Magnus Brahe beriet sich mit Katharina Stenbock und seiner Familie. Der neue Freier fand Zustimmung, und der König tat das Seine, um die Wege zu ebnen und Ebba Brahe zu einem ebenbürtigen Gatten zu verhelfen: Anfang Mai erhob er den Sohn jenes französischen Haudegens, der die schwedischen Farben nach Narwa und Moskau getragen hatte, in den Grafenstand; es war zum ersten Mal, daß er diesen Titel verlieh, und Jakob de la Gardie war der einzige Graf, dem er einen Besitz innerhalb Schwedens zusprach: die ansehnliche Herrschaft Läckö am Väner-See.
Die öffentliche Verlobung zwischen dem Feldherrn des Königs und Ebba Brahe fand erst im November 1617 statt, doch war diese nur die Bestätigung der bestehenden Absprache, wie auch aus den Briefen Jakob de la Gardies »an seine vielgeliebte Liebste« hervorgeht.
Wie Ebba Brahe sich nach dieser »Transaktion« fühlte, ist ebenfalls nicht überliefert. Offenbar scheute sie sich, nochmals an den König zu schreiben; dieser wartete vergebens auf ein paar Abschiedsworte. Als wollte er nochmals zeigen, was sie ihm bedeutete, gab er dem Edelmann Lars Sparre, der auch schon vorher als Bote zu dem Fräulein gedient hatte, den Auftrag, bei einem Stockholmer Goldschmied einen Diamantenhalsschmuck im Werte von 300 Gulden anfertigen zu lassen und ihn »der Jungfrau Ebba in Unserem Namen zu übergeben«.
Ebba soll eine glückliche Ehe geführt haben, mit zahlreichen Kindern; das spätere Portrait zeigt ein Gesicht von matronenhafter Würde.
Die Mutter des Königs hatte Anlaß zu triumphieren, sie gab dem auch – nicht gerade feinen – Ausdruck: Das Mädchen sei »glücklich beiseite gebracht«, schrieb sie an den Landgrafen Moritz von Hessen und fügte die Behauptung hinzu, bei dem König sei keine Spur einer fortbestehenden Neigung zu beobachten. Bei dieser Behauptung führte eher der Wunsch, nunmehr ihre Pläne zu verwirklichen, die Feder, denn sie fügt hinzu, sie hoffe, »der Allmächtige werde ihr nunmehr zu dem Vornehmen, dessen der Landgraf in seinem vertraulichen Schreiben gedenke, verhelfen«.
Axel Oxenstierna, dem zwar eine Verbindung mit Hessen politisch gelegen war, der aber offenbar seinen Herrn besser kannte als die Mutter ih-

ren Sohn, dämpfte ihren Eifer. Dem hessischen *Ambassadeur* machte er klar, daß es notwendig sei zuzuwarten und davon auszugehen, daß »Höchstderselbe sich alle Heiratsgedanken für unbestimmte Zeit aus dem Sinn geschlagen«. Später erhielt der Landgraf von einem Vertrauensmann einen Bericht über den König: »Seine unaussprechliche Liebe und Lust zum Krieg mache, daß er von keiner Heirat hören wolle.«

Ob Gustav Adolfs Liebe und Lust zum Krieg – die sogar den an kriegerische Monarchen gewöhnten Zeitgenossen auffiel – mit der ersten schweren Niederlage seines Lebens zusammenhing? Kaum denkbar, daß ein mit Ebba Brahe verheirateter König allein seinem Eheglück gelebt hätte. Aber da er daheim, in der eigenen Familie nie glücklich wurde, liegt es doch nahe, an eine Steigerung seiner Unrast, seiner Unersättlichkeit durch dieses Trauma zu denken. Per Brahe, ein Vetter Ebbas und Kammerherr Gustav Adolfs, berichtet, der König habe ein schweres Fieber mit Schüttelfrost dadurch kuriert, daß er im Schloßsaal mit einem Degen in jeder Hand so lange focht, bis der Schweiß die Krankheit weggeschwemmt hatte.

Die Liebe zwischen Gustav Adolf und Ebba Brahe ist vom Volksmund und von der Literatur romantisch verklärt und breit ausgeschmückt worden. Noch in Strindbergs Gustav-Adolf-Drama sind Bezüge zu Ebba Brahe hergestellt, obwohl es ausschließlich vom Eingreifen des Königs in den Dreißigjährigen Krieg handelt.

Während der König verzichtete, setzte seine Schwester Katharina gegen den Widerstand der Königin-Witwe und auch Axel Oxenstiernas durch, daß sie den Mann heiraten konnte, den sie sich selbst ausgesucht hatte. Gustav Adolf, anfänglich zurückhaltend, war, nachdem er erkannt hatte, daß es sich bei seinem »Käthchen« um eine Herzenssache handelte, bereit, ihr den Weg zu ebnen. Auch die protestantischen Fürsten Deutschlands, in deren Auftrag der Bräutigam Johann Casimir von Pfalz-Zweibrücken-Kleeburg 1613 nach Schweden gereist war, bemühten sich, die Verbindung zu fördern.

Die Widerstände gegen diese Eheschließung hatten zwei Gründe: Johann Casimir stammte aus einer unbedeutenden, armen Nebenlinie des Pfälzer Hauses der Wittelsbacher – er besaß nur das winzige Fürstentum Kleeburg im heutigen Elsaß –, und er war Calvinist. Aber mit den Calvinisten mußte man sich wohl abfinden, wenn man Anschluß an das protestantische Lager suchte. Im Dezember 1613 war auch der Kurfürst Johann Sigismund von Brandenburg zum reformierten Glauben übergetreten. Und wenn Johann Casimir auch kein Vermögen mitbrachte, so besaß er doch Fähigkeiten und Kenntnisse, die Schweden zugute kamen: Er war gründlich gebildet (Gymnasium und Studium an der Universität Heidelberg), konnte auftreten und verhandeln und stellte etwas dar – was

sich Gustav Adolf, der sich mit ihm befreundete, später weidlich ausnutzte. Vielleicht hat der König auch schon früh in den zu erwartenden Kindern des Paares Anwärter auf den schwedischen Thron gesehen; auf jeden Fall wurde ein Hindernis auf eine solche Anwartschaft durch die Vereinbarung beseitigt, daß sie lutherisch erzogen werden sollten.
Am 11. Juni 1615, wenige Wochen nachdem Gustav Adolf das Abschiedsgeschenk für Ebba Brahe in Auftrag gegeben hatte, feierte die Prinzessin in Stockholm ihre Hochzeit mit dem calvinistischen Bräutigam. Sie war immerhin schon 31 Jahre alt, Johann Casimir fünf Jahre jünger. Das prunkvolle Fest, einer Königstochter würdig, war der Beginn einer langen, glücklichen Ehe. Ein Sohn aus dieser Ehe wurde schwedischer König.

Liebe im Lager

Während das neuvermählte Paar den Einladungen in die Städte des Landes und auf die Güter des Adels folgte, rüstete sich der König zum zweiten Aufbruch in den Osten. Christine wollte ihn auch diesmal zurückhalten; aber er zog einen deutlichen Trennungsstrich: In seiner Herzensangelegenheit hatte er sich ihrem Willen gebeugt; in den Regierungsgeschäften wollte er Herr seiner Entscheidungen bleiben.
Bevor Gustav Adolf sich um Mittsommer 1615 an Bord seines Flaggschiffes begab, legte er in einer Abschiedsrede an seine Mutter und Herzog Johan im Beisein des Reichsrates seine Ziele und Beweggründe dar. Der Vorwurf, die Lust am kriegerischen Abenteuer, der Drang, sich als Heerführer zu erproben, treibe ihn an, muß damals so laut erhoben worden sein, daß er auch den König erreicht hatte; die Propaganda, die Sigismund gegen »Herzog Gustav Adolf« betrieb, zum Beispiel mit einem offenen Brief »An meine schwedischen Untertanen« mag das Ihre dazu beigetragen haben.
Gustav Adolf verwahrte sich scharf gegen solche Behauptungen, und ehe er sich mit knappen, förmlichen Worten von seiner Mutter, mit herzlichen Wendungen von seinem Vetter Johan trennte, versicherte er, seine ganze Kraft daranzusetzen, um das Vaterland »aus diesem brausenden und stürmenden Meer des Krieges in den Hafen des ersehnten Friedens« zu geleiten.
Er konnte sich darauf berufen, daß in der Tat über den englischen Kaufherrn John Merrick Friedensgespräche in Gang gekommen waren. Merrick, Vetter und Kammerherr Jakobs I., war einer der leitenden Köpfe der englischen *Muscovy Company*, in Moskau heimisch und im Besitz des Vertrauens der neuen russischen Herren; sein Hauptinteresse war die Pflege des Handels zwischen England und Rußland.

Es gelang ihm, Gustav Adolf, der im Juli mit Jakob de la Gardie in Narwa ankam, in dem zentralen Punkt seiner Feldzugsplanung zu einem Aufschub zu bewegen. Die Strategie der Schweden setzte das bisherige Vorgehen fort: Es galt, die Stellung am Wolchow und an der Narwa zu halten und Pskow zu erobern. Der König hielt jedoch den Angriff auf Pskow bis zum 20. August zurück. Als bis dahin die Verhandlungen mit Moskau nicht den erhofften Fortschritt gebracht hatten, wurde der Kampf um die Festung aufgenommen.

Pskow, schwedisch und deutsch Pleskau genannt, liegt an der Welikaja bei der Mündung dieses Flusses in den Pskower See, der nach Norden in den Peipus-See übergeht. An der Welikaja steht noch heute der Kreml der Stadt, zusammen mit den erhaltenen Kirchen und Klöstern ein Zeugnis für die weit zurückreichende Geschichte dieses festen Platzes in einem Gebiet, in dem Ost und West immer wieder ihre Kräfte gemessen haben. Auf dem Eis des Peipus-Sees besiegte Alexander Newski 1242 die Schwertritter; im Hauptquartier von Pskow unterzeichnete Zar Nikolaus II. am 15. März 1917 die Abdankungsurkunde.

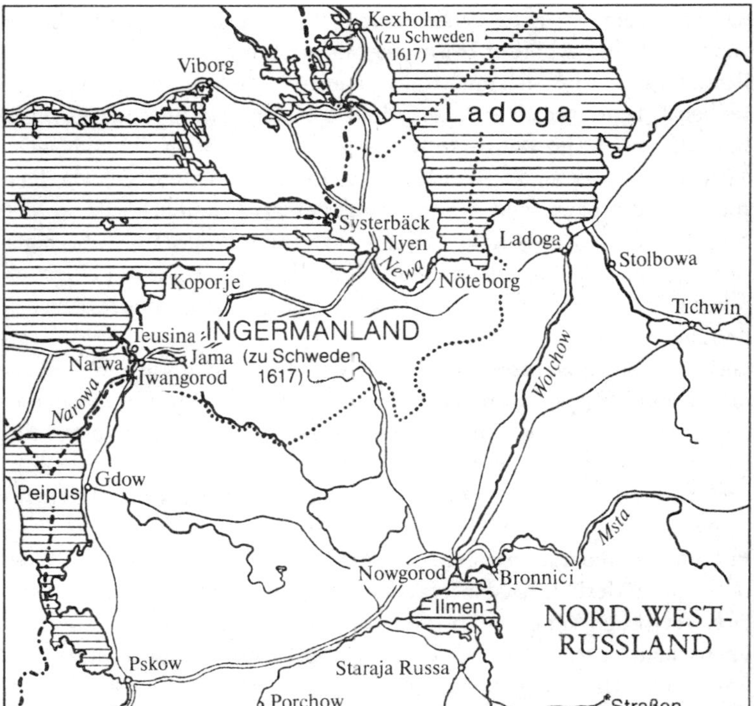

Pskow hatte Anfang des 17. Jahrhunderts 14 000 Einwohner und dehnte sich in der Niederung zwischen Wäldern und Moränenhügeln weit aus. Um den Kreml lagerten sich drei gut befestigte Stadtteile, mit holzgepflasterten Straßen und mit nicht weniger als 46 Klöstern. Gustav Adolfs Hofprediger Rudbeckius, der ihn in dem Feldzug begleitete, hat die Stadt beschrieben und eine Skizze von der Umgebung angefertigt, in der weitere 20 Klöster lagen, die jetzt den Schweden zum Teil als Quartier dienten: Alles in allem ein stattlicher Anblick und eine Herausforderung an den Belagerer – der polnische König Stefan Batory hatte 1581 die Festung vergebens berannt.

Gustav Adolf bereitete die Belagerung und den Angriff sehr sorgfältig vor. Er verfügte in Ingermanland über eine Armee von rund 14 000 Mann und konnte eine gute Nachschuborganisation aufbauen. Schwere Kanonen und Belagerungsgerät wurden herangeschafft, flache Boote aus Schweden auf dem Peipus-See eingesetzt. Die Schweden umgaben Pskow mit fünf befestigten Lagern, zum Teil durch Floßbrücken verbunden. Der König mit seinen schwedischen Soldaten setzte sich im nördlichen Lager fest; in den anderen machten sich die Söldner – Engländer, Schotten, Franzosen, Deutsche – zum Angriff bereit. Trotz der schwedischen Schaluppen auf dem See konnte jedoch die Versorgung der Stadt nicht unterbunden werden, und die Verteidiger sahen ungeschwächt dem Ansturm entgegen.

In jenen Tagen, als sich die schwedischen Truppen zum Sturm rüsteten, während der August zur Neige ging und auf den Feldern der Flachs trocknete – die wichtigste Ackerpflanze dieser Gegend –, war Gustav Adolf tief in eine Leidenschaft zu einer jungen Frau verstrickt. Sie war ihrem Mann, dem holländischen Ingenieuroffizier Andries Sersanders, in das Lager von Pskow gefolgt. Sersanders, ein vom König geschätzter Mann, war mit seinen Leuten vermutlich mit den Angriffsvorbereitungen sehr beschäftigt, während die meisten der Soldaten in ihren Wartestellungen die Zeit totschlugen.

Margarethe Slots (unter diesem Namen lebt sie heute fort) muß eine betörende Frau gewesen sein. Was man über sie weiß, läßt sich nicht nahtlos zusammenfügen. Ihr Geburtsjahr ist unbekannt; sie kann aber nicht viel älter gewesen sein als der König. Seit kurzem ist erwiesen, daß sie eine Tochter des niederländischen Kaufherrn Abraham Cabiljau war, der – ab 1604 mit Schweden in Verbindung – an der Gründung Göteborgs durch Karl IX. maßgeblich beteiligt gewesen ist. 1609 wurde er sogar Bürgermeister dieser Stadt. Während des Kalmar-Krieges warb er Truppen für Schweden an; einer der Offiziere, die er 1612 nach Schweden schickte, war Andries Sersanders. Nach diesem Krieg war Cabiljau, ein unbeugsamer Calvinist, der schwedischen Krone mit Anleihen und Lieferungen zu

Diensten. Vermutlich als Heereslieferant ist er auch vor Pskow erschienen, und mit ihm seine Tochter, die dort ihren Mann besuchen konnte. Wie sich ihre Affäre mit dem König abspielte, ist unbekannt. Vielleicht gab es Kuppler, denn Rudbeckius warnte bei der später fälligen Generalabrechnung den König vor der Nähe leichtfertiger Personen, denen sein Verderben gleichgültig sei, »sofern sie nur selbst eine fette Suppe davon hätten«. Hin und wieder wird sogar vermutet, die Königin-Witwe hätte den Fehltritt ihres Sohnes eingefädelt, um ihn bei Ebba Brahe vollends unmöglich zu machen. Das sind aber Spekulationen. Eher ist anzunehmen, daß der junge Mann, der gerade seine Liebste verloren hatte, dort Trost suchte, wo er sich ihm bot.

Margarethe war nach der Ehe mit Sersanders, der im Oktober 1616 vor Pskow gefallen ist, wohl bald wieder verheiratet, und zwar mit dem Papiermacher Arendt Slots, doch kann diese Ehe nur kurze Zeit gedauert haben. Aus dem Jahr 1616 ist eine Notiz erhalten geblieben, »daß Frau Margareta Slots Anders Zhara Zanderes Erbin« Hofproviant erhielt; 1618 bekam sie rheinischen und französischen Wein »zu ihrer Hochzeit«. Im Jahr 1619 ist sie auf jeden Fall wieder mit einem Holländer verehelicht, dem Oberfeuerwerker Jakob Trello, und lebt auf dem sechs Wegstunden von Stockholm entfernten Gut Benhammar, einer Schenkung des Königs. Sie hatte damals einen dreijährigen Sohn – ein Kind Gustav Adolfs. Während ihrer Schwangerschaft war sie in aller Stille nach Stockholm zurückgekehrt; am 24. Mai 1616 wurde dort das Kind geboren. Der König verleugnete es nicht. Er gab dem Jungen den Namen Gustav Gustavsson, verlieh ihm den Titel eines Grafen von Wasaborg und kümmerte sich, von Johannes Rudbeckius unterstützt, um seine Erziehung. Mit zehn Jahren bezog der illegitime Königssohn die Universität Uppsala, 1630 folgte er seinem Vater nach Deutschland und studierte in Wittenberg. Als Sechzehnjähriger sah er in Weißenfels den gefallenen König im Sarg liegen. Er blieb dann in Deutschland, kämpfte unter Bernhard von Weimar und Dodo von Knyphausen, erhielt einen Besitz in Norddeutschland und starb dort schon 1653, im gleichen Alter wie sein Vater. Er wurde in der Nähe seines Vaters in der Riddarholmskirche in Stockholm bestattet.

Gustav Adolf ließ es an Zuwendungen für die Mutter seines Sohnes nicht fehlen, hielt aber auf Distanz. Vor ihrer Ehe mit Trello erhielt sie einen Haushaltungszuschuß und aus der königlichen Kleiderkammer eine Menge kostbarer Stoffe: Samt, Atlas, Damast, Seide, dazu Tressen, Schnüre und Strümpfe. Aus Dankbarkeit stickte sie dem König einen Spitzenkragen. Einmal begegneten sie sich aus Zufall wieder, 1630, vor dem Aufbruch des Königs in den deutschen Krieg: Gustav Adolf kam in die Kleine Rechnungskammer, wo Frau Trello eine Geldforderung vorzubringen hatte. Sie war offenbar auf ihr Geld aus, scheute sich nicht, fleißig zu prozessieren und scheint es zu etwas gebracht zu haben, denn aus dem Jahre 1629 liegt eine Bestätigung des Königs über Steuerfreiheit für mehrere Güter vor.

Das Gerede über die Liaison mit dem König freilich wollte nicht verstummen. Sie hielt es für angebracht, sich darüber brieflich bei ihm zu beschweren, daß behauptet wurde, sie hielte es immer noch mit dem König, und wenn er sie haben wollte, käme sie stracks zu ihm und wäre ihm zu Willen. Nur um vorzubeugen, daß der König aus solchen Behauptungen falsche Schlüsse ziehe, berichte sie ihm darüber. Es mag sein, daß die Sorge um ihre Privilegien sie zu dem Brief bewogen hat. Aber wenn man ihn genau liest, ist ein gewisser Stolz darauf, die Geliebte »Eurer Königlichen Majestät« gewesen zu sein, nicht zu verkennen.

Margarethe Slots blieb bis zu ihrem Tod dem reformierten Bekenntnis ihres Vaters treu. Mit ihrem letzten Gatten Jakob Trello liegt sie in der kleinen Kirche von Vada nördlich Stockholm begraben. Das bescheidene Grabmal ist ihre letzte Spur. Es trägt die Jahreszahl 1669. Der Skandal lag damals mehr als 50 Jahre zurück.

Es war ein Skandal, und der streitbare Hofprediger Johannes Rudbeckius, der im Feldlager »weder Regen und Schlackerwetter« noch »Schnee und Schneegestöber« scheute, sorgte dafür, daß er nicht beiseite gewischt wurde. Er hatte schon vorher, während der König seine verbotenen Wege ging, in seinen Predigten (die erhalten geblieben sind) deutliche Töne angeschlagen: Wer regiere, trage besondere Verantwortung, seine Sünden fielen auf Land und Reich zurück. Und das Amt des Predigers sei es, ohne Ansehen der Person die Sünde zu strafen, wie es die Propheten getan hatten. Als offenbar schon alle Welt wußte, was es mit dem König und der hübschen Margarethe auf sich hatte, wurde Rudbeckius noch deutlicher. Er bevorzugte bei seinen Predigten die beziehungsreiche Auslegung von Texten aus dem Buch Samuel, wobei er an das Sprichwort erinnerte: »Gesetz und Ordnung sind gleich einem Spinngewebe, darin kleine Fliegen sich wohl fangen; die großen Bremsen aber brechen durch.«

Der König – das wagt der unerschrockene Prediger ihm ins Gesicht zu sagen wie Nathan dem König David – ist an Gesetz und Ordnung gebunden; er hat keinen Vorrang, sie zu brechen. Ehebruch konnte in Schweden mit dem Tode bestraft werden. Zwar war eben in diesem Sommer 1615 dem *Svea hovrätt* gestattet worden, Verstöße gegen das sechste Gebot milder zu behandeln, noch war das aber nicht im ganzen Lande Rechtsbrauch. Vor dem Gesetz war der König schuldig, er konnte nur noch auf Gnade hoffen.

Gustav Adolf scheint sich nicht auf einmal gebeugt zu haben. Noch zwei Jahre später, am 20. Juni 1617, hielt Rudbeckius anläßlich eines allgemeinen Buß- und Bettages es für notwendig, seinem König ins Gewissen zu reden, unter vier Augen diesmal; doch ist seine Mahnung schriftlich überliefert worden. Der Prediger wies auf das schlechte Beispiel hin, das der König seinen Untertanen gegeben hatte. Er habe seinen Namen »durch keinen geringen Makel befleckt«. Jetzt sei es an der Zeit, zum Vorbild zu werden. Dazu gehöre auch ein »christlicher und löblicher Ehestand«. Rudbeckius will nicht weniger – das hebt sich scharf von der Nachsicht ab, mit der damals sonst Fürsten und Herren beurteilt wurden – als die bedingungslose Anwendung der Lehre auf das Leben, gerade bei dem König.

Im Lager von Pskow mischten sich die privaten Neigungen des Königs mit seinen täglichen Pflichten als Kriegsherr, mit dem »Kriegsgetümmel«, von dem Rudbeckius berichtet: Trommelschlag und Schießen, Pferdegetrappel und Alarmblasen mitten in einer Predigt oder während ihrer Vorbereitung. Der Angriff auf die Festung mißriet. Evert Horn fiel bei einem Zufallsgefecht. Als die schwedischen Kanonen endlich zwei Türme und die sie verbindende Mauer niedergelegt hatten, gelang es den Verteidigern, die Bresche durch einen neuen Wall zu schließen. Krankheiten dezimierten die Mannschaften, die wachsende Kälte machte ihnen zu schaffen. Der König sah ein, daß er für dieses Jahr den Kampf abbrechen mußte, und wie um seinen Entschluß zu bekräftigen, jagte ein Glückstreffer der russischen Kanonen ein schwedisches Pulvermagazin in die Luft. Eines der letzten Opfer dieses Herbstes dürfte Andries Sersanders gewesen sein. Am 17. Oktober gab Gustav Adolf die Belagerung auf, nicht ohne Merrick zu signalisieren, dies sei als Zeichen seiner ernsten Verhandlungsbereitschaft zu verstehen.

Er überließ das Kommando seinem Halbbruder Gyllenhielm, auch er die Frucht eines fürstlichen Fehltritts, und schickte Jakob de la Gardie, unterstützt von Henrik Horn, zu den Verhandlungen in den Bojarenhof Diderina. Er selbst reiste nach Finnland und blieb dort den ganzen Winter.

Gedichte des Königs

Während der König in der Nähe seiner Verhandlungsdelegation sich um einen Überblick über die Lage bemühte, suchte sein unruhiges Herz weiter nach Trost – allein mit den Mahnungen seines Hofpredigers ließ es sich offenbar nicht stillen.

Gustav Adolf gilt nach zeitgenössischen Quellen als der Verfasser zweier Liebesgedichte, die wohl zu jener Zeit entstanden sind; die Wahrscheinlichkeit spricht für ihre Authentizität. Eines davon, in deutscher Sprache, ist ein Akrostichon, ein Gedicht, dessen Anfangsbuchstaben nach barokker Manier einen Namen ergeben: Christina Flemingh. Ein Mädchen dieses Namens, Tochter eines finnischen Adelsherrn, hat es gegeben, doch ist nicht allzuviel über sie bekannt. Die folgenden Strophen aus dem langen Gedicht – in modernisierter Schreibweise wiedergegeben – zeigen, daß der Verfasser ernsthaft verliebt gewesen sein muß.

Fahr hin, Hoffnung, was willst du nun
Mich länger jetzt aufhalten,
Und willst mich tun, die Zeit so schön,
Vergeblich hier vorwalten,
In Liebe nur um ein Mägdlein hart,
Welchs an mein Schmerz Gefallen hat.
Nein, ich will lieber scheiden.

Mein Sorg und Plag, mein Schmerz und Klag
Könnt ihr, o Götter, wohl sehen.
Macht, daß ich mag leben den Tag,
Daß Cupido mich ziehen
In ihr kaltes und hartes Herz,
Welchs wird ihn beiden geben Schmerz,
Und mich mein Trauren stillen.

Habt solchs in acht und es betracht,
Solang es ist zu ändern.
Zu spät der klagt, und des nachjagt,
So nicht mehr ist zu finden.
Genieß derhalben, weil du kannst,
Sonst ist es danach ganz umsonst,
Ohn Hilf wird sein dein Leiden.

Ob der König diese Aufforderung, die Liebe zu genießen, »weil du kannst«, selbst befolgt hat oder ob sie mehr rhetorisch gemeint war – das muß dahingestellt bleiben. Zu denken gibt die schon erwähnte Stelle in den Memoiren seiner Tochter Christina über die Schwäche Gustav Adolfs für Frauen. Da ihr, die den Vater mit sechs Jahren verlor, das nur berichtet worden sein kann, ist zu vermuten, daß darüber geschwatzt wurde. Andererseits klingt alles, was später, nach seiner Verheiratung, über seine Beziehungen zu anderen Frauen berichtet wird, recht harmlos: Er tanzte sehr gerne und liebte es, zu Bällen einzuladen und auf ihnen zu erscheinen, wobei er – wie in Frankfurt – bei Damenmangel dafür sorgte, daß genug Frauen herbeigeholt wurden. In Augsburg muß ihm ein Mädchen besonders gefallen haben, denn mit dieser Jacobina Lauber, der »schönsten Jungfrau« auf einem Ball am 30. Mai 1632, hat er nicht nur »öfters getanzt«, sondern sich auch sonst um sie bemüht, und als sie ihm in der Abwehr den spitzenbesetzten Halskragen zerriß, schenkte er ihr diesen Kragen »nebst vielen Pretiosen« zum Andenken, »weil sie sich, als der König sie gnädigst liebkosete, aus Schamhaftigkeit in etwas geweigert, mithin mit ihren Fingern die am Kragen befindlichen Löcher gerissen habe«. So hat es ihre Familie, die den Kragen ehrfürchtig aufbewahrte, schriftlich festgehalten. Die Überlieferung deutet nichts an, was auf eine Parallele zu dem Verhältnis von Karl V. zu Barbara Blomberg in Regensburg schließen lassen könnte. Zu den Mutmaßungen, auf die man bei so spärlichen Berichten angewiesen ist, könnte gehören, daß Gustav Adolf nach dem Debakel seiner Liebe zu Ebba Brahe sich nach und nach damit abgefunden hat, daß Frauen in seinem Leben eine untergeordnete Rolle zu spielen hatten, und diese Mutmaßung gewinnt an Wahrscheinlichkeit durch die Beherrschtheit, mit der sich der König später in seine schwierige Ehe schickte, über die noch einiges zu sagen sein wird.

In dem Gedicht an Christina Flemingh hat er nach dem Muster seiner Zeit Venus gehuldigt. Aber zur gleichen Zeit verehrte er eine andere Göttin: die Ehre, und diese scheint Venus weit den Rang abgelaufen zu haben.

Am 16. Januar 1616, also in demselben finnischen Winter, schrieb Gustav Adolf auf dem Hof Kymmenegård ein schwedisches Gedicht, in dem er der Tugend huldigte, einer Tugend, die »hoch zu Ehren« führt, der *virtus* der Lateiner, die Tüchtigkeit, Vollkommenheit, Tapferkeit zusammenfaßt. Diese Tugend will er sich zum Begleiter wählen, und er weiß warum:

Dereinst belohnt die Tugend dich,
Wenn du zu Staub geworden,
Mit hohem Ruhme ewiglich,
Wie dir verheißen worden.

Zu dem Ruhm seiner Vorfahren hat er sich schon bei Antritt seiner Regierung bekannt, und die Hoffnung auf »Lob und Preis« und rühmende Nachrede – so bei seiner Krönung – kehrt bei ihm immer wieder, allerdings bei scharfer Zurückweisung des »eitlen Ruhms«.

In den ersten Jahren seiner Herrschaft muß einer der Grundströme dieses aus der Fülle lebenden Menschen andere Strömungen in sich aufgenommen und die künftige Richtung seines Lebens bestimmt haben. Der Drang nach oben, nach »hohem Ruhm« hat vieles verdeckt, was in ihm weiterlebte und nur gelegentlich zutage trat.

In einem der frühesten Portraits des Königs, einem Kupferstich von V. S. Trautmann aus dem Jahre 1616, glaubt man die Spuren der inneren Auseinandersetzungen zu erkennen, die zu dieser Zielsetzung geführt haben.

Gustav Adolf.
Kupferstich von V.S. Trautmann, 1616

Das Oval, in das das Gesicht des jungen Königs gefaßt ist, wird von einem Wirbel durchflossen, der sich auf dem Gesicht, auf Stirn und Wangen verdichtet, und die Augen in der Mitte dieses Wirbels sind weit aufgerissen, als wollten sie die Welt in sich aufsaugen, seltsam kontrastiert von einem kleinen, eher unsicheren Mund. Mit sich selbst im reinen ist dieser Mann nicht, der von vier geflügelten Genien umgeben ist, die ihm Zepter und Schwert, den Reichsapfel und die Friedenspalme anbieten. Das Bild steht in einem seltsamen Gegensatz zu dem jungen König auf einem aus Dresden stammenden Gemälde, auf dem ihm mit dem Bart auch das Selbstbewußtsein gewachsen zu sein scheint. Die glättende Wirkung des Ölbildes gegenüber dem Kupferstich, die Illumination durch Prunkharnisch und einen überdimensionalen, erlesenen Spitzenkragen reichen nicht aus, um den Unterschied zu erklären. Auch kann, abgesehen vom Kostüm, von einer Schmeichelei des Malers kaum die Rede sein, nein, auch dieses Portrait wirkt sehr ehrlich; die Ähnlichkeit der beiden Gesichter mit der gleichen Stellung der Augen, dem gleichen Schwung der Augenbrauen, der gleichen gebogenen Nase macht den Abstand nur noch deutlicher: Man hat das Gefühl, der König sei aus sich selbst hervorgetreten – in der Erscheinung, zu der er sich öffentlich bekennen wollte.

Die verschiedenen Gesichter des jungen Königs mögen lange nebeneinander existiert haben, bevor sie sich scheinbar voneinander lösten. Verschwunden ist der zurückgedrängte Doppelgänger des Königs nie. Noch im letzten Portrait des Königs, einer Bleistiftzeichnung, die ein Antlitz von herrscherlicher Würde zeigt, sind die Augen voller Fragen, und der Mund, dem nachgesagt wurde, daß er immer lache, ist verschlossen. Gustav Adolf blieb zeit seines Lebens von Zweifeln heimgesucht, und trotzdem erschien er den Zeitgenossen meist »stets so *allegro* und *courageux* als wenn er aller Sorgen frei wäre«.

Die Drohung aus Polen

Als der König, im Januar 1616, sich den finnischen Ständen bei einer Versammlung in Helsingfors stellte, zeigte er sich in der Tat *allegro* und *courageux*. Die Ansprache, im Wortlaut schriftlich überliefert, erweist ihn als brillanten Redner und als tendenziösen Interpreten der Geschichte.

Sein historischer Rückblick setzt ein mit den Kabalen Sigismunds, »euch von der wahren und reinen Lehre der Apostel zu entfernen«. Den Ränken Sigismunds stellt er die Hochherzigkeit seines Vaters und der schwedischen Stände gegenüber: »Sie erklärten sich sogar zu wiederholten Malen bereit, seinen Sohn als König anzuerkennen, wenn er erlaubte, daß er in den Sitten und der Religion des Landes erzogen werden würde. Allein, anstatt mit Dank auf diese Anerbietung zu antworten, fuhr er fort, sein Vaterland als ein feindliches Land zu bekriegen.«

Gustav Adolf mahnt seine finnischen Untertanen, vor den Verführungskünsten seines in Polen regierenden Vetters auf der Hut zu sein, und um zu beweisen, daß »unter dieser Gleisnerei die Schlange verborgen liegt«, skizziert er mit kraftvollen Strichen, wie durch »einen entlaufenen Mönch von niederer Geburt . . . den Sigismund für den Bruder des verstorbenen Zaren ausgeben lassen wollte«, Polen sich in die russischen Wirren einmischte. Dahinter, das hielt Gustav Adolf für erwiesen, steckte natürlich die Absicht, mit den vereinten Kräften der Russen und Polen über Schweden herzufallen. »Es schien, menschlich davon zu reden, unmöglich, ihnen Widerstand zu tun, hätte nicht der Allmächtige ihre bösen Anschläge vereitelt.« Gott erweckte nämlich den Fürsten Schuiski. »Nunmehr hörte die Freundschaft zwischen den Russen und Polen auf, und an ihre Stelle trat Haß, Rache und ein offener Krieg, der zum Wohl Schwedens vieles beitrug.«

Daraufhin war es selbstverständlich, daß Jakob de la Gardie sich den Bitten der Russen nicht verschloß, sondern zu ihrer Hilfe herbeieilte. Aber Undank ist der Welt Lohn: Vom Glück verblendet, »vergaßen die Russen bald alle dem verstorbenen König [Karl IX.] gemachten Versprechungen, und anstatt einen seiner Söhne auf den Thron zu erheben, erwählten sie vielmehr einen anderen zum Zaren, überfielen unsere Leute unvermutet zu Tichwin und Gdow . . . und metzelten sie auf die grausamste Art nieder«. Die Friedensbereitschaft der Schweden sahen sie »als eine Wirkung der Furcht« an. Sie wurden aber bald aus diesem Irrtum gerissen. Deshalb seien jetzt neue Friedensverhandlungen in Gang gekommen. »Die Zeit wird uns lehren, inwieweit Gott die Herzen der Russen zur Billigkeit und zum Frieden bereitmachte.« Denn den Krieg hätten weder er noch sein Vater zu verantworten; dessen »Anfang und Fortdauer« sei ausschließlich »der Untreue und Halsstarrigkeit« der Russen zuzuschreiben.

Nach dieser grandiosen Vereinfachung der Ereignisse richtete Gustav Adolf den Blick seiner Zuhörer nochmals auf Polen. Sigismund suche »durch seine Schmähschriften die Untertanen zum Aufruhr zu reizen«. Es gelte sich des Elends zu erinnern, das mit Aufruhr verknüpft sei. »Setzet eure Zusagen und eure Eide, die ihr dem verstorbenen König und mir geschworen habt, nie aus den Augen . . .«. Gustav Adolf warnte nicht ganz ohne Grund. Im vergangenen Jahr hatte er erfahren, daß Göran Posse, das Haupt der schwedischen Emigranten, einen Angriff auf Kalmar plante, und der König hatte diese Nachricht so ernst genommen, daß er in Kalmar, Norrköping und Jönköping Truppen zusammengezogen hatte. Auch 1616, nach dem Tod von Göran Posse, hielt die Drohung aus Polen an, nun unter dem Vorzeichen der Rückgewinnung Schwedens für den katholischen Glauben. Der kaiserliche Feldmarschall Michael Adolf von Altheim betrieb die Gründung eines »christlichen Militärordens«, der »Cavalieri di Jesu«, mit dem Ziel, eine Armee von 14000 Mann aufzustellen und diese von Dünkirchen aus – damals in spanischem Besitz – mit einer Invasionsflotte nach Schweden zu entsenden. Die Finanzierung sollte durch eine Anleihe bei den Fuggern erfolgen. Dänemark wurde aufgefordert, das Invasionsheer unbehelligt durch den Sund ziehen oder in Norwegen landen zu lassen. Wegen der Schwierigkeiten in den habsburgischen Erblanden löste sich der ganze Plan nach und nach in jenem Dunst phantastischer Entwürfe auf, der aus den Erhitzungen jener Epoche ständig aufstieg, trat dann aber später noch einmal hervor.

Dem schwedischen Reichsrat schien die Lage im ersten Halbjahr 1616 immerhin so bedrohlich, daß er den weiter in Finnland verweilenden König zur Heimkehr aufforderte, mit dem Hinweis »auf das gefährliche Geschrei von des Polenkönigs Ankunft nach Schweden, mit dem im verflossenen Jahr das ganze Land erfüllt worden sei und das noch täglich wachsend in allen Teilen des Landes umgehe«.

Vermutlich schlug in dieser Haltung auch die eigene Propaganda auf Schweden zurück: Man hatte den Feind zur Rechtfertigung der eigenen

Politik übergroß gemalt, seine Drohgebärden übersteigert, und nun war die polnische Gefahr tiefer in das Bewußtsein der Untertanen eingedrungen, als den Herren lieb sein konnte.

Die Polen- und Katholikenfurcht forderte 1616 ein prominentes Opfer, einen der berühmtesten Gelehrten Schwedens: Johannes Messenius. Der 1580 in Motala geborene Sohn eines Müllers war in dem Jesuitenseminar im preußischen Braunsberg erzogen worden, das begabte Schweden mit üppigen Stipendien anlockte und für die Sache der Gegenreformation einzunehmen suchte. Den Doktorgrad errang Messenius 1604 in Ingolstadt, ebenfalls einem Zentrum der Gegenreformation. Als es ihm nicht gelang, unter Sigismund die erhoffte Karriere zu machen, kehrte er 1609 nach Schweden zurück und trat in den Dienst Karls IX., der für seine Gelehrsamkeit und sein literarisches Talent Bedarf hatte. Durch seinen Diensteid bekräftigte Messenius nicht nur die Thronrechte Karls, sondern schwor auch der römischen Kirche ab. Die Wertschätzung durch den König weckte den Haß von dessen Sekretären Dr. Nils Chesnecopherus und Erik Tegel. Messenius' Karriere wurde dadurch nicht beeinträchtigt. Karl schuf für ihn einen Lehrstuhl für Politik und Recht in Uppsala, und Messenius erwies sich bald als der neue Stern der Universität, seinen Kollegen weit überlegen, von den Studenten umschwärmt, wozu neben seiner persönlichen Ausstrahlung auch die Fähigkeit, sich ins rechte Licht zu setzen, erheblich beitrug.

Dann freilich erwuchs ihm in Johannes Rudbeckius, der 1610 nach Uppsala berufen wurde, eine scharfe Konkurrenz. Die beiden Professoren waren von höchst unterschiedlicher Art – Messenius von weltläufiger Eleganz, Rudbeckius von harter Rechtschaffenheit und nüchternem gelehrten Fleiß. Sie trugen ihre Fehde nicht nur akademisch, nicht nur im Wettkampf um die Gunst der Studenten, sondern auch mit weniger feinen Mitteln aus. Rudbeckius gelang es, ein Pamphlet gegen Karl IX. auszugraben, das Messenius als Jesuitenzögling geschrieben hatte, worauf dieser in aller Öffentlichkeit erneut seinen katholischen Glauben verleugnen mußte. Die nächste Runde ging jedoch wieder an Messenius, und schließlich steigerte sich der Kampf der professoralen Streithähne zu einer solchen Schärfe, daß 1613 die ganze Universität in Aufruhr geriet. Als die Schüler von Messenius mit blankem Degen durch die Straßen zogen und Fenster zertrümmerten und Messenius seinen Widerpart sogar zum Duell forderte, mußte Gustav Adolf eingreifen. Der Versuch, die beiden Rivalen durch Gegenüberstellung vor einer Untersuchungskommission in Stockholm – präsidiert von Axel Oxenstierna – zur Vernunft zu bringen, scheiterte an deren Unbeherrschtheit. Der König entfernte darauf beide aus Uppsala: Rudbeckius wurde zu seinem Hofprediger ernannt und nach Rußland mitgenommen; Messenius wurde Hauptarchivar und bald darauf eines der ersten nichtadeligen Mitglieder des Obersten Gerichtshofes.

Das freilich war für ihn auch der Anfang vom Ende. In einem Rechtsstreit um das Vermögen seiner Frau stieß er erneut mit Chesnecopherus zusammen. Dessen alter Verbündeter Erik Tegel schlachtete die jesuitische Vergangenheit des Prozeßgegners aus, und dann, schon einmal auf der Spur, gelang es ihm, Messenius nachzuweisen, daß er gegen das Verbot, mit den Emigranten in Polen zu korrespondieren, verstoßen hatte.

Messenius verteidigte sich, er habe nur in Privatsachen geschrieben; aber es kam zutage, daß er seinen Schwager in Danzig auch gebeten hatte, sich um die Unterstützung seiner Angelegenheit durch den Erzfeind Sigismund zu bemühen; schließlich hatte er die Brüder des Klosters Oliva bei Danzig, denen er einen Austausch von Archivmaterial vorgeschlagen hatte, glauben lassen, er sei im Grund seines Herzens immer noch katholisch (was, wie sich später ergab, sogar stimmte).

Mehr förderte der Prozeß, der ihm 1616 gemacht wurde, nicht zutage; aber da Messenius vor Gericht nicht die beste Figur machte und sein geheimer Briefbote unter der Folter mehr gestand, als er wußte, brach der Verdacht, Messenius sei in eine Verschwörung verwickelt, dem Gelehrten das Genick.

Gustav Adolf scheint von seiner Schuld nicht ganz überzeugt gewesen zu sein, doch angesichts der Altheimschen Umtriebe und ähnlicher Drohungen beschränkte er sich darauf, das Todesurteil des Gerichts in lebenslänglichen Kerker umzuwandeln. Messenius verbüßte die Strafe gemeinsam mit seiner Frau, die ihn freiwillig begleitete, auf Schloß Kajaneborg im unwirtlichen Innern Österbottens, von seinen Wächtern, welche die Behörden gewähren ließen, schlecht behandelt; aber da ihm seine Bücher belassen worden waren, unermüdlich schreibend. In diesen 20 Jahren schrecklicher Einsamkeit – er wurde 1636, nicht lange vor seinem Tod, als gebrochener Mann entlassen – entstand sein Hauptwerk, die »Scondia Illustrata«, ein gewaltiges Opus von 15 Büchern, das die Geschichte Skandinaviens bis in die Gegenwart des Autors darstellt – eine der großen Leistungen der schwedischen Geschichtsschreibung.

Messenius war die menschliche Schwäche, sich in einem Konflikt nach allen Seiten abzusichern, zum Verhängnis geworden. Aber die Vollendung seines Werkes und das offene Bekenntnis zum katholischen Glauben, mit dem er starb, zeigen, daß er auf seine Art nicht nur ein Opfer, sondern auch ein Held war. Sein Schicksal ist ein bewegendes Zeugnis für den Preis, mit dem der Gang der Geschichte und der Ehrgeiz der Politiker bezahlt wird – meist nicht von den Politikern, sondern von den kleinen Leuten, zu denen nach politischen Maßstäben auch ein bedeutender Gelehrter und Schriftsteller zählt.

Der Triumph

Während Gustav Adolf sich noch um die Festigung seiner Herrschaft in Finnland mühte – er kehrte erst im Frühjahr 1616 nach Stockholm zurück – stritten sich in Diderina die Friedensunterhändler um die Formalien, offenbar ein unvermeidlicher Ritus bei der Eröffnung von Konferenzen. Es ging um Titel, um die unterschiedliche Länge der Wegstrecke der beiden Delegationen bis zum Treffpunkt und ähnliche Belange. Die grimmige Kälte, die den Vermittler Sir John Merrick mit Rheuma heimsuchte, der Mangel an Nahrung in einem derart verwüsteten Land, daß die Diplomaten mühsam von weither versorgt werden mußten, während die Pferde der Wachtposten vor Hunger einander Mähnen und Schwänze abnagten – all das mag dazu beigetragen haben, daß es lange dauerte, bis man ernsthaft zu verhandeln begann, und noch länger, bis man sich einem Ergebnis näherte. Die niederländischen Diplomaten, die sich neben Merrick als Vermittler angeboten hatten, verloren die Geduld und reisten ab.

Die Kampfhandlungen des Jahres 1616 beschränkten sich auf *Diversionen*, militärische Ablenkungsmanöver, zeitweilig von einem Waffenstillstand unterbrochen. Das Verlangen nach Frieden wurde immer drängender.

Der Reichsrat machte sich zum Sprecher dieser Friedenssehnsucht. Er empfahl dem König mehrfach, notfalls auf einen Teil der schwedischen Forderungen zu verzichten. Aber Jakob de la Gardie war vom König und vom Kanzler angewiesen, hart zu verhandeln. Man wollte die Schwäche der Russen – eine vorübergehende Minderung einer furchterregenden Kraft – nutzen, um sich für die Zukunft soweit als möglich zu sichern.

Der unkluge Entschluß des polnischen *Sejm*, den Krieg mit Rußland fortzusetzen, ließ es dem neuen Zaren, der nichts notwendiger brauchte als den Frieden, geraten erscheinen, den hohen schwedischen Forderungen zuletzt sehr weit entgegenzukommen. Am 20. November 1616 wurde unter Merricks Assistenz eine Einigung über die Hauptbedingungen des Friedensvertrages erzielt. Aber es dauerte noch viele Wochen, bis der Vertrag tatsächlich unterzeichnet wurde.

Der Friede von Stolbowa – einem Dorf südlich des Ladoga-Sees – vom 27. Februar 1617 war alles in allem ein Triumph der Schweden. Trotzdem wurde John Merrick bei seiner Rückkehr nach Moskau glänzend gefeiert, daß er endlich den Frieden mitbrachte.

Schweden zog sich aus Nowgorod, Ladoga, Starja Russa, Porchow und Gdow zurück, behielt jedoch bis zur genauen Festlegung der Grenzlinie durch eine Sonderkommission Gdow als Pfand. Iwangorod, Jama, Koporje, Nöteborg und Kexholm blieben in schwedischer Hand. Adelige, Bürger und Mönche der neuen schwedischen Gebiete in Ingermanland wur-

den nicht gezwungen zu bleiben, sie konnten sich innerhalb von vierzehn Tagen für einen Wohnsitz in Rußland entscheiden. Das schwedische Herrscherhaus verzichtete förmlich auf den Zarenthron. Die Russen gaben ihre Ansprüche auf Livland auf und zahlten eine Entschädigung von 20 000 Goldrubel. Man räumte sich gegenseitig Handelsvorteile ein, wozu auch die Unterhaltung eigener Handelshäuser gehörte, schwedischer in Nowgorod, Pskow und Moskau, russischer in Reval, Viborg und Stockholm. Polen, als der Feind beider Länder, durfte auch künftig von keinem der Vertragschließenden unterstützt werden.
Was der Friede von Stolbowa den Schweden einbrachte, hat Gustav Adolf in seinem Rechenschaftsbericht vor dem Stockholmer Reichstag im August 1617 triumphierend festgehalten: »Das war nicht die geringste Wohltat, die Gott Schweden erwiesen hat, daß der Russe, mit dem wir seit jeher in Unsicherheit und Unfrieden gelebt haben, nun für ewig seine Räuberhöhle hat räumen müssen, von wo aus er uns so oft beunruhigt hat. Er ist ein gefährlicher Nachbar, sein Gebiet erstreckt sich von der Ostsee bis ans Eismeer und ans Kaspische Meer und fast bis ans Schwarze Meer. Er hat einen mächtigen Adel, Überfluß an Bauern, volkreiche Städte und kann große Heere ins Feld stellen. Jetzt kann dieser Feind ohne unseren guten Willen nicht mit einem einzigen Boot in die Ostsee kommen. Die großen Seen, Ladoga und Peipus, die Narwa, ein dreißig Meilen breiter Sumpf und starke Festungen trennen uns von ihm. Rußland ist von der Ostsee ausgeschlossen, und ich hoffe bei Gott, daß es den Russen in Zukunft schwerfallen wird, über den Bach zu springen.«
Selbst wenn man den Überschwang des Königs angesichts seines ersten großen Erfolges abrechnet, bleibt festzustellen, daß in der Tat für fast ein Jahrhundert das Zarenreich von der Ostsee abgeschnitten war und der Finnische Meerbusen ausschließlich den Schweden gehörte. Und wie die Herrscher der Antike mit Steinmalen ihre Siege zu verewigen suchten, so ließ Gustav Adolf in der Einöde hinter der Newa-Mündung weit östlich von dem Ort, wo Peter der Große hundert Jahre später seine Hauptstadt Petersburg in den Sumpfboden rammen ließ, einen Gedenkstein errichten, der neben den drei Kronen Schwedens die Inschrift trug:

Huc regni posuit fines Gustavus Adolphus
Rex Sveonum, fausto Numine volent opus.

Hier setzte die Grenze Gustavus Adolphus
König der Schweden. Schenke der Himmel dem Werke Dauer.

Die Krönung

Ja, daß auch Seiner Königlichen Majestät sehr nachdenkliche Rede möchte erfüllet werden, darin sie, bei geschehener Anbietung der Kron, so gar heroisch resolvieret, *sie wollten nämlich dieselbige Kron nicht eher lassen auf Ihro Haupt setzen, bis sie, durch Gottes Hilfe, die Grenzen ihres Vaterlandes aus der Feinde Hand gerissen und wiederum frei gemacht.*

Johannes Fabricius in einem *Curriculum Vitae* des Königs

DER KÖNIG HATTE DIE FEIERLICHE WEIHE seiner Herrschaft aus zwei Gründen immer wieder verschoben: Er wollte die Sicherheit seines Reiches befestigt sehen, und er scheute die Ausgaben für das Fest, das er samt seinen Untertanen nicht weniger prachtvoll zelebrieren mochte als seine Vorgänger und die Potentaten anderer Länder. Auf dem Reichstag von Örebro zu Beginn des Jahres 1617 hatten ihm die auf die Krönung drängenden Stände finanzielle Hilfe zugesagt: Trotz der Belastung durch die Sondersteuer für Älvsborg wollten sie einen Krönungstribut aufbringen, wie er auch bei seinem Vater erhoben worden war.

Bei dessen Krönung hatte der dreizehnjährige Erbprinz die Insignien des neu gestifteten Jehova-Ordens getragen, eine von Bergkristallen und Almandinen funkelnde Goldkette. Jetzt, am 12. Oktober 1617, sollte er nach hergebrachter Ordnung in Uppsala die Würdezeichen der Könige von Schweden empfangen. Die Ordnung und die Kleinodien stammten im wesentlichen von Erik XIV. Uppsala war jedoch schon lange zuvor Krönungsstadt gewesen, und in ihrer Nähe, am Mora-Stein, wurde seit ältester Zeit den schwedischen Königen gehuldigt.

Gustav Adolf – 23 Jahre alt, groß gewachsen, mit kühnem Gesichtsschnitt, der durch das Zurückwerfen des Kopfes noch betont wurde, alles in allem eine blendende, noch nicht durch Korpulenz beeinträchtigte Erscheinung – war mit großem Gefolge von Stockholm nach Uppsala aufgebrochen, wo man ein üppiges Fest vorbereitet hatte, mit gewaltigen Mengen von Speisen und Getränken, für deren Zubereitung und Verzehr man Küchengerät und Geschirr aus vielen Adelshäusern zusammengetragen hatte, dazu noch Holzgeschirr aus Finnland.

Um sieben Uhr morgens sammelte sich der Adel im Schloß über der Stadt, während die Vertreter der anderen Stände ihre Plätze im Dom einnahmen. Der König, in einem Gewand aus weißer Seide mit silbernen Rankenornamenten, wurde unter dem Schall von Trompeten und Heerpauken in feierlichem Zug durch ein Spalier von Rittern zur Kirche geleitet. Ihm voran trugen die angesehensten Adelsherren Schwedens die Reichskleinodien: unmittelbar vor dem König die Krone mit dem leuchtenden Rubin an der Stirnseite, dann das entblößte Reichsschwert, das Zepter mit dem perlengefaßten großen runden Saphir in der Spitze, den Reichsapfel mit dem eingravierten Kartenbild des Globus, den fast einen halben Meter langen Reichsschlüssel und das zierliche Salbhorn.

Am Portal begrüßte der Bischof von Linköping, umgeben von den übrigen Bischöfen, den König mit dem Segensgruß: »Gelobt sei, der da kommt im Namen des Herren!« Die Insignien wurden auf den Altar gelegt, der König und sein Gefolge nahmen ihre Plätze ein, die Festmusik rauschte auf. Nach der Predigt des Erzbischofs, dem Gesang des Glaubensbekenntnisses und der Lesung der Liturgie kniete Gustav Adolf am Altar nieder. Dort wurde er an Stirn und Handgelenken mit dem Öl aus dem Salbhorn bestrichen und mit einem weißen Leibrock und den Krönungshandschuhen angetan. Der Kanzler sprach den Königseid vor, und nachdem der König seinen Schwur abgelegt hatte, schritt er, den Krönungsmantel aus purpurviolettem Samt umgelegt, zu dem erhöht aufgestellten Thron. Der Erzbischof setzte ihm mit einem Segensspruch die Krone auf das Haupt und übergab ihm dann die anderen Insignien.

Auf dem Thron sitzend, das Zepter in der Rechten, den kleinen goldenen Globus in der Linken, vor sich, an das Knie gelehnt, das Schwert, umhüllt von dem über die Stufen hinabfließenden Mantel mit den in Gold aufgestickten 429 Kronen, hat ihn ein Kupferstich festgehalten, mit gesammeltem Gesicht, das der Würde des Augenblicks entspricht.

»Nun ist der Großmächtige Hochgeborene Fürst und Herr, Herr Gustav II. Adolf gesalbt und zum König Schwedens berufen«, verkündete dreimal nacheinander der Herold, und die Gemeinde antwortete: »Gott gebe unserem König Glück und Seligkeit, ihm sei Glück und langdauernde Regierung beschieden!« Trompeten schmetterten, die Geschütze schossen Salut, und vor dem Thron erschienen zuerst die Erbfürsten, dann der Reichsrat, um zu huldigen und ihre Rechte bestätigt zu bekommen.

Und wieder zog man durch die Stadt, hinauf zum Schloß, wo Festbankette, Turniere, Tanz und Lustbarkeiten sich tage- und nächtelang ablösten. Den anwesenden Bauern, obwohl sie sicher kräftig mithielten, schien, im Vergleich zu ihrem kargen Leben daheim, die prunkvolle Selbstdarstellung des Königtums doch zuviel des Guten; später mußte sich der Reichsrat mit dem Unmut über solche Verschwendung befassen.

Zwei der Turnierrüstungen zu den Krönungsfestlichkeiten sind erhalten geblieben. Eine soll Karl Philipp getragen haben, ein prächtiges Stück schwedischer Schmiedekunst, in Holland vergoldet; und auch das Pferd war mit einer auf die Tunika des Reiters abgestimmten goldbestickten schwarzen Samtdecke auf das schönste herausgeputzt. Ähnlich ausstaffiert mag Gustav Adolf zum Turnier geritten sein, wobei er sich als Berik ausgab, als jenen sagenhaften Gotenkönig, von dem die Historia des Johannes Magnus zu berichten weiß, er sei als erster Herrscher der von ihm geeinten Svear und Göthar übers Meer gezogen, habe Pommern, Mecklenburg und Polen erobert und schließlich sogar Spanien erreicht.

Daß Gustav Adolf gerade diese Maske wählte, ist aufschlußreich. Zweimal war er schon übers Meer zu Felde gezogen, und seine Reden auf den Reichstagen von 1617 ließen ahnen, daß er es damit nicht bewenden lassen würde.

Anfang November 1616 hatte der König, wieder einmal unterwegs, vom Schloß Kalmar aus die Stände zum 5. Januar des neuen Jahres nach Örebro einbrufen. Der Termin konnte nicht eingehalten werden. Gustav Adolf mußte sich zuerst um Bauernunruhen kümmern, die das nördliche Småland erschütterten. Begonnen hatten sie im Frühjahr 1616 auf dem Gerichtstag von Västbo, wo der Vogt sich bei den Bauern so verhaßt gemacht hatte, daß sie, als er sich selbst vor der Rechenschaft drückte, seinen Schreiber vor den Augen des in einer Scheune amtierenden Richters umbrachten, unter dessen Tisch der Unglückliche Zuflucht gesucht hatte. Der König bestellte die Rädelsführer nach Jönköping und befahl den Vertretern der Bauern aus ganz Småland an der Gerichtssitzung teilzunehmen.

Gustav Adolf sprach ein hartes Urteil: Über die Aufwiegler wurde der Tod durch Rädern verhängt, alle Männer des Gaues mußten eine Geldbuße entrichten. Aber auch der Vogt, der sich dem Volkszorn entzogen hatte, entging der Strafe nicht: Seine Pflichtverletzungen brachten ihm ebenfalls den Tod.

Nachdem er so den Rechtsfrieden wiederhergestellt hatte, traf der König am 18. Januar 1617 in Örebro ein, wo ihn Karl Philipp schon erwartete. Herzog Johan war wegen Krankheit noch nicht anwesend, aber auch die Vertreter der Stände waren noch nicht vollzählig versammelt, das »böse Wetter« hatte ihr Erscheinen verzögert. In der Regel nahmen rund 500 Männer am Reichstag teil; etwa ein Drittel stellte der Adel, 40 Prozent die Bauern, der Rest setzte sich zu fast gleichen Teilen aus Geistlichen und Bürgern zusammen.

Bei der feierlichen Eröffnung am 28. Januar entfaltete der König mehr als eine Stunde lang seine ganze Beredsamkeit, um den Abscheu seiner Zuhörer gegen die Infamie des polnischen Königs anzufachen, die er mit den verderblichen Ränken der Jesuiten in einem Atemzug nannte:

»Jene Religion – wenn ich sie so nennen darf – ist nicht nur in sich selbst Abgötterei, menschliche Erfindung und Erdichtung, im Widerspruch zum Wort Gottes, der Heiligen Schrift, in welcher der Weg zur Seligkeit geschrieben steht, sondern sie weist auch jenes überaus verderbliche Hauptstück auf: *haeriticis non est servanda fides* – Ketzern, wie sie uns nennen, soll man kein Versprechen halten. Und König Sigismund hat mit fast allen seinen Handlungen genugsam bewiesen, daß er gut gelernt hat, diese papistischen Schliche gegen uns und andere anzuwenden.« Als Beweise für Sigismunds Gelehrigkeit führte Gustav Adolf dann Beispiele aus der jüngsten schwedischen Geschichte an, insbesondere Sigismunds Verhalten gegen Karl IX., »seinen eigenen Vaterbruder«, und richtete dann den Blick auf die Untaten der Jesuiten in anderen Ländern, wobei er unterstellte (was damals weithin geglaubt wurde), Philipp II. von Spanien habe den Infanten Don Carlos wegen dessen heimlicher Neigung zum Protestantismus beseitigen lassen: »Mit ihrer Inquisition haben diese Leute weder Hoch noch Niedrig, weder Weib noch Mann verschont. Ihre Verbrennungen in Spanien sind gräßlich gewesen. Bei ihren Mordtaten dort haben sie selbst König Philipps des Zweiten eigenen Sohn, den Herzog Karl, nicht geschont, der wegen des bloßen Verdachts, er sei unseres Glaubens, umgebracht wurde ... Der heilige Mord – wie ihn die Papisten nennen –, den die Ratgeber des polnischen Königs in Paris in Frankreich anstifteten und dann in die meisten Teile des Königreiches trugen, lehrt uns, wie tyrannisch die Jesuiten und jene Könige, die auf ihren Rat hören, gegen unsere Religion verfahren ... Denn dort in Polen ... haben sie unseren Religionsverwandten Böses genug angetan, dort wird eine evangelische Kirche nach der anderen in Brand gesteckt; ihre Zusammenkünfte, um eine Predigt zu hören, erfolgen unter den größten Gefahren, obwohl nach Landes Brauch und Gesetz und nach des Königs eigenem Versprechen die Freiheit der Religion anerkannt und gewährleistet ist.«

Solche Töne klingen uns heute allzu schrill. Ersetzt man jedoch das Vokabular konfessioneller Gegensätze durch die Begriffe der ideologischen Auseinandersetzungen unserer Zeit, so wirkt alles recht vertraut. Und ebenso vertraut sind auch die Schlußfolgerungen: Gustav Adolf appellierte wie die Wortführer des Kalten Krieges an sein Volk, wachsam zu sein, die Gefahr einer Aggression abzuwehren und vor allem einig zu bleiben – an der Einigkeit sei noch jeder Feind zerschellt.

Dementsprechend fiel auch einer der Hauptbeschlüsse des Reichstages aus, das Statut von Örebro, das die Treue zum schwedischen Reich und den Kampf gegen die »Teufelspartei der Jesuiten« als ein und dasselbe deklarierte: »Ein jeder, der nach diesem Tag ... von unserem rechten christlichen Glauben und der Lehre des Evangeliums, das durch Gottes Gnade jetzt in unserem Vaterlande leuchtet, zur päpstlichen Lehre abfällt, der soll weder Haus noch Heim, noch Erbe, noch irgendwelches Recht innerhalb Schwedens genießen . . . und geächtet sein in ganz Schweden.« Agenten, die zu »jesuitischer und papistischer Lehre« verführen wollen, wird der Tod angedroht. Jede Verbindung, sei es durch Brief, sei es durch Boten, nach Polen gilt als Reichsverrat.

Die Annahme des Statuts wurde durch einen Bericht über Sigismunds Aktivitäten in Schweden unterstützt. Er hatte sich durch einen zum Katholizismus konvertierten Schüler von Messenius, Henrik Hammerus, mit Briefen (einer im Heft eines Messers versteckt) an Herzog Johan gewandt, um ihn auf seine Seite zu ziehen, jedoch hatte dieser – dem Gustav Adolf nicht voll vertraute – es für klüger gehalten, den Boten und die Briefe dem König auszuliefern. Nun wurden die Botschaften aus Polen vor der Reichsversammlung geöffnet und vorgelesen. Herzog Johan, inzwischen eingetroffen, benutzte den Anlaß, um ein feierliches Treuegelöbnis abzulegen.

Das Statut von Örebro hatte trotz der religiösen Einfärbung im wesentlichen politische Ziele: nicht die Verfolgung der Katholiken als solche, sondern als Landesfeinde. Dem entsprach, daß es nur gelten sollte, bis der Streit mit Sigismund endgültig beigelegt war und daß Ausländer auch als Katholiken dem schwedischen Reich als Kaufleute oder Soldaten dienen konnten. Dennoch forderte es unschuldige Opfer. Die drei Männer, die 1624 in Befolgung des Statuts hingerichtet wurden – ein Angestellter der Reichskanzlei, ein Bürgermeister und der Rektor einer Schule –, waren wohl heimliche Katholiken, aber ihre Teilnahme an einer Verschwörung blieb ein bloßer Verdacht. Bei der Vermengung von Ideologie und Politik wird leicht auch die Gesinnung bestraft, der keine Tat nachzuweisen ist.

Gustav Adolf ließ in Örebro keinen Zweifel daran, daß er dem Frieden mit Polen, genauer gesagt dem Waffenstillstand nicht traute. Der alte Vertrag war im September 1616 ausgelaufen. Während der König über einen neuen Vertrag auf möglichst sicherer Grundlage verhandeln ließ, traf er alle Vorbereitungen, um im Falle des Scheiterns die Gunst der Stunde nutzen zu können.

Noch waren Polens Kräfte in Rußland gebunden, hauptsächlich im Kampf um Smolensk. Livland und Kurland waren von Truppen fast entblößt. In Kurland, einem polnischen Lehen, boten die Streitigkeiten zwischen dem selbstherrlichen deutschen Adel des Landes und den Söhnen und Erben des letzten Großmeisters des Schwertritterordens einen Anlaß zum Eingreifen, insbesondere als der eine der beiden Söhne, Herzog Wilhelm, nach Schweden floh. Ihm folgte das Angebot eines der kurländischen Feudalherren, Volmar von Fahrensbach, den Schweden Dünamünde auszuliefern und eine schwedische Streitmacht, die zur Wiederherstellung der Rechte Herzog Wilhelms auftreten sollte, zu unterstützen. Dafür hoffte Fahrensbach Gouverneur von Livland zu werden.

Fahrensbach war ein unsicherer Bundesgenosse, ein Abenteurer, ein Condottiere, der stets in Schulden steckte und leicht die Fahne wechselte, obendrein noch katholisch. Dem Kanzler Oxenstierna wäre ein ordentlicher Waffenstillstand lieber gewesen als ein so unordentlicher Handlanger, zu dessen Fähigkeiten sein späterer Dienstherr Wallenstein bemerkte: »Der Fahrensbach ist gut zu einer *desperierten diversion* oder *impresa*.« Trotzdem waren schon im Dezember 1616, also kurz vor dem Reichstag in Örebro, mit Fahrensbach Vereinbarungen und entsprechende Vorbereitungen für den Fall des Abbruchs der Waffenstillstandsverhandlungen getroffen worden. So konnten schon am 6. Juni 1617, nur wenige Tage nach dem Scheitern der Gespräche im livländischen Weißenstein, die ersten schwedischen Truppen bei Dünamünde landen.

Von Anfang an war klar, daß die Operation begrenzten Zielen dienen sollte. Die Truppen, denen Fahrensbach die Tore von Dünamünde öffnete, beliefen sich auf ganze 400 Mann, und als schließlich die Verstärkungen unter Nils Stiernsköld, einem wackeren, aber mißmutigen Offizier von geringer Entschlußkraft, eintrafen, kommandierte dieser nicht mehr als 2000 Mann; es fehlte ihm an Kavallerie und an Flottenunterstützung.

Der König scheint, in richtiger Einschätzung seiner damaligen Kräfte, bei diesem Unternehmen auf Zeit gespielt und einen Krieg der Stellvertreter inszeniert zu haben. Falls Fahrensbach Erfolg hatte – um so besser. Falls dieser wenig oder nichts erreichte, war es vorteilhaft, sich mit ihm nicht allzu nahe eingelassen zu haben.

Die schwedische Hauptmacht nahm am 23. Juli eine Schanze vor Riga, und einem entschlossenen, seiner Fortüne vertrauenden Heerführer wäre es vielleicht gelungen, mit einem schnellen Zugriff die Stadt zu erobern. Der brave Stiernsköld war zu einem solchen Risiko nicht bereit; er zögerte überhaupt, weiter vorzugehen, sei es nach Kurland, sei es nach Livland, die beide offenlagen. Noch waren keine nennenswerten polnische Kräfte im Anmarsch. Der für die Verteidigung zuständige Fürst Christoph Radziwill – den Gustav Adolf als Calvinisten und litauischen Patrioten gerne Sigismund abspenstig gemacht hätte – war noch dabei, mühsam ein Heer zu sammeln.

Zu Stiernskölds Zögern mag sein Mißtrauen gegen Fahrensbach beigetragen haben, obwohl dieser inzwischen auch Windau, Goldingen und Treiden in Besitz genommen hatte. Schließlich ließ sich der schwedische Heerführer aber doch überreden, gegen Pernau vorzurücken. Die Stadt kapitulierte, dank der Artillerie der Schweden und ihrer der Besatzung überlegenen Zahl, am 8. August.

Pernau blieb der einzige dauerhafte Gewinn der Schweden in diesem Sommerfeldzug. Mit dem Anrücken der endlich versammelten Radziwillschen Armee, gewannen die Bürger von Riga so viel Selbstvertrauen, daß sie Anfang September die Schanze zurückeroberten. Kurz darauf hielt es Fahrensbach für geraten, erneut die Seite zu wechseln. Am 15. September übergab er Goldingen dem Fürsten, zehn Tage später wollte er von Gustav Adolf nichts mehr wissen, und noch ehe dieser sich in Uppsala krönen ließ, benahm sich der Renegat wieder als treuer Diener der polnischen Krone.

Es war nicht das letzte Mal, daß der Condottiere seinen Mantel nach dem Wind hängte. Er knüpfte in Wallensteinischen Diensten wieder Verbindungen mit Gustav Adolf an, unternahm in dessen Auftrag diplomatische Missionen, betrog ihn erneut und endete schließlich, des Verrats an der kaiserlichen Sache überführt, in Regensburg bei der Flucht vom Schafott unter den Waffen der Wachen. Eine Begnadigung durch den Kaiser erreichte den Richtplatz zu spät.

Gustav Adolf setzte im Jahr 1618 das kurländische Unternehmen zwar noch zögernd fort, war aber gerne bereit, im Juni einer Waffenruhe zuzustimmen, die nach ausgedehnten Verhandlungen am 28. November in den Vertrag von Tolsburg mündete, der einen Waffenstillstand von zwei Jahren und stillschweigender Verlängerung vorsah, falls nicht eine der beiden Parteien ihn ein Vierteljahr vorher aufkündigte. Sowohl Schweden wie Polen hofften von der gewonnenen Zeit zu profitieren; beide waren zwar nicht friedensbereit, wenigstens nicht unter den von der Gegenseite angebotenen Bedingungen, benötigten aber für die erwartete Auseinandersetzung weiterhin Erholung und gründliche Vorbereitung.

Als Anfang 1619 Polen auch mit Rußland einen Vertrag schloß, der den Verzicht von Sigismunds Sohn Wladislaw auf den Zarenthron besiegelte, Polen jedoch Smolensk, Dorogobusch und einige andere weißrussische Städte überließ, war dies trotz der Entlastung für Polen auch für Gustav Adolf eher eine Erleichterung. Er mußte nicht mehr mit einem Einfall der Polen über russisches Gebiet nach Finnland rechnen. Außerdem wurde Polen im Südosten von den Türken bedrängt, und auch die revolutionäre Entwicklung in Böhmen zwang Sigismund, sich Schweden gegenüber zurückzuhalten.

So begann trotz des kurländischen Abenteuers mit dem Jahr 1617 für Schweden eine Periode des Friedens, und dies entsprach sicher dem Wunsch der Ständevertreter, die dem König einige Tage nach der Krönungsfeier in Uppsala huldigten. Sie hofften auf eine Verringerung der dem Volk auferlegten Lasten, insbesondere für die Zeit, wenn die Pfandsumme für Älvsborg aufgebracht sein würde.

In der Hauptsache wurde diese Pfandsumme jedoch nicht mit den Leistungen der schwedischen Steuerzahler beglichen. Das hatte mehrere Gründe. Der eine war, daß die Zahlung ausdrücklich in Reichstalern vereinbart war, einer in Schweden schwer aufzutreibenden Münzsorte.

Noch mehr fiel ins Gewicht, daß die opfermütig beschlossene Sondersteuer, als sie dann eingezogen werden sollte, vielfach umgangen und daß die vorgesehene säuberliche Trennung zwischen Sonderabgabe und normaler Steuer vom König selbst nicht eingehalten wurde.

Schon bei der ersten Rate, Anfang 1616, schien es fast unmöglich, die Viertelmillion Reichstaler zusammenzukratzen – eine Zeitlang glaubte der König dafür sein Tafelsilber einschmelzen zu müssen. Wenn schließlich doch alle vier Zahlungen pünktlich geleistet wurden, so durch den Verkauf von Kupfer und mit Hilfe holländischer Darlehen. Dabei waren auch die Anleihen aus den Niederlanden – deren Handelsinteressen sich mit dem schwedischen Interesse an Älvsborg deckten – auf die Sicherheit des schwedischen Kupfers gegründet, für das in Holland eine starke Nachfrage bestand.

So wurde Älvsborg letztlich aus der Schatzkammer der Gruben von Falun bezahlt, wobei die Transaktionen oft auf seltsamen Wegen verliefen. Die Königin-Mutter verkaufte einen erheblichen Teil des Kupfers ausgerechnet an den dänischen König, der seine Handelsschulden jedoch nicht mit dem Lösegeld verquicken mochte, sondern seine Reichstaler für Kupferkäufe über die schwedische Grenze transportieren ließ, von wo sie dann zum Jahresanfang wieder in seine Kasse flossen.

Um die holländischen Darlehen mußte immer wieder hart gerungen werden. Die fehlenden Summen wurden oft gerade noch im letzten Augenblick beschafft, und am Ende beliefen sich die Schulden Schwedens bei den Generalstaaten auf mehr als 300 000 Reichstaler oder 750 000 holländische Gulden. Sie waren noch nicht beglichen, als Gustav Adolf bei Lützen fiel: Der noch offene Betrag war um einiges höher als die Zinsen, die bis dahin bezahlt worden waren, insgesamt 180 000 Reichstaler.

Christian IV. erwies sich als Ehrenmann. Obwohl er, nicht ohne Grund, gehofft hatte, daß die Schweden die Million Reichstaler nicht würden aufbringen können, und obwohl man in Schweden bis zuletzt gefürchtet hatte, er werde sich seinerseits vor einer Erfüllung des Vertrages drücken, gab er Älvsborg unmittelbar nach Zahlung der letzten Rate zurück. Ende Januar 1619 konnte Oberst Hermann Wrangel in das Gebiet an der Westküste einrücken und es erneut und nun für immer für Schweden in Besitz nehmen.

Ein Brief von Pfalzgraf Johann Casimir, der Anfang 1618 in sein kleines Kleeburg zurückgekehrt war, an Axel Oxenstierna, spiegelt die Stimmung nach dieser Rückgewinnung. Er schrieb am 17. April 1619 nach »glücklicher Einlieferung des Hauses Elfsburg«: » . . . nicht zweifelnd der allmächtige gütige Gott, der den heroischen König und löbliche Reich aus zweien so großen *adversitatibus* [Feindschaften] und Nöten als wunderbarlich und gleichsam wieder aller Menschen Gedanken geholfen, er werde ihn auch in der dritten nicht stecken lassen. Dann ihnen der Türk vermutlich so hart anzusetzen möchte, daß sie dürften gezwungen werden, nicht allein Stillstand, sondern auch Frieden, und vielleicht Assistenz zu begehren.«

Der fromme Wunsch des Pfalzgrafen schien sich alsbald zu erfüllen: Die anhaltenden Kämpfe an der polnisch-türkischen Grenze führten im Oktober 1620 zur Vernichtung eines polnischen Heeres. Die Polen begehrten darauf jedoch nicht »Assistenz«, sondern machten aus eigener Kraft die Niederlage wett: Unter Prinz Wladislaw siegten sie ein Jahr später bei Chozim und stellten den Frieden in der Ukraine wieder her.

Immerhin: Um Schweden kümmerte sich Polen in jenen Jahren allenfalls mit diplomatischen Mitteln, zum Beispiel durch Entsendung eines Sonderbotschafters nach Kopenhagen, der durch eine Gesandtschaft aus Spanien unterstützt wurde, beide mit Bündnisvorschlägen beauftragt.

Christian IV. benutzte solche Vorstöße, um Gustav Adolf hinzuhalten, der in die vielen, meist reichlich spekulativen Versuche, Fäden hin- und herzuspinnen (wobei England, Lübeck, die Niederlande und andere protestantische Mächte in das Spiel einbezogen wurden) auch einen kräftigen Strang nach Dänemark einfügen wollte: Er zeigte sich zu einer schwedisch-dänischen Allianz bereit, die ihm der beste Schutz gegen jede weitere Drohung aus Kopenhagen schien.

Das führte unmittelbar nach der Rückgabe von Älvsborg im Februar 1619 zu einer Konferenz in Sjöaryd, wo 1612 der Friede von Knäred ausgehandelt worden war. Die schwedische Delegation schlug den dänischen Reichsräten ein Bündnis gegen Sigismund oder, etwas allgemeiner, eine Allianz gegen alle Feinde des protestantischen Glaubens vor.

Man kam zwar zu keinem Ergebnis, aber als Gustav Adolf der Einladung des dänischen Königs folgte und ihn Ende des Monats im Schloß von Halmstad in Halland besuchte – das der baufreudige Christian erst vor einigen Jahren hatte errichten lassen –, überboten sich die beiden Könige an Herzlichkeit.

Der 24jährige Schwede und der 42jährige Däne sahen sich zum erstenmal und gewannen Achtung voreinander. Die häufigen Umarmungen, von denen berichtet wird, konnten jedoch die politischen Gegensätze nicht aus der Welt schaffen: Man schied ohne Allianz. Dennoch war die Entspannung mit Dänemark eine Tatsache, mit der Gustav Adolf eine Zeitlang rechnen durfte. Er konnte sich unbesorgt den Reformen widmen, für die gerade das Krönungsjahr Marksteine gesetzt hatte, welche die Richtung der späteren Jahre bestimmten.

Einer dieser Marksteine war die 1617 in Örebro beschlossene und erstmals praktizierte Reichstagsordnung.

Sie war, von Axel Oxenstierna eigenhändig aufgesetzt, die erste feste Geschäftsordnung für die Ständeversammlung. In der Rede, mit der Oxenstierna die Neuordnung begründete, wies er darauf hin, was für ein Durcheinander bisher geherrscht habe »wie bei einem Haufen Tiere oder betrunkener Bauern«. Dem wurden jetzt klare Bestimmungen entgegengesetzt, nicht zuletzt auch für die äußere Form.

Reichstage mußten künftig in einem »Reichssaal« abgehalten werden, was noch nicht bedeutete, daß sie an *einen* Ort gebunden waren, doch fanden sie unter Gustav Adolf von da an nur noch in Örebro und Stockholm statt. Sodann war eine genaue Sitzordnung einzuhalten, die schon beim Einzug in den Saal vorweggenommen wurde.

Pfalzgraf Johann Casimir schilderte in einem Bericht über den Reichstag von Örebro, wie das vor sich ging: Am Eröffnungstag betrat vorweg der Marschall den Saal, ihm folgten die Adelsherren, von den jüngsten bis zu den ältesten, dann die Freiherren, die Grafen, die Reichsräte. Nach ihnen zeigte sich der König, Herzog Karl Philipp zu seiner Rechten, Herzog Johan (oder wie in Örebro dessen Stellvertreter) zu seiner Linken.

Der König ließ sich auf seinem Sitz nieder, »welcher drei Staffeln erhoben«; neben ihm saßen, eine Stufe tiefer, die beiden Herzöge, sodann auf der rechten Längsseite die Inhaber der fünf Reichsämter und auf der linken die übrigen Reichsräte. Dem König gegenüber saßen auf der einen Seite zuerst die Adelsherren, wieder nach Rang und Alter gereiht, auf der anderen Seite die Bischöfe mit der Geistlichkeit, nach dem Adel und ihm als Anhang zugeordnet der »Kriegsbefehl«, nach der Geistlichkeit die Bürger und schließlich die Bauern »mitten im Saal und zuunterst«. Die Teilnehmer wurden überprüft, Zuschauer und Fremde ausgeschlossen, denn früher hatten sich mitunter »Lauerer und Späher« eingeschlichen, ja sogar – wie Oxenstierna berichtete – sich den Bauern als Schreibkundige angeboten und deren Antworten auf die königlichen Propositionen im Sinne des polnischen Feindes beeinflußt.

Die Sitzungen verliefen nach einer festen Regel: Auf die Eröffnungsrede des Herrschers antworteten zuerst die Erbfürsten, dann ein Vertreter des Adels, dann der Erzbischof. Darauf erhielt jeder Stand eine Abschrift der schriftlichen Proposition des Königs – eine Liste der anstehenden Fragen und der Regierungsvorschläge zu ihrer Lösung –, die der König dann häufig auch noch mündlich erläuterte.

Zur Beratung dieser Proposition zogen die einzelnen Stände in ihre »Kammer« zurück, wo die Papiere auch verwahrt werden mußten; früher war es vorgekommen, daß man sich in einer Schenke damit beschäftigt hatte.

Die Beratungen konnten sich mehrere Tage hinziehen; ihr Ergebnis war wiederum schriftlich vorzulegen, wofür den Bauern vereidigte Schreiber zugeteilt waren. Den Ständen blieb es unbenommen, die Vorlagen untereinander zu beraten, ehe die Antwort erfolgte, doch hatte dies im Reichssaal zu geschehen. Keiner der Abgeordneten durfte sich der Mitarbeit entziehen; auch eine vorzeitige Abreise von der Sitzung, wie sie früher nicht selten vorgekommen war, wurde ausgeschlossen.

Die Entgegnungen der Stände waren in Anwesenheit aller dem König zu überreichen. Falls sie den König befriedigten – »wohl und gut«. War er jedoch nicht einverstanden oder wichen die Meinungen der Stände zu sehr voneinander ab, so nahm der Herrscher nochmals Stellung, in der Regel mündlich, und auch die Vertreter der Stände sollten sich dazu wieder mündlich äußern, und die Debatte sollte so lange fortgesetzt werden, bis eine Einigung erzielt war.

Nicht die Abstimmung, nicht der Mehrheitsbeschluß entschied also. Vielmehr ging es darum, ein mittelalterlichem Denken nahes Ziel zu erreichen: Alle sollten gemeinsam den besten Vorschlag finden und annehmen. Wenn die Stände sich nicht einigen konnten, handelte der König als Schiedsrichter: »Seine Majestät entnimmt daraus das Beste.«

Ungewohnt war die öffentliche Debatte, die wohl dem persönlichen Stil Gustav Adolfs am meisten entsprach. Und eben vor dieser Neuerung scheuten viele zurück. Die Bürger und Bauern fürchteten, einem solchen Wortwechsel nicht gewachsen zu sein, und wollten darum weiter schriftlich antworten; und die Erbfürsten hielten es für eine Zumutung, in aller Öffentlichkeit ihre Meinung verteidigen zu müssen.

Der König gab in diesem Punkt nach. Im übrigen jedoch wurde die Reichstagsordnung durch die Schlußresolution von Örebro am 27. Februar bestätigt und künftig praktiziert.

Axel Oxenstierna, der Schöpfer dieser Reform des Reichstags, sorgte auch im eigenen Amt für eine bessere Organisation. Bevor er von Gustav Adolf zum Kanzler berufen wurde, war die Reichskanzlei – fast noch auf demselben Stand wie zu Gustav Wasas Zeiten – von geringer Bedeutung. Oxenstierna erfüllte sie mit neuem Leben; sie wurde, wie König und Kanzler zu sagen pflegten, zur *anima regni*, wobei weniger die Amtsstelle denn der Kanzler selbst als Seele des Reiches gelten konnte. Bei seinem Amtsantritt definierte er seine Aufgabe mit den Worten: »Der Reichskanzler rät und regiert in des Reiches Kanzlei.« Sein Rat erstreckte sich auf fast alle Bereiche der Politik und Verwaltung, seine Regierungsaufgaben lassen ihn als Außen- und Innenminister erscheinen, und um das Schulwesen, um Kirchen- und Gemeindefragen kümmerte er sich obendrein. Seine in acht umfangreichen Bänden herausgegebenen Briefe und Schriften spiegeln nicht nur die Vielfalt sondern auch die Breite seines Wirkens: Er ordnete Alltägliches und Kleinigkeiten ebenso mit sicherer Hand wie das Geflecht internationaler Beziehungen, der große Entwurf und der langfristige Plan stehen neben dem Bescheid an einen Bittsteller oder der Schlichtung eines Streits.

Andreas Fryxell bemerkt dazu: »Eine so weitläufige und vielseitige Tätigkeit wäre ohne den strengen Ernst, die genaue Ordnung, an die er sich selbst wie andere hielt, nicht möglich gewesen. Eine gute Gesundheit und eine gleichmäßige Laune erleichterten ihm seine Arbeit. ›Mit den Kleidern‹, sagte er, ›lege ich meine Sorgen ab.‹ Bloß zweimal hatte ihm der Kummer den Schlaf von seinen Augen scheuchen können, nämlich nach der ersten Nachricht von Gustav Adolfs Tod und nach der von der Schlacht von Nördlingen; aber beide Male nur für die eine Nacht. Bald kehrte sein festes Vertrauen auf die Vorsehung zurück, am Tage Hoffnungen, des Nachts Ruhe mit sich führend.«

Oxenstiernas Sinn für Ordnung und planvolle Arbeit drückten sich gleich nach Amtsantritt in einer klaren Aufteilung der Arbeit zwischen den Beamten der Kanzlei aus. 1614 wurde diese Organisation verbessert und für eine ausreichende Registratur gesorgt. Im Oktober 1618 baute der Kanzler dann sein Amt nach neuen Gesichtspunkten um. Statt die anfallende Arbeit zwischen dem vorhandenen Personal aufzuteilen, wurden nun die Sachgebiete festgelegt und für jedes Gebiet ein Sekretär ernannt: Von den sechs Sekretären waren drei für unterschiedliche schwedische Angelegenheiten zuständig, drei für die auswärtigen Beziehungen, gegliedert nach Ländergruppen. Dazu kam noch der Archivar. Alles in allem war diese Neuordnung der Reichskanzlei ein kräftiger Schritt in die Richtung einer modernen Verwaltung mit Departementssystem.

Ebenfalls im Oktober 1618, fast gleichzeitig mit der Kanzleiordnung, regelte Axel Oxenstierna auch die Finanzverwaltung des Reiches neu. Die »Kammerordnung« führte wie beim Hofgericht eine kollegiale Organisation ein mit einer wohldurchdachten Aufgabenteilung. Sie bestimmte, wie die Beschlüsse zu fassen waren, legte die Rangordnung zwischen den Beamten fest, ebenso die Arbeitszeiten, und übertrug der Kammer die Schriftführung für die gesamte finanzielle Korrespondenz, selbst wenn sie vom König zu unterzeichnen war – ein tiefer Einschnitt in die bisherige Praxis.

Den Bemühungen, Recht und Verwaltung zu vereinheitlichen und den neuen Erfordernissen anzupassen, stand der Wille der Erbfürsten entgegen, ihre Sonderrechte zu wahren. Die Einmütigkeit, mit der der Reichstag von Örebro im Februar 1617 endete, konnte nicht verbergen, daß sie mit dem König keineswegs einig waren, sondern um ihre Anteile an der Macht kämpften, ein Kampf, der sich auf dem Krönungsreichstag im August und September fortsetzte und noch die Krönung beschattete.

Die Rechte, die sich Gustav Adolfs Vater, unter Berufung auf das Testament Gustav Wasas, als Herzog von Södermanland gegen seinen Bruder

Johan III. herausgenommen hatte, wurden auch von Herzog Johan und von Herzog Karl Philipp – im Krönungsjahr 16 Jahre alt und darum noch immer von seiner Mutter vertreten – in großem Umfang beansprucht.
Es ging auch, aber keineswegs nur, um die entsprechenden Anteile am Vermögen der Wasa. Es gab Anzeichen, daß die Herzöge eine eigene Religionspolitik verfolgen wollten. Sie suchten Steuern und Abgaben, die allen Schweden auferlegt waren, der Krone zu entziehen und versteiften sich auf eine eigene Rechtsprechung. Als 1614 die neue Gerichtsordnung mit der Einrichtung des *Svea hovrätt* beschlossen wurde, wollte die Königin-Mutter verhindern, daß die Untertanen Karl Philipps sich direkt an das Oberste Gericht wenden konnten. Gustav Adolf gab jedoch nicht nach, und als die Königin-Mutter anläßlich des Statuts von Örebro wiederum die Rechtshoheit der Herzöge, auch in Fällen von Hochverrat, zu behaupten suchte und durch ihren Rat Nils Chesnecopherus vortragen ließ, nach dem Testament Gustav Wasas seien die herzoglichen Gerichte als erste Instanz für alle Fälle zuständig, verlangte der König vor dem Plenum von Herzog Johan eine Stellungnahme. »Herzog Johan antwortete mit wenigen Worten, die niemand hinten im Saal verstehen konnte.« Gustav Adolf war die Sache wichtig genug, um tags darauf, am 13. Februar, durch eine weitere Rede Klarheit zu schaffen: Er wolle die den Erbfürsten gewährten Privilegien nicht verletzen, aber er bestehe auch auf deren Grenzen. »Seine Majestät« – so heißt es in dem Bericht über diesen Vorfall – »ist sich nicht bewußt, im Text einer der Verleihungen gelesen zu haben, daß den Erbfürsten in ihren Herzogtümern die Übertragung aller königlichen Rechte ohne Ausnahme zugestanden worden wäre.«
Noch schärfer war der Zusammenstoß in Sachen des adligen Waffendienstes *(rjusttjänst)*. Dieser Streitpunkt war nicht neu; er hatte schon im Kalmar-Krieg eine Rolle gespielt. Es ging darum, wer die Reiter, welche der Adel zu stellen hatte, einberief und unter welchem Befehl und unter welcher Fahne – königlich oder herzoglich – sie kämpfen sollten. Der König bestand auf dem Recht, nach seinen Bedürfnissen über solche Truppen zu verfügen. Die Gegenargumente der Erbfürsten faßte Nils Chesnecopherus in einem Memorandum für die Königin-Mutter zusammen, und als dieses Dokument – wohl eher aus Versehen – mit anderen zusammen dem König ausgehändigt wurde, fühlte sich dieser persönlich angegriffen:
Der Schriftsatz gebrauchte eine derart harte und den König tadelnde Sprache, daß dieser den höchsten Beamten seiner Mutter auf der Stelle verhaften ließ. Chesnecopherus wurde erst vier Monate später auf die Fürsprache Christines und nach geleisteter Abbitte aus der Haft entlassen.
In der Sache selbst brachte der Reichstag von Örebro keine Einigung, und

beim Krönungsreichstag zu Stockholm steigerte sich der Konflikt zu einem offenen Zornesausbruch des Königs. Der Szene war eine Auseinandersetzung mit der Königin-Mutter über die Form der Eidesleistung durch die Herzöge vorangegangen. Dann brachte Christine ein Schriftstück mit neuen Vorschlägen zur Regelung des *rjusttjänst* an, und als Gustav Adolf sich weigerte das von seiner Mutter unterzeichnete Dokument entgegenzunehmen, suchte Karl Philipp es ihm aufzunötigen. Der König, außer sich, entriß ihm das nach damaligem Brauch sorgfältig geschriebene Blatt und warf es in das Feuer des offenen Kamins. Da der Vorfall sich *coram publico* abspielte, wurde er in das Reichstagsprotokoll aufgenommen.

In der Frage der Eidesleistung kam Gustav Adolf seiner Mutter und den Herzögen ein Stück entgegen: Er fügte in seine Krönungszusage das Versprechen ein, nicht nur mit »Rates Rat« sondern auch mit Anhörung der Erbfürsten zu regieren.

Das Problem des adligen Waffendienstes schwelte weiter und es wurde nicht durch Übereinkunft – oder, wie geplant, durch einen Schiedsspruch – gelöst, sondern durch den frühen Tod der Herzöge. Herzog Johan starb kinderlos schon ein halbes Jahr nach Gustav Adolfs Krönung; seine unglückliche, kranke Frau, Gustav Adolfs Schwester Maria Elisabeth, wenige Monate später. Karl Philipp, mit dem sich der König zu arrangieren suchte, erlag vier Jahre später, im Januar 1622, während der neuen Kämpfe in Livland einem »Lagerfieber«, noch nicht ganz 21jährig, ehe er die Regierung seines Herzogtums selbständig übernommen hatte. Wie Gustav Adolf auch persönlich zu dem hitzigen und jugendlich unbedachten jüngeren Bruder gestanden haben mag – politisch muß ihn die von ihm gewiß nicht herbeigewünschte jähe Lösung eines das Reich belastenden Problems erleichtert haben.

Aus einem Brief des Königs an Pfalzgraf Johann Casimir vom 3. April 1622 spricht aufrichtige Trauer über den Verlust Karl Philipps: » . . . wie ich nun hieher komme, folgen mir stracks die bösen Zeitungen vom Absterben meines Bruders, welches mich dann dero gestalt betrübet, daß ich zu schreiben vergessen habe. Ach unzeitiger Tod (wo man anders also sagen darf), der mich beraubet meines liebesten Bruderen Gesellschaft und der Sicherheit, so ich von ihm hatte, und hat mich prostituiret der Hoffnung meiner Feinde . . .«

In seine Trauer – das zeigt der letzte Satz – mischt sich die Sorge um den Fortbestand der Dynastie. Karl Philipp starb zwar nicht kinderlos, aber seine Tochter aus einer heimlichen Ehe war nicht erbberechtigt (und sie überlebte ihren Vater nur um vier Jahre). In der Tat mag der Blick nach Polen, wo außer ihm jetzt noch die einzigen männlichen Wasa lebten, ihn gehindert haben, sich einzugestehen, was später Axel Oxenstierna gesagt haben soll: »Ihr wißt wohl, welch böses Blut zwischen König Gustav Adolf und den beiden Fürsten, Herzog Karl Philipp und Herzog Johan, vorhanden war. Hätte Gott sie nicht so früh zu sich gerufen, wäre gewiß Blutvergießen im Lande gewesen.«

Aber nicht nur die Herzöge und, mit ihnen im Bund, die *änkedrottning* Christine leisteten Widerstand gegen die wachsende Autorität des Königs und gegen die von ihm und seinem Kanzler betriebenen Reformen. Auch einzelne Stände wehrten sich, und die Königin-Mutter scheute sich dann nicht, mit ihnen zusammen dem König Vorhaltungen zu machen.

So geschah es bei der schon in Örebro diskutierten und auf dem Krönungsreichstag verabschiedeten neuen Handelsordnung. Den Bürgern gefiel dieses neue Gesetz überhaupt nicht. Obwohl es gegenüber der letzten Handelsordnung von 1614 einige Zugeständnisse an die Wünsche der Handelsstädte, insbesondere Stockholms, enthielt und Mängel beseitigte, die sich bei der Anwendung der damaligen Vorschriften ergeben hatten, wurden weit mehr Privilegien und Freiheiten erwartet.

Der König und sein Kanzler waren anderer Meinung. Ihnen schien die neue *Ordinantia* die Ziele ihrer Handelspolitik am besten zu fördern: die Stapelstädte, über die Import und Export liefen, zu unterstützen, gleichzeitig aber auch den Städten des Binnenmarktes Spielraum für die Entfaltung des Handelswesens zu schaffen, Stockholms bevorzugte Stellung auszubauen und den Ausbau einer eigenen Handelsflotte zu begünstigen.

Gustav Adolf verteidigte darum die Handelsordnung mit Entschiedenheit und widerlegte in einer Rede vor dem Reichstag die Argumente der Bürger. Obwohl diese sich nicht überzeugen ließen und obwohl auch der Adel Vorbehalte äußerte, scheute sich der König nicht, die *Ordinantia* als rechtskräftigen Beschluß zu verabschieden, was wiederum seine Mutter auf den Plan rief, die das eigenmächtige Vorgehen ihres Sohnes mit Schärfe verurteilte.

Der Wunsch des Volkes, seinen Herrscher endlich im Glanz der Krone zu sehen, erleichterte es dem König vielleicht, sich über solche Widerstände hinwegzusetzen. Die Krone war mehr als ein überliefertes Symbol. Sie war auch das Siegel für den Erfolg der ersten sechs Jahre seiner Herrschaft.

Jetzt erwartete man von dem König den nächsten Schritt: die Heirat zur Sicherung der Thronfolge. Als Gustav Adolf im Winter 1619 auf der tief in das Land hineinstoßenden Ostseebucht Bråviken, an deren Ende Norrköping liegt, wieder einmal zu Pferd in das Eis einbrach und gerade noch mit dem Leben davonkam, wurde überdeutlich, wie dringlich es war, daß er für das Fortleben seines Hauses sorgte.

DIE WAFFEN KLIRREN

»Eventuere« und Tragödie

Der König von Schweden, der fromme streitlustige Soldat und schöpferischste unter den Regenten – Gustav Adolf hielt 1620 sich incognito in Deutschland auf, in Berlin, Heidelberg und anderswo. Die Reise diente einem Heiratszweck; eine Schwester des Kurfürsten von Brandenburg, Maria Eleonora, war die Erwählte. Nebenbei sammelte der Monarch Eindrücke unter den Deutschen ... Damals traf Herzog Max seine letzten Vorbereitungen für den Böhmenfeldzug. In Ulm fand unter den Fürsten der Union sich keiner mit Lust zur rettenden Tat, und ließen alle sich von den Franzosen zum Narren halten; in Prag wartete der Kurfürst-König hilflos auf den Kehraus.

Golo Mann in »Wallenstein«

Die beiden Kriegsschiffe verliessen Stockholm am 26. April 1620, voll bemannt, mit unbekanntem Ziel. An Bord des größeren, *Zepter* genannt, mit 38 Kanonen bestückt, befand sich neben der 60 Mann starken Besatzung und den 100 Musketieren, die für den Fall des Kampfes bereitstanden, Pfalzgraf Johann Casimir. Er war erst Anfang März aus Deutschland zu Besuch gekommen und hatte dem König und dem Reichsrat berichtet, wie dort die Dinge standen.

Seit seiner Rückkehr in die deutsche Heimat hatte er immer wieder brieflich Bericht erstattet und im Auftrag Gustav Adolfs da und dort verhandelt. Persönlich hatten ihm die beiden Jahre in seinem kleinen Fürstentum Gutes und Böses gebracht. Im Juli 1618 hatte ihn Katharina »mit einem wohlgestaltet jungen Söhnlein väterlich erfreuet«, doch war der Erstgeborene gestorben, ehe er ein Jahr alt war. Dafür hatte sich dann im September 1619 eine Tochter eingestellt, mit der er Katharina in Kleeburg zurückließ, als er der Einladung seines schwedischen Schwagers folgte.

Die beiden Schiffe *Zepter* und *Jupiter* gingen in der ersten Nacht gegenüber Vaxholm vor Anker und segelten dann zum Flottenstützpunkt Älvsnabben. Dort brachte ein Schreiber dem Pfalzgrafen einen kurzen Brief des Königs, datiert mit dem 28. April: »Diese Nacht will ich wills Gott bei Euer Liebden sein, dann ich nur sieben Meilen von Älvsnabben bin. Interim geliebe es Euer Liebden Sorge zu tragen, daß alle diejenigen mögen abgeschaffet werden, so hier bleiben, und ich also unvermerkt ins Schiff kommen möge.«

In der Tat traf Gustav Adolf tags darauf mit einem kleinen Boot in

Älvsnabben ein, in schlichter grauer Reisekleidung, bemüht seine Spuren zu verwischen. Dem kleinen Gefolge – fünf schwedische Junker, unter ihnen Johan Banér und Johan Hand, der ein Tagebuch über diese Reise hinterlassen hat, ein Reitknecht und ein Diener – wurde eingeschärft, der König wünsche inkognito zu reisen, der Anführer des Unternehmens sei nicht er, sondern Johann Casimir.

Der König war offenbar in bester Laune – »die ganze Reise war einer Komödie nicht unähnlich«, schrieb Johan Hand in sein *dagbok*, wozu anzumerken ist, daß Komödie damals für das Schauspiel, das Theater im allgemeinen stand. Der verkleidete Monarch inspizierte das Schiff: Wie steht es mit dem Proviant? Sind Kompasse im Vorrat? Womit werden die Rollen geschmiert? und zeigte mit jeder Frage, daß er an Bord zu Hause war. An Gotland vorbei liefen die Schiffe am 1. Mai die Insel Öland an, wo die Mannschaft sich für die Fahrt auf offener See rüstete. Bei der Weiterfahrt kam so heftiger Gegenwind auf, daß in Sichtweite von Bornholm Anker gesetzt werden mußten. Am 6. Mai wurde Rügen erreicht und an dessen Küste nochmals vor Anker gegangen. Um möglichst unbemerkt zu bleiben, liefen die Schiffe tags darauf bei wüstem Wetter unter Land die Ostküste entlang bis zur südlichsten Spitze. Dort, in Thiessow, schickte der König seine Schiffe nach Schweden zurück mit der Weisung, sich Mitte Juni für die Heimfahrt in Rostock oder Wismar einzufinden.

Gustav Adolf schärfte seiner kleinen Gruppe nochmals ein, sein Inkognito zu wahren, ihn fortan nur noch Adolf Karlsson zu nennen und ihn wie einen Kameraden zu behandeln.

Wozu dieses Versteckspiel? Das Gefolge wußte oder ahnte, worum es ging: Der König hatte genug von dem jahrelangen Hin und Her der Heiratsverhandlungen mit dem Berliner Hof; er wollte, wie es seinem Temperament entsprach, die Belagerung durch einen Handstreich in eine Eroberung verwandeln.

Die ersten Fäden zwischen Berlin und Stockholm waren schon 1615 gesponnen worden, allerdings zuerst wohl eher von geschäftigen Mittelsleuten als von den Höfen selbst. Um diese Zeit, kurz nach dem Verzicht auf Ebba Brahe, mochte Gustav Adolf wenig von einer Heirat wissen. Aber da gab es einen Herrn Hieronymus von Birckholtz, einen gebürtigen Brandenburger, der für Schweden tätig war und der nach einem Besuch in Berlin von allerlei Andeutungen zu berichten wußte: Der Leibarzt des Kurfürsten Johann Sigismund, Dr. Saffian, der sich gerne als Astrologe hervortat, wollte offenbar seiner Prophezeiung, die älteste Tochter des Kurfürsten, Maria Eleonora, werde einen König heiraten, ein wenig nachhelfen. Er und der Kammerdiener des Kurfürsten hatten Birckholtz jedenfalls beiseite genommen und ihm eingeflüstert: »Mein gnädigster Kurfürst und Herr hat ein überaus schönes, wohlgewachsenes, verständiges und gar frommes Fräulein, wenn sie Euer gnädigster König und Herr zu seiner Gemahlin begehrte, mein gnädigster Kurfürst und Herr versagte sie ihm nicht.« Birckholtz betrieb die Sache jedoch vielleicht etwas allzu eifrig, denn er bekam bei seiner nächsten Reise nach Berlin die Weisung, sich vordringlich um eine politische Verbindung zu bemühen: »Wenn man ihn in Berlin wegen der Heiratssache anreden würde, so solle er andeuten, daß wenn die übrigen Dinge ihren Fortgang nehmen würden, die Heirat dann um so eher folgen würde.«

Die Allianz oder doch mindestens Entente, die Gustav Adolf und sein Kanzler begehrten, war genau das, wovor der ohnehin entschlußlose Kurfürst zurückschreckte. Er konnte zwar seine Tochter bei Tisch als »Königin von Schweden« necken, aber als Gustav Adolf schließlich Ernst machen wollte und den Obersten Hans Georg von Arnim – der schon früher in schwedischen Diensten gestanden hatte – mit einem entsprechenden Auftrag zu Johann Sigismund schickte, siegten bei diesem die politischen Bedenken. Seine Gattin Anna, eine Tochter des Herzogs Albrecht Friedrich von Preußen, wollte das Erbe, das ihr und damit Brandenburg beim Tod ihres geisteskranken Vaters endgültig zufallen würde, nicht gefährdet wissen. Das Herzogtum Preußen, aus dem Ordensstaat hervorgegangen, stand unter der Oberhoheit des Königs von Polen. Anna, eine Frau von bemerkenswerter Willensstärke, war entschieden gegen einen schwedischen Schwiegersohn, der mit dem Lehnsherrn ihres Erblandes so tief verfeindet war.

Johann Sigismund hatte ihr gegenüber ohnehin einen schweren Stand. Der Kurfürst von Sachsen, der übrigens auch gegen die schwedische Heirat plädierte, in Erwägung, »wie gefährlich es itzo um das Königreich Schweden steht«, sagte seinem brandenburgischen Nachbarn einmal offen ins Gesicht, was er von der Herrschsucht Annas hielt: »Herr Schwager, Euer Liebden und ich, wir wollten uns schon vergleichen, wenn Euer Liebden Gemahlin nicht wäre. Ich habe auch eine, wenn sie mich aber so tribulierte, wie sie Euer Liebden zu Zeiten tut, es würden gewiß Maulschellen fallen.« Wenn diese Frau erklärte, »sie wolle ihre Tochter lieber zu Grabe als zur Trauung mit dem König von Schweden geleiten«, so schien ein unüberwindliches Hindernis aufgebaut.

Eben dies muß jedoch Gustav Adolfs Willen aufs höchste angespornt haben. Schon im Sommer 1618 war er drauf und dran, in Berlin persönlich eine Entscheidung zu erzwingen. Nach der Hochzeit Ebba Brahes ging er Anfang August in Kalmar an Bord der *Zepter*, offenbar entschlossen, mit einem Verband von Kriegsschiffen zur deutschen Küste zu segeln und von dort aus verkleidet – *en forme déguisée* – nach Berlin zu reiten. Dietrich von Falkenberg – der spätere Verteidiger Magdeburgs, damals Hofmeister Karl Philipps, mit dem er kurz zuvor eine Bildungsreise nach

Deutschland und Paris unternommen hatte – sollte ihn begleiten, doch fügte sich dieser einem Verbot der Königin-Mutter, die auch in diesem Fall mit ihrem Sohn nicht einverstanden war. Was sich damals im einzelnen abgespielt hat, ist nicht mehr zu klären. Lange hielt sich das Gerücht, Gustav Adolf sei schon 1618 in Berlin gewesen, doch scheint er nur bis Stralsund gelangt zu sein. Dort erreichte ihn dann eine Nachricht seines Vertrauensmannes Hans Georg von Arnim, die ihn offenbar einsehen ließ, daß er sein Unternehmen abbrechen mußte.

Er verstärkte jedoch seine diplomatischen Bemühungen, schickte Arnim zum Kurprinzen und Gustav Horn zum Kurfürsten, der sich gerade in dem ihm durch den Tod seines Schwiegervaters im August 1618 zugefallenen Herzogtum Preußen aufhielt. Der Kurprinz blieb bei seiner Verzögerungstaktik. Horn aber brachte eine erfreuliche Botschaft. Dietrich von Falkenberg berichtete darüber im August 1619 seinem früheren Dienstherrn, dem Landgrafen Moritz von Hessen: »Der Kurfürst habe durch den königlichen Abgesandten Gustav Horn die gänzliche Vertröstung getan, keinem anderen als dem König von Schweden deroselben Fräulein zu verheiraten.«

Nun war Gustav Adolf nicht mehr zu halten. Er schickte Horn erneut nach Brandenburg, um die Verhandlungen voranzutreiben und seinen Besuch anzukündigen. Das Stockholmer Schloß mußte für die Ankunft der Braut hergerichtet werden, und der Adel wurde aufgefordert, sich für die Hochzeit zu rüsten. Der König selbst wartete in Kalmar auf die Rückkehr Horns, bereit, sofort nach dessen Ankunft in See zu stechen.

Die Briefe, die Gustav Horn mitbrachte, zwangen Gustav Adolf zum zweiten Mal, sein Vorhaben aufzugeben. Zwar erhielt er vom brandenburgischen Kurfürsten die Versicherung, mit der Heirat habe es seine Richtigkeit, und er erwarte ihn mit Freuden. Gleichzeitig aber empfing Gustav Adolfs Mutter einen Brief von der Kurfürstin, in dem deutlich genug erklärt wurde, ihr Mann sei nicht mehr bei Trost – »durch die langwierige Krankheit sehr am Verstande geschwächt« – und er fasse deshalb Entschlüsse »zu seiner Lande Verderben«.

Während der Kurfürst erst durch einen erneuten Besuch Gustav Horns erfuhr, was seine Frau hinter seinem Rücken angezettelt hatte, unterstrich Anna durch den Entzug des Heiratsobjekts ihre Entschlossenheit, die schwedische Heirat zu vereiteln: Sie reiste mit Maria Eleonora nach Wolfenbüttel zu ihrer mit einem Braunschweiger verheirateten Tochter Anna Sophie; dort war die Prinzessin für Gustav Adolf unerreichbar.

Die Partie schien verloren. So sah es auch Johann Casimir, der seinem Schwager in Stockholm andere Kandidatinnen empfahl, aus der eigenen Verwandtschaft Katharina von der Pfalz oder die fünfzehnjährige Sibylle Magdalene von Baden-Durlach, *jolie et agréable*. Der König jedoch war

anderer Meinung. Am 25. Januar 1620 schrieb er dem Pfalzgrafen: ». . . aber weilen ich so tief an den angefangenen Ort, durch das Geschrei, bin hineingebracht, mag ich mich nicht anderswo engagieren, bis ichs nach dem Willen Gottes entweder zum guten Ende bringen kann oder daß mir ein *entier* Korb möge gegeben werden«.
In diesem Brief kommt Gustav Adolf dann auch auf die Reise zu sprechen, zu der er den Pfalzgrafen einladen möchte: »Sonsten, was die Reise hinaus betrifft, hätte ich wohl gedacht, daß ich besser täte, unbekannt zu ziehen, dann ich den schweren Kosten entfliehen und gleichwohl meinen Wunsch erreichen könnte: Ists auch Sache, daß ichs gut fünde, so wollt ich wünschen, daß Eure Liebden ich bei mir hätte . . .«
Der Entschluß zu dem Abenteuer – von Gustav Adolf selbst als *eventuere* bezeichnet – des Frühsommers 1620 entsprang, soweit sich das rückblikkend beurteilen läßt, nicht nur dem Ungestüm eines Mannes, den Hindernisse eher anspornten als abschreckten, sondern auch dem Kalkül. Gustav Adolf erkannte gerade in dem Ereignis, das ihm die Hauptstütze am Berliner Hof zu entziehen schien, in dem Tod des Kurfürsten um Weihnachten 1619, eine neue Chance: Anna geriet in Widerspruch zu der schwächlichen Politik ihres Sohnes Georg Wilhelm, der als Kurfürst aus Ergebenheit gegen den Lehnsherrn seines preußischen Besitzes die Heirat seiner Schwester mit dem polnischen Erbprinzen betrieb. Solches Katzbuckeln schien der Kurfürstin-Witwe noch bedenklicher als die befürchteten Komplikationen aus der schwedischen Heirat. Vermutlich hat Arnim bei einem Besuch im März 1620 den König über diese Haltung Annas unterrichtet. Und auf Anna kam es an, nicht nur ihrer Herrschsucht wegen, sondern auch, weil nach Hohenzollerschem Familienrecht sie, die Mutter, und nicht der Bruder Kurfürst über die Hand der Prinzessin verfügen konnte.
Diese Konstellation also hatte Gustav Adolf bewogen, im Mai 1620 einen letzten Versuch zu wagen, Maria Eleonora zu erringen. So, wie er bei seinen Feldzügen die Lage selbst zu rekognoszieren pflegte, unbekümmert um die Gefahr, in die er sich begab und zu jeder Improvisation bereit, so zog er jetzt nach Berlin.
Für die erste Strecke auf Rügen in Richtung Altefähr benutzte die kleine Gruppe einen Bauernwagen. Damit fuhren sie am 8. Mai zum Amtmann, der, nachdem Johann Casimir sich zu erkennen gegeben, den fürstlichen Besuch mit viel Courtoisie empfing und für die Weiterreise seinen Wagen lieh. Beim Mittagessen im Schloß Bergen trank der dort amtierende Vogt auf das Wohl des Königs von Schweden, und es blieb dem »Kameraden« Adolf Karlsson nichts anderes übrig, als sein Bierglas ebenfalls »auf unseres gnädigen Herrn Gesundheit« zu erheben.
In Stralsund mußte der König, um nicht erkannt zu werden, in einem be-

scheidenen Logis nächtigen; die vornehmere Lübische Herberge blieb seinem Schwager überlassen, und diesem schickte der Ehrbare Rat auch etliche Kannen Wein.

Der schlichte Adolf Karlsson fiel nicht auf, als er sich am Morgen die Stadt und insbesondere auch ihre Mauern und Wälle ansah. Er fand »die Stadt, rundum von Wasser und Morast umgeben, einen sonderlich guten *situs loci* [Lage], jedoch schlecht befestigt«.

Es ist kaum anzunehmen, daß der König sich nur für die Befestigung und die strategische Lage der Stadt interessierte, um sie so gut wie möglich im Gedächtnis zu behalten. Gustav Adolf begegnete hier einem Vorbild für das, was ihm für seine Städte, besonders für Stockholm, vorschwebte: einem blühenden Handelsplatz, dessen Kaufleute auf allen bekannten Märkten Ost-, Nord- und Westeuropas vertreten waren, mit zahlreichen Werften für den Bau der dickbäuchigen Koggen, welche den Reichtum anlandeten, der sich mit Marktplatz und Rathaus und den mächtigen Kirchen sichtbar darbot. Stralsund war die erste große Stadt außerhalb Schwedens, die Gustav Adolf kennenlernte, mit rund 15000 Einwohnern volkreicher als Stockholm. Um Wismar, eine Stadt von ähnlichem Rang, schlug die Reisegesellschaft, bestrebt, das Inkognito des Königs nicht zu gefährden, einen Bogen. In Schwerin konnte sich Gustav Adolf für eine Weile zu erkennen geben. Herzog Adolf Friedrich von Mecklenburg unterhielt sich eine Stunde lang mit dem König, sorgte für Bewirtung, »dran nichts gemangelt«, wie Gustav Adolf später in einem Dankschreiben festhielt, und stattete ihn mit einem sechsspännigen Wagen aus.

Die Kutsche holperte auf der Landstraße nach Südosten. Mecklenburg blieb zurück, der märkische Sand knirschte unter den Rädern und wehte im Maiwind vorbei. Ein karges Land – auch Johan Hand fiel es auf, daß Brandenburg nicht mit Üppigkeit gesegnet war. Perleberg in der Prignitz war die erste brandenburgische Station, Wusterhausen die zweite, »kleine schöne Stadt«, wie Hand notiert, doch ganz ländlich: Das Wecken besorgen die Herden mit ihrem Geschrei und die Hirten mit Hörnern und Pfeifen, »Kinder, Hühner, Hund und Katze stimmen gerne mit ein«. In Fehrbellin – wo 55 Jahre später Schweden von Brandenburg geschlagen wurde – besah der König wieder die Befestigung; der Soldat Gustav Adolf wollte immer dazulernen, und auch das Ausspähen lag ihm im Blut.

Bei der Einfahrt nach Berlin erhielt Johann Casimir erste Nachrichten von den Verbindungsleuten der Schweden. Die Gesellschaft fand Quartier in einem Gasthof in Kölln, links der Spree; auch das kurfürstliche Schloß lag in diesem Teil der Stadt. Dorthin meldete Johann Casimir seine Ankunft. Da der Kurfürst in seinem preußischen Besitz weilte, schrieb er an die junge Kurfürstin Elisabeth Charlotte, Schwester der Frau seines

Bruders und obendrein wie er aus dem Hause Wittelsbach: Ihr Bruder war der seit 1610 die Pfalz regierende Kurfürst Friedrich V., den die Böhmen, Mährer, Schlesier und Lausitzer im August 1619 zu ihrem Herrscher gewählt hatten und der jetzt in Prag auf einem unsicheren Thron saß. Die Schwägerin und Kusine schickte dem Besuch eine Einladung ins Schloß. Tags darauf, nach dem Mittagessen, bei dem ein ahnungsloser Hofstallmeister ausgerechnet den schwedischen Kavalier Adolf Karlsson nach Alter, Statur, Physiognomie seines Herrschers ausgefragt hatte, fuhr Johann Casimir in der Kutsche zum Schloß; sein Gefolge, darunter auch Adolf Karlsson, legte den Weg zu Fuß zurück.

Immerhin, nach dem Empfang, den Anna dem Pfalzgrafen gewährte, wurden auch seine Begleiter hereingerufen und durften der Kurfürstin-Witwe die Hand küssen.

Gustav Adolf mochte hoffen, dabei auch endlich Maria Eleonora zu erblicken, denn er wußte, »daß alle drei Fräuleins bei ihr drin waren«. Aber er sah nicht viel von seiner Erwählten. Im Schloß herrschte auch jetzt noch, fünf Monate nach dem Tod des alten Kurfürsten, Trauer; Johann Sigismund war noch nicht bestattet, sondern lag in der Schloßkirche aufgebahrt, und die Gemächer Annas waren schwarz verhängt, so daß man im trüben Licht nur wenig erkennen konnte.

Gustav Adolf bat deshalb Arnim, ihm heimlich ein Portrait der Prinzessin zu beschaffen; es war ihm 300 Dukaten wert. Am nächsten Tag, an einem Sonntag, bekam er dann doch Maria Eleonora selbst zu Gesicht. Elisabeth Charlotte, vermutlich in alles eingeweiht und der schwedischen Heirat günstig gesonnen, hatte den Pfalzgrafen zum Gottesdienst in das Schloß eingeladen. Es war aber eine calvinistische Predigt, die dort geboten wurde – Johann Sigismund war aus politischer Berechnung zum reformierten Glauben übergetreten –, daher mochten die schwedischen Herren nicht teilnehmen und zogen es vor im Park des »stattlichen und wohlgebauten« Schlosses zu promenieren. Nachher wurden sie mit dem Pfalzgrafen zusammen in Maria Eleonoras Gemach gebeten. Diese muß gewußt haben, wen sie in dem hochgewachsenen, blonden Junker Adolf Karlsson vor sich hatte. Johan Hand berichtet: »Wo des Fräuleins Gedanken gewesen, weiß ich nicht, ihre Blicke waren jedenfalls unverwandt auf Seine Majestät gerichtet.«

Hand meint, der König sei nochmals allein bei der Prinzessin gewesen, ja vermutet sogar, »daß Seine Majestät so weit mit dem Fräulein konversieret, daß er in ihrer Kammer von Ihro Fürstlichen Gnaden einen Kuß bekommen habe«. Vermutlich hat der Tagebuchschreiber aus dem Hin und Her jener Tage, dem Zutragen von Nachrichten durch Arnim, dem zeitweiligen Verschwinden des Königs und den geflüsterten Verhandlungen voreilige Schlüsse gezogen. Eher ist anzunehmen, daß Gustav Adolf bei diesem ersten Berlin-Aufenthalt weder Anna noch ihre Tochter allein sprechen konnte.

Der König scheint die Hoffnung auf ein baldiges Einlenken Annas gehegt zu haben. Er war darum bereit, der umworbenen Schwiegermutter Bedenkzeit einzuräumen. Da es jedoch nichts schaden konnte, der Dame beizubringen, daß der König von Schweden nicht auf Maria Eleonora angewiesen war, und er auf jeden Fall verpflichtet war zu heiraten, auch wenn die von ihm begehrte Verbindung scheitern sollte, faßte er, vermutlich von Johann Casimir angestiftet, den Entschluß, zunächst einmal nach Süden zu reisen. »Seine Majestät wollte gerne auch andere Fräuleins besehen, auf daß, falls dieses nicht zustandekäme, man doch zu etwas gelange.«

Arnim widersprach. Ihm schien eine beharrliche Werbung am Ort vorteilhafter; auch warnte er vor einer Reise »durch die vielen katholischen Länder und mönchischen Gebiete«. Aber eben die Gelegenheit zur Erkundung dieser katholischen Länder wie überhaupt der deutschen Verhältnisse muß Gustav Adolfs Entschluß bestärkt haben. Was sich im deutschen Reich in den letzten Jahren abgespielt hatte, war von ihm scharf beobachtet worden.

Das zeigen seine Briefe an Johann Casimir aus der Zeit vor dieser Reise. Zwar nennt er die Wahl Friedrichs V. zum König von Böhmen »wohlbedacht«, fügt aber schon wenige Zeilen später hinzu, »der schwierige deutsche Zustand« mache ihm »allerhand Gedanken«. Er erwartet eine Ausdehnung des Krieges, und weil nach seiner Meinung trotz gegenteiliger Versicherungen Johann Casimirs »alles gar gefährlich aussiehet«, lädt er Schwester und Schwager vorsorglich ein: ». . . sollen Eure Liebden samt meiner Schwester und die Ihrigen bei mir und in meinen Landen eine sichere *Retirade* haben«. Ihm scheint, »daß man sich in bürgerlichen Kriegen kaum zu wohl vorsehen kann«. Mit Bürgerkriegen haben die Schweden ihre Erfahrungen; auch der immer wieder aufflackernde Krieg mit Polen ist nichts als die Fortsetzung eines Bürgerkriegs und gerade deshalb so schwer zu löschen.

Gustav Adolf erkennt auch von Anfang an den Zusammenhang der Ereignisse in Böhmen mit der Stellung Schwedens. Er will zwischen Stockholm und Prag »eine fleißige Korrespondenz« einrichten und schickt einen Gesandten zu Friedrich, »weil wir nunmehr eine Sache verteidigen und vielleicht einen Feind bekommen werden«. Im nächsten Brief macht er dann deutlich, daß nicht *er* auf Hilfe angewiesen ist, sondern allenfalls zur Hilfe bereit: »Zum andern danke ich dem lieben getreuen Gott, der mir (da ich alleine gelassen bin, gleichsam als unter den Wölfen) aus mancher Not geholfen hat und mich gebracht hat in den Stand, daß Gott mir die Gnade verleihen wird, mich jetzt zu können (durch seine Hilf alleine mit schwedischer Macht) schützen, dero Gestalt, daß die Allianzen mir wenig nötig sein . . . Lasse derohalben, die so es nötig haben, suchen . . .« Daß »dies böhmische Wesen wird nicht so balde zum Ende kommen«, ist ihm klar; er hofft jedoch, daß es die Polen so beschäftigt, daß »wir eine Zeitlang Ruhe haben«. Trotzdem wäre er dann zu einer Diversion, einem Entlastungsangriff auf Polen bereit, wenn eine Allianz auf solider Basis mit Unterstützung Englands und Hollands geschlossen würde. Und er ist »ganz perplex«, daß diese Allianz, deren Kernstück die Treue der protestantischen Union zu ihrem pfälzischen Oberhaupt gewesen wäre, nicht besser vorankommt, daß man das Eisen nicht eifriger schmiedet, solange es warm ist.

Als Gustav Adolf im Januar 1620 dies seinem Schwager schrieb, wußte er, wie schlecht es um den Zusammenhalt und die Tatkraft der protestantischen Fürsten Deutschlands stand. Jetzt, vier Monate später, während er Berlin hinter sich ließ und über Zehlendorf, Stahnsdorf, Saarmund sich der Elbe näherte, schickten sich die Fürsten der Union wieder zu halbherzigen Taten an.

Ihnen war nicht geheuer, daß der pfälzische Kurfürst sich auf das Angebot der böhmischen Unruhestifter eingelassen hatte. Gewiß, Friedrich hatte gezögert, als die Aufrührer in Prag – nach der »Defenestrierung« der Statthalter ihres Königs Ferdinand, nach dem Anschluß der Schlesier, Lausitzer und Mährer an das revolutionäre Direktorium, nach der Besiegelung einer neuen Ordnung der von Habsburg abgefallenen Länder in der »Conföderationsakte« vom 31. Juli 1619 – ihm an Stelle des eben abgesetzten Ferdinand mit großer Mehrheit ihre Wahlkönigskrone angetragen hatten. Aber schließlich hatte er zugesagt, auch weil seine Verbündeten von der Union ihm zögernd zurieten, und wohl auch, weil er eine Pflicht gegenüber der protestantischen Sache zu erfüllen glaubte – es war leicht, dem in politischen Fragen hilflosen, von seinen Beratern abhängigen Dreiundzwanzigjährigen etwas einzureden. Die entschiedenen Warnungen seines englischen Schwiegervaters Jakob I. und die noch dringlichere Mahnung seines Vetters, des Herzogs Maximilian von Bayern, hatte er in den Wind geschlagen. Dabei hätte er allen Grund gehabt, ernst zu nehmen, worauf Herzog Max hinwies: auf mangelnde Bundesgenossenschaft, auf das Gewicht der Feindschaft Habsburgs und auf die Gefahr, sich als Fürst auf rebellische Untertanen einzulassen. Denn zwei Wochen nach diesem Brief an Friedrich schloß der fromme bayerische Regent mit Ferdinand – seit dem 28. August des Jahres römischer Kaiser, gewählt mit den Stimmen der evangelischen Kurfürsten – zu München einen Vertrag, der das Schicksal des pfälzischen Herrschers besiegelte.

Der geheime Vertrag, am 8. Oktober 1619 zwischen Maximilian, dem Kaiser und dem von seinem Wiener Botschafter Oñate vertretenen König von Spanien geschlossen, übertrug dem bayerischen Herzog »das völlige Directorium über die kathol. Verfassungs- und Defensionswesen«. Das Abkommen hatte Hand und Fuß, Maximilian war für Klarheit und Sicherheit, auch hierin das Gegenteil des pfälzischen Kurfürsten. Seine Verpflichtung zu rüsten und Ferdinand mit eigenen Kräften und denen der erst vor kurzem wieder neu belebten Katholischen Liga zu unterstützen, übernahm er nur gegen die durch Pfänder gesicherte Erstattung aller Kosten; mündlich ließ er sich noch versprechen, daß er, hätte er erst den Thronräuber aus Prag vertrieben, die Kurwürde des dann der Reichsacht Verfallenen erhalten würde. Den Spaniern fiel die Rolle zu, von ihrem Teil der Niederlande aus in die Pfalz vorzustoßen, auch sollten sie wie bisher in Böhmen Truppen stellen.

Was die evangelische Union solchen Plänen entgegensetzte, war schwächlich genug. Bei einem Treffen zu Nürnberg, unzureichend beschickt, hörte man nicht auf den pfälzischen Rat Ludwig Camerarius, der darauf drängte, »die Augen aufzutun und etwas Tapferes zu wagen«, sondern beschloß zwar zu rüsten, vor allem aber nochmals zu verhandeln.

Nach Friedrichs festlichem Einzug in Prag am letzten Oktobertag und dessen Krönung wenige Tage später, schien es, als ob mit dem neuen König den böhmischen Waffen auch neues Glück blühe: Bethlen Gabor, der Fürst von Siebenbürgen, hatte im Spätsommer seine Hilfe angeboten, den protestantischen Adel Ungarns für sich gewonnen, war in einem kühnen Feldzug auf Preßburg vorgestoßen und hatte seine Truppen mit dem böhmisch-mährischen Heer vereinigt. Wien war bedroht, Kaiser Ferdinand, zuerst nach Graz geflüchtet, dann aber doch in die bedrängte Hauptstadt zurückgekehrt, schien das Spiel verloren zu haben. Die Angreifer waren in der Übermacht, in Wien herrschte Hunger, wüteten Seuchen, das kalte Novemberwetter verschärfte die Plagen.

Aber wieder einmal, wie schon im Juni, als die Soldaten der böhmischen Aufständischen unter Matthias von Thurn vor Wien hatten umkehren müssen, mißlang die Eroberung der Stadt noch vor dem Generalangriff. Die Entlastung für Ferdinand brachten die Polen: Sigismund schickte ihm einige tausend seiner bewährten Reiter zur Hilfe, und als diese in Oberungarn auftauchten, hielt es Bethlen Gabor, von hinten bedroht, für geraten, den Rückzug anzutreten. Die Söldnertruppen des böhmischen Königs, ohnehin von Krankheit dezimiert, schlecht bezahlt und disziplinlos, dazu unzureichend ausgerüstet – vor allem fehlte es an Artillerie –, konnten ohne den Bundesgenossen nichts ausrichten und verschwanden ebenfalls.

Gustav Adolf hatte also – erwägt man die Rolle der polnischen Reiter – so unrecht nicht, als er eine Diversion gegen seinen Vetter in Warschau in die Allianz einzubringen vorschlug. Aber der König in Prag wußte offenbar wirklich nicht, daß man das Eisen schmieden muß, solange es heiß ist, er verstand sich weder auf die äußere noch auf die innere Politik. Seinen neuen Untertanen blieb er fremd, und er sah hilflos zu, wie sie sich untereinander und mit seinen Leuten aus der Pfalz zerstritten, wie sich Calvinisten und Lutheraner in die Haare gerieten, wie Finanzen und Währung verfielen, den Bauern die Luft ausging und seine Soldaten verkamen; oder vielmehr: Er sah weg und widmete sich Vergnügungen und Festlichkeiten, von denen er mehr verstand, weil er sie von Heidelberg her gewohnt war. Ein böhmischer Adliger, lutherischen Bekenntnisses, brachte das Wirken seines neuen Königs auf die kurze Formel: »Was hat denn unser König getan? Er hat Bilder zerstört, das Wohl der Generalstaaten in böhmischem Bier getrunken und mit böhmischen Damen getanzt.«

Während Friedrich sich im Januar in Brünn von den Mährern, später in Breslau von den Schlesiern huldigen ließ, spann Maximilian von Bayern bedachtsam aber entschlossen seine Fäden, und als letzte Masche knüpfte er im März 1620 einen Vertrag mit dem Kurfürsten Johann Georg von Sachsen in sein Fangnetz, dem angesehensten Fürsten der Protestanten und Haupt der Lutheraner. Johann Georg hatte nach der Krönung Friedrichs zunächst einmal zugewartet, die Ereignisse des Winters hatten ihm aber zu der Einsicht verholfen, daß es besser wäre, die Hand ganz von einem Fürsten abzuziehen, der sich mit dem Erbfeind des Reiches, dem Türken, oder doch wenigstens dessen Vasallen, Bethlen Gabor, eingelassen habe und, alles in allem, eine ungerechte Sache vertrete. Somit stellte er sich auf die gerechte, die legitime Seite, also auf die des Kaisers, bereit, die Lausitz und Schlesien wieder zur Raison zu bringen, selbstverständlich gegen Erstattung seines Aufwandes, wofür sich die seinem Land benachbarte Lausitz von selbst als Pfand anbot.

Johann Georg hatte also durchaus beachtet, worauf ihn Gustav Adolf vor einiger Zeit durch seinen Gesandten Rutgers hingewiesen hatte: Er sei sowohl durch sein Ansehen im Reich als auch durch die Lage seiner Herrschaft, die an Böhmen grenze, mehr als andere einzuschreiten geeignet und verpflichtet und sei auch, im Fall eines unglücklichen Ausgangs, mehr als andere gefährdet. Nur hatte der Kurfürst aus diesen Tatsachen Schlüsse gezogen, die denen Gustav Adolfs entgegengesetzt waren.

In einem Schreiben an den schwedischen König vom 13. April 1620, also nach seinem Pakt mit Maximilian und dem Kaiser, deutete er wenigstens an, wo er stand. Er warnte vor einer Einmischung in Böhmen: »Sie nehmen die Religion zum Vorwand, aber von welcher Art diese ist, das lehren die Ereignisse und weisen quasi mit dem Finger darauf.« Zur Beruhigung seines durch übermäßiges Trinken nicht gerade geschärften Gewissens hatte der Kurfürst sich versichern lassen, daß den böhmischen Lutheranern nichts Böses geschehe; um die Calvinisten, die sich jetzt auch noch in Prag breitmachen wollten und gegen die sein habsburgfreundlicher Hofprediger Hoë von Hoënegg so trefflich zu wettern verstand, brauchte er sich schließlich nicht zu kümmern.

Gustav Adolf wird des sächsischen Kurfürsten nicht gerade freundlich gedacht haben, als er durch dessen Land fuhr, auch wenn er von der geheimen Absprache mit Maximilian noch nichts gewußt hat. Die Unschlüssigkeit der deutschen Protestanten, die sich in Johann Georg zu verkörpern schien, war ihm von Herzen zuwider.

Dabei dröhnte dieses deutsche Reich von Kriegslärm. Die Rüstungen, die man auf seiten der Liga und, mit geringerer Kraft, auf seiten der Union betrieb, waren mit Pauken und Trompeten in die Ohren der verängstigten Untertanen gedrungen. Die angesammelten Spannungen drängten zur Entladung. Der Aufmarsch der beiden Lager war im Gang, als Johann Casimir sich mit seinem Schwager, der sich nun Kapitän Gars nannte (nach den Anfangsbuchstaben von Gustavus Adolphus Rex Sueciae), der pfälzischen Heimat näherte.

In Thüringen erregte besonders Erfurt die Neugier des Königs. Erfurt, nach den damaligen Verhältnissen eine Großstadt wie Lübeck, Nürnberg oder Augsburg, ein Hauptstapelplatz am Kreuzungspunkt großer Straßen, war, wie Stralsund für den Seehandel, ein Beispiel für einen blühenden Binnenhandel. Überdies war es eine Stadt, in der sich die Konfessionen begegneten und mischten. Trotz der Schutzherrschaft des Kurfürsten von Sachsen besaß der Erzbischof von Mainz hier angestammte Rechte, und obwohl der größere Teil der Einwohner sich zur Augsburger Konfession bekannte, blühte noch das kirchliche Leben der Katholiken. Kapitän Gars hatte hier zum erstenmal Gelegenheit, die papistischen Bräuche selbst zu erleben, und es spricht für ihn, daß er es nicht beim Hörensagen bewenden lassen mochte, sondern den Domhügel erstieg, um in der Liebfrauenkirche die Altäre und Heiligenbilder im Schein der Kerzen und Lampen anzusehen, und tags darauf auf dem Petersberg im Dominikanerkloster einen Mönch bestach, ihn an der Messe teilnehmen zu lassen. Hand vermerkt in seinem Tagebuch Entsetzen über die Abgötterei; ein anderer Berichterstatter, Johannes von Rusdorf, verstärkt als pfälzischer Calvinist noch die Empörung über die »Opferpriester«. Gustav Adolf stand damals noch am Beginn einer allmählichen Wandlung seiner Einstellung oder doch mindestens seines Verhaltens zum Katholizismus in Richtung einer wenn nicht ideellen, so doch praktizierten Toleranz.

Daß Gustav Adolf auch Erfurt mit dem Blick des Soldaten betrachtete, verwundert nicht; er verlor diesen Gesichtspunkt während der ganzen Reise nie aus den Augen. Aber er genoß gewiß auch die bewegte, reiche, gerade jetzt, Ende Mai, sich in ihrer ganzen Fülle darbietende Landschaft der Wetterau, als sich die in vier Kutschen reisende Gesellschaft von

Fulda her Hanau näherte. In jener Gegend erhielt sie eine »günstige Nachricht« aus Berlin; die Mittelsmänner des Königs erzielten offenbar Fortschritte.

Am 25. Mai zogen sie morgens in Frankfurt ein, wiederum in eine Handelsstadt von europäischem Rang, einem Zentrum des Buch-, Seiden- und Juwelenhandels und der Geldgeschäfte, mit einem großen Anteil jüdischer Geschäftsleute, aber auch von Niederländern, die vor den Spaniern geflüchtet waren. Die Frankfurter Messen zogen viele Ausländer an, die Krönungsstadt der römisch-deutschen Kaiser war der wichtigste Stapel- und Speditionsplatz im Inneren Deutschlands.

Die schwedischen Herren sahen sich alles an: die Handelshäuser, das Judenviertel, den Dom, wo vor neun Monaten Ferdinand II. mit großem Gepränge zum Kaiser gekrönt worden war, und den Römer, wo »bei lieblicher Musik« das Festbankett gehalten worden war »mit stattlichem Schau- und anderem Essen, Konfekt und dergleichen«, während unten das Volk den gebratenen Ochsen zerstückelt und in wüstem Gedränge den Weinbrunnen leergetrunken hatte. Kapitän Gars ließ sich in einem Juwelierladen durch ein besonders schönes Diamantenhalsband verleiten, 8700 Reichstaler auszugeben, eine Menge Geld – in Schweden konnte man dafür fast 3000 Kühe kaufen – und vielleicht eine der Ursachen dafür, daß Johann Casimir einen größeren Betrag vorstrecken mußte. Für welchen Zweck das Halsband bestimmt war, ist nicht überliefert; vielleicht wollte der Monarch auf Brautschau für den Ernstfall ein passendes Geschenk bei der Hand haben.

Über Darmstadt ging es weiter nach Heidelberg, wo der Bruder Johann Casimirs, der Herzog Johann von Pfalz-Zweibrücken, in dem weitläufigen Schloß, dem prächtigsten, das damals auf deutschem Boden zu finden war, als Stellvertreter des Kurfürsten Friedrich residierte, der seinen Prager Verpflichtungen und Vergnügungen oblag. Heidelberg, in das Grün des Frühjahrs gefaßt, von südlicher Sonne durchwärmt, war wie geschaffen für die Zusammenführung eines jungen Paares, und das Arrangement des Heidelberger Hofes bei der Begegnung Gustav Adolfs mit Katharina, der Schwester des böhmischen Königs, war geschickt genug: Man ließ die Damen in dem berühmten Schloßpark promenieren und gab Kapitän Gars – der nicht bereit war, sein Inkognito zu lüften – Gelegenheit, sich die Heiratskandidatin anzusehen. Katharina deutete die Neugier des schwarzgekleideten, hellblonden schwedischen Kavaliers als Ungebührlichkeit. Als der König sich nicht an die durch die Höflichkeit gebotene Distanz hielt, sondern das etwas rundliche Fräulein aus der Nähe betrachtete, sagte sie auf französisch zu ihrer Schwester: »Ach, was für aufdringliche Leute sind doch diese Schweden!«

Nun, der König scheint von dieser Kandidatin, die ihm Johann Casimir am liebsten zugeführt hätte, nicht sonderlich angetan gewesen zu sein. Maria Eleonora gefiel ihm besser, und sie paßte auch besser in seine politischen Pläne. Als tags darauf der pfälzische Rat Rusdorf bei einem Spazierritt in das Neckartal dem Kapitän Gars – dessen wahren Namen er vermutlich kannte, ohne ihn auszusprechen – noch einmal nachdrücklich Katharina als Braut für seinen Herrn in Stockholm empfahl, ließ dieser ihn abfahren: »Mein gnädigster König wird sich seine Gemahlin wählen, sobald er es für gut befindet . . .« und wollte von diesem Thema nichts weiter wissen. Ihn beschäftigte mehr, wie sich die Fürsten der Union der Herausforderung stellen wollten. Als der König erfuhr, die Häupter der Protestanten träfen sich in Heilbronn, wollte er dazustoßen, erhielt dann aber die Nachricht von der Verlegung des Treffens. Auch seinen kriegerischen Interessen blieb er treu: Er nutzte nach Kräften, daß der führende Militärtheoretiker der niederländischen Schule, Graf Johann von Nassau, der in Siegen die erste Militärakademie Europas gegründet hatte und schon Karl IX. in Livland zu Diensten gewesen war, sich in Heidelberg aufhielt. In Gesprächen mit ihm vertiefte Gustav Adolf seine Kenntnisse, ließ sich von Graf Johann eine Schlachtordnung aufzeichnen, den Bau einer vorbildlichen Festung erklären und im Zeughaus neuartige Waffen vorführen.

Als er hörte, der Markgraf von Baden stehe mit seinen Truppen bei Breisach, um Streitkräften der Liga den Rheinübergang vom Elsaß her zu sperren, litt es ihn nicht länger in Heidelberg, zumal auch die Heiratssache die von ihm gewünschte Wendung zu nehmen schien: Aus Berlin kam ein hoffnungsvolles Schreiben, die Kurfürstin-Witwe dürfte nun wohl zu gewinnen sein – die offizielle Bewerbung des polnischen Erbprinzen Wladislaw um die Hand Maria Eleonoras, die Anna nicht ins Konzept paßte, kam Gustav Adolf zugute; auch daß die Kurfürstin samt ihrer Tochter trotz des Übertritts ihres Gatten und ihres Sohnes zum Calvinismus eine eifrige Anhängerin des Luthertums geblieben war.

»Am 29. Mai reiste Seine Königliche Majestät weiter mit Ihro Fürstlichen Gnaden nach einer stattlichen, neuen und wohlbefestigten Stadt mit Schloß, Mannheim genannt, von Mannheim weiter nach Graben . . . Am Abend kamen wir dann nach Durlach«, schreibt Hand in seinem Tagebuch. Auch in Durlach war eine Heiratskandidatin zu besichtigen, die hübsche Tochter des Markgrafen, Sibylle Magdalene, die schon lange auf der Empfehlungsliste Johann Casimirs stand. Aber Kapitän Gars hielt es für überflüssig, sie zu treffen; er blieb der Hoftafel fern, angeblich, weil ein Offizier geladen war, der in Schweden gedient hatte und Gustav Adolf hätte erkennen können.

Schon um drei Uhr ritten die Kavaliere am nächsten Morgen weiter,

»sechzehn Meilen durch verschiedener Herren Länder« in das Lager des Markgrafen Georg Friedrich von Baden-Durlach bei Breisach, genauer zu Ihringen am Kaiserstuhl.

Im Lager schwirrten Gerüchte. »Sie erzählten uns, daß das feindliche Kriegsvolk, welches sie seither in der Absicht, es am Rheinübergang zu hindern, erwartet hatten, am gleichen Tag vorbeiziehen werde. Jeder für sein Teil hoffte auch, daß es zum Gefecht komme . . .«

Es kam nicht zum Gefecht. Der Oberbefehlshaber der Union, Markgraf Joachim Ernst von Ansbach, der seine Truppen gerade bei Ulm zusammenzog, hatte nach Verhandlungen und widersprüchlichen Weisungen verfügt, den im Elsaß stehenden Truppen den freien Übergang zu gestatten. Er vertraute einer Erklärung, sie seien zu kaiserlichen Diensten angeworben, und dem Kaiser wollte man den schuldigen Respekt nicht versagen.

Der badische Fürst war erzürnt: Seit März hatten seine Truppen auf diesen Tag gewartet. Jetzt mußte er sie aus ihren Stellungen im Lager – vor ihren schwedischen Gästen – untätig zusehen lassen, wie die von Erzherzog Leopold geführten 27 Kompanien – 4000 Mann zu Pferd und 8000 zu Fuß, wie der Markgraf von Baden schätzte – über den Rhein marschierten. Deren Ziel war, wie sich herausstellte, Oberschwaben, wo sie sich mit den Streitkräften der Liga vereinigten.

Deutlich genug war Gustav Adolf vorgeführt worden, wessen er sich von den protestantischen Fürsten Deutschlands zu versehen hatte. Die folgenden Wochen offenbarten deren Schwäche noch deutlicher. Während sich die Truppen beider Bündnisse kriegsbereit gegenüberlagen, ließen sich die Häupter der Evangelischen auf einen Kuhhandel ein, der – vor allem, nachdem auch noch eine französische Gesandtschaft ihre diplomatischen Künste ins Spiel gebracht hatte – dem bayerischen Herzog alles gab, was er brauchte, und der Union die letzten Trümpfe aus der Hand nahm. Der »Ulmer Vertrag«, von den Franzosen formuliert und am 3. Juli 1620 unterzeichnet, besiegelte den Waffenstillstand zwischen Union und Liga, entlastete also Maximilian von dem einzigen Feind, der seinen Griff nach Böhmen hätte hindern können. Und der Vertrag enthielt nicht einmal eine Sicherung der Pfalz gegen einen Angriff aus den spanischen Niederlanden; die Unionsländer behielten sich nur vor, im Falle eines solchen Angriffs dort Hilfe zu leisten.

Gustav Adolf hatte mehrfach erwogen, an dem Treffen in Ulm teilzunehmen, auch war die Route über Prag für die Rückreise ins Auge gefaßt worden. Aber schließlich hatten wohl nicht nur die Nachrichten aus Berlin – dringliche Aufforderungen, die Gunst der Stunde zu nutzen – diese Pläne vereitelt, sondern ebenso die Erfahrungen mit diesem in sich zerstrittenen, schwächlichen, politisch instinktlosen Haufen deutscher Fürsten, mit denen man sich nur in der Position der Stärke einlassen konnte, über die der schwedische König jetzt noch nicht verfügte.

So begnügte er sich damit, vor der Rückreise seine Schwester Katharina zu besuchen. Der Weg führte über Straßburg: »Da zog Ihro Fürstliche Gnaden stracks voraus zu Ihrer Gemahlin, und wir anderen blieben alle dort und besahen die Stadt von innen und außen; da ist ein mächtig schöner Kirchturm, und schöne Frauen gibt es die Menge.« Dann folgten Gustav Adolf und seine Begleiter dem eiligen Schwager durch die fruchtbare Ebene des oberen Elsaß, in das pfälzische Weinland, wo über den Fachwerkhäusern von Leinsweiler im Schloß Neukastel »Käthchen« schon auf den Bruder wartete.

Das Pfingstfest über blieben die Geschwister beisammen. Gustav Adolf freute sich an den Kindern der Schwester, fragte sie wohl auch um Rat in der Heiratssache, erneute sein Angebot, der Familie bei Kriegsnot in Schweden eine sichere Bleibe zu schaffen, und mußte sie dann allein zurücklassen, denn Johann Casimir blieb weiterhin der Anführer der Reisegruppe, die sich, nach einer Einkehr in Heidelberg, endgültig nach Berlin auf den Weg machte, über Frankfurt, Kassel auf den Harz zu. Dort, am Rande des Gebirges in Gebhardshagen zwischen Seesen und Salzgitter (damals ein kleines altes Städtchen), erreichte sie die Nachricht, Arnim warte in Magdeburg mit 40 Pferden.

Am Samstag, dem 17. Juni, traf Gustav Adolf in Berlin ein, ohne Johann Casimir, von dem er sich in Zehlendorf getrennt hatte. Er wollte nun auf eigene Faust sein Glück versuchen, doch wahrte er zunächst weiter sein Inkognito. Das erschwerte die Quartiersuche. Man hielt die Schweden für einen marodierenden Haufen englischer Söldner, die damals durch die Mark Brandenburg wechselten, und schlug ihnen in zwei Gasthäusern die Tür vor der Nase zu. Vom »Schwarzen Mohren« aus, wo sie schließlich Unterschlupf fanden, schickte der König am Sonntag früh der Kurfürstin einen Brief und erhielt eine offizielle Einladung an den Hof.

Gustav Adolf hat seine Erlebnisse an diesem ersten Sonntag nach Trinitatis selbst aufgezeichnet. In diesem einzigen autobiographischen Dokument von seiner Hand, das wir kennen, heißt es: »Ich ging deshalb um neun Uhr zum Schloß und kam gerade zum Anfang der Predigt. Als ich in den Vorraum trat, wo der Hofstaat und die Junker saßen, wunderte sich jedermann, was für einer ich wäre und was ich wollte. Derweilen begann die Predigt über den Text vom reichen Mann, darin wurde dargelegt, daß wir in der Welt eine Komödie spielen und wie unterschiedlich Gott, der alle Dinge regiert, die Rollen verteilt, die wir Menschen hier in der Welt spielen sollen. Dabei wurde das Exempel der zwei Personen eingeflochten, von denen das Evangelium berichtet, als Warnung an jeden Christen, sich daran ein Beispiel zu nehmen und seine Rolle in diesem Welttheater so zu agieren, daß wir, wenn uns der Tod ereilt, und wir vor den Meister des Schauspiels treten müssen, welcher Gott im Himmel ist, die Ehrenkrone erhalten . . .«

»Nach der Predigt«, so fährt der König in seinen Aufzeichnungen fort, »wurden alle hinausgewiesen, die man nicht dabei haben wollte, und ich wurde hineingerufen.« Über das folgende Gespräch mit der Kurfürstin-Mutter – bei dem ihm seine Erfahrungen mit der ähnlich gearteten eigenen Mutter zugute gekommen sein mögen –, schreibt er nur, daß sie auf sein Vorbringen geantwortet habe. Mehr über Gustav Adolfs Auftreten als Bittsteller, sozusagen in der Rolle des armen Lazarus, wissen wir von Anna selbst. Um zu erklären, was zu ihrer auffallenden Sinnesänderung führte, berichtete sie ihrem Sohn, daß der Freier unwiderstehlich, zugleich demütig und zutraulich gesprochen und sein Geschick in ihre Hände gelegt habe. Schließlich sagte sie deutlich genug Ja zu Gustav Adolfs Werbung, als sie seine Frage, ob er denn alle Hoffnung fahren lassen müsse, mit Nein beantwortete.

Am nächsten Tag ergab es sich – wohl kaum ohne Zutun Annas –, daß der König Maria Eleonora in einem verschwiegenen Winkel des Schloßgartens allein sprechen konnte. Das Fräulein ließ keinen Zweifel, daß sie ihn und nur ihn begehre, wobei sie sich auf ihren Vater berief: »Sie hätt' es ihrem Herrn Vater noch in Preußen zusagen müssen, daß sie keinen anderen haben wollte, und der Meinung wär' sie noch . . .«

Zu Mittag durften die beiden jungen Leute allein miteinander speisen, und nach dem Essen setzten sie nochmals gemeinsam der Mutter zu. Nachdem »viel Erbittens geschehen«, gab Anna endgültig ihren Segen, unter der Voraussetzung, daß ihr Sohn »darum mit ersucht« werde und »Preußens halber keine Gefahr zuwachsen« dürfe.

Gustav Adolfs Beredsamkeit und mehr wohl noch die durchweg bezeugte starke Ausstrahlung seiner Persönlichkeit hatten gesiegt. Er überreichte seiner Braut den Verlobungsring, einen einfachen Goldreif im Vorgriff auf eine kostbarere Ausführung. Noch am selben Tag schrieb er nach Preußen an den künftigen Schwager Georg Wilhelm und bat um dessen Zustimmung.

Zwei Tage später, am Mittwoch, reiste er ab, seiner Sache sicher. Georg Wilhelm und viele seiner Räte waren wenig erbaut, sie fürchteten böse Reaktionen aus Warschau. Anna setzte sich darüber hinweg und trat mit wachsender Dringlichkeit für den schwedischen König ein. Schon gleich nach dessen Abreise hatte sie ihren Sohn brieflich über die Verlobung unterrichtet, und als dieser protestierte, gab sie zu verstehen, sie sei ja auch gegen diese Heirat gewesen, aber es sei doch etwas anderes, »wenn ein König selbst sein Wort rede«. Sie könne nur raten, die Hochzeit möglichst bald abzuhalten, um größere Unkosten zu sparen.

Was die Mutter mit handfesten Argumenten durchzusetzen versuchte, betrieb die Tochter mit dem Appell an das Gefühl: Maria Eleonora schrieb ihrem Bruder: ». . . und weil nun ich Euer Liebden treues brüderliches Herz, itzo, dar es Not ist, begehre, so bitt ich, Euer Liebden wollen Dero Zusage nachkommen und mir mein Glück gönnen und mir Ihre brüderliche Treue erweisen und mich nicht als fremdes Fräulein sondern als eine eigene Schwester aus Dero Land schicken . . .«

Als Maria Eleonora diesen Brief verfaßte, besaß sie bereits eine höchst beachtliche Bestätigung ihres »Glücks«: Johann Casimir war im Auftrag des Königs mit einem von diesem vor der Einschiffung in Rostock gekauften Diamantring in Berlin erschienen, und um das prächtige Geschenk ins rechte Licht zu rücken, hatte der Pfalzgraf nicht versäumt, die Summe zu verraten, die der König in seinem Beisein dem Juwelier auf den Tisch gelegt hatte: 10 000 Reichstaler.

Aber der König ging nicht nur mit seinen Geschenken aufs Ganze. Kaum wieder in Stockholm, ließ er seinen künftigen Schwager Georg Wilhelm, der die Sache weiter vor sich herschieben wollte, wissen, daß er von dieser Taktik nichts halte und deshalb jetzt seinen Kanzler nach Berlin schicke, um die Verhandlungen abzuschließen und die Braut nach Schweden zu holen. Gleichzeitig unterrichtete Gustav Adolf andere protestantische Höfe über seinen Heiratsplan und machte ihn damit offiziell und unwiderruflich. Auch der Kurfürst mußte einsehen, daß er gegen den schwedischen König und die eigene Mutter nichts mehr ausrichten konnte. Daß seine Mutter die Braut wieder einmal jedem Zugriff entzog und nach Wolfenbüttel brachte, wird ihn eher erleichtert haben.

Gustav Adolf, der Mitte Juli von Stockholm an Johann Casimir geschrieben hatte: »Meine Sorge ist nur, wie ich meine Liebste möge herinnen bekommen«, ließ es sich angelegen sein, die Braut stattlich einzuholen: Acht Kriegsschiffe unter dem Befehl des Reichsadmirals Karl Karlsson Gyllenhielm, seines Stiefbruders, setzten am 9. August in Älvsnabben ihre Segel. An Bord befand sich eine Sondergesandtschaft unter Führung von Axel Oxenstierna, die sich aus 73 Personen zusammensetzte, darunter zehn Hofjunker aus dem Hochadel, mit elf Wagen und 57 Pferden. Eines Sturmes wegen mußte die Flotte umkehren und sich erneut in Älvsnabben sammeln; eines der Schiffe blieb beschädigt zurück. Travemünde, das Ziel des Schiffsverbandes, wurde erst am 23. August erreicht. Am 3. September ritt und fuhr der Zug der Schweden in Berlin ein.

Der König wußte, warum er seinen Kanzler entsandt hatte. Dessen Verhandlungskunst und Entschlossenheit waren die »*Consilia* des Ortes« nicht gewachsen. Oxenstierna fand die Beauftragten des Kurfürsten, der noch immer in Preußen weilte, »gewaltig *perplex* und *irresolut*«; er durchschaute auch sofort, daß Georg Wilhelm die Heirat an und für sich nicht ungern sah, jedoch den polnischen König nicht *offendieren* [beleidigen] wollte. So lag es wohl auch in der Absicht Georg Wilhelms, daß ein Befehl an seine Räte, gegen die Vereinbarungen seiner Mutter Einspruch zu erheben, nichts mehr bewirken konnte. Er hatte sein Gesicht gewahrt und konnte darauf hinweisen, daß die Eheschließung auf der elterlichen Gewalt seiner Mutter beruhe, gegen die – wie er sich durch ein Rechtsgutachten bestätigen ließ – von ihm, dem Bruder der Braut, nichts auszurichten war.

Die Verhandlungen hatten nur ein paar Tage gedauert. Am 13. September traf der schwedische Reichskanzler in Wolfenbüttel ein, von Maria Eleonora ungeduldig erwartet. In Mecklenburg vereinigte sich das Brautgeleit mit der Kurfürstin-Witwe und ihrem Gefolge. Anna hatte sich entschlossen, zusammen mit ihrer jüngsten Tochter Katharina der Braut nach Schweden zu folgen. Da ihr Sohn ihre Aufforderung, sie für die Reise mit Geld zu versehen, unbeachtet gelassen hatte, scheute sie sich nicht, die Berliner Schatzkammer zu plündern. Was sie entnahm – darunter einen massiv goldenen, reich mit Saphiren besetzten Pokal –, betrachtete sie auch als Pfand für die Mitgift der Braut.

In Wismar nahm das von Gyllenhielm befehligte Geschwader die künftige Königin Schwedens und ihre Begleitung an Bord. Zu den Begleitern gehörte auch der brandenburgische Sekretär Christoph Ludwig Rasche, der in Berlin eifrig für diese Heirat gewirkt hatte und nun in schwedische Dienste trat, zunächst als Kabinettssekretär der Königin.

Gustav Adolf wartete in Kalmar auf die Ankunft seiner Braut. Er hatte einen großen Erfolg errungen und hätte allen Grund gehabt, zufrieden zu sein. Als er jedoch am 3. Oktober, wenige Tage vor Ankunft seiner Schiffe, aus Kalmar an Johann Casimir schrieb, überschatteten ihn schwere Sorgen.

Dem eigenen Land – über das er Mitte Juli nach seiner Rückkehr erleichtert berichtet hatte: ». . . das ganze Vaterland bei Gesundheit und reicher Segen an Heu und Getreide . . . Im Lande ist's still, und die Nachbarn sind auch still . . .« – diesem Land, das er liebte und in Deutschland mitunter fast prahlend gerühmt hatte, drohte die Pest: ». . . wäre meine Freude *complet*, wenn nicht die Pest zu grassieren anfinge, aber die stellet sich, daß uns bange ist, daß Gott unsere Sünde zu züchtigen sich hat vorgenommen«.

Gleich zu Anfang des Briefes jedoch, ehe er von der Hoffnung auf die Ankunft seiner Braut und von der Seuchengefahr schrieb, gab der König seiner Bedrückung wegen der Lage in Deutschland und in Böhmen Ausdruck: ». . . denn die Zeitung von Spinolae, des Kurfürsten von Sachsen und Bayernfürsten *expeditiones* werden hier so grausam *depredicieret*, daß uns mit Verlangen gelüstet, bessere Zeitung zu vernehmen«.

Königin Maria Eleonora.
Stich nach einem Gemälde von
Jacob Hoefnagel, 1629

Was Gustav Adolf wußte, war schlimm genug, aber die neuen Nachrichten, die er mit Verlangen erwartete, brachten noch Schlimmeres. Ende Juli waren die Söldner des bayerischen Herzogs und seines Generals Tilly in Oberösterreich einmarschiert. Die dortigen Stände, welche sich mit den böhmischen Rebellen verbrüdert hatten, wurden nun wieder unter den Fuß ihres Herrn und Kaisers gebracht. Am 8. August, fast gleichzeitig mit dem Aufbruch Axel Oxenstiernas nach Berlin, zog Herzog Max in Linz ein; sein Heer vereinigte sich mit dem Rest der kaiserlichen Truppen unter General Bucquoy, und dann setzte sich die Kriegsmaschine gegen Böhmen in Bewegung.

Derweilen nahm der Kurfürst von Sachsen, der nicht gerne zurückstehen mochte – schließlich maß er auch seine jährliche Jagdbeute durch Vergleich der sorgfältig geführten Listen mit der des Kaisers –, die Gelegenheit wahr und ließ im September seine Soldaten in die Lausitz marschieren. In Schlesien fielen polnische Reiter ein. Und ebenfalls seit 8. August befand sich der Marquis von Spinola mit seiner spanischen Armada von 25000 Mann mit voller Kriegsrüstung, Artillerie und Belagerungsgerät im Anmarsch auf Koblenz.

Die Briefe, die Gustav Adolf in den letzten Wochen von seinem Gesandten Rutgers aus Prag erhalten hatte, klangen übel. Da die Fürsten der Union weiter zuwarteten, blieb der König in Prag dem Glück oder Unglück seiner eigenen Waffen überlassen. Daß Friedrich sich gegen die andringenden Feinde behaupten werde, so wie Schweden sich gegen drei Gegner behauptet hatte, war die einzige »bessere Zeitung«, auf die Gustav Adolf noch hoffen mochte, während er auf seine Braut wartete.

Die Bedrohung durch die Pest konnte ihn nicht untätig lassen. Obwohl die Seuche bis jetzt fast nur in den Grenzgebieten aufgetreten war und erst wenige Opfer gefordert hatte, ließ der König in einer Vorstadt Kalmars, aus der einige verdächtige Krankheitsfälle gemeldet wurden, die Bewohner der betroffenen Häuser wegschicken und die Häuser niederbrennen. Er wollte Maria Eleonora nicht gefährden.

Am 7. Oktober 1620 setzte die Prinzessin zum erstenmal ihren Fuß auf den Boden Schwedens, auf dem sie nie wirklich heimisch werden sollte. Sie kam mit Illusionen, die ihre Ankunft vergoldeten, und blieb ihnen treu. Dem theatralischen Aufzug, der sie zur Königin machte, entsprach der theatralische Abgang: Zwanzig Jahre später würde sie in abenteuerlicher Verkleidung aus dem Lande fliehen.

Der Anfang freilich schien alle ihre Erwartungen zu erfüllen. Gustav Adolf überschüttete sie mit Aufmerksamkeiten. Kaum war sie in Kalmar eingetroffen, eilte er nach Stockholm voraus, um zu prüfen, ob alles wohlvorbereitet sei. Selbst um die Heizung im Schloß kümmerte er sich, »dieweil es sonst den Jungfrauen allzu kalt vorkommen wird«.

Am 25. November fand in Stockholm die Hochzeit statt. Der Adel des Landes, nun zu Recht eingeladen, folgte dem feierlichen Zug. Unter den vielen hohen Damen war auch die fünfundachtzigjährige Katharina Stenbock, die Stiefgroßmutter des Königs, die zwei Jahre zuvor Ebba Brahes Hochzeit ausgerichtet hatte.

Drei Tage nach der Trauung wurde Maria Eleonora in der Stockholmer Hauptkirche zur Königin von Schweden gekrönt. Da Christine als Königin-Witwe sich nicht von ihren Insignien trennen wollte, wurden für die junge Königin neue Kleinodien geschaffen: Ruprecht Miller fertigte eine goldene Krone mit reichem Blattwerk, ein Zepter und einen Reichsapfel, alle drei mit Diamanten und Rubinen besetzt, weiß und rot wie die Farben Kurbrandenburgs. Gustav Adolf trug ein blaues, goldbesticktes Gewand. Geleitet von Pagen in schwarz-goldener Livree, Reitern mit perlenverzierten Helmen, Trabanten, deren Speere mit vergoldeten Spitzen funkelten, zeigte sich die Herrscherin ihrem Volk und ließ Gedenkmünzen ausstreuen, auf denen sie eine zierliche Krone trug.

Auch bei diesen Festlichkeiten gab es Turniere mit prunkvoll geschmückten Pferden und Rittern. Sogar eine »lustige *comedia*« wurde gespielt; ihr Held war der erste christliche König Schwedens, Olof Skötkonung, zu deutsch Schoßkönig.

Derweil wurde in Deutschland der letzte Akt eines Trauerspiels vorgeführt: Friedrich, der sich immer noch König von Böhmen nannte, hielt in Breslau mit Mühe den letzten Zipfel seines Königreiches fest, während seine pfälzischen Stammlande dem Zugriff der Spanier preisgegeben waren. Bald würde er nur noch ein Flüchtling sein, auf das Asyl der Herren in Den Haag angewiesen, deren Geld ihn nicht vor dem Untergang gerettet hatte.

Die Fortüne, die Gustav Adolf ihm gewünscht hatte, war ausgeblieben. Die Fürsten der Union nahmen seinen Bericht über »das sonderbare Verhängnis Gottes bei unversehenen Treffen zwischen unserer und des Gegenteils Armeen« zwar erschrocken zur Kenntnis, trugen aber wenig dazu bei, seinen Wunsch zu erfüllen, »das Verlorene durch Gottes Hilf zu *recuperieren* und wieder zu erlangen«.

Die »Relation von Einnehmung der Stadt Prag«, der Bericht von der Schlacht am Weißen Berg vom 8. November, wenige Tage später dem Kaiser zugeschickt, enthielt schon den Nachruf auf den »Winterkönig«: ». . . hat also sein Königlich Regiment, Hoffart, Ringelrennen, Tanzen und leichtsinniges Wesen eine kurze Zeit gewährt und ein trauriges Ende genommen.«

Und wieder Krieg

... daß ich keine andere intention *habe, als Gott in Frieden und Ruhe in meinem Vaterland zu dienen, wenn mir nur möchte das von meinen Mißgünstigen gegönnet werden, und daß ich also in den Krieg rollen muß, geschieht nicht aus Ehrgeiz, Begierde der Land und Leute, oder aber aus Jugend und Vorwitz, wie sich etliche einbilden, sondern nur aus unumgänglicher Not, und daß mir Gott keine andere Mittel bis jetzt noch gezeiget hat, dadurch wir unseren Staat vertreten und behalten könnten.*

Gustav Adolf an Herzog Adolf Friedrich von Mecklenburg-Schwerin, Juli 1624

Maria Eleonora hatte ihre Ehe mit Erwartungen begonnen, die sich nicht erfüllen konnten. Der blonde junge Herrscher, dessen Charme und Beredsamkeit den Starrsinn ihrer Mutter bezwungen und der die 21jährige wie ein Zauberer in sein nordisches Reich entführt hatte, um sie dort mit allem Pomp und Glanz zur Königin zu machen (wie ihr der Leibarzt und Astrologe ihres Vaters verheißen), dieser herrlichste aller Männer sollte fortan nur ihr gehören. Für Gustav Adolf blieb sie – so Andreas Fryxell – »mehr oder minder ein Kind, das er mit allen Zeichen der hingebendsten Liebe überschüttete, das aber sein großes Herz nicht auszufüllen imstande war«. Er war trotz seines ständigen Geldmangels – noch immer wartete zum Beispiel Johann Casimir auf die Mitgift Katharinas – überaus freigiebig, sicherte seiner Gattin ein fürstliches Einkommen, verwöhnte und beschenkte sie, aber er war nicht bereit, sich von ihrem efeuhaften Wesen umschlingen zu lassen. Er hatte keine Lust, es Friedrich von der Pfalz gleichzutun und seine Zeit mit Hoffesten zu vergeuden, und er war zu realistisch, um sich dauernd anschwärmen zu lassen. Nach wie vor mühte er sich rastlos um das innere und äußere Wohl seines Reiches, nach wie vor beherrschte ihn sein Tatendrang: »Seine Majestät hat keine bleibende Statt und keiner weiß, wo der Hof eigentlich stattfindet; er ist recht unruhig und immer auf Reisen«, heißt es in einer der »Depescher« des dänischen Gesandten Peder Galt, was er in anderen Berichten dahin ergänzt, daß der hitzige König, von der Begierde nach Neuem erfüllt, alles sofort und kühn angreife.

Maria Eleonora suchte ihren Mann auf ihre Weise anzubinden. Obwohl oder vielleicht gerade weil sie bescheiden erzogen worden war, ließ sie jetzt ihrer Vorliebe für Putz und Pracht die Zügel schießen, wohl in der

Hoffnung, den Gatten durch ihre Schönheit bezwingen zu können. Daß sie eine blendende Erscheinung war, ist vielfach bezeugt; noch 1635 nannte sie ein Franzose, der Stockholm besuchte, »eine unvergleichlich schöne Fürstin«. Vor allem aber tyrannisierte sie den König mit Krankheiten des Leibes und der Seele. Kaum war er aus ihrer Nähe, verfiel sie der Schwermut und ließ sich von einer Unpäßlichkeit in die andere gleiten. Kehrte er zurück, so war alles wieder gut: »Wie ich aber vernahm, daß mein herzallerliebster Herr kommen sollt, da war alle Krankheit und Hast weg«, schrieb sie ihrer Schwägerin Katharina.

Die hysterischen Züge sind unverkennbar; sie zeigten sich nach Gustav Adolfs Tod noch deutlicher. Aber schon vorher wuchs ihre Sprunghaftigkeit, verfiel ihre Handschrift bis zur Unleserlichkeit, entwickelte sie eine Sucht nach Süßigkeiten und warf das Geld mit vollen Händen hinaus – nicht nur für einen übergroßen Hofstaat mit Kammerfrauen, Kammerherren, Hofdamen, Hofjunkern, Pagen, Lakaien, Beschließerinnen, »Pygmäen«, die sie mit kostbaren Geschenken verwöhnte, sondern auch für alle möglichen Bittsteller und Schmeichler, deren Wünsche sie wahllos erfüllte.

Wie tief sie sich in die Rolle der leidenden Verlassenen hineinsteigern konnte, erwies sich, als der König sich zum ersten Mal für lange Zeit von ihr trennte: Vier Tage, nachdem Gustav Adolf sich am 24. Juli 1621 mit Flotte und Heer auf den Weg nach Livland gemacht hatte, wurde sie »etwas zu frühe und unzeitig« von einem »toten Töchterlein« entbunden. Den König traf diese Nachricht wie die Meldung einer Niederlage. Aus dem Lager vor Riga schrieb er am 29. August 1621 an Johann Casimir: » . . . allein muß ich meines Hauses Elend beklagen, darinnen mich Gott gestrafet hat, indem meine Gemahlin ein totgeboren Kind zur Welt getragen. Gott sei Ihrer Liebden gnädig und helfe ihr wieder zur Gesundheit.«

Im selben Brief berichtete er vom Stand seiner Operationen: »Der Anfang dieses Krieges ist beschwerlich gewesen, denn unsere Flotte vom Winde zerschlagen an unterschiedlichen Orten *gearrivieret*. Sonst *heriren* [beharren] wir noch in Belagerung dieser Stadt, welche eine *galliarde defesa* [kühne Verteidigung] tut. Wir sind bis in den Graben genahet und hoffen das Beste.«

Was hatte den König in den Graben vor Riga geführt? Die Gründe für seinen Feldzug suchte er zwei Jahre später in einem ausführlichen Handschreiben dem Herzog Adolf Friedrich von Mecklenburg zu erklären, der bemerkenswerterweise auch nach so langer Zeit bezweifelte, ob dieser Krieg wirklich gerechtfertigt gewesen sei. Gustav Adolf wies alle Schuld dem polnischen König zu: »Wir stehen, wie weltkundig ist, mit dem von Polen in einer unvergleichlichen *controversia regni,* die hätte ich (vor zwei Jahren und ehe der letzte Krieg seinen Anfang gewann) gerne durch einen langwierigen Stillstand *suspendieret*, bis die Zeit Gelegenheit geboten hätte, solche *controversiam* allerdings beizulegen. Hierzu und solches zu erlangen, machete mir Hoffnung der Polen Gefahr, so ihnen vorstünde von den Türken, aber der *contemptus nostri* [Geringschätzung für uns] war bei ihnen so groß, daß auch *periculum status* [gefährliche Lage] sie nicht zu solchem billigen Stillstand bewegen mochte. Damit nun solcher *contemptus* nicht auf uns sollte sitzen bleiben, als haben wir die Waffen ergriffen, ihnen Riga (durch Gottes Hilfe) genommen und zu jetztigem Stillstand gezwungen . . .«

Das war die Wahrheit, aber es war nicht die ganze Wahrheit. Während der Dauer des Waffenstillstands von Tolsburg, der bis November 1620 befristet gewesen war, hatten Schweden und Polen über einen langfristigen Vertrag verhandelt und die Verhandlungen auch noch über diese Frist hinaus fortgesetzt. Gustav Adolf wollte einen Waffenstillstand von mindestens zehn Jahren, besser noch einen Frieden, für den er auf Pernau zu verzichten bereit war. Voraussetzung war, daß Sigismund allen Ansprüchen auf Schweden entsagte und die Agitation gegen ihn einstellte – den Titel eines Königs von Schweden mochte er dann in der Liste seiner Würden führen, schließlich war ihm ja in Uppsala dieselbe Krone aufs Haupt gesetzt worden wie Gustav Adolf. Und um sich abzusichern wollte er, daß der neue Vertrag sowohl von Sigismund wie vom *Sejm* ratifiziert würde. Die polnischen Unterhändler traten jedoch nur im Auftrag des *Sejm* auf, ohne Vollmacht ihres Königs, und trotz ihrer »süßen Worte« schien ihnen mehr daran gelegen, sich für den Kampf gegen die Türken den Rücken freizuhalten als den Erbstreit, die *controversia regni*, mit Schweden zu beenden.

So trennten sich die Unterhändler im Mai 1621 ohne Ergebnis, und da der Befehlshaber in Livland, Jakob de la Gardie, schon im März von seinem König beauftragt worden war, die Wiederaufnahme der Feindseligkeiten nach Ablauf eines Vierteljahres anzukündigen, sofern kein neuer Vertrag erzielt würde, war zu vermuten, »daß draus wiederum sich entzünden wird mit großen Flammen das Feuer des Krieges, so jetzt in den Aschen des Stillstands begraben liegt« – wie Gustav Adolf vor mehr als einem Jahr vorausgesagt hatte. Gustav Adolf wollte einen dauerhaften Vertrag mit Polen – das war die eine Hälfte der Wahrheit. Sofern dieser Vertrag jedoch nicht zu haben war – und der König und sein Kanzler waren zu realistisch, ihn für mehr als eine unsichere Hoffnung zu halten –, wollte er den Krieg, und er wollte ihn jetzt; das war die andere Hälfte der Wahrheit. Er wollte ihn jetzt, weil die Polen nach der vernichtenden Niederlage von Jassy alle Kräfte gegen die Türken aufbieten mußten, sie also einem Angriff in Livland wenig entgegenzusetzen hatten.

Der schwedische Herrscher nahm in Kauf, daß man ihn als Verräter an der gemeinsamen Sache der Christenheit brandmarkte: Der englische König mahnte ihn, es wäre eher seine Pflicht, den Polen im Kampf gegen die Ungläubigen beizustehen, als sie zu bekriegen; der brandenburgische Schwager bekräftigte dies und bot seine Vermittlung an. Man prophezeite Gustav Adolf das Schicksal, das Frankreichs König Franz I. in der Schlacht von Pavia als Gegner des gegen die Türkengefahr kämpfenden Kaisers Karl V. erlitten hatte, nämlich Niederlage und Gefangenschaft.
Gustav Adolf rüstete seine Invasionsstreitkräfte und schickte seine Gesandten an die europäischen Höfe, um seine Friedfertigkeit und den Starrsinn Sigismunds darzulegen. Ein Beweggrund für den Krieg läßt sich in dem Brief an den Mecklenburger aus der Wendung ablesen: »Damit nun solcher *contemptus* nicht auf uns sollte sitzen bleiben . . .« Der junge König – er war noch nicht einmal 27 Jahre alt – fühlte sich von Sigismund mißachtet, und auf jede Form der Geringschätzung, ob sie nun

ihm oder seinem Lande galt, reagierte er mit zornigem Auftrumpfen. Auch Johann Casimir gegenüber begründete er den Angriff auf Riga mit der Notwendigkeit, »von uns durch göttliche Gnade abzukehren den *contemptum*, welcher verderblich ist allen Republiken«.

Aber wenn ihn auch das Gefühl antreiben mochte, Sigismund einen Denkzettel erteilen zu müssen, so handelte er doch mit nüchterner Überlegung. Riga war von Oxenstierna als Hauptziel vorgeschlagen worden, und es war ein Ziel, das sich lohnte, nicht nur wegen seiner strategischen Schlüsselposition für ganz Livland. Die reiche Hansestadt, mit ihren 30 000 Einwohnern fast dreimal so groß wie Stockholm, war einer der wichtigsten Umschlagplätze für den Handel mit dem Osten, von deutschen Bürgern lutherischen Glaubens bewohnt, die sich gegen Wahrung ihrer Autonomie und Garantie ihrer Privilegien nach dem Untergang des Ordensstaats unter den Schutz der polnischen Krone gestellt hatten. Sie waren, ähnlich wie die Danziger, mit Polen durchaus zufrieden, auch wenn sie als Zugeständnis an die Schutzherren ein Jesuitenkollegium dulden mußten.

Anfang Juli hatte Gustav Adolf seine Truppen zusammengezogen, keine zu große Zahl, insgesamt 14 000 Mann, mit allem ausgerüstet, was für die bevorstehende Aufgabe notwendig war, nur die Reiterei war etwas knapp. Bei einer letzten Parade vor der Verladung wurden den schwedischen Soldaten die neuen Kriegsartikel vorgelesen, in denen Pflichten und Strafzumessungen festgelegt waren. Der König hatte sie selbst entworfen, der Kanzler sie endgültig formuliert, und sie unterschieden sich von anderen zeitgenössischen Kriegsartikeln durch ihren Zuschnitt auf eine Armee von dienstpflichtigen Landsleuten statt auf Söldner. Wie bei Gustav Adolf und Oxenstierna nicht anders zu erwarten war, zeichneten sich die Bestimmungen durch Klarheit und Übersichtlichkeit aus. Die Strafen waren, wie in allen Armeen jener Zeit, streng, oft drakonisch, bis zum Spießrutenlaufen und zur Dezimierung straffälliger Einheiten. Der Trunksucht wurden Riegel vorgeschoben, Lagerdirnen waren verboten, dagegen durften, soweit es anging, die Frauen der Soldaten mit ins Lager; Fluchen, Lästern, Kirchenschändungen wurden schwer geahndet; jede Kompanie, jedes Regiment hatte seinen Geistlichen, möglichst aus derselben Gegend wie die landsmannschaftlich organisierten Soldaten – sie hatten dafür zu sorgen, daß zweimal täglich gebetet, einmal in der Woche ein Predigtgottesdienst gehalten wurde.

Die Kriegsartikel waren ein Teil der Armeereform, die der König in Gang gebracht hatte und die jetzt in Livland zum ersten Mal auf ihre Ergebnisse geprüft wurde. Es mag sein, daß auch die Gelegenheit, seine Soldaten zu erproben, den König zu dem Zug nach Livland verlockt hat.

Am 24. Juli 1621 verließen die Streitkräfte, auf 158 (zum Teil gemieteten)

Schiffen verladen, Sandhamn, einen Hafen auf einer den Stockholmer Schären vorgelagerten Insel. Bis zum Rigaer Meerbusen machten sie glatte Fahrt; am Kap Domesnäs jedoch, der kilometertief in die Bucht hineinragenden Nordspitze Kurlands, überfiel die Flotte ein Sturm, der sie zerstreute und die *Zepter*, mit dem König und Herzog Karl Philipp an Bord, zur Landung in Pernau, ganz im Norden der langen livländischen Küste, zwang. Die übrige Flotte erreichte, nachdem sie sich im Windschatten der Insel Runö gesammelt hatte, Anfang August die Mündung der Düna, wo die Truppen fast unbehelligt an Land gingen und sich in einem Lager verschanzten, in dem ein paar Tage später der König und sein Bruder auf dem Landwege eintrafen.

Die Bürger von Riga richteten sich zur Verteidigung ein. Obwohl sie Sigismund vergebens um Hilfe ersucht hatten – er scheint die Gefahr unterschätzt zu haben und brauchte jeden Mann gegen die Türken –, waren sie bereit, den Schweden als loyale Untertanen der polnischen Krone entgegenzutreten. Sie brannten ihre Vorstädte nieder und boten ihre Bürgerwehr auf, 3700 Mann. Mit den angeworbenen 300 Berufssoldaten waren sie also dem Feind um 10 000 Mann unterlegen. Sie vertrauten jedoch darauf, daß sie eine der stärksten Festungen des Nordens verteidigten, geschützt durch den breiten Strom im Südwesten und auf der Landseite durch Mauern, Bastionen und zahlreiche Türme, alles tüchtig mit Kanonen bestückt. Zwar war die Munition nicht ganz so reichlich, und die Festungsanlagen entsprachen nicht durchweg dem neuesten Stand; aber als Gustav Adolf sie am 12. August durch einen Trompeter zur Übergabe auffordern ließ, hielten sie sich doch für stark genug, diesen mit dem Bescheid zurückzuschicken, sie hätten keinen Streit mit dem König von Schweden. Gustav Adolf verzichtete auf einen Überraschungsangriff, der ihm vielleicht – wie später in Frankfurt an der Oder – Erfolg gebracht hätte, sondern begann mit einer Belagerung nach allen Regeln der Kunst. Dabei kam ihm zugute, daß er sich vorher von einem am Bau beteiligten holländischen Ingenieur einen Plan der Rigaischen Festungsbauwerke beschafft hatte.

Die Flotte sperrte den Zugang von See her, am Ufer der Düna und auf den Inseln gegenüber der Stadt wurden Schanzen aufgeworfen, und auf der Landseite wurde die Stadt von mehreren Lagern eingeschlossen, eines unter dem Befehl des Königs, eines unter Jakob de la Gardie und eines unter Hermann Wrangel, der eben zum Feldmarschall ernannt worden war. Die Belagerer nutzten ihre zahlreichen Geschütze zu einem schweren Beschuß der Stadt, und sie arbeiteten sich in Gräben und Minen immer näher an die Bastionen heran. Der König hielt viel von der Handhabung des Spatens, er hatte die Pflicht seiner Soldaten, ihn zu benutzen (ein ehrenrühriges Verlangen für einen Berufssoldaten) in seine Kriegsartikel aufge-

nommen, und jetzt vor Riga griffen er und sein Bruder selbst zu diesem Werkzeug, um die Leute beim Graben der Approchen anzufeuern.
Ende August schien sich die schwache Hoffnung der Verteidiger auf Entsatz zu erfüllen. Fürst Radziwill, dem wie 1617 die Aufgabe übertragen war, mit unzureichenden Kräften Livland zu halten, hatte mühsam ein paar tausend Mann zusammengezogen und erschien mit ihnen am Westufer der Düna. Der erste Zusammenstoß mit den schwedischen Außenposten belehrte ihn, daß er diesem Feind nicht gewachsen war, mindestens nicht im offenen Kampf. Vergebens suchten ihn die Rigaer Bürger durch einen Ausfall auf Booten zu unterstützen – er verbrannte sein Lager und zog sich zurück.
Gleich darauf sammelten sich die Schweden zum entscheidenden Stoß. Den Wallgraben hatten sie durch Drainage trockengelegt. Nun konzentrierten sie ihren Angriff auf die Bastion am Sandtor im Nordosten der Stadt. Die Verteidiger schlugen sich tapfer und wehrten drei Berennungen ab. Die Schweden erlitten schwere Verluste. Johan Banér, der sich hier zum ersten Mal hervortat – was ihm die Ernennung zum Obersten und den Ritterschlag einbrachte –, wurde ernsthaft verwundet. Der König entging mehrfach mit knapper Not den feindlichen Kanonenkugeln. Alles in allem verloren die Schweden an die 2000 Mann durch Verwundung oder Tod.
Für den letzten Sturmangriff legte der König in einem ausführlichen Befehl alle Einzelheiten fest und überschrieb ihn mit dem Wunsch: »Gott gebe uns Erfolg!« Der (heute noch vorhandene) Befehl brauchte nicht ausgeführt zu werden. Der Erfolg stellte sich trotzdem ein: Auf die Drohung, die Stadt nach der Einnahme zu plündern, zogen die durch das ständige Bombardement zermürbten Bürger es vor zu kapitulieren.
Die Bedingungen der Kapitulation vom 15. September 1621 waren großzügig – der König wollte die Stadt nicht schädigen, sondern seinen Nutzen aus ihr ziehen, und gewiß hatte ihm auch die *galliarde defesa* imponiert. Gustav Adolf beließ Riga alle Rechte, die es unter Polen besessen hatte: die Autonomie, die Handelsprivilegien, sogar das eigene Münzrecht, sofern das Geld dem schwedischen Standard angepaßt wurde. Das Zugeständnis an Riga, nach einem Frieden Polens mit Schweden innerhalb von drei Jahren frei zu entscheiden, ob es in polnische Obhut zurückkehren wolle, wurde durch das Recht Schwedens, in der Stadt eine Garnison beliebiger Größe zu unterhalten und durch die Verpflichtung Rigas, bis zu jener möglichen Wiederherstellung des alten Zustands die schwedischen Könige als Souverän anzuerkennen, reichlich aufgewogen. Zwei den Bürgern eingeräumte Rechte, nämlich in bestimmten Fällen das *Svea hovrätt* anzurufen und Vertreter in den schwedischen Reichstag zu entsenden, knüpften die Zugehörigkeit zu Schweden noch fester.

Am 16. September hielt Gustav Adolf feierlichen Einzug, und nachdem er Gott in der Kirche St. Petri für den Erfolg gedankt hatte, ließ er es sich angelegen sein, die Jesuiten aus der Stadt zu vertreiben. Unter ihnen war auch Laurentius Nicolai, »Klosterlasse« genannt, der vor Jahrzehnten Johan III. in der Maske eines Lutheraners hinters Licht geführt hatte. Nach einem Bericht seiner Brüder wurde der alte Pater vom König als »Höllengreis« angefahren und auf das Gericht im anderen Leben hingewiesen. Offenbar kam es Gustav Adolf darauf an, sich mit den Bürgern von Riga entschieden auf den Boden des gemeinsamen Glaubens zu stellen und als Verteidiger dieses Glaubens die Gerechtigkeit seiner Sache zu unterstreichen.

Der Fall Rigas war ein Signal. Die Fürsten, die Politiker, die Soldaten Europas horchten auf. Was Gustav Adolf bis dahin erreicht hatte, lag außerhalb des gewohnten Sichtkreises – es hatte nicht allzuviel Aufsehen erregt. Nun aber hatte der junge Schwedenkönig eine alte bedeutende Stadt in Besitz genommen, ein Handelszentrum und ein Bollwerk an der Mündung eines großen Flusses.

Christian IV. von Dänemark hatte die Bedeutung des Ereignisses schon im voraus erkannt. Als sich Anfang Juli das Angriffsziel der Schweden abzeichnete, schrieb er seinem Kanzler: » . . . daß der König vor Riga zieht, lasse ich an seinen Ort gestellt sein. Aber Gott verhüte, daß er es in seine Gewalt bekommt, denn so wäre unsere Rüstkammer gesperrt, was Taue und Takelage anlangt, wenn wir, wovor Gott bewahre, mit Schweden zu tun bekommen sollten.«

Gustav Adolf zögerte nicht, nach den Früchten seines Sieges zu greifen. Riga war der Schlüssel zu Livland und Kurland, nun galt es, das offene Tor zu nützen. Auch nahte der Winter heran, der König mußte an die Versorgung seiner Armee denken, und dafür brauchte er das Hinterland.

Zunächst galt es, die Küste zu sichern: Nach einigen Plätzen entlang der Straße von Riga nach Pernau fiel am 19. September auch Dünamünde in schwedische Hand. Als nächstes Ziel bot sich Mitau, die Hauptstadt Kurlands, an. Der König erreichte die Stadt mit 9000 Mann Fußvolk und seiner ganzen, nicht gerade zahlreichen Kavallerie in den ersten Oktobertagen. Mitau war offen und unverteidigt, und die Besatzung des Schlosses kapitulierte.

Radziwill rückte zwar näher an Mitau heran, als jedoch die Schweden gegen sein Lager bei Annenburg marschierten, entzog er sich der von Gustav Adolf gesuchten Schlacht. Er nützte die Vorteile des Kleinkrieges; seine schnellen polnischen Reiter tauchten bald hier, bald dort auf, störten die Verbindungen der Schweden und sorgten für die Verbreitung von Angst und Schrecken. Das Herbstwetter verwüstete die ohnehin schlechten Straßen des Landes, der schwedischen Armee fehlte es an Pulver,

Krankheiten griffen um sich. Als in der zweiten Novemberhälfte ein Détachement auf Kokenhusen vorrückte, wurde es unterwegs von polnischen Streitkräften in die Flucht geschlagen.

Trotz des späten Jahres versuchte der König nun mit seiner Hauptmacht – er ließ in Mitau nur 500 Mann in Garnison – nach Dorpat vorzustoßen und damit einen Riegel diagonal durch Livland aufzubauen, der das Erworbene absicherte. Aber seine Armee war so erschöpft, daß sie nur mühsam vorankam. Sie erreichte gerade noch Wolmar, auf halbem Wege, aber inzwischen war es tiefer Winter. Der König sah ein, daß er den Feldzug, der nach glorreichem Beginn in der herbstlichen Weite des östlichen Landes versickert war, unterbrechen mußte. Er befahl Jakob de la Gardie, die hungernden und frierenden Leute in die kärglichen Winterquartiere zu schicken, die dieses Land bot. Er selbst brach gegen Jahresende in die Heimat auf, um für Nachschub und Verstärkung im nächsten Jahr zu sorgen. Des Winters wegen wählte er den Landweg, den er als Siebenjähriger schon einmal in dieser Jahreszeit zurückgelegt hatte.

Wie schwer ihn dieser Winter drückte, schrieb er nach der Heimkehr an Johann Casimir: »Ich habe eine Zeitlang nicht geschrieben, denn ich bin dran von mancherlei Angelegenheit abgehalten worden. Erstlich durch den Krieg und schweren Winterzug, und wie der viel Krankheit unter dem Volk verursachet, große Sorge und Mühe, die Meinigen fortzuschaffen und zu erretten, da ich den Morgen früh mit angefangen und des Abends spät mit habe hinbringen müssen, da ich dann meine Ruhe wohl bedurft habe. So sind wir durch Livland geschleppet und endlich zu Narwa angekommen: Allda ich mir sehr gratulieret meiner Glückseligkeit, insonderheit, daß ich meinen lieben Bruder durch viel Gefährlichkeit wieder an sicheren Ort gebracht, aber (o unbeständiges menschliches Glück) den anderen Tag ist meine Freude verändert in Leid. Seiner Liebden . . . ward am hitzigen Lagerfieber krank, und ob ich schon wohl sah, daß Seiner Liebden schwach worden, so tröstete mich doch seine Jugend und Stärke. Darüber ward ich soweit betrogen, daß ich mich von Seiner Liebden selber und unseren Leuten ließ überreden, weil dies Jahr sehr verflossen war, daß ich nach Hause zu eilen hätte . . .«

Erst als Gustav Adolf nach der langen Reise rund um den Bottnischen Meerbusen daheim angekommen war, erreichten ihn »die bösen Zeitungen vom Absterben« seines Bruders. Auch Katharina Stenbock, die noch bei seiner Hochzeit gewesen war und immer wieder als eine Urmutter in die Geschicke der Wasa eingegriffen hatte, war während seiner Abwesenheit gestorben. Zwei Tote aus der Familie waren also zu beklagen; Maria Eleonora hatte eine Fehlgeburt erlitten, und es war keineswegs sicher, ob sie dem König den ersehnten Erben schenken würde. Kein Wunder, daß Gustav Adolf nun darauf besteht, daß seine Schwester Katharina mit

Mann und Kindern nach Schweden zurückkehrt – er will um sich sammeln, was von den Wasa noch übriggeblieben ist.
In der Tat hatte Johann Casimir im Verlauf des Jahres 1621 und zu Beginn des neuen Jahres nur Unerfreuliches aus seiner Heimat berichten können. Kurz vor Weihnachten faßte er den deutschen Zustand in einem Brief an Axel Oxenstierna in dem Satz zusammen: »Denn den hiesigen Zustand des werten Vaterlandes betreffend, ist solches mehr zu beweinen als zu beschreiben.«
In Böhmen hatte der siegreiche König und Kaiser durch seinen Statthalter, den Fürsten Karl von Liechtenstein, ein fürchterliches Strafgericht halten lassen. Die meisten Häupter der Aufständischen waren in der Heimat geblieben, auf ihr Recht oder auf die Großmut des Siegers vertrauend; von den Flüchtigen waren viele ergriffen worden, auch mit Hilfe des sächsischen Kurfürsten; fast allen wurde der Prozeß gemacht. Von den 40 Angeklagten wurden 27 am 21. Juli 1621 (drei Tage, bevor Gustav Adolfs Livland-Flotte die Segel setzte) vor dem Altstädter Rathaus in Prag hingerichtet. Und allen Rebellen, auch den geflüchteten, auch den vom Tod verschonten, wurde Hab und Gut genommen. Die Konfiskation schichtete den Besitz des halben Landes um, und wer dabei am rechten Platz saß, brauchte nur zuzugreifen, um ein Vermögen zu erwerben. Einer, der zugriff, war Albrecht von Wallenstein; ein Regiment des Obersten sorgte bei der Hinrichtung für Ordnung.
Dem Kaiser waren die Urteilsentwürfe vorgelegt worden; es fiel ihm nicht leicht sie zu bestätigen, er fragte um Rat; aber nachdem ihn sein Beichtvater an das eigene Gewissen verwiesen hatte, setzte er, wenn auch unter Tränen, seinen Namenszug unter den Spruch. Leichter fiel es ihm, den Geist des Aufruhrs aus den Ländern der böhmischen Krone zu vertreiben: Von dem Majestätsbrief Kaiser Rudolfs II., der ihm nach der Schlacht am Weißen Berg als Beute zugesandt worden war, riß er das Siegel ab, warf es in das Feuer und zerschnitt ihn mit der Schere. Und wer immer im Verdacht stand, jenen bösen Geist genährt zu haben, die protestantischen Prediger vorab, nicht nur die Calvinisten und Böhmischen Brüder, sondern bald auch die Lutheraner, wurde des Landes verwiesen; ihnen folgten jene, die sich der immer stärker werdenden Woge der Rekatholisierung nicht beugen wollten.
Dieses geschah, während sich das Feuer des in Böhmen entzündeten Krieges weiterfraß. In Schlesien wollte der Markgraf Johann Georg von Jägerndorf, ein Bruder des Kurfürsten von Brandenburg, sich nicht fügen und schlug nach Kräften um sich. Graf Peter Ernst von Mansfeld, den der Herzog von Savoyen einst den Aufständischen zu Hilfe geschickt hatte, einer der skrupellosen freien Kriegsunternehmer jener Jahre, hielt sich mit den auf ihn eingeschworenen Söldnern in Pilsen, im westlichen Böh-

men und in der Oberpfalz. Zwar hatte er versucht, sich an den Kaiser zu verkaufen, aber als er befürchtete, übervorteilt zu werden, sich weiterhin dem vertriebenen Pfalzgrafen Friedrich zur Verfügung gestellt, »nach wie vor die Feindtätlichkeiten *continuiert* und mit Streifen, Plündern und Brandschatzen großen Schaden getan«.

Im Februar 1621 erschien er, ohne seine Soldaten, in Heilbronn, wo der dürftige Rest der Union ein letztes Mal tagte; die Reichsstädte und selbst der Landgraf Moritz von Hessen hatten die Allianz schon verlassen. Die evangelischen Fürsten ließen sich von dem als Feldmarschall des Pfalzgrafen auftretenden Condottiere nicht aus ihrem Kleinmut wecken und gaben ihm schließlich nicht mehr als die Erlaubnis, in ihren Gebieten zu werben. Mit Geldern, die der Pfalzgraf in Holland und England beschaffte, brachte der Abenteurer – Bastard eines niederländischen Edelmannes, der außer seinem Söldnerhaufen nichts zu verlieren hatte und stets aufs neue alles zu gewinnen suchte – eine beträchtliche Streitmacht in Bewegung. Als ihm Pilsen durch Verrat entwunden worden war und die Oberpfalz sein angeschwollenes Heer nicht mehr ernähren konnte, rückte er an den Rhein und gegen die Spanier vor, wobei er unterwegs Kontributionen aus dem Lande preßte, immer nach der Regel, daß der Krieg den Krieg zu bezahlen habe.

Die Spanier, unter dem Kommando von Ambrogio di Spinola, hatten sich im Verlauf des Jahres 1620 in die von Streitkräften der Union, darunter Hilfsvölker aus England und Holland, verteidigte Rheinpfalz hineingezwängt. Nach der winterlichen Waffenruhe war es dem Verhandlungsgeschick der kaiserlichen Partei gelungen, die evangelischen Fürsten auseinanderzumanövrieren. Schließlich willigten sie bei einem Zusammentreffen mit Spinola in den »Mainzer Akkord«, der dem pfälzischen Kurfürsten eine Frist bis zum 14. Mai setzte, sich mit dem Kaiser zu versöhnen; innerhalb dieser Frist sollten beide Seiten in ihren Stellungen verharren. Falls Friedrich in dieser Zeit sich nicht mit dem Kaiser einigte, verpflichteten sich die Herren der Union zum Abzug ihrer Truppen und zur Neutralität.

Ein kläglicher Beschluß, geboren aus der Furcht, die eigenen Länder von der Kriegsfurie überzogen zu sehen, und auch aus der noch nicht erloschenen Scheu vor dem uralten Verdikt der Reichsacht: Am 22. Januar 1621 hatte der Kaiser den Kurfürsten von der Pfalz als in die Acht und Aberacht verfallen erklärt, in feierlicher, symbolträchtiger Zeremonie nach überliefertem Brauch.

Trotzdem hatte der auf die Wiederherstellung seiner Herrschaft wenigstens in der Pfalz harrende Friedrich noch mehr Parteigänger als nur Mansfeld, wenn auch meist von ähnlich zweifelhafter Art. Einer der Verbündeten war sein Schwiegervater, der König von England. Jakob I., so

entschieden er als Verfechter der Legitimität Friedrich von der Annahme der böhmischen Krone abgeraten hatte, zeigte sich bereit, für die Rechte seines Schwiegersohnes auf die Pfalz einiges zu wagen. In einer Thronrede vor dem englischen Parlament bekundete er seinen Willen, die Erbrechte seiner Enkel bewaffneten Arms zu verteidigen. Dann aber schien es ihm, der sich stets in der Rolle des Vermittlers am wohlsten fühlte, geraten, mit diplomatischen Mitteln sein Ziel zu erreichen. Da die Spanier den Schlüssel zur Pfalz in Händen hielten, hoffte er durch die Verheiratung seines Sohnes Karl mit der Infantin Maria von Spanien für seinen Schwiegersohn die Rückkehr nach Heidelberg aushandeln zu können.
Der Plan scheiterte, worauf sich der König zu einem radikalen Wechsel des Kurses gegenüber Spanien und den katholischen Mächten entschloß; aber für die Pfalz kam das zu spät. Camerarius, unermüdlich für die Sache seines vertriebenen Herrschers tätig, hatte, als eine pfälzische Stadt nach der anderen den Feinden in die Hände fiel, bitter geschrieben: »Mit Heidelberg und der Kurpfalz ist's vorbei. Ursache ist der König in England. Er wird es bei der Nachwelt schwer verantworten können.«

Ein anderer zweifelhafter Bundesgenosse Friedrichs war der König von Dänemark. Christian IV. wollte es im großen anfangen und nichts weniger als eine Koalition der nordeuropäisch-protestantischen Mächte, zum Nutzen des Pfalzgrafen, aber auch zum Nutzen Dänemarks, versteht sich. So lud er England, Schweden, die Niederlande, die Herren des niedersächsischen Kreises, Brandenburg und noch andere deutsche Fürsten zu einem Kongreß nach Segeberg ein. Der Kongreß fand im März 1621 statt, aber von den Deutschen, gerade mit der Auflösung der Union beschäftigt, erschienen nur wenige; Gustav Adolf, auf Riga fixiert, mißtrauisch gegen die Dänen und wolkigen Projekten abgeneigt, erteilte eine kühle Absage; und als Ganzes kam nicht mehr heraus als ein volltönender Beschluß, der wenig besagte, weil seine Voraussetzungen in der Luft schwebten – an solchen Luftgebilden war die Politik jener Jahre besonders reich.

Ein dritter Bundesgenosse, Bethlen Gabor, der sich freilich nur für Böhmen in Bewegung gesetzt hatte, war, nachdem er noch ein Jahr lang in Mähren und Oberungarn Krieg geführt hatte, zum Jahresende 1621 bereit, fürs erste mit Ferdinand Frieden zu schließen, gegen ein paar für ihn recht vorteilhafte Gebietsabtretungen und auch gegen bares Geld, das er gut brauchen konnte, zum Beispiel für die Vorbereitung des nächsten Schlages gegen den Kaiser mit Hilfe der Türken. Pfalzgraf Friedrich, den der Ferdinands Rache entronnene Graf Thurn über solche Pläne des Siebenbürgers unterrichtete, mochte hoffen, von ihnen zu profitieren; er hatte noch nicht begriffen und würde kaum je begreifen, daß fast alle, die vorgaben, sich für ihn einzusetzen, ihn nur mißbrauchten.

Am wenigsten galt das für die Holländer: Die Vertreibung der Spanier aus der Kurpfalz lag in ihrem nationalen Interesse, also wünschten sie auch aufrichtig die Rückkehr Friedrichs in sein Stammland. Anfang April 1621 endete der zwölfjährige Waffenstillstand der Generalstaaten mit Spanien; seine Verlängerung scheiterte. Der Statthalter Moritz von Oranien, der sich zwei Jahre zuvor gegen die aristokratische Partei durchgesetzt hatte, schickte sich nicht ungern an, den vor fünf Jahrzehnten begonnenen Kampf zu erneuern. Ambrogio di Spinola stellte sich selbst dem alten Gegner, den Befehl in der Pfalz überließ er Gonzales de Córdova.

Was die Spanier wollten, ließ sich mit Händen greifen: die Herstellung einer geschlossenen Verbindung von Mailand nach Brüssel. In beiden Städten saßen ihre Statthalter. Wenn am Rhein die Pfalz und zwischen Mailand und Tirol das obere Tal des Adda, das Veltlin, von ihnen beherrscht wurden, so ergab sich über die Gebiete der Wiener Habsburger in Oberschwaben und im Breisgau eine Brücke, auf der für die Holländer nichts Gutes herankam. Also gewährten diese dem flüchtigen Pfalzgrafen Unterschlupf, ohne ihn zu verwöhnen, ermutigten und unterstützten sie den Grafen Mansfeld und auch die beiden Bundesgenossen, die diesem im Laufe des Winters 1621/22 zuwuchsen.

Sie waren von höchst unterschiedlicher Art, der eine ein alter, ehrenhafter Fürst, der andere ein verwegener junger Haudegen und Bramarbas. Der Markgraf Georg Friedrich von Baden-Durlach konnte sich nicht damit abfinden, daß die Union den Kurfürsten von der Pfalz so schmählich im Stich gelassen hatte. So sammelte er ein Heer und trat im April 1622 offen für Friedrich V. in die Schranken.

Herzog Christian von Braunschweig, gerade 22 Jahre alt, nannte sich zwar »Gottes Freund«, aber ernst nahm er eigentlich nur den zweiten Teil seiner Devise, die er auf die Münzen prägen ließ, deren Silber er aus den Kirchen geraubt hatte: »der Pfaffen Feind«. Mit den paar tausend Mann, die der protestantische Administrator des Bistums Halberstadt im Sommer 1621 angeworben hatte, war er nicht sehr weit gekommen, da sich seinem Räuberhaufen allzu viele Feinde in den Weg stellten. So fiel der »Tolle Halberstädter« während des Winters über das Bistum Paderborn her und hauste dort, wie es seinem Ruf entsprach: mit Kirchenraub, Nonnenschändung, Brandschatzung und mit wilden, lästerlichen Reden. Betrachtet man sein schmales, melancholisches Jünglingsgesicht, möchte man ihm die flackernde Wildheit gar nicht zutrauen; eher paßt dazu, daß er Elisabeth, die Frau des Pfalzgrafen, anschwärmte und für sie in den Kampf zog. Gegen Frühjahr 1622, als der Markgraf von Baden seine 20000 Mann marschieren ließ, hatte der Troubadour und Raubritter eine Armee ähnlicher Stärke angeworben, und auch Mansfeld hatte während der Winterpause im Elsaß einen stattlichen Haufen gesammelt. Jedoch

waren die katholischen Streitkräfte in der Überzahl und besaßen die besseren Soldaten.
Zudem schien es, als wolle es der Infantin Isabella zu Brüssel nun doch gelingen, die Käuflichkeit Mansfelds zu nutzen und ihn auf die andere Seite zu ziehen. Der Preis für seinen Verrat war schon ausgehandelt, der Gesandte der Infantin schon zur Unterschrift in Mansfelds Quartier in Germersheim, als der Pfalzgraf dort auftauchte. Er war heimlich über Frankreich angereist, um bei dem neuen Anlauf dabeizusein. Mansfeld drehte sein Doppelspiel verwegen um und gab sich wieder einmal, als hätte er den Unterhändler nur zum Narren gehalten. Bald darauf rückte er mit seinem Heer über den Rhein. Am 27. April 1622 stieß er bei Mingolsheim zwischen Wiesloch und Bruchsal mit Tilly zusammen und lieferte ein erfolgreiches Gefecht. Tilly mußte sich mit beträchtlichen Verlusten zurückziehen und Córdova auffordern, sich rasch mit ihm zu vereinigen.
Das blieb jedoch der einzige Erfolg der für den Pfalzgrafen kämpfenden Truppen. Während die beiden Generale des Feindes sich zusammentaten, trennten sich Mansfeld und der Markgraf nach kurzer Fühlungnahme, uneinig über den Oberbefehl. Friedrich V. war nicht der Mann, die drei Heerhaufen, die in seinem Namen auftraten, zu koordinieren. So traf der Markgraf am 6. Mai bei Wimpfen allein auf das spanisch-ligistische Heer. Sein Angriff am Vormittag mißlang. Am Nachmittag setzten Tilly und Córdova zum Gegenangriff an und siegten in fünfstündigem Kampf.
Der nächste Schlag traf den Tollen Christian. Als er heranrückte, trat ihm am 17. Juni bei Höchst am Main die beträchtlich verstärkte Armee Tillys entgegen und schlug den Halberstädter Haufen in die Flucht. Wieder einmal hatte Mansfeld, den immer noch der Pfalzgraf begleitete, versäumt, sich rechtzeitig mit dem Bundesgenossen zu vereinigen. So blieb ihnen allen nur noch der Rückzug, hinüber ins Elsaß.
Der Pfalzgraf, an Mansfeld gekettet, wurde mitgeschleppt, von den Soldaten mißachtet, von den Anführern beiseite geschoben, Zeuge ihrer Gewalttaten und Räubereien. Er mochte nicht länger als ihr Aushängeschild dienen. Wenn sie ihre Haut retten wollten und den Söldnerhaufen, von dem sie lebten, so sollten sie das ohne ihn tun. Also entließ er sie förmlich aus seinen Diensten und kehrte zu seiner Familie zurück.
Mansfeld und Christian verhandelten da und dort über neue Verträge, plünderten Lothringen aus und rückten allmählich nach Norden, auf die Niederlande zu. Bei Fleurus in Brabant, 50 Kilometer südlich Brüssel, suchte Córdova vergeblich sie aufzuhalten. Zwar wurde Christian im Kampf verwundet, was ihn nachher die linke Hand kostete; aber Mansfeld kam mit seinem zerlumpten Haufen noch zurecht, um Spinola von der Belagerung von Bergen op Zoom abzubringen, so daß er gleich bei seinem Eintreffen den Niederlanden einen guten Dienst leistete. Er hielt

sich bereit, erneut in den deutschen Krieg einzugreifen, und auch den Tollen Christian konnte die fehlende Hand nicht hindern, sobald es ging wieder nach einer Fahne zu greifen, wer immer sie ihm bot.
In der Pfalz räumte indessen Tilly mit den letzten Stützpunkten der pfalzgräflichen Truppen auf. Am 19. September kapitulierte Heidelberg, am 2. November Mannheim. Ende 1622 schien in Deutschland der Krieg erloschen. Doch das Gemisch, an dem er sich entzündet hatte, war mit dem Austreten der Brandstellen nicht beseitigt. Jede Bewegung dort oder hier konnte es neu entflammen, konnten aus der Reibung der Gegensätze zwischen fürstlicher Libertät und kaiserlicher Herrschaft, zwischen den Konfessionen, zwischen den nationalen, wirtschaftlichen und persönlichen Interessen die Funken schlagen, die den Brand wieder entfachten.
Der kleine Mann, ein Opfer der Machthaber, der Zeloten und Kriegsunternehmer, zog den Kopf ein und hielt den Atem an. Martin Opitz, der in Heidelberg studiert hatte, schrieb 1621 in Jütland als er dem Tumult entronnen war, sein langes »Gedicht über die Widerwärtigkeit des Kriegs« und summierte darin die Erfahrungen aus den ersten drei Jahren eines Schreckens, der sich zehnmal so lang über Deutschland hin- und herwälzen sollte:

» . . . Wie manche schöne Stadt,
die sonst das ganze Land durch Pracht gezieret hat,
ist jetzund Asch und Staub! Die Mauern sind verheeret,
die Kirchen hingelegt, die Häuser umgekehret . . .
was übrig blieb, ist kommen in die Hände
der ärgsten Wüterei, so, seit die Welt erbauet,
von Gott gestanden ist, die Sonne hat geschauet.
Der Alten graues Haar, der jungen Leute Weinen,
das Klagen, Ach und Weh der Großen und der Kleinen,
das Schreien insgemein von Reich und Arm geführt,
hat diese Bestien im mind'sten nicht gerührt . . .
Ihr Heiden reicht nicht zu mit eurer Grausamkeit,
was ihr noch nicht getan, das tut die Christenheit.«

Johann Casimir war, als sich der Krieg seinem kleinen Fürstentum näherte, mit Frau und Kindern nach Norden gereist. Er hatte sich entschlossen, fahren zu lassen, was er nicht bewahren konnte, und der Einladung Gustav Adolfs zu folgen.
Der König war bei der Ankunft von Schwester und Schwager schon seit sechs Wochen wieder in Livland. Er brachte Verstärkungen hinüber, die bitter benötigt wurden. Für Mitau kamen sie zu spät. Als nach dem Eintreffen des Königs am 27. Juni 1622 endlich die Entsatztruppen von Riga aufbrachen, war die Festung schon seit zwei Tagen in polnischem Besitz;

selbst die verzweifelte Tapferkeit der Schweden konnte dem Ansturm Radziwills nicht mehr standhalten.
Sonst hatte sich seit dem Winter die Lage kaum verändert. Beide Seiten waren zu schwach, um ernsthafte Schläge führen zu können, die Schweden, weil es an Geld fehlte, um die Armee aufzufrischen und ausreichend zu versorgen, die Polen, weil sie – obwohl nach dem Sieg und Friedensschluß von Chozim im Oktober 1620 die Türkengefahr abgewendet war – sich untereinander zerstritten hatten und auch ihre Mittel erschöpft waren. Radziwill war daher trotz des Erfolges in Mitau zu Verhandlungen bereit. Auch Gustav Adolf erkannte, daß es besser war, das Gewonnene durch einen Vertrag zu sichern, als mit unzulänglichen Kräften weiterzukämpfen. Ende Juli wurde der Vertrag von Mitau geschlossen, der einen Waffenstillstand bis April 1623 festlegte und jeder Seite beließ, was sie besaß, zugleich aber auch neue Verhandlungen für eine langfristige Lösung eröffnete.
Schweden versuchte bei diesen Gesprächen zum selben Ziel zu gelangen wie bei den Konferenzen vor der Einnahme Rigas: einer Beilegung des Erbstreites im Hause Wasa. Es bot dafür wiederum ernsthafte Konzessionen, diesmal sogar den Verzicht auf Riga.
Einem gewiegten Diplomaten wie Axel Oxenstierna war gewiß nicht verborgen, daß Sigismund auch diesmal nicht über seinen Schatten springen konnte – das mag das großzügige Angebot erleichtert haben –, aber es wäre auch verkehrt, das schwedische Angebot als bloße Taktik abzutun. Sigismund war jedoch halsstarriger denn je – das Fehlen eines Thronfolgers in Stockholm mag ihn darin bestärkt haben –, und Radziwill ließ sich auch von Gustav Adolf selbst nicht gewinnen. Bei einer Unterredung des Königs mit dem Fürsten gelang es der Liebenswürdigkeit Gustav Adolfs zwar, Bewunderung zu wecken, aber Radziwill, der wie sein Gegenüber die Kämpfe in Deutschland genau beobachtete und ahnte (oder hoffte), daß Schweden darin verwickelte werde, verhandelte trotzdem als polnischer Patriot.
Nach mühsamem, monatelangem Tauziehen wurde am 27. November 1622 in Ogra ein Vertrag geschlossen, der den Vertrag von Mitau erneuerte und verlängerte. Nun hatten die Schweden Zeit, Livland wirklich in Besitz zu nehmen. Axel Oxenstierna kümmerte sich selbst einen Winter lang um die Probleme des Landes und überließ dieses dann Jakob de la Gardie als neuernanntem Generalgouverneur. Zeit blieb auch, sich mit Dänemark zu messen, das den Aufstieg des Nachbarn mit Argwohn betrachtete, Zeit schließlich, um die Finanzlage des Reiches zu verbessern, die Wirtschaft zu fördern, das Bildungswesen umzugestalten, Armee und Flotte zu reformieren – Aufgaben, die schon in Angriff genommen, aber noch lange nicht vollendet waren.

Die Rüstkammern

Denn unsere Wohlfahrt beruhet einzig und alleine (nächst Gott) auf einem wohl disziplinierten gehorsamen Kriegsvolk.

Gustav Adolf an Pfalzgraf Johann Casimir

Das Wohl des Reiches ist von Handel und Schiffahrt abhängig.

Gustav Adolf

Am 25. Juni 1623 schrieb Hans Georg von Arnim an den schwedischen Reichskanzler, er sei bereit, wieder in die Dienste des Königs zu treten. Das verband er mit einem konkreten Vorschlag: Er würde in Mecklenburg Truppen anwerben, um mit ihnen von Putzig aus zu verhindern, daß Sigismund Danzig zur Basis eines Landungsunternehmens in Schweden mache. Der polnische König gehe ernsthaft mit solchen Plänen um.

Das Angebot kam zu spät. Gustav Adolf hatten bereits im März und April Nachrichten erreicht, Sigismund plane, mit Hilfe des immer noch virulenten Altheimischen Ordens, Spaniens und einer noch zu sammelnden Flotte Schweden von Osten und Westen anzugreifen. Grundlos waren die Gerüchte nicht. Sigismund hatte den Vertrag von Ogra nicht bestätigt, er verhandelte in der Tat über den grandiosen Invasionsplan, und im Danziger Hafen wurden kleine Landungsschiffe zusammengezogen. Jedoch hatte er den *Sejm* seines von den Türkenkriegen erschöpften, vom Hunger und von der Pest heimgesuchten Landes nicht hinter sich, und noch ehe es Sommer wurde, mußte er einsehen, daß das Unternehmen in jeder Hinsicht über seine Kräfte ging.

Die widersprüchlichen Gerüchte über seine Absichten hatten jedoch Schweden alarmiert. Die Küstenbefestigungen wurden ausgebaut, in Älvsnabben wurde die Flotte versammelt. Es war nicht Gustav Adolfs Art, auf eine Drohung mit Zuwarten zu reagieren. Nachdem eine Anfrage in Danzig keine befriedigende Antwort erbracht hatte, beschloß er, selbst nach dem Rechten zu sehen: Mit einer Flotte von 21 Kriegsschiffen und 4000 Soldaten an Bord erschien er am 20. Juni in der Danziger Reede. Tags darauf traf Sigismund, angeblich zu einer Repräsentationsreise, in Begleitung seiner Gemahlin Constanze und seiner Kinder in der Stadt ein, deren Oberlehensherr er war und in deren Hafen er eine Flotte unterhalten durfte, ohne daß Danzig ein Teil der polnischen Republik gewesen wäre.

Gustav Adolf ließ es weder an Höflichkeit noch an Deutlichkeit fehlen. Als die Danziger Kanonen für Sigismund Salut schossen, ertönten dazu auch die Stimmen seiner Schiffsgeschütze, grüßend und drohend. Dem Gruß folgte ein Trompeter mit einer Botschaft an Sigismund und einem Schreiben an den Magistrat. Von dem polnischen König verlangte Gustav Adolf eine Bestätigung, daß er den Vertrag von Ogra einhalte, vom Magistrat die Garantie, daß er im Danziger Hafen keine Angriffsvorbereitungen gegen Schweden zulasse.

Als die Ratsherren die Stellungnahme hinauszögerten, drängte der König auf eine klare Zusage, sonst sei er wegen Wassermangel gezwungen, seine Leute an Land zu bringen und eine Schanze aufzuwerfen. Und um zu unterstreichen, wie ernst er das meinte, nahm er erst zwei spanische, dann noch sechs Danziger Kauffahrteischiffe in Gewahrsam und drohte, sie zu beschlagnahmen. Zugleich trug er jedoch dem mit ihm verhandelnden Danziger Ratsschreiber Grüße an den König von Polen, die Königin und den Prinzen Wladislaw auf.

Die Höflichkeit wurde durch Höflichkeiten erwidert, und die Danziger beeilten sich, die schwedischen Schiffe mit Proviant zu versorgen. Auch gaben sie schließlich, im Einvernehmen mit Sigismund, die Versicherung ab, keine Verletzung des Waffenstillstands zu dulden und den Hafen nicht als Flottenbasis gegen Schweden benutzen zu lassen, solange der Vertrag von Ogra gelte.

Gustav Adolf hatte diese Versicherung nicht mehr selbst abgewartet; ihm genügte fürs erste, daß aus Danzig keine Gefahr drohte, weshalb er mit der halben Flotte nach Schweden zurückkehrte, wo ebenfalls die Pest grassierte, gegen die vorgegangen werden mußte: ». . . ich sehe, wo Ordnung gehalten wird, segnet Gott und gibt ein Aufhalten der Seuche.« Maria Eleonora, erneut schwanger, wartete in Kalmar ungeduldig auf ihn; über ihre Mutter, die Kurfürstin Anna, hatte sie ihn bedrängt, daheim zu bleiben, weil es viel zu gefährlich sei, »in der Pestzeit sich selbst zu Schiff in die Enge unter alles Volk zu stecken«.

Den Rest der Flotte ließ der König unter dem Kommando von Nils Stiernsköld zurück, der so lange den Hafen blockierte, bis die Danziger ihre Zusicherung abgaben. Wenn Gustav Adolf auch nicht alles erreicht hatte, was er mit der Expedition beabsichtigte, so war diese doch eine auffallende Demonstration seiner Stärke, die vor allem in Dänemark Unruhe weckte.

Die königliche Armada hatte bewiesen, daß sie imstande war, Schwedens Rechte auf der Ostsee wirkungsvoll zu vertreten.

Die Flotte

Schon Erik XIV. war sich bewußt gewesen, daß Schweden eine starke Flotte brauchte, um sich gegen Dänemark zu behaupten, und um seine Verbindungen nach Finnland und den baltischen Ländern zu sichern. Gustav Adolfs Feldzüge in Livland wären ohne eine schlagkräftige Flotte nicht möglich gewesen, und nur mit einer solchen Flotte konnten die schwedischen Küsten vor einer Invasion geschützt werden.

Als Gustav Adolf den Thron bestieg, mußte er im Krieg gegen Dänemark erleben, wie hoffnungslos unterlegen die schwedische Flotte war. Sein Vater hatte sich zwar nach dem Ende des Bürgerkriegs bemüht, neue Schiffe zu bauen oder zu erwerben, aber als der Friede von Kalmar geschlossen wurde, besaß Schweden kaum mehr als 50 Kriegsschiffe, und diese waren zu einem guten Teil nur leichte Küstenfahrzeuge, gerade noch für die »Kleine Flotte« geeignet, die innerhalb der Schären operierte. Gustav Adolf begann bald schon mit einem Aufbauprogramm. Ab 1615 wurden nach und nach immer mehr große Schiffe in Dienst gestellt, und zwischen 1621 und 1624 steigerten die schwedischen Werften ihre Produktion aufs höchste.

Dieser Flottenaufbau war weniger das Verdienst des Reichsadmirals Karl Karlsson Gyllenhielm als seines Stellvertreters, des Vize- und Holmadmirals Klas Fleming. Fleming, bis 1620 Heeresoffizier, erwarb sich rasch die Kenntnisse, die ihn zu einem der großen Marine-Organisatoren (nicht nur Schwedens) werden ließen. Er meisterte selbst schwere Rückschläge wie den Verlust von zehn Schiffen, die im September 1625 an den Felsen von Kap Domesnäs scheiterten. Sein Bauprogramm ließ er von Vertragsunternehmern ausführen, zum Beispiel von den Holländern Paridon von Horn und Christian Welshuisen. Auch die laufende Instandhaltung wurde einem fremdländischen Unternehmer anvertraut, dem aus Brabant stammenden Anton Monier.

Von Einheitlichkeit konnte bei den Schiffen jener Zeit keine Rede sein. Sie unterschieden sich von Fahrzeug zu Fahrzeug nach Bauart, Größe und Bestückung, aber sie waren doch in Klassen eingeteilt, gerechnet nach Tonnage und Mannschaftsstärke. Die größte Klasse waren die Regalschiffe (wie *Zepter* und *Wasa*) mit 100 bis 130 Mann Besatzung, dann folgten die Kriegsschiffe mit 50 bis 60 Mann, die Kleinen Kriegsschiffe mit 35 bis 40 Mann und schließlich die Pinassen mit 20 bis 25 Mann.

Mit den Seekriegsartikeln von 1623 wurden neue Richtlinien für die schwedische Flotte festgelegt. Die disziplinarischen Vorschriften an Bord waren streng, die Strafen hart; nicht umsonst gehörte ein Profos zur Besatzung. Für Fluchen wurde Kielholen verhängt; bei einem leichten Diebstahl ein Ohr abgeschnitten; ein schwerer Diebstahl kostete das Leben;

und wer einem anderen mit dem Messer drohte (ohne zuzustechen), dem wurde eben dieses Messer durch die Hand gesteckt.
Bei dem schweren Dienst und den vielen Krankheiten (es gab mehr Ausfälle durch Krankheit als durch Verwundung), mit verursacht durch die zwar reichliche aber einförmige Nahrung, zog die Flotte nicht viele Freiwillige an. Das Heer genoß höheres Ansehen. Der König bemühte sich, durch eine feste Rangordnung und eine bessere Bezahlung das Niveau und damit den Ruf der Flotte zu bessern, war jedoch gezwungen, einen Teil der Schiffsoffiziere und gelegentlich auch der Mannschaften im Ausland anzuwerben. Die meisten Matrosen kamen durch Aushebung zur Kriegsmarine; sie stammten aus den küstennahen Gebieten und den Städten.
Durch den ständigen Einsatz, wenn auch selten im Seekrieg, sondern meist bei Patrouillen, Blockaden, Transporten, Landeunternehmungen, oft bis in den späten Herbst (wenn andere Flotten schon in Winterruhe lagen), in einer See, die genug Tücken besaß, schlecht kartographiert war und durch häufige Nebel irreführte, durch diese ständige Herausforderung wurden die schwedischen Seeleute in eine harte Schule genommen. Gustav Adolf, selbst ein begeisterter Seefahrer, sorgte dafür, daß seine Flotte nicht nur vermehrt, nicht nur besser organisiert und ausgerüstet, nicht nur straffer geführt wurde, sondern in dieser Schule lernte, auf ihre Aufgabe und auf Schweden stolz zu sein.

Das Heer

Auch seiner Armee hatte der König diesen neuen Geist eingepflanzt. Er selbst verkörperte ihn, denn – wie es im »Le soldat suédois« heißt – »er begnügte sich nicht damit, kommandierender General zu sein, er wollte auch Kapitän, Unteroffizier, Ingenieur, Artillerist und Soldat im Gliede, kurz gesagt, alles sein«. Im Gegensatz zu den meisten Heerführern seiner Epoche – von den Fürsten ganz zu schweigen –, die sich in vornehmer Distanz zu ihren Soldaten hielten, war er stets mitten unter ihnen. Was er ihnen bedeutete, hat einer seiner Offiziere, der Schotte Monro, nach dem Tode des Königs ausgesprochen: »O wollte Gott, ich hätte noch einmal einen solchen Herrn . . .«
Die Kriegsartikel, die den schwedischen Soldaten vor dem Aufbruch nach Riga vorgelesen wurden, waren nur einer der vielen Ansatzpunkte zur Neuformung des schwedischen Heeres. Aus heutiger Sicht läßt sich von einem Regelkreis sprechen, der hier aufgebaut wurde, innerhalb dessen ein Feld auf das andere einwirkte.
Das Ergebnis wird von Feldmarschall Montgomery wie folgt beurteilt:

»Die Leistungen Gustav Adolfs, dessen militärische Laufbahn in ebenso jungen Jahren begann wie die Alexanders und nicht viel später endete, lassen sich mit denen des Makedoniers vergleichen. Er schuf das erste moderne Heer, besonders was die Einführung der Dienstpflicht, die Heeresverwaltung und die Ausbildung zum Gefecht betrifft. Er begründete eine Offiziershierarchie und führte den Gefechtsdrill ein. Andere mögen bessere Strategen und Taktiker gewesen sein, Gustav Adolf war der bedeutendste Schöpfer von Armeen seiner Zeit. Er schmiedete seine Waffe nach seinen eigenen Vorstellungen und gebrauchte sie mit großem Erfolg. In seiner gemischten linearen Aufstellung vereinigte er Feuerkraft, Beweglichkeit und Stoßkraft. Die Weiterentwicklung moderner europäischer Heere geht direkt auf die von Gustav Adolf geschaffene schwedische Armee zurück.«

Wie intensiv sich Gustav Adolf mit dem Aufbau seines Heeres beschäftigte, geht aus den erhalten gebliebenen Fragmenten seiner Schriften *Krigsfolks-Ordning* und *Om Krigsmäns plikter* hervor. Aus dem Nachdenken über die Pflichten des Soldaten entwickelt er die Voraussetzungen für ein schlagkräftiges Heer: klare Organisation, gute Führung, gute Bewaffnung. Von seinen hohen Offizieren fordert der König »Tugend, Wissen, Autorität und Glück«. Was er unter Tugend versteht, definiert er in einem ganzen Katalog von Tugenden, zu denen er auch Verwaltungsgeschick rechnet, vor allem aber Fleiß, »Mannhaftigkeit in der Gefahr, rascher Entschluß zum Handeln und Schnelligkeit in der Ausführung«. Das »Wissen« nennt er nicht ohne Grund *vetenskap* – Wissenschaft: Er will, daß seine Offiziere sich die Kenntnis der Kriegskunst theoretisch und praktisch aneignen – so wie er es selbst getan hat.

Er begnügte sich nicht damit, daß ihn Skytte schon in der Jugend mit den großen Militärschriftstellern bekanntgemacht hatte, er setzte deren Studium fort und erweiterte es. Wenn er mit 30 Jahren nochmals Griechisch lernte, so vor allem, um Xenophons »Kyron paideia« zu lesen, ein Werk, das der Militärschriftsteller Lidell Hart »das vielleicht größte aller militärischen Lehrbücher« nennt. Lidell Hart fügt hinzu, dem König sei die Gelegenheit in den Schoß gefallen, schon in jungen Jahren die Theorie mit der Praxis zu verbinden. Aus dem Wechselspiel von Theorie und Praxis also entwickelte der König – nach und nach, von Feldzug zu Feldzug lernend – seine Reformen der Dienstpflicht, der Heeresorganisation, der Bewaffnung, der Ausbildung, der Gefechtsformation und der Taktik.

Um die *Dienstpflicht* hat sich der König persönlich gekümmert: Der noch vorhandene Teil seiner »Kriegsvolk-Ordnung« handelt ausschließlich von der *utskrivning*, der Aushebung. Eine spätere Verordnung zeigt wie die Dienstpflicht gehandhabt wurde: »Die Bauern sollen bezirksweise einberufen werden, wobei die Aufrufe durch die Pfarrer von der Kanzel verlesen werden, samt der Ermahnung für jedermann, diesen Folge zu leisten . . . Die Pfarrer sollen zuerst . . . eine Liste aller männlichen Einwohner über 15 Jahre erstellen, für deren Richtigkeit sie haftbar gemacht werden . . . Es sollen zwölf Geschworene zusammentreten, dieselben, die auch im *ting* oder Kreisgericht sitzen. Mit Hilfe dieser Geschworenen haben die königlichen Kommissare dafür zu sorgen, daß die versammelten Männer in Gruppen oder Listen zu zehn eingeteilt werden. Diese werden nicht entsprechend der Anzahl der Bauernhöfe oder Güter, sondern nach Kopfzahl zusammengestellt . . . Es ist vorgesehen, daß, wo sich Knechte in der Gruppe befinden, diese vor den Bauern genommen werden sollen, jedoch dergestalt, daß der Sohn von Eltern, die bereits einen Sohn im Dienst oder im Krieg verloren haben, verschont werden soll . . .« Vom Dienst befreit war außerdem, wer Waffen oder Munition herstellte; auch die Bergleute mußten nicht dienen. Die Kommission hatte Richtlinien für die Auswahl aus den Zehnergruppen: Junge Burschen, die »frisch und gesund, starkgliedrig und, soweit sich das feststellen läßt, mutig« waren, »überflüssige« Handwerker und Leute ohne festen Wohnsitz mußten vor anderen mit der Einberufung rechnen. Die Auswahl durfte nur in Anwesenheit der Geschworenen getroffen werden; sie hatten auf Gerechtigkeit und Berücksichtigung der privaten Verhältnisse zu achten. Trotzdem gab es Härten, die mancherorts zu Sonderregelungen führten.

Die Aushebung versorgte die schwedische Armee nur mit Fußvolk. Die Kavallerie bestand – neben Söldnern und den paar hundert Schweren Reitern des Adels – nur aus Freiwilligen. Der Andrang war groß: Zwischen 1620 und 1630 verdreifachte sich die Zahl der Reiter auf den kleinen, zähen und derben einheimischen Pferden auf 8000.

Wie finanzierte der König seine heimische Armee? Auch Dienstpflichtige mußten ernährt, gekleidet und bewaffnet werden; sie hatten auch einen Anspruch auf Sold. Wer, nach der Einberufung, 20 Jahre oder länger dem König als Soldat diente, mußte dafür auch seinen Lohn erhalten.

Gustav Adolf benutzte dasselbe Mittel zur Entlastung der Staatskasse wie bei den Beamten: den Ertrag von Bauernland. Jeder Soldat wurde einem Hof zugeteilt und hatte Anspruch auf einen Teil des dortigen Ertrags, den der Bauer dann von den Steuern abziehen konnte. Offiziere erhielten in der Regel einen ganzen Hof zur Nutznießung, meist aus Ländereien der Krone. Auch der Reiter stellte sich wesentlich besser als der Infanterist, was den Andrang von Freiwilligen erklärt. Das System hatte natürlich seine Mängel, es konnte mißbraucht werden und zehrte am Kronland, aber trotz einiger Versuche, es zu ändern oder zu ergänzen, blieb es der finanzielle Rückhalt des aus Einheimischen bestehenden Teiles der schwedischen Streitkräfte. Daneben war der König stets auf ausländische

Söldner angewiesen – mit dem wachsenden Umfang seiner Unternehmungen wuchs auch deren Anteil an seiner Armee.

Die *Organisation* des Heeres nahm zwischen 1616 und 1628 allmählich Gestalt an. Aus den »Fähnchen« des Fußvolkes – bei Gustav Adolfs Regierungsantritt die höchste taktische Einheit – wurden in mehreren Schritten »Feldregimenter« mit zwei Bataillonen zu je vier Kompanien; die Stärke eines Regiments betrug 1300 oder 1400 Mann. Dann folgte die Zusammenfassung von zwei Regimentern (mitunter auch nur von drei Bataillonen) zu Brigaden, jener Infanterieformation, mit der Gustav Adolf seine Siege errang.

Die Reiterei war von altersher in »Fahnen« eingeteilt; ab 1620 wurde sie in Kompanien gegliedert, jede mit 125 Pferden (ohne die Pferde des Trains). Drei, später vier Kompanien bildeten die Schwadron, die – von einem Obersten kommandiert – lange die größte Einheit blieb. Erst ab 1628 wurden zwei Schwadronen zu einem Regiment zusammengefaßt.

Die Rolle der Artillerie bei der Eroberung Rigas ermutigte den König, diese zu einer selbständigen Waffengattung auszubauen. Bis 1629 waren sechs Artilleriekompanien aufgestellt; sie wurden unter dem erst 26jährigen Lennart Torstensson zum ersten Artillerieregiment der Geschichte vereinigt.

Hand in Hand mit der straffen Gliederung des Heeres ging eine systematische Rangordnung der Offiziers- und Mannschaftsgrade, wobei der Verantwortungsbereich der Unteroffiziere erweitert wurde.

Bei der *Bewaffnung* seiner Armee suchte der König nicht die Veränderung um der Veränderung willen. Fußvolk und Reiterei behielten die damals üblichen Waffen: die Infanterie Piken und Musketen, die Kavallerie Pistolen und Säbel. Jedoch kam es ihm darauf an, daß diese Waffen so zweckmäßig wie möglich waren und wendig und offensiv gebraucht wurden. Der Langspieß, unentbehrlich zur Deckung der während des langwierigen Ladevorgangs ungeschützten Musketiere, war auch eine Angriffswaffe, obwohl kaum noch als solche verwendet; Gustav Adolf brachte seinen Pikenträgern bei, ihn wieder zum Vorstoß einzusetzen. Jedoch war er auch auf den Schutz der Pikeniere bedacht und stattete sie durchweg mit Harnischen aus. Und obwohl das immer wieder behauptet wird, hat er die Zahl der Pikeniere keineswegs zugunsten der Musketiere verringert. Die Musketen suchte er so leicht wie möglich zu machen, doch war man noch nicht soweit, sie freihändig abzufeuern – der Schütze war weiterhin auf eine Auflegegabel angewiesen.

Bei der Kavallerie schränkte Gustav Adolf den Gebrauch der Pistolen erheblich ein. Er hielt nichts von der üblichen Caracole – einem Reiterangriff, bei dem jeder Kürassier nacheinander seine beiden Pistolen auf den Feind abfeuerte, worauf dann wieder abgeschwenkt wurde. Der Effekt dieses lautstarken Manövers war meist recht gering. Der König befahl, die Pistole zur Eröffnung des Angriffs aus nächster Nähe zu gebrauchen: »Schießt nicht, Kinder, bis ihr das Weiße im Auge des Feindes seht!« und im übrigen den Säbel zu schwingen. Gustav Adolfs gefürchtete finnische Reiter hießen nicht von ungefähr die *Hakkapeliittat*, nach ihrer Parole: »Hakka päälle – Hau auf den Kopf!«

Während der König bei Infanterie und Kavallerie sich auf die herkömmlichen Waffen (wenn auch nicht auf ihre herkömmliche Handhabung) verließ, revolutionierte er die Artillerie. Bis dahin waren schwere Kanonen das übliche, nur mit Mühe transportierbar und während einer Schlacht in der Regel eingegraben. Natürlich benötigte Gustav Adolf auch schwere Artillerie, zum Beispiel für Belagerungen, aber sein Hauptaugenmerk galt dem leichten »Kupfer«-Geschütz (Kupfer mit einer Beimischung von Zinn und Glockenmetall). Er trieb die Konstrukteure zu immer neuen Versuchen und ließ es sich nicht nehmen, bei der Erprobung der Modelle dabeizusein. Bei einem derartigen Probeschießen in Anwesenheit einer holländischen Gesandtschaft lud er selbst die Kanone und traf beim ersten Schuß das Ziel. Beim zweiten jedoch sauste die Kugel darüber hinaus und die Lafette zerbarst – der König hatte, wie er seinen Gästen erklärte, die doppelte Pulverladung genommen, um zu prüfen, was man der Kanone zumuten konnte.

Die Kanonenbauer des Königs näherten sich in mehreren Etappen dem Ziel: Die aus Hessen eingewanderten Siegroths – Vater und Sohn – gossen 1623 ein Sechspfünder-Geschütz, das bei weitem weniger wog als jedes bisherige dieses Kalibers. Der nächste Schritt war die sogenannte »Lederkanone«, deren legendärer Ruf ihre recht kurze Verwendung in der schwedischen Armee weit überdauerte. Vielleicht erregte dieser Dreipfünder deshalb besonderes Aufsehen, weil er wirklich aussah, als würde aus einem Lederrohr geschossen; in Wirklichkeit jedoch war der dünne Kupferlauf durch einen Ledermantel verstärkt. Drei Jahre lang, bis 1629, halfen diese »Lederkanonen« Gustav Adolf zu seinen Siegen an der Weichselmündung, dann wurden sie durch ein wesentlich besseres Geschütz, das »Regiments-Stück«, abgelöst. Auch dieses war ein Dreipfünder, genauso leicht wie die »Lederkanone«, aber stabiler und treffsicherer; es konnte von einem einzigen Pferd gezogen werden (Wallensteins leichtestes Geschütz, ein Sechspfünder, benötigte vier), und wenn Pferde fehlten, genügten drei Mann, um es in Stellung zu bringen. Als Gustav Adolfs Kanonenbauer auch noch die Kartusche einführten, entwickelten diese Geschütze eine erstaunliche Feuergeschwindigkeit. Ihre Reichweite betrug etwa 300 Meter, was für ein Feldgeschütz völlig ausreichte – schließlich schafften auch schwere Kanonen kaum mehr als 700 Meter. Die »Regiments-Stücke« trugen wesentlich zu Gustav Adolfs Erfolgen bei. Das bemerkte auch der Gegner. Der Minister des Kaisers Franz Christoph Graf von Khevenhüller schrieb in seinen »Annales Ferdinandei«: »Insonderheit hat der König eine treffliche, schöne Art sehr vieler kleiner Regiments-Stücken, die er so geschwind zu schießen wußte, daß er wohl acht mal, ehe ein abgerichteter Musketier sechs mal zum Schuß fertig werden konnte.«

Gustav Adolf kümmerte sich nicht nur um die Bewaffnung, sondern auch um die *Bekleidung* seiner Soldaten. Von einer Uniformierung konnte in jener Zeit erst in Ansätzen die Rede sein: bei Leibgarden und kleinen Eliteabteilungen. Meist wirkten die Heerhaufen recht bunt zusammengewürfelt, wie das bei den häufig den Dienstherren wechselnden Söldnern (die ihre »Berufskleidung« mitbrachten) unvermeidlich war – sie konnten nur nach leicht austauschbaren Feldzeichen unterschieden werden.

In Schweden erhielten die Soldaten einen Teil ihrer Löhnung in Tuch, und da es dem König mißfiel, wenn seine Truppen unpraktisch oder bäuerisch angezogen waren, gab er Befehl, Stoff und Schnitt zu vereinheitlichen. Das mündete in einen Plan zur Errichtung eines zentralen Bekleidungsdepots, für das ein Aufgebot von Schneidern aus dem in Schweden hergestellten, auf zwei Farben (Blau und Rot) beschränkten Stoff Kleidungsstücke in Standardgrößen herstellen sollte. Wieweit der Plan verwirklicht wurde, ist ungewiß; später, bei ihrem Auftreten in Deutschland, ist gelegentlich von einer einheitlichen Kleidung der Schweden die Rede – »alle in blö gekleidt«, heißt es in einem Bericht aus Rothenburg ob der Tauber –, aber in der Regel waren sie wohl genauso bunt aufgeputzt wie die anderen Truppen. Wenn manche Regimenter nach Farben benannt wurden, so nach der Farbe der Fahne.

»Des Königs Fußvolk ist flugs exerziert«, berichtete der dänische Gesandte über die *Ausbildung* der schwedischen Soldaten. Gustav Adolf wußte, daß alle seine Neuerungen ihren Zweck verfehlten, wenn seine Soldaten nicht mit ihnen vertraut waren. Die Rekruten wurden schubweise von Leibgardisten gedrillt. Die Musketiere mußten das Laden und Schießen so lange üben, bis jeder Handgriff saß; der Trommelschlag bestimmte jeden Schritt; und innerhalb der Kolonne gab es keine zufälligen Plätze: Jeder, ob Träger einer Pike oder einer Muskete, mußte wissen, wohin er gehörte. Auch in Friedenszeiten oder in Gefechtspausen gab es keinen Müßiggang; die Offiziere mußten ihre Mannschaften (und sich selbst) ständig in Bewegung halten; Manöver nahmen den Ernstfall vorweg; und noch unmittelbar vor der Schlacht, wie zum Beispiel vor dem Tag in Breitenfeld, wurden die Soldaten für den anstehenden Waffengang geschult. Söldner, die in schwedische Dienste traten, mußten es sich gefallen lassen, von erfahrenen Soldaten des Königs gedrillt zu werden, bis sie sich eingepaßt hatten. Die Methode des ständigen Trainings hatte Gustav

Adolf von Moritz von Oranien übernommen, aber so, wie er dessen taktische Neuerungen fortbildete und vervollkommnete, so perfektionierte er auch dessen Ausbildungsstil. Die seit dem Riga-Feldzug geltenden Kriegsartikel waren das disziplinarische Korsett für diesen festgefügten und in bisher ungekanntem Maß beweglichen Truppenkörper.

Denn alles, was der König veränderte, zielte auf einen neuen *Kampfstil.* Was Gustav Adolf damit leistete, beschreibt Lidell Hart: »Bis dahin war die Infanterie in riesigen, schwerfälligen Karrees geordnet gewesen, bis zu 50 Reihen tief, in der irrigen Meinung, daß Dichte gleichbedeutend mit Stärke sei . . . Diese ›Schlachthaufen‹ oder *tercios* des spanischen Stils waren bei allen Heeren außer dem schwedischen noch immer im Schwange . . . Gustav löste diese schwerfälligen Formationen auf und stellte seine Leute nur in Sechserreihen mit Zwischenreihen auf, während die Musketiere sich zum Schluß in Dreierreihen zusammenschlossen. Diese Dreierformation wurde zum Vorbild für die späteren taktischen Entwicklungen, zum Vorläufer der modernen Feuerstellung. Das Ausmaß von Gustavs Neuerung können wir an der Tatsache erkennen, daß nahezu zwei Jahrhunderte vergingen, bis eine weitere Reduktion auf zwei Reihen stattfand . . .«

Wie die schwedische Armee kämpfte, schildert Feldmarschall Montgomery: »Die Infanteriebrigade ging . . . in T-förmiger Schlachtordnung [das T auf den Kopf gestellt] vor. Musketiere und Pikenträger gliederten sich so, daß ihre Waffen am besten zur Wirkung kamen. Das vorne in der Mitte stehende Karree aus Pikenträgern wirkte in der Verteidigung wie ein Wellenbrecher und im Angriff als Stoßkeil, während die rückwärts gestaffelten Pikenträger die Flanken der Musketiere deckten. Diese wiederum konnten im Schutz der Pikenträger ihr flankierendes Feuer zur Wirkung bringen. Die Aufstellung der Brigade entsprach damit einer kleinen beweglichen Festung mit Schutzmauern und Außenwerken. Mit der beweglichen Feldartillerie und ihrer schnellen Schußfolge ergänzte Gustav Adolf die Feuerkraft der Musketiere, die gegen jede massierte feindliche Aufstellung hervorragend wirkte . . . Die Reitertruppe erfüllte zwei taktische Funktionen. Zuerst kämpfte sie der Infanterie den Weg frei und führte nach dem Infanterieangriff den entscheidenden Stoß.«

Lidell Hart faßt die Leistung Gustav Adolfs wie folgt zusammen: »So lag . . . seine größte Leistung darin, daß er durch die Verbindung von Schlagkraft, Schutzkraft und Beweglichkeit das erste wissenschaftlich gestaltete Kriegsinstrument der Neuzeit hervorbrachte . . . In jedem einzelnen der verschiedenen Elemente . . . übertraf die schwedische Armee die kaiserlichen Truppen und indem sie alle drei miteinander verband, löste sie sich vollends von der Vergangenheit und leitete eine neue Epoche der Kriegsführung ein.«

Dieses »Kriegsinstrument der Neuzeit« war das Ergebnis einer planmäßigen Entwicklung nach 1620, gestützt auf frühe theoretische Einsichten, auf Erfahrungen in den Kriegen des vorangegangenen Jahrzehnts, erprobt und ständig verbessert in den Feldzügen in Livland und Preußen. Aber dieser König verstand sich nie nur als Militär. Soldat zu sein, betrachtete er als seinen königlichen Auftrag, aber als einen Teil des Auftrags, das Wohl seines Landes auf allen Gebieten zu fördern. Der Krieg blieb für ihn eine Strafe Gottes für die Sünde der Welt, und Bureus hat in seinem Tagebuch festgehalten, daß Gustav Adolf ihn im Herbst 1622 fragte, inwieweit ein christlicher König ohne Sünde Krieg führen könne. Die Lust am Krieg, die ihn zweifellos fortriß, wenn er als Soldat sein Leben aufs Spiel setzte, war ihm auch eine Last, und er ist gewiß aufrichtig, wenn er im Juli 1624 an Herzog Adolf Friedrich von Mecklenburg schreibt: »Bitte derhalben Euer Liebden wollen sich nichts Ungleiches von mir einbilden, als sollte ich dermaßen verblendet sein, daß ich den Krieg dem Frieden vorziehen sollte: Sondern Euer Liebden wollen sich versichert halten, daß alle meine *travaillien* nur dahin angesehen sein, daß wir armen Schweden dermaleinst (wenn es Gott gefallen wird) in Frieden unser sehr verderbetes Schweden *excolieren* möchten.«

Schweden zu *excolieren* [sorgfältig bebauen, schmücken, verfeinern, veredeln], war wohl das oberste Ziel des Königs, und selbst wenn ihn, wie er es ansah, eine Welt, die von Krieg und Kriegsgeschrei widerhallte, zwang, die Waffen zu ergreifen, so widmete er sich doch, wo es nur anging, den Werken des Friedens: der Wahrung des Rechts, einer guten Verwaltung, dem Aufblühen von Handel und Gewerbe, der Hilfe für die Schwachen und dem Ausbau des Bildungswesens. Unmittelbar nach seiner Rückkehr von dem Danziger Unternehmen, auf der Schiffsreise von Kalmar nach Nyköping sprach er davon, »daß im Reiche noch manches unerledigt geblieben sei, was er gerne vor seinem Tode vollendet sehen wolle – nämlich, daß Kirchen, Schulen und Hospitäler gut versorgt würden«.

Auf Umwegen – bei den wirtschaftlichen Errungenschaften oft ganz direkt – kam dies freilich auch dem »Kriegsinstrument« zugute – der Begriff der »sozialen Verteidigung« ist zwar eine Neubildung, steht aber für eine alte Erfahrung. Zu den Rüstkammern für den Aufstieg Schwedens zur europäischen Vormacht zählten beispielsweise auch die neugeordneten Verwaltungen, die Kupfer- und Eisenwerke, die Handelskompanien und die besseren Schulen. Vieles, was auf diesen Gebieten geleistet wurde, ist Axel Oxenstierna gutzuschreiben, aber nicht im Sinne der Ausschließlichkeit sondern der beharrlichen Kooperation mit einem kühnen König und der systematischen Ausführung von Einfällen, die sich entzündeten, weil Naturen gegensätzlicher Art aber gleicher Gesinnung zusammenwirkten.

Die Verwaltung

König und Kanzler beschränkten sich nicht darauf, die Zentralverwaltung neu zu ordnen. Um 1621 wurde auch die Provinzverwaltung in ein System gebracht, welches das bisherige Durcheinander von Aufgaben und Amtsstellen ablöste. Dabei wurde an alte Bräuche und Institutionen angeknüpft, insbesondere die lokale Selbstverwaltung genutzt. Nach mehreren Schritten ergab sich schließlich folgender Aufbau:

Das ganze Reich, einschließlich Finnlands und der neu erworbenen Gebiete wurde in Regierungsbezirke, *län* genannt, eingeteilt. Schweden selbst besaß elf solcher Länder; Stockholm war eine zusätzliche Verwaltungseinheit. An der Spitze des *län* stand der *landshövding*, der Landeshauptmann, oft auch noch als Statthalter bezeichnet. Der Landeshauptmann vertrat in seinem Gebiet den König und war den fünf Reichsämtern, modern gesprochen also der Regierung, und der Kammer, der zentralen Finanzbehörde, unterstellt.

Für die Erfüllung seiner Aufgaben auf den Gebieten der allgemeinen Verwaltung, der Rechtspflege und des Steuereinzugs wurden ihm sachkundige Beamte zur Verfügung gestellt, darunter auch ein Buchhalter, so daß sich an der Spitze eines jeden *län* eine regelrechte Behörde heranbildete. Zur ihr gehörte auch der *länsman*, der Polizist – heute noch wird in Schweden der Polizeikommissar so benannt.

Die Verwaltungseinheit, mit der es der Untertan Gustav Adolfs in der Regel zu tun hatte, war der *härad*, der Kreis, mit dem *häradshövding*, dem Kreisamtmann, an der Spitze. Heute ist ein *häradshövding* ein Amtsgerichtsdirektor und das *häradsrätt* das Amtsgericht, was darauf hinweist, daß der Amtmann auch für die Rechtsprechung im Kreis zuständig war. Der Amtmann war meist ein angesehener Adelsherr des Kreises. Er wurde unterstützt durch den *häradsnämnd*, den Kreisausschuß, der bei Steuerproblemen zwischen den Kronvögten und den Steuerzahlern vermittelte, die Aushebung der Rekruten überwachte und die Vertreter des *härad* im Reichstag bestimmte.

Der Kreisausschuß war ein Organ der Selbstverwaltung, die sich noch deutlicher im *häradsting*, dem Kreistag ausdrückte. Kreistage wurden mindestens zweimal im Jahr gehalten; nach altem Brauch versammelten sich die Männer des Kreises unter Vorsitz des Kreisamtmanns oder seines Stellvertreters in Waffen, oft noch unter freiem Himmel, und jeder hatte das Recht zu sprechen. Der Kreistag kümmerte sich um vielerlei: von der Ausführung behördlicher Verfügungen bis zum Bau von Straßen und Brücken oder der Pflege von Mühlen und Wehren; er organisierte im Winter die gemeinsame Jagd auf Wölfe und Bären oder im Sommer die Vertreibung der Wildschweine von den Äckern; er traf Vorkehrungen für den Gespanndienst bei Durchreisenden und für deren Beherbergung; er konnte Bußgelder erheben und Abgaben für lokale Zwecke festlegen. Auch die Sorge für Brandgeschädigte oder Arme war seine Sache, doch überschnitten sich in diesem und auch in anderen Bereichen die Aufgaben mit den Bemühungen der kirchlichen Selbstverwaltung, der *sockenstämma*, wie überhaupt kirchliches und bürgerliches Leben sich durchdrangen.

Steuern und Finanzen

Ohne die lokale Basis, ohne den Aufbau einer funktionierenden Verwaltung von unten bis oben, wäre eine der wesentlichen Voraussetzungen für die Politik des Königs ins Wanken geraten: eine erhebliche Steigerung der Staatseinnahmen. Für die Fülle neuer Aufgaben, die der König sich und seinem Volke stellte, war eigentlich nie genug Geld vorhanden, und darum waren er und sein Kanzler dauernd auf der Suche nach neuen Geldquellen. Dies galt insbesondere für die Zeit, ehe die Zolleinnahmen an der Weichselmündung und die Eroberungen in Deutschland die schwedischen Kassen auffüllten.

An Einfällen, die Untertanen zur Kasse zu bitten, fehlte es nicht. Sonderabgaben für Notfälle verwandelten sich in Dauersteuern, so die *landtågsgärd*, die Gabe zur Unterstützung eines Feldzuges *(landtåg)*, die mehrfach vom Reichstag gewährt wurde, bis sie ab 1624 für unbestimmte Zeit bestehen blieb.

1620 glaubte die Regierung durch eine neue, auf die Besitzverhältnisse bezogene Steuer eine zugleich gerechte und ergiebige Lösung ihrer Geldnöte gefunden zu haben. Auch diese *boskapshjälp* (Viehsteuer) wurde zunächst nur für zwei Jahre beschlossen, dann immer wieder erneuert und erhöht, so daß innerhalb von sieben Jahren die Abgabe für ein Pferd sich verdreifachte. Der Name der Steuer stimmte nur teilweise: Zwar mußte für jedes Stück Vieh bezahlt werden, aber die Bauern, die Korn anbauten und kaum Vieh besaßen, wurden ihrer Ackerfläche entsprechend veranlagt. Die Steuer, die auch auf die dem Adel zinspflichtigen und damit von Steuerlasten befreiten Bauern ausgedehnt wurde, war nicht gerade beliebt, und natürlich gab es Versuche, sich ihr zu entziehen (Vieh konnte man bei der Zählung verstecken), aber sie wurde eine feste Stütze des Staatshaushalts: 1632 erbrachte sie eine halbe Million Taler.

Als ebenfalls recht ertragreich und vielleicht deswegen sehr dauerhaft erwies sich der Kleine Zoll – er hielt sich fast 200 Jahre lang. Es handelte sich um eine Abgabe auf alle »eßbaren, abnutzbaren und verbrauchbaren Waren«, die in eine Stadt eingeführt wurden, und da der Bauer seine Erzeugnisse nur in den Städten verkaufen durfte, summierte sich der bar zu entrichtende, geringe Zollsatz zu recht hohen Beträgen. Die Städte mußten sich, soweit nicht ummauert, mit Zäunen umgeben, und vor dem Zollwächter am Tor galt keine Ausnahme: Selbst der sonst steuerfreie Edelmann (oder sein Fuhrknecht) mußte hier in die Tasche greifen. Auch die Städter blieben nicht ungerupft; ihnen wurde eine Akzise auf das Schlachten, Brauen und Backen abverlangt.

1625 wurde allen Untertanen der schwedischen Krone, wiederum ohne Rücksicht auf den Stand, der Mühlenzoll aufgehalst; er machte viel böses Blut und war schwer durchzusetzen. Die zahlreichen Handmühlen sollten abgeschafft und nur noch bestimmte Mühlen, welche den Zoll garantierten, betrieben werden; jedoch erwies es sich, daß dieses Verfahren einen Überwachungsapparat erfordert hätte, der den schwedischen Traditionen widersprach und sich auch nicht lohnte. Deshalb wandelte man den Mühlenzoll in eine Prokopf-Abgabe um, deren Höhe einige Male geändert wurde, die sich aber als Personensteuer bis 1932 (!) hielt.

Da die Steuern und Abgaben die Erwartungen nur teilweise erfüllten und es schwierig war, sie einzutreiben, nicht zuletzt aber, weil immer noch viele Steuern in Waren statt in Geld einkamen, sah sich der König nach direkten Geldzuflüssen um. Schon 1621 legte er seinen Räten ein Memorandum vor, in dem er vorschlug, alle Steuern zu verpachten, wie das auch in anderen Ländern üblich war. Er wollte nicht, wie sein Großvater, mit Geflügel, Eiern, Butter und Tuch, welche die Untertanen ablieferten, Handel treiben, sondern brauchte bares Geld. Darum überließ er es immer mehr den Steuerpächtern, für den Steuereinzug zu sorgen und die Naturalien zu verkaufen – gegen die Abführung von fixen Summen an die königliche Kammer.

Der König verpachtete jedoch nicht nur die Steuereinnahmen, seine Geldnot trieb ihn auch zum Verkauf von Kronland an den Adel und an jene Bauern, die bereits als Pächter auf solchen Ländereien saßen. Weitere Gelder hoffte er aus Staatsmonopolen zu ziehen, doch erwies sich der Versuch, den Salzhandel in eigene Hände zu übernehmen, als Fehlschlag, und die Absicht, die Getreideausfuhr Rußlands als schwedischen Staatshandel zu monopolisieren, ließ sich nicht verwirklichen.

Der Handel und die Industrie

Auch den Handelskompanien, die der König anregte und förderte, war nur ein kurzes Leben beschieden. Die *Svenska handelskompaniet,* die trotz des allgemeinen Namens und vielleicht auch allgemeiner Ziele im wesentlichen mit Kupfer handelte, bestand jedoch immerhin neun Jahre, und in den ersten Jahren blühte sie.

An der Gesellschaft mit dem 1619 verliehenen Privileg, alles in Schweden erzeugte Kupfer zu verkaufen, waren viele Edelleute beteiligt, darunter Axel Oxenstierna und sein Bruder Gabriel, auch Diözesen und Kapitel der Kirche, vor allem aber Ausländer, die in Schweden Kapital investierten.

Die Kompanie unterlag einer strikten Aufsicht durch die schwedische Krone, und es erwies sich, daß sie in erster Linie für deren Nutzen arbeitete. Für jedes *skeppund* Kupfer (ein solches »Schiffspfund« wog etwa drei Zentner) mußten 22 Taler Zoll entrichtet werden. Auch war die Gesellschaft verpflichtet, Kupferraffinerien und Messingwerke zu errichten, mit dem Ziel, Kupfer nur noch in veredeltem Zustand zu exportieren. Bis 1624 gedieh die Gesellschaft und brachte der Kammer die erwünschten Einnahmen, vor allem, weil in jenen Jahren der Kupferpreis steil anstieg. Die Ursache war der immense Kupferbedarf Spaniens, das seine Finanznöte mit einer Inflation zu beheben suchte und daher immer mehr Kupfermünzen prägte. Der Appetit des Königs stieg mit dem Essen: 1624 erhöhte er den Zoll für das *skeppund* Kupfer auf 40 Taler, 1625 sogar auf 60, und das ausgerechnet, als die Marktchancen sich verschlechterten. Die Kriege in Deutschland und in den Niederlanden beeinträchtigten den Handel, eiserne Geräte konkurrierten mit den kupfernen, und während so die Nachfrage sank, erhöhte sich die schwedische Kupfererzeugung beträchtlich. Der König, der an vorübergehende Marktschwankungen und -manipulationen glaubte, suchte den Kupferpreis dadurch zu stabilisieren, daß er befahl, aus allem Kupfer, das sich nicht zu einem von ihm festgesetzten Preis verkaufen ließ, schwedische Münzen zu prägen – eine Entscheidung, die den Wert dieser Münzen vom Kupferpreis abhängig machte und sich außerdem nur unvollkommen verwirklichen ließ, weil die schwedischen Münzstätten für die anfallenden Mengen gar nicht genug Kapazität besaßen. Der entscheidende Schlag wurde der Handelskompanie versetzt, als 1626 die spanische Regierung die Inflation durch eine Währungsreform zu beenden suchte: Sie setzte die Kupfermünzen außer Kurs und stellte deren Prägung ein. Der Kupferpreis stürzte und zog die Handelskompanie mit sich: Im April 1626 wurde sie aufgelöst.

Trotz des Scheiterns der *Svenska handelskompaniet* blieben die Kupfergruben eine der Hauptquellen der schwedischen Staatsfinanzen, »die stärksten Nerven unseres Staates«, wie Gustav Adolf einmal schrieb. Selbst auf dem Tiefpunkt der Kupferkonjunktur (um 1630 erholte sie sich wieder) besaß der Ertrag der Gruben von Falun eine Größenordnung, der kaum eine andere Einnahme gleichzustellen war.

Kupfer war schließlich auch der Rohstoff für einen erheblichen Teil der aufblühenden schwedischen Industrie: die Produktion von Geschützen (die für die Versorgung der schwedischen Armee ausreichte und den Export eiserner Geschütze ermöglichte) und die Erzeugung von Messing. 1620 gelang es dem König, Arnold Toppengießer aus Aachen, dem damaligen Zentrum der Messingerzeugung, nach Schweden zu holen. Nachdem dieser ein bereits bestehendes Messingwerk in Skultuna erfolgreich modernisiert hatte, erhielt er den Auftrag, weitere Werke aufzubauen. Eine große Messinggießerei wurde in Norrköping von Louis de Geer gegründet; sie produzierte Messingdraht und -platten, weit mehr als für Schweden benötigt wurde: In den Jahren 1630–31 betrug ihr Exporterlös 246 000 Taler.

Mit Louis de Geer ist die Entwicklung der schwedischen Industrie unter Gustav Adolf vor allen anderen verbunden. 1587 in Lüttich geboren, Sohn eines Bankiers, der mit seiner Familie im folgenden Jahrzehnt nach Dordrecht übersiedelte, absolvierte er in Frankreich eine kaufmännische Lehre. Ab 1615 finden wir ihn in Amsterdam, wo er, mit einer der großen Kapitalistenfamilien verschwägert, als Kaufherr, Bankier und Waffenhändler Karriere machte.

Der ebenfalls aus Lüttich stammende Willem de Besche, seit 1595 in Schweden als Architekt und Unternehmer der Metallverarbeitung tätig, lenkte Geers Blick auf Schweden, mit seinen Bodenschätzen und einem auf den Fortschritt seines Reiches hungrigen König ein Gründerland erster Ordnung. 1617 nahm Louis de Geer mit Gustav Adolf Kontakt auf, belieferte ihn mit Waffen, verhalf ihm zu Auslandsanleihen, unterstützte den Kupferexport und beteiligte sich über de Besche an schwedischen Eisenwerken. Schritt für Schritt baute er, immer noch im Hintergrund, immer noch in Amsterdam ansässig, seine Position in Schweden aus. Erst 1627 ließ er sich dort nieder. In diesem Jahr übertrug der König ihm – zusammen mit de Besche, der aber schon zwei Jahre später starb – das Monopol für die schwedische Waffenproduktion. Er erfüllte alle Wünsche des Königs. 1629 konnte er ihm melden, daß Schweden sich vollständig selbst mit Waffen versorgen konnte, ob Kanonen, ob Musketen, ob Piken oder Kürasse für die Reiterei oder Kanonenkugeln. Trotzdem wurde die auf vier Jahre festgesetzte Frist für das Monopol nicht verlängert. Dem König war der Gewinn, den Louis de Geer einstrich (und dem dieser durch Bestechung von Beamten nachhalf, die seine Lieferungen zu prüfen hatten), doch etwas zu reichlich – er soll bis zu 50 Prozent betragen haben. Aber das erschütterte die Stellung des Unternehmers kaum. Im Besitz zahlreicher Fabriken, im Genuß weitverzweigter Beteiligungen, beherrschte er auch weiterhin die schwedische Industrie. Der Schwerpunkt seines Konzerns – dieser Begriff ist bei ihm durchaus angebracht – lag bei Eisenerzeugnissen, es gab jedoch kaum einen Bereich der Produktion, an dem er nicht teilhatte. Von der Messingherstellung war schon die Rede. Er gründete, nach vergeblichen Anläufen der Krone, die Tucherzeugung zu steigern, die erste wirklich funktionierende Tuchmanufaktur; er produzierte Salpeter, Papier, Schiffstaue; er förderte den Schiffsbau, schuf Läden zur Versorgung seiner Arbeiter (um deren Wohl er sich ernsthaft kümmerte) und diente dem schwedischen Adel als Kreditgeber.

Dabei war er nur dem Namen nach Schwede. Er bediente sich zeit seines Lebens des Holländischen oder Französischen; und erst seine Nachkommen wurden in Leufsta, dem Familiensitz, wirklich heimisch – sie haben im öffentlichen Leben Schwedens eine bedeutende Rolle gespielt. Louis de Geer blieb in dem lutherischen Lande was er schon als junger Mann gewesen war: ein überzeugter frommer Calvinist, der an dem frühen Gelübde festhielt, Gott den Zehnten seines Einkommens zu weihen. Trotz – nach seinem Verständnis sicherlich wegen – dieses reichlichen Opfers war er 1644 imstande, der schwedischen Flotte 30 ausgerüstete Kriegsschiffe zu spenden und nach seinem Tod ein riesiges Vermögen zu hinterlassen. Louis de Geer ist eine der auffallendsten Erscheinungen des Frühkapitalismus, ein markantes Beispiel für die innige Verbindung von Geschäftstüchtigkeit und calvinistischer Frömmigkeit, ein Beleg für Max Webers Theorie über den Zusammenhang von protestantischer Ethik und Kapitalismus.

Der Aufbau der schwedischen Industrie nur war möglich durch die Einwanderung von Fachkräften. Nicht nur die Unternehmer, auch viele ihrer Arbeiter kamen aus dem Ausland: aus Deutschland, Holland, Frankreich, vor allem aber aus den südlichen Niederlanden. Die Wallonen, durch beachtliche Sonderrechte angelockt, führten die fortschrittlichsten Techniken der Eisengewinnung und -verarbeitung in Schweden ein und verhalfen der schwedischen Eisenindustrie zu ihrer führenden Stellung.

Auch zur Förderung des Handels, zum Aufbau und Ausbau seiner Städte holte Gustav Adolf Fremde ins Land. Am auffälligsten geschah dies in Göteborg. Die von Karl IX. auf der Insel Hisingen nördlich der Mündung des Göta-Älv gegründete Stadt war im Kalmar-Krieg völlig zerstört worden. 1619, nachdem das Gebiet von Dänemark zurückgegeben worden war, sah sich Gustav Adolf selbst dort um. Von einer Anhöhe wies er auf ein Stück flaches Marschland unmittelbar am Fluß: »Dort soll die Stadt liegen!« So, anekdotisch zugespitzt, ist der Augenblick der Stadtgründung auf dem Gustav-Adolf-Denkmal im Zentrum festgehalten. Es blieb nicht bei der herrscherlichen Gebärde. Der König gewährte der Neugründung umfassende Vorrechte, vor allem eine langfristige Zoll- und Steuerfreiheit. Die günstigen Bedingungen zogen die erwünschten Einwanderer an: Niederländer, Deutsche, Schotten. Holländisch war eine Zeitlang Zweitsprache; eine deutsche Kirche gibt es noch heute. Dem Aufblühen des Handels zuliebe nahm man in Kauf, daß eine beträchtliche Anzahl Calvinisten ins Land kam.

Göteborg blieb ein Lieblingsort des Königs, wenn es auch nicht alle Erwartungen erfüllte und nicht so schnell wuchs, wie er gehofft hatte – die Einwohnerzahl betrug auch 50 Jahre später erst 4000. Auf die Dauer war es eine erfolgreiche Gründung, und sein Handel mit den Niederlanden und überhaupt mit den westlichen Ländern wuchs ständig.

Gustav Adolf, der auf einen aktiven Außenhandel drängte, möglichst von schwedischen Schiffen besorgt, sah sich nach weiteren Möglichkeiten um, das nun offene Tor zum Atlantik zu nützen. Was die Niederländer seit langem praktizierten und was der dänische König mit der Gründung von Handelsgesellschaften nach holländischem Muster nachahmte, reizte auch seine Unternehmungslust. So fand der Holländer Willem Usselincx offene Ohren, als er 1624 in Göteborg mit dem König zusammentraf. In einem sechsstündigen Vortrag entwickelte er Pläne, die er schon in seiner Heimat verfochten, aber nicht verwirklicht hatte. Usselincx – auch er ein guter Calvinist – war nicht nur von Spekulationsfreude und vom Streben nach Gewinn angetrieben – es war ihm genauso wichtig, mit seinen Unternehmungen dem papistischen Spanien Abbruch zu tun. Auch darin dürfte er sich mit dem König verstanden haben. Auf jeden Fall wurden die beiden handelseinig. Usselincx wurde ermächtigt, eine »Generalkompanie für Handel und Schiffahrt mit den Ländern von Afrika, Asien, Amerika und Magellanica« zu gründen, und noch im selben Jahr lud er mit einem »Manifest und Vertragsbrief der Australischen Kompanie im Königreich Schweden aufgerichtet« zur Beteiligung ein.

Im Juni 1626 erteilte der König der »Söderkompanie«, wie sie fortan meist genannt wurde, das »Octroi«, die nötigen Vollmachten und Privilegien. Während Usselincx sich entlang der Ostsee nach Teilhabern aus anderen Ländern umsah, nötigte der König seine Mutter, Johann Casimir, die Reichsräte und die Aristokratie Anteile zu zeichnen; aber nach und nach erwies sich, daß das groß gedachte Unternehmen in kleinen heimischen Aktivitäten versandete und empfindlich an Kapitalmangel litt. Alles in allem waren die Pläne des Holländers zu phantastisch und zu kühn und die Ressourcen Schwedens zu gering, um die »Söderkompanie« am Leben zu erhalten. Usselincx schied 1628 enttäuscht aus schwedischen Diensten, erlebte jedoch nach den Erfolgen Gustav Adolfs in Deutschland eine überraschende Auferstehung: Mit dem Zugriff auf das deutsche Kapital hoffte er seiner Handelsgesellschaft neue Kräfte einflößen zu können. Tatsächlich übten der König und sein Kanzler auf mögliche deutsche Investoren Druck aus, doch trotz gewisser Anfangserfolge blieb auch diese Phase der »Söderkompanie« nicht mehr als das Aufflackern eines Hoffnungslichtes.

Die Episode Usselincx zeigt, daß Gustav Adolf auch auf dem Gebiet des Handels kühne, hochfliegende Pläne hegte und sich dabei mehr zutraute, als er zu leisten imstande war. Sein merkantilistisches Vertrauen auf die Wirksamkeit staatlicher Lenkung, Druck von oben, Monopolisierung scheint von Oxenstierna nicht ganz geteilt worden zu sein: Der Kanzler befürwortete in einem Gutachten von 1630 die Freigabe des Kupferhandels und lehnte Monopole und Staatsbetriebe ab: »Gemeinhin fehlt es dem einen an Verstand, dem andern an gutem Willem, den dritten an Fleiß.«

Im Grunde verstand der König wenig von wirtschaftlichen Fragen. Die mangelnde Einsicht in die tieferen Zusammenhänge hinderte jedoch nicht, daß seine motorische Kraft trotz mancher Fehlschläge die wirtschaftliche Entwicklung seines Reiches vorantrieb.

Sein praktischer Verstand erkannte zum Beispiel von Anfang an, wie notwendig es war, das Verkehrswesen des Landes zu heben. Darin war er mit dem Kanzler einig. Die Wasserwege, vor allem für den Transport der Erze und der Metallerzeugnisse geeignet, wurden ausgebaut. Durch den Kanal, der den Mälar- mit dem Hjälmar-See verknüpfte, wurde die Verbindung zwischen Ost- und Westküste ein gutes Stück gefördert. Auch die Straßen wurden verbessert: im Bergbaugebiet, auf den wichtigsten Strekken in Södermanland, Östergötland und Småland. Im Värmland wurden Straßen an den Vätter-See herangeführt; die Route um den Bottnischen Meerbusen wurde instandgesetzt; und selbst in Norrland und Österbotten erhielten die Statthalter Anweisung, für einen ordentlichen Zustand der Wege zu sorgen. Die Ernennung eines Generalinspekteurs für die Überwachung der Straßen unterstrich deren Bedeutung.

In die zwanziger Jahre des Jahrhunderts fallen auch die Anfänge des schwedischen Postwesens, das dann in den dreißiger Jahren von Axel Oxenstierna nach deutschem Vorbild systematisiert wurde.

Soziale Verhältnisse

Schweden, daran muß hier erinnert werden, war ein Land mit großer Fläche und wenigen Einwohnern. Bayern besaß ebensoviel Einwohner wie das schwedische Stammland, nämlich 800000, Kursachsen ein Fünftel mehr. Was der König seinen wenigen Untertanen abverlangte, war beträchtlich. An die 40000 Mann waren ständig als Dienstpflichtige unter Waffen, etwa dreieinhalb Prozent der Bevölkerung des gesamten Reiches. (Zum Vergleich: Bei Beginn von Hitlers Rußlandkrieg belief sich die Stärke der deutschen Armee auf etwa vier Millionen, also etwa fünf Prozent der Bewohner des »Großdeutschen Reiches«, wobei Millionen von Fremdarbeitern die Arbeitskraft der Eingezogenen weitgehend ersetzten.) Jahr für Jahr holten die Musterungskommissionen die kräftigsten

Männer weg. Zwischen 1626 und 1630 betrug die Zahl der Ausgehobenen durchschnittlich 10000 im Jahr; trotz der Anweisung, die Bewirtschaftung der Höfe nicht zu gefährden, war es nicht zu vermeiden, daß ein Teil des Ackerlandes verödete. Kein Wunder, daß die Bauern klagten und daß ihre Söhne nicht selten als Rekruten desertierten.

Die Steuern wurden als weiteres Joch empfunden, erschwert durch das System der Steuerverpachtung, insbesondere wenn der Steuerpächter sehr einflußreich war und seinen Einfluß bedenkenlos ausnutzte. Auch der Edelmann, der Kronland gekauft hatte, geriet leicht in Versuchung, die nun ihm zinspflichtigen Bauern auszupressen. Immerhin wurden die Proteste dagegen so laut, daß der König öffentlich versprach, die Rechte der Bauern zu schützen.

Da und dort stieg die Unzufriedenheit bis zur Siedehitze und entlud sich in Tumulten, Zusammenrottungen und kleinen Rebellionen, die in der Regel damit beantwortet wurden, daß man die Rädelsführer nach Ingermanland – dem schwedischen Sibirien – deportierte; dort fehlte es ohnehin an Siedlern. Mitunter verschmolz die rebellische Stimmung auch mit religiösem Schwärmertum. Ein deutscher Schneider in Dalarna, der als Prophet und König des Tausendjährigen Reiches ein paar Bauern zum Aufruhr anstachelte, wurde hingerichtet. Auch in Småland wurde ein Aufrührer zum Tode verurteilt – die Herde dieser kleinen Unruhen dekken sich mit den Gebieten des Aufruhrs zur Zeit Gustav Wasas.

Es ist nicht ganz leicht, den wahren Zustand des Landes zwischen 1620 und 1630 zu ermitteln. Die lauten Klagen mögen nach bäuerlicher Gewohnheit mitunter übertrieben gewesen sein, und wenn Gabriel Oxenstierna in Briefen an seinen Bruder, den Kanzler, ein düsteres Bild von der Erschöpfung des Landes entwarf, so verfolgte er damit wohl auch politische Absichten. Am nächsten kommt vielleicht der dänische Gesandte Peder Galt der wirklichen Stimmung, wenn er 1624 berichtet: »Gleich wie das gegenwärtige Regiment mit Hilfe der Bauern aufgerichtet wurde, so hält es sich auch mit ihrer Hilfe bei der Macht. Wohl kommen sie oft mit Beschwerden, allein sie lassen sich durch gute Worte überreden, in untertänigem Gehorsam zu bleiben.«

Die guten Worte, mit denen sie beschwichtigt wurden, kamen meist aus dem Mund der Geistlichen, die aus Überzeugung für die Sache des Königs agitierten. Zugleich traten die Pfarrer aber auch als die Wortführer der Bauern auf, gaben ihre berechtigten Proteste nach oben weiter und wirkten als Anwälte der Armen gegen die Unterdrückung durch die Reichen.

Der schwedische Staatsbürger, der sich benachteiligt fühlte, besaß jedoch auch noch andere Mittel, sich zu wehren, als nur zu murren, zu meutern oder sich hinter seinen Pfarrer zu stecken. Jeder Mann konnte sein Recht auf dem *häradsting* einfordern. Und obwohl es gewiß Einschüchterungsversuche gab, war es allem Anschein nach die Regel, daß er sich auch behaupten konnte.

Wirklicher Not wollte der König durch das Armengesetz des Jahres 1624 steuern. Als ein Herrscher, der alle Kräfte seines Landes in Bewegung setzte, widerstrebte es ihm, den Müßiggang zu unterstützen. Bettler waren kranke Glieder der Gesellschaft und mußten durch Arbeit kuriert werden, außer sie waren körperlich krank – dann hatten sie ein Recht auf Pflege.

Gustav Adolf hatte auch in dieser Hinsicht bei seinem Regierungsantritt unerfreuliche Zustände angetroffen. Die kirchliche Armenpflege war in Verfall geraten, und mancherorts waren die Bettler eine Plage. Zunächst konnte sich der König nicht um dieses Problem kümmern, aber ab 1617 versuchte er in verschiedenen Anläufen seiner Herr zu werden, teils mit Hilfe der Kirche, teils durch Auflagen wie der Verordnung, die Stockholmer Zünfte hätten ein Haus für 100 arme Kinder zu unterhalten.

Das Gesetz von 1624 faßte seine bisherigen Erfahrungen zusammen: Das Betteln wurde verboten; arbeitstüchtigen und -willigen Armen war Arbeit zu beschaffen; Arbeitsunwillige waren in Besserungshäuser einzuweisen; bedürftige Kinder sollten in besonderen Häusern einen Beruf lernen; für die Alten und Arbeitsunfähigen war in jedem *län* ein großes Hospital zu errichten; dafür sollten die vielen kleinen und oft jämmerlichen Armenhäuser der Kirchspiele aufgelöst werden.

Dieses fortschrittliche, anderen Ländern vorauseilende Gesetz wurde zwar von den Ständen angenommen, aber ihr Beifall war mäßig und dementsprechend war auch die Ausführung: Zu Lebzeiten des Königs wurde das Gesetz nicht mehr verwirklicht und auch nach seinem Tode nur teilweise. Zunächst blieb es bei halben Maßnahmen, einem Flickwerk privater und kirchlicher Hilfe.

Schule und Universität

Bei dem Armengesetz zeigte sich, daß es der König nicht damit bewenden ließ, die Symptome eines Mangels zu beklagen, sondern stets bestrebt war, ihn gründlich zu beheben. Dies bekam die Geistlichkeit zu spüren, als Gustav Adolf auf dem Stockholmer Reichstag von 1620 ihr als dem für das Bildungswesen verantwortlichen Stand gründlich die Leviten las. Auch die Schulen, auch die Universität betrachtete er als Rüstkammern für die Erfordernisse seines Reiches. Doch mit dem, was sie ihm lieferten, war er ganz und gar nicht zufrieden: »Das Land ist öde und unfruchtbar für nützliche Leute, so daß wir trotz den harten Zeiten größeren Mangel an Männern als an Geld leiden.« Der Unterricht tauge allenfalls für Theologen, aber wenig für das, »was die Verwaltung und das Leben der Bürger angeht«. Kurz, der König verlangte die Abkehr von der Bildung um der Bildung willen, er forderte, daß sie einen Zweck erfüllte. Eine Reform sowohl der Schulen wie der Universität schien ihm unumgänglich.

Die Geistlichkeit setzte seinen Vorschlägen auf beiden Gebieten Widerstände entgegen. Er begegnete ihnen keineswegs starr, sondern mit einer bemerkenswerten Flexibilität.

Für die Universität Uppsala hatte er vorgeschlagen, den Lehrkörper durch ausländische Experten kräftig aufzufrischen. Seine geistlichen Gesprächspartner hielten ein anderes Rezept bereit: mehr Lehrstühle, bessere Gehälter (samt einem Stück Land zur Naturalversorgung) und einen *Bursar* oder Schatzmeister, der sich um die Finanzen der Universität kümmerte. Der König erfüllte diese Wünsche. Er vermehrte die Zahl der Lehrstühle beträchtlich und sorgte dabei für Fächer, die ihm am Herzen lagen: Römisches und schwedisches Recht, Medizin, Astronomie, Mathematik, Optik, Mechanik und – Musik (er war selbst ein geübter Lautenspieler). Er erhöhte die Gehälter der Professoren, und im Jahr 1624 stattete er die Universität mit einem bis heute unerschöpften Vermögen aus: Er schenkte ihr aus seinem persönlichen Besitz, der sich durch den Nachlaß der Herzöge Johan und Karl Philipp beträchtlich vermehrt hatte, soviel Landgüter, daß sich das jährliche Einkommen der Universität verzehnfachte – eine Stiftung, die bis Alfred Nobel in der schwedischen Geschichte nicht ihresgleichen hat. Daneben trug zum stetigen Fortschritt in Uppsala vor allem bei, daß er seinen alten Lehrer Johan Skytte zum Kanzler der Universität ernannte – dieser war wie kein anderer für eine solche Aufgabe geeignet. Skytte arbeitete auch, zusammen mit Axel Oxenstierna, die Konstitution der Hochschule aus, die ab 1625 ihre Selbstverwaltung festlegte und ordnete.

In Fragen des Schulwesens stießen der König und die Geistlichkeit heftiger zusammen. Der König erstrebte zwei gehobene Schularten: das Gymnasium als Verbesserung und Erweiterung der bisherigen Lateinschulen und daneben als neue Schulart die Trivialschule, die keine Gelehrten sondern gebildete Praktiker hervorbringen sollte. Außerdem verlangte er eine Beschränkung der Zahl jener Schulen, die vom Staat unterstützt wurden, um die Mittel zu konzentrieren und die Gemeinden zu eigenen Anstrengungen zu veranlassen, und schließlich die Einbeziehung von Laien in die Schulaufsicht. Das meiste davon behagte der Kirche nicht. Zwar konnte der König manche seiner Vorstellungen verwirklichen, aber die allmählich in Gang kommende Schulreform war ein Kompromiß, das Ergebnis der Zusammenarbeit von Fall zu Fall. 1623, als der König der Pest wegen mit der Regierung nach Västerås zog, überzeugte ihn der dortige

Bischof, sein früherer Hof- und Feldprediger Rudbeckius, von seinen Plänen für ein Gymnasium. Es wurde das erste in Schweden. Gustav Adolf gewährte ihm eine beträchtliche Finanzhilfe. Weitere Gymnasien folgten in den nächsten Jahren, jedes von eigener Prägung, mit ausgezeichneten Lehrern besetzt.

Die Trivialschulen freilich fielen der Förderung des Gymnasiums zum Opfer. Dafür wurden im Bereich der Elementarschulen beträchtliche Fortschritte erzielt. Während der Regierungszeit Gustav Adolfs wuchs die Zahl derer, die den Katechismus nicht nur auswendig lernten, sondern auch lesen konnten. Anders Bure, als Landvermesser und Straßeninspektor unterwegs, berichtete 1626, als er seine Karte veröffentlichte, die Bauern Norrlands seien durchweg des Lesens kundig.

Wie der König alles Lernen in seinem Reich verstanden wissen wollte, geht aus einem Abschnitt der Konstitution der Universität von Uppsala hervor: »Mögen die jungen Leute lernen, von sich selbst und vom jetzigen Zustand des Reiches nicht gering oder mutlos zu denken, denn daraus entsteht oft Klagen und Jammer über alles mögliche, Bewunderung für alles Ausländische, Verzweifeln an der eigenen Fähigkeit, große Dinge und Handlungen auszuführen – für jede Reichsregierung ein großes Hindernis. All das ist durch Erziehung und Unterricht zu berichtigen, damit die jungen Leute früh die hohe Gesinnung erhalten, die stärkere Hoffnung verleiht und zu großen Taten führt.«

ZUG UM ZUG

Das Spiel der Könige

... viel Köch verderben oder versalzen die Supp, die exempla *sind leider mehr als in* promptu.

Pfalzgraf Johann Casimir an Ludwig Camerarius, Dezember 1624

IM APRIL 1623 TRÄUMTE DER ALTE GRAF ABRAHAM BRAHE, sein König und der ganze Reichsrat seien in einem dänischen Gefängnis eingesperrt. Der Traum war ein Ausfluß der Ängste, die damals viele Schweden heimsuchten. In jenem Frühjahr, in dem sich auch die alarmierenden Nachrichten aus Polen verdichteten, schien ein Zweifrontenkrieg zu drohen – der Flottenvorstoß nach Danzig war einer der Versuche, diesen Alptraum zu vertreiben.

Seit dem Februar 1619, als die beiden nordischen Könige sich in Halland umarmt hatten, waren die Beziehungen zu Dänemark nach und nach merklich abgekühlt, und im Januar 1623 hatte Gustav Adolf die Gerüchte von einer bevorstehenden dänischen Invasion so ernst genommen, daß er – gewohnt selbst zu rekognoszieren – die Grenze in Småland inspiziert und die Befestigung einiger Grenzorte veranlaßt hatte. Die Verschlechterung der Beziehungen bis zu einem solchen Mißtrauen war das Ergebnis aller möglichen Reibereien, im Grunde jedoch der Ausdruck einer fortdauernden, ja sich steigernden Rivalität. Hauptstreitpunkte waren Handelsfragen: Dänemark warf Schweden vor, die im Frieden von Knäred vereinbarte gegenseitige Zollfreiheit durch eine Abgabe der schwedischen Verkäufer auf Exportwaren zu umgehen, da diese ja doch auf den Käufer (auch auf den dänischen) abgewälzt werde. Wenige Tage nach dem Angsttraum Abraham Brahes rief der dänische König den Handelskrieg aus, indem er anordnete, auch schwedische Schiffe hätten künftig im Sund Zoll zu zahlen.

Das überkreuzte sich mit dem Spiel der deutschen und internationalen Politik. Gustav Adolf bemerkte mit Mißbehagen, daß Christian IV. – als Herzog von Holstein selbst deutscher Reichsfürst – die Schwäche der deutschen Protestanten benutzte, um als ihr Beschützer seine Stellung in Norddeutschland auszubauen, vor allem in den evangelischen Reichsstiften zwischen Weser und Elbe. In Bremen und Verden hatte er bereits seinen zweiten Sohn, Friedrich, etabliert, Osnabrück und Halberstadt waren seine weiteren Ziele. Und nach Norddeutschland hatte sich nun auch der Krieg verlagert. Im Winter 1622/1623 – während der Kaiser dem Herzog von Bayern den versprochenen Lohn aushändigte: die Kurwürde des

Winterkönigs und den Pfandbesitz der Oberpfalz, während also der Vollstrecker einer nach überkommenem Verständnis gerechten Strafe selbst von einem Rechtsbruch profitierte und damit den gesamten Protestantismus herausforderte – hatten Mansfeld und der Tolle Christian ihre Heere aufgefrischt und sich im Niedersächsischen Kreis zu neuen Taten bereitgestellt. Die Stände dieses bunt zusammengestückten Reichskreises ließen die beiden entschlußlos gewähren, gerieten jedoch in Angst, als Tilly mit einem ligistischen Heer anrückte, und unterwarfen sich dem Kaiser.

Wie Gustav Adolf die Lage beurteilte, geht aus dem Brief hervor, den er am 6. August 1623 an Herzog Adolf Friedrich von Mecklenburg schrieb: »Den Staat [Stand] des Deutschen Reiches betreffend, der ist wohl *depleurable* [beklagenswert]. Denn es gehe, wie es will, und gewinne, wer da will, sind doch Kurfürsten und Stände der evangelischen Religion in großer Gefahr, profane und Religionsfreiheit zu verlieren. Denn was Ausgang ist zu hoffen, da der Niedersächsische Kreis nur Tagfahrten hält und *deliberieret* [ratschlagt], auf was Weise sie still sitzen mögen und *praeda victoris* [Siegesbeute] werden können . . . Hinzu kommt, daß *in turbido* [im trüben] die Nachbarn fischen. Dänemark übermeistert die Elbe und Weser . . ., Polen sieht an Dänemark *exempel*, suchet das Bistum Cammin zu kriegen und den Fuß in Pommern zu setzen . . . Es kommt hinzu, daß der von Dänemark, bewogen *ex odio et invidia* [aus Haß und Neid] *causas belli* [einen Kriegsgrund] anfänget zu suchen, beschwert die unsrigen mit Zoll, die doch von Anfang der Welt niemand an dem Ort Zoll gegeben haben, im übrigen *commendieret* er so absolut und *tentieret* [reizt] dermaßen unser *patientiae* [Geduld], daß wir beinahe an den Rand des Friedens gekommen sein und in Gefahr stehen, in kurzem mit ihm in einen blutigen Krieg (den Gott in Gnaden abwenden wolle) zu verfallen.«

In Norddeutschland fiel eben an dem Tag, an dem dieser Brief geschrieben wurde, eine Entscheidung: Der Tolle Christian wurde bei Stadtlohn im Westen des Bistums Münster von Tilly gestellt und vernichtend geschlagen; er entkam mit 2000 von seinen 16 000 Mann gerade noch über die nahe holländische Grenze; die anderen waren gefallen, gefangen, zerstreut. Mansfeld war wiederum abseits geblieben und nach Ostfriesland ausgewichen, wo er sein Heer auflöste. Der Sieg der katholischen Partei schien vollkommen, der Frieden wiederhergestellt, freilich um den Preis, »profane und Religionsfreiheit zu verlieren«.

Der Konflikt zwischen Schweden und Dänemark schwelte weiter. Wenn Christian IV. die Stunde nutzte, um »in *turbido* zu fischen«, und sich den gedemütigten Protestanten in Niedersachsen als Protektor anbot, so war das für Schweden eine Drohung, die einer Dominanz des Kaisers in Norddeutschland nahekam, eine Vermehrung der dänischen Macht, die Schweden drücken, wenn nicht erdrücken mußte.

Gustav Adolf, der auch den Versuch Polens, durch Erwerb des Bistums Cammin in Pommern Fuß zu fassen, ernst nehmen mußte, betrieb gegen die Gelüste seiner beiden Gegner die Schaffung eines von Dänemark unabhängigen Bundes norddeutscher Staaten (der zitierte Brief an Adolf Friedrich diente schon diesem Zweck) und wies Rutgers – seit dem Sommer ständiger Vertreter Schwedens in Den Haag – an, die Holländer für ein groß angelegtes Zusammenwirken zu gewinnen. Als im September Gustav Horn nach den Niederlanden entsandt wurde, um Soldaten anzuwerben, wurden ihm schon recht genaue Pläne mitgegeben: Schweden war bereit, durch einen Ablenkungskrieg, eine Diversion, Norddeutschland zu entlasten. Eine schwedische Armee (Horn konnte ihre Stärke nennen: 21600 Mann Fußvolk, 3000 Reiter) sollte in Putzig landen, wo Holland für die Neutralität Danzigs zu sorgen hatte und dann über polnisches Gebiet gegen die habsburgischen Lande Schlesien, Böhmen und Mähren vorrücken, unterstützt durch einen Angriff Bethlen Gabors von Siebenbürgen her und die Konzentration aller deutschen protestantischen Kräfte auf eben diesen Schauplatz. Und da das Ganze ein *caput*, ein Haupt, benötigte, machte Gustav Adolf zur Voraussetzung, daß er die Lenkung übernahm.

Vielleicht deswegen, vielleicht weil der Plan zu weit seitab zu führen schien, zerschlug er sich: Weder Holland noch die norddeutschen Fürsten griffen zu.

Adolf Friedrich wußte dem schwedischen König keinen besseren Rat als einen Friedensschluß mit Polen. Aber schon bei dieser Episode wird klar, daß für Gustav Adolf alles in eines fällt: die protestantische Sache, die Feindschaft mit Polen, die Rivalität mit Dänemark. Da alles miteinander zusammenhängt, sucht er es auch miteinander zu verbinden, und das Eingreifen in den deutschen Krieg, wenn auch auf Umwegen, gehört schon jetzt zu den Plänen, mit denen er umgeht.

Die Ablehnung seiner Vorschläge verwies ihn jedoch wieder in die Nähe, an den Konflikt mit Dänemark. Auf einer Sitzung des Reichsrates am 23. November 1623 in Strängnäs wurde allen Ernstes ein Präventivschlag gegen den Nachbarn erwogen, ja sogar beschlossen, jedoch erst, falls eine nochmalige Anstrengung scheitere, den Zwist durch Verhandlungen beizulegen.

Gustav Adolf, seit Herbst Vater einer gesunden Tocher, Christina Augusta, begab sich von Schloß Gripsholm aus (das der Pest wegen seit seiner Rückkehr von Danzig als Residenz gedient hatte) Anfang 1624 auf Inspektionsreise. Es litt ihn nicht länger in der winterlichen Stille des Schlosses am Mälar-See. Er ritt selbst das Grenzgelände in Bohuslän ab und wurde prompt von einem dänischen Posten beschossen. Axel Oxenstierna – ein bezeichnendes Beispiel, wie sich König und Kanzler unterschieden und

Gustav Adolf.
Kupferstich von W. J. van Delff
nach einem Gemälde
von M. J. van Miereveld

ergänzten – nutzte die Winterruhe, um in einer Denkschrift Angriff und Verteidigung gegeneinander abzuwägen.

Endlich, im März 1624, zeigte sich Christian IV. zu Verhandlungen bereit. Sie kamen, wiederum an der Grenze in Sjöaryd, Ende Mai in Gang, geführt von den beiden Kanzlern und je drei Reichsräten. Der schwedische König ließ unmittelbar neben dem Verhandlungszelt ein eigenes errichten, von dem aus er hören konnte, wie sich die Konferenz entwickelte.

Da die dänischen Räte auf Weisung ihres Königs von oben herab verhandelten, schien es Gustav Adolf angebracht, die Stärke Schwedens zu demonstrieren: Er eilte nach Stockholm, mobilisierte die Flotte und befahl, an der Grenze Truppen zusammenzuziehen, die er dem Befehl Axel Oxenstiernas unterstellte für den Fall, daß dieser die von ihm geführten

Gespräche ergebnislos abbrechen mußte oder daß die Dänen sie gewaltsam beendeten (was offenbar auch befürchtet wurde).

Christian IV., der noch am 15. Juni seinen Unterhändlern geschrieben hatte: »Ich lasse ihn in der Ostsee durchaus nicht mächtiger werden als er ist«, mußte einsehen, daß die Schweden ihm militärisch überlegen waren – eine Folge der planmäßigen Reformen Gustav Adolfs. Nach ultimativen Forderungen Axel Oxenstiernas willigten die Dänen in alle wesentlichen schwedischen Forderungen. Gustav Adolfs Kanzler war klug genug, in einigen Nebenfragen nachzugeben, in der Hauptsache jedoch war das Ergebnis von Sjöaryd ein schwedischer Triumph: Die Zollfreiheit im Sund wurde wiederhergestellt. Christians Ambitionen in Deutschland, die durch einen Krieg im Norden empfindlich gestört worden wären, mögen zu seinem Nachgeben beigetragen haben. Aber was immer die Ursache für sein Einlenken war – das Ergebnis war für ihn eine deutliche Niederlage: Dänemark durfte sich nicht länger als die überlegene Macht des Nordens betrachten, Schweden konnte ihm die Waage halten. Elf Jahre nach dem demütigenden Frieden von Knäred, fünf Jahre nach dem mühseligen Rückkauf von Älvsborg stand Gustav Adolf um keinen Fingerbreit mehr hinter Christian zurück, und eine Ahnung sagte ihm vielleicht schon, daß er ihn weit hinter sich lassen würde.

Der Sommer 1624 ließ Gustav Adolf aufatmen. Die Spannungen hatten sich gelöst; ein Jahr des Friedens war gesichert. Auch in seiner Familie traten die Probleme zurück. Die kleine Tochter gedieh; Maria Eleonora schien im Gleichgewicht; ihre Mutter Anna gewann den Eindruck, ihr nicht länger mehr beistehen zu müssen, und kehrte im August mit der jüngeren Tochter Katharina nach Brandenburg zurück. Um Katharina hatte sich während ihres Aufenthalts in Schweden der Zar bemüht; ihm schien eine eheliche Verbindung mit der Schwester des Kurfürsten von Brandenburg und der Schwägerin des schwedischen Königs wünschenswert; so schickte er Gesandte nach Stockholm und bat dort um Vermittlung. Als die Heiratsvermittlungen scheiterten (nicht zuletzt wegen des Glaubensunterschieds), belastete dies eine Zeitlang die Beziehungen zu Moskau, doch war Gustav Adolf so sehr bestrebt, mit dem Zaren auf gutem Fuß zu bleiben, daß das Einvernehmen – gefördert durch die gemeinsame Polenfeindlichkeit – wieder wuchs. Rußland gehörte fortan zu den Mächten, auf deren Freundschaft Gustav Adolf zählen durfte.

In jenem August 1624, als sich der König von seiner Schwiegermutter verabschiedete, die er mit so viel Mühe für sich gewonnen hatte – er sollte sie nicht mehr sehen; sie starb schon im nächsten April –, meldete sich bei Gustav Adolf ein Gesandter des englischen Königs. Es war Jakob Spens, der im Kalmar-Krieg in Stockholm als Friedensvermittler aufgetreten war. Auch den damaligen Vermittler in Kopenhagen, Sir Robert Anstruther, hatte Jakob I. jetzt wieder nach Dänemark geschickt. Beide hatten den Auftrag, die nordischen Könige für eine große antihabsburgische Allianz zu gewinnen, zu der natürlich neben den deutschen Protestanten die Niederlande gehören sollten, außerdem aber auch Frankreich, das wiederum – seit die Spanier sich des Veltlin bemächtigt hatten – mit Savoyen und Venedig im Bund war und wo eben der Kardinal de Richelieu die Zügel der Politik in die Hand nahm.

Seit der Brüskierung der englischen Brautwerber in Madrid hatte sich Jakob I. der öffentlichen Meinung seines Landes gebeugt und in den Bruch mit Spanien gewilligt. Wie das Volk gesinnt war, zeigte sich im April 1624, als – auf der Suche nach Geldgebern für die Aufstellung einer neuen Armee – Graf Mansfeld London besuchte. Trotz seiner alles andere als heldenhaften Erscheinung wurde der kleine, hasenschartige Mann in den Straßen bejubelt; man brachte ihn im Schloß unter und tat ihm – so der Bericht des pfälzischen Rates Rusdorf – so viel Ehre an, als wäre er ein Fürst oder ein Heiliger. Der König gab ihm bindende Zusagen, doch kamen ihm nach Mansfelds Abreise Bedenken, sich allein auf den Condottiere zu verlassen.

Die Gesandtschaften nach Kopenhagen und Stockholm waren der Versuch der englischen Regierung, sich einer festeren Basis zu versichern, um Friedrich wieder zum Besitz der Pfalz zu verhelfen, die Beziehungen zu Frankreich enger zu knüpfen (bei dessen Königshaus sich der Prince of Wales eben um eine Braut bemühte) und sich einen Rückhalt für den Krieg mit Spanien zu schaffen; ein Defensiv-Vertrag mit Holland war schon im Juni geschlossen worden.

Der schwedische König reagierte auf die Vorschläge von Spens mit Zurückhaltung; ihm schienen die Pläne allzu wolkig, und er traute Jakob I. nicht viel zu. Erst als Spens mit einem zweiten Angebot herausrückte, das nicht von seinem König, sondern von dem Kronprinzen Charles und von Friedrich von der Pfalz stammte, fing er Feuer.

Was daraufhin ausgehandelt wurde, deckte sich mit dem Plan, den Gustav Adolf durch Rutgers und Gustav Horn in Den Haag vorgelegt hatte: Die Weichselmündung als Basis für einen Vorstoß nach Schlesien, wofür er Subsidien, eine Hilfsflotte, ein sicheres Bündnis mit England und den Niederlanden und die Sicherung seiner westlichen Flanke garantiert haben wollte.

Der Unterhändler Jakobs I. in Kopenhagen bekam keinen so klaren Bescheid. Anstruther mußte mit Vertröstungen abreisen. Der dänische Reichsrat hatte jede Feindseligkeit gegen den Kaiser verworfen, und der König, an sich einem kriegerischen Unternehmen und damit der protestantisch-antihabsburgischen Allianz geneigt, trug dem *Ambassadeur* auf, die Lage in Norddeutschland zu erkunden und dann nochmals vorzusprechen.

Während so die Fäden der imaginären Allianz hin- und hergezogen wurden, schoß ein Sonderbotschafter des Kurfürsten von Brandenburg einen neuen Strang in das Gewebe ein. Der Geheime Rat Christoph Bellin hatte sich schon bei der Brautfahrt nach Berlin für Gustav Adolf eingesetzt. Der Calvinist Bellin gehörte zu der entschieden protestantischen Partei am Hofe Georg Wilhelms. Dieser hatte sich wegen der Übertragung der Kurwürde an Maximilian von Bayern und nach der Verlagerung des Krieges nach Norddeutschland zu einer aktiven Politik gegen das Vordringen der katholischen Mächte aufgerafft. Da Johann Georg von Sachsen, wenn auch widerstrebend, schließlich doch Maximilian als Kurfürsten anerkannt hatte, brauchte Brandenburg für diese Politik Unterstützung von außen.

So war Bellin beauftragt worden, bei den evangelischen Staaten des Auslands für eine Allianz zu werben. In Kopenhagen wurde er eher kühl empfangen. Als er jedoch im September in Vadstena eintraf, wo der schwedische Hof sich gerade aufhielt, fand er sehr aufmerksame Zuhörer. Zwar mußte Bellin den Lieblingsplan des Königs ablehnen – Brandenburg wollte nicht durch Operationen in Preußen und an der Oder unmittelbar in einen Krieg verwickelt werden, besonders nicht mit dem polnischen Oberlehensherrn –, aber als er dem schwedischen Herrscher vorschlug, statt dessen entlang der Weser vorzugehen, stimmte dieser zu. Eine überraschende Stellungnahme nach dem bisherigen Bestreben, den polnischen und den deutschen Krieg miteinander zu verknüpfen. Betrachtet man jedoch die Bedingungen, unter denen der König sich zu dem Unternehmen bereit erklärte, so erscheint seine Haltung durchaus folgerichtig. Diese Bedingungen waren, wie bei ihm üblich, sehr genau formuliert: Er brauchte 50 000 Mann, zu zwei Dritteln von den Verbündeten gestellt und bezahlt, Subsidien (diese für vier Monate im voraus), die garantierte Neutralität Danzigs, zwei gute Häfen, einen an der Ost-, den andern an der Nordsee, zum Beispiel Wismar und Bremen, je eine Flotte in beiden Gewässern, über die er frei verfügen konnte, vor allem aber das ausschließliche Direktorium des Ganzen. Als Bellin fragte, was er täte, falls sich die letzte Bedingung nicht erfüllen ließe, war die Antwort: »Gar nichts!«

Der König hatte mit klarem Blick erkannt, was ihm das Eingreifen in Nordwestdeutschland bringen konnte: die Eindämmung des dänischen Einflusses in diesem Gebiet, die Verdrängung Christians IV. als Haupt der protestantischen Sache (und damit alles in allem eine weitere Stärkung Schwedens gegen die noch immer nicht endgültig überwundene Bedrohung durch Dänemark); schließlich – und daran lag ihm mindestens ebensoviel – die Schaffung einer tatkräftigen protestantischen Union, die sich darauf verlassen konnte, daß die Selbstbehauptung des evangelischen Wesens und der Aufstieg Schwedens in eins zusammenfielen. Gegen eine polnische Invasion fühlte sich Gustav Adolf durch die Neutralität Danzigs und die unter schwedischem Kommando stehende Ostseeflotte gesichert; in Livland hoffte er seine Position mindestens verteidigen zu können, und wenn es gelang, die katholische Partei in Deutschland zurückzudrängen, so bedeutete dies auch eine Schwächung Polens. Bellin, von Gustav Adolfs Entwurf überzeugt, suchte ihn – mit der in Berlin eingeholten Zustimmung seines Herrn – durch Verhandlungen in London und Paris zu verwirklichen. Noch ehe er in England eintraf, war der schwedisch-dänische Gegensatz noch einmal aufgeflammt. In beiden Ländern liefen Gerüchte über Angriffsvorbereitungen des anderen um, kleine Grenzzwischenfälle heizten die gegenseitige Furcht an, und als gar von einer dänisch-polnischen Allianz gemunkelt wurde, entschloß sich die schwedische Regierung Anfang Dezember, den Bruder des Kanzlers, Gabriel Oxenstierna, nach Kopenhagen zu entsenden, um Klarheit zu schaffen.

Christian IV. war überrascht, daß man ihm eine solche Heimtücke zutraute. Er versicherte, nichts gegen Schweden vorzuhaben. Daß er Truppen anwerbe, habe ganz andere Gründe: Er wolle demnächst in Deutschland eingreifen, um den bedrängten Glaubensbrüdern beizustehen.

Mit diesen Nachrichten kehrte Gabriel Oxenstierna Ende Januar 1625 nach Stockholm zurück. Sie ließen erkennen, daß Bellin, der seit Anfang des Jahres in London Jakob I. bedrängte, den Plan Gustav Adolfs zu unterstützen, ins Hintertreffen geraten war. Bellin war zwar herzlich empfangen, dann jedoch hingehalten worden. Die Engländer wollten abwarten, was Anstruther, der erneut nach Kopenhagen entsandt worden war, und zwar mit Vollmachten für einen Vertragsabschluß, von seiner Mission mitbrachte.

Christian IV. schob diesmal alle Bedenken des Reichsrates beiseite und bot eifrig genau das an, was er Gabriel Oxenstierna vertraulich angedeutet hatte: Er erklärte sich bereit, eine Armee aufzustellen und sie so rasch wie möglich in Deutschland einzusetzen. Was er an Unterstützung verlangte, war – gemessen an Gustav Adolfs hohen Forderungen – recht gering. Die Allianz mit Schweden hätte – abgesehen von den verlangten Garantien – England an die 400 000 Pfund jährlich gekostet; Christian wollte keine Garantien und war mit 180 000 Pfund zufrieden. Und da man Mansfeld für seine neue Armee und den Holländern als Bündnisleistung schon höhere Summen zugesagt hatte, als sie vom Parlament insgesamt bewilligt worden waren, fiel Jakob I. die Entscheidung leicht: Mitte Februar beschloß die englische Regierung, Gustav Adolf eine Absage zu erteilen, die in die Form der Aufforderung gekleidet wurde, sich mit Dänemark zusammenzutun; das Nähere sollte auf einem Kongreß der protestantischen Mächte im April in Den Haag ausgehandelt werden. Am 20. Februar 1625 gab der englische König seine Zustimmung zu dem Vertrag mit Dänemark.

Gustav Adolf reagierte so, wie es zu erwarten war. Wenn Vorschläge für eine Kooperation mit Dänemark an ihn herangetragen wurden, was mehrfach geschah, so antwortete er darauf zwar nicht so schroff, wie in dem Gespräch mit Bellin, aber seine elastischen Antworten konnten kaum verhüllen, daß man aneinander vorbeiredete. Daran änderte auch die Geschäftigkeit der Unterhändler nichts, die Gustav Adolf dem Bündnis erhalten wollten. Auch der geplante Kongreß in Den Haag zögerte sich hinaus: Am 27. März starb Jakob I., am 23. April Moritz von Oranien; der Wechsel zu Karl I. und Friedrich Heinrich erzwang eine Verschiebung bis November.

Schon Ende März war der schwedische König entschlossen, sich wieder dem Kampf gegen Polen zuzuwenden. Christian IV. zeigte sich ebenso entschlossen, seine neue Rolle zu spielen. Er trieb seine Truppenwerbungen voran, und als Ende März auf einer Tagung der Fürsten des Niedersächsischen Kreises nach dem Willen des Kaisers ein neuer Kreisoberst zu wählen war, kandidierte er und wurde mit knapper Mehrheit gewählt. Damit besaß er das völlige und freie Kommando über eine Armee, die nach den Beschlüssen des Kreistages neunmal soviel Truppen umfassen sollte, als es die gewöhnliche Kreispflicht erforderte, obwohl sie angeblich nur örtlichen Verteidigungszwecken zu dienen hatte.

Was hatte den Sinneswandel des dänischen Königs bewirkt, was hatte ihn bewogen, wieder einmal die Rolle des Kriegsgottes zu spielen, in der er sich gerne feiern und malen ließ? Axel Oxenstierna war überzeugt, daß die Rivalität mit Gustav Adolf dahinterstecke: »Wenn dem nicht so ist, so verstehe ich nichts von Menschen, noch habe ich irgendwelche Erfahrung in Politik.« Und der schwedische Diplomat Johan Adler Salvius urteilte 1646 im Rückblick: »Die Holländer, Frankreich und England mühten sich sieben Jahre lang mit dem König von Dänemark ab, um ihn zum Krieg gegen den Kaiser zu bewegen; aber kein Argument hatte ein solches Gewicht, ihn dazu zu überreden, wie die Eifersucht auf König Gustav Adolf.«

Christian ging ein unkalkuliertes Risiko ein und bekam später die Rechnung nachgereicht. Gustav Adolf war ihm nicht nur durch den klaren Blick für die Realitäten, sondern auch durch die Identität seiner verschiedenen Ziele überlegen.

Immerhin blieben die beiden Könige miteinander in Verbindung. Christian ließ seinen schwedischen Nachbarn am 23. Mai 1625 wissen, daß er dessen letztem Vorschlag, mit zwei getrennten Heeren nebeneinander zu operieren, nicht zustimmen könne – womit Gustav Adolf sicher auch nicht gerechnet hatte. Zwei Tage ehe Christian seinen Bescheid absandte, schrieb Gustav Adolf in einem Brief an Pfalzgraf Johann Casimir: »Was derzeit Spens mitgebracht und Bellin aus Holland *advisieret*, werden Euer Liebden aus den Beilagen sehen. Was Dänemark mehr tun wird, als meine Intention zu verhindern, das lehrt uns die Zeit.« Am 10. Juni unterrichtete der schwedische König Dänemark offiziell von seiner Absicht, die Feindseligkeiten in Livland wieder aufzunehmen.

Wiederum zog der König in den Krieg, ohne daß die Thronfolge gesichert war. Die Tochter Christina Augusta war im Herbst, noch nicht ganz einjährig, nach kurzer Krankheit gestorben. Eine neue Schwangerschaft Maria Eleonoras wurde durch die Nachricht vom Tod ihrer Mutter belastet; die Königin stürzte in abgrundtiefe Trauer und hatte im Mai eine Fehlgeburt. Um Maria Eleonora etwas Trost zu bieten, stimmte Gustav Adolf zu, daß sie für die Dauer des neuen Feldzuges nach Reval übersiedelte, näher bei ihm als in Stockholm, aber – wie sich zeigte – für sie längst nicht nahe genug.

Entscheidung an der Düna

Solange wir uns mit Worten herumbeißen, haben sie die besseren Schreiber und verschieben alles auf eine gelegenere Zeit.

Gustav Adolf an Jakob de la Gardie

Sonsten ist des Königreiches Polen Gebrauch, daß sie mit allen ihren Nachbarn nur temporisieren *und keinen redlichen Frieden machen.*

Gustav Adolf an Herzog Adolf Friedrich von Mecklenburg

JAKOB DE LA GARDIE, Reichsmarschall und Generalgouverneur von Livland, hatte bei den Verhandlungen mit den Polen in eine Verlängerung des Waffenstillstandes von Ogra bis 1. Juni 1625 gewilligt – ein Brief Gustav Adolfs, der von einer so kurzen Frist nichts wissen wollte, war zu spät eingetroffen. Wenn Polen sich nicht zu einem dauerhaften Vertrag entschließen konnte – so argumentierte der König –, dann mußte man es dazu zwingen, zunächst in Livland, und wenn der Druck dort nicht ausreichte, an einer empfindlicheren Stelle. Die Weichselmündung war nicht von ungefähr immer wieder in seinen Planspielen aufgetaucht.
In Livland hatte der Feldzug des Jahres 1621 nur zu einem halben Erfolg geführt; die Rückschläge im Winter hatten nur Teile des Landes in schwedischem Besitz belassen. Jetzt wollte Gustav Adolf die Eroberung vollenden und abrunden. Da der Waffenstillstand sich ohne Kündigung um ein weiteres Jahr verlängert hätte, wurde Ende Februar 1625 dem polnischen Reichsrat mitgeteilt, der Kampf würde wiederaufgenommen, sofern sich bis zum 1. Juni keine Unterhändler in Riga eingestellt hätten.
Die Unterhändler blieben aus. Am 28. Juni setzte die Flotte des Königs in Sandhamn Segel. Sie hatte kein großes Heer an Bord, denn in Schweden wußte man, wie gering die polnischen Streitkräfte in der Grenzprovinz waren – eine Folge der Auspowerung des Landes und seiner inneren Zwistigkeiten. Der polnische König – so hatte Sigismund an den spanischen Monarchen geschrieben – »kann in seinem Lande fast nichts tun, als was die Stände wollen, namentlich darf er ohne deren Einwilligung in Kriegssachen nichts beschließen. Diese Gebundenheit verhindert meist alle zum allgemeinen Besten ergriffenen Maßregeln des Königs.«
So konnte sich Gustav Adolf, der sich diesmal von seinem Kanzler begleiten ließ, mit sechs Regimentern Infanterie und acht Reiterkompanien begnügen, meist ausländischen Söldnern, zusätzlich zu den Truppen, die

der Reichsmarschall aus Finnland heranführen sollte. Seine heimischen Streitkräfte hielt er in Schweden in Bereitschaft – es schien ihm geraten, weiter gegen Dänemark auf der Hut zu sein.

Schon nach zwei Tagen landete das Expeditionskorps in Dünamünde. Der Plan des auf kurze Dauer angelegten Feldzuges lenkte den ersten Stoß der Hauptmacht auf die Festung Kokenhusen; gleichzeitig wurde Gustav Horn beauftragt, seine Truppen mit den Verbänden des Reichsmarschalls zu vereinigen, um Dorpat zu nehmen.

Der günstige Wind, der die Schweden hergetragen, schien das Vorzeichen der ganzen Kampagne: Fünf Tage nach der Landung hatte die Vorhut die Stadt Kokenhusen im Besitz und begann mit der Belagerung der Festung. Für den Sturm benötigte man jedoch die schweren Kanonen, die der König auf der Düna mit Booten transportieren ließ, da die Gespanne auf den schlechten Straßen nur mühsam vorankamen. Das Hauptheer unter dem Kommando des Königs erreichte Kokenhusen am zehnten Tag der Belagerung. Am nächsten Morgen hielt es die Besatzung für besser zu kapitulieren; sie durfte in Ehren abziehen. Die Schweden ruhten nicht lange aus. Drei Tage später nahmen sie flußaufwärts Selburg (heute Plawinas) an der Mündung der Ewst in die Düna, deren Lauf nun von dort bis zur See fest in schwedischer Hand war.

Darauf versuchte der König, die Dünalinie durch die Eroberung einiger fester Plätze südlich des Stromes zu sichern. Ein erstes Vordringen nach Birze brachte keinen dauerhaften Erfolg; als er diese Festung Ende Juli erreichte, fehlte ihm die schwere Artillerie. Drei Wochen später unternahm er einen besser vorbereiteten Versuch. Diesmal kapitulierte Birze nach fünftägiger Belagerung.

Inzwischen hatten schwedische Détachements sich aller kleineren Stützpunkte in Livland bemächtigt. Der Angriff auf Dorpat verzögerte sich, weil Gustav Horn früher dort eintraf als Jakob de la Gardie; als sich jedoch Mitte August die beiden Gruppen vereinigt hatten, konnte die alte Bischofsstadt nicht mehr lange widerstehen. Fast genau vierhundert Jahre, nachdem es vom deutschen Orden der Schwertbrüder den Russen abgenommen worden war, fiel Dorpt, wie es die deutschen Bewohner und die Schweden nannten, für rund hundert Jahre an Schweden. Die Jesuiten – Dorpat war zur Hochburg der Gegenreformation ausgebaut worden – hatten sich beim Herannahen des Erzfeindes aus dem Staube gemacht. Die protestantische Bürgerschaft, deren Privilegien von den neuen Herren bestätigt wurden, fand sich leichter mit dem Wechsel ab.

Den Herbst nutzte der König, um im Süden noch zwei andere der Düna vorgelagerte Festungen in seinen Besitz zu bringen: Am 17. September eroberte er Bauske, eine Woche später – zum zweiten Mal – Mitau. Ein Vierteljahr hatte genügt, um fast das ganze alte Ordensgebiet Livland

(heute der Nordteil Lettlands und der Südteil Estlands) zu einer vorteilhaft begrenzten Bastion Schwedens zu machen.
Der König sah in diesem protestantischen Gebiet mit seiner deutschen Oberschicht einen Zuwachs für sein Reich, den er fest in dessen Gefüge einbinden wollte. Wenn er seine Getreuen, seine Beamten und Offiziere belohnen wollte, gab er ihnen dort ein Gut oder eine Pfründe. Die neue Provinz war freilich in einem schlechten Zustand. Das Land war weithin verwüstet. Die lettischen und estnischen Bauern waren arm und rückständig. Die lutherische Kirche war in Verfall geraten – in doppeltem Sinn: Ihre Gebäude hatten schwer unter dem Krieg gelitten, und die Gemeinden waren vor der Gegenreformation auf dem Rückzug. Es bedurfte großer Mühe über viele Jahre hinweg, um das Land zur Blüte zu erwekken. Der König und seine Soldaten sollten noch in diesem Winter spüren, mit welchem Elend der Krieg die Gehöfte, Dörfer und Städte überzogen hatte.
Nachdem Gustav Adolf seine Truppen ins Winterquartier beordert hatte, bevollmächtigte er Arvid Horn und Johan Salvius, Waffenstillstandsverhandlungen aufzunehmen und schickte sich an, von Riga aus nach Reval zu reisen, wo Maria Eleonora ungeduldig auf ihn wartete. Sie hatte ihn seit ihrer Ankunft Mitte Juli nicht zu Gesicht bekommen und ließ ihre üble Laune an ihrem Hofstaat aus, den sie verdächtigte, heimlich ihre Briefe zu öffnen. Flehentlich bedrängte sie Axel Oxenstierna, ihr doch zur Rückkehr des Gatten zu verhelfen: »Herr Kanzler, könnet Ihr mir helfen bitten, so helfet mir bitten.«
Sie mußte noch bis Ende Januar 1626 warten.
Was den König aufhielt, teilte er am 2. November 1625 Johann Casimir mit: »Sonsten stehet es bei uns noch wohl, aber die Pest grassieret etwas unter unseren Soldaten, der Feind nahet sich, und wird, sobald es gefrieret, daß wir zusammen kommen können, gute Stöße geben. Gott, der Geber alles Guten, gebe Glück auf unsere Seite.«
In der Tat hatte Gustav Adolf Grund, auf Glück zu hoffen. Die Waffenstillstandsverhandlungen hatten ein jähes Ende gefunden, als polnische Kosaken die schwedischen Unterhändler gefangennahmen und erst nach vier Wochen freiließen.
Am 2. Oktober war Gustav Horn bei einem Streifzug östlich der Ewst auf polnische Streitkräfte gestoßen, die sich dort neu gesammelt hatten, und von ihnen verdrängt worden. Als Gustav Adolf seinem Schwager schrieb: ». . . der Feind nahet sich«, wurden die Schweden bereits aus ihren Stellungen hinter der Ewst vertrieben. In Erwartung eines zusammengefaßten polnischen Vorstoßes, »sobald es gefrieret«, konzentrierte der König seine Soldaten bei Kokenhusen und rüstete sie mit Winterkleidung aus. Wieder suchte er in eigener Person die Lage zu erkunden. Als er am Ufer

der Düna ritt, schoß ihm über den Fluß herüber ein feindlicher Kanonier das Pferd unter dem Leib weg. Es zeigte sich jedoch, daß sich die Polen vorläufig mit einer Fülle kleiner Störaktionen begnügten. Auch das wirkte sich aus: Aus Mangel an Quartieren, an Nahrung, an Futter mußten sich die Truppen des Königs nach Berson, nördlich Kokenhusen, zurückziehen. Dabei erfuhr Gustav Adolf, wie übel es in diesem Landstrich aussah; er schrieb seinem Kanzler, den er nach Schweden zurückgeschickt hatte, er habe noch nie so viel Elend gesehen.

Das Elend forderte auch im Lager des Königs Opfer. In einem Brief an Johann Casimir vom 15. Dezember 1625 berichtet der König von »ziemlichem Abgang an Reitern und Pferden« und daß »die Pest die *infanteria* sehr geschwächt« habe; krank seien die meisten, selbst die, welche von der Pest verschont geblieben. Auch die Kanzlisten des Königs hatte es erwischt, Gustav Adolf mußte alle Schreibarbeit selbst erledigen. »So bin ich Sekretär und Rechnungsführer; wäre ich auch Kalfaktor [Offiziersbursche], so wäre ich *omnia tria*«, heißt es in dem Bericht an Axel Oxenstierna.

Noch einmal wurde mit den Polen verhandelt, ohne Erfolg. Als sich herausstellte, daß der Feind stärkere Kräfte zur Rückgewinnung von Birze zusammengezogen hatte, entschloß sich der König zum Gegenschlag. Die Polen hatten sich an zwei Punkten zum Angriff bereitgestellt: Radziwill stand mit seinen Streitkräften bei Bauske, nordwestlich Birze; ein neuer Heerführer, Stanislaw Sapieha, Sohn eines litauischen Würdenträgers, genau nördlich der Festung bei dem Dorf Wallhof.

Aussagen von Gefangenen veranlaßten Gustav Adolf, sich auf Sapieha zu konzentrieren. In einem Gewaltmarsch führte er seine Soldaten nach Kokenhusen und über die Düna und stellte die Polen am frühen Morgen des 7. Januar 1626 bei Wallhof zum Kampf, ehe diese Verstärkungen herbeirufen konnten.

Die beiden Heere waren im Vergleich mit den Armeen, die in Deutschland kämpften, nicht sonderlich groß: 2800 Mann Fußvolk und 2100 Reiter bei den Schweden; 1600 Mann Fußvolk und 2600 Reiter bei den Polen; mit Artillerie waren beide nur schwach, jedoch im gleichen Maße ausgerüstet. Sapieha gelang es, seine Truppen so zur Schlacht zu ordnen, daß sie an einen Hügel angelehnt und durch waldiges Gelände an den Flügeln gegen Reiterangriffe gedeckt, mit einem Stellungsvorteil in den Kampf eintreten konnten. Gustav Adolf ließ sich durch Vorhutgeplänkel nicht aufhalten, sondern setzte sofort zum Angriff an, ehe die Polen sich entfalten konnten. Mit einem Umgehungsmanöver zwang er Sapieha sich zurückzuziehen. Bei einem zweiten Anlauf konnten die Schweden den Hügel gewinnen und auf diesem ihre Artillerie einsetzen. Die Salven der Geschütze trieben die Polen noch weiter zurück, und nun warf Gustav Adolf an den Flügeln seine finnischen und schwedischen Reiter in den Kampf und ließ sein Fußvolk geschlossen vormarschieren.

Beim Zusammenprall mit den feindlichen Husaren zerstörten die Reiter des Königs den Nimbus der gefürchteten polnischen Kavallerie. Sie jagten die Husaren in die Flucht. Die im Stich gelassene polnische Infanterie war dem Ansturm preisgegeben. 500 oder 600 Polen wurden niedergemacht, die davonjagenden Reiter noch 20 Kilometer weit verfolgt. Auch Radziwill zog sich mit seinen Truppen tief nach Litauen zurück.

Wallhof, der Größenordnung nach eher ein Gefecht als eine Schlacht, war ein Wendepunkt. Zum ersten Mal hatte Gustav Adolf in einem offenen Treffen zeigen können, was er aus seinen Soldaten gemacht hatte, und wie wendig und schnell er als Feldherr handeln konnte. Der König wußte seine Position in Livland gesichert; er konnte diesen Schauplatz künftig seinen Offizieren überlassen.

Als Gustav Adolf wenige Tage nach dem Treffen nach Reval aufbrach, verließ er das Land für immer. Er blieb noch einen Monat in der Hauptstadt Estlands und kümmerte sich dort um die Verwaltung und die Nöte der baltischen Provinzen. Die Anweisungen an Jakob de la Gardie klangen nach Abschied. Es drängte den König, nach Hause zu reisen, nicht nur, weil ihn die Nachricht vom Tod seiner Mutter erreichte: Sie war am 8. Dezember 1625 gestorben. Ihn ließ die große Politik nicht los. »Wollte Gott, ich könnte in Schweden kommen, daß ich auf solche Dinge acht haben könnte«, hatte er im Anschluß an eine Erörterung der Lage in Deutschland schon im September an Johann Casimir geschrieben. Jetzt, Ende Januar, ließ er ihn wissen: ». . . will alle Mittel, so *practicabel* sein, anwenden, nach Hause zu kommen. Gebe Gott, mein Gemahl wäre dorten, so wäre dem Dinge bald geholfen.« Er machte sich also Sorgen, ob er seiner Frau die beschwerliche Heimfahrt im Winter zumuten konnte. Sie hatte sich als Last an ihn gehängt, auch wenn er dies kaum aussprach; allenfalls dem Kanzler gegenüber erwähnte er sein *malum domesticum* – sein Hauskreuz.

Im März 1626 endlich reiste er mit der Königin über Narwa und Finnland um den Bottnischen Meerbusen nach Stockholm, wo er Mitte April eintraf. In Nyköping lag seine Mutter aufgebahrt. Sie war nur 52 Jahre alt geworden. Johann Casimir hatte dafür gesorgt, daß »ihre Leiche gebührlich zur Begräbnis in den Sarg gelegt« wurde. Die Worte der Ergebung in Gottes Willen, die Gustav Adolf aus diesem Anlaß fand, waren vorgeprägt: So redete ein guter Christ in solchen Fällen, was nicht ausschließt, daß der König ganz aufrichtig war, als er sich ermahnte: »Doch ist es in dieser Welt gar eine kurze Zeit, daß wir uns mit Beschwer und Sorgen quälen, und das Beste, daß es mit uns ein Ende nimmt. Gott verleihe ein selig Ende, daß wir mit Christo ewig leben mögen.«

Seine Mutter hatte sich noch wenige Jahre vor ihrem Tod von dem Holländer Kasper Panten, dem bedeutendsten der damals in Schweden wirkenden Architekten, das prächtige Landhaus Vibyholm bauen lassen; sie hatte bei aller Unbeugsamkeit, allem nüchternen Geschäftssinn ein Auge für das Schöne – das zeigt das Prachtbett mit einem Himmel aus weißem Satin, mit Goldfäden und mit Blumen und Ranken aus farbiger Seide bestickt, unter dem sie schlief und vielleicht starb. Ihrem Sohn hatte sie sich eher von ihrer anderen Seite gezeigt; von ihm hatte sie den Verzicht auf Ebba Brahe verlangt. Gustav Adolf wird auch daran gedacht haben, als Christine im Grabchor des Domes von Strängnäs neben seinen Vater gebettet wurde; daran, und daß sie ihn nun nicht mehr hemmen konnte, wie sie es jahrelang zugunsten ihrer Sonderrechte und der Sonderrechte der ebenfalls verstorbenen Herzöge getan hatte. Er hatte seine Mutter verloren, und er hatte ein weiteres Stück Unabhängigkeit gewonnen.

Verluste in Gewinne zu verwandeln – das gehörte für ihn zu seinem königlichen Auftrag. Auch den Schaden, den das große Feuer hinterlassen hatte, das während seiner Abwesenheit im September 1625 den Südwesten Stockholms verwüstete, begriff er als Auftrag. Er ließ eine neue gerade Straße durch die Ruinen graben, die heute noch als *Stora Nygatan* (Große Neue Straße) durch die Altstadt führt; er verbot, innerhalb der Stadtgrenzen noch Holzhäuser zu bauen, und sorgte dafür, daß in dem Trümmerfeld und entlang der Ostseite, der *Skeppsbro*, mehrstöckige Steinhäuser errichtet wurden, Häuser mit Portalen und geschmückten Giebeln, Häuser einer Hauptstadt, seiner Hauptstadt.

Es war die Hauptstadt eines Landes, das in Europa eine Rolle spielte, von dem etwas erwartet wurde. Er hatte dies auch während des Feldzuges in Livland zu spüren bekommen; man hatte ihn auch dort nicht in Ruhe gelassen, sondern ihm die Pläne der Allianzen, der kühnen Operationen, der Rettungsaktionen für den Protestantismus bis ins Feldlager nachgetragen.

Im August 1625 war in dem Lager von Kegum ein Gesandter der niederländischen Regierung erschienen, Kasper von Vosbergen. Er war schon seit Mai unterwegs. Im Juni hatte er den dänischen König besucht, um bei ihm für ein gemeinsames Vorgehen aller protestantischen Kräfte, insbesondere aber der beiden »Wasserkönige« zu werben; auch die Kooperation mit dem von England bezahlten Mansfeldischen Heer war noch zu regeln. Christian IV. gab sich, was Gustav Adolf betraf, sehr zurückhaltend; er beklagte sich, sein schwedischer Nachbar gebrauche Winkelzüge und man komme mit ihm zu keinem sicheren Beschluß.

Die nächste Station Vosbergens war Stockholm, das er aber erst erreichte, als die schwedischen Streitkräfte schon nach Livland aufgebrochen waren. Da er unbedingt mit dem König sprechen wollte, reiste er nach Riga und wartete dort ungeduldig und unter der Hitze, dem Gestank und der Pestgefahr leidend, bis Gustav Adolf für ihn Zeit hatte. Johan Salvius, der ihn zuerst empfing, brachte dem König einen Brief Vosbergens, in dem dieser – nach den üblichen Schmeicheleien und nach Glückwünschen zu den erzielten Erfolgen – deutlich aussprach, daß seine Auftraggeber Gustav Adolf lieber auf einem anderen Kriegsschauplatz sehen würden. Wenn er den Krieg mit Polen beendet habe, »könne er seinen großen, unbesiegbaren Mut, seine Weisheit, seine Kriegserfahrenheit, alle seine übrigen königlichen Tugenden, durch welche er so große Reputation in ganz Europa erlangt hatte, zur Ehre Gottes, der sie ihm verliehen, zur Aufrichtung so vieler Kirchen, die unter dem Druck der päpstlichen Liga seufzen, anwenden«.

Der König antwortete, zunächst ebenfalls brieflich, ausweichend – er stecke mit seinen Plänen in einem wahren Labyrinth – und ließ Vosbergen dann von seinem Kanzler ins Lager führen. Bei der Unterredung kam nicht viel heraus. Der Gesandte erhielt eine gründliche Aufklärung über Ursache und Verlauf des Krieges mit Polen, den Oxenstierna mit dem Kampf der Niederlande gegen Spanien verglich; auch wurde ihm nahegelegt, den holländischen Handel von Archangelsk nach Narwa umzulenken. Seine Einladung zu dem Kongreß in Den Haag – warum eigentlich nicht in Stockholm? – begegnete deutlichem Desinteresse. Immerhin versprach Gustav Adolf, den Kongreß zu beschicken, falls er zustande käme.

Vosbergen, bemüht seine Mission erfolgreich darzustellen, betonte nachher in seinem Bericht über die Verhandlungen mit den Schweden etwas längst Bekanntes: die Bereitschaft Gustav Adolfs, in Deutschland einzugreifen, falls man ihm die nötigen Sicherheiten biete. Aber eben von diesen Sicherheiten hatten die Engländer, auf die es entscheidend ankam, nichts wissen wollen. Ja, sie rückten im Laufe des Jahres noch weiter davon ab und vollzogen eine Wendung ihrer Politik, die auch ihre großen Versprechungen gegenüber dem König von Dänemark von vornherein entwerteten. Der Krieg mit Spanien hatte für sie Vorrang. Dieser brachte freilich wenig ein: Ein großes Unternehmen gegen die spanische Gold- und Silberflotte vor Cadiz scheiterte kläglich.

Die englischen Kassen waren und blieben leer; das Parlament hatte auch keine neuen Steuern bewilligt. Trotzdem stellte England auf dem am 20. November endlich beginnenden Haager Kongreß dem dänischen König gewaltige Summen in Aussicht: 30 000 Pfund monatlich, sechsmal soviel wie die vorsichtigeren Holländer, und das neben den Geldern, die Mansfeld zugesagt waren. Christian IV. wurde nicht stutzig, er vertraute den großmäuligen Zusagen, an denen Kenner der englischen Verhältnisse von vornherein zweifelten. Schweden hatte an dem Haager Kongreß gar nicht teilgenommen.

Als Camerarius nach Schweden kam, um Gustav Adolf noch nachträglich für den Anschluß an das Bündnis zu gewinnen, konnte er nur berichten, was schon längst kein Geheimnis mehr war: »Ich merke, daß der König von Schweden . . . etwas beleidigt ist, daß man ihm, der doch als der Allererste sich und sein Vermögen dem Könige von England anbot, gegen das Versprechen den König von Dänemark vorgezogen habe . . . und größere Rücksicht auf Mansfeld als auf seine Würde nahm.« Und in einem zweiten Brief trug er nach: ». . . daß der König dem Dänen einen Teil seines Heeres überlasse, dazu wird er kaum zu bewegen sein; denn er will sich in Person an die Spitze stellen und die Sache angreifen.«

In der Tat hatte Gustav Adolf andere Pläne. Noch waren sie in der Schwebe, noch boten sich verschiedene Möglichkeiten. Aber die Richtung, in der sich seine Pläne bewegten, war auch von seinen Feinden bemerkt worden. Im April 1626 erklärte der Vertreter Polens auf dem in Graudenz versammelten Landtag von Westpreußen, der schwedische König habe nach der Eroberung von Livland »seine Gedanken dahin gerichtet, wie er Preußen zu Wasser und zu Lande angreifen und sich dieser Provinz, die durch ihre bequemen Seehäfen, durch die vielen, wohlgelegenen Städte und Schlösser und durch ihren beschrieenen Reichtum lockte, bemächtigen könne«. Seine Absicht, die Ostsee zu beherrschen sei erwiesen, ihm gehe es darum, »sich durch Bemächtigung der rings gelegenen Häfen der See völlig zu versichern«.

Ritter und Räte

Es verfängt also nicht, sich einfach an die Vorstellung einer Aristokratie zu halten, die nach der Beute imperialer Macht gierte. In ihr lebte eine starke anti-imperialistische Tradition. Zwar hat diese wenig bewirkt . . . Aber die Erklärung, warum dies so war, bietet auch die beste Entgegnung auf die Theorie eines klassenbestimmten Imperialismus. Sie lautet, ganz einfach, daß an den Entscheidungen, die Schweden auf den Weg zum Imperium trieben, der Adel nur sehr geringen Anteil hatte. Denn die Entscheidungen waren in der Regel die Sache des Königs und nur die seine.

Michael Roberts in »The Swedish Imperial Experience 1560–1718«

Am 6. Juni 1626 – zwei Wochen vor seinem neuen Kriegszug – erließ Gustav Adolf die *Riddarhusordning*, die grundlegende Verfassungsurkunde des schwedisch-finnischen Adels. Auf dem Reichstag im Januar des folgenden Jahres, auf dem zum ersten Mal nach der neuen Ordnung verfahren wurde, verlangte der König von den Adelsherren, daß sie die Viehsteuer für ihre Bauern nach dem Satz entrichteten, der auch für die unabhängigen Bauern und die der Krongüter galt; auch sollten sie der Aushebung von Soldaten in allen Adelsgütern ohne jede der bisherigen Ausnahmen zustimmen.

Die Edelleute bekundeten nach langer Bedenkzeit ihr Einverständnis mit dieser ungewöhnlichen Belastung, schränkten dies jedoch durch die Erklärung ein, das dürfe nicht als Präzedenzfall betrachtet werden und sei als Ausdruck ihrer »Anhänglichkeit und Neigung« zu verstehen. Der König, statt zu danken und solche Gefühle zu erwidern, antwortete ungerührt, er sei weder auf ihre Anhänglichkeit noch auf ihre Neigung angewiesen, und sie hätten ihm nicht mehr gegeben, als was sie ihm schuldig seien.

Dieser Vorfall beleuchtet mit großer Schärfe das Verhältnis zwischen Gustav Adolf und der schwedischen »Ritterschaft«, 15 Jahre nachdem er in seinem Königsversprechen dem ersten Stand hatte weit entgegenkommen und dann dessen Privilegien nochmals eigens hatte bestätigen müssen, zehn Jahre nach der Erneuerung dieser Privilegien anläßlich seiner Krönung. Der König hatte sich für die Zusammenarbeit mit dem Adel entschieden, aber er war nicht dessen »ausführender Arm«. Er hatte die Edelleute in ein neues, ein zwar selbstbewußtes, aber dienendes Verhältnis zur Krone geführt; er scheute sich nicht, ihnen Opfer abzuverlangen, und seine ganze Haltung bewies, daß er – anders als sein Vater – sich nicht von der Furcht vor der Aristokratie leiten ließ. Er war bereit zu geben und zu nehmen. Er lockerte den adligen Waffendienst und verlangte dafür auch von den Herren den Kleinen Zoll; er erschloß ihnen neue Einnahmen und griff tiefer in ihre Taschen; vor allem aber lehrte er sie, die eigenen Interessen denen des Reiches unterzuordnen.

Unter seiner Regierung wandelte sich der schwedisch-finnische Adel von einer Klasse, für die vor allem der Genuß ihrer Vorrechte zählte, zu einer Klasse, deren Ehre es war, dem Staat die führenden Diener zu stellen, die Beamten und Offiziere.

Das neue Selbstbewußtsein erforderte eine neue Ordnung. Mit der Ritterhausordnung von 1626 wurden Eingrenzung und Aufbau des Adels zum ersten Mal genau geregelt. Die Ordnung hatte ihre Vorgeschichte. Seit 1620 war von der Errichtung eines Ritterhauses die Rede, ein von Axel Oxenstierna veranlaßter oder zumindest geförderter Plan. Der Gedanke hing vermutlich mit ähnlichen Einrichtungen in Deutschland zusammen. Ab 1621 wurde nach einem geeigneten Platz für solches Gebäude gesucht; die Edelleute sammelten Geld für den Bau, und schließlich schenkte ihnen der König ein Stück Land an der *Svartmunkegatan*, dort, wo heute noch als eines der schönsten Bauwerke Stockholms das *Riddarhus* steht, ein Schmuckstück der Altstadt, erbaut von dem französischen Architekten Simon de la Vallée und seinem Sohn Jean – allerdings erst nach dem Tod des Königs. Zu Lebzeiten Gustav Adolfs versammelte sich die durch die neue Ordnung konstituierte Ritterschaft des Reiches in einem Steinhaus in der Nähe der deutschen Kirche St. Gertrud.

Wichtiger als das Gebäude war der neue Codex des Adels, eine Urkunde, an der mehrere Jahre gearbeitet worden war und welche tief in das Gefüge des ersten Standes eingriff. Künftig wurden in Schweden und Finnland (der baltische Adel wurde nicht einbezogen) drei Adelsklassen unterschieden: zur obersten gehörten die Grafen und Freiherren – 1626 ganze 12 Familien; zur mittleren jene, die wenigstens *einen* Reichsrat unter ihren Vorfahren nachweisen konnten – dabei handelte es sich um 22 Familien; zur dritten alle übrigen Edelleute, insgesamt 92 Familien. Noch unter Karl IX. war es möglich gewesen, daß ein wohlhabender Bauer in den Adel aufrückte, wenn er sich zum Reiterdienst nach adligem Muster verpflichtete. Jetzt galt nur noch die Geburt oder der Adelsbrief des Königs; und wer nicht in eine der drei Adelsklassen des Ritterhauses eingeschrieben war, blieb außerhalb des nunmehr genau abgegrenzten Standes.

Die Abgrenzung – bei der nicht wenige Sippen ihren etwas vagen Adelscharakter verloren, weil sie den neuen Ansprüchen, auch materiell, nicht gewachsen waren – erlaubte jedoch auch eine Öffnung: Dem König stand es frei, neue Adelsbriefe zu verleihen, und er machte davon Gebrauch, wenn auch nicht so reichlich wie später seine Tochter Christina: In den sechs Jahren bis zu seinem Tode wurden aus den zuerst registrierten 126 Adelsfamilien 187; jedes dritte der Häupter, die eine Familie im Ritterhaus und im Reichstag repräsentierten, war also neu hinzugekommen. Wer sich um das Reich verdient machte, ob fremder oder einheimischer Herkunft, konnte in den ersten Stand aufrücken: Offiziere, Beamte, Diplomaten, Gelehrte, Kaufleute und Unternehmer.

So wie Johan Skytte vom Hauslehrer und Erzieher des Erbprinzen zum Freiherrn aufgestiegen war, so wurde der Diplomat Lars Nilsson, den der König bald nach Paris, bald nach Dresden entsandte, geadelt (mit dem Namen Tungel), erhielt der erste ständige Vertreter Schwedens in Kopenhagen, Anders Svensson, als Ödell einen Sitz im Ritterhaus, wurde der schottische Oberst Hamilton Glied der schwedischen *riddarskap*, erhielt Louis de Geer ein Adelspatent, und auch der Landvermesser, Kartograph und Straßeninspektor Anders Bure wurde so geehrt.

Am auffälligsten war die Laufbahn von Johan Salvius, der 1629 mit dem Zunamen Adler in den Adelsstand erhoben wurde. 1590 als Sohn des Stadtsyndikus von Strängnäs geboren, hatte er in Uppsala und im Ausland studiert und war, von Axel Oxenstierna gefördert, 1620 in den Staatsdienst eingetreten. Eine seiner ersten Aufgaben war, die Verwaltung der neugegründeten Stadt Göteborg zu ordnen. Immer wieder wurde er zu diplomatischen Missionen verwandt. Er erwarb sich das besondere Vertrauen des Königs, jedoch als »Federfuchser« und »Ränkeschmied« auch das Mißtrauen der Generäle. Obwohl er bis zum Reichsrat aufstieg, war er – wie Skytte – für die alten Familien (denen die »Herrschaft der Sekretäre« ein Schreckgespenst blieb) eine Zumutung.

Sie mußten noch mehr hinnehmen: Von den zwischen 1626 und 1632 neu Geadelten war beinahe jeder zweite ein Ausländer, ein Deutscher, Holländer, Schotte oder Balte – mit dem Ergebnis, daß Debatten innerhalb des ersten Standes oft in drei oder vier Sprachen geführt wurden.

Gustav Adolf war ein Magnet, der Begabungen anzog, und er nutzte sie, wo und wie sie sich ihm boten. Einen guten Teil seiner Helfer und Sendboten übernahm er aus dem Dienst des im Exil lebenden Pfalzgrafen Friedrich. Der bedeutendste dieser Männer war Ludwig Camerarius, Enkel des im 16. Jahrhundert in Leipzig wirkenden Humanisten und Pädagogen Joachim Camerarius, eines Freundes von Philipp Melanchthon. Als Gesandter des Kurfürsten nahm er regelmäßig an den Reichs- und Kurfürstentagen teil. Nach der Niederlage und Vertreibung Friedrichs V. brachte ihn seine diplomatische und publizistische Tätigkeit – er war einer der bedeutendsten Publizisten seiner Zeit – in Berührung mit Gustav Adolf, der ihn ab 1626, mit dem Titel eines Hofrates, zu seinem Gesandten in Den Haag machte. Auch Johann Joachim von Rusdorf, mit dem der junge König bei seiner Freiersfahrt nach Heidelberg am Neckar spazierengeritten war, wirkte – neben der Vertretung der kurpfälzischen Interessen in London und Den Haag – für Gustav Adolf, was ihn nicht hinderte, nach dessen Tod für einen Rückzug der Schweden aus Deutschland einzutreten. Eine der farbigsten Figuren aus dem pfälzischen diplomatischen Korps, der Nürnberger Paul Straßburg, wechselte in Siebenbürgen seinen Auftraggeber und ließ sich von Gustav Adolf sogar nach Konstantinopel entsenden.

Von Rutgers, dem Emissär Gustav Adolfs in Prag und den Niederlanden, war schon die Rede, ebenso von dem Brandenburger Christoph Ludwig Rasche. Rasche hatte sich nach seinen Vermittlerdiensten bei der Brautwerbung am Berliner Hof in Schweden vielfach nützlich gemacht. Später nutzte Gustav Adolf neben seinen diplomatischen vor allem auch seine agitatorischen Fähigkeiten und nahm sein mitunter großmäuliges Auftreten in Kauf.

Die Reihe deutscher Mitarbeiter – zu der in besonderer Weise auch Pfalzgraf Johann Casimir gehörte – verlängerte sich bei der zunehmenden Verknüpfung der schwedischen und der deutschen Politik, und zu den vielen Begleitern des Königs auf dem Weg über Preußen, Stralsund, Pommern bis nach Bayern und bis zum Ende bei Lützen gehören nicht nur deutsche Soldaten, vom Landsknecht bis zum Heerführer, sondern auch deutsche Sekretäre, deutsche Propagandisten, Feldprediger, Diplomaten und Politiker.

Die unbekümmerte Inanspruchnahme fremder Kräfte hinderte nicht die Entfaltung der schwedischen Begabungen. Lars Grubbe, wenn er auch nicht so hoch stieg wie Johan Adler Salvius, gehörte als Sekretär des Königs und Leiter seiner Feldkanzlei zum engsten Kreis der Berater Gustav Adolfs, der ihm so heikle Aufträge anvertraute wie die Schlichtung von Streitigkeiten zwischen den Generälen seiner Armee.

Das Fundament und Gerüst des Staatsapparates blieb jedoch der schwedische Adel. Aus ihm stammten die hohen Offiziere (denen mitunter auch Verwaltungsaufgaben oder diplomatische Aufträge anvertraut wurden): Lennart Torstensson, Gustav Horn, Johan Banér, Nils und Per Brahe (Feldmarschall Hermann von Wrangel war livländischer Herkunft). Die Banér, die Brahe, die Bielke, Sparre und Bonde – fast durchweg Namen aus der Adelsopposition gegen Karl IX. – und die Oxenstierna stellten die Beamten, die Richter, die Räte und Inhaber der fünf großen Reichsämter.

Der Adel war nur deshalb in der Lage, den Anforderungen zu genügen, weil er nicht beim Hergebrachten stehen blieb. Noch gab es zwar den Landedelmann, wie ihn Rudbeckius in der Leichenpredigt auf den Reichsdrosten Magnus Brahe, den Vater von Ebba, als Gegenbild zu dem

Verstorbenen schilderte: Junker, »die daheim umhergehen, nachschauen, wie es in der Frauenstube steht, Spür- und Windhunde füttern, sich auf der Hasenjagd herumtreiben, Fuchs- und Wolfseisen auslegen, Wolfsgruben bauen und, wenn das Wetter dafür nicht günstig ist, zu Hause sitzen und Toback trinken«. Aber die neue Generation hatte andere Ideale, sie strebte nach Bildung.

Bei der Etablierung des Ritterhauses wurde deshalb beschlossen, es mit einer Schule für die Söhne des schwedischen Adels zu verbinden. Oxenstierna und Skytte kannten von ihren Auslandsstudien her solche Einrichtungen: In Deutschland war die erste Ritterakademie, das *Collegium Illustre*, 1589 in Tübingen gegründet worden, zehn Jahre später das *Collegium Mauritianum* in Kassel. Das Ziel solcher Schulen war die Ausbildung für den Heeres-, Hof- und Staatsdienst, weshalb neben den klassischen die modernen Sprachen, Naturwissenschaften, Recht und Geschichte gelehrt und die Jungen im Tanzen, Reiten und Fechten unterrichtet wurden. Ähnlich sah auch der Lehrplan für das *Collegium Illustre* am *Riddarhus* aus, entworfen durch Johannes Matthiae Gothus, einen Mann nach dem Herzen des Königs, für die neuesten Erziehungsmethoden aufgeschlossen und allzu engen theologischen Doktrinen abgeneigt, ein glänzender Kenner und Lehrer der modernen Sprachen.

Das *Collegium* bestand jedoch nur kurze Zeit. 1627 zählte es rund 30 Schüler. 1629 mußte es wegen der Pest geschlossen werden; nach dieser Unterbrechung kam es nicht mehr recht in Gang (wozu vermutlich die Abwesenheit von Oxenstierna und Skytte beitrug) und wurde 1632 endgültig aufgegeben. Als Idee war es für das schwedische Bildungswesen von großer Bedeutung; in der Praxis änderte es wenig an der Notwendigkeit, die Söhne der Edelleute entweder in den neuen Gymnasien oder durch Privatlehrer unterrichten zu lassen; die weiteren Etappen waren dann Uppsala und ausländische Universitäten, nicht zuletzt aber auch Bildungsreisen – die *Grand Tour*, wie sie die jungen Aristokraten anderer Länder übten, wurde auch beim schwedischen Adel Brauch. Ein neuer Typ des Edelmannes wuchs heran, gewandter, geschliffener, gepflegter und anspruchsvoller.

Freilich vertiefte diese Entwicklung die Trennung nicht nur zwischen dem Adel und den anderen Ständen sondern auch innerhalb des Adels, wo nach der förmlichen Dreiteilung die beiden oberen Klassen sich vom niederen und mittleren Adel ebenso distanzierten wie von den Neulingen des Ritterhauses.

Der Adelsdünkel war die Kehrseite der unerläßlichen Organisation jener Schicht, auf die der König in besonderem Maß angewiesen war. Die Verfügung der Ritterhausordnung, daß jede der drei Klassen trotz der unterschiedlichen Zahl der zugehörigen Familien bei Abstimmungen das glei-

Axel Oxenstierna.
Pastell von D. Dumonstier, 1633

che Gewicht hatte, die zwei oberen Klassen also die zahlenmäßig überlegene dritte überstimmen konnten, erhöhte den Einfluß des hohen Adels und förderte den Wappenstolz.

Auch wirtschaftlich gewannen die Familien dieser kleinen Schicht ein erhebliches Übergewicht. Ihr Reichtum hob sie deutlich vom niederen Adel ab, der vor allem in Småland und Finnland oft kaum besser lebte als die Bauern. Der Grundbesitz der oberen Geschlechter, ererbt und durch Belehnungen, Schenkungen und Kauf von Kronland vermehrt, wuchs zu großen Rittergütern, in manchen Fällen zu geradezu riesigen Ländereien.

Per Brahes Grafschaft Visingborg zum Beispiel bestand aus 747 Höfen und umfaßte ein Gebiet von der Größe Mecklenburgs. Der Graf brauchte eine eigene Verwaltung für seinen Besitz, hielt eine uniformierte Garde, konnte sich eine Musikkapelle und einen »Hofmaler« leisten und fühlte sich einem deutschen Fürsten ebenbürtig. Allerdings mißbrauchte er seine erheblichen Machtbefugnisse nicht und dachte nicht daran, seine Bauern auszubeuten, sondern kümmerte sich vorbildlich um ihr Wohl und Wehe, auch um ihre Schulbildung, so daß in dieser Gegend am Vätter-See der Graf bis in das 18. Jahrhundert hinein als guter Herr im Gedächtnis blieb.

Es gab andere Herren aus seiner Schicht, solche, die versuchten, ihre Bauern zu unterdrücken und auf ihre Kosten zu leben. Das Beispiel der baltischen Barone, deren estnische und lettische Bauern als Leibeigene ein armseliges Leben fristeten – Estland vor allem galt als »Himmel für die Edelleute« und »Hölle für die Bauern« –, wirkte ansteckend. Immer wieder wurden Anklagen gegen Eingriffe in die Freiheiten und Rechte der schwedischen Bauern laut. Freilich: Die Tatsache, daß diese Anklagen erhoben werden konnten, daß die Bauern als Stand auf den Reichstagen vertreten waren und zudem in der Geistlichkeit engagierte Anwälte ihrer Rechte fanden, setzte – neben dem im allgemeinen funktionierenden Schutz durch die Gerichte – der Willkür des Adels Grenzen; auch zögerten König oder Kammer nicht, wo es notwendig schien, mit Schutzbriefen oder verschärfter Aufsicht einzugreifen. Zur Zeit Gustav Adolfs jedenfalls zeigten sich erst Ansätze einer Entwicklung, die nach ihm zu Verhältnissen führte, die tiefe Eingriffe der Krone zugunsten der Bauern notwendig machten.

Daß Gustav Adolf gewillt war, den schwedischen und finnischen Adel trotz seiner Privilegien nicht zu selbstherrlich werden zu lassen, zeigte sich auch an den in der Ritterhausordnung verankerten Möglichkeiten des Eingriffs durch den König. Er konnte nicht nur den Adel verleihen – er konnte ihn, unter bestimmten Voraussetzungen, auch aberkennen, und er konnte durch Rangerhebungen auch innerhalb der Adelsklassen Verschiebungen herbeiführen, die ihm zugute kamen. Das Amt des Landmarschalls, der den ganzen Stand zu vertreten hatte, bei dessen Versammlungen präsidierte, in die Debatten eingriff und die Beschlüsse herbeiführte, war ebenfalls ein Instrument der königlichen Lenkung, denn der Marschall wurde zwar dem Namen nach gewählt, in Wirklichkeit jedoch vom König ernannt.

Ein tiefer Einschnitt in die herkömmliche Struktur des Adels ergab sich aus der klaren Trennung zwischen dem Reichsrat und der Vertretung des ersten Standes. Nach überliefertem Verständnis hatte der Adel die Senatoren als seine »Vormänner« betrachtet; jetzt aber war der Platz des

Reichsrates an der Seite des Königs: In seinem Namen trat er auf den Reichstagen auf, in seinem Namen verhandelte er, und in seiner Abwesenheit hatte er den Auftrag, die Regierungsgeschäfte zu führen. Der Reichsrat war also auf dem Weg, sich in ein Regierungsorgan zu verwandeln, in eine Körperschaft, die den Staatsapparat mit in Gang hielt. Es war nur folgerichtig, daß der Reichsrat innerhalb des Ritterhauses keine besondere Klasse bildete. Die Räte konnten zwar an den dortigen Sitzungen teilnehmen, jedoch ohne Stimmrecht: Die Stimme seiner Familie gab das jeweilige Familienhaupt ab.

Die große Zahl von Offizieren, die der Adel stellte, läßt vermuten, er habe sich unter Gustav Adolf in eine Militärkaste verwandelt und durch seine Führungsrolle Schweden in einen militaristischen Staat. Ein genauer Blick entzieht dieser Annahme die Grundlage. Gewiß: Die Armee war eine große Lockung für die aufstiegswilligen Junker, und der König zögerte nicht, sie auszuspielen. Auf dem Reichstag von 1625 legte er dar, welche Möglichkeiten die stehende Armee bot: »Adel und Ritterschaft haben den Nutzen davon, daß nicht nur ihre Kinder und Anverwandten hier im Lande in Kriegsfragen, ritterlichen und mannhaften Tugenden unterwiesen und geübt werden können, sondern es ergeben sich dabei so viel Dienste, Posten und Gelegenheiten, daß damit über 500 vom Adel wohl bedient werden und ein reichliches und behagliches Auskommen daran haben können.« Und je länger Schweden Krieg führte, desto kriegerischer färbten sich Verhalten und Erscheinungsbild des schwedischen Edelmannes. Aber in der Führungsspitze des Reiches hatten die Militärs wenig zu sagen. Die *anima regni*, das Herz, die Seele der Regierung war nicht das Kommandozelt eines Feldmarschalls oder ein Kriegsrat, sondern die Reichskanzlei, und Axel Oxenstierna, obwohl gelegentlich mit militärischen Aufgaben betraut, war ein Mann der Verwaltung, der Diplomatie, der Politik und sowenig ein Militär wie seine nächsten Mitarbeiter. Das persönliche Gewicht des Reichskanzlers verstärkte das Gewicht der Zivilverwaltung und deren Anziehungskraft. Daß der Dienst in einer Kanzlei dem begabten Sohn eines Bürgers oder Pfarrers, mitunter auch eines Bauern den Aufstieg ebenso ermöglichte wie eine Karriere in der Armee, daß der junge Edelmann nicht nur mit der Waffe, sondern auch mit der Feder die höchsten Ränge des Königreiches erringen konnte, trug dazu bei, eine einseitige Militarisierung zu verhindern.

Noch war offen, was aus der Mobilisierung neuer Kräfte innerhalb der schwedischen Gesellschaft, was aus dem Import von Begabungen werden würde; noch deutete sich die künftige Rolle eines erstarkenden Mittelstandes erst an; noch war die Zeit, in der dieser – wie fast überall in Europa – sich neben den Adel stellen und ihn schließlich beiseite drängen würde, weit entfernt. Aber auch für diese Entwicklung wurden unter der

Herrschaft Gustav Adolfs die ersten Voraussetzungen geschaffen. Nicht nur die Nutzung aller sich anbietenden Talente, sondern auch das Beharren des Königs auf der Verpflichtung des Adels, zu dienen und Lasten zu tragen, seine Ehre in seinen Aufgaben zu suchen, hat den Weg in diese Richtung geöffnet. Wo der schwedische Herrscher glaubte, dem ungezügelten Hochmut des Adels zu begegnen, konnte er mit äußerster Härte zuschlagen.

Der Fall Erik Rålamb ist ein typisches Beispiel und gehört darum in diesen Zusammenhang, auch wenn er sich erst im November 1631 in Deutschland zutrug. Während eines Festmahles in Höchst weigerte sich der neuernannte junge Kammerherr Rålamb, den König und seine fürstlichen Gäste zu bedienen. Diese »anmaßende Überheblichkeit und Trotz« reizte den König zu einem fürchterlichen Zornesausbruch, bei dem er mit der flachen Klinge auf den Junker so einschlug, daß sie zersprang, und als der junge Mann sich durch Flucht der Strafe entzog, befahl er, dessen Vater – seit kurzem Präsident des Hofgerichts in Åbo – seines Amtes zu entheben und seine Güter zu beschlagnahmen, bis er seinen Sohn zur Raison gebracht habe.

Das unangemessen scharfe Vorgehen läßt sich nur als Eruption eines tiefsitzenden Mißtrauens erklären, das noch aus der Zeit herrühren mochte, als der kleine Prinz die Hinrichtung der adligen Widersacher seines Vaters mit dem Holzschwert nachvollzog.

Der König, der sich aus Vernunft mit dem Adel verbündet hatte, gestand ihm einen Platz an seiner Seite, aber nicht auf seiner Höhe zu. Der erhöhte Platz des Monarchen und die Abstufung der Ränge bei den Sitzungen des Reichstages galt ihm als bindendes Muster für die Führung der Regierungsgeschäfte. Er förderte die Bewegung innerhalb der Ränge, aber er ließ die grundsätzliche Ordnung nicht antasten.

DER FROMME WIKINGER

Von der Düna zur Weichsel

... dann haben wir den Polen so fest, daß er auf die Dauer, wenn wir es mit Kraft betreiben, sich selbst verderben muß, weil sein Getreide in Polen verfaulen muß, und er weder Geld noch Waffen, noch andere Dinge erhalten kann,
so lange wir Danzig und die Weichsel sperren ...

Axel Oxenstierna an seinen Bruder Gabriel, September 1626

Am letzten Junitag des Jahres 1626 trafen sich die beiden Heerführer in Duderstadt am Nordrand des Eichsfeldes: der bald siebzigjährige Johann Tserclaes Tilly, seit anderthalb Jahrzehnten im Dienste des Bayernherzogs und der Liga, Sieger der Schlachten am Weißen Berg, bei Wimpfen, Höchst und Stadtlohn; und Albrecht Wallenstein, mit seinen 47 Jahren erst am Beginn seiner kurzen Laufbahn als Feldherr: Nach dem ihm im April 1625 erteilten Auftrag, ein Kaiserliches Heer zu schaffen, hatte er statt der erwarteten 20 000 Mann 50 000 auf die Beine gestellt, mehr als Tilly kommandierte; zusammengeholt auf die übliche Weise durch seine »Subunternehmer«, die Obristen; aber doch anders als bisher bei solchen Werbungen, denn ein Organisator wie Wallenstein hatte den Schauplatz dieses Krieges noch nicht betreten, auch keiner, der wie er verstand, das notwendige Geld beizutreiben, keiner, der sich so schnell so viel Autorität verschaffte, und keiner, der sich wie er darüber hinwegsetzte, welchem Glauben seine Offiziere und Soldaten anhingen.
Die beiden Generale ließen es an gegenseitiger Ehrerbietung nicht fehlen, man wußte, was man sich schuldig war. Aber wie schon bei früheren Begegnungen blieb Wallenstein bei aller Reverenz vor dem verdienten alten Kriegsmann auf Distanz und seine Verbindlichkeit kam von oben herab. Er mochte Tilly gönnerhaft den »lieben Alten« nennen, aber daß der Kaiser den Soldaten aus Brabanter Uradel 1623 zum Grafen gemacht hatte, ihn selbst jedoch zwei Jahre später zum Herzog von Friedland, schien ihm zweifellos so angemessen wie daß er Tilly um ein gutes Stück überragte.
Tilly ist viel geschmäht worden; die ihn kannten, rühmten seine Rechtschaffenheit: »gut Christ und gut Soldat«, ein Mönch des Schlachtfeldes, der »Victoriam erwählet für seine Braut allein«. Auf Wallenstein paßt nichts davon, nicht das Mönchische und nicht die Rechtschaffenheit. Er ist ein hochfahrender großer Herr, eine »stolze Bestie«. Nicht unbedingt »Victoriam« ist seine Leidenschaft, wohl aber die Macht.
So grundverschieden die Generale waren, sie mußten sich verständigen,

deswegen trafen sie sich. Lange genug hatten sie getrennt, wenn auch nicht erfolglos nebeneinander her operiert. Die Stunde schien gekommen, den Dänenkönig gemeinsam zur Schlacht zu stellen, »den Feind abzuschmieren, ehe die schwedische Hilfe kommt«. Mit dem Schwedenkönig also rechnete Wallenstein – »auf den muß man mehr Achtung als auf keinen anderen geben . . .« –, aber er rechnete zu früh mit ihm.
An jenem 30. Juni 1626, als die beiden Feldherren ihren Plan absprachen, nahm Gustav Adolf die Stadt Braunsberg im preußischen Bistum Ermland in Besitz. Die Landung in Preußen war erst am 19. Mai während der Bestattungsfeierlichkeiten für die Königin-Mutter Christine zu Strängnäs von einem Sonderausschuß beschlossen worden. Bis dahin hatte der König auch noch andere Pläne erwogen; von Stettin, Stralsund oder Wismar war die Rede gewesen. Der Plan, sich Preußens zu bemächtigen, war also noch nicht ausgereift, als im April auf dem preußischen Landtag zu Graudenz davor gewarnt wurde.
Der Kurfürst von Brandenburg hoffte bis zuletzt, die Landung verhindern zu können. Er schickte einen der entschiedensten Parteigänger Gustav Adolfs am Berliner Hof, Samuel von Winterfeld, nach Stockholm, um den König zu einem Eingreifen in Pommern oder Mecklenburg zu bewegen. Als Winterfeld Ende Mai von dem aus Strängnäs zurückgekehrten Monarchen empfangen wurde, konnte er jedoch nichts mehr ausrichten. Er wurde abgeschirmt, seine Post wurde nicht befördert, seine Heimreise verzögert, bis die Invasionsflotte abgesegelt war. Auch sonst wurde alles unternommen, um den Preußenzug geheimzuhalten, und bis zur Stunde der Landung von 125 Schiffen mit 14 000 Mann an Bord wurde bei Freund und Feind über das Ziel des schwedischen Königs in diesem Sommer gerätselt.
Daß er nicht, wie immer wieder angeregt, an der Elbe, auch nicht an der Oder landete, läßt sich leichter erklären als die Wahl des Weichsel-Deltas. Elbe und Oder hätten bedeutet, daß er unmittelbar in den Kampf zwischen dem dänischen König und seinen Verbündeten einerseits, Tilly und Wallenstein andererseits eingegriffen hätte. Von Christian IV. konnte er nach wie vor wenig Beistand erwarten. Er war ihm durch Winterfeld zwar versprochen worden: Die Mansfeldischen Truppen sollten dem schwedischen Kommando unterstellt werden. Aber noch vor Winterfeld war die Nachricht von der Niederlage Mansfelds an der Dessauer Brücke in Stockholm eingetroffen.
Diese Schlacht war das bisher einzige ernsthafte Treffen, seit Christian IV. im Mai 1625 mit seinen Streitkräften (einem wesentlich kleineren Kontingent als geplant) in Niedersachsen erschienen war. Mansfeld war tollkühn genug gewesen, den kaiserlichen *Capo* dort anzugreifen, wo er sich mit Schanzen und Fortifikationen am festesten eingegraben hatte: an der

nahe Dessau bei der Mündung der Mulde in die Elbe über beide Flüsse führenden Brücke. Am 25. April 1626 kam es zur Schlacht. Nach sechs Stunden war Wallenstein Sieger des erbitterten Kampfes. Die Mansfeldischen, auf wilder Flucht in die Mark Brandenburg, ließen 3000–4000 Gefallene zurück, 1500 ließen sich gefangennehmen und traten, wie es nahelag und Brauch war, in Wallensteinische Dienste. Die Schlacht an der Dessauer Brücke, die erste, die der Friedländer als General des Kaisers gewann, blieb einer seiner deutlichsten Erfolge. Um Mansfeld, so glaubte er, brauchte er sich fürs erste nicht mehr zu kümmern.

Und Gustav Adolf hatte einen Grund mehr, sich von Christian IV. zu distanzieren. Einen weiteren Hinweis, der Fortüne des dänischen Königs zu mißtrauen, lieferte ihm der Tolle Halberstädter. Von ihm kam die Botschaft, er wolle, von Dänemark enttäuscht, in schwedische Dienste treten. Das Angebot wurde im Mai abgegeben. Gustav Adolf konnte es erst kurz vor seinem Aufbruch nach Preußen beantworten. Er schrieb, daß er einen »solchen *vaillanten* Prinzen« von Herzen gerne in seiner Suite haben möchte, jedoch derzeit nicht über die Mittel verfüge, ihn so zu »tractieren, wie dero Meriten es erfordern«. Als der Brief geschrieben wurde, war der fürstliche Freibeuter schon seit vierzehn Tagen tot: Von »Feuer in seinen Eingeweiden« verzehrt, in dem Glauben, auf Betreiben Tillys verhext worden zu sein, war er mit 27 Jahren im Schloß seiner Väter zu Wolfenbüttel gestorben.

Das alles also, dazu der Wankelmut seines brandenburgischen Schwagers, hatte den schwedischen König abgehalten, unmittelbar in den deutschen Krieg einzugreifen. Was aber lenkte ihn nach Preußen?

Auf diese Frage gibt es mehr als eine Antwort. Die rasche, vordergründige Antwort wiederholt die Argumente des Königs und seines Kanzlers: Wenn Sigismund keinen ernsthaften Frieden mit seinem Vetter in Stockholm wollte, mußte man ihn dazu zwingen, und man mußte ihn dort zwingen, wo es ihn empfindlicher traf als in Livland.

Preußen, ehemals Land des Deutschen Ordens, bestand aus zwei Teilen: dem Herzogtum Preußen, das den östlichen Bereich (ungefähr das spätere Ostpreußen) umfaßte und, obwohl weiterhin Lehen der polnischen Krone, durch Erbschaft an den Kurfürsten von Brandenburg gefallen war; und Polnisch-Preußen, das ungefähr dem späteren Westpreußen mit Pomerellen entsprach, jedoch mit dem Bistum Ermland (dem ein Sohn Sigismunds vorstand) tief in das Herzogtum hineinragte, es fast entzweischnitt.

Ermland, von schlesischen und fränkischen Bauern besiedelt, war – im Gegensatz zu dem lutherischen Herzogtum – katholisch geblieben. In den drei Palatinaten Westpreußens, die einen gemeinsamen Landtag hatten, waren die Städte deutsch und meist protestantisch, die Landbevölke-

rung polnisch und katholisch. Dazwischen behauptete die reiche lutherische Hansestadt Danzig ihre mächtige Sonderstellung.
Mit dem Besitz des Ermlandes und Westpreußens und der Kontrolle über die Zufahrt zum Haff bei Pillau konnte Schweden die große Handelsstraße der Polen zur Ostsee sperren. » . . . dann haben wir den Feind so in den Sack bekommen, daß er schließlich um Frieden betteln muß«, schrieb Axel Oxenstierna an seinen Bruder Gabriel. Schweden hoffte insbesondere den auf den Getreideexport angewiesenen polnischen Adel unter Druck setzen zu können und über diesen den polnischen König.
Freilich, Sigismund hatte schon oft unter Druck gestanden und stets nur vorübergehend nachgegeben. Rationale Erwägungen waren in dieser »unvergleichlichen *controversia regni*«, dem Erbstreit im Hause Wasa,

nur von nebengeordneter Bedeutung – auf beiden Seiten. Der gegenseitige *contemptus* – die Mißachtung des einen Königs durch den anderen – wurde durch den religiösen Eifer der Rivalen verschärft. Sigismund glaubte der katholischen Sache zu dienen, wenn er gegen Gustav Adolf stritt, und er träumte zeitlebens, wenn auch wohl immer undeutlicher, von der Wiederherstellung des wahren Glaubens in seiner schwedischen Heimat. Und Gustav Adolf meinte es nicht minder aufrichtig, wenn er darauf beharrte, durch das preußische Unternehmen der evangelischen Sache einen Dienst zu leisten: Er schwächte dadurch nicht nur einen Verfechter der Papisterei, sondern rückte auch dem Zentrum der konfessionellen Kämpfe ein gutes Stück näher.

Trotzdem: Was hinderte den König, nach der Abrundung seines baltischen Besitzes einfach den *status quo* aufrechtzuerhalten? Alle bisherigen Feldzüge waren unmittelbare Folgen des Erbes gewesen, das er angetreten hatte. Der dänische Krieg, die Kämpfe in Rußland waren mit dauerhaften Friedensschlüssen beendet worden, dauerhaft deshalb, weil sie die Interessen der Kontrahenten ausbalancierten und diese von der Erhaltung der Balance profitierten. Der Krieg in den baltischen Ländern war mit der vollständigen Eroberung Livlands zu einem für Schweden erfolgreichen Abschluß gekommen. Wenn es, wie sich erweisen sollte, möglich war, neben den aufwendigen Kämpfen in Preußen diesen Besitz zu verteidigen – warum beschränkte sich der schwedische König nicht auf diese Verteidigung, die vermutlich auch ohne einen neuen Angriffskrieg zu einer Festschreibung des *status quo* geführt hätte. Warum konzentrierte er sich nicht darauf, das zu tun, was er nach seinem Bekenntnis begehrte: » . . . daß ich keine andere *intention* habe, als Gott in Frieden und Ruhe in meinem Vaterlande zu dienen«? So viele Aufgaben waren begonnen und erst halb vollendet, so viele, die an den Rand gedrängt blieben, wenn er Jahr für Jahr zu Felde zog und dazu auch, wie jetzt nach Preußen, seinen Kanzler mitnahm. Im Schutz eines starken, modernen Heeres, wie es eben heranwuchs, und einer schlagkräftigen mobilen Flotte konnte Schweden in weitem Abstand von den Unruheherden Europas zuwarten, ob wirklich die Gefahr so nahe heranrückte, daß es eingreifen mußte.

Und auch dem evangelischen Wesen war wohl besser gedient, wenn Schweden seine Kräfte schonte und sammelte. Falls Christian IV. wirklich versagte und Gustav Adolf sich der Herausforderung durch eine triumphierende katholische Übermacht stellen mußte, brachte ihm das preußische Unternehmen für diese Aufgabe wenig ein. Wenn man die von dem König und seinem Kanzler vorgebrachten Argumente so betrachtet, fängt man an, nach versteckten, vielleicht unbewußten Antrieben für die Besitznahme des Weichsel-Deltas zu suchen.

Ein Teil der schwedischen Historiker, die sich mit dieser Epoche beschäf-

tigt haben, meint Antriebe entdeckt zu haben, die weder irrational noch unbewußt waren, sondern einem klaren Kalkül entsprangen, der geltenden Moral wegen jedoch versteckt wurden. Was diese Neue Schule der Historiker, angeführt durch Ingvar Andersson, seit Mitte der dreißiger Jahre als Schlüssel für die schwedische Expansion ermittelt zu haben glaubt, ist, vergröbert gesagt, Habgier, Erwerbsdrang. Politische Ziele gelten als Nebensache. Als Hauptsache wurde seit Erik XIV. die Absicht ausgemacht, den Handel zwischen dem Osten und dem übrigen Europa unter schwedische Kontrolle zu bringen, sich an Stelle der zerfallenen Hanse die Gewinne und Zölle aus diesem Handel zu sichern. Anzeichen für das Streben nach solchen Reichtümern lassen sich genug finden, und wenn man diese zu Vorzeichen des schwedischen Imperialismus erklärt, lassen sich die Eroberungen von Narwa, Reval, Riga, von Pillau und Elbing leicht in einen ökonomischen Zusammenhang bringen, und auch hinter dem Eingreifen in den Dreißigjährigen Krieg lassen sich dann finanzielle Interessen ausmachen.
Diese einseitige Theorie hält einem genauen Abklopfen nicht stand, aber sie ist nur an der Oberfläche widerlegt, wenn Michael Roberts mit großer Sachkenntnis in seinem Buch »The Swedish Imperial Experience« Punkt für Punkt nachweist, daß die Neue Schule zwar ökonomische Beweggründe zutage gefördert, jedoch mißachtet hat, daß diese fast durchweg gegenüber den politischen Motiven weit zurückgetreten, und daß der Ertrag von Eroberungen noch nichts über deren Ursache aussagt.
Im Bereich der rationalen Begründung hat Roberts gewiß recht: Um des Geldes willen hat Gustav Adolf sicherlich keinen Krieg geführt, eher hat er nach Geld gestrebt, um Krieg führen zu können. Aber es gibt eine Schicht der Motivation, die so tief sitzt, daß die sorgsame Auffächerung rationaler Ziele nicht mehr alles besagt. Gustav Adolf fühlte sich nicht nur als Gideon, sondern auch als König Berik; das Regalschiff *Wasa*, das eben in diesem Jahr 1626 gebaut wird, ist mit Kriegern des Alten Testaments *und* der großgotischen Sage geschmückt. In dem Glauben an die großgotische Vergangenheit hatte sich die Größenphantasie des damaligen Schweden ihren eigentümlichsten und markantesten Ausdruck geschaffen. Die heraufbeschworenen Großtaten der Goten bewahrten, zur Sage ausgeschmückt, schattenhaft die Erinnerung an die von der Christianisierung zugedeckte Zeit der Wikinger. Der Übertritt der Svea-Könige zum Christentum in der Mitte des 11. Jahrhunderts und die Verschmelzung der Waräger mit den Slawen beendeten einen Geschichtsabschnitt, der im 7. Jahrhundert mit der Landnahme schwedischer Wikinger am Südufer der Ostsee begonnen hatte. Der Drang, sich der umliegenden Küsten zu bemächtigen, sich an den Mündungen der großen Flüsse festzusetzen, den Reichtum abzuschöpfen, den diese herabtrugen, schließlich

dort staatenähnliche Organisationen zu bilden, wirkt wie eine Vorwegnahme dessen, was sich im 16. und 17. Jahrhundert zwischen Narwa und Stralsund abgespielt hat. Die Wasa haben instinktiv an die alten Muster angeknüpft. Und wie die Wikinger haben sie die Ausübung politischer und militärischer Macht mit der wirtschaftlichen Ausbeute der besetzten Gebiete verbunden, ohne eines vom anderen zu trennen.

Man darf solche historischen Analogien nicht zu weit treiben, Gustav Adolf war kein Wikingerhäuptling, aber die Träume seiner Vorfahren waren noch virulent, wenn er sich von einem Ziel zum andern weitertragen ließ.

Dabei war er sich bewußt, daß er das gesteckte Ziel verfehlen konnte. Sein Wikingerblut, sein gotischer Traum waren durch ein christliches Gewissen gezähmt. Die strenge Botschaft des Alten Testaments, welche den Herrscher, der dem göttlichen Auftrag zuwiderhandelt, zum Scheitern verurteilt, war eine Richtschnur seines Handelns. Als er im Winter 1627 – in einer Pause des preußischen Krieges –, um Rechenschaft bemüht, seine »eigene Historia« zu schreiben anfing, schickte er der Geschichte seines Hauses einige grundsätzliche Bemerkungen voraus, in denen das Bewußtsein von Schwedens Größe sich mit der Unterwerfung unter das Gericht Gottes verband. Das Gelingen oder Mißlingen eines Unternehmens war in Gustav Adolfs Augen das Gottesurteil, dem er sich zu beugen hatte.

Das hinderte ihn nicht, mit aller Umsicht zu planen, Gründe und Gegengründe gegeneinander abzuwägen. Er ging dabei so weit, daß er die Kosten für den Unterhalt einer abwehrbereiten Armee und Flotte mit den Kosten eines Feldzuges verglich (und den Feldzug billiger fand). Er unterhielt ein ausgedehntes Agentennetz, und er bemühte sich unablässig um Verbündete.

Auch für den preußischen Feldzug schickte er seine Diplomaten ins Treffen. Schon im Februar brach eine Gesandtschaft nach Moskau auf, um den Zaren mindestens zu einem indirekten Vorgehen gegen Polen zu bewegen: Er sollte die Tataren und die Saporoger Kosaken zu Beutezügen auf polnischem Gebiet anstiften. Im März schickte Gustav Adolf einen seiner deutschen Diplomaten, Philipp Sadler, nach Siebenbürgen, um Bethlen Gabor zu der Vermählung mit Katharina, der Schwägerin des Königs und Schwester des Kurfürsten von Brandenburg, zu gratulieren und ihn zu einem Einfall in Kleinpolen zu ermuntern. Beide Missionen fanden ein freundliches Echo, lösten jedoch keine Taten aus.

So blieb der schwedische König auf sich, seine Armee und seine Flotte gestellt, als er am 26. Juni 1626 vor Pillau Anker warf. Pillau, das die schmale Fahrtrinne zwischen Frischem Haff und Danziger Bucht und damit die Mündungen des Weichselarmes Nogat, der Passarge und des Pregel beherrschte, gehörte zum Herzogtum Preußen, also dem Kurfürsten Georg Wilhelm von Brandenburg.

Die Räte in Königsberg waren zwar von König Sigismund als dem Lehnsherrn des Herzogtums aufgefordert worden, sich gegen eine schwedische Invasion zu wappnen, aber in Pillau lagen ganze 300 Mann zwischen halbfertigen Schanzen; sie konnten die schwedischen Streitkräfte ebensowenig an der Landung hindern wie die drei bewaffneten Kauffahrteischiffe, welche – von Danzig entliehen – die Einfahrt bewachen sollten. Freilich hatte auch Sigismund selbst wenig für die Verteidigung bereitgestellt: Alle Festungen in Polnisch-Preußen waren unzureichend besetzt. Das preußische Häuflein in Pillau wußte nichts Besseres, als die Schweden ohne Gegenwehr gewähren zu lassen, die ihrerseits auf beiden Seiten der Fahrtrinne sofort mit Schanzarbeiten anfingen. So wurde – wie der Burggraf zu Elbing, Israel Hoppe, in seiner Chronik des Krieges in Preußen als Zeuge berichtet – »der Schlüssel des Landes in Verlauf drei Stunden verscherzet«. Die aus Königsberg herbeigerufenen Unterhändler standen vor vollendeten Tatsachen; das Gespräch zwischen ihnen und dem König führte zu keinem anderen Ergebnis, als daß die brandenburgische Besatzung abzog und der König eine stattliche Garnison nach Pillau legte.

Die weiteren Verhandlungen mit Königsberg überließ der König zunächst dem aus Siebenbürgen zurückgekehrten Philipp Sadler; er selbst besetzte, nachdem sein Brückenkopf gesichert war, Zug um Zug die ermländische Küste des Frischen Haffs und die wichtigsten Plätze an Nogat und Weichsel oberhalb Danzigs. Als erste Stadt fiel am 30. Juni Braunsberg nahe der Passarge-Mündung, eine Hochburg der Gegenreformation, Sitz eines berühmten Jesuitenkollegiums. (Die Bibliothek der Jesuiten wanderte nach Uppsala – Bücher als »Waffen des Geistes« wurden auf beiden Seiten als Kriegsbeute behandelt: Als Tilly 1622 Heidelberg erobert hatte, transportierten ein halbes Jahr später 50 Wagen die *Bibliotheca Palatina* als Geschenk des bayrischen Herzogs an den Papst nach Rom.) Nach Braunsberg wurde zur Sicherung nach Süden Wormditt mit einer Garnison belegt: Fast gleichzeitig zogen die Schweden an der Haffküste in die Bischofsstadt Frauenburg und in Tolkemit ein.

In Tolkemit meldeten sich erneut drei Vertreter des Herzogtums Preußen bei Gustav Adolf. Sie wollten, in der Zwickmühle zwischen ihrem Herrn in Berlin und der schwedischen Übermacht, vor allem Zeit gewinnen. Der König warf ihnen vor, sie seien närrische Leute; wenn sie schon dem polnischen König als ihrem Oberherrn treu bleiben wollten, hätten sie sich in Pillau wehren müssen. »Ich merke wohl, ihr wollet *mediam viam* [einen Mittelweg] suchen, aber *mediam viam* wird euch den Hals brechen.« Er drängte sie, selbst eine Entscheidung zu treffen und den Kurfür-

sten nicht mit hineinzuziehen. Und dann kam die unverblümte Forderung und Drohung: »Werdet ihr stille sein, so ist es gut, so werde ich mich, wenn ich mit Elbing richtig bin, auch ferner fortmachen; werdet ihr aber nicht stille sein, so werde ich mich der Mühe nicht verdrießen lassen, zurücke zu gehen . . . Und danach mit meinen Schiffen an Königsberg arrivieren und euch ja oder nein sagen lehren.«
Trotz dieser harten Worte gab er der Königsberger Gesandtschaft noch ein paar Tage Bedenkzeit, mit dem Resultat, das er, nach dem mehrfachen Hinweis auf die Stärke seiner Armee, erwarten durfte: Am 11. Juli 1626 erklärte sich Königsberg ohne Einschränkung für neutral; auch das Herzogtum als Ganzes schloß sich der Neutralitätserklärung an, allerdings mit dem Hinweis auf die noch ausstehende Stellungnahme des Kurfürsten.
Elbing, den nach Danzig bedeutendsten Handelsplatz im Weichsel-Delta, hatte der König bei diesen Verhandlungen wiederholt als sein nächstes Ziel genannt. Am 3. Juli stand das schwedische Heer vor dieser Stadt, die der König zum Mittelpunkt des preußischen Krieges und seiner Herrschaft in Preußen ausersehen hatte. Um das befestigte Zentrum lagen offene Vorstädte, und Gustav Adolf verschaffte seiner Aufforderung an die schwache Besatzung, sich zu ergeben, Unterstützung durch die kleinen Leute dieser Vorstädte: Inmitten seiner kampfbereiten Soldaten ließ er »durch einen Trompeter dem Volk seine Gnade anbieten, sprach den Leuten selber zu, sie sollten stille sein, ein jedweder nach Hause gehen und sich keines Leides befahren«. Mit den Deputierten der Stadt sprang er härter um: entweder Unterwerfung oder Sturm und Plünderung. Darauf öffneten sich am 5. Juli die Tore der Stadt für die schwedische Besatzung, und am nächsten Tag ritt Gustav Adolf »in königlicher Pracht mit gezieretem und gewappnetem Volk zu Roß und zu Fuß, in Begleitung vieler Obersten und Offiziere in die Stadt«.
Das war das Ergebnis der ersten Woche in Preußen. In der zweiten Woche ergab sich Marienburg, wieder eine Woche später war die Weichsel erreicht. Am 17. Juli ließ der König bei Dirschau, wo er sein Lager errichten wollte, eine Schiffsbrücke über den Strom bauen; weiter südlich wurde am rechten Ufer Stuhm, am linken Ufer Mewe besetzt. Westlich der Weichsel, in Pomerellen, drangen die schwedischen Truppen bis an die pommersche Grenze und bis hinauf nach Putzig vor.
Damit war Polen von allen Zugängen zum Meer abgeriegelt. Das Ziel, Polen »in den Sack« zu stecken, schien erreicht. Mitten in dem weitgespannten Bogen der schwedischen Eroberungen lag jedoch Danzig. Es war in die Zange genommen, aber die Nuß war nicht geknackt.
Schon wenige Tage nach der Landung in Pillau hatte der Reichsadmiral 13 Kriegsschiffe in die Danziger Reede gelegt, eine drohende Geste zur Un-

terstützung der Noten, mit denen Gustav Adolf den Danziger Magistrat auf seinen Kurs bringen wollte. Auch die Danziger spielten, wie die Königsberger, auf Zeit. Da dem schwedischen König mehr an der strikten Neutralität der Stadt als an ihrer Eroberung zu liegen schien, erbot sich der Magistrat, alle kriegerischen Vorbereitungen gegen Schweden zu unterlassen, die polnische Artillerie heimzuschicken, die polnischen Schiffe zu entwaffnen und beide Seiten mit Vorräten zu versorgen – eine ebenso strenge Neutralität Schwedens und die Aufhebung der Blockade vorausgesetzt.

Der König hielt dieses von nüchternem Kaufmannsgeist bestimmte, vorteilhafte Angebot offenbar für ein Zeichen der Schwäche; er verschärfte seine Bedingungen und schürte mit Drohgebärden den Widerstandswillen der Stadt. Gerade in diesen Tagen wurde Putzig von der See her besetzt. Zu dieser Drohung im Westen kam eine Drohung im Osten: Am Danziger Haupt, wo sich Elbinger und Danziger Weichsel teilen, ließ Gustav Adolf eine Bastion ausbauen. Es nutzte nichts, daß Dietrich von Falkenberg, vom König in die Stadt entsandt, versuchte, eine schwedenfreundliche Partei zu bilden oder Zwietracht zu säen. Die Danziger ließen sich mehr von einem Abgesandten Sigismunds beeindrucken, der ihnen mitteilte, der polnische König ziehe zu ihrer Entlastung ein Heer zusammen. Sie beschlossen standzuhalten.

Gustav Adolf hatte den Bogen überspannt. Vermutlich hätte er ohne Auftrumpfen Danzig zu einer Duldung seines Unternehmens im Weichsel-Delta bewegen können. Jetzt glaubte der König den Worten Taten folgen lassen zu müssen. Am 4. August 1626 erklärte er Danzig den Krieg. Ob er die Stadt im Ernst angreifen wollte, muß bezweifelt werden. Er lud sich damit mehr auf den Hals – neben der Abneigung der mit Danzig Handel treibenden protestantischen Seemächte –, als er zu jener Zeit tragen konnte. Eher wollte er wohl ein für ihn günstiges Abkommen erpressen. Dazu gehörte auch, daß er sich Mitte August selbst an die Spitze einer Abteilung stellte, um eine Danziger Streifschar zu überfallen.

Am 16. August ließ der König im ganzen schwedischen Reich und in den besetzten Orten Preußens einen allgemeinen Fast- und Bettag begehen, »um Sieg und Glück von Gott zu erlangen«. Das Thema der Predigten war der 85. Psalm: »Herr erzeige uns deine Gnade und hilf uns! Ach daß ich hören sollte, was Gott der Herr redet; daß er Frieden zusagte seinem Volk und seinen Heiligen, ... daß in unserem Lande Ehre wohne; daß Güte und Treue einander begegnen, Gerechtigkeit und Friede sich küssen.« Das deutet die Hoffnung auf einen baldigen Frieden an. Gustav Adolf, der seit Mitte Juli auf die Heranführung finnischer Truppen durch Axel Oxenstierna und deutscher Söldner aus Livland wartete, mochte glauben, mit diesen frischen Kräften das Ziel dieses Feldzuges und damit auch ein Ende des Konfliktes mit Polen erreichen zu können. Statt dessen hatte sein Hofprediger Botvidi bald darauf Grund, für einen Sieg im Kampf gegen ein überlegenes polnisches Heer zu beten.

Die schwedische Invasion hatte den polnischen Adel aufgeschreckt und ihn bewogen, seine Zwistigkeiten mit der Krone zurückzustellen. Sigismund gelang es, im Laufe des Monats August bei Graudenz eine beträchtliche Armee zu sammeln: an die 8000 Infanteristen und 4000 Reiter – weit mehr als Gustav Adolf bei Dirschau zur Verfügung standen, da seine Streitkräfte als unentbehrliche Besatzungen auf die eroberten Städte verteilt waren.

Die Polen griffen zuerst den südlichsten Stützpunkt der Schweden, die kleine Stadt Mewe, an. Mit ihren überlegenen Kräften hätten sie die schwache Besatzung leicht überrennen können, jedoch versagte ihre Artillerie, so daß sie Gustav Adolf zwei Wochen Zeit ließen, seine inzwischen um die finnischen Truppen vermehrte Streitmacht bis an den Montauer Spitz heranzuführen, wo Nogat und Weichsel sich teilen. Seine Hauptkräfte – die den Polen immer noch zahlenmäßig unterlegen waren (diese besaßen allein dreimal soviel Reiter) – hielt er in dem bei Falkenau aufgebauten Lager zurück und stieß mit 2000 Mann nach Süden vor, um die Lage zu erkunden. In diesem ersten Treffen bei Mewe hätte ein entschlossener polnischer Heerführer die in ungünstiger Position operierende schwedische Truppe überwältigen können, aber die Schweden glichen ihre Unterlegenheit durch überlegene Führung, Wendigkeit und Zähigkeit und durch die persönliche Tapferkeit des Königs aus, so daß Gustav Adolf seine Leute zurückführen und sich zum entscheidenden Angriff vorbereiten konnte. Verstärkt durch drei deutsche Regimenter, die aus Livland eingetroffen waren, erkämpften die schwedischen Truppen im Zusammenwirken von Fußvolk und Artillerie die von den Polen besetzten Höhen und hielten sie gegen den Ansturm der polnischen Husaren und Kosaken. Obwohl beide Seiten ihre Hauptmacht noch nicht ins Treffen geworfen hatten, entschloß sich Sigismund daraufhin zum Rückzug nach Westen, und Gustav Adolf zog als Sieger in das vom Druck der Belagerung befreite Mewe ein.

Beide Seiten ließen nach der Schlacht bei Mewe voneinander ab. Sigismund ging nach Danzig, um dessen Widerstand zu stärken, und suchte auf einem Reichstag zu Thorn bei seinen Ständen finanzielle Hilfe für die Fortsetzung des Krieges. Das Heer unterstellte er dem Feldherrn Stanislaw Koniecpolski, einem energischen, tüchtigen Soldaten, der sich gegen die Türken bewährt hatte.

Gustav Adolf mußte im Lager von Falkenau ein Fieber auskurieren und vertraute dann das Schicksal seiner preußischen Eroberungen für den Winter Axel Oxenstierna an, den er mit Sitz in Elbing zum Gouverneur des Gebietes ernannte, mit großen Vollmachten und mit der Auflage, Risiken zu vermeiden, die wichtigsten Plätze jedoch durch starke Garnisonen zu sichern.

Als der König Ende Oktober das Schiff nach Stockholm bestieg, um seiner Gattin in den letzten Wochen vor einer neuen Niederkunft nahe zu sein und den für Anfang 1627 einberufenen Reichstag vorzubereiten, war nicht nur er seiner Sache gewiß, sondern auch der nicht so leicht zum Überschwang neigende Reichskanzler. Obwohl die seit einigen Wochen laufenden Verhandlungen zwischen ihm und dem polnischen Kanzler rasch in die übliche Sackgasse geführt hatten, träumte Axel Oxenstierna davon, bald im Frieden unter den heimischen Linden und Eichen zu sitzen.

Den Stockholmern war in jenen Wochen die bevorstehende Niederkunft der Königin sicherlich genauso wichtig wie das Ergebnis des Feldzuges in Preußen. Nach den Fehlgeburten Maria Eleonoras, nach dem frühen Tod der 1623 geborenen Tochter war die neue Schwangerschaft der Königin Gegenstand täglicher Sorge, Gegenstand allerdings auch von Träumen und Prophezeiungen. Gustav Adolf begnügte sich mit einem Traum, der ihm einen Sohn verhieß. Maria Eleonora wollte es genauer wissen – sie befragte die Astrologen. »Die Sterndeuter, immer bereit, den Großen dieser Welt zu schmeicheln, versicherten der Königin, daß ein Thronerbe zu erwarten sei«, berichtet die Thronerbin Christina in ihren Memoiren.

Das Kind kam am 8. Dezember 1626, einem Sonntag, zur Welt. Gustav Adolf litt in jenen Tagen erneut an dem schweren Fieber, das er sich in der Weichselniederung geholt hatte. Als ihn die Freudenbotschaft erreichte, ein Sohn sei ihm geboren – die Hebammen »füllten das Schloß mit ihren Freudenrufen« – hatten die Geburtshelferinnen eben entdeckt, daß in der »Glückshaube«, in der das Kind bei der Geburt verborgen gewesen war, kein Junge, sondern ein Mädchen steckte. Die Frauen – so hat man es Christina später erzählt – »waren in großer Bedrängnis, wie sie dem Könige die Wahrheit sagen sollten. Prinzessin Katharina, des Königs Schwester, übernahm es. Sie trug mich so in ihren Armen, daß der König selbst bemerken konnte, was sie ihm nicht zu eröffnen wagte. Sie gab dem König also Gelegenheit, sich selbst von der Wahrheit zu überzeugen. Doch dieser große Fürst zeigte gar keine Überraschung und nahm mich so liebevoll in Empfang, als wären seine Hoffnungen nicht enttäuscht worden. Und er sagte zur Prinzessin: ›Laßt uns Gott danken, meine Schwester. Ich hoffe, dieses Mädchen wird mir ebenso taugen wie ein Junge. Ich bitte Gott, daß er sie bewahre, da er sie mir gegeben hat!‹ «

Der König – selbst wenn er sich nicht so schnell faßte, wie Christina es darstellt – zögerte nicht, das Mädchen einem Sohn gleichzustellen. Er ließ die Geburt eines Thronfolgers mit einem Dankgottesdienst und mit

Freudenfesten feiern, und er tat alles, um das Recht seiner Tochter auf die Krone Schwedens unangreifbar zu machen. Nach der Erb-Einigung des Jahres 1604 hatte sie Anspruch auf den Thron, falls ihm nicht noch ein Sohn geboren wurde. Aus seinen Maßnahmen läßt sich schließen, daß er nicht allzuviel Hoffnungen auf einen legitimen männlichen Nachfolger hatte – mit Recht, wie sich erweisen sollte. Auf dem zweiten Reichstag des Jahres 1627, ein Jahr nach der Geburt Christinas, ließ er die Bestimmung der weiblichen Erbfolge ausdrücklich bestätigen – nicht ohne Grund: Dem Volk, vor allem den Bauern, fiel es schwer, sich an den Gedanken zu gewöhnen, eines Tages von einer Frau beherrscht zu werden. Für den König stand in dieser Frage der ganze Anspruch seines Hauses auf dem Spiel. Eben erst, bei den Verhandlungen Axel Oxenstiernas mit dem Kanzler des polnischen Königs, hatte sich dieser zwar bereit erklärt, Gustav Adolf zeit seines Lebens auf dem schwedischen Thron zu dulden, nach dessen Tod jedoch sollte die Krone Schwedens wieder an Sigismund oder dessen Erben fallen.

Dieser Gedanke war für Gustav Adolf unerträglich. Und wie um zu unterstreichen, welche Rolle er seiner Tochter zumaß, ließ er sie von Anfang an zur Königin erziehen. Er entzog sie dem Einfluß ihrer Mutter – die kaum geeignet war, eine Herrscherin heranzubilden –, suchte für sie die besten Gouverneure und bestimmte den Pädagogen des *Collegium Illustre*, Johannes Matthiae, zu ihrem Lehrer, nach Christina »einen Mann von guter Herkunft und Gemütsart, gelehrt und höchst geeignet, das Kind, das ich damals war, zu unterrichten«. Sie fährt fort: »Der König hatte diesen Männern befohlen, mir eine männliche Erziehung zu geben und mich alles zu lehren, was ein junger Prinz wissen muß, um würdig regieren zu können. Er hatte ausdrücklich erklärt, daß man mir, außer Ehrbarkeit und Schüchternheit, keine weibliche Denkungsart beibringen sollte. Im übrigen sollte ich wie ein junger Prinz gehalten und in allen Tugenden und Fertigkeiten eines Prinzen unterrichtet werden.«

Die Sorge des Königs um die Zukunft seines Reiches und seines Geschlechts war mit diesen Erziehungsanweisungen freilich noch nicht behoben. In seinen letzten Lebensjahren wirkte er an dem Plan, Christina mit dem Sohn des brandenburgischen Herrschers zu verbinden, dem späteren Großen Kurfürsten. Aber dieser Gedanke stieg erst aus den stolzen Träumen auf, die dem König von seinen Erfolgen in Deutschland eingegeben wurden. Noch träumte er nicht einmal von diesen Erfolgen. Was in diesem Winter an Nachrichten aus Deutschland nach Stockholm drang – wider Erwarten auch an Nachrichten aus Preußen –, gab eher Anlaß zu schweren Sorgen.

Ein Deich bricht

... weil der Krieg und die Gefahr seit vorigem Jahr nicht geringer, sondern merklich größer und drohender geworden sind, indem die Ostsee und der beste Teil des dänischen Reiches in die Hände der Papisten gefallen sind ...

Gustav Adolf an den schwedischen Reichstag, Dezember 1627

GUSTAV ADOLF HATTE, während er die preußischen Städte nacheinander besetzte »als wäre er durch das Land geritten«, den deutschen Kriegsschauplatz und den dort kämpfenden dänischen König nicht aus dem Auge verloren. Am 27. Juli 1626, auf dem Höhepunkt seines raschen Erfolgs, hatte er Christian IV. aus dem Feldlager von Dirschau einen Brief geschrieben, um ihn über den Stand der Dinge in Preußen zu unterrichten, ihn um freie Durchfahrt für englische und schottische Söldner zu bitten und ihm anzudeuten, daß er trotz des jetzigen Engagements in der Weichselniederung ein künftiges gemeinsames Vorgehen nicht ausschließe. Einige Wochen später wurde er konkreter: Auf die von einem Gesandten des dänischen Königs, Jørgen Sefeldt, überbrachten Vorschläge einer Vereinigung dänischer und schwedischer Streitkräfte, um »nach Franken oder Bayern oder andere Länder der Liga des Feindes« zu marschieren, bot er Christian eine Zweierallianz gegen die »ganze papistische Liga« an, einschließlich Polens, mit Stoßrichtung Schlesien über polnisches Gebiet.

Auf beiden Seiten blieben also die Positionen fast unverändert – von einer ernsthaften Annäherung konnte nicht die Rede sein. Im Jahr darauf, am 21. Oktober 1627, ging wieder ein Brief Gustav Adolfs an Christian ab, und in diesem war Erstaunliches zu lesen: »Wir haben zur Genüge erkennen können, daß die Absichten der päpstlichen Liga gegen die Ostsee gerichtet gewesen sind, bald in direkten, bald in indirekten Versuchen, die Vereinigten Niederlande, unser Reich Schweden, endlich auch Dänemark zu bezwingen. Dazu werden nicht nur Gewalt, sondern auch Umtriebe und Anschläge gebraucht. So haben wir vernommen, daß Euer Liebden die Admiralität des *imperii Romani* angeboten und zugleich vorgeschlagen worden sei, gegen Ersatz der Kriegskosten den Sund abzutreten. So sind auch uns in diesen Tagen unter der Hand Vorschläge gemacht worden, uns mit dem Kaiser gegen Euer Liebden zu *conjungieren*, wofür man uns nicht nur zu ewigem Frieden mit dem Könige und der Krone Polens und zu beständigem Besitz von Livland und Preußen verhelfen, son-

dern uns auch den dänischen Thron als ein kaiserliches Lehen übertragen will und dergleichen mehr, in der Absicht, durch solche Vorspiegelungen unsere beiderseitige Verbindung zu hindern.«
Nach dem Hinweis, daß in einer solchen Lage Privatinteressen beiseite zu lassen seien, rechtfertigt der schwedische König sofort sein Privatinteresse: ». . . und trachten einzig danach, unseren Krieg mit Polen zu einem glücklichen Ende zu führen und dadurch die polnische Macht zu *divertieren*, so daß sie sich nicht mit den anderen Ligisten verbinden kann. Euer Liebden gefährlicher Zustand tut uns von Herzen leid; wir hätten aber gewünscht, daß uns Euer Liebden *Intention*, sich mit uns zur Verteidigung der Ostsee zu vereinigen, früher bekanntgeworden wäre. Gleichwohl haben wir sofort nach unserer Heimkunft schreiben wollen, damit die Sache zur *Defension* der Ostsee und beider Reiche während des Winters angemacht werden könnte.«
Zwischen den Briefen vom Sommer 1626 und vom Herbst 1627 lag der Zusammenbruch der dänischen Machtstellung. Gustav Adolf hatte wohl erst nach seiner späten Heimkehr von dem Sommerfeldzug des Jahres 1627 das volle Ausmaß der dänischen Niederlage erfahren: Seit Ende September standen kaiserliche Truppen am Limfjord in Jütland, in den folgenden Wochen fiel mit Rendsburg der Hauptplatz des dänischen Widerstandes auf der Halbinsel. Bis auf ein paar Stützpunkte – Stade, Glückstadt und Krempe – waren die Dänen auf ihre Inseln abgedrängt. Christian IV. war ganz und gar nur noch ein »Wasserkönig«. Die kaiserlichen Truppen waren dabei, die ganze Ostseeküste aufzurollen – der Zeitpunkt, zu dem sie Mecklenburg und Pommern völlig in ihre Gewalt bekommen würden, war abzusehen.
Ein Deich war gebrochen – ein Schutzwall, auf den sich Gustav Adolf bisher verlassen hatte, war verwüstet. Am 6. November schrieb der König seinem Kanzler in Elbing: »Wir können schwerlich vermeiden, in diesen Krieg verwickelt zu werden, da die Gefahr täglich näher kommt.«
Was hatte sich ereignet, während die Schweden in zwei Anläufen – 1626 und 1627 – mit dem Griff nach dem Weichsel-Delta Polen zu ihrem Frieden zwingen wollten?
Noch ehe Christian IV. aus dem preußischen Feldlager die Antwort auf seine von Sefeldt gemachten Vorschläge erhielt, war er von Tilly in einer blutigen Schlacht geschlagen worden. Dabei hatte der Sommerfeldzug des Jahres 1626 unter glücklichen Vorzeichen für die dänisch-protestantische Sache begonnen. Wallenstein und Tilly waren nicht imstande, den Operationsplan auszuführen, den sie Ende Juni in Duderstadt beschlossen hatten: gemeinsam beiderseits der Elbe nach Norden vorzurücken und das dänische Heer vor sich herzutreiben oder zur Schlacht zu stellen. Statt dessen wurden Wallensteins Truppen auf einmal anderswo benö-

tigt. In Oberösterreich brach ein Bauernaufstand gegen das verhaßte Regiment des Bayernherzogs aus, der dort sein Pfandrecht ausübte und mit harter Hand den rechten Glauben wiederherzustellen suchte; kein improvisierter Aufstand, sondern ein wohlorganisierter Krieg unter Führung eines fähigen Oberhauptmanns, der die bayrisch-kaiserlichen Truppen in offenem Kampf besiegte und sie auf Linz zurückdrängte. Wallenstein, um Hilfe angefleht, mußte Truppen entsenden, zwar Verbände, die im Süden standen; aber auch dort hätte er sie gebraucht. Denn auch in Böhmen wurden die Bauern unruhig, plünderten und mordeten. Vor allem aber hatte sich Mansfeld, der vernichtet Geglaubte, überraschend schnell von der Niederlage an der Dessauer Brücke erholt, so schnell, daß der Friedländer es zuerst gar nicht ernst nehmen wollte, als ihm dessen Einfall nach Schlesien gemeldet wurde. 20 000 Mann immerhin hatte der unverwüstliche Abenteurer um sich gesammelt – mit dem fortschreitenden Krieg war auch die Zahl der Kriegsexistenzen gewachsen, die sich zerstreuen und anziehen ließen, wie gerade die Magnetfelder wechselten.

Mit Mansfeld war auch Bethlen Gabor wieder erwacht, um mit Siebenbürgern und Türken nach Nordwesten vorzurücken. Vier Kriegsschauplätze sah Wallenstein auf einmal vor sich: an der Elbe, in Schlesien, in Ungarn und bei Linz. Er sah das Feuer um sich fressen, und er wußte, er mußte selber eingreifen, dort, wo sein eigener Besitz bedroht war, in Schlesien, im Südosten. Einen Teil seiner Truppen an der Elbe, 85 Kompanien, gab er Tilly, dann brach er auf.

Am 8. August 1626 setzte sich seine Streitmacht von Zerbst aus in Bewegung. Mansfeld marschierte damals schon zwischen Oppeln und Beuthen auf die mährische Grenze zu, von den Schlesiern begrüßt, die er ungewohnt gut behandelte. Ende August war auch Wallenstein in Mähren; in 22 Tagen hatte er mit Mann und Roß und Wagen die 600 Kilometer bis Olmütz zurückgelegt, immer parallel zu der Vormarschstraße Mansfelds – dieser rechts der Oder, der Friedländer links –, aber obwohl die beiden Heerhaufen sich jetzt fast berührten, kam es nicht zur Schlacht.

Es kam überhaupt nicht zur Schlacht; es blieb beim Hin- und Herziehen. Auch das »bethlehemitische Volk« – wie man die siebenbürgischen Truppen zu nennen pflegte – entzog sich dem entscheidenden Treffen bei Levice am Südrand des slowakischen Erzgebirges, wo Wallenstein es Ende September endlich gestellt hatte.

Wallensteins Armee war während des Feldzuges auf 5000 Mann zusammengeschmolzen; er mußte zusehen, die abgerissenen, erschöpften Leute in Böhmen und Mähren in Winterquartieren unterzubringen. Die Scharen Bethlen Gabors hatten sich in die südöstlichen Weiten verflüchtigt, aus denen sie aufgetaucht waren. Das Mansfeldische Volk, von dem langen Umherirren zermürbt, ein armseliger Haufen von 4000 Mann, suchte in Oberschlesien Unterschlupf; Mansfeld selbst glaubte auf dem Weg über Dalmatien und Venedig zu seinen Geldgebern in London vordringen zu können, aber dieser Aufbruch war das letzte Aufflackern der Lebenskraft des Lungenkranken. Am 20. November 1626 erlitt er in einem bosnischen Dorf einen Blutsturz. Auch dieser unheroische Tod wurde poetisch verklärt: Die Propagandaschreiber beider Parteien waren eifrig bemüht, ihren Himmel mit Märtyrern zu bevölkern.

Während der Herzog von Friedland seinen unfaßbaren Gegnern so lange zusetzte, bis sie ohne Schlacht aus dem Feld manövriert waren (Bethlen Gabor machte im Winter wieder einmal – und endgültig – Frieden mit dem Kaiser), zeigte Tilly, daß er auch ohne ihn dem Dänenkönig gewachsen war. Er hatte Minden gestürmt, Göttingen erobert und nach verschiedenen Berührungen mit dem Heer Christians IV. dasselbe endlich am 17. August 1626 bei Lutter am Barenberge zum Kampf gestellt. In einem zeitgenössischen Bericht hieß es: »Und ob sich wohl der Anfang sehr zweifelhaft auf Tillyscher Seite ansehn lassen, zumal die Dänemarkischen mit beständiger Tapfer- und Männlichkeit darein gesetzt . . ., ist doch endlich die *Victori* auf die Tillysche Seite gefallen und die Dänischen zertrennt und in die Flucht geschlagen worden . . .«

8000 Tote blieben auf dem Schlachtfeld. 2000 Soldaten Christians gaben sich gefangen, seine Kanonen und ein Teil seiner Bagage wurden Tillys Beute. Dieser besetzte Braunschweig und Lüneburgisches Gebiet; die ihm unterstellten Wallensteinischen Truppen legte er in die Mark Brandenburg, dessen Kurfürst sich zu überlegen begann, ob es nicht besser wäre, sich auf die Seite des Kaisers zu schlagen, wie es ihm sein Minister Schwarzenberg riet und wie es ihm Friedrich Ulrich von Braunschweig-Wolfenbüttel (immerhin Gustav Adolfs Schwager) vormachte.

Christian IV. gab trotz der Niederlage von Lutter seine Sache noch nicht verloren. Er konnte sein Heer zwischen Elbe- und Wesermündung wieder sammeln und hoffte, es im Winter durch Werbungen verstärken zu können. Das Geld aus England und Frankreich, auf das er dafür angewiesen war, blieb freilich aus, Mansfeld und Bethlen Gabor waren von Wallenstein ausgeschaltet und auch der Bauernaufstand in Oberösterreich brach schließlich zusammen: Nach mehreren Niederlagen des zeitweilig auf 80 000 Mann angeschwollenen Bauernheeres und dem Tod seiner Führer folgte die blutige Unterdrückung durch die Kürassiere des Generals Pappenheim.

Dergestalt waren die Nachrichten, die Gustav Adolf im Winter 1626/27 aus Deutschland zuflossen. Überall gewann die Gegenpartei das Übergewicht. Camerarius hatte schon Mitte September an Rusdorf geschrieben: »Was aber soll ich von Deutschland sagen? Es ist dahin – dahin!«

In Schwedisch-Preußen hatten die Polen den ganzen Winter über den Garnisonen hart zugesetzt. Wormditt hatten sie schon im November zurückerobert; Pillau hatten sie zwar nicht genommen, aber immerhin angegriffen; und überall auf dem flachen Lande tauchten die schnellen polnischen Reiter auf, raubten, verwüsteten, verbrannten, begünstigt durch den Frost, der ihnen den Weg über die Flüsse bahnte. Die schwedischen Soldaten, die den Auftrag hatten, die Eroberungen in Preußen zu halten, litten mit dem Zufrieren der Ostseeküste unter dem Mangel an Nachschub von See her, sie wurden in ihren engen Quartieren von Seuchen heimgesucht und warteten unlustig auf ihren Sold.

Versuche, Danzig durch Verhandlungen aus der polnischen Front herauszubrechen, scheiterten. Sorgen bereitete auch das Verhalten Georg Wilhelms von Brandenburg. Dieser hatte sich den Schwierigkeiten in der Mark (in Gestalt von Truppen beider Parteien), in die ihn die Kriegslage und seine Unentschlossenheit gebracht hatten, dadurch entzogen, daß er mit seinem Hofstaat und 5000 Mann nach Preußen aufbrach, wo er Mitte Januar eintraf, von Koniecpolski begrüßt, der im Namen seines Königs anregte, »daß der Kurfürst ihm das Volk, so er bei sich hätte, überlassen sollte«. Das schlug Georg Wilhelm zwar ab, doch blieb unsicher, was man weiter von ihm zu erwarten hatte. Philipp Sadler erhielt statt der Bestätigung der Neutralität des Herzogtums Preußen, um die er im Auftrag des Königs ersucht hatte, die schroffe Forderung, Pillau zu räumen, und es war nicht auszuschließen, daß die Nähe der Polen den Kurfürsten ermutigte, dem Bellen das Beißen folgen zu lassen. Gustav Adolf traute seinem Schwager nicht über den Weg, und als er im Mai 1627 nach Preußen zurückkehrte, war es sein erstes, den Kurfürsten aus seiner Doppelrolle aufzuschrecken und ihn festzunageln.

Beide Herrscher hatten sich auf ihre Weise auf diese Begegnung vorbereitet: Gustav Adolf hatte sich im Januar und Februar 1627 im Reichstag neue Mittel und neue Aushebungen bewilligen lassen, ein schweres Opfer für das Land. Als die Flotte des Königs in Pillau vor Anker ging, hatte er an die 7000 Mann Fußvolk, zum Teil schon mit den eben eingeführten »Lederkanonen« an Bord; 2000 Reiter und 2400 schottische Söldner, die noch auszurüsten waren, sollten später folgen. Alles in allem verfügte Gustav Adolf bei seiner zweiten Landung über ein Feldheer von 12 500 Mann und über 8500 Soldaten in den Garnisonen. Der Zahl nach war er also den 11 800 polnischen Soldaten und den 5000 Söldnern Danzigs nur leicht überlegen. Um so mehr fiel ins Gewicht, ob die brandenburgischen Soldaten sich auf die Seite der Polen schlagen würden.

Georg Wilhelm war eben dabei, sich dem Kaiser vollends in die Arme zu werfen. Als Karl Hannibal von Dohna als kaiserlicher Gesandter in Königsberg erschien, gab er durch ein Abkommen in allen Stücken nach.

Dieses Abkommen wurde am 12. Mai geschlossen. Drei Tage später verpflichtete sich Georg Wilhelm zu Lochstädt, weder Pillau anzugreifen, noch dort Truppen zusammenzuziehen, noch den Ort weiter zu befestigen. Er hatte diese Unterwerfung unter die Forderungen seines Schwagers vollzogen, nachdem ihm Gustav Adolf mit seinen Truppen auf den Leib gerückt war. Zwar war die Vereinbarung auf vier Monate befristet, doch glaubte sich der schwedische König eines dauerhaften Erfolges sicher. Unmittelbar nach dieser Sicherung seines wichtigsten Hafens und seiner östlichen Flanke griff der König in die Kämpfe mit den Polen ein. Koniecpolski bedrängte aus seiner Stellung bei Käsemark auf dem linken Ufer der Weichsel die schwedische Position am Danziger Haupt; ein Erfolg hätte sein operatives Zusammenwirken mit den Danziger Truppen ermöglicht. Der König hielt Eile für geboten. Statt den südlichen Umweg über die Dirschauer Brücke zu benutzen, ließ er seine Verbände in der Nacht vom 23. auf 24. Mai dicht bei Käsemark in flachen Booten über die Weichsel setzen. Wegen der Dunkelheit und der »Strenge des Stromes« gerieten die von ungeübten Ruderern gelenkten Boote jedoch in Verwirrung. Der König sprang selbst in ein Boot und ließ sich hinausrudern, um Ordnung zu schaffen. Während er stehend steuerte, wurde das Boot unter Feuer genommen. Wie Per Brahe, der ihn begleitete, berichtet, durchschlugen zwischen ihm und dem König neun Kugeln die Bootswand. Gustav Adolf wurde an der Hüfte getroffen. Per Brahe brachte ihn in dem lecken Boot an Land; das Unternehmen mußte abgebrochen werden.

Die Verletzung erwies sich als harmlos, doch ein knappes Vierteljahr später, Anfang August, wurde der König erneut verwundet. Er hatte unmittelbar nach dem mißglückten Angriff auf die Kasemärker Schanze die Bastion am Danziger Haupt verstärken lassen, hatte den Angriff einer zweiten polnischen Armee auf Braunsberg abgeschlagen, noch einmal Käsemark angegriffen und erobert (womit Danzig seines Hinterlandes beraubt und auf seine Hauptverteidigungsstellung zurückgedrängt wurde), gleichzeitig jedoch Mewe an Koniecpolski verloren; zudem hatte er seinen Schwager erneut gedemütigt, als dieser – um einen Beweis seiner Vasallentreue zu erbringen – versuchte, den Polen einen Teil seines Heeres zuzuführen: Bei Mohrungen war Gustav Adolf den brandenburgischen Söldnern in den Weg getreten und hatte sie durch Zuruf zum Überlaufen veranlaßt, einige der Offiziere und ihre fünf Geschütze jedoch dem Kurfürsten zurückgeschickt, um ihm »anzumelden, wie er sein Volk und Geschütze ein andermal in mehrer Obacht haben wollte«.

Bald darauf warf er sich bei Dirschau mit Wucht noch einmal auf Koniecpolski. In einem Reiterkampf am Nachmittag des 7. August wurde die polnische Kavallerie in die Flucht geschlagen. Der polnische Feldherr verlor sein Pferd und konnte sich zu Fuß kaum noch retten. Die Dunkelheit unterbrach das Gefecht. Am anderen Morgen setzte Gustav Adolf zum entscheidenden Angriff auf das polnische Lager an. Die schwedische Infanterie, von der Artillerie unterstützt, trieb die polnischen Kosaken in die Flucht. Als sie gegen die feindliche Infanterie vorrückte, erkannte ein polnischer Rittmeister in der Avantgarde der Schweden den König und ließ ihn unter Feuer nehmen. Der König wurde in die rechte Schulter getroffen. Bevor er von seiner Leibgarde nach Dirschau zurückgebracht wurde, befahl er Johan Banér, mit seinen Musketieren weiter anzugreifen, als jedoch auch Banér verwundet wurde, ließ Hermann Wrangel die Schlacht abbrechen.

Der König, in der Meinung, die Halsschlagader sei getroffen, glaubte sein Ende gekommen. Eine genaue Untersuchung ergab, daß das Blei über dem Brustbein eingedrungen und – wie Salvius berichtet – »zwei Zoll breit von der Gurgel« an der oberen Ecke des Schulterblattes steckengeblieben war. Die Kugel konnte mit den damaligen chirurgischen Mitteln nicht entfernt werden und verursachte dem König fortan Schmerzen; er mußte statt des Harnischs einen Elchlederkoller tragen; zwei Finger seiner rechten Hand blieben gelähmt.

Den König – der sich unmittelbar nach der Verwundung auf den Tod vorbereitet und mit seinem vom Admiralsschiff herbeigerufenen Halbbruder Karl Karlsson Gyllenhielm und dem Kanzler die Frage der Thronfolge erörtert hatte (wobei auch der Sohn Johann Casimirs, Karl Gustav, ins Gespräch kam) – litt es nicht allzulange auf seinem Krankenlager im Dirschauer Kloster. Schon eine Woche nach dem Treffen ritt er ins Lager, wo seine Soldaten gefürchtet hatten, »daß es übler um den König stünde, als man es wohl belegete« und ließ vor ihnen sein Pferd spielen, worauf »sämtliche erfreuet und zufrieden gestellet« waren.

Alles in allem blieb so der militärische Gewinn des Sommerfeldzuges 1627 gering, auch wenn kurz vor der Winterruhe mit Unterstützung der neuen Lederkanonen noch Wormditt zurückerobert wurde. Trotzdem konnte Gustav Adolf mit einiger Genugtuung auf die Erfahrungen der vergangenen Monate zurückblicken. Was sich schon in dem Treffen von Wallhof angekündigt hatte, bewiesen die Kämpfe bei Dirschau endgültig: Die schwedisch-finnischen Reiter waren jetzt den Polen überlegen. Die Überlegenheit der schwedischen Infanterie hatte sich schon im Jahr zuvor herausgestellt. Und auch auf seine persönlichen Fähigkeiten als Feldherr konnte Gustav Adolf vertrauen: Er wußte, was er dazugelernt hatte, und daß er mit seinen Reformen auf dem rechten Weg war. Seine Waghalsigkeit mochte ihn (wie bei Dirschau) um Erfolge bringen, aber sie war ein Teil seiner selbst. Vielleicht war die Anordnung, seine Kleider, die in diesem Sommer von den feindlichen Kugeln durchlöchert worden waren, »zu ewigem Angedenken« in der Stockholmer Leibrüstkammer aufzubewahren (wo sie noch heute zu sehen sind), ein Versuch, sich selbst zur Vorsicht zu mahnen. Genutzt hat diese Mahnung nichts – er setzte sich wie bisher unbesorgt den Gefahren aus.

Für Axel Oxenstierna wurde 1627 ein besonders ertragreiches Jahr. Dem Rencontre des Königs mit den brandenburgischen Truppen war die Beschlagnahme des Pillauer Zolls gefolgt. Durch die Blockade des Danziger Hafens mußten die Handelsschiffe auf Elbing und Königsberg ausweichen, also Pillau passieren. Dank dieser Steigerung des Schiffsverkehrs und einer kräftigen Erhöhung des Zolls wurden noch im Jahr 1627 128 000 Reichstaler an Gebühren kassiert, immerhin rund ein Fünftel der Kosten für die Kriegführung dieses Jahres. 1628 stieg die Zolleinnahme auf 329 843 Reichstaler (ein Drittel der Kosten des Krieges mit Polen) und 1629 auf 581 625 Reichstaler, womit fast 40 Prozent des Militäraufwandes abgedeckt waren. Georg Wilhelm mußte das hinnehmen. In einem Vertrag vom Oktober 1627 beugte er sich noch tiefer: Er verpflichtete sich, gegen Schweden nicht zu rüsten, weder aus seinem Herzogtum noch von auswärts Soldaten für Preußen anzuwerben und – was die Versorgung der Schweden sehr erleichterte – das Herzogtum mit Schwedisch-Preußen ungehindert Handel treiben zu lassen. Damit der Kurfürst gegenüber seinem Lehensherrn das Gesicht wahrte, gestattete ihm der Vertrag, diesen finanziell zu unterstützen und ihm jährlich 100 Reiter zu stellen.

Bald nach der Ratifizierung dieses Vertrags versuchte der Kurfürst sich in die Vermittlung eines Friedens zwischen Polen und Schweden einzuschalten. Schon seit Ende Mai war eine niederländische Delegation – von den Danzigern herbeigerufen – bemüht, den Krieg zu beenden, der ihren Handel so empfindlich störte. Es gab bis in das Frühjahr 1628 hinein das übliche nicht endenwollende Hin- und Hergezerre, begleitet von kurzen Waffenstillständen, im Januar und Februar auch größere Verhandlungsrunden – alles ohne Ergebnis. Ende März reisten die Holländer verärgert und enttäuscht nach Hause.

Oxenstierna zeigte bei diesen Verhandlungen eine bemerkenswerte Mäßigung. Für einen langfristigen Waffenstillstand – 30 Jahre, schon einem Friedensschluß gleichzustellen – war er bereit, alle schwedischen Eroberungen, auch in Livland, samt den Zolleinnahmen preiszugeben (nur Estland sollte bei Schweden verbleiben) – vorausgesetzt, der schwedische Thron blieb unangefochten, die schwedischen Kriegsausgaben wurden ersetzt und die Glaubensfreiheit und die Privilegien der an Polen zurückerstatteten Gebiete wurden nicht angetastet.

Die Polen jedoch beharrten auf Forderungen, von denen sie wissen mußten, daß sie für Schweden unannehmbar waren. Was ihnen den Rücken steifte, war die Hoffnung auf Hilfe aus Deutschland, und für diese Hilfe gab es Vorboten: Im August, kurz nach den Kämpfen bei Dirschau, war –

von Wallenstein entsandt – der kaiserliche Oberst Adolf von Holstein mit 3000 Reitern in Preußen eingetroffen. Wallenstein hatte diesen Kriegsschauplatz nicht aus den Augen verloren, sowenig wie Gustav Adolf versäumte, die Ereignisse in Deutschland auf sich zu beziehen. Schon im März 1627, während er von Böhmen aus den Feldzug dieses Jahres vorbereitete, schrieb der Friedländer an den Grafen Collalto: »Den König aus Polen dürfen wir auf keinerlei Weis im Stich lassen, denn wir hätten nachher an dem Schweden einen viel ärgeren Feind als am Türken«; und eine Woche später wiederholte er noch deutlicher: »Wird der König aus Polen von uns nicht zeitlich *succuriert* werden, so werden wir sehen, was der Kaiser an Schweden für einen Feind wird haben . . .«

Jetzt, gegen Ende des Jahres 1627, durfte Sigismund erst recht erwarten, daß das Kriegsglück der kaiserlich-ligistischen Heere ihm die Drohung aus Schweden vollends vom Hals schaffen, wenn nicht gar seinen Anspruch auf den schwedischen Thron aus dem Wolkenkuckucksheim, in das ihn Gustav Adolf verscheucht hatte, auf den Boden des Schlachtfeldes zurückholen würde.

Die entscheidende Offensive Tillys und Wallensteins gegen die Stellungen Christians IV. im Gebiet von Bremen, zwischen Elbe und Ostsee und im westlichen Mecklenburg begann erst im Sommer 1627. Vorher hatte Wallenstein mit dem im Laufe des Winters wieder auf 17 000 Mann angeschwollenen Mansfeldisch-dänischen Heer in Schlesien aufgeräumt, umsichtig, indem er ihm durch die Besetzung der Mark Brandenburg die Verbindung nach Norden und damit sowohl jeden Sukkurs wie die Rückzugslinie abschnitt.

Mitte Juli erzwang Tilly bei Lauenburg den Übergang über die Elbe und trennte damit die feindlichen Hauptkräfte: im Westen unter König Christian, im Osten bei Havelberg unter seinem Generalleutnant, dem Markgrafen von Baden-Durlach, der – so verstand er es – mit 54 Jahren nochmals das Schwert für die Sache des Evangeliums ergriffen hatte. Beiden blieb nur der Rückzug. Christian setzte sich in Holstein fest, der Markgraf, an die Küste gedrängt, auf der Insel Poel an der Wismarer Bucht. Auch dort war für sie kein Bleiben: Nachdem Wallenstein Ende August an der unteren Elbe angelangt war, wurde Kriegsrat gehalten, mit Tilly, mit den Generalen. Auch von Friedensbedingungen war dabei die Rede, aber was die siegreichen Herren forderten, schien dem Dänenkönig trotz ihrer Übermacht unannehmbar, und so ging der ungleiche Kampf weiter. In drei Kolonnen setzten sich die Kaiserlichen in Bewegung, trieben das sich auflösende dänische Heer vor sich her und überschwemmten Holstein, Schleswig, Jütland, Mecklenburg, bis auf ein paar feste Orte, die sich mühsam behaupteten.

In Mecklenburg war Hans Georg von Arnim der Vollstrecker der Besetzung des Landes, das sich wohl oder übel an das Bündnis mit Christian IV. gehalten hatte, ohne daß die beiden Fürsten, Adolf Friedrich in Schwerin, Johann Albrecht in Güstrow, sich allzusehr engagiert hätten. Von der Beständigkeit, zu der Gustav Adolf den Herzog im April ermahnt hatte – ». . . wer aber selber aus Verzweiflung zum Feinde tritt, muß sich dessen schämen . . .« – war nicht mehr viel zu spüren, als Arnim ernstlich herannahte, und mit unterwürfigen Briefen weckten die Fürsten allenfalls vollends Wallensteins Gelüste auf ihr Land.

Arnim durchschaute vorerst nicht, was sein Befehlshaber mit Mecklenburg vorhatte und diesen bewog, Tillys Truppen von dort fernzuhalten. Der fromme Lutheraner Arnim war wohl im Grunde seines Herzens ein redlicher Mann, obwohl er, der Gustav Adolf mit Rat und Tat gedient hatte, Anfang 1627 in die Armee des Friedländers eingetreten war. Was er jetzt, im Herbst 1627, einfädelte, spricht dafür, daß er erkannt hatte: Auf der Bühne dieses Kriegstheaters zählten eigentlich nur zwei Akteure voll, der Schwedenkönig und der Herzog von Friedland. Dem einen oder dem andern zu dienen, gereichte ihm zur Ehre, in ihren Händen vermutete er die Schlüssel zur deutschen Zukunft, an der ihm mehr lag als an dem kargen Gewinn, den er aus seinem Kommando zog – es widerstrebte ihm, sich am Krieg zu bereichern.

Mit dieser Beurteilung des nicht leicht durchschaubaren märkischen Edelmanns stimmt überein, daß er versuchte, den Friedländer und Gustav Adolf miteinander ins Gespräch zu bringen. Vermutlich hat Arnim sich an Oxenstierna gewandt; auf alle Fälle konnte er später seinem General einen Brief des schwedischen Kanzlers vorweisen, der die Bereitschaft signalisierte, sich unter Umständen mit dem Kaiser zu arrangieren. Was Wallenstein in dieser Sache an Arnim schrieb, deckt sich in der Tendenz mit jenem zu Beginn des Kapitels zitierten Bericht Gustav Adolfs an Christian IV. über das Angebot, »sich mit dem Kaiser gegen Euer Liebden zu *conjugieren*«. Von der Absicht, Gustav Adolf zum dänischen Thron zu verhelfen, ist allerdings in Wallensteins Briefen an Arnim nicht die Rede, sondern nur von dem Auftrag, den König zu verlocken, »die Örter, welche Dänemark gehörig, die an Schweden stoßen, vielleicht auch Norwegen, zu *occupieren*« und ihm die Vermittlung eines Friedens mit Polen anzubieten. Aber vielleicht ließ sich Arnim durch die Order, auf alle Weise zu sehen, »wie die *Tractation* mit Schweden kann angestellt werden« und die Versicherung des Friedländers: ». . . den Schweden will ich gern zum Freund haben, aber daß er nicht gar zu mächtig ist . . .« zu Andeutungen verleiten, welche die Behauptungen Gustav Adolfs in seinem Brief an Christian IV. nicht mehr ganz so kühn erscheinen lassen.

Daß alle Beteiligten diplomatisches Blendwerk abbrannten, daß man düpieren, kompromittieren und intrigieren wollte, ist unverkennbar. Unverkennbar ist aber auch, daß Wallenstein den schwedischen König vom Festland, und zwar insbesondere von der mecklenburgischen und der seit dem Franzburger Abkommen vom 10. November 1627 ebenfalls den Arnimschen Truppen geöffneten pommerschen Küste fernhalten wollte. Wie sehr ihm daran lag, ergibt sich aus dem Befehl an den Obersten, die schwedischen Schiffe zu verbrennen, obwohl, nein gerade weil die geheimen Verhandlungen mit Schweden im Gange waren.

Der Aufbau einer Flotte beschäftigte Wallenstein und die Kaiserlichen Räte in Wien, seit die deutsche Küste für sie in Sicht geraten war. Während der Friedländer insgeheim mit den Schweden verhandelte – noch im April 1628 fand er im Gespräch mit dem Zwischenträger die ehrerbietigsten Worte für den König – wurde in verschiedenen Anläufen die Schaffung einer habsburgischen Seemacht betrieben. Von Anfang an waren dabei die Spanier im Spiel. Diese wollten unbedingt an den nördlichen Küsten Fuß fassen und hatten darum schon Polen Flottenhilfe in Aussicht gestellt, und sie glaubten nun mit Hilfe der Hansestädte ihr Ziel zu erreichen: von den deutschen Häfen aus den Niederländern zur See in den Weg zu treten und in der Ostsee, im Bund mit Polen und Danzig, den Schweden den Zugang zur Weichselniederung zu sperren.

Die großen deutschen Hafenstädte, Bremen, Hamburg, Lübeck, hatten sich aus dem Krieg heraushalten können; Wismar war in den Händen Wallensteins; Rostock und Stettin hatten sich durch eifrige, mit Kontributionszahlungen bekräftigte Treueschwüre zum Kaiser vor der Besetzung gerettet; Stralsund blieb vorläufig ausgespart. Graf Ludwig von Schwarzenberg, Hofmarschall in Wien, ein Vetter des brandenburgischen Ministers, seit Jahren Befürworter einer spanisch-hanseatischen Seeallianz unter dem Patronat des Kaisers, wurde an die Küste entsandt, um seine Pläne in die Tat umzusetzen. Mitte Oktober traf er sich in Rendsburg mit Wallenstein, dem alles recht war, was ihm zu Schiffen verhalf: »Ich bemühe mich um Schiffe, der Graf von Schwarzenberg hilft fleißig dazu«, schrieb er Collalto. Schwarzenberg suchte nun die Lübecker zu gewinnen, unterstützt von dem dortigen kaiserlichen Gesandten und zwei Spaniern, von denen einer, Gabriel de Roy, vorher schon Danzig für die spanischen Pläne hatte erwärmen wollen, ohne viel Gegenliebe zu finden.

Schwarzenbergs Angebot, den Hansestädten ein Monopol für den Spanienhandel zu garantieren, wenn sie sich in den Seebund einbeziehen ließen, wurde von den nüchternen Kaufleuten ausgiebig gewogen und zu leicht befunden: Was sie beim Spaniengeschäft gewinnen konnten, mußten sie mit erheblichen Verlusten im Handel mit den spanienfeindlichen Niederlanden, mit England und den nordischen Staaten bezahlen. Diese Länder säumten auch nicht, den Sirenentönen Schwarzenbergs ihre eigenen Warnrufe entgegenzuhalten. Gustav Adolf schickte im Feburar 1628 eigens den Hofrat Christoph Ludwig Rasche nach Lübeck, um durch Diplomatie und Propaganda das Mißtrauen gegen Habsburg zu schüren; der dänische König wies darauf hin, daß er zwar zu Lande geschlagen, zur See jedoch noch immer Herr der Lage und durchaus imstande sei, den hanseatischen Handel zu fördern oder zu unterdrücken.

Die Verhandlungen der kaiserlich-spanischen Abgesandten schleppten sich lange hin. Schließlich wurde für Februar 1628 ein Hansetag nach Lübeck einberufen, der über die Angebote aus Wien und Madrid entscheiden sollte. Der Antrag, dem Kaiser für seine Kriegführung Schiffe zu leihen, wurde unter Verweis auf die Pflicht zur Neutralität abgewiesen, alle übrigen Punkte wurden so weit weggeschoben, daß die Ablehnung mit Händen zu greifen war. Dementsprechend zornig reagierte Schwarzenberg: Er verlangte von Wallenstein, gegen Hamburg und Lübeck Gewalt anzuwenden und ihnen die benötigten Schiffe wegzunehmen. Damit wurde er dem Friedländer lästig: Einen Mann, der ihm unnötigerweise einen Haufen Feinde verschaffte, konnte er nicht länger gebrauchen. So wischte er denn den Hofmarschall mit bösem Griff aus dem Spiel und scheute sich nicht, dem Kaiser mit dem Rücktritt zu drohen, um die Abberufung durchzusetzen.

Der Traum einer habsburgischen Seemacht, einer Seemacht des Herzogs von Friedland, bald schon des Herzogs von Mecklenburg, war damit nicht begraben, und so schwer Wallenstein die Einsicht fiel, daß man eine Flotte nicht einfach aus der Erde stampfen konnte, so ingeniös waren seine Einfälle, dem Mangel abzuhelfen, bis hin zu dem kühnen Projekt, die Nordsee durch einen Kanal mit der Ostsee zu verbinden und auf ihm die fehlenden Schiffe heranzuschaffen.

Gustav Adolf hatte Grund, die Flottenpläne des Friedländers nicht als Hirngespinste abzutun. Wallenstein würde mehr Zeit brauchen, als er annahm, aber er besaß gute Häfen, und er hatte gezeigt, daß er Geld beschaffen konnte, wenn er es brauchte. Warum sollte er nicht auch die nötigen Schiffsbauer finden?

Ein Beispiel, was ein fähiger Organisator leisten konnte, wurde in Danzig geliefert. Der schwedische Emigrant Gabriel Posse hatte dort seit Herbst 1626 begonnen, eine polnische Flotte aufzubauen, und im November 1627 brachte das kleine polnische Geschwader den Schweden eine empfindliche Schlappe bei. Die Blockadeflotte vor Danzig unter Admiral Nils Stiernsköld war bis Mitte des Monats mit sechs Schiffen auf ihrem Posten geblieben. Kurz vor ihrer Heimkehr in heimische Gewässer, am 18. November, wurde sie im Nebel unversehens von zehn polnischen Schiffen angegriffen. Die Übermacht zerstreute vier der schwedischen Schiffe, das Flaggschiff *Tigern* wurde überwältigt, der Admiral getötet. Ein zweites

Schiff, *Solen*, das die Angreifer hart bedrängten, wurde von seinem Kapitän in die Luft gesprengt.

Wenige Wochen vor diesem Zwischenfall war Gustav Adolf aus Preußen zurückgekehrt. Alle Maßnahmen, die er nach seiner Landung in Kalmar ergriff, waren von Sorgen wegen der Lage Dänemarks diktiert. Er holte drei Regimenter aus Preußen in die Heimat und begann, in Schweden eine Eingreifreserve aufzubauen.

Ob er auch mit dem Gedanken spielte, diese Armee nicht zum Schutz Dänemarks, sondern zur Überrumpelung des angeschlagenen Nachbarn einzusetzen? So, wie es in den Geheimverhandlungen mit Wallenstein erörtert wurde, zur Abrundung Schwedens auf seine natürlichen Grenzen? Oder war das, was zwischen ihm und dem kaiserlichen *Capo* in diesem Winter hin- und herlief nur ein Pokerspiel mit gezinkten Karten? Die Versuchung, künftige Schwierigkeiten von seiten Dänemarks durch einen Präventivkrieg zum günstigsten Zeitpunkt auszuschalten, war groß; sie trat auch zwei Jahre später, vor dem Eingreifen Schwedens in Deutschland, noch einmal mit Macht an den König und noch mehr an seinen Kanzler heran.

Jetzt, im Herbst 1627, scheint diese Versuchung den König nur gestreift zu haben. In den Gesprächen mit dem Reichsrat unmittelbar nach seiner Rückkehr aus Pillau fiel sofort eine Entscheidung für die Unterstützung Dänemarks, falls dieses noch mehr in Bedrängnis geraten sollte, und als im Dezember zum zweiten Mal in diesem Jahr der Reichstag zusammentrat, war die Notlage Dänemarks (und ihre Folgen) eines der Argumente für die neuen Opfer, die der König den Ständen abverlangte: ». . . weil der Krieg und die Gefahr seit vorigem Jahr nicht geringer, sondern merklich größer und drohender geworden sind, indem die Ostsee und der beste Teil des dänischen Reiches in die Hände der Papisten gefallen sind, wünscht Seine Königliche Majestät, daß die Stände sich überlegen mögen, ob es nicht ratsam wäre, daß man eine gleiche Rekrutierung wie im Vorjahr durchführte . . ., und obwohl Seine Königliche Majestät weiß, daß das drückend ist – für den Adel und die Geistlichkeit, weil sie ihre Knechte hergeben müssen, für die Landbevölkerung, weil sie ihre Söhne, Schwiegersöhne, Brüder und Freunde verlieren muß –, so glaubt Seine Königliche Majestät doch, daß sämtliche Stände das Wohl ihres Vaterlandes mehr lieben werden als ein solches privates Interesse.«

Der Reichstag gewährte dem König, was er verlangte, und wählte darüber hinaus einen geheimen Ausschuß, mit dessen Einverständnis Gustav Adolf ohne nochmalige Befragung des Plenums außenpolitische Entscheidungen treffen konnte. Der Beschluß, den dieser Ausschuß – bestehend aus 30 Edelleuten, 10 Geistlichen, 14 Bürgern und 14 Bauern – verabschiedete, hielt fest, daß ein Eingreifen in Deutschland gerechtfertigt wäre, weil der Kaiser genügend Beweise seiner Feindschaft gegen Schweden geliefert hätte. Der König wurde aufgefordert, dafür zu sorgen, daß »Kaiser und Papisten nicht hier an der Ostseeküste Fuß fassen«; und wenn gekämpft werden müsse, so außerhalb der schwedischen Grenzen.

Dänemark zu helfen, schien auch dem Ausschuß geraten. Schon seit November waren Christoph Ludwig Rasche und Karl Banér in Kopenhagen, um ein Bündnis vorzubereiten; aber die Vorstellungen der Kontrahenten über den Inhalt und die Ziele einer solchen Allianz wichen weit voneinander ab. Christian IV. wollte im Grunde nur mit Hilfe Schwedens seine Haut retten, wenn möglich mehr als seine Haut – so viel, wie er aus dem Zusammenbruch noch irgend bergen konnte. Gustav Adolf suchte einen Bundesgenossen für größere Pläne.

Anfang Januar 1628 vereinbarte der dänische Kanzler zu Stockholm ein dreijähriges Bündnis, basierend auf dem kleinsten Nenner der Zusammenarbeit und auf der Furcht vor der Vernichtung des anderen Partners. Das gegenseitige Mißtrauen war nicht ausgeräumt, aber als Christian IV. am 28. April endlich den Vertrag ratifizierte, reichte das befristete kleine Einverständnis doch aus, um den Beistand für die eben in Bedrängnis geratene Stadt Stralsund nicht an der Rivalität der beiden nordischen Mächte scheitern zu lassen.

Gustav Adolf weilte in diesem Winter fast ausschließlich in Stockholm, von einer Reise in die Bergwerksgebiete Anfang Februar abgesehen. Neben den Regierungsgeschäften hielt ihn wohl auch Maria Eleonora fest. Gustav Adolf blieb ihr Abgott – das Kind Christina hatte daran nichts geändert. Als sie im Frühjahr 1627 erfuhr, der König ziehe wieder nach Preußen, war sie wie von Sinnen, aß und trank vier Tage lang fast nichts. Um zu erreichen, daß Gustav Adolf sie »zu sich in Preußen von hinnen abholen« lasse, raffte sie – die sonst nur deutsch schrieb und der das Schwedische nie ganz vertraut war – sich Ende Juni zu einem schwedischen Bittbrief an Axel Oxenstierna auf.

Aber auch im folgenden Jahr blieb Maria Eleonora allein zurück. Den König beschäftigten umfassende Pläne für den Sommer 1628; noch als er sich am 4. Mai einschiffte, dachte er daran, die ganze preußische und kurländische Küste in Besitz zu nehmen und so von Reval bis Pillau eine geschlossene Linie herzustellen, die auch den Besitz Livlands, der eben noch gefährdet erschienen war, dauerhaft sicherte. Auf der anderen Seite kündigten Meldungen über die Vorbereitung eines Angriffs auf Fünen – Falschmeldungen, wie sich später herausstellte – neue Gefahren für Dänemark an. So wichtig dem König stets das Wohlergehen seiner verletzlichen Gattin war – die Entscheidungen, die gefallen waren, konnten nicht rückgängig gemacht werden, und die Stunde forderte ihn als Politiker und Feldherr. Für seine Rolle als Ehemann und Vater blieb ihm keine Zeit.

Den Fuß auf deutschem Boden

Ich kann nicht mehr, Kaiser, mein Herr,
Mein Volk ist fast erschlagen!
Am Stralesund zu dieser Stund
Kann ich kein Ehr erjagen.

Aus einem Spottgedicht auf Wallenstein nach dessen Abzug von Stralsund

SEIT DEM JOHANNISTAG 1628 FIEL IN PREUSSEN REGEN und wollte nicht aufhören. Israel Hoppe berichtet in seiner Chronik, daß »die Früchte im Felde, sonderlich aber in den Niederungen . . . ganz unter Wasser gerieten, also daß sie zur künftigen Ernte schlechte Hoffnung machen durften«; er erzählt, daß das »mit großem Sturm und Ungewitter« anhaltende Regenwetter die Weichsel so anschwellen ließ, daß die Bootsbrücke bei Dirschau weggeschwemmt wurde und der Verkehr über den Strom nur noch mühsam mit Prahmen aufrechterhalten werden konnte, woraus »wegen Zufuhr der Victualien im Lager großer Jammer entstund«. Auch das Lager selbst war überflutet. Per Brahe beschreibt in seinem *tänkebok*, wie das Wasser an seinen Bettpfosten immer höher stieg.

Seit Gustav Adolf Mitte Mai wieder in Pillau gelandet war, hatte er sich darauf beschränkt, die schwedischen Stellungen ausbauen zu lassen. Er wartete auf Verstärkungen und hielt es für geraten, seine Armee für ein mögliches Eingreifen in oder bei Stralsund zu schonen. Der Regen, der alles zerweichte, zwang ihn vollends zum Stillhalten. Anfang August mußte er sich dann entschließen, das Dirschauer Lager bis auf einen zur Verteidigung zurückbleibenden Truppenrest aufzulösen. Unter seiner eigenen Aufsicht marschierten Fußvolk und Reiter in ein neues Lager im Danziger Werder, wo nahe beim Danziger Haupt eine neue Brücke über die Weichsel geschlagen wurde. Der Wechsel wurde vor allem des Pferdefutters wegen vorgenommen: Auf den Höhen um Dirschau, die noch aus dem überschwemmten Marienburger Werder herausragten, war – so Israel Hoppe – »alle *Futeragie* abgefretzet«.

In diesen Regenwochen entschied sich das Schicksal Stralsunds. Der Konflikt um diese Stadt hatte sich allmählich entwickelt und gesteigert. Als Arnim nach Unterzeichnung des dem pommerschen Herzog aufgezwungenen Franzburger Vertrags im November 1627 Pommern besetzte, blieben nur die herzoglichen Güter und einige Städte von der Einquartierung verschont. Stralsund, seit langem dem Herzog nur noch dem Namen nach untertan, der Verfassung nach eher eine freie Reichsstadt und bestrebt, eine solche zu werden, mit den nordischen Königreichen, insbesondere mit Schweden eng verbunden, gehörte nicht zu den vertraglich freigestellten Orten, aber es verlangte, ungeschoren zu bleiben.

Wallenstein überließ es zunächst seinem Obersten Arnim, sich mit der Stadt zu einigen. Er selbst war im November in Etappen – unterwegs unter anderem die Geheimverhandlungen mit Schweden betreibend – in seinen eigenen Besitz zurückgekehrt und Anfang Dezember in seinem Schloß in Gitschin eingetroffen. Dort hielt er mit einer umfangreichen Korrespondenz seine Geschäfte in Gang. Im Januar 1628 führten ihn diese nach Prag, wo auch der Kaiser den Winter zubrachte. Es galt die Ernte des vergangenen Jahres einzubringen: die Übereignung Mecklenburgs, schon seit dem Herbst betrieben, des schlesischen Fürstentums Sagan.

Im Februar wurde dem Herzog von Friedland der Titel eines »Generals des Ozeanischen und Baltischen Meeres« verliehen; im April, als der Kaiser ihm mit der offiziellen Ernennungsurkunde den Auftrag erteilte, »hinfüro eine Armada zu Meer anzurichten und unterhalten zu lassen«, wurde ihm auch zu Lande ein neuer Titel bestätigt. »General-Oberster Feldhauptmann«, verbunden mit unerhörten Vollmachten: »Gleichsam als ob Wir in eigener Person solches ordinieren und befehlen täten.«

Die Bedeutung Stralsunds ging Wallenstein erst im Laufe des Winters im Zusammenhang mit seinen Flottenplänen auf. Im Januar war er noch damit einverstanden, daß die Stadt sich von der Einquartierung freikaufte. Arnim hatte dafür 150000 Taler verlangt. Dem Rat war dieser Preis zu hoch, aber als er versuchte, ihn herunterzuhandeln, wurde er mit neuen Forderungen konfrontiert, vor allem mit dem Verlangen, Geschütze auszuliefern und die Stadtbefestigung nicht weiter auszubauen.

Hinter dem Ausbau der lange vernachlässigten Wälle und Bastionen stand jedoch die Mehrheit der Bürger, standen vor allem die kleinen Leute, die einem kämpferischen Protestantismus anhingen und sich schon früher erfolgreich gegen den Rat aufgelehnt hatten. Von einer Verständigung zwischen den Oberen der Stadt und den Kaiserlichen befürchteten sie einen Verlust der erstrittenen Rechte. In den »Quartierversammlungen« – die Stadt war in vier Quartiere eingeteilt – machten sie ihrem Unmut Luft. Seit dem Heranrücken Arnims hatte sich die Zahl dieser Quartierversammlungen immer mehr gesteigert. Angetrieben von dem Advokaten Jusquinius von Gosen, einem hinreißenden Volksredner, verlangten die Massen Mut zum Widerstand. Die Bürgerwehr wurde organisiert. Soldaten wurden angeworben.

Die Ratsherren, um ihr Vermögen besorgt, suchten weiterhin den Ausgleich mit dem kaiserlichen Feldherrn. Dieser jedoch, der Verschleppungen müde, setzte die Stadt unter Druck. Rügen, dessen Bedeutung Wallenstein sofort erkannt hatte – »den besten Platz in ganz Pommern« hatte er es schon im November 1627 genannt – war ganz in seiner Hand; nun, in der Nacht vom 3. auf 4. Februar 1628, ließ er den Dänholm besetzen, eine kleine, den Hafen beherrschende Insel zwischen Rügen und dem Festland. Die empörten Bürger ließen es daraufhin nicht mit Protesten bewenden wie der Rat: Die Bootsleute und Fischer blockierten die Zufahrt zum Dänholm und beschossen die dortige Besatzung. Gegen den Willen des Rates wurden die Vorstädte niedergebrannt, um ein Verteidigungsfeld zu schaffen.

Herzog Bogislaw von Pommern suchte ein Abkommen zu vermitteln, und in der Tat schloß der eingeschüchterte Magistrat am 11. Februar zu Greifswald einen Vertrag, bei dem die Stadt mit einem stattlichen Lösegeld und dem Verkauf einiger Kanonen davonzukommen schien. In Wirklichkeit suchten beide Parteien Zeit zu gewinnen. Der Bürgermeister Lambert Steinwich, der den Kampf wohl damals schon für unvermeidlich halten mochte, sandte Hilferufe an den dänischen und den schwedischen König. Arnim fuhr trotz gegenteiliger Versicherung fort, den Dänholm zu befestigen.

Beiden, dem Bürgermeister und dem Feldherrn, wurde die weitere Entwicklung von anderen diktiert.

Als die Kanonen ausgeliefert werden sollten, kam es zu einem Volksauflauf, vor dem der Rat zurückwich (heimlich wurden die Geschütze dann doch aus der Stadt geschafft); im März begannen die Stralsunder wieder mit der Blockade des Dänholm. Ein Versuch des Rats, solchen selbständigen Aktionen des Volkes ein Ende zu setzen, indem er sich an die Bürger wandte, »die etwas zu verlieren hatten«, fand kein Echo. Die pommerschen Vermittler konnten den Räten mit Recht vorwerfen, ». . . daß Senatus des Pöbels nicht mächtig sei«.

Aber auch Arnim konnte sich nicht mehr mit einem Freikauf zufriedengeben. Ende Februar schrieb ihm sein Oberbefehlshaber: »Der Herr muß sehen, die von Stralsund mit Ernst anzugreifen und nicht eher wegziehen, bis sie eine starke Garnison eingenommen haben.« Wallenstein fürchtete das schlechte Beispiel, fürchtete um die anderen Häfen, die er brauchte, fürchtete um Rügen. Dann wieder, fern in Böhmen, verlor er Stralsund für Wochen aus den Augen. In diesen Wochen ereignete sich manches, das den Konflikt zur Siedehitze trieb, ihn zu einer Bedeutung aufblähte, die aller Augen auf sich zog.

Schon auf den ersten Hilferuf aus Stralsund antwortete Gustav Adolf unverzüglich. Er kannte ja die Stadt, ihre ungewöhnlich günstige Insellage, die sie bei Unterstützung von See her fast unangreifbar machte, und er zögerte nicht, Beistand zu versprechen, sobald er gebraucht werde. Kurz nachdem er Ende Februar 1628 diesen Brief geschrieben hatte, beauftragte er den deutschen Grafen Philipp Reinhard von Solms (der eben aus dänischen in schwedische Dienste wechselte), die Dänen zu einem gemeinsamen Vorgehen zu bewegen. Auch Christian IV. fertigte Gesandte in die Stadt ab; aber noch zögerte man dort, sich einer fremden Macht offen in die Arme zu werfen. Noch hoffte man auf die Hanse, die im April eine Gesandtschaft an den Kaiser schickte, darunter einen Vertreter Stralsunds – ergebnislos, denn Wallenstein, der sie in Prag empfing, beschimpfte die Stralsunder als rebellische Bestien und verwies sie an Arnim. Was hinterher der Kaiser an Freundlichkeit zeigte, blieb ohne Wirkung.

Um diese Zeit hatten die Stralsunder die Verhandlungen mit Arnim bereits auf ihre Weise weitergeführt: Die Bürgerschaft ließ sich nicht mehr halten und zwang am 5. April 1628 die kaiserlichen Truppen, den Dänholm aufzugeben. Zwar gingen auch danach noch die Botschaften zwischen dem eben zum Feldmarschall beförderten Arnim und dem Rat hin und her. Die Angebote aus Stralsund lagen aber weit unter dem, was Arnim jetzt verlangen mußte, und umgekehrt konnte der Rat, zumal unter dem Druck der Straße und der Zunftstube, dessen Forderungen nicht erfüllen.

Offenbar hoffte der Rat noch immer, das Gesicht wahren und ohne die direkte Hilfe der Fremden auszukommen. Als Anfang Mai der dänische Gesandte Jakob Steinberg zum zweiten Mal erschien und Kriegsschiffe, Geschütze, Ingenieure anbot, wurden nur die Kanonen samt Munition akzeptiert. Aber es dauerte nicht lange, bis die Stralsunder auch Soldaten annahmen. Arnim hatte 14 000 Mann um die Stadt zusammengezogen, seine Artillerie in Stellung gebracht, Schanzen aufgeworfen. Mitte Mai begann er, Stralsund beschießen zu lassen und es mit nächtlichen Überraschungsangriffen aufzustören. Jetzt erst schien man in der Stadt den vollen Ernst der Lage zu begreifen, jetzt erst bedrängte man die nordischen Könige, nicht nur Waffen und Munition, sondern auch Soldaten zu schicken.

Gustav Adolf hatte Anfang Mai, kurz vor seinem Aufbruch nach Preußen mehr durch Zufall erfahren, wie bedrohlich es auf einmal um Stralsund stand. Lange genug hatte er mit den Stadtvätern geglaubt, die unmittelbare Hilfe den Hansestädten überlassen und zusammen mit Dänemark mehr aus dem Hintergrund wirken zu können. Nach wie vor wollte er als erstes eine Entscheidung in Preußen, und es war ihn bitter genug angekommen, als die eingegangenen Schreckensnachrichten das Eingreifen in Livland vordringlich erscheinen ließen. Die Entscheidung, Jakob de la Gardie durch Gustav Horn zu ersetzen, machte es dann jedoch überflüssig, daß der König sich selbst um Livland kümmerte: Bis Ende März hatte Horn die Lage wieder unter Kontrolle gebracht, und der König stellte sich wieder auf Preußen ein, zumal er seinen Kanzler für die Absicht, über Kurland eine Verbindung zwischen Livland und Preußen herzustellen, nicht gewinnen konnte. (Nach seinem Eintreffen in Pillau ließ er diesen Plan endgültig fallen.) Unmittelbar vor der Einschiffung erhielt Gustav Adolf einen Brief seines Stiefbruders und Reichsadmirals Gyllenhielm, aus den Danziger Gewässern. Gyllenhielm hatte einen Mann namens Schacht aufgegriffen, der im Auftrag Stralsunds unterwegs war: Er hatte in Danzig vergebens die fast erschöpften Pulvervorräte der Stadt zu ergänzen versucht.

Der König reagierte sofort. Er schickte den Stralsundern 100 Zentner Pulver und ließ ihnen durch einen Sonderbeauftragten, Göran Bönhart, weitere Hilfe antragen. Die Bürger der bedrängten Stadt ließen sich das nicht zweimal sagen. Schon am 30. Mai 1628 erschien Bönhart bei Gustav Adolf in Marienburg, begleitet von einigen Vertretern Stralsunds, die ihn aufforderten, ohne Verzug 600 Mann zu entsenden – die Not sei groß.

In der Tat hätte in diesen Tagen die Verteidigung Stralsunds zusammenbrechen können. Aber noch ehe die Boten in Marienburg aufgetaucht waren, hatte Christian IV. auf eigene Faust 1000 Mann nach Stralsund geschickt, drei Kompanien Schotten und eine Kompanie Deutsche, die er nach dem Rückzug auf seine Inseln nicht mehr benötigte, und – schwierig wie sie waren und teuer obendrein – gerne los wurde. Ihr Kommandeur, der knapp dreißigjährige Oberst Heinrich Holk, einer der rücksichtslosen, fähigen Berufssoldaten dieses Krieges, später im Dienste Wallensteins, drängte sich nach der Ankunft der dänischen Schiffe unbekümmert in die Stralsunder Verhältnisse, halb willkommen, halb gefürchtet, mit großen Worten in den Wirtshäusern und Zunftstuben das protestantische Selbstbewußtsein stärkend. Der Druck von außen zwang sie alle zusammen: die Ratsherren, die hoffen mochten, mit Hilfe der fremden Truppen nicht nur der Belagerer, sondern auch der aufsässigen Quartiere Herr zu werden; den Anführer dieser kleinen Leute, Jusquinius von Gosen; den tapfer besonnenen Bürgermeister; die Offiziere. Der Kampfgeist der Reformation wurde beschworen. Draußen vor den Toren, den Mauern, den Wällen, jenseits der schützenden Teiche dräute der alt böse Feind, griffen die Klauen der Babylonischen Hure nach dem Kleinod des Evangeliums. Nicht nur im Bewußtsein ihrer Bewohner, nein rundum, wo man noch der reinen Lehre Luthers mit Ernst anhing, wuchs die Stadt am Strelasund zur Trutzburg des Glaubens empor.

Eine Flut von Flugschriften ließ die Erregung der Protestanten hoch anschwellen. Die Hauptquelle dieser Flut war Hamburg. Die Verfasser dieser protestantischen, prodänischen und proschwedischen Propaganda sind heute bekannt: Dr. Jakob Steinberg, damals in dänischen, später in schwedischen Diensten, ließ dort im Frühjahr oder Sommer ein Schreiben des Kaiserlichen Beichtvaters, Pater Wilhelm Lamormaini SJ, drukken, datiert Prag den 5. April 1628. Das angebliche Geheimschreiben erregte großes Aufsehen, weil es Ziele der kaiserlichen Politik enthüllte, vor denen es jeden aufrechten Protestanten, insbesondere aber die Bürger der Hansestädte grausen mußte. Inzwischen hat der schwedische Historiker Nils Ahnlund nachgewiesen, daß es sich um eine raffinierte Fälschung handelte, so raffiniert (weil mit den tatsächlichen Tendenzen der kaiserlichen Politik weitgehend übereinstimmend), daß noch Gustav Droysen, 250 Jahre später, von der Echtheit des Schreibens überzeugt war und seine Darstellung der habsburgischen Pläne daran aufhängte.

Neben Steinberg betrieb Christoph Ludwig Rasche, ebenfalls anonym und auch von Hamburg aus, das Geschäft, den protestantischen Eifer für Stralsund zu entzünden. In seiner Zeitung »Hansischer Wecker« erließ er die »treuherzige Mahnung an die Ehrbaren Hansestädte«, die Stadt Stralsund nicht hilflos dem Feind preiszugeben, denn das bedeute ihren eigenen Untergang, weil ihnen das »spanische und päpstliche Messer« schon an die Gurgel gesetzt sei.

Nun, fürs erste war der Stoß gegen Stralsund abgewehrt, zumal den 1000 Mann aus Dänemark bald die nächste Schiffsladung mit 300 Soldaten nachfolgte. Noch einmal wurde, im Bewußtsein größerer Stärke, versucht, den Streit durch Verhandlungen zu beenden. Sie scheiterten, obwohl Bürgermeister Steinwich und der Rat zunächst bereit waren, die recht konzilianten Bedingungen Arnims anzunehmen. Gegen den herrisch ausgeübten Einfluß Holks, der sich mit dem Volk auf der Straße und in den Schenken verbrüdert hatte, konnten sie nicht aufkommen.

So begann die letzte Probe. Am 23. Juni 1628 traf Wallenstein vor der Stadt ein, nach einer langen Reise, auf der er mancherlei erwogen hatte, auch hinsichtlich Stralsunds, mitunter doch noch auf einen Akkord hoffend. Nun aber, im Lager, zeigte er sich entschlossen, das lästige Hindernis, den Stein des Anstoßes zu beseitigen, ehe er sich seinem neuen Herzogtum Mecklenburg widmete. Einer der Chronisten des Krieges, Abelinus, berichtet im »Theatrum Europaeum«: Wallenstein habe »sein Vorhaben mit aller Gewalt ins Werk zu setzen sich entschlossen, gestalt er sich denn verlauten lassen, wenn schon die Festung mit eisernen Ketten an den Himmel gebunden wäre, so müßte sie doch herunter«.

Inzwischen war dem Friedländer in Stralsund jener Gegner in den Weg getreten, den er am meisten respektierte – der schwedische König. Gustav Adolf hatte die erbetenen Truppen entsandt: 600 Norrländer mit zwei fähigen Offizieren, Oberst Friz Rosladin, Oberstleutnant Duvall – und einen Diplomaten. Am 19. Juni ankerten die acht schwedischen Schiffe im Neuen Tief vor Stralsund. Aber die Soldaten blieben an Bord. Zuerst erfüllte der Diplomat seinen Auftrag: Philipp Sadler, ein Meister seines Fachs, handelte zäh und geschickt einen Allianzvertrag zwischen Stralsund und Schweden aus, und erst nach der Einigung über dieses

Bündnis wurden am 23. Juni – am selben Tag hatte Wallenstein Stralsund erreicht – die Soldaten ausgeschifft, und sie griffen sofort in den Kampf ein. Was Sadler den Stralsundern abgerungen hatte, waren Zugeständnisse von großer Tragweite: Trotz der Beschränkung der Allianz auf 20 Jahre, trotz der Einlassung, das Untertanenverhältnis der Stadt zu Kaiser und Reich und zur landesfürstlichen Obrigkeit werde durch sie nicht berührt, bedeuteten sie *de facto* die Preisgabe der Unabhängigkeit und die Bindung an die schwedische Krone, der Stralsund zusicherte, es werde »beständig bei ihr verbleiben, sich in keine *Tractate* mit dem Feind einlassen, außer mit Bewilligung Schwedens und Einschluß Schwedens in die *Tractate*«. Droysen bemerkt dazu treffend: »Es war das erste Bündnis, das Gustav Adolf mit Deutschen schloß: das erste wirkliche, enge, festgeschlungene Band, das ihn an die deutschen Angelegenheiten knüpfte: eine Schlinge, sicher genestelt, und sicher ausgeworfen.«

Wallenstein, kaum in seinem Quartier, befahl sofort den Sturm. Die Belagerungsarmee war auf 25000 Mann angeschwollen, die Approchen waren gegraben, die Artillerie rundum schußbereit. Einen Tag lang und noch bis mitten in die Nacht dröhnen die Geschütze, dann kommt der Angriff auf die Tore, hauptsächlich auf die beiden Tore an den Hauptdämmen, am mächtigsten auf das Frankentor im Nordosten; 4000 Mann werden gegen dieses Tor vorgeschickt in immer neuen Wellen, während von der Seite her Reiter durch den Frankenteich preschen, um die Außenwerke abzuschneiden. Die Schotten des Obersten Holk – er selbst hat, erstaunlich genug, vor ein paar Tagen die Stadt verlassen, um in Dänemark Hochzeit zu feiern – werden auf das Innentor zurückgedrängt.

Jetzt schlägt die Stunde der Schweden: Rosladin wirft seine erprobten Norrländer in den Kampf, treibt die Angreifer nochmals zurück. Aber der Angriff rollt weiter, noch einen Tag, noch eine Nacht. Rosladin wird schwerverwundet weggetragen, sein Oberstleutnant Duvall gefangen. Die Außenwerke sind nicht mehr zu halten. Die Tore selbst – können die Tore einem neuen Ansturm widerstehen?

In der Stadt ging die Angst um. Frauen und Kinder wurden zu Schiff nach Schweden geschickt. Der schwedische König wurde nochmals dringend um Hilfe ersucht. Hilfe tat not – Hilfe oder Gnade. Der Rat, wieder einmal eher zum Nachgeben bereit als die Leute in den Quartieren, ersuchte um einen Waffenstillstand, bot dem Herzog von Friedland Verhandlungen an.

Den Waffenstillstand verweigerte der Generalissimus. Er ließ weiter schießen. Aber er stellte das Stürmen ein und zeigte sich bereit, die Abgesandten der Stadt in seinem Quartier im Hainholz nordwestlich der Stadt zu empfangen. Dort hörte er sich am 30. Juni an, was ihm die Parlamentäre anzubieten, was die pommerschen und brandenburgischen Vermittler

vorzuschlagen hatten. Seine Forderungen klangen maßvoll: eine Garnison ja, aber sie mußte nicht kaiserlich, sie konnte pommerisch sein, wenn sie nur dem Kaiser den Eid leistete, neben einem Eid auf den Landesherrn und seinen Erben, den Kurfürsten von Brandenburg. Und an Geld nicht mehr, als sie ohnehin schon einmal zugesagt hatten.
Die Milde des Friedländers hat verschiedene Erklärungen gefunden: seine Abneigung gegen ein Blutbad und eine Verwüstung der Stadt, die nur Verbitterung erzeugen konnten (so hat er es selbst dem Kaiser erklärt); die nach Tausenden zählenden schweren Verluste seiner Soldaten, die man zuletzt mit Schwertern und Spießen in den Kampf hatte treiben müssen; die Einsicht, daß Stralsunds Bedeutung nicht nur von der Gegenpartei, sondern auch von ihm übertrieben worden war. Das alles mag zusammengewirkt haben.
Aber seine Nachgiebigkeit, sein Zaudern vor dem letzten Stoß verfehlten den Zweck. Dem Rat, sofern er mit Wallenstein traktieren wollte, wurden die Hände gebunden. Rosladin, auf dem Sterbebett, bestand auf Einhaltung des Vertrags: kein Frieden ohne Schwedens Einverständnis. Die dänischen, die schwedischen Offiziere weigerten sich, einen so schmählichen Waffenstillstand zu halten; ihre Entschlossenheit weiterzukämpfen, fand den Beifall der Bürgerschaft, deren Mut durch den Zuzug von weiteren 400 Soldaten aus Dänemark gestärkt wurde. Diese kamen am 2. Juli 1628 an. Als tags darauf die Belagerer das Bombardement der Stadt wieder verstärkten, weckten sie eher Trotz als Furcht. Zwei Tage später gingen auch an der pommerschen Küste schwere Wolkenbrüche nieder und setzten die Laufgräben und das flache Land unter Wasser. Daß Wallenstein nun von sich aus einen Waffenstillstand anbot, wurde als Zeichen der Schwäche gedeutet, und als am 9. Juli Holk zurückkehrte, begleitet von 1100 Schotten, waren die Würfel gefallen. Die Antwort des Rats, bald darauf erteilt, war – verbindlich abgefaßt – eine deutliche Absage an Wallensteins Forderungen.
Alles Weitere war nur noch ein Nachspiel. Nachspiel, daß der kaiserliche Oberbefehlshaber dem Herzog von Pommern auftrug, sich um Stralsund zu kümmern – was sowohl dessen Kräfte wie dessen Verstand überstieg; Nachspiel Wallensteins Aufbruch nach Mecklenburg am 15. Juli; Nachspiel die Ankunft des Hauptkontingents der schwedischen Hilfstruppen, 2000 Mann unter Oberst Leslie, zwei Tage später; Nachspiel schließlich der disziplinierte Abzug des Arnimschen Volks zwischen dem 21. und 24. Juli.
Es war Zeit, daß der Feldmarschall des Friedländers sich von der Stadt löste, deren Belagerung er widerwillig begonnen hatte. Die Massierung an einem Punkt hatte die Küste von Truppen entblößt. Das Gerücht – es blieb ein Gerücht –, Gustav Adolf plane eine Landung bei Kolberg, wies

auf reale Gefahren. Was über die Absicht König Christians verlautete, an der deutschen Küste zu landen, entsprach den Tatsachen. Als die dänische Flotte wirklich herannahte, trieb der Generalissimus Arnim zum Aufbruch.

Christian hatte sich zuerst Rügen vorgenommen, dann aber, vor der starken kaiserlichen Besatzung zurückweichend, Usedom besetzt. Am 14. August 1628 eroberte er Wolgast, die pommersche Residenz. Der Jubel im protestantischen Lager über diese dänischen Erfolge war jedoch verfrüht. Wallensteins Voraussage: »Kriecht er heraus aus den wasserigen Örtern, so ist er gewiß unser«, erwies sich als richtig. Am 2. September besiegten die inzwischen angerückten Arnimschen Truppen den König bei Wolgast, eroberten die Stadt zurück und beendeten damit den unzulänglichen Versuch des dänischen Königs, seinen Krieg gegen den Kaiser nochmals zu entflammen.

Dauerhaft jedoch blieb die Entscheidung in Stralsund, und sie erwies sich immer deutlicher als ein Triumph Schwedens. Als die Kaiserlichen abzogen, vom »Hohnblasen« auf den Stralsunder Mauern und Türmen begleitet, als im protestantischen Deutschland der Jubel aufschäumte und sich der Spott über Wallenstein ergoß – ». . . auf dem Wasser stehet man nicht so gewiß, man wird da sehr seekrank«, schrieb der »Hansische Wecker« –, da zögerte Gustav Adolf nicht, die sicher ausgeworfene Schlinge, welche die Stadt an seine Krone band, noch fester anzuziehen.

Die alten Zwistigkeiten in der Stadt wurden rasch wieder spürbar. Am 8. August berichtete Philipp Sadler seinem König: »Allhier aber blühet die Frucht vergangener Handlung, nämlich Parteiungen, Mißtrauen und Widerwillen zwischen Obrigkeit und Untertanen . . . also daß von dem Abzuge an alles darnieder liegt.« Der Argwohn richtete sich jetzt insbesondere gegen die Dänen. Die zuletzt von Holk herangeführten Schotten, im Dienst des glücklosen dänischen Königs demoralisiert und verroht, und die Hoffart ihres Kommandeurs weckten Abscheu vor der »Tyrannei der Dänen«.

Ganz anders die Schweden. Sie verhielten sich diszipliniert, blieben geschmeidig auf die Rechte des Rats und der Quartiere bedacht, kargten nicht mit Hilfeleistungen. So hefteten sich von allen Seiten die Hoffnungen an sie und ihren König: Die kleinen Leute erwarteten von ihm die Stillung ihrer Nöte, die Oberschicht eine Dämpfung des Volkswillens und des dänischen Übermuts.

Am 22. August traf, auf dem Weg nach Kopenhagen, Axel Oxenstierna in der Stadt ein. Gustav Adolf hatte seinen besten Mann entsandt. Er wußte, was auf dem Spiel stand und was bei diesem Spiel zu gewinnen war. Der König hatte während der Belagerung mehrfach erwogen, Stralsund mit einer von ihm kommandierten Armee zu Hilfe zu kommen, nun, da die Stadt gerettet schien, wollte er sie auf Dauer als Stützpunkt behalten.

Als Ergebnis der Verhandlungen über die Fortsetzung der Allianz, die teils im Lager von Graudenz, teil beim Besuch des Reichskanzlers stattfanden, wurde am 2. September 1628 ein neuer Vertrag geschlossen, der das schwedische Protektorat besiegelte. Ohne zeitliche Grenze wurde Schwedens Rolle als Schutzmacht anerkannt; die Zahl seiner Soldaten wurde zwar nach unten, nicht aber nach oben begrenzt, und wenn auch der Befehlshaber der schwedischen Garnison dem Rat unterstellt wurde, so unterstanden wiederum ihm die städtischen Truppen, und diese – das wurde einige Wochen später in einem Zusatzabkommen festgelegt – mußten Gustav Adolf Treue schwören, als gehörten sie unmittelbar zu seiner Armee.

Von den Dänen war nicht mehr die Rede. Axel Oxenstierna war es nicht schwergefallen, die Stralsunder vor die Wahl zwischen Dänemark und Schweden zu stellen und dabei für die von ihm erstrebte Entscheidung zu gewinnen. Sogar die Reichstreue der Stadt wurde zu einem Argument für Schweden, denn anders als Dänemark führte dieses keinen Krieg mit dem Kaiser.

In Kopenhagen kamen dem schwedischen Kanzler die niedergeschlagene Stimmung und der Gegensatz zwischen dem König und dem Reichsrat zugute. Er erkannte, daß es »an Rat, an Mitteln und Courage« fehlte, und warnte – offenbar überzeugend –, daß das Nebeneinander dänischer und schwedischer Truppen auf so engem Raum zu einem höchst unerwünschten Konflikt zwischen den beiden nordischen Mächten führen könnte; auch sei die Verteidigung der schlecht befestigten und schwer zu zähmenden Stadt eine Last, die man Dänemark abnehmen wolle. Jedenfalls willigte Christian IV. in den Rückzug seiner Truppen aus Stralsund bis auf ein Kontingent von 300 Mann, das schwedischem Kommando unterstellt und schon im nächsten Jahr freiwillig zurückgezogen wurde.

Damit war Stralsund zwar nicht nominell aber faktisch ein Teil des schwedischen Reiches geworden. Die Zahl der dort stationierten schwedischen Truppen stieg ständig. Bald schon kursierte schwedisches Geld; die Handelsbeziehungen in beiden Richtungen verstärkten sich. Als zwei Jahre später Gustav Adolf seinen Einzug in der Stadt hielt, wurde er mit Jubel begrüßt.

Die Besitznahme Stralsunds blieb der einzige dauerhafte kriegerisch-diplomatische Erfolg des Königs im Jahre 1628. Auch nach dem Ende des großen Regens gelang es den Schweden nicht, ihre Ziele in Preußen zu erreichen. Der Vorstoß auf Graudenz im August, der dem doppelten Zweck diente, die Landverbindung zwischen Danzig und Warschau zu unterbrechen und eine neue Versorgungsbasis zu gewinnen, stieß ins Leere. Koniecpolski wich der von Gustav Adolf gesuchten Schlacht aus. Er blieb hinter seinen Verteidigungslinien und beschränkte sich darauf, mit kleinen schnellen Abteilungen das Land zu verwüsten. Damit zwang er die Schweden zum Rückzug aus Mangel an Proviant und Futter, einem höchst verlustreichen Unternehmen. Als das Heer endlich Elbing erreichte, waren an die 5000 Mann durch Tod, Verwundung, Krankheit und Desertion ausgefallen. Zwar zog am 22. Oktober ein Teil der Feldarmee mit Pauken und Trompeten in die Stadt ein, aber ihr geschwächter Zustand blieb nicht verborgen. 7500 Mann mußten zur Erholung und Auffrischung nach Schweden geschickt werden.

Den in Preußen verbleibenden 23 000 Mann stand eine schwere Zeit bevor. Die anspruchsvollsten unter ihnen – 30 deutsche Reiterkompanien – bezogen trotz des Protestes des Kurfürsten Georg Wilhelm in dessen preußischem Herzogtum Quartier; dort fanden sie einigermaßen Verpflegung und Fourage, die anderswo – wie Gustav Adolf seinem Schwager entschuldigend schrieb – nicht mehr aufzutreiben waren. Die übrigen 20 000 Mann wurden über das ausgesogene und vom Krieg hart mitgenommene Land verteilt.

Axel Oxenstierna, der am 3. Oktober 1628 aus Kopenhagen wieder in Elbing eingetroffen war, erhielt vom König den kaum zu meisternden Auftrag, das Kriegsvolk durch den Winter zu bringen. Ende Oktober reiste Gustav Adolf nach Schweden zurück, mit dem Versprechen, so rasch wie möglich Getreide und Winterkleidung für die Soldaten zu schicken. Als die Hilfsschiffe jedoch endlich vor der preußischen Küste erschienen, konnten sie nicht in den inzwischen zugefrorenen Pillauer Hafen einlaufen und mußten umdrehen.

Der Kanzler hatte schon unmittelbar nach der Abreise des Königs von allen Schiffen, die Pillau anliefen und Lebensmittel führten, einen Teil der Ladung beschlagnahmen lassen. Als das Eis jedoch die Schiffahrt blokkierte, half nur noch die energische und kluge Verwaltung des wenigen Vorhandenen, damit »sie nicht letzt alle vor die Hunde hinsterben mögen«, wie Axel Oxenstierna an Hermann Wrangel schrieb. Was er in diesem Winter leistete, spiegelt ein Brief vom 20. Januar 1629 an seinen Bruder Gabriel: »Ich versichere Dir, alles, was ich für seine Königliche Majestät und das Vaterland bis jetzt im achtzehnten Jahr getan habe, war ein Kinderspiel, verglichen mit dem, was ich im Herbst und zu Beginn des Winters durchgemacht habe . . .«

Das Desaster des Jahres 1628 ergriff auch die Flotte. Auch deren Mannschaften wurden böse von Seuchen heimgesucht. Und kaum zwei Wochen nach jenem Sonntag im August, an dem die *Wasa* auf den Grund der Stockholmer Hafenausfahrt gesunken war, fiel die *Christina* nach einer Kollision an der pommerellischen Küste den Polen in die

Hände. Anfang September lief das Regalschiff *Riksnykeln* auf Grund und sank.

Der Verlust von drei Schiffen in wenigen Wochen; eine Armee, die kaum durch den Winter zu bringen war; die ganze Küste Pommerns und Mecklenburgs – mit der einzigen Ausnahme Stralsund – in kaiserlichem Besitz; Wallenstein dabei, sich in seinem neuen Herzogtum Mecklenburg fest einzurichten; Dänemark kriegsmüde und sichtlich bereit, den Frieden mit dem Kaiser zu suchen – Gustav Adolf hätte, als er nach seiner Heimkehr zwei Wochen lang in Kalmar krank lag, allen Grund gehabt, ebenfalls auf Rückzug zu sinnen und dem Drängen der Königin nachzugeben, künftig in der Heimat zu bleiben.

Statt dessen faßte der König in den beiden letzten Monaten des Jahres 1628 den festen Entschluß, nun wirklich in den deutschen Krieg einzutreten. Mitte Dezember holte er die Meinung des Reichsrates ein. Nach Abwägen des Für und Wider wurde beschlossen, Wallenstein in Deutschland anzugreifen, um ihn daran zu hindern, den Polen zu Hilfe zu eilen.

Offenbar traute der König seinem Kanzler zu, die Lage in Preußen unter Kontrolle zu halten. Und in der Tat bewiesen die geschwächten schwedischen Soldaten, daß ihnen das Mißgeschick des Jahres 1628 nicht den Mut geraubt hatte. Als mit dem Winterfrost die polnischen Kosaken den Werder raubend und plündernd heimsuchten, entschloß sich Axel Oxenstierna, einem möglichen Angriff zuvorzukommen. Unter dem Kommando von Hermann Wrangel rückten 6000 Mann nach Süden und stellten nach dreitägiger Verfolgung die Polen bei Gorzno, südöstlich der von den Schweden mühsam gehaltenen Stadt Strasburg, zum Kampf. In einem der heftigsten Gefechte des ganzen preußischen Krieges bewiesen die schwedischen Reiter erneut ihre Überlegenheit über die polnischen Kosaken und Husaren. Wrangel stieß nach dem Sieg noch bis Thorn vor; aber für eine Belagerung reichten die Kräfte der Schweden nicht aus.

Trotzdem bedeutete Gorzno eine Wende. Der Ruhm der schwedischen Armee erstrahlte in neuem Glanz, und in dessen Widerschein gelang es in den folgenden Wochen, einen Waffenstillstand bis 21. Mai 1629 auszuhandeln. Das erleichterte es dem Kanzler, den Rest des Winters durchzuhalten. Ende April begannen endlich die ersehnten Proviantschiffe einzutreffen, gerade noch rechtzeitig, um die Bauern, deren Scheuern leergefegt waren, mit Saatgut zu versorgen und die Soldaten wieder angemessen zu verpflegen.

Bald darauf, am 21. Mai, legte das Schiff des Königs in Pillau an. Der Kanzler hatte ihn herbeigerufen, weil Wallenstein nicht gewartet hatte, bis er von den Schweden angegriffen wurde. Er hatte Feldmarschall Arnim mit 12 000 Mann nach Preußen entsandt.

IM VORFELD DES DEUTSCHEN KRIEGES

Friede! Friede!
Und ist doch nicht Friede

Wallenstein läßt den König von Schweden öffentlich als Feind ausrufen – so provoziert man neue Feinde, ehe man mit den alten fertig ist. Ob man dadurch zum Frieden kommt?

Maximilian von Bayern an den Bischof von Mainz, Oktober 1628

ALS DER SCHWEDISCHE KANZLER im März 1629 seinem Bruder erleichtert berichtete, daß der Winter, Gott sei Dank, bald glücklich überstanden sei, bemerkte er auch: ». . . das Gerede vom Kaiserlichen Volk ist nur ein Märchen, um uns einzuschüchtern«. Noch nicht einen Monat später, in der ersten Aprilwoche, zog der kaiserliche Feldmarschall Arnim in Hinterpommern nahe der preußischen Grenze auf Befehl Wallensteins Truppen zusammen, um mit ihnen nach Preußen zu marschieren, vier Infanterie- und fünf Kavallerieregimenter, an die 15000 Mann. Mit 12000 rückte er schließlich in Preußen ein. Obwohl Wallenstein drängte: »Bitt, der Herr verliere keine Minute Zeit, sondern rücke alsbald in Preußen«, hatte sich Arnim zunächst in die Anweisung des polnischen Königs gefügt, an der Grenze stehen zu bleiben: Der *Sejm* witterte einen Anschlag auf die Freiheit der polnischen Stände mit Hilfe des deutschen Kriegsvolks und hätte seine Zustimmung, es herbeizurufen, am liebsten widerrufen, und Sigismund traute Arnim nicht über den Weg. Die wachsende Ungeduld des Friedländers und der ausgezehrte Zustand Hinterpommerns zwangen Arnim schließlich, nicht länger auf die polnische Erlaubnis zu warten. Als er mit seiner Armee kurz vor Thorn stand, befahl ihm Sigismund wieder umzukehren, und als er trotzdem der Weichsel entlang bis Schwetz vorrückte, empfingen ihn Abgesandte der polnischen Republik, von denen er endlich den Sold für seine Soldaten erhoffte, statt mit dem Geld mit bitteren Vorwürfen.

Auch die Vereinbarung, die schließlich ausgehandelt wurde, schmeckte Arnim bitter: Er bekam kein Quartier in den Dörfern und Städten, sondern mußte seine Leute im freien Feld kampieren lassen, alle wurden auf den König und die Republik Polen vereidigt; er selbst mußte Sigismund als Oberbefehlshaber anerkennen. Zum Mißfallen Arnims, der sich weiter als loyaler Untertan der Kurfürsten von Brandenburg fühlte, wo sein Gut Boitzenburg lag, schien überdies beabsichtigt zu sein, mit Hilfe seiner Truppen das Herzogtum Preußen für den Kaiser zu erobern – später berichtet er dem Kurfürsten »über die gefährlichen Konzepte, welche der

Kaiser wegen des Herzogtums Preußen« erwogen habe. Daß die deutschen Söldner sich für das Ausbleiben der Löhnung durch Plünderungen schadlos hielten, belastete die gespannten Beziehungen zwischen den Polen und den kaiserlichen Hilfsvölkern noch mehr.

Gustav Adolf glaubte zunächst, das ganze Arnimsche Volk den Polen abspenstig machen zu können. Es blieb aber bei Desertionen einzelner. So entschloß er sich, eine Vereinigung der Arnimschen Truppen mit den von Koniecpolski kommandierten Polen zu verhindern und Arnim zuerst anzugreifen. Mit den rund 14000 Mann seiner Feldarmee marschierte er Anfang Juni in Richtung Graudenz.

Der Plan mißlang. In der Nähe von Marienwerder wurde dem König gemeldet, daß sich die beiden Armeen des Gegners bereits zusammengeschlossen hatten: Mit 26000 Mann waren sie der Anzahl nach fast doppelt so stark wie die schwedische Seite. Er mußte sich zurückziehen.

Zwischen Marienwerder und Marienburg, in der Nähe von Stuhm, ließ sich der Rheingraf Otto Ludwig von Solms, der mit seinen deutschen Reitern den Rückzug zu decken hatte, gegen den Befehl des Königs in ein Kavalleriegefecht verwickeln, das es Koniecpolski und Arnim erlaubte, ihre gesamte Reiterei gegen die Schweden in den Kampf zu führen. Der erste Ansturm der polnischen Husaren und Kosaken wurde zurückgeschlagen, dann aber, als Arnim seine fünf Kavallerieregimenter in das Treffen führte, entwickelte sich ein grimmiger Kampf Mann gegen Mann. Der König stürzte sich selbst in das Gemenge. »Wohl eine Stunde« – so berichtete er selbst – ritt er »mitten in den Feinden«. Wie Israel Hoppe erzählt, wurde er, tollkühn und kurzsichtig wie er war, dabei von einem feindlichen Reiter am Wehrgehenk ergriffen und mitgezerrt, bis dieser von einem Schweden erschossen wurde. Dies war jedoch nicht der einzige Zwischenfall, der den König in unmittelbare Gefahr brachte. Der Sekretär Grubbe schrieb noch am Tage der Schlacht dem Reichskanzler: »Seine Majestät sagt, er sei dreimal in den Händen der Feinde gewesen.« Als die Schweden sich hinter dem Dorf Honigfelde wieder sammelten, erschien Gustav Adolf unter ihnen – nach Hoppes Bericht – »mit blutigem Schwert und Arm, mit Verlust des Hutes, der Scheiden und Pistolen«.

Mit herangeführten Verstärkungen gelang es, die zur Verfolgung ansetzenden Polen zurückzuwerfen, und obwohl die Schweden zehn Lederkanonen und einige Fahnen einbüßten, konnten sie sich vom Feind lösen und in ihre Stellungen bei Marienburg zurückziehen.

Arnim schickte Wallenstein den Hut des Königs. In seinem Begleitbrief schilderte er kurz den Verlauf der Schlacht, wobei er feststellte, daß der Feind sich »mit ziemlicher Manier« zurückgezogen habe. Auch er hatte erfahren, daß der König dreimal persönlich in Gefahr geraten war, einmal, schrieb er, sei das Pferd unter ihm erschossen worden; auch habe er gehört, »daß der König gesaget, er hätte noch niemals so warm gebadet, doch wäre es ihm lieb, daß er die Kaiserischen hätte lernen erkennen«. Im selben Brief machte Arnim seinem Unmut über die Polen Luft. Der Feldmarschall hatte den ganzen Krieg in Preußen satt. Er ersuchte Wallenstein um Entlassung unter der Vorgabe, er sei krank. Als Sigismund von ihm verlangte, gegen Königsberg vorzurücken, antwortete er, »er sei vom Kaiser nicht nach Polen gesandt, um gegen den Kurfürsten von Brandenburg zu marschieren«.

Anfang Juli stimmte der Friedländer dem Abschiedsgesuch zu: »Daß Er seine Entlassung wegen seines Leibes Indisposition suchen tuet, ist uns herzlich leid. Weilen aber keiner wider seinen Willen zu halten ist, so müssen wir es geschehen lassen.«

Als Arnim seinen Abschied nahm, lagen sich die beiden feindlichen Armeen auf Kanonenschußweite in fester Stellung gegenüber. Gustav Adolf hatte sich nach der Niederlage bei Stuhm auf Verteidigung eingerichtet und alle Angriffe abgeschlagen. Ab Anfang August beschränkten sich die polnisch-kaiserlichen Truppen auf kleine Störmanöver und Raubzüge; am 21. August führte der polnische König seine Armee auf Graudenz zurück. Er hatte, nachdem auch der Sukkurs aus dem Reich keine Wende gebracht hatte, keine Hoffnung mehr, seinen Vetter aus dem Felde zu schlagen. Die Versorgung seiner Armee in dem wie von Heuschrecken kahlgefressenen Land wurde immer schwieriger; Seuchen gingen um; viele Männer starben weg, noch mehr mußten in Krankenquartiere verlegt werden. Der polnische Adel haderte mit seinem König, dessen Krieg ihm den Getreidehandel verdarb, und drängte auf Frieden oder Waffenstillstand. Sigismund war müde und krank. Mit seinen 73 Jahren mußte er Vorsorge für seine Nachfolge treffen, und wenn er seinem Sohn Wladislaw die Krone sichern wollte, mußte er auf den Adel Rücksicht nehmen.

Auch auf schwedischer Seite war man zum Einlenken bereit. Wie bei den Polen wüteten Seuchen im schwedischen Lager und unter den Bewohnern der Städte. Die Frau des Feldmarschalls Hermann Wrangel und ein Sohn des Reichskanzlers gehörten zu den Opfern – die Verwüstung des Landes durch den sich nun seit drei Jahren in Preußen hin- und herwälzenden Krieg rächte sich an allen.

Gustav Adolf wollte den Krieg mit Polen beenden. Preußen begann in seinen Augen bereits ein Nebenschauplatz zu werden. Aber er wollte den Frieden nicht um jeden Preis, und der Preis, den er zu erzielen suchte, war eher für einen langfristigen Waffenstillstand mit vorläufigen Abmachungen als für einen Frieden mit endgültiger Regelung der Besitzverhältnisse zu erhalten.

Als Mitte Juli 1629 Hercule de Charnacé, von Richelieu nach Preußen entsandt, um einen Frieden oder Waffenstillstand zu vermitteln, beim König vorsprach, ließ dieser erkennen, daß es ihm darauf ankam, zunächst einmal das Beste von dem zu behalten, was er besaß, nämlich die Flußmündungen mit ihren einträglichen Zolleinnahmen – dafür war er bereit, auf weniger wichtige Gebiete zu verzichten. Auf die Zolleinnahmen war er angewiesen, ohne sie konnte er die Söldner in seinen Diensten nicht bezahlen, ohne sie war ein Eingreifen in den deutschen Krieg nicht zu finanzieren. Der Abgesandte Richelieus begann im Sinne dieser Ziele Gustav Adolfs mit den Polen zu verhandeln, die sich zunächst mißtrauisch zeigten.

Richelieu hatte sich im Jahre 1628 innenpolitisch durchgesetzt, als er mit der Einnahme von La Rochelle die aufständischen Hugenotten unterwarf – worauf er klug genug war, sich auf die politische Unterwerfung zu beschränken und die Religionsfreiheit des Edikts von Nantes aufrechtzuerhalten. Er hatte im April 1629 mit dem vor La Rochelle gedemütigten England Frieden gemacht, aber nun stand er in Italien im Kampf mit den Habsburgern: Im Streit um die Erbfolge im Herzogtum Mantua und der Markgrafschaft Montferrat hatte sich der französisch-spanische Gegensatz neu entzündet. Der Kaiser, immer noch, wenn auch mehr dem Namen nach, Lehnsherr dieser Gebiete, hatte sich an die Spanier und deren Prätendenten, den Herzog von Guastella, gebunden – gegen den Franzosen Karl von Gonzaga-Nevers, der zweifellos der Nächstberechtigte war und auch von Papst Urban VIII. bevorzugt wurde.

Der Versuch, den schwedischen König aus dem Krieg in Polen zu lösen, war ein Teil der außenpolitischen Strategie Richelieus, den Kampf mit Habsburg zunächst durch Stellvertreter führen zu lassen. Gleichzeitig suchte er das wachsende Mißtrauen der katholischen Kurfürsten gegen Wallenstein und die von ihm gestützte Macht des Kaisers für sich zu nützen, indem er sich um Maximilian von Bayern bemühte. Daß weder Maximilian noch Gustav Adolf sich einfach als Figuren auf dem Schachbrett seiner Außenpolitik gebrauchen ließen, sondern ihr eigenes Spiel führten, mußte Richelieu durch Erfahrung lernen.

Fürs erste bediente sich der schwedische König gerne der diplomatischen Künste Charnacés. Die am 30. Juli bei Marienburg beginnenden Verhandlungen erwiesen sich als sehr schwierig. Die Polen verlangten zuviel und die Schweden boten zuwenig. Charnacé war es daher höchst willkommen, als der Kurfürst von Brandenburg durch seine Delegierten eigene Vorschläge in die Gespräche einbrachte. Georg Wilhelm fürchtete, zwischen Schweden und Polen wie ein Getreidekorn zwischen zwei Mühlsteinen zu Mehl zerrieben zu werden – nichts schien ihm dringlicher, als die Mühle dieses Krieges anzuhalten.

Der eindrucksvolle Vergleich stammt von Sir Thomas Roe, der im

August als weiterer Vermittler in Preußen auftauchte. Roe, einer der fähigsten englischen Diplomaten, mühte sich seinem Auftrag gemäß ebenfalls eifrig um einen Ausgleich, aber sein nachträgliches Auftreten brachte zunächst alles in Verwirrung, weil er meinte, einen endgültigen Friedensvertrag herbeiführen zu müssen, nachdem beide Seiten sich schon auf einen langfristigen Waffenstillstand eingestellt hatten.

Anfang September, nach einem Treffen Gustav Adolfs mit seinem brandenburgischen Schwager, zeichnete sich dann trotzdem die Einigung ab. Am 16. September wurde zu Altmark der Waffenstillstand geschlossen, der den nun schon fast 30 Jahre dauernden Krieg mit Polen beendete; auf sechs Jahre zunächst, doch dauerte die Waffenruhe bis 1655, länger als mancher Friedensschluß.

Die Vorschläge Brandenburgs waren die Grundlage des Abkommens: Schweden trat Marienburg, Danziger Haupt und den Großen Werder nicht an Polen, sondern an Georg Wilhelm ab, der diese Gebiete für die Dauer des Waffenstillstands zu treuen Händen verwaltete. Dafür erhielt Schweden für den gleichen Zeitraum nicht nur Pillau, sondern die ganze Seeküste bis hinauf nach Memel. Die Eroberungen um das Frische Haff, insbesondere Braunsberg und Elbing, blieben unberührt, wofür Gustav Adolf den Katholiken des Ermlandes freie Religionsausübung garantierte. Der schwedische Besitz in Livland wurde festgeschrieben; nur Mitau fiel an den Herzog von Kurland zurück, der jedoch im März 1630 den Schweden die Zolleinnahmen der Häfen Libau und Windau abtrat. Dank der eifrigen Bemühungen Roes kam im Februar 1630 schließlich auch noch ein Abkommen mit Danzig zustande. In diesem Friedensvertrag von Tiegenhof versicherte die Stadt nicht nur, künftig keine schwedenfeindlichen Kriegsschiffe in ihrem Hafen zu dulden, sondern räumte vor allem Schweden den Löwenanteil an den Danziger Zollgebühren ein: dreieinhalb Prozent vom Wert aller aus- und eingehenden Waren, während die Danziger sich mit zwei Prozent zufriedengeben mußten.

Auf Grund dieser Verträge kontrollierte die schwedische Krone außer ihrem angestammten schwedisch-finnischen Besitz die ganze Ostseeküste zwischen Reval und Danzig. Die Zollverwaltung – die der Reichskanzler den holländischen Brüdern Spierinck anvertraute – erwies sich in den kommenden Jahren als eine der Hauptgeldquellen Schwedens. Oxenstierna war bei der Festsetzung der »Lizenten« nicht zimperlich, und was die Spierincks abführten, überstieg bei weitem alle anderen Einnahmen, über die er verfügen konnte, mit Ausnahme der Erträge aus dem Kupferhandel. Die Zollgebühren stiegen von 329000 Reichstalern im Jahre 1628 auf 660000 Reichstaler im Jahre 1632 und waren damit dreimal so hoch wie die Einnahmen aus der Viehsteuer, auch wesentlich höher als die Subsidien, die nach dem Vertrag von Bärwalde aus Frankreich zuflossen

(400 000 Reichstaler jährlich). Ohne die Einnahmen, die ihm der Vertrag von Altmark und die Folgeverträge lieferten, wäre es Gustav Adolf schwergefallen, in den deutschen Krieg einzugreifen.

Was aber zwang ihn in den Krieg? Wieder einmal, wie nach dem Abschluß der Eroberungen in Livland, stellt sich die Frage, warum der König die Waffen fortan nicht ruhen ließ. Der Widersacher, der ihn seit Beginn seiner Herrschaft vor 18 Jahren in Atem gehalten hatte, war endlich ausgeschaltet – um Sigismund brauchte er sich nicht mehr zu kümmern.

Und im Deutschen Reich herrschte seit Monaten Friede, ein Friede freilich, der dem König mißfiel, bei dem er sich übergangen fühlte und bei dessen Abschluß er brüskiert worden war.

Wallenstein hatte schon recht früh erkannt, daß die überspannten Erwartungen, die Wien an einen Friedensschluß mit dem besiegten Dänemark knüpfte, nicht zu verwirklichen waren. Dort meinte man eine Abtretung Schleswigs und des dänischen Teils von Holstein, dazu eine Verpfändung Jütlands und einen gewaltigen Schadensersatz fordern zu können, und eben diese Forderungen wurden von den kaiserlichen Friedenskommissaren Tilly und Wallenstein auf den Tisch der Lübecker Konferenz gelegt, die am 6. Januar 1629 begann. In einem geheimen Gutachten an den Kaiser legte Wallenstein jedoch dar, was er gegenüber dem zur See ungeschlagenen Dänemark für wirklich erreichbar hielt: Eine Rückgabe Jütlands und Schleswig-Holsteins an Dänemark sei der Preis für einen dauerhaften Frieden. Noch wollte man in Wien nichts dergleichen hören, und die Lübecker Gespräche schleppten sich mühsam dahin.

Der dänische König, obwohl er Schweden nicht bei den Friedensverhandlungen dabei haben wollte, spielte daraufhin die schwedische Trumpfkarte aus. Schon bei Beginn der Lübecker Konferenz hatte er Gustav Adolf durch Christoph Ludwig Rasche ein Treffen an der Grenze vorgeschlagen. Die beiden Monarchen trafen sich in Ulvsbäck, dem Pfarrhof des Kirchspiels Makaryd in Småland, wo der Friede von Knäred ausgehandelt worden war. Es war ihre zweite und letzte Begegnung.

Am späten Nachmittag des 22. Februar 1629 fuhr der dänische König mit seiner Begleitung in Kutschen über die Grenze, hinter der ihn Gustav Adolf neben Pfalzgraf Johann Casimir zu Pferd inmitten eines adligen Gefolges vor zwei Reiterkompanien und 400 Musketieren erwartete. Es war grimmig kalt; der Wein, den Gustav Adolf seinem Gast anbot, war gefroren eingetroffen und mußte erst aufgetaut werden.

Das Gespräch zwischen den Königen wurde im Beisein von drei Räten jeder Seite geführt. Gabriel Oxenstierna hat die Konferenz in einem ausführlichen Protokoll festgehalten.

Gustav Adolf begann mit der Frage, was für Nachrichten Christian aus Deutschland hätte. Christian berichtete von den kaiserlichen Seerüstungen; zusammen mit den acht polnischen Schiffen, die nach Wismar ausgewichen seien, verfüge der kaiserliche Admiral Graf Philipp von Mansfeld im Sommer über 22 Schiffe.

Die nächste Frage des schwedischen Königs galt dem Stand der lübischen Friedenskonferenz, und als sein Gegenüber hinhaltend antwortete, erklärte er, Christian könne, wenn er wolle, bestimmt sofort Frieden haben, »ja nicht allein Stillstand oder Frieden, sondern der Kaiser wird auch Jütland, Holstein und alle die abgenommenen Länder herausgeben . . . Wenn ich Kaiser wäre, würde ich Euer Liebden das alles geben ohne Bedenken.«

Gustav Adolf hatte einleuchtende Gründe für seine – wie sich später herausstellen sollte – genau zutreffende Voraussage: »Ich würde es tun, damit Euer Liebden nichts gegen mich vornehmen möchten und ich inzwischen meine Flotte fertig bekommen und meine Sachen in Stand und diejenigen zum Gehorsam bringen könnte, die sich etwa noch nicht fügen wollten; später stände es in meinem Belieben, zurückzunehmen, was wiedergegeben war . . . und Herr der Ostsee zu werden.« Der Kaiser habe alles, was er für diesen Zweck brauche, »an Geld kann es ihm nicht fehlen und ebensowenig an guten Seeleuten«.

Aber der schwedische König ließ es nicht bei dieser Feststellung bewenden, er wollte von Christian wissen, was man dagegen tun könne, und als dieser vorschlug, die kaiserlichen Schiffe in Brand zu stecken, hatte Gustav Adolf einen ganz anderen Vorschlag: »Mir scheint die beste Sicherung, wenn man so stark wäre, eine Landarmee aufzubringen und dem Feinde die Plätze an der Seekante zu nehmen.« Und auf die mutlose Antwort des dänischen Herrschers, das sei »in dieser schweren Zeit nicht zu erwägen« und auf seine Frage, wo denn eine solche Armee an Land gehen sollte, nannte Gustav Adolf sofort Glückstadt, das noch in dänischem Besitz war, und Stralsund.

Damit war für diesen Tag das Gespräch beendet; es wurde bescheiden gegessen und trotz des schlechten Weines bis nach Mitternacht getrunken. Am anderen Morgen fragte Gustav Adolf seinen Gast noch vor dem Frühstück, nicht gerade taktvoll, warum er eigentlich bei seinem Feldzug in Deutschland sich nicht zuerst der großen Städte bemächtigt habe; er selbst würde sich zutrauen, sogar eine so mächtige Stadt wie Lübeck nach wenigen Wochen zu bezwingen. Nach diesem Intermezzo kam Gustav Adolf wieder auf die gemeinsame Armee zu sprechen: »Wenn Euer Liebden sich mit mir zu Schutz und Trutz verbinden wollen, so zweifle ich nicht, daß Gott uns Glück gibt, da wir eine rechtschaffene Sache haben.« Aber Christian hatte den Glauben an sein Glück verloren und erklärte es für unmöglich, ein Viertel der notwendigen Armee zu stellen oder statt dessen 600 000 Reichstaler beizusteuern.

Es nutzte nichts, daß der schwedische König ihm vorrechnete, daß seine 1000 Adelsherren gut und gerne je 1000 Taler bezahlen könnten, von seinen vermöglichen Städten ganz zu schweigen. Es nutzte auch nichts, als er darauf hinwies, er habe selbst alles zugesetzt und kaum Silber, seinen Gast zu bewirten, und sogar die drastische Bemerkung, wenn man der drohenden Gefahr nicht zuvorkomme, könnten sie beide nach Amerika gehen und Zucker sieden, fand keinen Widerhall. Gustav Adolf suchte Opferbereitschaft zu wecken, indem er darauf hinwies, daß er sein Leben nicht schone, er wolle lieber sterben wie ein Mann als den Jammer über seinem Vaterlande zu schauen, und ließ darauf den dänischen König die Kugel in seiner Schulter fühlen. Christian wußte darauf keine andere Antwort, als daß er seine Hoffnung auf Gott setze, was Gustav Adolf zu der trockenen Bemerkung veranlaßte, Gott tue nichts ohne Mittel.

Nach dem Essen und starkem Zutrinken wagte es Gustav Adolf, sich an Christian vorbei mit heftigen Worten an dessen Reichsräte zu wenden: »Ich rate euch, um des Todes willen, den Gott duldete, daß ihr eure Sache in guter Acht habt und daß ihr zu rechter Zeit bedenkt, wie mit euch verfahren werden wird, wenn ihr vom Feind überwunden werden solltet.« Er warnte sie davor, daß ihre Kinder »in der irreführenden papistischen Religion aufgezogen« würden, und vor des Kaisers großer Tyrannei. Auf seine Aufforderung: »Faßt lieber einen festen Mut«, blieben die Räte stumm. Der dänische König jedoch, dem der Zorn im Gesicht stand, fuhr ihn an: »Was haben Eure Liebden in Deutschland zu tun und was hat der Kaiser gegen Euer Liebden verbrochen?« Nun konnte sich Gustav Adolf nicht mehr beherrschen. Sein Gesicht verfärbte sich, er tat ein paar Schritte auf Christian zu und begann zornig die Sünden des Kaisers aufzuzählen: die Vertreibung des Pfalzgrafen und der Mecklenburger Herzöge, die Belagerung Stralsunds, die Hilfe für Polen. Und dann ballte er die Faust: »Euer Liebden sollen versichert sein, er sei, wer er will, der uns das tut, Kaiser oder König, Fürst oder Republik oder wer, tausend Teufel, das sein möge, wir werden uns bei den Ohren nehmen, daß die Haare fliegen.«

Nach diesem Ausbruch war das Gespräch im Grunde zu Ende, obwohl der Gast – des schlechten Wetters wegen – noch einen Tag blieb. Da auch in einer Sonderbesprechung der Reichsräte nichts erreicht wurde und der schwedische Vorschlag, sich über die Lübecker Friedensbedingungen zu einigen, mit dem Hinweis abgetan wurde, die Bedingungen seien schon übergeben und könnten nicht mehr geändert werden, ist begreiflich, daß Gustav Adolf das Treffen in einem Brief an seinen Kanzler mit dem Satz beurteilte: »*Summa: Parturiunt montes, nascitur ridiculus mus*« [Die Berge kreißten und gebaren eine lächerliche Maus]. Der König meinte sogar, Christian müsse betrunken gewesen sein, als er Rasche zu dieser Zusammenkunft anregte.

Der dänische König war jedoch gewiß nicht betrunken gewesen, und als er jetzt seinem Kanzler berichtete, er und Gustav Adolf seien als gute Freunde geschieden, verbreitete er genau den Eindruck, den er von dem Treffen vermitteln wollte. Für Wallenstein, für die Unterhändler in Lübeck war augenscheinlich, was sie verhindern mußten. Um ein enges Bündnis der nordischen Könige zu vereiteln, mußten Dänemark vorteilhafte Bedingungen geboten werden.

Wallenstein knüpfte, von Güstrow aus, über den Kopf der Friedensdelegation hinweg, Geheimgespräche mit dem dänischen Kanzler an und bot dem dänischen König für den Verzicht auf jede Einmischung in Deutschland die Erhaltung seines Reiches an; er bemühte sich, Tilly von dieser Lösung zu überzeugen, wobei er sich nicht scheute, die fromme Exzellenz durch die Realisierung einer kaiserlichen Gnadengabe von einigen 100 000 Talern bereitwilliger zu stimmen, und er schaffte es schließlich, den Kaiser und Maximilian für den von ihm gewünschten Frieden zu gewinnen.

Die Schweden, die sich in die Friedensverhandlungen hineindrängen wollten und die sich darauf berufen konnten, daß sie als Verbündete Dänemarks und Stralsunds ein Recht hätten, beteiligt zu werden, wies Wallenstein ungerührt ab. Die Schweden konnten nur stören, und sie wollten auch stören, sie wollten, wenn irgend möglich, den Friedensschluß verhindern.

Wallensteins Entschlossenheit, diesen Krieg zu beenden – da er bei dessen Fortdauer um sein Mecklenburger Herzogtum fürchtete – und die Kriegsmüdigkeit Christians und seines Reichsrats führten über alle Hindernisse am 5. Juni 1629 zum Abschluß des Lübecker Friedens. Er enthielt genau das, was Wallenstein in den Geheimverhandlungen angeboten hatte: den Verzicht des Königs von Dänemark auf jede Einmischung im Reich und auf die einst so heftig begehrten norddeutschen Reichsstifte gegen die ungeschmälerte Rückerstattung seines heimatlichen Reiches. Von einem aufrichtigen, beständigen, sicheren und immerwährenden Frieden war die Rede.

Von der Religion, vom evangelischen Wesen, für das Christian IV. nach seinen Proklamationen einst zu Felde gezogen war, wurde nicht mehr gesprochen. Nicht mehr in Dänemark, wohl aber in den Niederlanden, in England, im protestantischen Deutschland und in Schweden. Und dies um so mehr, je deutlicher sich zeigte, daß der Kaiser seinen Sieg als Auftrag verstand, für die katholische Kirche zurückzugewinnen, was immer zu gewinnen war. Als Ferdinand II. am 6. März 1629 das Restitutions-Edikt erließ, weckte er einen Sturm, der die von dichter Asche verdeckte, nur noch glimmende Glut des Krieges zu neuen, schrecklichen Flammen entfachte. Sie sollte weitere 18 Jahre lang ganz Deutschland verwüsten.

Das evangelische Wesen

Vielleicht hätte Gustav Adolf ohne das Restitutions-Edikt die Invasion Deutschlands gar nicht betrieben. Sicher wäre ohne das Edikt der schwedische Kriegszug nicht zur Lawine geworden, wie dann geschah; nur die äußerste Bedrohung ihres Glaubens, so ihrer Heimat und Existenz konnte die deutschen Protestanten in die Arme des Königs treiben.

Golo Mann in »Wallenstein«

GOTT GEHÖRTE ZUM ALLTAG DIESES JAHRHUNDERTS. Man führte ihn im Munde, man berief sich auf ihn, man erwies ihm Ehrerbietung, nicht nur sonntags, sondern durch tägliche Andachtsübungen. Das galt für Katholiken und Protestanten gleichermaßen.

Wallenstein, gewiß eher auf die Sterne, auf sich und seine bessere Einsicht vertrauend, hussitisch erzogen, erst mit 21 Jahren, mehr wohl aus Gründen der Nützlichkeit zur römischen Kirche übergetreten, versäumte nicht, wo immer es anging, regelmäßig die Messe zu besuchen und sparte nicht an frommen Stiftungen und Klostergründungen. Der Kurfürst Johann Georg von Sachsen, der Jagdlust und dem Trunke frönend, übte strenge Treue zur reinen Lehre Luthers, und noch in der Trunkenheit sang »Bierjörge« Choräle. Maximilians von Bayern katholischer Glaube war von anderem Zuschnitt; der tüchtige, nüchterne, sparsame Regent und Verwalter barg, schweigsam und verschlossen, in sich eine glühende Frömmigkeit: Mit seinem eigenen Blut hatte er sich der Heiligen Jungfrau verschrieben, und unter den Staatsgewändern trug er ein Bußhemd.

Der Glaubensfleiß seines Vetters, des Kaisers Ferdinand, der mit ihm zu Ingolstadt von den Jesuiten erzogen worden war, saß nicht so tief, war aber nicht minder aufrichtig; zur genauen Erfüllung seiner religiösen Pflichten trieb ihn die Furcht vor Sünde und Verdammnis. Um die Samstagabend-Vesper zu Ehren der Muttergottes nicht zu versäumen, scheute er – falls ihn seine Jagdgier zu lange gefesselt hatte – nicht davor zurück, ein paar Pferde zu Tode zu jagen, und vor allen politischen Beschlüssen befragte er seinen Beichtvater (ab 1624 der Jesuit Wilhelm German Lamormaini), ob er sie ohne Sünde in Kraft setzen könne. Oberstes Ziel seines Lebens und seiner Regierung war die Wiederherstellung des wahren Glaubens, wo immer diesem Abbruch geschehen war – so hatte er es als Zwanzigjähriger auf einer Pilgerfahrt nach Loreto und Rom gelobt, bereit, eher Land und Leben zu verlieren, als der Religion Schaden zu tun.

Solange er diesem Gelübde folgte, fühlte er sich im Schutze Gottes und nahm alle Rückschläge mit Gleichmut hin.
In diesem Geist betrieb er in seinem Herzogtum Steiermark – damals zu einem guten Teil protestantisch – die »Reformation«, wie man die Rückführung zur katholischen Kirche nannte, ließ die lutherischen Kirchen schließen, die Bibeln und Gesangbücher verbrennen, die ketzerischen Pfarrer vertreiben und zwang die Bürger, entweder die Messe zu besuchen oder auszuwandern. Mit gleichem Eifer schickte er sich dann in Böhmen und Mähren zur Abschaffung der Unkatholischen an; ab 1627 rekatholisierte er auch Schlesien. Und selbst die bislang verschonten Adeligen seiner Lande wurden nun vor die Wahl zwischen Konversion oder Vertreibung gestellt.
Ferdinand, von Natur alles andere als ein Gewaltmensch, freundlich und wohlwollend im Umgang, ein guter Familienvater und leutseliger Herr seiner Diener, ließ sich von dem höheren Auftrag guten Gewissens zu Befehlen und Taten hinreißen, die ihn als Tyrannen erscheinen ließen:

All Fürsten und Ständ im Römischen Reich
Hast du recht cujonieret,
All Länder und Städt, arm und reich,
Hast du fast ausspolieret,

heißt es in einem protestantischen Kampflied. Der »Löw aus Mitternacht«, den dieses Lied dann als Widersacher des Kaisers auftreten läßt, Gustav Adolf also, ist nun freilich genau derselben Überzeugung wie Ferdinand:

Ich streite ja durch Gottes Kraft,
Gott helfe dem Gerechten!

Die Besudelung der christlichen Botschaft des Friedens und der Liebe durch das Blut der zahllosen Opfer dieses Krieges, durch das Elend, das Siechtum, den Hunger, den Jammer der von seiner Furie Heimgesuchten, wäre leichter zu ertragen, wäre sie von Zynikern ins Werk gesetzt, welche mit den Worten des Glaubens im Munde um nichts als ihre Macht, ihren Ruhm, ihr Geld kämpften. Aber so war es nicht, noch nicht in dieser ersten Hälfte des Krieges. Gerade das Jahr 1629, das mit dem Vertrag von Lübeck die Verheißung eines dauerhaften Friedens aufleuchten ließ, lieferte jenen die Rechtfertigung, die darauf bestanden, es gehe in diesem Krieg zwar auch um mancherlei Weltliches, vor allem aber um den Glauben – um die Ausrottung der ketzerischen Irrlehren, deren Verführung Deutschland seit nunmehr 100 Jahren verfallen war, wie die einen sagten; um die Bewahrung des reinen Evangeliums vor der papisti-

schen Verfälschung, wie die anderen behaupteten. Und hüben wie drüben berief man sich auf dasselbe Evangelium und denselben Gott.
Die Realpolitiker, vorab Wallenstein, wollten es anders. Aber der fromme Kaiser schuf dem frommen König den Anlaß, mit gutem Gewissen als Schützer und Retter der Protestanten in Deutschland aufzutreten. Als Ferdinand II. am 6. März 1629 das »Edict wegen der Restitution der geistlichen Güter« publizierte, erschien ihm dies als »Zweck und Frucht des Krieges«, der seit elf Jahren sein Reich verwüstete, als der Griff nach dem Preis seines Sieges. Eben dies schreckte einen großen Teil seiner Untertanen auf, weckte in ihnen die Furcht vor der Art von Reformation, wie er sie in der Steiermark, in Oberösterreich, in Böhmen und Mähren betrieben hatte und wie sie in Schlesien eben im Gang war: »Darauf der Oberst von Dohna mit etlichem Kriegsvolk in Schlesien gerückt und ist bei nächtlicher Weise in Groß-Glogau kommen, hat die Stadt eingenommen und zwei Bürger, so vornehmlich der Übergebung der Kirchen sich widersetzten, justificieren lassen. Nach diesem ist gemeldter Oberst von Dohna nach Freistadt und Sprottau gezogen und daselbst auch die Einführung der papistischen Religion in die Hand genommen . . .«
Das Restitutions-Edikt, ausgearbeitet vom Reichshofrat und vom Kaiser den katholischen Kurfürsten zur Begutachtung vorgelegt, noch etliche Male hin- und hergewendet und vor allem von Bayern heftig befürwortet, gab vor, nichts anderes zu bezwecken, als das beklagenswerterweise von den Protestanten seit mehr als 70 Jahren verletzte Recht wiederherzustellen. Es knüpfte an den Augsburger Religionsfrieden von 1555 und seine Vorstufe, den Passauer Vertrag von 1552, an: Der territoriale Besitzstand der beiden Konfessionen, der römisch-katholischen und der lutherischen (die Calvinisten waren vom Religionsfrieden ausgeschlossen), sollte restauriert werden, indem der gesamte seit 1552 säkularisierte Kirchenbesitz zurückgegeben wurde und wieder der katholischen Religion anheimfiel. Gestritten wurde um diese Territorien schon lange; dem Kompromiß in der Mitte des vergangenen Jahrhunderts, der in Wahrheit keinen Frieden, sondern einen mühsamen Waffenstillstand schuf, waren Zänkereien, Drohungen, weitere Kompromisse gefolgt. Jetzt glaubten die Katholiken auf Kompromisse verzichten zu können, nicht auf alle – die beiden protestantischen Kurfürsten und der willfährige Herzog von Pommern blieben fürs erste verschont –, aber wo geringerer Widerstand zu erwarten war, ging man aufs Ganze: Man wußte den Buchstaben des Rechts auf der eigenen Seite. Betroffen waren die beiden Erzbistümer Bremen und Magdeburg, zwölf Bistümer und mehr als 500 Abteien, betroffen waren aber auch die Reichsstädte, soweit sie gemischter Konfession waren, die meisten davon im Schwäbischen Kreis.
Die größte und mächtigste war Augsburg, und eben in dieser Stadt schritt

man ungesäumt zur Exekution, der Wirkung auf die geringeren Städte eingedenk. Augsburg war nicht nur freie Reichsstadt, sondern auch Bischofssitz. Obwohl neun Zehntel der Bürger sich zu der Konfession bekannten, der ihre Stadt den Namen gegeben hatte, und in den Zünften kaum katholische Meister zu finden waren, hielten die wenigen Katholiken im Stadtrat die Majorität, und die dem Bischof 1548 durch einen Vertrag verbrieften Rechte auf Kirchen und Klöster waren ungeschmälert geblieben. Trotzdem betrieb der Bischof die »Ausschaffung der Prädikanten und der ganzen widrigen Religionsausübung, auch Restitution der geistlichen Güter und totale Restaurierung der katholischen Religion«.
Im August 1629 – so das »Theatrum Europaeum« – »sind etliche Fähnlein Kriegsvolk in die Stadt eingelassen und damit Tor und Plätz stark besetzt worden. Man hat auch den evangelischen Bürgern Furcht zu machen und sie von Auflauf abzuhalten, einen Galgen vor dem Rathaus aufgerichtet . . . Was für Trauer, Bekümmernis und Herzeleid diese schnelle Reformation bei dieser so volkreichen . . . evangelischen Gemeinde verursachet, kann nicht genugsam beschrieben werden . . .«
Nicht überall setzte sich die Maschinerie der Exekution des Edikts so schnell in Bewegung. In Württemberg, das in besonderem Maß von seinen Bestimmungen betroffen war, wichen die kaiserlichen Kommissare zunächst vor dem entschlossenen Widerstand zurück; erst im August 1630 schickte Wallenstein widerwillig und auf ausdrücklichen kaiserlichen Befehl einen Obersten mit 28 Kompanien ins Land, die dann freilich sich nicht mit der Besetzung der großen Abteien begnügten, sondern auch die kleineren Klöster vereinnahmten und in den Klosterherrschaften die Einführung des katholischen Gottesdienstes beschützten.
Wallensteins Widerwillen, seine Soldaten für diese Exekutionen herzugeben, entsprang seiner Einsicht in die Verderblichkeit des Edikts: ». . . denn die Unkatholischen hat alle das kaiserliche Edikt wider uns *moviert*«. Und in dem einzigen Fall, wo er sich scheinbar zum Vollstrecker des Edikts machte, bei der Blockade und Belagerung Magdeburgs im Jahre 1629, beendete er den Streit mit einer erstaunlichen Feststellung, abgegeben gegenüber den Deputierten der Hansestädte, die als Vermittler aufgetreten waren: »Wir vernehmen, die Hansestädte bilden sich ein, man wolle das kaiserliche Edikt wegen Reformation der Religion *exequieren*, das sind wir durchaus nicht gemeint, sondern das Edikt kann nicht Bestand haben, und wir versprechen den Hansestädten, daß ihnen das geringste deswegen nicht zugemutet werden soll, denn man kann den Religionsfrieden nicht also übern Haufen stoßen.«
Diese schroffe Distanzierung von dem Wunschtraum des Kaisers sollte ein für allemal klarstellen, daß er die Magdeburger nicht um ihrer Religion willen bedrängt hatte, sondern ihres Ungehorsams wegen: Er hatte

Geld von ihnen verlangt – sie wollten nicht bezahlen; er hatte ihnen daraufhin mit einer Garnison gedroht – sie hatten sie abgelehnt; er hatte die Stadt blockieren lassen, um sie zur Raison zu bringen – sie hatten sich gewehrt, handfest, mit Überfällen, Plünderungen des Truppennachschubs, und wie in Stralsund war es nicht der Rat, der sich so halsstarrig zeigte, sondern das aufgebrachte Stadtvolk, die Fischer, die Schiffsleute, die Zünfte, die – angefeuert von eifernden Predigern – der städtischen Obrigkeit ihren Willen aufzwangen. Er hatte stärker gedroht, fast wie vor Stralsund, hatte die Blockade zur Belagerung gesteigert – und dann, vor der Vermittlungsdelegation der Hansestädte, plötzlich eingelenkt, erst auf die Garnison verzichtet, dann auf das Geld: ». . . so wollen wir ihnen die Summe aus Gnaden erlassen, damit man sehe, daß wir den Krieg nicht wegen des Geldes führen, sondern uns allein darum zu tun sei, daß gegen den Kaiser der schuldige Gehorsam erhalten werde«. Er mag an Stralsund gedacht haben, als er sich zur Großmut entschloß, auch an Gustav Adolf, dessen Eingreifen er damals schon erwartete, im Oktober 1629. Vor allem aber wollte er wohl demonstrieren, wie unsinnig es ihm schien, mit der Zerstörung des Religionsfriedens den eben errungenen politischen Frieden zu untergraben. Ihm schwebte vor, was Richelieu in Frankreich verwirklicht hatte: die Stärkung der Stellung des Herrschers bei Duldung der religiösen Unterschiede. Aber er war kein Richelieu, kein Minister mit absoluter (wenn auch nicht unbestrittener) Macht – wegen des Restitutions-Edikts war er nicht einmal gefragt worden. Und die Macht, die ihm sein Heer verlieh, wurde nicht nur von den Fürsten angefochten, sondern vom Kaiser selbst geschwächt, indem dieser ihm einen Teil des Heeres für Italien abverlangte. Collalto marschierte mit rund 20000 Mann über die Graubündener Pässe und rückte im Oktober in das Herzogtum Mantua ein. Ein anderer Teil seines Heeres kam in den Niederlanden den Spaniern zu Hilfe: Die Holländer, die 1628 bei Cuba die spanische Schatzflotte mit Gold und Waren im Wert von elfeinhalb Millionen holländischen Gulden erbeutet hatten, errangen 1629 unter Friedrich Heinrich von Oranien gegen die ihres Soldes beraubten spanischen Soldaten einen Sieg nach dem andern. Nachdem im August die Schlüsselstellung Wesel im Handstreich genommen worden war, mißlang dem kaiserlichen Hilfskorps die Entsetzung der von dem Oranier belagerten flandrischen Grenzfestung Herzogenbusch; im September mußte die Stadt kapitulieren.

Nebenkriegsschauplätze, gewiß. Aber sie wirkten entscheidend auf Deutschland zurück. Die englische Historikerin C. V. Wedgwood urteilt in ihrer Geschichte des Dreißigjährigen Krieges: »An und für sich ohne Bedeutung, war die Krise in Mantua der Wendepunkt des Dreißigjährigen Krieges, denn sie beschleunigte die schließliche Spaltung innerhalb der katholischen Kirche, entfremdete den Papst der habsburgischen Dynastie und gab den katholischen Mächten die moralische Möglichkeit, zur Herstellung des Gleichgewichts nun protestantische Bundesgenossen herbeizurufen.«

Der Gegensatz zwischen dem Kaiser und einem Papst, welcher die Spanier in Italien fürchtete, beeinträchtigte die Durchführung des Restitutions-Edikts, an dem doch beiden hätte liegen müssen. Der Papst jedoch wollte dem Edikt nicht einmal zustimmen: In dem Rückgriff auf den Augsburger Religionsfrieden erblickte er dessen Anerkennung, die von der Kurie seit jeher verwehrt wurde. Zu dem Widerspruch zwischen weltlichem und kirchlichem Oberhaupt kamen Streitigkeiten der Orden und Gegensätze zwischen den Bischöfen, von denen jeder auf Vermehrung seines Besitzstandes bedacht war. Außerdem mangelte es allerorten an Mönchen und Priestern, um die territoriale Rückgewinnung in eine geistliche zu verwandeln.

Auch zwischen den habsburgischen und den wittelsbachischen Interessen mußte ein Ausgleich gesucht werden. Hierbei ging es um die großen Anteile an den vom Edikt betroffenen Ländereien, um die nord- und mitteldeutschen Bistümer. Dem Kaiser schien es eine gerechte Belohnung seines Eifers für die Kirche, wenn seinem Sohn, dem Erzherzog Leopold Wilhelm, das Erzbistum Magdeburg in den Schoß fiel. Das reiche Gebiet, seit langem einem protestantischen Administrator anvertraut, war nicht vakant: Das Domkapitel hatte als Nachfolger des Brandenburger Prinzen Christian Wilhelm, der sich nach der dänischen Niederlage nicht mehr hatte halten können, den jungen Sohn des sächsischen Kurfürsten, August, gewählt. Ferdinand setzte trotzdem Ende 1628, also noch vor dem Erlaß des Edikts, beim Papst die Ernennung seines eben fünfzehnjährigen Sohnes durch, dem vorher schon das Bistum Halberstadt zugefallen war. Dann allerdings traten den Bestrebungen des Kaisers, das Gebiet durch das Erzbistum Bremen nach Norden abzurunden, die Ansprüche eines Vetters Maximilians von Bayern, Max Wilhelm von Wartenberg, entgegen – beide ohne unmittelbare Aussicht gegen den gegenwärtigen Administrator, aber bestrebt, sich das Sukzessionsrecht zu sichern. Widerwillig sprach der Papst schließlich dem unmündigen Erzherzog dieses Recht zu, worauf der Wittelsbacher sein Begehren auf Verden und Minden richtete.

Diese Verteilungskämpfe im katholischen Lager und der sich im Hintergrund öffnende Riß zwischen Urban VIII. und Ferdinand II. änderten jedoch nichts an der niederschmetternden Wirkung des Edikts auf die deutschen Protestanten, an der Realität der Bedrohung ihrer Glaubensfreiheit, an ihrer Furcht, vor die Wahl zwischen Unterwerfung und Ausweisung gestellt und in die schwerste Gewissensnot gedrängt zu werden.

Heutige Generationen sind an das friedliche Neben-, oft Miteinander von Katholiken und Protestanten gewöhnt, und es fehlt ihnen in der Regel das Verständnis für die Ernsthaftigkeit und Dringlichkeit der konfessionellen Gegensätze vor 350 Jahren. Die Zeit hat die Zwietracht mit anderen Problemen zugeweht. Auf die Unterschiede zwischen Calvinisten und Lutheranern gar verstehen sich in der Regel nur noch Theologen. Ein Rückblick ist daher unerläßlich.

In der Epoche von der Mitte des 16. Jahrhunderts bis zum Ende des Dreißigjährigen Krieges ergoß sich der in der Reformationszeit entspringende Strom der religiösen Erneuerung in die Kanäle der Konfessionen, Kanäle, die mit einem immensen Aufwand an theologischem Scharfsinn ausgeschachtet und durch dogmatische Verhärtung zementiert wurden. Was als Aufbruch zur Reformation der *ganzen* Kirche in Wittenberg begonnen hatte, durch Calvin von Genf aus noch einmal in Bewegung geraten war, sich auf alle Lebensgebiete auswirkte und von allen beeinflußt wurde, politische, soziale, kulturelle Ursachen und Folgen hatte, führte zur Errichtung von nicht nur zwei, sondern – durch die Spaltung im Protestantismus – drei Kirchen, deren jede Alleingültigkeit beanspruchte, sich nach außen mit der Bastion eines in mühsamem Prozeß gebildeten Bekenntnisses umgab und nach innen dieses Bekenntnis in den Alltag gelebter Frömmigkeit übersetzte.

Die Notwendigkeit, sich auf eine verbindliche Lehrmeinung zu einigen – die drei Hauptrichtungen befehdeten sich nicht nur gegenseitig, sondern waren auch in sich zerstritten und mußten sich zahlreicher Randgruppen erwehren – begründete eine neue Orthodoxie, die insbesondere im Luthertum zu Verkrustungen und zänkischer Unduldsamkeit führte. Das Augsburger Bekenntnis der Lutheraner – ergänzt und überbaut durch die Konkordienformel von 1577 –, der Heidelberger Katechismus der Reformierten, die Dekrete des Konzils von Trient bei den Katholiken wurden jedoch nicht nur die Feldzeichen, unter denen sich die drei Kirchengemeinschaften sammelten und gegenseitig bekämpften – geistig mit Kanzelreden und einer Flut von Publikationen, handfest politisch im Bund mit der weltlichen Gewalt –, sie gewannen auch die Seelen und die Köpfe des Volkes. Die an Bibel, Katechismus und Gesangbuch orientierte Volksfrömmigkeit der Protestanten, die Gläubigkeit in der hauptsächlich unter dem Einfluß der Jesuiten verjüngten katholischen Kirche bestimmten das Leben in seiner ganzen Breite. In allen Konfessionen vollzog sich ein Prozeß der Verinnerlichung, der persönlichen Aneignung des Glaubensgutes. Der Dreißigjährige Krieg setzte nicht nur Gier, Zügellosigkeit und Gewalttätigkeit frei, er führte gerade wegen der Heimsuchungen viele auch zu einer innigen Hinwendung zu Gott. Alles in allem war ein schlichter, selbstverständlicher Glaube Gemeingut der Menschen in der

Zeit des großen Krieges. Er vertrug sich in seiner Handfestigkeit meist mit einem ebenso handfesten Aberglauben. Daß die Sterne das Geschick mitbestimmten, daß Wunderzeichen die Zukunft ankündigten, daß man sich mit Erfolg zauberischer Mittel bedienen konnte und daß überall Dämonen lauerten, wurde nur von wenigen bestritten. Der Glaube an den Teufel war ebenso real wie der Glaube an Gott. Auf diesem Nährboden gedieh der Hexenglaube, der sich seit Mitte des 16. Jahrhunderts der Menschen bemächtigt hatte, ein Massenwahn, in dem sich die Ängste einer bis in die Grundfesten erschütterten Epoche entluden.

Die Glaubensspaltung hatte von Anfang an die politischen und sozialen Probleme der Zeit in sich aufgenommen, und umgekehrt bediente man sich in der politischen und sozialen Auseinandersetzung der religiösen Konflikte. Eine säuberliche Scheidung nach religiösen, politischen und sozialen Beweggründen widerspricht entschieden dem Geist des Zeitalters. Wie im Mittelalter, so blieben auch weiterhin Kirche und Staat aufeinander bezogen; mit der Entwicklung zum Staatskirchentum in den lutherischen Ländern war die Bindung sogar noch enger geworden, ohne daß sich daraus eine uneingeschränkte Unterordnung der Kirche unter den Staat ergab.

Der pflichtbewußte Herrscher jener Zeit verstand sich als Hausvater seines Landes, für das irdische und ewige Heil seiner Untertanen gleichermaßen verantwortlich – autoritär bis zur Kontrolle des Gottesdienstbesuches, aber fürsorglich auf die Wohlfahrt seiner Landeskinder bedacht, genauso wie ein Familienvater damals seiner Aufgabe nachkam.

Von daher müssen die Auswirkungen des Restitutions-Edikts gesehen werden. Was über ein Dreivierteljahrhundert mit Eifer und Scharfsinn ausgebaut worden war und nicht nur theologisch, sondern auch territorial feste Formen gewonnen hatte, drohte in den Strudel einer neuerlichen, ungeheuren Umwälzung gerissen zu werden. Mochten auch die beiden protestantischen Kurfürstentümer noch als Inseln aus diesem Strudel herausragen, so schien doch die Furcht nicht unbegründet, daß die beginnende Unterspülung der Bastionen des Protestantismus zuletzt auch sie mitreißen und ganz Deutschland dem römischen Glauben preisgeben würde.

Die Protestanten antworteten mit einem empörten Aufschrei. In Hunderten von Flugblättern machte sich ihr Zorn Luft. In einem der protestantischen Pamphlete wird angedroht, ehe man sich dem Edikt unterwerfe, werde man »Germanien wieder in seine alte Waldeswildnis verwandeln«.

Zahmer als die Flugschriften, die Protestlieder, klang der Einspruch Johann Georgs von Sachsen, der hauptsächlich juristisch argumentierte. Er hatte allen Grund, sich zu wehren, denn bei konsequenter Durchführung des Edikts hätte er die Bistümer Naumburg, Meißen und Merseburg herausgeben müssen. Der Kaiser war klug genug, ihn nicht herauszufordern: Er ließ ihm im Juni 1629 durch seinen Geheimrat, den Grafen Max von Trauttmannsdorff, versichern, daß sein Besitz nicht ohne rechtliches Verfahren und Urteil gestört werden solle – eine Versicherung, die, genauer besehen, auch nur Aufschub bedeuten konnte.

Auf den Kurfürsten von Sachsen jedenfalls setzten die deutschen Protestanten nicht ihre Hoffnung. Ihr Blick wandte sich nach Norden. Wie die Juden auf den Messias, so warteten sie auf Gustav Adolf – das hatte nicht nur Wallenstein bemerkt. Die alte Prophezeiung von dem Löwen aus Mitternacht wurde wiederbelebt. Himmlische Zeichen, da und dort erblickt, deuteten auf sein Kommen: In Pommern, so wurde berichtet, sei aus dem aufgetanen Himmel »ein mächtig Kriegsvolk aus dem Norden« hervorgetreten, in allen Einzelheiten erkennbar, vom Fußvolk bis zu den Reitern und zur Artillerie, und habe in einem großen Treffen »die aus Süden« besiegt, »darauf ihnen ein feuriger Balken gefolgt, so schrecklich Feuer von sich gegeben«. Und in Tübingen deutete der große Gelehrte und Mathematicus Wilhelm Schickhardt – Erfinder einer Rechenmaschine, welche die erst 20 Jahre später konstruierte Maschine Blaise Pascals übertraf – ein im Winter mehrere Stunden lang sichtbares Nordlicht als Abbild einer Schlacht, begleitet vom Brausen »wie eines starken Nordwinds«.

Die Propagandisten taten das Ihre, um den Nordwind anzublasen, einige in unmittelbarem schwedischem Auftrag. Wieder war, von Hamburg aus, Christoph Ludwig Rasche am Werk. Er tat sein Bestes, um »den gemeinen Pöbel völlig in eine Rebellion zu versetzen«, wie der Vertreter des Kaisers zu berichten wußte. Rasche verwies unmißverständlich auf den kommenden Retter. Das war Agitation, bestellt und bezahlt. Aber als Gustav Adolf im Sommer 1629 seinen Reichsständen die Lage in Deutschland darstellte, verwendete er – in Schwedisch für Schweden und gewiß nicht für deutsche Ohren bestimmt – ebenfalls religiöse Argumente: »Unsere Widersacher und Feinde, Geistliche und Laien, gedeihen wohl, hingegen sind unsere Freunde und alle, die sich vom Papsttum losgesagt haben, in Not und Elend geraten. Oft muß einem ehrlichen Mann, der Gott, seinem Glauben und seines Landes Freiheit zugetan ist, das Auge tränen und das Herz bluten, wenn er von solchem Jammer und Elend bei seinen Freunden und Religionsverwandten hören muß und er dadurch genötigt wird zu überlegen und daraus zu schließen, was ihm selbst noch in solch einer Lage bevorsteht. Kein Königreich in Europa ist mehr so frei wie Schwedens Krone; aber näher und näher kommt uns dieses Unheil und nimmt zu an Macht von Tag zu Tage.«

Der König hatte schon im November 1627 allen ihres Glaubens wegen verfolgten deutschen Protestanten eine Zuflucht in Schweden angeboten. Er machte dabei keinen Unterschied zwischen Calvinisten und Lutheranern, obwohl den Calvinisten in Schweden – trotz so prominenter Vertreter wie Louis de Geer und Johann Casimir – die öffentliche Religionsausübung nicht gestattet war. Daß er bei der Überlegung, »ob nicht mehrere Religionen im Reich freigegeben werden könnten«, auf die Freigabe verzichtete, hatte wohl kaum religiöse, sondern vorwiegend politische Gründe – er konnte die auf die Augsburger Konfession gegründete Einheit Schwedens nicht gefährden. Die Freiheit des persönlichen Glaubens gestand er jedem seiner Untertanen zu.

Wenn man ihm immer wieder Neigungen zum Calvinismus nachsagte, so ist das nicht nur auf seine unbekümmerte Koalition mit den radikalen, durch das Edikt gänzlich vom Religionsfrieden ausgeschlossenen calvinistischen Kräften Deutschlands zurückzuführen, sondern sicher auch darauf, daß ihn theologische Subtilitäten nicht bekümmerten. Anders als Erik XIV. und Johan III., anders auch als sein Vater, die sich unmittelbar mit theologischen Problemen auseinandersetzten, lag ihm weit mehr an der praktischen Übung seines Glaubens. Um sich seines Weges zu vergewissern, einen Halt zu finden im Strom der ihn vorantreibenden Pläne, hielt er sich mit täglichem Eifer an das Gebet. Er benutzte dazu wie bei seinem endgültigen Abschied von Schweden Psalmtexte oder fand seine eigenen Worte. Das Gebet nach der Landung auf Rügen, das schon 1631, also noch bei Lebzeiten des Königs, deutsch veröffentlicht worden ist, mag vielleicht nicht Wort für Wort so gesprochen worden sein. Es trägt jedoch, gemessen an anderen Äußerungen der Frömmigkeit des Königs, den Stempel der inneren Echtheit: »Ach Gott, der du wie über den Himmel als auch über die Erden und das wilde Meer herrschest, wie soll ich dir danken, daß du mich die gefährliche beschwerliche Seereise so gnädiglich beschützet hast. Ach ich danke. Ich danke dir vom Innersten meines Herzens und bitte, weil du weißt, daß dieser Zug und mein Intent ja nicht zu meinem, sondern einig und allein zu deinen Ehren und deiner armen bedrängten Kirchen zu Trost und Hilfe angesehen und gemeinet. So wollest du mir auch, woferne das Stündlein, das von dir bestimmet, vorhanden, darin du deinem Volk und Auserwählten Hilfe senden willst, ferner Gnad und Segen, auch sonderlich gut Wetter und Wind verleihen und bescheren . . .«

Ein schlichtes Gebet, das einfach ausspricht, was ihn bewegt; und so werden wir uns auch seine anderen Gebete vorzustellen haben. Die Bibel ließ er sich von seinen Predigern auslegen. Am Sonntag hörte er zwei Predigten, eine vormittags beim Hochamt, eine zur Vesper; dazu kamen in der Woche noch Predigten am Mittwoch und Freitag, und bei allen diesen Gottesdiensten sang er mit kräftiger Stimme die Choräle mit.

Daß er über die Predigten nachdachte, bezeugt sein Bericht über den Gottesdienst während seiner Brautfahrt in Berlin. Daß ihn Ängste und Todesfurcht bedrängten, daß er sich also die von den Zeitgenossen gerühmte heitere Zuversicht erst erringen mußte, ist belegt. Erfolge beflügelten ihn nicht nur, sie weckten in ihm auch die Besorgnis, er könnte die ihm von Gott gesetzten Grenzen überschreiten. Nach dem Sieg von Breitenfeld vertraute er seinem Feldprediger Fabricius an: »Eine große Unruhe ist in mir; ich überantworte mich und meine Siege der Barmherzigkeit Gottes.« Und wenn ihm ein Mißgeschick zustieß, so betrachtete er das – nach der Aussage Axel Oxenstiernas – als einen Fingerzeig Gottes, sich auf sich selbst zu besinnen.

Um sein Leben fürchtete er nicht. Seine Tollkühnheit, die in dieser abergläubischen Zeit die Meinung nährte, er sei kugelfest, entsprang keiner unreflektierten Unbekümmertheit, sondern einem gegen die eigene Todesbangigkeit errungenen Glauben an die göttliche Führung: »Ich sterbe, wenn Gott will.«

Seinen Auftrag als König verstand er ungetrennt als Auftrag für sein Reich und für den Glauben. Daß sich die beiden Seiten seines Auftrags nicht einfach deckten, sondern oft weit auseinanderklafften, ertrug er – was sich zwar nicht mit seinen Äußerungen (die es dazu nicht *expressis verbis* gibt), wohl aber mit seinem Verhalten belegen läßt – aus einem von Luther bestimmten Verständnis des Herrscheramtes.

Luther mißt der Obrigkeit, die für ihn – vor der Ausprägung des Staatsbegriffs – personalen Charakter hat, sehr viel und zugleich recht geringe Bedeutung zu. Er billigt der nach seiner Auffassung unentbehrlichen und daher auch von Gott eingesetzten obrigkeitlichen Gewalt zu: »Die Gewalt trägt nicht vergeblich das Schwert, sie ist Gottes Dienerin, dir zugut.« Zugleich aber stellt er die Herrscher auf eine Stufe mit Bauern oder Handwerkern, sofern diese ihren Beruf als Gottesdienst ausüben: »Wie nun ein Mann kann Gott dienen im ehelichen Stand, am Acker oder Handwerk . . . also kann er auch in der Gewalt Gott dienen . . . Denn sie sind Gottes Diener und Handwerksleute, die das Böse strafen und das Gute schützen.« Und dann folgt eine harte Abwertung: »Du sollst wissen, daß von Anbeginn der Welt gar ein seltsamer Vogel ist um einen klugen Fürsten, doch viel seltsamer um einen frommen Fürsten. Es sind gemeiniglich die größten Narren oder die ärgsten Buben auf Erden; darum man sich allzeit bei ihnen des Ärgsten versehen und wenig Gutes von ihnen gewärtigen muß, sonderlich in göttlichen Sachen, die der Seele Teil belangen . . . Gerät nun ein Fürst, daß er klug, fromm oder ein Christ ist, das ist der großen Wunder eins und das allerteuerste Zeichen göttlicher Gnade über dasselbe Land.« Luther gesteht den Fürsten mit Nachdruck nur eine genau begrenzte Gewalt zu: »Das weltliche Regiment hat Gesetze, die sich nicht weiter strecken, denn über Leib und Gut, und was äußerlich ist auf Erden. Denn über die Seele will und kann Gott niemand lassen regieren, denn sich selbst allein. Darum wo weltliche Gewalt sich vermißt, der Seele Gesetz zu geben, da greift sie Gott in sein Regiment und verführt und verderbt nur die Seelen.«

Vermutlich hat Gustav Adolf die Schrift Luthers »Von weltlicher Obrigkeit«, in der diese Sätze stehen, nicht gekannt. Aber er hat aus ihrem durch die lutherische Kirche tradierten Geist gehandelt. Nie hat er sich angemaßt, auf die Seelen Einfluß zu nehmen, dem Gewissen mit Gewalt beizukommen. Wenn Ferdinand II. es als seinen Auftrag ansah, die ihm anvertrauten Seelen zum wahren Glauben zurückzuführen, um ihrer höheren Bestimmung willen auch unter Zwang, so beschränkte sich Gustav Adolf darauf, in den von ihm eroberten Gebieten seine Glaubensgenossen zu fördern und ihnen zur freien Ausübung ihres Gottesdienstes zu verhelfen. Den Katholizismus hielt er weiter für den falschen Glauben, aber jede zwangsweise Bekehrung lehnte er ab: »Denn wer dem rechten Glauben nicht will ungezwungen beipflichten, der mag es lassen und den darf man nicht durch gewaltsame Mittel dazu bringen, sintemal Gott *spontaneum Cultum* [freiwillige Anbetung] erfordert, und ein jeglicher denn selbst dem Herrn dafür Rechenschaft geben müssen, wie oder was er gläubet.« Dieser Satz aus einer Augsburger Predigt von Fabricius im April 1632 gibt eindeutig die Meinung des Königs wieder.

Daß Gustav Adolf im Bewußtsein seiner Königswürde sein Amt als Dienst vor Gott begriff, ist mit Taten und Worten zu belegen. Gleichwohl spürt man bei ihm auch den Glauben an einen besonderen Auftrag – über die jedem Herrscher auferlegte Pflicht hinaus. Er fühlte sich als einer jener Menschen, die – nach Luther – »einen sonderlichen Sternen vor Gott haben, welche er selbst lehret und erweckt, wie er sie haben will«. Luther nennt solche Menschen »Wundermänner Gottes« und schreibt ihnen ein *afflatus divinus* – einen Anhauch Gottes – zu. Mit fast denselben Worten hat Axel Oxenstierna, der den König kannte wie kaum ein anderer, geäußert, eine *dispotio divina* – ein göttlicher Antrieb – habe den König zum Handeln gedrängt.

Mehr über die innersten Beweggründe des Königs zu sagen, wäre Spekulation. Aber es ist keine Spekulation, wenn man seine Sorge um das evangelische Wesen, um die »gemeinsame Sache« gleichberechtigt und unablösbar mit der Sorge um sein Reich und mit seinem wikingerhaften Tatendrang verknüpft. Erst der Zusammenfluß dieser Impulse führte ihn – gegen immer neu auftauchende Zweifel – nach Deutschland.

Zweifel und Wagnis

Ich bitte Euch, Euch nicht beirren zu lassen durch die Widerwärtigkeiten, die uns in diesen beschwerlichen Zeiten entgegentreten, sondern zu bedenken, daß unseres Vaterlandes Freiheit und Gottes Kirche, die darauf beruht, wohl wert ist, daß man für sie alle Mühe, ja selbst den Tod erleidet ...

Gustav Adolf an Axel Oxenstierna, Februar 1629

Im Jahre 1632, nicht lange vor seinem Tod, gab Gustav Adolf den Auftrag, den holländischen Gelehrten Hugo Grotius für schwedische Dienste zu gewinnen. Der König schätzte den großen Lehrer des Völkerrechts – der in der Tat 1634 das Angebot annahm und ab 1635 als Botschafter Schwedens in Paris residierte – über die Maßen. Seit 1625 Grotius' Hauptwerk »De iure belli ac pacis« erschienen war, zog er dieses ständig zu Rate; er befahl, es ins Schwedische zu übersetzen; es begleitete ihn in das Feldlager, und nach der Schlacht von Lützen fand man es in seinem Zelt.

Es beschäftigte ihn auch, als er nach dem Waffenstillstand von Altmark sich noch einmal und immer wieder mit der Frage auseinandersetzte, ob er wirklich zum Krieg nach Deutschland aufbrechen sollte.

Grotius hatte den Begriff des »gerechten Krieges« definiert, und einen anderen Krieg wollte Gustav Adolf nicht führen. Nur wenn einem Reich ein unmittelbarer Schaden drohte, nur wenn feststand, daß dieser Schaden nicht anders abzuwenden war, sah Grotius die Besetzung eines neutralen Ortes für gerechtfertigt an: »Die erste Ursache eines gerechten Krieges ist also ein Schaden, der dem Körper oder dem Vermögen angedroht wird«; und: »Hieraus kann man entnehmen, daß es in einem gerechten Kriege erlaubt ist, einen Ort in einem neutralen Land zu besetzen, wenn es nämlich nicht eingebildet, sondern gewiß ist, daß der Feind diesen Ort besetzen und von dort aus unersetzlichen Schaden tun wird.«

In Gustav Adolfs Augen hatte der Kaiser den Krieg gegen ihn schon eröffnet, als er seine Truppen Sigismund zu Hilfe geschickt hatte, und die Besetzung der Ostseeküste und der Aufbau einer kaiserlichen Flotte schienen ihm unmißverständlich gegen Schweden gerichtet.

Aber wie nahm sich eine Landung an den deutschen Küsten in den Augen anderer aus? Und diente das Vorhaben, dem der Reichsrat schon im Dezember 1628 zugestimmt hatte, wirklich dem Wohl seines Reiches, das zu wahren er vor allem verpflichtet war?

Während alles geschah, um den Feldzug vorzubereiten, während die Salpeterwerke und die Pulverfabriken ihr »Kraut« anhäuften, Waffen und Schanzwerkzeug gegossen und geschmiedet wurden, die vom Reichstag 1628 beschlossenen Aushebungen in Schweden und Finnland an die 10000 Rekruten sammelten, die schwedischen Werber aus Dänemark und England, aus Norddeutschland und Ostfriesland Landsknechte nach Schweden schickten, während in Preußen der Reichskanzler sich abmühte, um die dort liegenden Reiter und Infanteristen soweit mit Sold zufriedenzustellen, daß sie sich bereithielten, weiter für Schweden zu kämpfen, während die schwedischen Diplomaten ausschwärmten, um Bundesgenossen zu gewinnen, während dieses ganzen gewaltigen Aufgebots, dieser gesteigerten Anstrengungen, suchte der König sich erneut seines Weges zu vergewissern.

Er befragte nicht die Sterne wie Wallenstein. Er wußte sich außer an Gott an seine Räte und Mitarbeiter gewiesen, und er fühlte sich verpflichtet, auch andere Wege zu prüfen als den scheinbar unabwendbaren Zug über das Meer, hinein in ein undeutbares Schicksal.

Wenige Wochen nach seiner Rückkehr aus Preußen, aus einem von der Pest heimgesuchten Lager, in das ebenfalls vom Schwarzen Tod bedrohte Stockholm, kaum, daß er in Schloß Gripsholm seine Gattin begrüßt hatte, die den Sommer über an einer langwierigen, gefährlichen Augenkrankheit gelitten hatte, berief er den Reichsrat nach Uppsala ein. Eine Woche lang, vom 27. Oktober bis 3. November 1629, wurde nochmals hin- und hergewendet, was im Winter zuvor schon einmal debattiert worden war. Der König begründete die Wiederaufnahme der Debatte mit dem Ernst der anstehenden Entscheidung: Der Zug konnte unglücklich enden; das Beispiel der dänischen Niederlage konnte nicht einfach beiseite geschoben werden. Und was sich aus einem geglückten Beginn entwickeln würde, war nicht abzusehen. Immer wieder gebar der Krieg neue Kriege.

Gustav Adolf zeigte sich darum bereit, mit dem Kaiser zu verhandeln. Doch wenn – wie zu befürchten – die Verhandlungen scheiterten: Was war besser, Angriff oder Verteidigung? Der König führte selbst an, was gegen eine Offensive in Deutschland stand: die Belastung seiner Untertanen durch einen neuen Krieg; die Wahrscheinlichkeit, daß eine weitere Störung des Handels die Niederländer, die Hansestädte, die Engländer und Dänen gegen Schweden aufbrachte; die Haltung Dänemarks überhaupt, die nicht erlaubte, die Heimat von Truppen zu entblößen. Auch Rußland sei kein ganz zuverlässiger Nachbar, und auf den Gegensatz zwischen Frankreich und Habsburg und damit auf französische Hilfe zu setzen, sei schwankender Grund.

Gustav Adolf beließ es nicht bei *seinen* Argumenten gegen den Angriff. Auch Skytte war noch einmal aufgerufen, die Rolle des Warners zu spielen. Er erinnerte an die besondere Stellung des Kaisers, an die aus dem Mittelalter nachleuchtende Heiligkeit der Monarchie und des Reiches, und er prangerte die Unzuverlässigkeit der protestantischen Fürsten Deutschlands an: »Wenn der König siegt, werden sich die Deutschen nicht anschließen; ohne Sieg werden sie sich abwenden.«

Die Entgegnung des Königs auf diesen Satz ist als Enthüllung seiner wahren Absichten in Deutschland gedeutet worden: *»Si rex victor, illi praeda erunt«* [wenn der König siegt, werden sie seine Beute]. Doch Breitenfeld und seine Folgen waren noch nicht einmal als Vision vor dem König aufgetaucht; seine Erwartungen waren damals viel geringer. Was er meinte, hatte er im März des Jahres in einem Brief an Axel Oxenstierna weniger herrisch ausgedrückt: Das Schlachtenglück beschere Bundesgenossen und Geld.

Die Gründe für ein Eingreifen in Deutschland behielten die Oberhand. Es war auch in diesem obersten Gremium der schwedischen Politik nicht nur die Sorge um Schwedens Wohlfahrt und Sicherheit, die zu dem einstimmig gefaßten Entschluß führte, den als Verteidigung verstandenen Feldzug offensiv zu führen, sondern auch die Lage der deutschen Protestanten, »denn der Kaiser will alle, die nicht seiner Religion sind, ausrotten.«

Das Schlußwort des Königs zeigte, daß er ahnte, was ihm bevorstand: *»Satur sum gloriae, ut ampliorem not petam* [Ich bin mit Ruhm gesättigt und suche weiter keinen]. *Ergo* erwarte ich von euch, daß ihr nicht von mir sagt, ich suche *vanam gloriam* [eitlen Ruhm] oder irgend etwas anderes als *solam utilitatem et securitatem patriae* [nur das Wohl und die Sicherheit des Vaterlandes], und wie immer auch alles abläuft, legt alles zum besten aus, den Jungen und den Alten, damit alle Untertanen sich von Herzen der guten Sache widmen. Ich ermahne euch, so zu handeln, daß ihr oder eure Kinder einen guten Ausgang erlebt, den Gott uns verleihe. Für mich selbst erwarte ich keine andere Ruhe mehr als wie die ewige Ruhe.«

Es klang, als sei er schon auf dem Wege, halb wie ein Abschied. Aber obwohl er nach dem Ratsbeschluß sagte, er habe nie daran gezweifelt, daß der Angriff die beste Lösung sei, bewegte er die Probleme noch einmal hin und her. Der dänische König schickte ein Angebot, einen Ausgleich mit dem Kaiser zu vermitteln. Das führte am 10. Dezember zu einer neuen Debatte des Reichsrates. Der dänische Nachbar durfte nicht aus dem Auge gelassen werden. Sein Angebot weckte das alte Mißtrauen: Wessen hatte man sich von Christian IV. zu versehen, wenn man sich in Deutschland band? War es nicht besser, vorher jede dänische Bedrohung auszuschalten? Gegen das schwache Dänemark würde das nicht schwerfallen – und konnte man den Krieg nicht auch von Jütland aus nach

Deutschland tragen? Wie schon im Herbst 1627 fand der Gedanke seine Befürworter. Einer davon war der noch immer in Elbing weilende, brieflich befragte Reichskanzler.

Trotzdem antwortete Gustav Adolf schließlich dem dänischen Nachbarn, er sei bereit, von ihm unterstützt mit dem Kaiser zu verhandeln; er schlug Danzig als Verhandlungsort vor und als Datum den 1. April 1630. Dieses Angebot entsprang sicher auch der Absicht, für alle Fälle einen Deckmantel bereitzulegen, aber daß beide Seiten sich mit Ernst der Verhandlung näherten, kann nicht bestritten werden. Gustav Adolf blieb viel erspart, wenn er die Invasion absagen konnte. In den folgenden Monaten war er mehrere Male drauf und dran, unter der Last der Probleme zu verzweifeln, die sich vor ihm auftürmten. Und Wien, das in Italien eine Entscheidung erzwingen wollte, lag viel daran, sich im Norden einen Feind vom Hals zu halten, dessen Gefährlichkeit Wallenstein oft genug betont hatte. Dem guten Willen, aufeinander zuzugehen, stand jedoch die ungeheure Schwierigkeit entgegen, zwischen zwei einander so entfernten Standpunkten eine Brücke zu schlagen. Im Bewußtsein dieser Schwierigkeit ließ sich Gustav Adolf durch die Aussicht auf die Danziger *Tractation* nicht von der mit allem Fleiß betriebenen diplomatischen und militärischen Vorbereitung des Feldzuges abhalten. Im Gegenteil: Er glaubte, das Verhandlungsziel am ehesten »unter Waffen« erreichen zu können.

Bei der Suche nach Bundesgenossen freilich erreichte der König so gut wie nichts. Die in ihre Heimat entsandten deutschen Gefolgsleute Dietrich von Falkenberg und Graf Philipp von Solms kamen über Kontakte nicht hinaus. Christoph Ludwig Rasche, der im Dezember 1629 zu einer großen Reise nach Süden aufbrach, versuchte zuerst in Lübeck die Verhandlungen des dort tätigen Sondergesandten Anders Svensson zu unterstützen; auch mit dem in der Hansestadt im Exil lebenden Adolf Friedrich von Mecklenburg führte er Gespräche. Über Lüneburg zog er in die Schweiz, brachte jedoch von seinem langen Aufenthalt dort nichts Greifbares mit. Ähnlich erging es Philipp Sadler, der ebenfalls bis in die Schweiz reiste, jedoch auch Nürnberg und Ulm besuchte und in Stuttgart vermutlich dem Herzog von Württemberg begegnete. Wichtiger war Sadlers geheime Unterredung – im kurfürstlichen Stall in Dresden, wo sie unauffällig blieb – mit Johann Georg von Sachsen kurz nach Neujahr 1630. Der Kurfürst, dem Gustav Adolf früher schon brieflich mitgeteilt hatte, daß er sich vom Kaiser bedroht fühle, empfing den Sendboten des Königs in allen Ehren, aber als dieser ihn drängte, für die gemeinsame lutherische Sache Partei zu ergreifen, erhielt er die unverblümte Antwort, falls der König von Schweden in Deutschland lande, werde er den Kurfürsten von Sachsen, wie es die Pflicht gebiete, an der Seite des Kaisers finden.

Die deutschen Fürsten mochten ihre Libertät, ihre Unabhängigkeit betonen, aber in ihnen allen – und in Johann Georg ganz besonders – lebte noch die Bindung an das Reich, dessen Auflösungsprozeß seine mystische Ausstrahlung nicht zerstört hatte. Noch immer war keine Krone mit der Kaiserkrone zu vergleichen – nicht von ungefähr hatte Skytte bei der Reichsratsdebatte darauf hingewiesen, daß sich in dieser Krone die Idee der Monarchie verkörpere, die zu verletzen gefährlich sei. Die Auswirkung der Reichstreue bekamen Gustav Adolfs Gesandte auch anderenorts zu spüren; nur die vom Kaiser verstoßenen oder bedrohten Fürsten wie die Herzöge von Mecklenburg und der den König mit grandiosen Plänen bedrängende vertriebene Administrator von Magdeburg, Christian Wilhelm, oder die armen Herzöge von Weimar und Lüneburg schienen geneigt, sich an Schweden zu halten. Mit den Resten der Reichstreue verbanden die deutschen Fürsten die Neigung, den Kopf einzuziehen, und die Hoffnung, den eigenen Besitz durch neutrales Lavieren unversehrt erhalten zu können. Bei Johann Georg wirkte auch der starke Einfluß seines Oberhofpredigers Matthias Hoë von Hoënegg, der sich prophetenhaft als Ratgeber aufspielte und dessen durch reichliche Gaben genährte Kaisertreue damals noch nicht erschüttert war.

Gustav Adolf beschränkte sich jedoch bei der Suche nach Verbündeten keineswegs auf Deutschland. Anton Monier – den wir schon als einen der in Schweden tätigen ausländischen Unternehmer kennengelernt haben – bemühte sich in Moskau, neue Zwietracht mit Polen zu säen: Wenn die Nachbarn im Osten mit sich selbst beschäftigt waren, blieb Schweden von ihnen unbehelligt. Monier bot die Lieferung von Munition an und erhielt die Erlaubnis, für Schweden Getreide und Salpeter aufzukaufen; vor allem aber bewirkten seine Verhandlungen eine Annäherung Rußlands an Schweden, die sich später darin ausdrückte, daß nach der Schlacht von Breitenfeld in Moskau die Siegesglocken geläutet wurden (um diese Zeit residierte dort schon ein ständiger Gesandter Schwedens) und daß zum Zeitpunkt der Schlacht von Lützen eine starke russische Delegation zu Gustav Adolf unterwegs war, um eine enge militärische Kooperation zu vereinbaren, dann allerdings, bei der Nachricht vom Tode des Königs, an der Newa umkehrte.

Auch mit anderen östlichen Mächten wurde über eine Unterstützung verhandelt. Im Januar 1630 traf eine höchst exotische Abordnung in Stockholm ein: Der Khan der Krim-Tataren hatte neun seiner Gefolgsleute nach Schweden entsandt, um dem König Waffenhilfe anzutragen, entweder durch einen Angriff gegen Polen, an das sein Gebiet unmittelbar grenzte, oder gegen Ungarn, wofür er allerdings auf freien Durchzug durch Siebenbürgen angewiesen war. Der König, der die Tataren in Västerås ehrenvoll empfing und sie mit Geschenken entließ, spann diesen

Faden – wenn auch ohne praktisches Ergebnis – weiter: Auch eine tatarische Delegation war zu ihm unterwegs, als er zur Schlacht von Lützen marschierte. Ihre Mission wäre freilich auch dann vergebens gewesen, wenn der König die Schlacht überlebt hätte: Auf Siebenbürgen, um das sich Gustav Adolf ebenfalls bemühte, war nach dem Tod Bethlen Gabors noch weniger zu rechnen als bei dessen Lebzeiten, und der Versuch, mit Hilfe der Türken im Südosten voranzukommen, scheiterte an deren Engagement in Persien. Immerhin zeigen diese letztlich erfolglosen Verhandlungen, wie weit Gustav Adolf seine Pläne spannte und zugleich, wie wenig Skrupel er hatte, Allianzen anzubahnen, wo immer sie sich anboten.

Konkreter, wenn auch nicht frei von spekulativen Zügen, waren die Gespräche mit Charnacé über ein Bündnis mit Frankreich, wobei das spekulative Element französischer Herkunft war, da Richelieu eigentlich Unvereinbares gleichzeitig erreichen wollte. Charnacé war dem König von Preußen nach Schweden gefolgt. Die Gespräche zogen sich durch den ganzen Winter hindurch bis in das Frühjahr 1630 und endeten ohne Ergebnis. Charnacé reiste mit leeren Händen in seine Heimat zurück. Das Gespinst, in das er den König hatte einknüpfen wollen, war allzu fein gesponnen gewesen. Gustav Adolf – so wollten es die Instruktionen, mit denen Charnacé versehen war – sollte gegen Subsidien von 600 000 Livres jährlich nicht nur die Libertät der deutschen Reichsstände sichern, die spanischen Truppen aus Deutschland vertreiben und für die Franzosen die habsburgischen Festungen am Rhein und in Graubünden beseitigen, sondern zugleich auch die Liga, insbesondere jedoch Bayern, nicht antasten und der Ausübung der katholischen Religion nichts in den Weg legen. Gustav Adolf bemühte sich zwar, im Laufe der Verhandlungen den französischen Wünschen ein Stück näher zu kommen, aber als das Ergebnis dieses Entgegenkommens schließlich Vertragsform annahm, ließ er, unter einem Vorwand, das Ganze platzen. Ihm widerstrebte von Herzen, sich »gegen drei Tonnen Goldes« französischem Geheiß und französischer Willkür zu unterwerfen, und als er dies seinem Kanzler schrieb, stimmte ihm dieser aus Überzeugung zu: Er war einer französischen Allianz ohnehin nicht wohlgesonnen.

Gustav Adolf hatte aus den Verhandlungen mit Charnacé offenbar den Eindruck gewonnen, daß er die französische Hilfe auch zu besseren Bedingungen haben konnte – was sich neun Monate später durch den Vertrag von Bärwalde bewahrheitete. Auch wollte er die Danziger Konferenz nicht von vornherein durch ein Bündnis mit Frankreich belasten.

Während das für diese Konferenz in Aussicht genommene Datum herannahte, wurde das Verhältnis zu Dänemark einer neuen Zerreißprobe ausgesetzt. Christian IV. hatte schon im September 1629 Geheimverhandlungen mit Wallenstein aufgenommen mit dem Ziel, »daß das Land Rügen gegen eine Summe Geldes Ihrer Königlichen Majestät abgetreten werde«. Bei Wallenstein fand dieser Vorschlag Gehör: Ihm schien eine dänische Besetzung Rügens doppelt nützlich, einmal, um die Schweden von der Insel fernzuhalten, zum andern, um den Zwiespalt zwischen den nordischen Königreichen zu vertiefen. Anfang des Jahres 1630 erfuhr Sten Bielke, der schwedische Resident in Stralsund, von dem Komplott. Er informierte sofort seinen König. Die Nachricht stimmte mit anderen Bestrebungen des dänischen Königs überein: Er hatte sich bereit erklärt, die habsburgischen Pläne zur See zu unterstützen und Glückstadt als Stapelplatz für den Spanienhandel angeboten. Als auch der Kurfürst von Brandenburg auf den Rügen-Plan hinwies, entschloß sich Gustav Adolf zu handeln. Am 7. März ließ Leslie, der Befehlshaber der schwedischen Garnison in Stralsund, Hiddensee besetzen, zum Monatsende nahm er die Schanze von Altefähr gegenüber Stralsund und baute dort einen Brückenkopf aus, der dem Angriff von einigen tausend vom Festland herangeführten kaiserlichen Soldaten widerstand. Nach und nach rollten die Schweden alle Stellungen des Gegners auf der Insel auf. Am 20. Juni war ganz Rügen in ihrem Besitz. Damit war Gustav Adolf der Weg nach Deutschland endgültig gebahnt.

Während so der Griff Dänemarks nach Rügen abgewehrt wurde, eskalierte bei beiden nordischen Königen die Furcht vor dem anderen. Hastige Pläne hüben wie drüben: Am 21. März schlug Christian IV. seinem Reichsrat vor, einen Präventivkrieg gegen Schweden zu führen oder den Sund für schwedische Schiffe zu sperren. Im April wollte Gustav Adolf Dänemark eine Neutralitätsgarantie abverlangen oder – falls diese verweigert werden sollte – sofort gegen den Nachbarn marschieren, um zu vereiteln, daß dieser ihm in den Rücken fiel. Auf beiden Seiten verhinderten besonnene Ratgeber die Unbesonnenheit. Die Zurückhaltung wurde Gustav Adolf durch eine weitere Eskapade Christians erleichtert: Dieser war wegen des Elbezolls mit Hamburg in Streit geraten, ein Konflikt, mit dem er noch einige Zeit beschäftigt blieb und der die Hansestädte den Schweden näherrückte.

Inzwischen wartete der kaiserliche Gesandte Karl Hannibal von Dohna in Danzig vergebens auf die schwedischen und dänischen Delegierten. Er erfuhr verspätet, daß eine mißverständliche Absprache zwischen Wallenstein und den nordischen Königen zu einer Verschiebung der Konferenz auf den 1. Mai 1630 geführt hatte. Auch dann wollten die Verhandlungen nicht in Gang kommen. Im Mai beriet der schwedische Reichsrat über die Bedingungen, die in Danzig vorzulegen waren: Räumung von ganz Norddeutschland durch die kaiserlichen Truppen und Herstellung des alten Zustandes. Sie wurden von Dohna mit dem Satz kommentiert: »Was könnte Euer König mehr begehren, wenn er als Sieger mitten in Deutschland stünde?« Die Haltung der Dänen war wenig geeignet, eine Annäherung der Standpunkte herbeizuführen; sie arbeiteten statt zu vermitteln sichtlich gegen eine für Schweden akzeptable friedliche Lösung. Axel Oxenstierna, der die schwedische Delegation führen sollte, weigerte sich, in Danzig zu verhandeln: Das Verhältnis zu der Stadt war noch immer so gespannt, daß sie ihm als Verhandlungsort ungeeignet erschien. Wie so oft bei der Eröffnung von Konferenzen bissen sich die Parteien an einer solchen Nebenfrage fest, und als endlich sowohl der schwedische König wie der Kaiser einem anderen Verhandlungsort zustimmten, war es zu spät: Ihre Schreiben trafen erst ein, als Mitte Juni Dohna und die Dänen verärgert aus Danzig abgereist waren. Weitere Verhandlungen konnten nur noch »unter Waffen« stattfinden.

Dabei hatte Gustav Adolf noch am 2. Juni, zwei Wochen nach seiner Abschiedsrede vor den schwedischen Reichsständen und während die Invasionstruppen bereits auf die Schiffe verladen waren, seinem Kanzler in einem von Sorgen bedrückten Brief geschrieben, es sei wohl besser, einen Frieden zusammenzuflicken. Oxenstierna jedoch war der Meinung, nun könne man nicht mehr zurück.

Selbst der Wind schien den König noch vom Aufbruch abhalten zu wollen. Nachdem die kleine Armee, mit der er die erste Landung wagen wollte – ganze 14000 Mann, darunter knapp 3000 Reiter, von mehr als 70000, über die er insgesamt, einschließlich der in Preußen stehenden Truppen, verfügen konnte –, an Bord der Schiffe gegangen war, hielten heftige, hartnäckige Gegenwinde die Flotte noch fast drei Wochen in den Schären fest. Der König hatte Mühe, seine Soldaten und ihre Pferde eine so lange Zeit zusätzlich zu ernähren.

Was den König in diesen Wochen an Träumen heimsuchte – es ist bekannt, daß er viel und heftig träumte, wobei ihm mitunter auch der Teufel erschien –, ist nicht überliefert. Aber die Vorsicht, die ihn bestimmte, zunächst mit einem recht kleinen Kontingent aufzubrechen und die Planung weiterer Truppentransporte nach Deutschland auf die Hälfte seiner Gesamtarmee zu beschränken, spiegelt neben dem Brief an Oxenstierna seine verborgene Stimmung wider. Wenn er, wie immer wieder bezeugt wird, Zuversicht und Mut ausstrahlte, so intensiv, daß es alle mitriß, die ihm begegneten, so gilt diese Zuversicht wohl kaum für die Stunden, in denen er mit sich allein war.

Zum 14. Mai 1630 hatte der König Repräsentanten der drei oberen Stände – Adel, Geistlichkeit und Bürger – nach Stockholm berufen, um ihnen als den Vertretern des ganzen Reichstags noch einmal darzulegen, warum er auszog und unter welchen Bedingungen er bereit war, mit dem Kaiser Frieden zu schließen. Am 19. Mai nahm er von ihnen und vom Reichsrat Abschied. Seine Rede, mit der er sich nacheinander an den Rat und die Stände, einschließlich der abwesenden Bauern wandte, hielt er im Beisein seiner Gattin und seiner dreieinhalbjährigen Tochter Christina.

»Gott, den allerhöchsten, vor dessen Auge ich hier sitze, nehme ich zum Zeugen, daß ich das nicht aus eigenem Wunsche oder Lust am Kriege tue, sondern daß ich dazu seit manchen Jahren gewaltig gereizt und getrieben worden bin; unseren Gesandten für Lübeck haben die Kaiserlichen alle Schmach angetan, ihr Feldmarschall ist mit einer stattlichen Armee zu unseren Feinden, den Polen, gestoßen und hat uns verhindert, sie entscheidend zu schlagen, unsere hoch bedrängten Nachbarn, Verwandten und Schwager haben uns dazu ermahnt, ja selbst ferne Könige haben uns dringend zu diesem Krieg zugeredet, vor allem aber müßten unsere unterdrückten Religionsverwandten von dem päpstlichen Joch befreit werden, das wird, hoffen wir, mit Gottes Hilfe möglich sein . . . Und da es gemeinhin geschieht, daß der Krug so lange zu Wasser geht, bis er schließlich zerbricht, so wird es auch mit mir zuletzt so gehen, daß ich, nachdem ich bei so vielen Gelegenheiten und Gefahren für das Wohl des Reiches Schweden mein Blut habe vergießen müssen, bisher durch Gottes gnädigen Schutz am Leben geblieben bin, es schließlich doch werde lassen müssen. Deshalb will ich vor meiner Abreise die Untertanen und Stände Schwedens, Euch Anwesende und die Abwesenden, Gott dem Allerhöchsten an Seel, Leib und Wohlfahrt anbefehlen, und wünschen, daß wir einander nach diesem elenden und mühseligen Leben, so Gott will, wiederfinden und treffen mögen in dem himmlischen, unvergänglichen Leben und den Freuden, die Gott uns bereitet hat.«

Anschließend wandte sich der König zuerst an den Reichsrat und wünschte ihm Verstand und Kraft für sein Amt, dann an den Adel. Ihn erinnerte er an die Taten der alten Goten und forderte ihn auf, es ihnen nachzutun. Der Kampf sei die Aufgabe der Ritterschaft und ihrem Mannesmut sei sowohl der Dank der Krone wie der Nachruhm gewiß. Die Geistlichen erinnerte er an die Verantwortung, die ihnen daraus erwachse, »daß ihr das Herz der Menschen in eurer Gewalt habt, es zu drehen und wenden, wohin ihr wollt«. Den Bürgern wünschte er, »daß eure kleinen Hütten in große Steinhäuser, eure kleinen Boote zu großen Schiffen und Kauffahrern verwandelt werden und daß das Öl in euren Krügen niemals versiegen möge«. An die Bauern hatte der König diesen Segenswunsch: »Dem gemeinen Mann und der Bauernschaft wünsche ich, daß ihre Wiesen mit Gras ergrünen, ihre Felder hundertfach tragen, so daß ihre Scheunen sich füllen; und daß der Überfluß so wachse und zunehme, daß sie mit Freuden und ohne Seufzen die Pflichten und Lasten tragen, die auf sie gelegt sind.« Folgte die Zusammenfassung: »Und in summa will ich euch alle und jeden besonders mit Seele und Leib Gott dem Allmächtigen allergnädigst befohlen haben.«

Nach diesen Worten sprach er ein Psalmgebet. Am Nachmittag nahm er im Schloß von den Vertretern der Stände persönlich Abschied. Von der Königin und seiner kleinen Tochter verabschiedete er sich in Älvsnabben, als er an Bord des Regalschiffes *Tre Kronor* ging. Seine Tochter sah er dabei zum letzten Mal.

Als die Flotte endlich Segel setzen konnte, war dem König noch nicht bekannt, daß Rügen bereits in schwedischer Hand war. Das Ziel war darum zunächst diese Insel. Bei Öland erreichte ihn die Nachricht, daß die Stralsunder Truppen sich schon ganz Rügens bemächtigt hatten. Nun wurde Kurs auf Usedom genommen. Am 26. Juni lief die Flotte in die Peene-Mündung, während ein heftiges Gewitter niederging. Die Schanzen beiderseits der Mündung waren schon geräumt. Trotz Blitz und Donner – so berichtete Bogislaw Philipp von Chemnitz in seiner Chronik des Schwedischen Krieges in Deutschland – hat der König »alsbald das Volk in Schaluppen und Booten ans Land zu werfen angefangen«. Chemnitz erinnert daran, daß genau 100 Jahre vor diesem Tag die Augsburger Konfession Kaiser Karl V. vorgelegt worden war. »Sobald der König das Land und den deutschen Boden berühret, soll er unter freiem Himmel auf seine Knie niedergefallen sein und sein Gebet ganz eifrig und inbrünstiglich getan haben. Welche sonderbare Andacht den herumstehenden Offizieren dergestalt das Herz gerühret, daß ihnen die Augen schier übergegangen sein; vorab da der König bei dieser Gelegenheit sie zu gleichmäßiger Gottseligkeit vermahnet mit diesen merklichen Worten: Je mehr Betens, je mehr Sieg: Fleißig gebetet sei halb gefochten.«

In den Augen der deutschen Protestanten begann sich zu erfüllen, was die Vorzeichen verheißen hatten, auch jenes Vorzeichen, das Abelinus im »Theatrum Europaeum« so beschreibt: » . . . ist in der Luft hergewiesen worden ein großer goldfarbener Löwe, welcher von Mitternacht gegen Deutschland her gezogen und in seinen vorderen Pfoten ein großes Schwert gehalten und damit die Verfolgten beschützet, die Verfolger aber grimmig darniedergeschlagen.«

VON DER ODER ZUM RHEIN

Der Brückenkopf

Jacta nunc est alea: transivit S.R. Majestas non Rubiconem sed vastum mare.

Aus einem Bericht von Camerarius an die Regierung der Niederlande

AM 9. JUNI 1630, ALS DIE INVASIONSFLOTTE Gustav Adolfs schon seit zwei Wochen in Älvsnabben auf günstigen Wind wartete, traf der Kaiser in Regensburg ein. Ein Kurfürstentag stand bevor; er dehnte sich bis in den November hinein. Die Bürger mußten eng zusammenrücken in diesen Monaten: An die 25 000 Gäste suchten Unterschlupf in ihren Mauern, mehr als Regensburgs ständige Einwohnerschaft, und nicht alle hatten mit dem Treffen zu tun, viele waren von ihm auch nur aus Neugier angezogen worden, wollten von ihm profitieren und das Spektakel genießen: die Schauessen, die Turniere, die Kleiderpracht. Doch mangelte es, neben den höchsten Herrschaften, auch nicht an Räten und Gesandten, an Generalen und an Diplomaten aus vielen Ländern. Um Krieg und Frieden ging es schließlich, und fast schien es ein Kongreß werden zu wollen, der Europa den Frieden brachte.

Von der Herstellung eines »Universalfriedens« war auch in der Proposition die Rede, die der Kaiser am 3. Juli den Kurfürsten überreichen ließ. Freilich – und das war kein gutes Vorzeichen – waren nur die katholischen Kurfürsten in Person erschienen; die beiden protestantischen Herren von Sachsen und Brandenburg, erbittert über das Restitutions-Edikt, ließen sich trotz dringlicher Einladung durch Gesandte vertreten, und diese hatten den Auftrag, sich den Wünschen des Kaisers zu widersetzen.

Sich zu widersetzen waren jedoch auch die Katholiken entschlossen, allen voran Maximilian von Bayern. Was der Kaiser vorschlug – zunächst unter Hintanstellung seines Hauptwunsches, seinen Sohn Ferdinand, seit 1625 König von Ungarn, zum Römischen König und damit zu seinem Nachfolger gewählt zu sehen – war wenig geeignet, die Widerstände zu überwinden. Zu deutlich standen spanische Wünsche hinter den seinen, zu offensichtlich war, daß er die Reichsstände für seine Zwecke einspannen wollte. Er rückte die Außenpositionen in den Vordergrund: die Kämpfe in den Niederlanden, in Italien, und die Drohung aus Schweden, und für den Fall, daß der Universalfriede – wie zu befürchten – nicht zu erzielen war, erwartete er eine »rechtschaffene *Conjunction*« gegen die Störenfriede, worunter er vor allem ein bewaffnetes Vorgehen gegen die Holländer und gegen die Franzosen in Italien verstand. Zu den Vorausset-

zungen eines solchen Verbundes zwischen Kaiser, Kurfürsten und Reichsständen gehörte eine Neuverteilung der Kriegslasten, der Kontributionen, Einquartierungen und Durchzüge.
An diesem letzten Punkt hakten die Kurfürsten bei ihrer Antwort ein. Katholiken und Protestanten hielten sich an die Meinung Johann Georgs von Sachsen, es wäre »eine unerhörte Neuerung, wenn die freien Reichsstände dergestalt zur Kontribution verbunden« würden. Zunächst war nach ihrer Auffassung die kaiserliche Armee zu verkleinern und einem neuen Kommando zu unterstellen. Die Konflikte in den Niederlanden und in Italien sollten friedlich gelöst werden, sie waren Sache des habsburgischen Hauses und nicht des Reiches.
Das lief auf die Absetzung Wallensteins hinaus. An der Verdrängung des *dictator imperii* lag allen gleichermaßen: den Katholiken, den Protestanten, dem päpstlichen Nuntius, den Franzosen, deren Abgesandte Ende Juli in Regensburg eingetroffen waren. Der französische Diplomat Léon Brûlart war von Père Joseph begleitet, der »grauen Eminenz« des Kardinals Richelieu. François Joseph Leclerc du Trembley, zum Soldaten bestimmt, war – Kapuziner geworden – Provinzial des Ordens, als Richelieu ihn kennenlernte. Seine Menschenkenntnis, seine ausladende Phantasie, sein Kalkül hatte der Mönch in den Dienst Frankreichs gestellt, ohne seine frommen Visionen, insbesondere die eines Kreuzzuges gegen die Ungläubigen, aus den Augen zu verlieren. In Regensburg gelang es ihm – so später der Kaiser –, die deutschen Kurfürstenhüte in einer Kapuze davonzutragen. Er spann sie alle ein, benutzte, belebte, entzündete die Abneigung gegen das Haus Habsburg. Zu Bayern pflegte Frankreich mit dem Segen des Papstes schon seit langem besondere Beziehungen, der Entwurf über ein Defensivbündnis lag seit Oktober 1629 vor, war zwar noch nicht besiegelt, aber doch eine Gewähr, daß Frankreich in dem Streit um Mantua auf Maximilians Unterstützung zählen durfte.
Ferdinand, von der starken Opposition in die Enge getrieben, entschloß sich, Wallenstein zu opfern. Dieser hatte im Sommer 1629 Mecklenburg verlassen, ein halbes Jahr in Halberstadt sein Quartier aufgeschlagen, im neuen Jahr einige Monate in Gitschin, einige Wochen in Karlsbad verbracht und war zehn Tage bevor der Kaiser in Regensburg einzog, mit seiner Leibgarde, seinem Troß und seinen Kutschen in Memmingen eingefahren. Was tat er dort, Feldherr einer weitverstreuten, derzeit unbeschäftigten, stark reduzierten Armee? Er verhandelte über neue Feldzüge: nach Italien, über den Rhein, und inzwischen setzte der Schwede, vor dem er so lange gewarnt hatte, tatsächlich seinen Fuß auf deutschen Boden. Maximilian von Bayern hatte angenommen, der Friedländer werde sich Gustav Adolf selbst entgegenstellen, während in Regensburg getagt wurde. Statt dessen überließ er dies seinen Generälen, saß vier Tagereisen

von Regensburg entfernt im Memminger Fuggerpalast und empfing Besucher: den päpstlichen Nuntius, auch die beiden französischen Gesandten, einen Sohn des Dänenkönigs. Manche trauten ihm finstere Pläne zu, darunter die Absicht, durch einen Staatsstreich sich und dem Kaiser die Oberhand über die widerspenstigen Fürsten zu verschaffen. In Wahrheit verfügte Wallenstein von Memmingen aus über zu wenig Streitkräfte für ein solches Vorhaben, war er eher unschlüssig, gelähmt, von Sorgen geplagt, von seinen düsteren Launen heimgesucht, »aller Dinge, aber seiner selbst nicht mächtig«, wie ihn Carl Jacob Burckhardt charakterisiert.

Die Nachricht, von den Herren Questenberg und Werdenberg Anfang September ungern überbracht, der Kaiser »wolle die Kriegsdirektion seiner Armada ändern« – ein mühsam gefaßter Entschluß, zuletzt von allen Ratgebern befürwortet, nur von den Spaniern heftig bekämpft –, diese Nachricht nahm der bislang Oberste Feldherr gelassen auf: »Eine liebere Nachricht hätte mir nicht überbracht werden können. Ich danke Gott dafür, aus der Schlinge entschlüpft zu sein.« Vielleicht war er in der Tat erleichtert, vielleicht nur beherrscht genug, um seinen Groll verbergen zu können, vielleicht beides.

Erstaunlich, daß der Herzog von Friedland sich nicht wenigstens mehr um sein Herzogtum Mecklenburg kümmerte. Gab er es schon verloren, zwei Monate, nachdem Gustav Adolf an der Küste erschienen war? Auf jeden Fall kehrte er Anfang Oktober mit seinem umständlichen Gefolge nach Gitschin zurück, unterwegs von Krankheit heimgesucht, anscheinend ein Privatmann, der sich nicht mehr um das zu sorgen brauchte, was ohne ihn geschah.

Gustav Adolf hätte es sich kaum besser wünschen können. Als die Nachricht von seiner Landung in Regensburg eintraf, hat – so Abelinus – »hierauf Ihre Majestät geantwortet, sie wäre mit einer solchen Armee gefaßt und versehen, daß sie durch Gottes Gnade die widerwärtigen Waffen wohl abzutreiben verhoffte . . .«. Zunächst schickten die Kurfürsten dem König einen Brief, in dem sie seine Kriegsgründe zu widerlegen suchten und ihn aufforderten, das Deutsche Reich zu verlassen.

Und trotz des neuen Feindes wurde in Regensburg beschlossen, die beiden Heere, das kaiserliche und das ligistische, zu verringern. Tilly, dem nach einigem Zanken das Kommando über beide Heere anvertraut wurde, sah deutlicher als seine Auftraggeber, was auf ihn zukam: »Der König von Schweden ist ein Feind von ebenso großer Klugheit wie Tapferkeit, abgehärtet vom Krieg, in der besten Blüte seiner Jahre. Seine Anstalten sind vortrefflich, seine Hilfsmittel nicht gering . . . Seine Armee, aus Schweden, Deutschen, Livländern, Finnländern, Schotten und Engländern zusammengeschlossen, ist zu einer einzigen Nation gemacht, durch blinden Gehorsam. Dies ist ein Spieler, gegen welchen nicht verloren zu haben schon überaus viel gewonnen ist.« Und philosophisch, wie es seinen 71 Jahren zukam, fügte der graue Kriegsmann hinzu, das Spiel des Krieges verleite den Gewinner, daß er »durch den allzu starken Gewinn zu mehrer Begierde getrieben« werde, bis »endlich das unbeständige, wandelbare Glück seiner Art und Eigenschaft nach dem Gewinner den Rücken kehre«. Erst im November entschloß er sich endgültig, das Oberkommando zu übernehmen – zu einem Zeitpunkt, da Gustav Adolf sich Pommern gesichert hatte und Pläne für die Feldzüge des kommenden Jahres entwarf.

Man hatte in Regensburg zeitweilig gehofft, Gustav Adolf durch die Preisgabe Wallensteins zur Umkehr bewegen zu können. Den Entschluß, der ihm wirklich den Nordwind aus den Segeln genommen hätte, nämlich die Rücknahme des Restitutions-Edikts und Wiederherstellung des alten Zustands in Norddeutschland, vermochte man nicht zu fassen. Im Gegenteil: Obwohl der Kaiser bestürmt wurde, auf das Edikt zu verzichten und damit die beiden protestantischen Kurfürsten auf seine Seite zu ziehen, hielt er mit dem eigensinnigen Glauben an seine katholische Mission an diesem – in Wirklichkeit schon wertlosen – Kleinod seines Sieges fest.

Zu einem Friedensschluß im Streit um Mantua ließ sich der Kaiser bewegen – zunächst ein halber Erfolg für beide Seiten, letztlich durch das geschickte Spiel der französischen Politik ein ganzer Erfolg für Frankreich. Zu der Wahl des Kaisersohnes zum Römischen König konnten sich die Kurfürsten in Regensburg nicht entschließen.

Der alternde Kaiser und seine Räte, im Frühjahr noch ihres Triumphes sicher, kehrten gedemütigt nach Hause zurück. Die Hoffnung auf Frieden war wieder einmal vertan, der Krieg in eine neue Phase getreten. Nur in einem Hauptposten stimmte die ausgeklügelte Rechnung Richelieus nicht mehr: Mochte er weiter auf Gustav Adolf und Bayern zugleich setzen – der bayerische Kurfürst war in Regensburg unwiderruflich an die Seite des Kaisers getreten, dessen Generalissimus er verdrängt hatte. Der Plan, Habsburg im Kampf gegen die Schweden zu isolieren, war zum Scheitern verurteilt.

Die feindlichen Streitkräfte, mit denen Gustav Adolf bei seiner Landung rechnen mußte, übertrafen seine Invasionsarmee der Zahl nach beträchtlich. Aber sie waren weit verstreut. Die Armee des Generals Torquato Conti, dem Wallenstein die Verteidigung Pommerns anvertraut hatte, besaß eine Normalstärke von 53 000 Mann. Einsatzbereit waren ungefähr 30 000. Sie lagen von Mecklenburg bis Hinterpommern in ihren Garnisonen, in den Küstenstädten Wismar, Rostock, Greifswald, Kolberg – Stettin war auf Betreiben des pommerschen Herzogs ausgespart geblieben – und hielten sich in zwei Gruppen im Hinterland zum Eingreifen bereit,

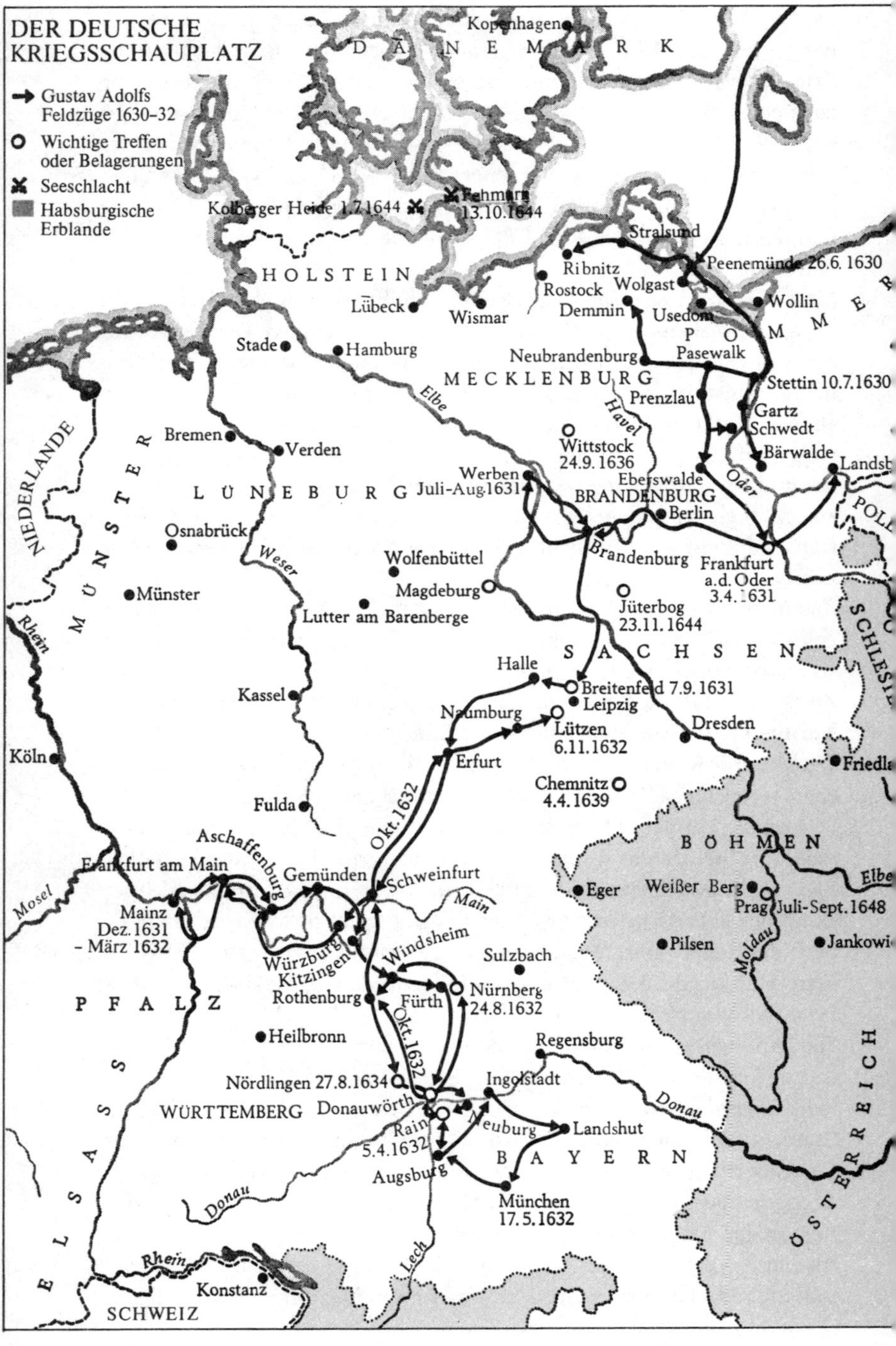
DER DEUTSCHE KRIEGSSCHAUPLATZ
Gustav Adolfs Feldzüge 1630–32
Wichtige Treffen oder Belagerungen
Seeschlacht
Habsburgische Erblande
Kopenhagen
DÄNEMARK
Kolberger Heide 1.7.1644
Fehmarn 13.10.1644
HOLSTEIN
Lübeck
Wismar
Stralsund
Peenemünde 26.6.1630
Ribnitz
Rostock
Wolgast
Demmin
Usedom
Wollin
POMMERN
Stade
Hamburg
Neubrandenburg
Pasewalk
MECKLENBURG
Stettin 10.7.1630
Elbe
Havel
Prenzlau
Gartz
Schwedt
Bremen
Verden
Wittstock 24.9.1636
Bärwalde
NIEDERLANDE
MÜNSTER
Werben Juli-Aug.1631
Eberswalde
Oder
Landsb
LÜNEBURG
BRANDENBURG
Berlin
POLEN
Osnabrück
Weser
Brandenburg
Frankfurt a.d. Oder 3.4.1631
Wolfenbüttel
Münster
Magdeburg
Jüterbog 23.11.1644
Rhein
Lutter am Barenberge
SCHLESIEN
SACHSEN
Halle
Breitenfeld 7.9.1631
Kassel
Leipzig
Naumburg
Lützen 6.11.1632
Dresden
Köln
Erfurt
Friedl
Chemnitz 4.4.1639
Fulda
Okt.1632
BÖHMEN
Aschaffenburg
Frankfurt am Main
Gemünden
Schweinfurt
Elbe
Mosel
Main
Eger
Weißer Berg
Prag Juli-Sept.1648
Mainz Dez.1631 - März 1632
Pilsen
Jankowi
Moldau
Windsheim
Sulzbach
Würzburg
Kitzingen
Rothenburg
Nürnberg 24.8.1632
PFALZ
Fürth
Okt.1632
Heilbronn
Regensburg
Nördlingen 27.8.1634
Ingolstadt
WÜRTTEMBERG
Donauwörth
Donau
Rain 5.4.1632
Neuburg
Landshut
ÖSTERREICH
BAYERN
Augsburg
Donau
München 17.5.1632
ELSASS
Lech
Rhein
Konstanz
SCHWEIZ

eine, die größere, oderaufwärts bei Gartz und Greifenhagen, eine kleinere zwischen Stralsund und Stettin bei Anklam und Stolpe.
Die schwedische Spionage hatte dem König ein ausreichend genaues Bild der feindlichen Stellungen geliefert. Nicht nur die bereits errungene Position in Stralsund und Rügen, sondern auch die Verteilung der kaiserlichen Armee legte es nahe, sich mit Usedom und Wollin, den beiden nur durch die Swine getrennten Inseln vor dem Stettiner Haff, eine breite Querspange vor den Hauptkontingenten Contis zu sichern und ihm mit dem Zugriff auf Stettin zuvorzukommen.
Da Gustav Adolf die See beherrschte und er auch über flache Boote verfügte, konnte er ungehindert von den Wasserwegen Gebrauch machen. Die Landbrücke über die beiden Inseln war innerhalb einer Woche in seinem Besitz, einschließlich Cammin jenseits der Dievenow, des östlichen Haff-Ausgangs.
Das nächste Ziel war Stettin. Der pommersche Herzog Bogislaw XIV. hatte schon vor dem Aufbruch der schwedischen Flotte Gesandte zu Gustav Adolf geschickt, um ihn zu bitten, Pommern als neutrales Land zu behandeln, und am 8. Juli, als die Truppen des Königs bei Kaseburg an der Südostspitze Usedoms schon für den Vorstoß auf die Stadt bereitstanden, ließ er diese Bitte wiederholen. Gustav Adolf blieb bei der bereits in Älvsnabben geäußerten unverblümten Ablehnung und fügte hinzu, er werde wie die Herren Gesandten sogleich nach Stettin aufbrechen, um endlich zu wissen, ob er es mit Freund oder Feind zu tun habe.
Am Morgen des 10. Juli machte er die Voraussage wahr. Rund 10 000 Mann überquerten mit Booten und Kähnen das Haff. Gegen Mittag erreichten sie Stettin. Ein Teil des Kriegsvolks ging bei der Oderburg an Land, mit ihm der König und sein Gefolge.
Was sich nun abspielte, ist ein anschauliches Beispiel für die theatralischen Effekte, die das Bild der Zeit, ihren Alltag, insbesondere aber die politischen und kriegerischen Ereignisse der Epoche kennzeichnen, ein Zeitalter, das seinen Ausdruck im Schaugepränge suchte – es sei an Rubens oder Bernini, die voluminöse Kleidung, die ausladenden Männerhüte, die Spitzenkragen und Halskrausen erinnert.
Die Ereignisse vor Stettin nehmen sich wie eine perfekt gebaute Bühnenszene aus. Das Bühnenbild: Der Strom mit den Landungsschiffen, die »wie ein großer Wald in zwei Reihen standen«, die Mauern der Stadt, die Oderburg. Der Handlungsablauf: Zwei Kanonenschüsse als Signal, dann steigt der König, ganz einfach »in einem grauen tuchenen Soldatenkleide, ohne Feder oder Feldzeichen, begleitet von einigen vornehmen Kavalieren und zwei Kompanien Soldaten« zur Oderburg hinauf und betrachtet durch ein Fernrohr die Lage. Die pommerschen Soldaten in der Stadt, geführt von Oberst Damitz, und die Bürgerwehr warten verteidigungsbe-

reit, aber Gewehr bei Fuß. Nicht so die Einwohner. Von schwedischen Agenten schon im voraus angefeuert, strömen sie hinaus, um den König, den Retter, von nahem zu besehen. Da steht er vor ihnen: hochgewachsen, alle überragend, sehr aufrecht, mit blondem Haar und blondem Bart, mit großen blauen Augen, die er seiner Kurzsichtigkeit wegen immer wieder zusammenkneift, und einer hohen Stirn, mit scharf vorspringender Nase und mit breiten Schultern. Sein beträchtlicher Leibesumfang (eine Folge der Neigung zu herzhaftem Essen, wie er alles herzhaft angriff, und in den Augen der Zeitgenossen ein Attribut der Würde) hindert ihn nicht, sich gewandt und lebhaft zu bewegen. Er weiß, wie man mit den Leuten umgeht. Hier schon, wie später immer wieder, bewundern die Deutschen, »wie *famigliar*, höflich und freundlich dieser König ist, daß wer ihn nur ansieht, vor Freuden muß liebgewinnen. Mit dem geringsten Kinde darf er reden, auch mit Bauern so freundlich, daß es nicht zu sagen ist.« Auch mit den Stettinern ist er gleich im Gespräch und sagt ihnen, »er wäre als ein Freund, keineswegs als ein Feind in diese Länder gekommen, die heilige reine Religion augsburgischer Konfession erhalten zu helfen, die kirchlichen Diebe, Kirchen- und Straßenräuber daraus zu jagen«.

Dann wechselt die Szene: Ein Trompeter kommt aus der Stadt, im Auftrag des Kommandanten: Wenn die Schweden näherrückten, würde geschossen. Der König, sehr von oben herab, erklärt, mit seinesgleichen rede man nicht durch einen Boten. Der Trompeter tritt ab. An seiner Stelle erscheint nach einiger Zeit der Oberst von Damitz in Begleitung etlicher herzoglicher Beamter. Ihnen zeigt der König seine Kanonen: Hier habe er den Schlüssel, um das Stadttor zu öffnen, falls es verschlossen bleibe. Im übrigen stehe ihm zu, daß der Herzog selbst erscheine.

Erneuter Szenenwechsel: Herzog Bogislaw zeigt sich persönlich. Es fällt ihm schwer, seine Würde zu wahren, von seiner Ruhe – Gustav Adolf nennt später als seine Haupttätigkeit, daß er »nur sein Bierchen in Ruhe getrunken« – ganz zu schweigen. Die Leibkompanie des Königs bildet einen Kreis um die beiden Fürsten, und schließlich, nach deutlichen, kundigen Hinweisen auf die Schwächen der Stadtbefestigung, sagt der Herzog mit lauter Stimme, daß es alle Umstehenden vernehmen: »Nun in Gottes Namen!« Worauf die Tore aufgehen, die Schweden einziehen, die Mauern besetzen und unverzüglich darangehen, mit Gräben, Schanzen und Palisaden die Verteidigungswerke der Stadt auszubauen. Der Oberst von Damitz und seine Soldaten treten in schwedische Dienste.

Soweit die Szene vor den Mauern Stettins. Am 11. Juli 1630 hielt der König seinen feierlichen Einzug in die Stadt, wohnte im Schloß der Frühpredigt bei und tafelte dann mit dem zum Freund erklärten Herzog.

Gustav Adolf begnügte sich nicht mit dem militärischen Erfolg. Er begann unverzüglich über einen Allianzvertrag mit Pommern zu verhandeln, obwohl er sich völkerrechtlich dazu nicht verpflichtet fühlte: Vor den pommerschen Ständen erklärte er am 22. August, drei Tage vor dem Abschluß des Vertrags, *iure belli* wären sie sein Eigentum, was sein Kanzler später dahin ergänzte, der König habe sein Kriegsrecht in ein Bündnisrecht umgewandelt, weil er durch sein Entgegenkommen andere protestantische Staaten zur Allianz ermutigen wollte.

Die »Vereinigungs-Punkte« waren in der Tat für Pommern nicht ungünstig. Das Defensivbündnis, als ewig bezeichnet, jedoch wandlungsfähig, da alle zehn Jahre zu erneuern, war ausdrücklich nicht gegen Kaiser und Reich gerichtet, sondern sollte dieses in seiner alten Form, Libertät und Ruhe erhalten und den Religions- und profanen Frieden gegen dessen Störer schützen.

Dem König lag wirklich daran, die libertäre Verfassung des Römischen Reiches und den mühsam ausbalancierten Religionsfrieden wiederherzustellen – auch, weil dies Schwedens Stellung in der Ostsee unangefochten ließ, auch, weil dies den schwedischen »Commerzien« diente, auch, weil die Verfassung des Reiches ermöglichte, daß der König durch den Besitz eines deutschen Landes deutscher Reichsfürst werden und sich dadurch *assecuratio*, also Sicherheit, verschaffen konnte, aber auch, weil das in der schwedischen Konstitution verankerte Prinzip der Gegenseitigkeit von Rechten und Pflichten und deren Teilung zwischen König, Rat und Ständen auf Deutschland angewandt wurde, »daß der Stände Freiheit in Deutschland nicht in eine Knechtschaft und in des Hauses Österreich absolutes *Dominat* verwandelt werde«.

Sosehr sich Gustav Adolfs Kriegsziele mit seinen Erfolgen weiterentwikkelt haben – von der verhältnismäßig bescheidenen Absicht, die Wallensteinschen Truppen von der Ostsee zu verdrängen, zu verhindern, daß sie wiederkehrten, und der Hoffnung, dem deutschen Protestantismus das Leben zu retten, bis zu seinen kühnen Plänen einer Neuordnung des Reiches auf der Höhe seines Triumphes, eines hatte der König gewiß nicht zum Ziel: die Zerstörung des Reiches und die Umkehrung des Restitutions-Edikts in eine gewaltsame Bekehrung der deutschen Katholiken zum Protestantismus. Und wenn er gegen Ferdinand II. kämpfte, so galt dieser Kampf nicht dem Kaisertum. In den Beratungen des schwedischen Reichsrats vor dem Eingreifen in den deutschen Krieg hatte Gustav Adolf dazu festgestellt: »*Non consistit in personis, sed in legibus monarchia*« [Die Monarchie besteht nicht aus Personen, sondern aus Gesetzen]. Und dem brandenburgischen Gesandten gegenüber erklärte er in Stettin: »Ich bin gekommen nicht wie ein Feind, sondern wie ein Freund des Reichs, die Räuber und Verderber des Reichs zu vertilgen und zu verfolgen; nicht etwas im Reich zu verändern, sondern es zu konservieren.«

Unter diesem Blickwinkel überraschte es nicht, daß Pommerns Unabhängigkeit und seine Stellung zum Reich durch den Allianzvertrag garantiert wurden. Die weiteren Punkte knüpften das Bündnis dann allerdings recht eng: Keine Partei konnte selbständig Frieden schließen, Pommern durfte sich mit niemandem sonst verbünden und keine Gebietsteile veräußern. In einem Zusatzabkommen wurde bestimmt, daß Gustav Adolf als oberster »Director« über die Streitkräfte beider Seiten frei verfügen konnte, daß Pommern eine einmalige Kontribution von 200 000 Reichstalern zu leisten hatte und daß auch an den pommerschen »Strömen und Meerhäfen« als »Defensionsgeld« Zoll zu erheben war: viereinhalb Prozent für die schwedische Krone und ein Prozent für den Herzog. Freihandel zwischen Pommern und Schweden und die Geltung der Münzen beider Länder hüben wie drüben sollten die Wirtschaftsbeziehungen fördern, wobei jedoch das schwedische Kupfergeld in Pommern nur nach seinem Tauschwert anerkannt wurde – die pommerschen Unterhändler hatten sich gegen die schwedische Forderung durchgesetzt, den Nominalwert zugrunde zu legen.

Der Vertrag enthielt zwei Bestimmungen, die nicht so recht zusammenzupassen scheinen: Schweden verpflichtete sich, bei Kriegsende alle von den Schweden besetzten pommerschen Besitzungen zurückzugeben, allerdings unter Berücksichtigung der besonderen Beziehungen Stralsunds zu Schweden. Gleichzeitig versuchten die Schweden eine Klausel durchzusetzen, die mit der Erbfolge in Pommern zusammenhing. Bogislaw war kinderlos und hatte den Kurfürsten von Brandenburg zu seinem Erben bestimmt. Falls nun Bogislaw stürbe, ehe der Kurfürst den schwedisch-pommerschen Vertrag bestätigt und die Verteidigung Pommerns tatkräftig unterstützt hätte, oder falls andere die Erbfolge beanspruchten, dann – so wollten es die Schweden – konnte der König so lange Pommern unter Sequestration nehmen, bis die Erbfolge geregelt war, der Erbe den Vertrag bestätigt und Schweden für seine Kriegskosten Entschädigung erhalten hatte, woraus Pommern keine Zahlungen erwachsen durften. Diese 14. Klausel des Vertrags wurde von Pommern nicht anerkannt; sie blieb als einseitiger persönlicher Vorbehalt des Königs stehen.

Gustav Adolf mag schon damals mit dem Gedanken gespielt haben, sich Pommerns für immer zu bemächtigen. Mehr noch wollte er durch diesen Vorbehalt den Kurfürsten unter Druck setzen. Er hatte nicht umsonst den Vertrag mit Bogislaw für weitere Verbündete offengehalten; er brauchte andere, gewichtigere Alliierte als den schwachen Herzog von Pommern, und eben in diesen Wochen, in denen der Stettiner Vertrag festgelegt wurde, weilten nacheinander zwei Gesandte seines brandenburgischen Schwagers in seinem Lager. Georg Wilhelm von Brandenburg hatte seinen Gesandten Hans von Wilmersdorf beauftragt, den König zu bitten, »nicht alles auf die Spitze zu setzen«, sondern schleunigst Frieden oder wenigstens Waffenstillstand zu schließen – er sei zur Vermittlung bereit. Wieder einmal, wie schon in Preußen, fürchtete der Kurfürst, zwischen den Parteien zerrieben zu werden. Gustav Adolfs Antwort ließ an Deutlichkeit nichts zu wünschen übrig. Warum der Kurfürst sich nicht mit ihm verbünde und die Gelegenheit nutze? Es sei Zeit, die Augen aufzumachen und »etwas von guten Tagen sich abzubrechen, damit Seine Liebden nicht länger nur ein Statthalter des Kaisers . . . sein möge. *Qui se fait brébis, le loup le mange* [Wer sich wie ein Schaf benimmt, den frißt der Wolf].«

Und dann Schlag auf Schlag: »Ich für meine Person kann nicht wiederum zurück; *iacta est alea* . . . Ich will von keinerlei Neutralität nichts wissen noch hören. Seine Liebden muß Freund oder Feind sein. Wenn ich an die Grenze komme, so muß er sich kalt oder warm erklären. Hier streitet Gott und der Teufel. Will Seine Liebden es mit Gott halten, so trete sie zu mir. Will sie es aber lieber mit dem Teufel halten, so muß sie fürwahr mit mir fechten. *Tertio non dabitur*« [etwas Drittes gibt es nicht], des seid gewiß!«

Eine grandiose Vereinfachung der Probleme, mit denen sich die deutschen Fürsten herumschlugen. Gustav Adolf zögerte nicht, alles auf den Punkt zu bringen, von dem aus er die deutsche Welt aus den Angeln heben konnte. Aber er war auch ein Realpolitiker, zu schrittweisem Vorgehen bereit (und gezwungen). So erklärte er sich mit einem kurzen Waffenstillstand einverstanden, vorausgesetzt, die Kaiserlichen räumten Pommern. »Aber« – das galt wieder dem Kurfürsten – »Seine Liebden muß sich sogleich in Positur stellen und *arma* zur Hand nehmen«, sonst werde er »um Land und Leute kommen«. Nur so erreiche man einen wirklichen Frieden, dessen Bedingungen er gleich nannte: »Wenn die Entsetzten in diesem Land restituiert, den Ständen ihre Freiheit gelassen und ich so versichert werde, daß ich in meinem Reich nichts zu befahren habe, so kann ich wohl zufrieden sein.« Doch brauche er Gewißheit, eine Kaution, nicht nur Papier und Tinte: »Etwas Reales in Händen, das kann mich versichern. Anderes nicht. *Manus meae oculatae sunt, credunt quo vident* [meine Hände haben Augen, sie glauben, was sie sehen].«

An diesen Kriegszielen hielt der König auch später fest. Unmißverständlich ließ er dem Kurfürsten von Brandenburg sein Grundsatzprogramm übermitteln. Er kündigte ihm ebenso unmißverständlich an, wessen er sich von ihm zu versehen hatte.

Schon am 19. Juli war Charnacé in Stettin aufgetaucht, um – parallel zu den Bemühungen Brûlarts und Pater Josephs in Regensburg – die Verhandlungen über eine Allianz Frankreichs mit Schweden fortzusetzen. Daß der Diplomat weiterhin versuchte, dem König, dem der laue Geschmack der Neutralität so zuwider war, ein neutrales Verhältnis zu Bayern und zur Liga schmackhaft zu machen, spricht gegen seine Menschenkenntnis. Es gelang ihm auch nie, mit Gustav Adolf oder Axel Oxenstierna persönlich warm zu werden. Die Verhandlungsrunde in Stettin scheiterte in der Tat an der Neutralitätsklausel, aber auch an der Frage der gleichrangigen Nennung der beiden Monarchen. Überdies unterstellte der König, gestützt auf Berichte seines Gesandten Tungel aus Paris, dem Ambassadeur Unehrlichkeit bei seinem Subsidienangebot – zu Unrecht. Aber daß der Verdacht der Doppelzüngigkeit nicht unangebracht war, erwies sich, als Charnacé, in Ungnaden entlassen, im September in Berlin ein Bündnis der beiden protestantischen Kurfürsten mit Gustav Adolf zu hintertreiben suchte.

Fürs erste mußte der schwedische König – neben dem erzwungenen Bund mit Pommern – sich mit zwei Allianzen begnügen, die mit Wechseln zu vergleichen waren, welche nur dann einen Wert hatten, wenn sie in der Zukunft eingelöst wurden: Am 1. August schloß Gustav Adolf ein Bündnis mit Magdeburg, am 11. November die Eventualkonföderation mit Hessen-Kassel.

Der vertriebene Administrator des Erzbistums Magdeburg, der brandenburgische Markgraf Christian Wilhelm, hatte auf seine Ansprüche nie verzichtet. Obwohl der König Grund hatte, auf diesen Plänemacher nicht allzuviel Vertrauen zu setzen, mochte er auf dessen Chancen nicht verzichten. Als im Februar 1630 in Magdeburg der übervorsichtig taktierende, kaisertreue Rat gestürzt wurde, sah Christian Wilhelm seine Stunde herannahen. Der neue Rat, aus der Koalition des »niedrigen Volkes« und der radikal protestantischen Bürgerschaft geboren, krankte von Anfang an an seiner unmittelbaren Abhängigkeit von der schwankenden öffentlichen Meinung, an der Mißachtung durch die reichen alten Geschlechter und an den wirtschaftlichen Folgen des Krieges und insbesondere der Blockade des Jahres 1629. Die sozialen Gegensätze waren durch den Umsturz nicht beseitigt, das Volk war verarmt, vor allem die Schiffer und die Schiffsknechte hatten durch die Blockade gelitten. Die Unzufriedenheit mischte sich mit der Furcht vor der Gegenreformation durch das Restitutions-Edikt und mit einem übersteigerten Stolz auf die Stadt, ihre Geschichte, ihre alten Privilegien, ihren Ruhm als Zitadelle des Luthertums, als »Unseres Herrgotts Kanzlei« im Schmalkaldischen Krieg und während des Interims, als »die Magd und Jungfrau«, die sich noch keinem Freier ergeben und eben erst Wallenstein widerstanden hatte. Der zelotische Eifer der lutherischen Prediger entzündete dieses Gemisch zu immer neuen Ausbrüchen, deren auch der neue, in sich selbst zerrissene Magistrat nicht Herr werden konnte. Der Administrator, von Gustav Adolf noch in Schweden ermutigt, Magdeburg und Halle zu besetzen, falls sich Gelegenheit zu deren Einnahme biete, traf am 27. Juli in der Stadt ein, als einfacher Kaufmannsgeselle verkleidet, seiner Sache keineswegs sicher, denn er lüftete erst nach einigen Tagen seine Maske, als er hoffen durfte, daß die Volksstimmung ihn tragen würde. Er hatte einen gewissen Anhang in der Stadt, war aber – mit Recht – bei den meisten nicht sonderlich angesehen. Seine Wiedereinsetzung verdankte er nicht sich selbst, sondern seinem Begleiter, dem als Gesandten des schwedischen Königs auftretenden Johann Stalman. Stalman, ein zwielichtiger Mann, war dem König zuerst im Auftrag des Administrators begegnet, worauf ihn Gustav Adolf als Kriegsrat und Ambassadeur in seine Dienste genommen hatte. Unter Berufung auf Gustav Adolf gelang es ihm, durch übertriebene Versprechungen die Magdeburger auf seine Seite zu ziehen und dem Administrator einen Triumphzug zum Dom zu verschaffen, wozu dann freilich der Predigttext auf diesen zehnten Sonntag nach Trinitatis aus dem 19. Kapitel des Lukas-Evangeliums wie ein böser Widerspruch erschien: »Denn es werden über dich die Tage kommen, daß deine Feinde um dich und deine Kinder einen Wall aufwerfen, dich belagern und an allen Orten ängstigen; und werden dich schleifen und keinen Stein auf dem anderen lassen . . .« Was sich später wie eine Prophezeiung des mit diesem Tag eingeläuteten Untergangs der Stadt ausnahm, wurde von den Trutzliedern der Bürger übertönt. Unverzüglich wurde ein Verteidigungsbündnis zwischen Gustav Adolf und dem Administrator einerseits und der Stadt Magdeburg andererseits ausgefertigt.

Dem König öffnete dieser Vertrag ganz neue Perspektiven, und er zögerte nicht, Christian Wilhelm brieflich seine Freude über den Erfolg mitzuteilen. Am 14. August 1630 schrieb er ihm, das sei »zweifelsohne der Stein, welcher ohne Menschenhände, allein von Gott herabgerissen, das ungeheure Bild des angemaßten Dominats zermalme«. Er versprach baldige Hilfe. Er schritt auch unverzüglich zur Tat. Aber diese bestand nicht in der Entsendung von Truppen, über die er – noch immer im Kampf um Pommern und dringlich auf Ersatz und Nachschub wartend – gar nicht verfügte, sondern in der Mission eines Mannes, Dietrich von Falkenberg, der – so der König in einem Brief vom 17. August an Axel Oxenstierna – den Auftrag hatte, »den Administrator und die Stadt zu animieren; etliche Regimenter, dazu Wir ihm ziemliche Mittel geschafft, zu errichten und die Stadt uns zu versichern und also ein Diversionswerk allda einzurichten«. Gustav Adolf hoffte, dadurch entlastet zu werden, und erwartete, daß Magdeburg die Rakete »des Universalaufstandes durch Deutschland« entzünde.

Übertriebene Hoffnungen, dem König von seinem sanguinisch aufschäumenden Temperament eingegeben und vermutlich von übertriebenen Berichten aus Magdeburg genährt. Für Karl Wittich, der die gründlichste Darstellung der Tragödie in Magdeburg verfaßt hat, ist Stalman »ein heimatloser, selbstsüchtiger Abenteurer, ein gewissenloser Spieler und

Schwindler«. 1634 wurde er von den Schweden ins Gefängnis gesteckt, nach dem »Theatrum Europaeum« sogar hingerichtet.

Täuschungen nach und auf beiden Seiten: in Magdeburg Erwartungen eines Beistandes, der über die Kräfte des Königs ging; beim König ein Wunschdenken, das ihn das Mißtrauen gegen den Markgrafen Christian Wilhelm beiseite schieben ließ, obwohl ihm dessen Pläne früher als »weitläuftig, schlüpfrig und ungewiß« erschienen waren. Vielleicht meinte er, mit der Entsendung Falkenbergs die Unzuverlässigkeit des Administrators ausgleichen zu können. Die Mitte August für den Hofmarschall und Obersten Falkenberg ausgefertigten Papiere zeigen jedoch deutlich, daß der König die Schwierigkeiten, die diesen unmittelbar in Magdeburg erwarteten, weit unterschätzte. Sonst hätte er Falkenberg nicht mit einer Fülle von zusätzlichen militärischen und diplomatischen Aufträgen belastet, die, wären sie alle ausgeführt worden, diesen für lange Zeit von Magdeburg ferngehalten hätten. Selbst die Vorbereitung des Auftrags für Magdeburg zog sich noch viele Wochen lang hin: Es erwies sich als sehr schwierig, in Lübeck und Hamburg durch den Verkauf von schwedischem Getreide und mit anderen Mitteln Geld zu beschaffen, mit diesem Söldner anzuwerben und diese truppweise nach Magdeburg in Marsch zu setzen. Erst Ende September konnte Falkenberg selbst aufbrechen, mußte aber zunächst umkehren, weil ihm die Kaiserlichen auflauerten, und gelangte schließlich als Schiffer oder Kaufmann verkleidet »mit wunderbarer Fortuna« am 19. Oktober an sein Ziel.

Noch hatte die Stadt eine Atempause. Aber aus den Täuschungen, die der Allianz zwischen Schweden und Magdeburg zugrunde lagen, wuchs das Verhängnis, das sich über der Stadt zusammenzog.

Während Falkenberg in Hamburg seine Zurüstungen traf, war ein Gesandter des Landgrafen Wilhelm von Hessen-Kassel ins schwedische Feldlager unterwegs. Dieser Dr. Hermann Wolf stand seit langem mit dem König in Verbindung und war auch mit Falkenberg befreundet, der ihm riet, sich rechtzeitig mit Schweden zu verbünden, bevor dieses in der Lage sei, seine Bedingungen zu diktieren. Die Eventualkonföderation, also eine Allianz für den Eventualfall, die schließlich zwischen Wolf und Philipp Sadler ausgehandelt wurde, fand keine unmittelbare Anwendung, sondern wurde später durch andere Verträge ersetzt, aber der dann tatsächlich praktizierte schwedisch-hessische Vertrag von 1631 basierte auf dem ersten Abkommen. Der junge Landgraf Wilhelm V., Verfechter einer radikalen protestantischen Politik, war einer der treuesten Anhänger Gustav Adolfs. In der Eventualkonföderation – im Gegensatz zu dem pommerschen Verteidigungsvertrag ein Offensivbündnis – räumt er dem König das »absolute *directorium*« über seine Truppen und Festungen ein. Dafür nahm Gustav Adolf, bis das Ziel der Allianz erreicht war, das

Land in »seinen Verspruch, Schutz und Protektion« und versprach dem Landgrafen die Rückgewinnung der Gebiete, die Hessen-Kassel seit 1618 verloren hatte.

Die Bedeutung der Konföderation liegt in ihrem Charakter als Modell für die Verträge, die später mit Fürsten und Ständen im Innern des Reiches abgeschlossen wurden, Verträgen, die als Kriegsbündnisse auf die Dauer des Krieges galten, während der Vertrag mit Pommern als »ewig« bezeichnet wurde – ein Zeichen, daß dem König für die deutsche Ostseeküste langfristig, wenn auch noch ungenau, andere Ziele vorschwebten als für das übrige Deutschland.

Alle Verträge, alle Vertragsverhandlungen hingen jedoch in der Luft, solange sie nicht eine solide Basis besaßen, und diese Basis war ganz wörtlich zu verstehen: als fester, ausgebauter Brückenkopf Schwedens an der Mündung der Oder und darüber hinaus an der deutschen Ostseeküste. Während der König sich den Anspruch auf Pommern sicherte, während er sich um Brandenburg bemühte, mit Frankreich um die Allianz stritt und in Magdeburg und Hessen Pflöcke zu stecken suchte, an die er seine kühneren Pläne band, setzte er beharrlich Schritt für Schritt die Besitznahme des Brückenkopfes ins Werk.

Eine gewisse Vorsicht ist unverkennbar. Die schwedischen Truppen waren schlecht versorgt. Die Armee war, wegen des langen Aufenthalts an Bord, nur mit geringen Vorräten versehen, und in Pommern war nicht mehr viel zu holen. Die Lieferungen aus Schweden ließen zu wünschen übrig, was sich an den ständigen Mahnungen und Klagen des Königs ablesen läßt; auch an Geld fehlte es.

Gustav Adolf mußte also fürs erste mit seinen Kräften haushalten. Dennoch gelang es ihm, bis Mitte August ganz Hinterpommern zu besetzen, mit Ausnahme von Kolberg, wo sich noch eine kaiserliche Besatzung halten konnte. Westlich Stettin erwies sich die Sicherung als schwieriger. Die von Flußläufen durchzogene, waldreiche und sumpfige Niederung bot Hindernisse. Zwar gelang es, Ueckermünde und Anklam zu nehmen; aber Greifswald erwies sich zunächst als unüberwindlich. Widerstand wurde auch in Wolgast geleistet, doch – so das Tagebuch der Feldkanzlei am 16. August 1630 – »hat sich selbiges Schloß, nachdem es von Knyphausen etliche Tage ernstlich beschossen worden, Ihrer Königlichen Majestät kurz zuvor ergeben«. Dodo von Inn- und Knyphausen, ein friesischer Freiherr, der schon unter Mansfeld und dem Tollen Christian in den Krieg gezogen war, hatte sich als Generalmajor dem König zur Verfügung gestellt.

Wenige Wochen später erlitten die Schweden einen ersten Rückschlag. Pasewalk war am 3. September von 150 schwedischen Dragonern überrannt worden. Aber der kaiserliche Oberst Götz kehrte zurück. Mit weit überlegenen Kräften fiel er vier Tage später über die kleine Stadt her und ließ seine Söldner plündern, morden und brennen. An dem Ergebnis des Feldzugs änderte der kurzfristige kaiserliche Erfolg nichts. Dagegen wurden die von der Soldateska verübten Greueltaten von der schwedischen Propaganda wirkungsvoll ausgeschlachtet. Eine weitverbreitete Flugschrift prangerte die Untaten in allen Einzelheiten an. Wären solche Abscheulichkeiten schon die Regel gewesen, hätte die Flugschrift nichts bewirkt. Aber sie offenbaren doch, was der Krieg aus den Kriegsknechten gemacht hatte und welches Potential an Grausamkeit und Zerstörungslust auf Gelegenheiten zur Entladung wartete. Auch bei den Schweden verfiel immer wieder die vielgerühmte Manneszucht, wenn es an Essen oder Sold mangelte. Lars Grubbe schrieb am 8. September aus Wolgast an den Kanzler, die Übergriffe der eigenen Leute gegen die Bevölkerung erinnerten ihn an die Mansfelder.

Trotz des Mangels und obwohl die Verstärkungen viel langsamer eintrafen als geplant, bereitete der König, als er in Pommern endlich über rund 25000 Mann verfügte – von denen allerdings die meisten zur Besatzung der Stützpunkte benötigt wurden –, einen Feldzug nach Mecklenburg vor. Er vertraute darauf, daß die kaiserliche Armee unter ihrem kranken Befehlshaber Conti in schlechtem Zustand war, und versprach sich Vorteile davon, daß zu diesem Zeitpunkt noch kein Nachfolger für Wallenstein ernannt war.

Mecklenburg war ein lohnendes Ziel: Es bot bessere Quartiere, gute Häfen (falls Rostock und Wismar fielen) und öffnete vielleicht einen Weg elbaufwärts nach Magdeburg. Und wenn es gelang, den mecklenburgischen Herzögen wieder ihr Land zu verschaffen, war es leichter, die zögernden protestantischen Fürsten und vielleicht auch die Hansestädte als Bundesgenossen zu gewinnen.

Der Angriff sollte von See her erfolgen. Mitte September waren dafür die Schiffe bei Stralsund zusammengezogen. »Am 14. Septembris sind Ihre Majestät zu Schiff gangen und über 10 Tagen auf den Schiffen gelegen, weil aber der Wind sich nicht schicken wollen und man mit den Schiffen nicht auskommen können, daher denn Krankheiten unter den Soldaten entstanden neben anderer Ungelegenheit, deshalb Ihre Majestät ihren *dessin* quittieret, zu Stralsund wieder zu Land gestiegen und eine *impressa* zu Land vorgenommen.«

Wieder einmal zehn Tage vergebliches Warten auf Wind, zehn Tage Ungeduld, Enttäuschung. Die *impressa*, die das Journal der Feldkanzlei in dieser Eintragung erwähnt, blieb weit hinter dem zurück, was der König geplant hatte. Mit ganzen 6000 Mann – mehr konnte er nicht mehr bereitstellen – wagte er nicht, sich mit den Verteidigern von Rostock zu messen. Er mußte sich mit der Einnahme von Damgarten und Ribnitz am

Ausfluß der Recknitz in den Saaler Bodden begnügen. Ein Aufruf an die Mecklenburger, sich zu erheben und so ihren Abfall von den angestammten Fürsten wieder gutzumachen, blieb ohne Echo. Herzog Franz Karl von Lauenburg, der sich im Vertrauen auf die schwedische Offensive mit einer kleinen Armee Ratzeburgs zu bemächtigen suchte, wurde von ligistischen Truppen unter dem Kommando von Pappenheim weggefegt. Mecklenburg – das war nicht zu verkennen – konnte in diesem Jahr nicht mehr erobert werden.

Gustav Adolf entschloß sich dafür, seinen Brückenkopf nach Süden auszudehnen und die kaiserlichen Stellungen bei Gartz und Greifenhagen anzugreifen. Für dieses Unternehmen brauchte er jedoch Verstärkungen, vor allem Kavallerie, und diese kam nur nach und nach von Preußen herüber.

Axel Oxenstierna hatte die größten Schwierigkeiten mit den in Preußen einquartierten deutschen Söldnern. Die Zolleinnahmen des Jahres 1630 blieben weit hinter den Erwartungen zurück. Während sie in den beiden folgenden Jahren wieder steil anstiegen und den Schätzungen fast oder vollständig entsprachen, flossen 1630 statt der erhofften 570 000 Reichstaler nur 392 209 in die Lizent-Kassen. Die in Polen wütende Pest, der niedrige Wasserstand der Weichsel, die Furcht der Schiffer vor einer Beschlagnahme ihrer Fahrzeuge für Truppentransporte schränkten den Warenverkehr in den Häfen beträchtlich ein.

Dem Reichskanzler fehlte das Geld, die Söldner zu entlohnen, und ohne Besoldung ließen sie sich nicht in Marsch setzen. Dabei wäre Oxenstierna die Soldateska lieber heute als morgen losgewesen, nicht nur, weil der König sie brauchte, sondern weil sie sich an der ohnehin verarmten preußischen Bevölkerung schadlos hielt und das Land noch weiter ruinierte. Erst nach und nach konnte der Kanzler das nötige Geld zusammenkratzen und die deutschen und englischen Regimenter nach Pommern entsenden, allerdings keineswegs auf einmal: Nach zwei Schiffstransporten im Juni und Juli zogen von September bis Dezember die verschiedenen Verbände in kleineren Trupps auf dem Landweg nach Westen, im Einverständnis mit Polen, dessen Gebiet durchquert werden mußte.

Erst gegen Ende des Jahres 1630 hatte die Pommern-Armee Gustav Adolfs die Stärke erreicht, die in den Plänen vorgesehen war. Der König zögerte nicht, sofort loszuschlagen, obwohl es inzwischen Winter geworden war. Die kaiserliche Armee in Pommern besaß seit Mitte November einen neuen Befehlshaber. Tilly, der inzwischen das Oberkommando übernommen hatte, hatte Conti durch den Grafen Hannibal von Schauenburg abgelöst. Schauenburg wußte Tilly wenig Gutes zu berichten: »Ich hätte niemals geglaubt, daß einer in einem solch üblen Zustand und erbärmlichen Wesen eine Armee hinterlassen könnte.« Wahrscheinlich übertrieb er, um sich zu entlasten und seine Bitte um Hilfe zu verstärken. Aber es traf zu, daß viele seiner Leute krank und daß sie alle demoralisiert waren.

Immerhin: Gustav Adolf nahm die kaiserliche Armee ernst. Zum ersten Mal in Deutschland mußte er gegen eine so große Streitmacht antreten. Als er Anfang Dezember seine Truppen sammelte, schrieb er an Axel Oxenstierna und Johann Casimir Briefe, in denen er sich darauf gefaßt machte, bei dem Angriff das Leben zu verlieren.

In dem Brief an den Kanzler vom 4. Dezember aus Gollnow öffnet Gustav Adolf sein Herz – so wie es in den sonstigen Zeugnissen seines Lebens selten geschieht: »Ich sammle mein Volk hier am Strom und habe die Absicht, Waffen und Quartier mit dem Feind zu wechseln, und obwohl unsere Sache gut und gerecht ist, so ist doch der Ausgang des Krieges unserer Sünden halber und wegen der Kürze des menschlichen Lebens ungewiß. Deshalb ermahne ich Euch und bitte Euch um Christi willen, den Mut nicht zu verlieren, wenn nicht alles nach unserem Willen gehen sollte. Unser Andenken und das Wohl der Meinen laßt Euch aufs beste anbefohlen sein. Handelt gegen mich und die Meinen so, wie Ihr wollt, daß Gott Euch und den Euren tut, und wie auch ich gegen Euch und die Euren handeln werde, wenn Gott mich so lange leben läßt. Zwanzig Jahre lang habe ich mit viel Mühe, aber Gott sei's gedankt, auch viel Ehre unser Vaterland regiert, habe es und alle seine treuen Einwohner geliebt und geehrt und für seine Ehre Leben, Besitz und gute Tage aufs Spiel gesetzt. Keinen anderen Schatz habe ich in dieser Welt gesucht, als die Pflichten meines Amtes zu erfüllen, zu dem mich Gott berufen hat. Die Meinen sind, wenn mir etwas zustößt, bemitleidenswert: Es sind schwache Frauen, die Mutter ratlos, die Tochter ein unmündiges Mädchen, hilflos, wenn sie raten sollen, gefährdet, wenn andere ihnen raten. Natürliche Zärtlichkeit drückt mir die Feder in die Hand, daß sich mein belastetes Herz erleichtert. Doch dieses und Leib und Seele und alles, was Gott mir gegeben, befehle ich in seine heilige Gewalt, erhoffe das beste in dieser Welt und nach diesem Leben Frieden, Freude und Seligkeit.«

Immer wieder spürt der König den Tod neben sich, immer wieder kommt er auf ihn zu sprechen. Etwas wie Todessehnsucht klingt aus seinen Worten, ein unterschwelliger Trieb, sich zu opfern. Solche Äußerungen sind mit Zuflüssen aus den dunkelsten Tiefen seines Wesens gespeist. Sein Deutschlandzug, der sich im Licht der politischen und militärischen Ereignisse als triumphaler Aufstieg, wenn auch mit tragischem Ende, ausnimmt, gewinnt in dem unsicheren Bild der von innen aufsteigenden Schatten den Ausdruck des Hinabgerissenwerdens auf einem immer mächtiger anschwellenden Strom mit ungeheuren Katarakten, die den kühn Dahinfahrenden zuletzt verschlingen.

Der Widerspruch zwischen den beiden Bildern ist nur scheinbar, in Wahrheit haben sie komplementären Charakter – so wie die Widersprüche zwischen jenen Portraits des Königs, die ihn unsicher, zweifelnd, melancholisch zeigen, und den statuarischen Darstellungen der königlichen Hoheit.

Der Angriff auf die kaiserlichen Stellungen scheuchte die düsteren Ahnungen beiseite. Am Heiligen Abend 1630 erreichte das schwedische Heer bei großer Kälte Greifenhagen und kampierte in einem nahen Wald. Am Weihnachtsmorgen, nach einem Gottesdienst, begannen die schwedischen Geschütze von einem Hügel herab die Stadt zu beschießen. Durch eine Bresche, »so breit, daß über zwanzig Wagen zugleich hätten hineinfahren können«, führte der König sein Fußvolk zum Angriff. Die Besatzung konnte sich gegen die schwedische Übermacht nicht behaupten. Ein Teil entkam über den Fluß, der Kommandant, der mit einigen seiner Offiziere bei der Nachhut kämpfte, wurde gefangengenommen. Tags darauf, als die Schweden gegen Gartz vorgingen, gab Schauenburg den Kampf auf. Er ließ die Oderbrücke abbrennen, die vorhandenen Vorräte vernichten und befahl den Rückzug. Aus dem Rückzug wurde eine kopflose Flucht. Die schwedische Armee verfolgte die Flüchtigen, erbeutete Wagen, Bagage, Gefangene. Gustav Adolf kam mit dem Gros seiner Armee bis vor die Festung Landsberg, fühlte sich aber nicht stark genug, sie anzugreifen; ein anderes Kommando erreichte Küstrin. Diese brandenburgische Festung an der Mündung der Warthe in die Oder gewährte den Kaiserlichen freien Durchmarsch, als aber die Schweden das gleiche Recht verlangten, verschloß ihnen der Kommandant die Tore.

Schauenburg zog seine Truppen bei Frankfurt an der Oder zusammen und richtete sich in dieser festen Stadt, der Pforte nach Schlesien, zur Verteidigung ein.

Der Dezemberfeldzug Gustav Adolfs war vorüber – ein erfolgreiches Unternehmen, über das er triumphierend nicht nur dem Kanzler, sondern auch den beiden protestantischen Kurfürsten berichtete. Eine von den Schweden veranlaßte Flugschrift aus Stettin sorgte dafür, daß sich ihre Vorhersage, die »mächtige *Victoria*« werde »in die Welt klingen«, erfüllte. Aus Augsburg wurde berichtet: »So hoch die Evangelischen allerorten wegen des Schweden glücklichem *Success* erfreut werden, so sehr hängen die Papisten die Mäuler.« Und in Wien machte man sich Sorgen um Schlesien. Es wurde Zeit, daß Tilly sich um diesen Kriegsschauplatz kümmerte.

Im Januar 1631 konnte der König aus seinem neuen Feldlager Bärwalde in der Neumark an Johann Casimir schreiben: »Was nun vorerst unsere Hoffnung betrifft, so lasset sich's ziemlich an, denn vorerst haben wir durch Gottes Gnade einen guten Fuß und *sedem belli* gefasset . . .«

Der Zweikampf

Dieses Spiel stehet nicht am Glück, sondern mehrers an der Stärke, insonderheit weil sie beiderseits gute Meister sind und ihren Vorteil wohl in Acht nehmen. So muß der Sieg, menschlich davon zu reden, dem Stärkeren werden.

Pappenheim an den Kurfürsten und Erzbischof von Mainz über Tilly und Gustav Adolf, Februar 1631

AM 26. NOVEMBER 1630 HIELT TILLY, nunmehr Befehlshaber der ligistischen-kaiserlichen Streitkräfte, Kriegsrat mit seinen Offizieren. Er war in den ersten Novembertagen aus Regensburg abgereist und hatte über Bamberg und Fulda sein Hauptquartier in Hameln erreicht. Während er dort mit seinen Obristen beriet, raste ein schwerer Sturm über das Land und warf sich mit besonderer Wut auf die Stadt Magdeburg. Nicht weniger als vier Kirchtürme wurden beschädigt, herabstürzende Steine zertrümmerten den Gang zwischen Dom und Dompropstei, und als die Bürger auf die von Ziegeln übersäten Straßen traten, erschienen vielen die Verwüstungen als böses Vorzeichen.
Im Kriegsrat benahm sich der Graf Pappenheim, seit kurzem ligistischer und bald darauf auch kaiserlicher Feldmarschall, so keck wie der Sturm. Er machte sich anheischig, mit 2000 Reitern und ebensoviel Fußvolk Magdeburg zu nehmen – wobei er die 5000 oder 6000 Kaiserlichen, die seit September um die Stadt zusammengezogen worden waren, in seine schnelle Rechnung einbezog. Trotzdem mußte Tilly lächeln: Er wolle ihm zwar noch 1000 Infanteristen mehr geben, aber hier handle es sich nicht um aufständische Bauern – wie Anno 1626 in Oberösterreich –, sondern um eine befestigte Stadt mit »einem guten Wall und Soldaten«. Tilly plante langfristiger: eine Blockade der Stadt im Winter, bis sie im Frühjahr im Ernst angegriffen werden konnte – eine Planung, deren Sinn der Feldmarschall begriff, als ab Dezember der Frost alle Grabarbeiten für die Belagerung verhinderte.
Aus Halberstadt, dem ehemaligen Hauptquartier Wallensteins, der nächsten Station Tillys nach Hameln, schrieb dieser dem bayrischen Kurfürsten, welche Aufgabe er insgesamt vor sich sah: »*Resistenz* der schwedischen Macht und Dämpfung der Magdeburgischen Unruhen«, mit dem Ziel, dem Feind »nächstkünftiges Jahr völligen Abbruch zu tun«.
Mit dem erprobten, umsichtigen und sieggewohnten Herrn aus Brabant,

der »Katholischen Exzellenz«, von seinen Soldaten meist »Vater Tilly« genannt, trat Gustav Adolf zum ersten Mal ein ebenbürtiger Feldherr entgegen. Noch lange hielten viele Zeitgenossen den »alten Fuchs« – dessen Alter seinen Geist nicht getrübt hatte und der trotz eines schmerzhaften Steinleidens den Strapazen der Feldzüge gewachsen blieb – für überlegen.

Was sich von Dezember 1630 bis August 1631 zwischen den beiden *Capitainen* vollzog, gleicht dem Spiel von zwei Schachmeistern, mit Zug und Gegenzug, auf einem »Brett«, das sich – fast ein Quadrat – von der Elbe bis zur Oder und von der Ostseeküste bis nach Schlesien und Sachsen erstreckte. Magdeburg war die Dame, mit der Gustav Adolf operierte, sie besaß eine Schlüsselposition, und selbst wenn die beiden Spieler sich auf andere Felder konzentrierten, beeinflußte sie das Geschehen. Und im Kampf um diese Hauptbastion brauchten beide Assistenten: Tilly schickte Pappenheim gegen Magdeburg vor, so wie der Schwedenkönig Falkenberg in die Stadt entsandt hatte.

Johann Tserclaes Tilly.
Stich von Matthäus Merian

Pappenheim

Gottfried Heinrich Graf zu Pappenheim, nur wenige Monate älter als Gustav Adolf, entstammte einem fränkisch-schwäbischen Uradelsgeschlecht, das im 12. Jahrhundert das Reichserbmarschallamt erlangt hatte. Unter Wallenstein hatte er 1629 schon einmal vor Magdeburg gelegen; daß er damals unverrichteter Dinge hatte abziehen müssen, schwärte in ihm wie eine Wunde. Die Stadt schien ihm jetzt der Angelpunkt für die Entscheidung zwischen Tilly – dem er loyal diente, ohne ihm seine Kritik vorzuenthalten – und dem schwedischen König: »Alles aber ist zum Erleiden, wenn er nur kein formiertes *Corps* in Magdeburg bringet. Denn wo das geschieht, so ist ganz Niedersachsen von Rebellionen überschwemmt, die Elbe verloren«, schrieb er Mitte Januar 1631 an Tilly und fügte hinzu: »Wann Magdeburg genommen, so wäre der Krieg so viel als geendet.« Pappenheims Ungeduld, sein Tatendrang, seine Einfälle rissen ihn immer wieder zu den kühnsten Entwürfen hin, die mit den nüchternen Tatsachen und mit den politischen Vorgaben (vor allem durch den bayrischen Kurfürsten), an die sich Tilly mit trockenem Verstand und striktem Gehorsam hielt, nicht in Einklang zu bringen waren. Über solche Beschränkungen sprengte er ebenso stürmisch hinweg wie über Hindernisse bei einem Reiterangriff. Trotzdem war er alles andere als ein primitiver Haudegen. Er war gewiß kein Stratege, aber ein Taktiker von Rang, fähig den Augenblick kaltblütig zu nutzen. Seine Interessen waren ebenso vielfältig wie seine Anregungen, die hohe Politik beschäftigte ihn ebenso wie die Kriegführung, die er auch technisch, vor allem in der Belagerungskunst, beherrschte. Der »unsinnige Pappenheim« mit dem zernarbten Gesicht, über dem im wilden Ritt die Haare aufstoben, hatte die Universität besucht, die europäischen Länder bereist, Sprachen gelernt – das Italienische war ihm fast so vertraut wie das Deutsche – und führte die Feder ebenso gewandt wie den Säbel. Seine Kürassiere vergötterten ihn; sie wußten, daß er keiner jener zahlreichen Offiziere war, die als Kriegsunternehmer mit ihnen ihre Geschäfte machten. Für Gustav Adolf war Pappenheim ein Vorbild aller Krieger, und auch Pappenheim selbst hielt es mit dem »alten abenteuerlichen Rittersgebrauch«, einen tapferen Feind zu loben, obwohl er, der überzeugte Konvertit – darin Tilly und nicht Wallenstein ähnlich –, mit Eifer für den Sieg »des wahren Glaubens in diesen bisher irrigen Landen« stritt.

Tilly konnte keinem Besseren die Blockade Magdeburgs anvertrauen, wenngleich er auf die Ansprüche des vom Kaiser zum Gouverneur des Erzstiftes Magdeburg ernannten Grafen Wolf von Mansfeld Rücksicht nehmen und das Kommando zwischen den beiden, sich ständig aneinander reibenden Offizieren teilen mußte.

Falkenberg

Dem Feldmarschall stand ein Verteidiger gleichen Ranges gegenüber. In Magdeburg hatte Falkenberg endlich die große Aufgabe gefunden, die er gesucht hatte, seit er dem schwedischen König diente. Nach Schweden war er 1615 gegangen, weil ihm die väterliche Burg Herstelle im Bistum Paderborn neben seinen älteren Brüdern keinen Platz ließ und weil er nicht wie diese der Gunst des Bischofs zuliebe katholisch werden wollte. Doch bot auch Schweden seinem Tatendrang nur unzureichend Auslauf. Seine Bildung, seine Sprachkenntnisse, seine Gewandtheit führten ihn in den Hofdienst: bei der Königin-Mutter Christine und nach deren Tod als Hofmarschall des Königs. Als er diesen in den preußischen Feldzug begleitete, konnte er gelegentlich seinen Ehrgeiz, sich als Soldat auszuzeichnen, befriedigen, so bei der Einnahme von Braunsberg, im ganzen aber hatte er sich mit der Aufgabe des Kriegskommissars, mit Verhandlungen, Beitreibung von Kontributionen, der Verwaltung der Kasse abzuschleppen. Diplomatische Aufträge in Danzig und Königsberg, im Winter wieder das Hofamt, die Heranführung von Truppen aus Finnland, ein Streifzug mit Oberst Baudissin nach Polen hinein – das alles genügte ihm nicht. Als ihn Gustav Adolf 1629 mit einem Bündel von Aufträgen in die Niederlande entsandte – Anwerbung von Söldnern, Ankauf von Waffen, Kriegsschiffen, Ausrüstung, Verkauf von Kupfer, Förderung des schwedischen Getreidehandels –, kehrte er im Mai 1630 verärgert nach Göteborg zurück: Er hatte zu spüren bekommen, daß die Generalstaaten auf Schweden, das ihren Handel störte, nicht mehr sonderlich gut zu sprechen waren. Daß der König ihn zum Obersten eines der von ihm angeworbenen Regimenter ernannte, blieb eine Formsache ehrenhalber, und er wurde weiter für Verwaltungsdienste oder diplomatische Aufträge verwendet, so für das Aushandeln des Vertrags mit Pommern nach der Landung an der deutschen Ostseeküste. Auch als Gustav Adolf ihn als seinen Legaten nach Magdeburg entsandte, wählte er nicht den Offizier Falkenberg, der noch kaum Gelegenheit gehabt hatte sich zu bewähren, sondern den Diplomaten, den Kenner der deutschen Verhältnisse, den feurigen Protestanten und fähigen Agitator, der die zögernden Fürsten und Stände für den »Universal-Aufstand« entflammen sollte.

Falkenberg jedoch muß bald erkannt haben, daß er ausschließlich an Magdeburg gekettet war, daß er mit dieser Stadt triumphieren oder fallen würde – alles andere trat daneben zurück. Hier mußte er die zerfahrenen Verhältnisse ordnen, mit fester Hand die Zügel führen. Die Söldner des Administrators, an die 3000 Mann, schlecht bezahlt und verwildert, waren der Schrecken der Bürger. Es galt sie zu disziplinieren und für ein halbwegs erträgliches Zusammenleben mit den Einwohnern zu sorgen,

Geld zu beschaffen, die Befestigungsanlagen auszubauen, den Verteidigungswillen zu stärken. In wenigen Wochen stieg Falkenberg zum Führer der schwedischen Partei in der Stadt, ja geradezu zum Herren Magdeburgs auf – von dem Administrator war kaum noch die Rede. Falkenberg hatte die Prediger auf seiner Seite, die entschiedenen Lutheraner, die kleinen Leute, die Unzufriedenen. Mit ihnen kämpfte er gegen den Krämergeist, dem er allerorten zu begegnen meinte. Schon im November gab er den Soldaten zu tun, er schickte 600 Infanteristen und 200 Reiter unter dem Oberstleutnant Schneidewind gegen den Nachbarort Neuhaldensleben. Die Verteidiger des wohlbefestigten Städtchens, das die Straße nach Nordwesten sperrte, wurden niedergehauen oder gefangengenommen, die erbeuteten Vorräte nach Magdeburg geschafft, das den Erfolg bejubelte.

Pappenheim zögerte nicht, Falkenberg diesen ersten Trumpf zu entreißen. Während er nach dem Kriegsrat in Hameln, wie dort vereinbart, auf Magdeburg vorrückte, eroberte er sozusagen im Vorbeiziehen Neuhaldensleben zurück. Am 5. Dezember mußte sich Schneidewind, nachdem er mehrere Angriffe abgeschlagen hatte, ergeben – ehrenvoll, wie in der Kapitulationsurkunde anerkannt wurde und »schier wider menschliches Verhoffen«, wie Pappenheim zugab.

Falkenberg war außer sich. Für ihn war Schneidewind ein ehrloser Verräter, für ihn gab es in einem solchen Fall nur das Ausharren bis zum Letzten, so wie er unmittelbar nach seinem Eintreffen in Magdeburg dem König brieflich gelobt hatte, Gut, Blut und alles ungespart zu lassen, um die Stadt zu halten.

Tilly an der Oder

Tilly folgte dem auf Magdeburg vorrückenden Pappenheim auf dem Fuß, um die Lage um die Stadt zu erkunden, ehe er mit dem Gros seiner Armee gegen Gustav Adolf marschierte, um zu retten, was nach den Versäumnissen des Jahres 1630 noch zu retten war. Jeder Erfolg ließ den Nimbus des »Schneekönigs« heller erstrahlen, mit jeder neu gewonnenen Stadt wuchs dessen Ansehen bei den deutschen Protestanten, »die da heimlich nach Erlösung seufzten«. Tilly beschränkte sich zunächst einmal darauf, Magdeburg abzuriegeln, um zu verhindern, daß sich auch von dort aus das Feuer des Aufruhrs weiter verbreitete, und die Soldaten zu versorgen, denen die Blockade aufgetragen war und denen es in dem verwüsteten Land an allem fehlte.

Am 2. Januar 1631 brach er von Halberstadt auf. Er wollte den Truppen in Pommern den Rücken stärken, wenn irgend möglich das immer noch von den Kaiserlichen gehaltene Kolberg entsetzen. Tags darauf, in Calbe an der Saale, empfing Tilly »ziemlich perplex« den vor einer Woche an ihn abgesandten Bericht Schauenburgs über den Verlust von Greifenhagen und Gartz.

Der erste Zug des königlichen Spielers war dort erfolgt, über seine nächsten Züge konnte Tilly nur Mutmaßungen anstellen. Es war nicht auszuschließen, daß Gustav Adolf versuchte, über die Mark Brandenburg direkt auf Magdeburg vorzurücken – daß dazu die schwedischen Kräfte nicht ausreichten und daß Kurbrandenburg keineswegs so schwedenfreundlich war, wie er argwöhnte, konnte er nicht wissen. Die nächsten Meldungen: Schauenburg auf Frankfurt an der Oder zurückgefallen, Landsberg von den Schweden bedroht, wiesen dem kaiserlichen Oberbefehlshaber den Weg. Am 14. Januar erreichte er mit 7500 Mann Frankfurt, wo Schauenburg seine demoralisierten Leute zu sammeln suchte. Es fehlte an allem, an Proviant, an der Ausrüstung und vor allem an Geld. Nach einem Bericht des schwedischen Spionagedienstes war der Oberbefehlshaber nach der Musterung »sehr melancholisch und *malcontent*« und erklärte: »Das ist kein Volk, die Schweden damit zu schlagen.« Aber der zähe alte Soldat, klein, hager und straff aufgerichtet in seinem spanischen Kostüm, ließ sich selbst durch das eben wieder heftig schmerzende Steinleiden nicht abhalten, für Besserung zu sorgen: Er streckte eine beträchtliche Summe aus eigenen Mitteln vor, um den »Geld! Geld!« schreienden Söldnern den Mund zu stopfen, schaffte Geräte und Lebensmittel herbei und eilte schon wenige Tage später nach Landsberg weiter, um auch dort nach dem Rechten zu sehen. Schließlich hielt er auf freiem Feld zwischen Landsberg und Frankfurt einen großen Truppenappell, um die Feldstärke und den Zustand der Armee zu prüfen. Neben den Besatzungen der beiden Festungen konnte er immerhin über ein Feldheer von 13 000 Mann verfügen. Das war genug, um Gustav Adolf, dessen Streitkräfte etwa dieselbe Stärke besaßen, fürs erste von einem Angriff abzuhalten. Auch der König hatte Schwierigkeiten, auch ihm fehlte es an Geld und Proviant.

Der Vertrag von Bärwalde

Der ständige Geldmangel war einer der Gründe, die Gustav Adolf veranlaßten, endlich in die ihm von Richelieu angetragene Allianz zu willigen, der andere war, daß ihm gerade zu diesem Zeitpunkt daran liegen mußte, aus der Isolation herauszutreten und einen mächtigen Bundesgenossen vorzeigen zu können.

Sobald der Vertrag am 13. Januar 1631 in Bärwalde unterzeichnet worden war – Charnacé war um Neujahr, mit neuen Weisungen versehen, dort aufgetaucht – , beeilte sich der König, ihn öffentlich zu machen: Er ließ drei Nächte lang Freudenfeuer brennen und seine Kanonen Salut schießen, während üppig getafelt wurde. Auch sorgte er für den Druck des Vertragstextes in Stettin: »Sechsjährige Verbündnus, so zwischen beiden Kronen, als Schweden und Frankreich, dieses 1631. Jahr in dem Schwedischen Königlichen Feldlager Bärwalde in der Neuen Mark geschlossen«. Damit war Richelieu auch öffentlich festgenagelt, zu dessen Ärger, da ihm dies das Doppelspiel mit Bayern verdarb. Gustav Adolf sicherte in dem Vertrag zwar Neutralität gegenüber Bayern und der Liga zu, aber nur solange diese auch neutral blieben. In einem Zusatz schränkte der König seine Zusage noch mehr ein und machte deutlich, daß er sich um sie nicht mehr zu kümmern brauchte, sobald Bayern die Verbündeten oder Freunde Schwedens angriff – wie das in Magdeburg schon geschehen war. Auch verdeckte Feindseligkeiten entbanden Gustav Adolf von seinen diesbezüglichen Verpflichtungen.

Was der König sonst zusicherte, legte ihm keine zusätzlichen Lasten auf: Er verpflichtete sich, in Deutschland eine Armee von 30 000 Mann Fußvolk und 6000 Reitern zu halten, in den eroberten Gebieten den dort herrschenden Glauben unangefochten zu lassen und die Ausübung des katholischen Gottesdienstes nicht zu behelligen – was er ohnehin nicht beabsichtigte. Als Ziele des Bündnisses wurden die »Wiederherstellung der Libertät der gemeinsamen Freunde und Nachbarn« und die Sicherheit der Nord- und Ostsee genannt; alle neu erbauten Festungen an der Küste und in Graubünden, die diese Ziele behinderten, waren zu schleifen. Dafür steuerte Frankreich auf Vertragsdauer (bis 1. März 1636) jährlich Subsidien in Höhe von 400 000 Reichstalern bei und zahlte für das Jahr 1630 120 000 Reichstaler nach.

Alles in allem erhielt Gustav Adolf durch den Vertrag von Bärwalde zwar Geld, um über die Anfangsschwierigkeiten in Deutschland hinwegzukommen – später, als die deutschen Geldquellen reichlich flossen, sank die Bedeutung der französischen Zuschüsse (die nie an die der preußischen Zölle heranreichte) erheblich. Jedoch zwang die Allianz den König, solange er lebte, weder zu militärischen noch zu politischen Zugeständnissen. Statt sich von Richelieu als Werkzeug benutzen zu lassen – wie dieser es sicherlich bei Unterzeichnung des Vertrags erhofft hatte –, nutzte er die französische Hilfe für seine Zwecke.

Vorstoss nach Mecklenburg

Die Ruhe im Bärwalder Lager dauerte nicht lange. Gustav Adolf war nicht gewillt stillzusitzen, und der Winter konnte ihn nicht abhalten, dem Feind das Gesetz des Handelns zu diktieren. »Sein aktiver und zu aller Kriegs*travaglie* unverdrossener Geist konnte weder die Seinigen im Winterquartier lange müßig sitzen lassen, noch dem Feinde einige Ruhe und Rast gestatten«, berichtet sein Chronist Chemnitz. Der König besaß den Vorteil der inneren Linie, und er war entschlossen, durch unerwartete Ausfälle aus seinem Bollwerk den kaiserlichen Oberbefehlshaber in Atem zu halten.

Am 29. Januar 1631, eine Woche, nachdem Tilly seine Armee besichtigt und gezählt hatte, setzte sich die königliche Armada in Richtung Mecklenburg in Bewegung. 6000 Mann unter Gustav Horn ließ er zur Deckung der errungenen Positionen zurück. Den Feldzugsplan hatte er bis zuletzt geheimgehalten, selbst seiner nächsten Umgebung gegenüber. Tilly sollte ruhig annehmen, er rücke auf Magdeburg – was dieser in der Tat vermutete und deshalb nach Havelberg marschieren ließ, um ihm den Weg zu verlegen.

Dafür wußte der König sehr genau, wie es in Mecklenburg aussah, und zwar durch Überläufer und Parteigänger, die ihn mit Nachrichten versorgten. Der dort die Kaiserlichen kommandierende Herzog von Savelli, ein Günstling des Wiener Hofes, war kein ernstzunehmender Gegner; schon Wallenstein wäre den intriganten, bequemen Obristen gerne losgewesen und hätte ihn lieber daheim gesehen, um »mit Cardinälen zu Rom *Complimenta* zu machen«.

Während also Gustav Adolf an der Mündung der Havel in die Elbe Tilly erwartete, überrannte die Royal-Armee in nicht ganz drei Wochen das östliche Mecklenburg. Neubrandenburg, Treptow, Demmin und Tribsees bildeten nun eine Kette schwedischer Stützpunkte nach Westen, und es war nicht vermessen, wenn Gustav Adolf sich vornahm, im Frühjahr Rostock und Wismar zu erobern und von dort bis zur Elbe vorzudringen.

Demmin, die Hauptfestung dieser Linie, durch Wasser und Morast geschützt, wurde mit 1800 Mann von Savelli selbst verteidigt. Unterstützt von Knyphausen, der von Stralsund zu Gustav Adolf gestoßen war, ließ der König die Festung angreifen. Den Schweden kam zugute, daß das Sumpfland gefroren war, doch brachte eben dies den König wieder einmal in Gefahr. Der schottische Oberst Robert Monro, der seine Erfahrungen im Dienst Gustav Adolfs in einem ungewöhnlich anschaulichen Bericht aufgezeichnet hat, erzählt, wie der König unter den Kanonen der Festung die Stelle aussuchte, wo der Sturm beginnen sollte, und wie er allein über den verharschten Boden ging, um die feindlichen Werke zu mustern, bis dieser unter seinem schweren Gewicht einbrach. Unter Beschuß genommen, wehrte Gustav Adolf jede Hilfe ab, arbeitete sich selbst heraus und kehrte unverletzt zum Lager zurück, wo er sich ans Feuer setzte und gewaltig zu essen und zu trinken anfing.

Savelli hielt nicht lange stand. Er begehrte Akkord und konnte samt seinen Leuten am 15. Februar mit fliegenden Fahnen abziehen. Tilly kam auch diesmal zu spät. Als er endlich erfuhr, wohin sich Gustav Adolf gewandt hatte und aufbrach, um Demmin zu retten, erreichte ihn am 21. Februar vor Neuruppin die Nachricht, wie schmählich Savelli versagt hatte. Später schrieb er dem Kaiser, der Herzog habe die Stadt, die drei Wochen lang zu halten gewesen wäre, »mit liederlichen und disreputierlichen Bedingungen ganz unverantwortlicherweise übergeben und verlassen«.

Gustav Adolf war mit dem Ergebnis seines zweiten Feldzuges in diesem Winter zufrieden und schickte seine Leute ins Quartier. Sie brauchten Ruhe und – wie er Johan Banér schrieb – ihrer »ausgestandnen Mühe und Arbeit Ergötzlichkeit«. So waren sie auch trotz der wieder einmal fehlenden Löhnung noch zufriedenzustellen.

Dem König mangelte es weiterhin empfindlich an Geld – auf die französischen Subsidien mußte er noch eine gute Weile warten. In dem Brief an Johann Casimir vom 22. Januar 1631, in dem er seine Zufriedenheit über den Stand der Dinge in Deutschland äußerte, beklagte er sich bitter über die Nachlässigkeit der Kammer in Stockholm und trug dem Pfalzgrafen auf, dort die Aufsicht zu übernehmen. Und dem Reichskanzler schrieb er, wenn man die Armee williger halten wolle, so müßte sie wenigstens beim Ausrücken aus den Quartieren einen Monatssold oder zwei erhalten.

Die Quartiere wurden sorgfältig verteilt, mit genauen Anweisungen, »damit also der Soldat präzise, was er zu fordern, und die Untertanen, was sie zu geben hätten, wissen und keiner über die Gebühr belegt werden möchte«.

Um Tilly schien sich der König wenig zu kümmern; offenbar traute er ihm und seinen strapazierten Truppen nicht mehr als Störmanöver zu. Die Zuversicht Gustav Adolfs wurde durch die Einnahme des letzten kaiserlichen Stützpunkts in Hinterpommern gestärkt: Am 24. Februar schickte der Kommandant von Kolberg einen Parlamentär zu den Belagerern, am 2. März zog die Besatzung »mit Sack und Pack« ab.

Der Gegenstoss

Einen Tag später freilich hatte sich die Szene an der mecklenburgischen Grenze schon wieder zu verwandeln begonnen. Am 1. März meldete Knyphausen, der mit 750 Mann und drei leichten Geschützen Neubrandenburg verteidigen sollte, die Kaiserlichen seien im Anmarsch und ständen bei Waren an der Nordspitze des Müritz-Sees. Baudissin berichtete auch aus der Uckermark von Truppenbewegungen; er fürchtete einen Angriff auf Prenzlau und damit einen Vorstoß Tillys in Richtung Stettin.
Als der König diese Nachrichten empfing, befahl er sofort seinen Offizieren, alle verfügbaren Kräfte bei Pasewalk zusammenzuziehen. Innerhalb von fünf Tagen, am 7. März, stand dort eine Armee von 19000 Mann bereit. Der König wollte Tilly, von dem er jetzt wußte, daß er auf Neubrandenburg marschierte, eine offene Schlacht liefern. Er war dem Feind nicht nur bei der Infanterie, sondern auch bei der Reiterei überlegen, insgesamt um rund 7000 Mann. Knyphausen hatte den Befehl erhalten, Neubrandenburg »mit äußerster Macht« zu halten; ein Gegenbefehl vom 7. März, in Erwartung der Schlacht, der dem General zugestand, so zu »kapitulieren, daß Ihr und die Soldateska in Unsern Diensten erhalten werdet«, erreichte den General nicht, da die Kaiserlichen den Boten abfingen, allerdings ohne den in sein Hemd eingenähten Befehl zu entdecken.
Knyphausen hielt sich an die zuerst erteilte Weisung und wehrte sich bis aufs äußerste. Als Tilly ihn zum dritten Mal aufforderte, sich zu ergeben, erklärte er, er werde sich bis auf den letzten Mann halten. Am 7. März hatte die Beschießung begonnen, am 9. ließ Tilly stürmen. Es kam zu einem erbitterten Kampf, der sich bis in die Straßen der Stadt hinein fortsetzte und in einem Gemetzel endete. Zwar wurden nicht, wie es hieß, alle Verteidiger niedergemacht – etwa zwei Drittel gerieten in Gefangenschaft, unter ihnen ihr Kommandeur –, aber die Meldung wurde allgemein geglaubt und stachelte den Zorn der Schweden an.
Wo aber blieb indessen die königliche Armee? Gustav Adolf versäumte die Gunst der Stunde. Er zögerte und ließ gleichsam die schon zum entscheidenden Zug ausgestreckte Hand sinken, weil ihm seine Offiziere von der Schlacht abrieten. Als er einen Kriegsrat einberief, zeigte sich, daß ein Teil der Obersten, insbesondere die der deutschen Reiterregimenter, ihren aus den Quartieren aufgescheuchten, auf ihren Sold harrenden Soldaten nicht genug zutrauten. Auch blendete sie immer noch der Waffenruhm des kaiserlichen Oberbefehlshabers.
Der König war kein Hasardeur. Bei aller Kühnheit ließ er sich ungern auf unkalkulierbare Risiken ein. Hätte er gewußt, daß Tilly mit seinen Reitern dieselben Schwierigkeiten hatte wie er, hätte er sich vielleicht über

die Warnungen hinweggesetzt. So aber entschloß er sich, statt auf die Schlacht auf die bewährte Taktik der Ablenkung zu setzen, um die kaiserliche Armee zu erschöpfen, ganz so wie Pappenheim vermutete, sie sollte »durch verschiedene *Diversionen* hin und wider herumgeführt und abgemattet werden . . .«

Banér und Horn erhielten Sicherungsaufgaben, Baudissin wurde mit einem starken Reiteraufgebot nach Westen entsandt, um Tillys Verbindung zu Magdeburg zu stören, der König selbst richtete sich bei Schwedt, 20 Kilometer oderaufwärts von Gartz, in einem starken Lager ein, von dem aus er, über zwei Schiffsbrücken, die er aus Stettin herantransportieren ließ, gleichermaßen nach Mecklenburg, Landsberg oder Frankfurt ausgreifen konnte.

Tilly, zunächst unschlüssig, mußte erkennen, daß ihm die Einnahme Neubrandenburgs wenig eingebracht hatte – ganz im Gegensatz zu der Meinung einiger Fürsten der Liga, denen der Sieg so groß erschien, daß sie glaubten, Tilly wäre nun auf ihr Geld nicht mehr angewiesen. Außerstande, einen größeren Angriff vorzutragen, des ständigen Hin- und Herziehens überdrüssig, entschloß sich der Oberbefehlshaber, seine Strategie zu ändern. Frankfurt an der Oder hoffte er durch Verstärkungen und einen Wechsel im Kommando sichern zu können: Schauenburg wurde durch den Feldmarschall von Tiefenbach ersetzt, dem Tilly mehr Standfestigkeit zutraute. Er selbst jedoch war nun fest entschlossen, sich auf Magdeburg zu konzentrieren. Schon von Mecklenburg aus hatte er an Pappenheim den Befehl erteilt, »sich samt aller Notdurft, Magdeburg mit Gewalt anzugreifen, in Bereitschaft zu halten«.

Die Entscheidungen beider Oberbefehlshaber – der Entschluß des Königs, sich bei Schwedt eine neue Basis zu schaffen, und Tillys Befehl nach Magdeburg zu marschieren – beruhten auch auf dem Mangel an Information über die Bewegungen und die Absichten des Gegners und auf den Schwierigkeiten der Nachrichtenübermittlung. Die Feindlage, für deren Erkundung ein modernes Heer über ein vielfältiges Instrumentarium verfügt, konnte damals nur durch Patrouillen und Spionage erkundet werden, und für die Weitergabe war man, ebenso schwerfällig, ausschließlich auf Melder angewiesen.

So handelte Tilly in der festen Meinung, die »ermattete Armada« der Schweden ziehe erneut ins Winterquartier, um sich zu erholen; Gustav Adolf nahm an, der Feind werde ihm folgen, um ihn anzugreifen, weshalb er die Verschanzung bei Schwedt beschleunigte und Gustav Horn zur Verstärkung herbeirief.

Als der König endlich erfuhr, daß die kaiserliche Armee in südwestlicher Richtung aus Mecklenburg abrücke, vermutete er zwei Ziele derselben: entweder Sachsen, um den seit 6. Februar in Leipzig versammelten Konvent der evangelischen Reichsstände zu bedrohen, oder aber Magdeburg. Er beeilte sich daraufhin, in einem Brief die Magdeburger zu weiterem Ausharren aufzufordern und ihnen erneut seine Hilfe zuzusichern, ein Versprechen allerdings, das nicht »anders als nach der Möglichkeit gelten« könne.

Einnahme von Frankfurt an der Oder

Die Möglichkeit, die Gustav Adolf vor sich sah, war jedoch kein direkter Zug nach Magdeburg, sondern ein Stoß, der den kaiserlichen Oberbefehlshaber zwingen sollte, sich von der Stadt zu lösen und wieder einmal »herumführen« zu lassen. Als der König am 27. März zu seinem neuen Unternehmen aufbrach, dessen Ziel er wieder streng geheimgehalten hatte, war eben die Nachricht eingegangen, daß Tilly in der Tat auf Magdeburg marschiere.

Wenn Gustav Adolf ihn noch einmal von dort abziehen wollte, galt es entschlossen zu handeln. Im Eilmarsch trieb er seine Armee – rund 14 000 Mann – beiderseits der Oder flußaufwärts. Das Ziel war Frankfurt.

Der Kommandant der Festung Küstrin legte diesmal dem Durchzug der Schweden nichts in den Weg: Gustav Adolf hatte inzwischen deutlich genug mit den brandenburgischen Kurfürsten gesprochen. Schon am 2. April stand die schwedische Armee vor den brennenden Vorstädten Frankfurts. Der eben erst eingetroffene neue kaiserliche Feldmarschall Tiefenbach hatte sie zur Verteidigung der Stadt in Brand stecken lassen. Tags zuvor hatte sein Vorgänger Schauenburg Tilly dringend um Hilfe ersucht, mit Hinweis auf die schlechte Verfassung seiner Truppen. Die Zahl der Verteidiger läßt sich nicht genau feststellen. Das schwedische Feldtagebuch berichtet: »In der Stadt war große Sicherheit und täten sich keiner solchen großen Gewalt vermuten, waren sehr stark darinnen.« Eine Untersuchung von Felix Plage, »Einnahme der Stadt Frankfurt an der Oder« nennt vier Reiterregimenter und acht Regimenter zu Fuß, die sich in Erwartung des Angriffs hinter den Mauern massiert hatten, insgesamt doch wohl an die 5000 Mann. Während die Masse der Schweden in den Weinbergen vor der Stadt die Ankunft der Schiffe mit der Artillerie abwartete, erkundete der König wie üblich selbst die Lage. Dann führte Gustav Adolf einen Teil seiner Truppen schon bis dicht an den Stadtwall heran, ohne daß die Ausfälle der Besatzung es hindern konnten. Da die schwedische Artillerie nicht zu sehen war, höhnten die Kaiserlichen von den Mauern, die »Strömlinge« hätten ihre Lederkanonen wohl schon aufgefressen. In Wirklichkeit brachten die Schweden ihre Geschütze während der Nacht in Stellung, wobei Gustav Adolf beim Eingraben half;

ebenso wurden die Laufgräben im Schutz der Dunkelheit an die Außenwerke herangetrieben.

Am 3. April 1631, dem Palmsonntag, ließ der König seine Mannschaften »in bester Montur« antreten und auf freiem Feld Gottesdienst halten, dann ging er zu den zwölf schweren Geschützen und ließ sie auf das Gubener Tor richten. Am späten Nachmittag schickte er im Schutz des Artilleriefeuers einige kleinere Abteilungen gegen die Außenwerke vor; ein Großangriff war noch nicht geplant. Ein deutscher Leutnant und seine Truppe stürmten Graben und Wall jedoch mit solcher Wucht, daß sie nicht nur die Verteidiger in die Flucht schlugen, sondern, diese verfolgend, über die Mauer vordrangen. Der König nutzte die Chance, stieß sofort nach, ließ die Tore sprengen und öffnete damit seinen Soldaten, voran den Schotten, den Weg in die Stadt.

Dort warfen sie sich erbarmungslos auf die völlig verwirrten Feinde. Pardon – vielmehr Quartier, wie man damals sagte – wurde nicht gegeben. Was aus Neubrandenburg berichtet worden war, stachelte die Soldaten des Königs an, mit dem Aufschrei: »Neubrandenburgisch Quartier« alles niederzuhauen. An Toten wurden nachher an die 2000 Mann gezählt, 1000 Kaiserliche, die sich dem Gemetzel entziehen konnten, wurden gefangengenommen und »mußten sich unter Ihrer Majestät Fähnlein stoßen lassen«, die anderen, vor allem die Reiter, waren in wilder Flucht über die Brücke auf die andere Seite der Oder davongestoben und kamen erst in Schlesien zum Halten. Eine Menge Munition und zahlreiche Geschütze, dazu 300 000 Gulden der Kriegskasse blieben zurück.

Aber die Truppen des Königs hielten sich nicht nur an die feindlichen Soldaten. Gustav Adolf, der sie unbezahlt aus dem kurzen Winterquartier aufgescheucht, der ihnen seither kaum Ruhe gegönnt hatte und sie während des Marsches auf Frankfurt drei Tage lang hatte hungern lassen müssen, war nach dem Sturm außerstande, ihnen »das Soldatenrecht, worauf sie sich in solchen Fällen zu berufen pflegen«, nämlich die Plünderung, vorzuenthalten. Die Opfer waren jene, die den König als Befreier erwartet und unterstützt hatten: die protestantischen Bürger der Stadt, denen Tiefenbach später vorwarf, sie hätten bei dem Angriff heimtückisch auf die Kaiserlichen geschossen und sie mit Steinen beworfen.

Die vom König schon vorher nur mit scharfen Erlassen an die Offiziere gebändigte Soldateska war, einmal entfesselt, wie von Sinnen. Sie raffte zusammen, was immer sich erbeuten ließ, und sie dachte nicht daran, wie befohlen, nach drei Stunden damit aufzuhören. Monro berichtet, daß es den Offizieren unmöglich war, sich durchzusetzen und daß die Disziplin erst am nächsten Morgen wiederhergestellt werden konnte. Selbst dann war noch das persönliche Eingreifen des Königs und die rücksichtslose Ausübung des Standrechtes nötig, um Ordnung zu schaffen.

Der König suchte durch Verteilung von Brot, Rückgabe der entwendeten Bücher, Ersatz für die der Universität zugefügten Schäden den häßlichen Flecken auszulöschen. Aber er konnte sich nicht davon freisprechen, daß er sich der Gewalttätigkeit bedient hatte, die ihm über den Kopf gewachsen war.
In Wien löste die blitzschnelle Eroberung Frankfurts Entsetzen aus. Questenberg an Wallenstein: »Jetzt heißt es: hilf! hilf! und: non est, qui exaudiat [niemand ist, der es hören will]; das Wasser rinnt uns ins Maul.« In Schlesien rechnete man mit dem Einrücken der Schweden. In Prag wurde die Bürgerwehr gemustert.
Gustav Adolf meldete den Sieg dem Konvent der protestantischen Stände in Leipzig. Und schon am Tag nach seinem Triumph schrieb er den Magdeburgern, durch diesen mit einer Hauptbataille vergleichbaren Erfolg sei er imstande, Tilly von ihnen abzuziehen. Es gelte nun allerdings auch den Sieg auszunützen und die Stadt Landsberg zu attackieren. Sie selbst sollten ihm »so viel Zeit gönnen, allermaßen wir mit Hilfe Gottes alles zu Eurer endlichen *eliberation* richten, und auch die Frucht desselben in ganz kurzem vorzustellen hoffen«.
Die schwedische Führung schwelgte in Siegesgefühlen. Während des Marsches auf Landsberg faßte Johan Banér die Lage in dem Satz zusammen: »Ist also Pommern nebst Neumark befreiet, die Pforte nach der Schlesien eröffnet, Neubrandenburg *revengieret*, Tilly *divertieret*.«

Tilly vor Magdeburg

Alles stimmte – bis auf die Meinung, Tilly erneut abgelenkt zu haben. Zwar glaubte ihn Gustav Adolf auf Grund aller möglichen Meldungen im Anmarsch und Magdeburg dadurch vom Druck der Belagerung entlastet, aber die Katholische Excellenz hatte aus der Meldung vom Fall Frankfurts, die ihn am 18. April 1631 erreichte, einen anderen Schluß gezogen als erwartet: Er wollte zwar eben mit der seit dem ersten Hilferuf Schauenburgs gesammelten Armee zur Oder aufbrechen, als er jedoch an diesem Tag – des Verlustes von Frankfurt gewiß, mit dem von Landsberg rechnend – in seinem Hauptquartier zu Möckern einen Kriegsrat einberief, befürwortete dieser in der Mehrzahl, sich um Gustav Adolf zunächst nicht zu kümmern. Tilly fühlte sich außerstande, sowohl Magdeburg zu belagern als auch dem König entgegenzutreten – dafür reichten seine Streitkräfte nicht aus. So faßte er den Entschluß, sich diesmal nicht erneut zu verzetteln, sondern alle Kräfte an die Eroberung Magdeburgs zu wenden, in der Erwartung, damit nun seinerseits Gustav Adolf von einem weiteren Vorrücken gegen Schlesien und die habsburgischen Lande abzuhalten. Ob er allerdings einem Entlastungsangriff Gustav Adolfs an der Elbe gewachsen war, wußte er nicht – er sah einem solchen Unternehmen mit Sorge entgegen und suchte sich dagegen zu wappnen, indem er den größten Teil seiner Kavallerie südlich Potsdam gruppierte. Im übrigen aber zog er soviel Kriegsvolk wie möglich um Magdeburg zusammen und verlegte am 12. April sein Hauptquartier nach Salze am linken Elbufer, nahe der Stadt.

In diesen Tagen, vor und nach der Einnahme von Landsberg, die am 15. April erfolgte, rechnete der König immer noch damit, daß Tilly mit seiner Hauptmacht gegen ihn vorrücke – dementsprechend hatte er, wie Tilly seine Ostflanke, seine Westflanke mit starken Kavallerieverbänden geschützt. Vor Magdeburg wähnte er nur noch ein Blockadekorps: In einem Brief an Falkenburg vom 17. April 1631 mutmaßte er, es lägen derzeit wohl nicht mehr als 4000 Mann vor der Stadt.

In Wirklichkeit waren es über 32 000 und die Stadt stand in höchster Gefahr. Am 22. April endlich erreichten den König in Frankfurt Meldungen aus Magdeburg, die ihn aus seinen Täuschungen rissen. Aufs höchste alarmiert, gab er Befehl nach Westen aufzubrechen. Trotz seiner zahlenmäßigen Unterlegenheit – er verfügte über eine Feldarmee von rund 18 000 Mann und wußte nicht, ob die erwarteten Verstärkungen rechtzeitig eintreffen würden, ganz abgesehen davon, daß er auch jetzt der Kampfmoral seiner noch immer unbezahlten Kavallerie nicht traute – war er entschlossen, Falkenberg nicht im Stich zu lassen. Er konnte nur hoffen, daß die Hindernisse, die sich ihm in den Weg legten, rechtzeitig zu überwinden waren. Bei dem hohen Risiko, das er einging, brauchte er nicht nur freien Durchmarsch durch Kurbrandenburg, er brauchte auch Sicherheit im Rücken, die ihm allein der Besitz der brandenburgischen Festungen Küstrin und Spandau bieten konnte.

Und wessen hatte er sich von dem sächsischen Kurfürsten zu versehen? Dessen Widerwille gegen den nach Magdeburg zurückgekehrten Administrator Christian Wilhelm, den Konkurrenten seines Sohnes August, auf der Hand lag, der jede Werbung von Soldaten für Magdeburg in seinem Land untersagte und die Zufuhr von Proviant und Pulver für die bedrängte Stadt zu unterbinden suchte – im Gegensatz zu seinen Beamten in den an magdeburgisches Gebiet grenzenden sächsischen Ämtern, die durch die Finger sahen, wenn des Nachts solche Versorgungszüge unterwegs waren.

Der Leipziger Konvent

Auf die beiden protestantischen Kurfürsten mußte der König Rücksicht nehmen, teils aus militärischen, teils aus politischen Gründen. Nicht von ungefähr hatte er gleich zwei Gesandte zum Konvent der evangelischen Reichsstände nach Leipzig entsandt: Dr. Martin Chemnitz und Graf Philipp Reinhard zu Solms.

Zu den Sitzungen waren sie als Vertreter einer außerdeutschen Macht nicht zugelassen, jedoch wirkten sie mit Geschick im Hintergrund. Auch der auffällige Umschwung in den Predigten und Verlautbarungen des einflußreichen Dresdner Oberhofpredigers Hoë von Hoënegg scheint von Solms gefördert worden zu sein. Die Bestechlichkeit des geistlichen Rats des Kurfürsten ist belegt: So wie ihm vorher für seine Kaisertreue beträchtliche Summen zuflossen, so hat er sich auch die nun erschallenden Kampfrufe für die evangelische Sache honorieren lassen – ein Schreiben des Grafen Solms vom April 1632, das ihm ein ansehnliches Gut im Stifte Magdeburg verspricht, bestätigt wohl nur frühere Zusagen; und gleich nachdem er zur Eröffnung des Konvents am 6. Februar 1631 eine den Papistenhaß schürende Predigt – »er blies gewaltig zu Feld« – gehalten hatte, belohnten ihn Geschenke für sein »hochintoniertes Liedlein«. Erstaunlich war nicht nur, daß er verkündete, man müsse »den widrigen Religionsverwandten den Garaus geben und mit Zusammensetzung von Leib, Gut und Blut für Einen Mann stehen«, sondern auch, daß er deutlich genug zu erkennen gab, wen er in dem unvermeidlichen Kampf für den gottgesandten Gideon hielt; und noch erstaunlicher war, daß der Calvinistenfresser sich auf einmal mit den Theologen der anwesenden reformierten Fürsten vertrug.

Es zeigte sich jedoch bald, daß der Gewissensrat des Kurfürsten seinem Herrn vorausgeeilt war und nicht in dessen Auftrag gepredigt hatte. Nach wie vor war Johann Georg nicht für »hitzige *consilia*«. Zwar hatte er sich von seinem Oberhofprediger und von dem brandenburgischen Kanzler Sigismund von Götzen überzeugen lassen, daß es notwendig sei, entschiedener aufzutreten und deshalb den Konvent einberufen. Aber er sah darin mehr eine Demonstration, um dem Kaiser Respekt vor den protestantischen Ständen einzuflößen und ihn vor weiteren Übergriffen zu warnen, vor allem natürlich gegen Sachsen. Seine Haltung war nicht zuletzt durch den sichtbaren Erfolg seiner Politik seit dem Beginn der Feindseligkeiten vor zwölf Jahren bestimmt: Sachsen war vom Krieg unversehrt, eine blühende Insel des Friedens und durchaus in der Lage, zu seinem Schutz eine stattliche Armee aufzustellen.

Die Anwerbung einer Armee von 11 000 Mann sicherte er schließlich auch zu, als Götzen darauf drängte, eine Kriegsverfassung zu beschließen, gemeinsam Truppen zu werben und einen festen Bund gegen die Übergriffe kaiserlicher Truppen und gegen die Erfüllung des Restitutions-Edikts zu bilden. Aber in seiner abschließenden Stellungnahme bestand er darauf, daß die Armeen getrennt aufgestellt und kommandiert würden; sein Angebot als Haupt des Ganzen zu fungieren, wurde mit Recht als nominales Zugeständnis verstanden. Schweden gegenüber wurde wohlwollende Neutralität vereinbart, mit dem Zusatz, daß ein Mitglied der Allianz, das sich gezwungenermaßen mit Schweden verbünde, deswegen nicht ausgeschlossen werde. Alles in allem: Nach einem verheißungsvollen Auftakt ein sehr bescheidenes Ergebnis, zumal die Schlußresolution vom 2. April nicht versäumte, dem Kaiser die Ergebenheit seiner protestantischen Stände zu versichern, sofern er nur ihren berechtigten Klagen Abhilfe schaffe.

Der Kaiser reagierte scharf: Er forderte unter Androhung von Feindseligkeiten die Auflösung des Bundes. Und die katholischen Pamphletisten trieben ihren Spott mit dem Konvent:

Ach die armen lutherischen Hündlein
Halten zu Leipzig ein Conventlein!
Wer war dabei?
Anderthalb Fürstlein.
Was wollten sie machen?
Ein kleines Krieglein.

Die »anderthalb Fürstlein« waren in Wirklichkeit das größte Aufgebot an Protestanten seit der Auflösung der Union. Und wenn Johann Georg sich zu der Rolle bekannt hätte, die man von ihm erwartete, hätte in Leipzig jene Dritte Partei entstehen können, von der Hans Georg von Arnim träumte: ein starker Zusammenschluß der evangelischen Stände, stark genug um auf eine Allianz mit Schweden verzichten zu können, stark genug aber auch, um sich gegen den Kaiser und die Liga zu behaupten.

Arnim, seit seinem Austritt aus kaiserlichen Diensten wieder auf seinem Schloß Boitzenburg ansässig und von seinem Landesherrn, Georg Wilhelm von Brandenburg, immer wieder um Rat angegangen, war bei den Vorgesprächen der beiden protestantischen Kurfürsten zur Ausschreibung des Leipziger Konvents zugegen gewesen und von dem sächsischen Herrscher um eine Denkschrift gebeten worden. In dieser legte Arnim seine Vorstellungen von einem starken evangelischen Bund nieder, der sich jedoch auf die *deutschen* Stände beschränken sollte. Jedem Bündnis mit auswärtigen Mächten widerriet er, weil solche Deutschland noch nie Glück gebracht hätten. Doch hielt er es für angebracht, den Dänenkönig, der ja auch Reichsfürst war, in die neue Union einzubeziehen.

Die verwegene Hoffnung, in dieser Lage – zwischen den Schweden an der Oder und den Kaiserlichen an Elbe und Havel – einen protestantischen Block errichten zu können, der auf Schweden nicht angewiesen war und den Kaiser zu Zugeständnissen zwingen konnte, eine Hoffnung, genährt aus deutschem Patriotismus und standfestem Luthertum, wurde zu Beginn des Konvents von vielen geteilt; vermutlich beruhte die starke Beschickung – 14 Fürsten erschienen in Person, 26 Fürsten oder Reichsstädte waren durch Gesandte vertreten – auf solchen Erwartungen.
Gustav Adolf war einer derartigen Festigung des protestantischen Lagers nicht abgeneigt. Er war beweglich genug, die Zusammenarbeit mit einer solchen Gruppierung zu erwägen, und hoffte noch bis Ende März auf ein Resultat, das sich mit seinen Zielen deckte. Dann aber erfuhr er, daß Arnim Leipzig enttäuscht den Rücken gekehrt hatte (dieser begann allmählich einzusehen, daß nur noch ein Bündnis der beiden protestantischen Kurfürsten mit Schweden helfen konnte), und schließlich öffnete ein Besuch des brandenburgischen Kanzlers von Götzen Mitte April dem König die Augen. Der Leipziger Beschluß setzte die Zersplitterung der deutschen Protestanten fort, nichts hinderte die kaiserlichen und ligistischen Truppen, sie sich einzeln vorzunehmen und dem kaiserlichen Willen zu unterwerfen, nichts außer den schwedischen Waffen.
Arnim scheint trotzdem seine deutschen Hoffnungen nicht ganz aufgegeben zu haben. Er trat Anfang Mai in die Dienste Sachsens, dem er zum raschen Aufbau eines gut ausgerüsteten Heeres von 12 000 Mann (bei der Schlacht von Breitenfeld 18 000 Mann) verhalf.

Das Abkommen mit Brandenburg

Was Gustav Adolf bei dem Gespräch mit Götzen am 16. April 1631 von Brandenburg angeboten bekam, konnte ihm nicht genügen. Der Kurfürst suchte seinen Beistand, aber er mochte sich nicht allzu eng an Schweden binden. Immerhin, der König sah Ansätze und zeigte sich bereit, bei den weiteren Verhandlungen über eine Allianz Geduld zu üben.
Sobald er jedoch erfuhr, wie es wirklich um Magdeburg stand, konnte er sich die Geduld nicht mehr leisten. Er forderte die Einräumung der Festungen Küstrin und Spandau, und als der Kurfürst ihm nicht mehr als den freien Durchgang durch Küstrin bieten wollte, schickte er die brandenburgischen Gesandten mit dem Bescheid nach Hause, er werde ihnen sofort folgen. Wenn er erst in der Nähe des Kurfürsten sei, werde sich dieser vermutlich anders bedenken.
Am 1. Mai stand der König mit allen verfügbaren Truppen bei Köpenick. Georg Wilhelm hatte seinem Schwager nichts entgegenzusetzen als zähe

Wortgefechte. Schritt für Schritt rangen die schwedischen Unterhändler ihren Kontrahenten eine Reihe von Zugeständnissen ab, aber Gustav Adolf gab sich damit nicht zufrieden. Am 3. Mai ritt er an der Spitze von einigen tausend Mann nach Berlin, um selbst mit dem Kurfürsten zu sprechen. Dieser kam ihm »mit dem ganzen Hof und Frauenzimmer« entgegen. In einem Wäldchen, kurz vor der Stadt, sprachen die beiden Herrscher eine Stunde lang miteinander, höflich und mißtrauisch, ohne Resultat. Die Anwesenheit der Frauen bewirkte, daß der König zur Fortsetzung des Gesprächs sich in das Schloß einladen ließ, allerdings auch dorthin von Musketieren begleitet.

Im Verlauf der »schweren *Tractate*«, die sich bis zum Abend des 4. Mai hinzogen, während die gesamte schwedische Armee sich um die Residenz legte, drohte – laut dem »Theatrum Europaeum« – Gustav Adolf, das ganze deutsche Unternehmen abzubrechen, falls er keinen Beistand erhalte: »Meine Reis geht auf Magdeburg, solches zu entsetzen, nicht mir, sondern den Evangelischen zum Besten. Will mir niemand beistehen, mache ich mich an meinen Orten fest und biete dem Kaiser einen Akkord und ziehe wieder nach Stockholm; ich weiß, der Kaiser soll einen solchen Akkord eingehen, wie ich begehre. Aber am Jüngsten Gericht werdet Ihr Evangelischen angeklaget, da Ihr nichts bei dem Evangelio habt tun wollen; es wird Euch auch wohl hier vergolten werden. Denn ist Magdeburg weg, und ich ziehe zurück, so sehet Ihr zu, wie es Euch gehen wird.«

Der Kurfürst, der sich vor allem gegen die Überlassung Spandaus wehrte, gab zuletzt zermürbt nach. Draußen war es schon Nacht, als die Vereinbarung über die wichtigsten Punkte unterschrieben wurde (die ursprünglich geforderte »Realkonjunktion« blieb in der Schwebe): Spandau erhielt eine schwedische Besatzung, allerdings nur bis Magdeburg befreit war und bis der König die Festung nicht mehr zur Sicherung seiner rückwärtigen Verbindung benötigte. Küstrin mit seiner brandenburgischen Garnison sollte dem Kommando von Gustav Horn unterstellt werden und hatte bei Bedarf schwedische Truppen aufzunehmen. Jedoch wurde dies nur mündlich vereinbart; der Kurfürst wollte die schriftliche Formulierung dem König nachsenden.

Der Fall Magdeburgs

Am 5. Mai 1631, also ohne jeden Verzug, marschierte die schwedische Armee entlang der Spree nach Spandau; am 6. nach Potsdam. Dort jedoch, nach den vier verlorenen Tagen von Berlin, zwang sie die Haltung des sächsischen Kurfürsten, erneut den Marsch zu unterbrechen; nur Patrouillen wurden bis zur Elbe vorausgeschickt. Der nächste, schnellste

Weg zum Entsatz Magdeburgs führte über die Dessauer Brücke. Magdeburg lag links der Elbe, der Strom mußte überquert werden. Auch die Brücke bei Wittenberg kam in Frage. Beide Routen führten durch sächsisches Gebiet. Gustav Adolf hatte schon am 22. und 23. April Johann Georg mit Briefen bedrängt, ihm den Weg freizugeben. Noch lag keine Antwort vor. Am 6. Mai schrieb er ihm erneut, am 7. schickte er ihm durch den kurfürstlichen Stallmeister Dietrich von Taube die Aufforderung, ihm die Voraussetzung zu schaffen, Magdeburg »mit äußerster Macht« zu entsetzen. Und als an diesem Tag Arnim auf dem Weg nach Dresden bei ihm vorsprach, bevollmächtigte er ihn, mit dem Kurfürsten zu verhandeln: über ein Zusammenwirken, eine Unterstützung mit Volk und Proviant oder am besten über ein Bündnis, ein Ziel, das auch von dem eben am Dresdner Hof weilenden brandenburgischen Kanzler nachdrücklich unterstützt wurde.

Der Druck, unter dem Gustav Adolf während dieser fünf Tage bei Potsdam stand, läßt sich an der Fülle von Vorstößen bei Johann Georg ablesen. Gerüchte, der sächsische Kurfürst betreibe seine Truppenwerbung zugunsten des Kaisers und leiste den Belagerern von Magdeburg Zufuhr, beunruhigten ihn ebenso wie das Ausbleiben der schriftlichen Vereinbarung über Küstrin, die erst am 11. Mai eintraf und ihm so ungenau schien, daß er sie nicht akzeptieren wollte. Nicht nur, daß er nicht wußte, »ob die beiden Kurfürsten Freund oder Feind«, bedrängte ihn; auch die eigene Armee machte ihm Sorgen: Das Land, in dem sie kampierte, war ausgesogen; die Hitze machte ihr zu schaffen; die Unzufriedenheit der strapazierten Männer war nicht zu übersehen.

Der König war nicht bereit, noch länger zu warten. Er gab noch am 11. Befehl, zur Dessauer Brücke aufzubrechen. Da traf, spät am Abend, Taube mit zwei Botschaften des sächsischen Herrschers wieder in Potsdam ein. Beide enthielten, alles in allem, die Ablehnung aller Wünsche des Königs, verbrämt mit dem Hinweis auf die schweren Pflichten des Kurfürsten gegenüber Kaiser und Reich und auf die Gefahr, in der sein Land schwebe. Gustav Adolfs Antwort suchte noch einmal einen Funken besserer Einsicht zu wecken: Alles komme darauf an, hier bei Magdeburg das Herz der feindlichen Macht zu treffen. Er selbst sei – wissend, daß er seine Person aufs Spiel setze – bereit, längs der Havel vorzurücken und sein Bestes zur Errettung Magdeburgs zu versuchen.

Der Brief wurde am 12. Mai geschrieben. Zwei Tage vorher war Magdeburg gestürmt worden. Die Nachricht von dem Fall und der Zerstörung der Stadt erreichte den König bald nach Abgang des Briefes, noch in seinem Lager bei Potsdam.

Erbittert wies er alle Schuld von sich. Aus dem bald darauf in Stettin gedruckten Manifest »Kurzer aber begründeter Bericht warum die Königl.

Majest. zu Schweden der guten Stadt Magdeburg ihrem Wunsch und Begehren nach nicht *secundieren* und entsetzen können« spricht sein Grimm über die Saumseligkeit, die Halbheit der beiden Kurfürsten, aber auch der Unmut über die Magdeburger, die er – einem Gerücht glaubend – des Verrats bezichtigt und denen er ankreidet, sie hätten sich sowohl dem Administrator wie den Falkenbergischen Soldaten gegenüber schäbig benommen.

Dies Urteil – von dessen Wahrheit er überzeugt war – ist ungerecht, aber es ist folgerichtig, denn es ergibt sich zwingend aus den Täuschungen, die sein Verhältnis zu Magdeburg von Anfang kennzeichneten. Karl Wittich stellt in seinem Buch über den Fall Magdeburgs zu Recht fest: »Ungeachtet des eifrigsten Vorgehens des Königs in der Richtung auf Magdeburg alsbald nach seiner deutschen Landung waren es nicht bloß unglückliche Zufälle und auch nicht bloß die Fehler der genannten Fürsten des Reiches, die die Katastrophe herbeigeführt haben. Die erste Schuld fällt auf den König unmittelbar . . . Er selbst hat die Stadt gewaltsam in einen Krieg gestoßen, der in doppelter Beziehung, sowohl was ihn, den noch weit von ihr Entfernten, als was sie, die Unvorbereitete, betrifft, übereilt war und dadurch verderblich werden mußte. Er hat sie zu früh an sich gelockt und ihr Versprechungen gegeben, die er bei dem besten Willen, der redlichsten Absicht nicht zu halten vermochte . . . Nicht des Königs allzu freigiebige Verheißungen an sich mag man tadeln; aber seine falschen Berechnungen waren seine Schuld, die sich nicht so schlechtweg auf andere überwälzen läßt, wenn auch Mitschuldige genug da sein mögen.«

Aus diesem Blickwinkel betrachtet war die Katastrophe Magdeburgs, war die persönliche Tragödie Falkenbergs fast unvermeidlich.

Falkenberg hatte die Zeit nach Kräften genutzt, um die Verteidigung Magdeburgs zu festigen. Er mußte bald erkennen, daß die Mehrheit der Bürger sich zwar auf ihn und die schwedische Hilfe verließ, selbst aber Opfer scheute und nur mit Resignation oder Widerwillen die Belagerung ertrug, und daß ein wenn auch kleiner Teil geneigt war, sich mit den Belagerern zu arrangieren. Mißtrauisch begann er Meuterei, Verrat zu wittern, worin er durch den Versuch Pappenheims, ihn selbst zu bestechen, bestärkt wurde. Um so entschiedener trat er auf und nutzte alle Mittel, den Magdeburgern Mut einzuflößen: die Lautstärke seiner radikalen Gefolgschaft, den Glaubenseifer der Prediger und immer wieder das täuschende Versprechen der nahenden Hilfe. Sein Gleichmut schien unerschütterlich, seine Tatkraft unerschöpflich. Im Kreuzhorst, auf einer Insel in der Elbe südlich der Stadt, ließ er eine Schanze errichten, die er stolz »Trutz Tilly« benannte. Sobald die Witterung es erlaubte, folgten weitere Außenwerke, alle mit ähnlich kühnen Namen versehen: »Trutz Pappenheim«, »Magdeburger Succurs«, und die wichtigste dieser Anlagen bei der Zollschanze jenseits der Elbe, die den einzigen Brückenzugang zur Stadt sperrte, erhielt den Namen »Trutz Kaiser«. Fachleute bezweifelten schon damals den Wert dieser Bauten; vermutlich fehlte Falkenberg einfach die Erfahrung im Festungsbau. Als Ende März die Belagerung im Ernst begann, genügten zwei Tage, um – außer der Zollschanze – alle Außenwerke auf dem rechten Elbufer auszuschalten; die Zollschanze mußte am 19. April aufgegeben werden. Von »Trutz Kaiser« war keine Rede mehr. In der Stadt breitete sich die Angst aus.

Falkenberg wußte dies, aber obgleich er sich schon auf das Schlimmste gefaßt machen mußte, stand er wie ein Fels. Er war überall, gebieterisch, selbstherrlich, jeden Defaitismus unterdrückend. Dies war seine Stunde, die Stunde seiner Bewährung, die Stunde, entweder mit dem König zu siegen oder für ihn unterzugehen. Er ließ die Vorstädte niederbrennen, und als am 24. April Tilly den Rat, den Administrator und Falkenberg in getrennten Schreiben aufforderte, den Widerstand aufzugeben, beantwortete Falkenberg dies mit mehreren Ausfällen. Der Rat suchte durch sein Antwortschreiben Zeit zu gewinnen.

Inzwischen hatten sich die Belagerer immer näher an die Stadt herangeschoben – die niedergebrannte Neustadt war mit einem ganzen Netz von Laufgräben durchzogen. Am 7. Mai begann die dreitägige, ununterbrochene Beschießung der Stadt.

Am 8. Mai schickte Tilly erneut einen Trompeter in die Stadt: entweder Kapitulation oder Sturm. Am Nachmittag des 9. Mai faßte der Rat nach heftigen Auseinandersetzungen den Entschluß, über die Kapitulation zu verhandeln. Selbst die entschiedensten Schwedenfreunde waren zu der Einsicht gekommen, daß die Stadt nicht länger standhalten konnte.

Mit diesem Beschluß wurde der Ratsherr Otto von Guericke zu Falkenberg entsandt; dieser ersuchte den Bürgermeister um eine neue Ratsversammlung am folgenden Tag um vier Uhr früh, »alsdann wolle man *conjunctim* zu den *Tractaten* schreiten und sich darin vereinbaren«.

Falkenberg rechnete nicht mit dieser Versammlung, er rechnete mit dem Angriff im Laufe der Nacht. Das Bombardement war am Nachmittag verstummt, ein Zeichen für den bevorstehenden Sturm. Aber die Nacht, die er wachend auf den Wällen verbrachte, ging ruhig vorüber. Um vier Uhr saß er im Rathaus vor den Vertretern der Stadt, entschlossen, mit Hilfe seiner Freunde und »getreuen Rädelsführer« den Beschluß umzudrehen. Er gebrauchte starke Worte und ließ niemand sonst reden, er verschwor sich, jede Stunde, die man sich noch halte, sei nicht mit einer Tonne Goldes zu bezahlen – mit dem Entsatz sei stündlich, ja augenblicklich zu rechnen.

Aber die Boten, die jetzt in den Ratsaal stürzten, brachten andere Nachrichten: Die Belagerer hatten im Norden und Süden der Stadt zum Sturm angesetzt, nein – im Norden waren sie schon über den Wall. Falkenberg reagierte mit äußerster Kaltblütigkeit. Er blieb sitzen, erklärte, »er wollte, daß sich's die Kaiserlichen unterstehen und stürmen möchten; sie sollten gewiß also empfangen werden, daß ihnen solches übel gefallen würde« und fuhr fort, zum Widerstand aufzufordern. Dann erst sammelte er seine Leute, sammelte alles, was an bewaffneten Bürgern herbeieilte, um sich dem eingedrungenen Feind zu stellen.

Der Kriegsrat der Belagerer, von Tilly in der Nacht einberufen, hatte, von Pappenheim mitgerissen, den Beschluß zum Sturm gefaßt – gegen ein gewisses Zaudern des alten Feldherrn, der die Verteidigungskraft der Stadt überschätzte und Gustav Adolf näher wähnte als er es war. Im ersten Anlauf gelang es Pappenheim, bei der Hohen Pforte im Norden in die Stadt einzudringen. Erst hinter der Mauer warf sich ihm Falkenberg mit seinen zusammengerafften, wie er zum Letzten entschlossenen Leuten entgegen.

Das Ringen wogte mindestens eine Stunde lang hin und her »unaufhörlich und desparat«. Es war so erbittert, daß Pappenheim später berichtete, er habe zwar »im Sturm nicht fünf Mann verloren«, beim folgenden Straßenkampf jedoch »meinerseits bei Tausend ausbündiger Soldaten gequetscht und eingebüßt«. Auf die Dauer konnten die Verteidiger dem Zustrom immer neuer Angreifer nicht standhalten. Falkenberg weigerte sich, den angebotenen Pardon anzunehmen und fiel; es ist zu vermuten, daß er bewußt den Tod gesucht hat.

Er starb wie ein Held und fühlte sich als Märtyrer für das Evangelium. Und er riß die Stadt mit sich in den Untergang – so wie Guericke als Augenzeuge berichtet: »Da ist nichts als Morden, Brennen, Plündern, Peinigen, Prügeln gewesen. Insonderheit hat ein jeder von den Feinden nach vieler und großer Beute gefragt . . . Es hat aber diese trübselige Zeit nicht viel über zwei Stunden gewährt, indem durch den unversehens zustoßenden Wind das Feuer dergestalt überhandgenommen, daß um zehn Uhr vormittags alles in Feuer gestanden und zehn Uhr gegen die Nacht die ganze Stadt . . . völlig in Asche und Steinhaufen gelegen. Daher denn das kaiserliche Kriegsvolk, wenn es nicht selbst verbrennen wollen, wiederum aus der Stadt entweichen und sich in ihre Feldlager *retirieren* müssen.«

Nur der Dom war stehengeblieben, als einziges Ergebnis der Bemühung Tillys, dem Brand Einhalt zu gebieten. Zwei Drittel der rund 30 000 Einwohner waren beim Kampf, bei der Plünderung oder in den Flammen umgekommen, die meisten wohl in den Kellern erstickt, in denen sie vor den Eroberern Zuflucht gesucht hatten.

Die Plünderung war grausam genug, nach den Annalen des kaiserlichen Ministers Khevenhüller so entsetzlich, »daß auch viele von den anderen

Tillyschen Truppen selber einen Abscheu davor gehabt«. Aber den Untergang Magdeburgs verursachte nicht die Soldateska, sondern das Feuer, das auch die Soldaten des erhofften Ruhequartiers beraubte.

Die Kontroverse, wer das Feuer gelegt hat, ist mit Erbitterung ausgetragen worden. Daß die beiden Kriegsparteien sich gegenseitig die Schuld zuschoben, ist nicht verwunderlich, nicht verwunderlich auch, daß die Last der Zerstörung vor allem auf Pappenheim und Tilly abgewälzt wurde – die meisten Flugschriften waren protestantischen Ursprungs.

Der Forschung fällt der Nachweis nicht schwer, daß von einer bewußten Brandstiftung von kaiserlich-ligistischer Seite nicht die Rede sein kann. Die Einäscherung der Stadt war für sie ein nicht wieder gutzumachender Verlust, und wenngleich Pappenheim im ersten Anlauf zwei Häuser an der Hohen Pforte in Brand stecken ließ, so konnte von diesen, die durch Gärten von der Stadt getrennt waren, das Feuer nicht auf das Zentrum übergreifen, wo es – nach Augenzeugenberichten – zwei Stunden nach der Erstürmung »an mehr als 50 Orten« auf einmal ausbrach, was auch den »unversehens zustoßenden Wind« als einen durch die Flammen selbst entfachten Sturm erklärt.

Wer aber waren dann die Urheber? Karl Wittich führt mit großer Sorgfalt den Indizienbeweis, daß Falkenberg durch seine radikalsten Parteigänger, fanatische Leute, den Brand legen ließ, vermutlich mit Pulverladungen, die in den Häusern versteckt waren und im Moment der höchsten Gefahr entzündet wurden.

Indizienbeweise können angezweifelt werden; auch die Beweise, die Wittich vorlegt, sind nicht absolut zwingend; andere Erklärungen, die auf ein Zusammenwirken der verschiedensten Ursachen (und Motive) hinauslaufen, sind möglich und gelten den meisten Historikern als wahrscheinlich. Aber von der Persönlichkeit Falkenbergs her gesehen, wirkt eine Tat, die an die Zerstörung Moskaus nach der Eroberung durch Napoleon erinnert, völlig folgerichtig. Die protestantische Propaganda kannte nicht nur die Anprangerung Tillys und Pappenheims als Brandstifter, sie kannte auch – was rasch vergessen wurde – die Verherrlichung der Selbstaufopferung der Stadt, den Vergleich dieses Opfers der »Magd und Jungfrau« mit dem Selbstmord der Lucretia. In einem zeitgenössischen Gedicht heißt es:

Die Magd und Burg, die feste Stadt
An Gott durch eine römische Tat
Ihr Jungfrauschaft geopfert hat.

So Luthrische Lucretia,
Aufrechte deutsch Constantia
Bin ich in ewiger Gloria.

Falls Falkenberg wirklich die Stadt zerstören ließ, so hat er damit seinem König auch militärisch einen letzten Dienst erwiesen: Die Festung hatte ihren Wert verloren, und wenn Tilly auch seine Position an der Elbe behauptet hatte: Als Stützpunkt hatte das Trümmerfeld nur noch geringe Bedeutung. Jedoch war der Ruf Gustav Adolfs durch den Untergang der Stadt belastet; die Kaiserlichen konnten ihn mit Spottliedern bedenken. Nur wenige ahnten in ihrem brutalen Triumph, daß sie diese Herausforderung teuer zu stehen kommen konnte.

Die neue Lage

Gustav Adolf zog aus der veränderten strategischen Lage rasch seine Konsequenzen. Er nahm seine Armee aus Potsdam nach Spandau zurück, erklärte sich auch bereit, wie vertraglich festgelegt, Spandau zu räumen; aber was bei der Eile, die ihm der Sukkurs von Magdeburg abverlangt hatte, unerledigt geblieben war, nämlich die Klärung seines Verhältnisses zu den beiden protestantischen Kurfürsten, das wollte er nun nicht länger in der Schwebe lassen. Grubbe, der Sekretär des Königs, notierte: »Die *consilia* gehen dahin, den Kurfürsten abermals zur persönlichen Unterredung zu bringen und zunächst mit ihm abzuschließen, und zwar so fest, daß er nicht wieder abspringen kann; dann will er sich seiner bedienen, Kursachsen zu gewinnen.«

Der Kurfürst von Brandenburg war nicht eben ein Freund fester Bindungen, aber Gustav Adolf wußte seinen Entschlüssen nachzuhelfen. Schon am 12. Mai, also noch bevor dem König die Eroberung Magdeburgs gemeldet war, hatte er dem Kurfürsten eine Allianz »nach dem hessischen Muster« angeboten, nein eher ultimativ abverlangt. Als am 20. Mai Georg Wilhelm den König in seinem Lager aufsuchte, verlangte dieser – für den vom Kurfürsten begehrten Schutz – das absolute Direktorium und die Verfügungsgewalt über alle brandenburgischen Pässe und Festungen. Georg Wilhelm erbat Bedenkzeit, um sich mit seinem sächsischen Nachbarn verständigen zu können.

Zu einem Ergebnis führte dies alles nicht. Am 31. Mai schrieb Gustav Adolf an Horn: »Unsere *Tractate* mit dem Kurfürsten haben einen seltsamen Verlauf; was den einen Tag abgehandelt ist, wird den andern umgestoßen.«

Als dem König auch noch nahegelegt wurde, seine Armee aus Brandenburg abzuziehen und sie anderswo einzuquartieren, zum Beispiel in Schlesien, riß ihm die Geduld. Am 5. Juni schickte er seinem Schwager die »scharfe und schließliche Forderung«, daß er sich »stehenden Fußes, ohne Ausflüchte, erkläre, ob er auf Seiner Majestät oder auf des Kaisers

Seite sein wolle«. Das umfängliche Schreiben schloß mit dem Satz: »Erwarten hierüber gegen Morgen Ihrer Kurfürstlichen Durchlaucht endliche kategorische Resolution und wollen im Falle dieselbe bis übermorgen nicht einkommen sollte, solches stillschweigend für eine *declaration* der *hostilitet* halten.«

Der Kurfürst schickte daraufhin Arnim vor, um diese Zeit schon sächsischer Feldmarschall, der sich aus eigenem Antrieb in die Verhandlungen einschaltete, um seine Vorstellungen von einer Dritten Partei vielleicht noch durchzusetzen. Was Arnim ihm anbieten konnte, war dem König keineswegs ausreichend. Am 9. Juni zog er mit seinem Heer zum zweiten Mal nach Berlin und versäumte auch nicht, seine Artillerie mitzunehmen. Wieder schickte der Kurfürst ihm erst Arnim, dann die »kurfürstliche Frau Mutter, alle fürstlichen Frauen und Fräulein« entgegen. Die Courtoisie, mit der Gustav Adolf die Damen empfing, hinderte ihn nicht, sein Heer um Berlin aufmarschieren und seine Kanonen auf Stadt und Schloß richten zu lassen.

Diese überdeutliche Sprache machte den Kurfürsten gefügig. Gustav Adolf war klug genug, ihm nicht alles abzuverlangen, was er vorher gefordert hatte. Er wollte die evangelischen Reichsstände nicht verprellen, sondern gewinnen; er wollte vor allem mit Hilfe seines Schwagers den Kurfürsten von Sachsen auf seine Seite ziehen; und vielleicht erwog er auch, daß der Gedanke, seine Tochter Christina mit dem Sohn Georg Wilhelms zu verehelichen – ein Gedanke, der im Januar 1630 zum ersten Mal aufgetaucht war –, sich nur verwirklichen ließ, wenn er den Vater des möglichen Bräutigams nicht allzusehr demütigte.

So blieb es am 10. Juni bei einem recht moderaten Vertrag. Die pommersche Frage wurde ausgeklammert, auch von dem absoluten Direktorium war nicht mehr die Rede, ja nicht einmal mehr von einer Allianz. Spandau wurde dem König für die Dauer des Krieges eingeräumt; für Küstrin galten weiterhin die Vereinbarungen von Anfang Mai; Brandenburg stellte zehn Quartiergebiete für die schwedischen Truppen und zahlte zu deren Unterhalt monatlich 30 000 Taler. Dem König war dieser Vertrag Grund genug für eine gewaltige Zecherei, die am Nachmittag im Berliner Schloß begann, durch ein mitternächtliches Freudenschießen der schwedischen Kanonen fortgesetzt wurde und erst gegen Morgen im schwedischen Lager endete.

Wenige Tage später hatte der König einen neuen Grund zu feiern. Er war unmittelbar nach dem Berliner Abkommen nach Stettin gereist, um eine russische Gesandtschaft – »in die 120 Personen stark« – zu empfangen und sich um Pommern und Mecklenburg zu kümmern, wo die Kaiserlichen sich neuerdings rührten. Aber kaum war er von dort nach Greifswald aufgebrochen, um die Belagerung der Stadt persönlich zu leiten, da erfuhr er, daß diese sich seinem General Åke Tott bereits am 16. Juni ergeben hatte. Daraufhin entschloß sich der König, die weiteren Operationen in Mecklenburg Tott und Karl Banér zu überlassen, unterstützt von den Mecklenburger Herzögen, die an die Treue ihrer Landeskinder appellieren konnten. Während Gustav Adolf nach Spandau zurückkehrte und sich von dort aus der Elbe zuwandte, wurde das ganze Land Stück für Stück zurückerobert. Im Juli konnten die Herzöge feierlich in Güstrow einziehen; Gustav Adolf ließ es sich nicht nehmen, bei dieser Wiedereinsetzung persönlich dabeizusein – dies war sein Erfolg, hier hatte er sein Versprechen eingelöst, und als von den Kirchtürmen der Stadt der Choral »Ein feste Burg ist unser Gott« geblasen wurde, zweifelte niemand, daß der Verteidiger dieser Burg eben durch die Straßen ritt.

Dies galt um so mehr, als andernorts die evangelische Sache empfindliche Rückschläge erlitt. Die protestantischen Stände in Süddeutschland, die gemäß dem Leipziger Beschluß zu rüsten begonnen hatten, wurden von den aus Italien zurückkehrenden kaiserlichen Truppen unter Fürstenberg gezwungen, sich zu unterwerfen, den Leipziger Beschluß zu widerrufen, ihre Truppen zu entlassen und kaiserliche Besatzung zu dulden.

Nur Hessen-Kassel hielt sich noch aufrecht. Tilly zog an der südöstlichen Grenze des Landes Truppen zusammen, bereit zum Einfall. Aber wiederum hinderte ihn ein Gegenzug des Königs, seinen Plan auszuführen.

Nach seiner Rückkehr aus Pommern marschierte Gustav Adolf mit 2000 Musketieren zwischen den feindlichen Stellungen hindurch von Brandenburg nach Jerichow nahe der Elbe. Bei Tangermünde, wo Pappenheim eine Bootsbrücke bauen wollte, ließ er seine Infanteristen über den wegen des heißen Sommers nur niedriges Wasser führenden Strom hinweg die Kaiserlichen angreifen. Die Einnahme von Tangermünde am 2. Juli verbesserte die schwedische Position an der Elbe entscheidend. Gustav Adolf besaß nun einen Stützpunkt am westlichen Ufer, Pappenheim mußte das östliche räumen, Tilly war gezwungen, seine Hauptmacht aus Hessen abzuziehen, worauf Landgraf Wilhelm das zurückbleibende schwache kaiserliche Korps auseinandertrieb und die thüringischen Pässe bedrohte.

Der König versäumte nicht, seinen Erfolg voll auszubauen. Er setzte Banér auf Havelberg an, das am 12. Juli erobert wurde. Die Masse seines Heeres jedoch sammelte der König in einem neuen Lager bei Werben. Mit sicherem Blick hatte er die große strategische Bedeutung dieses Platzes erkannt, und was er daraus machte, fand die Bewunderung nicht nur der Zeitgenossen (auch Tillys), sondern auch der Nachwelt bis hin zu der einseitigen Behauptung, die starke Werbener Feldbefestigung habe seinen militärischen Ruhm mehr begründet als die Schlachten von Breitenfeld und Lützen.

Werben an der nördlichen Spitze des Dreiecks von Elbe und Havelmündung beherrschte nicht nur beide Flüsse, sondern das Umland nach Norden, also Mecklenburg, die Altmark im Westen, das Erzbistum Magdeburg im Süden – ein weites Einzugsgebiet für Proviant und Kontributionen. Und die hessischen Streitkräfte waren nicht allzuweit, nahe genug jedenfalls, um eine Gefahr für die Kaiserlichen darzustellen, dies um so mehr, als eben in Werben am 12. August der endgültige Vertrag zwischen dem Landgrafen von Hessen-Kassel und dem König unterzeichnet wurde, auf der Grundlage der Eventualkonföderation, jedoch mit der Ergänzung, daß Wilhelm V., unmittelbar der Befehlsgewalt des Königs unterstellt, alle im rheinischen Kreis zu werbenden Truppen kommandieren sollte.

Werben erwies sich als praktisch uneinnehmbarer Stützpunkt der schwedischen Armee. Tilly erschien dort, nachdem die Schweden bei einem Überfall drei kaiserliche Reiterregimenter aufgerieben hatten, am 27. Juli mit seiner ganzen Armee, wagte jedoch nach einer langen Kanonade keinen Angriff und zog sich unter Scharmützeln auf Tangermünde zurück. Damit war nicht moralisch, wohl aber strategisch und politisch der Verlust Magdeburgs ausgeglichen. Gustav Adolf holte zum entscheidenden Schlag gegen Tilly aus. Der Umschwung lag in der Luft. Aber obwohl in Pommern beträchtliche Verstärkungen gelandet waren, darunter 6000 Schotten und Engländer unter dem Marquis of Hamilton, obwohl die Hilfsgelder aus Frankreich zu fließen begannen, kam nun alles auf die Haltung Kursachsens an. Alle Bemühungen um die Allianz mit den kleineren Fürsten, vor allem in Niedersachsen, traten daneben zurück.

Das Bündnis mit Sachsen

Die Politik des Kurfürsten Johann Georg von Sachsen war sichtlich in eine Sackgasse geraten. Sein brandenburgischer Nachbar war gezwungen worden, sich Gustav Adolf anzuschließen, Hessen-Kassel hatte sich mit Schweden verbündet. Von den beiden Weimarer Herzögen war Bernhard in Werben in schwedische Dienste getreten, während sein Bruder Wilhelm, der beim Fall Magdeburgs die Nerven verloren und seine bereits angeworbenen Truppen im Stich gelassen hatte, Johann Georg als Flüchtling auf kursächsischem Territorium nichts nütze war. Die anderen Fürsten, die Reichsstädte, mit denen er den Leipziger Konvent gehalten, waren, schwach genug, den Kaiserlichen preisgegeben: Wo er auch hinblickte, er war allein, allein zwischen der wachsenden Macht der Schweden und den sich ebenfalls beträchtlich verstärkenden kaiserlich-ligistischen Kräften.

Tilly, das wurde immer deutlicher, empfand seinerseits die auf 18000 Mann anschwellende sächsische Armee unter einem so fähigen Befehlshaber wie Arnim als eine Drohung, die er nicht länger dulden wollte. Er vermutete den Kurfürsten schon längst in geheimem Einverständnis mit Gustav Adolf. Als Johann Georg am 10. Juni zwei seiner Herren zu dem kaiserlichen Befehlshaber schickte, um ihm Verhandlungsvorschläge zu unterbreiten, antwortete dieser in einer Tonart, die in schroffem Gegensatz zu den freundlichen Briefen stand, mit denen der Kaiser den Kurfürsten bedachte. Die Protestanten hätten den Katholiken keine Vorschriften mehr zu machen, sagte Tilly. Der Kurfürst schließe sich besser sofort dem Kaiser an, auch wäre es vernünftig, die in sächsischem Besitz befindlichen Stifte freiwillig herauszurücken. Der Religionsfrieden sei ohnehin nur ein Interim, zu dem die Katholiken genötigt worden und an das sie deswegen nicht gebunden seien. Dem frommen Katholiken Tilly kamen solche Worte aus dem Herzen, aber er hätte sie wohl kaum ausgesprochen ohne den Erfolg in Magdeburg und wenn ihm der Kaiser nicht mit erheblichen Vollmachten den Rücken gestärkt hätte. Zu dem festen Auftreten zwang ihn jedoch auch die Versorgungslage seiner Truppen – er brauchte das noch unversehrte sächsische Land, um sie überhaupt noch ernähren zu können.

Am 23. Juli forderte Tilly den Kurfürsten von Sachsen auf, seine Truppen abzumustern. Bald darauf traf aus Wien eine neue Vollmacht bei ihm ein: mit Gewalt vorzugehen, falls nochmalige Verhandlungen scheiterten. Im Besitz dieser Ermächtigung ließ er seine Truppen um Sachsen aufmarschieren: Er selbst brach von Tangermünde über Wolmirstedt nach Eisleben auf, wo er am 18. August eintraf und sich bald darauf mit Fürstenberg vereinigte, der 10000 Mann heranführte; Johann von Aldringen und Ott Heinrich Fugger rückten von Nürnberg und Fulda her der sächsischen Grenze entgegen; Tiefenbach erhielt Befehl, mit 11000 Mann sich von Schlesien aus für einen Einfall bereitzustellen.

Am 14. August schickte Tilly dem Kurfürsten die Aufforderung, jede weitere Truppenaufstellung zu unterlassen und die bereits vorhandenen Streitkräfte mit den kaiserlichen zu vereinigen. Tilly wußte damals wohl schon, daß der Kurfürst eine Woche zuvor den Rittmeister Friedrich Wilhelm von Vitzthum zu Gustav Adolf in das Lager von Werben entsandt hatte, um sein Verhalten gegenüber der kaiserlichen Pression mit dem König abzustimmen. Johann Georg dachte wohl eher an eine vorübergehende Zusammenarbeit, um sich den Druck vom Halse zu schaffen, aber immerhin: Er kam mit einem entscheidenden Schritt auf den König zu. Gustav Adolf war dies hochwillkommen. Vitzthum kehrte am 17. August, zwei Tage vor dem Eintreffen des Tillyschen Ultimatums, aus Werben zurück: Der König schlug vor, einen gemeinsamen Plan zu fassen

und, am besten nach einem Treffen der beiden Monarchen, darüber einen Vertrag abzuschließen.
Jetzt überstürzten sich die Ereignisse. Gustav Adolf legte am 14. August, vier Tage nach der Abreise von Vitzthum aus Werben, einen Tag, nachdem er durch einen gefangenen kaiserlichen Leutnant von Tillys Aufbruch nach Süden erfahren hatte, sein Hauptquartier nach Brandenburg, von wo aus er rasch in Sachsen eingreifen konnte. Doch war schon am 20. August, also nur einen Tag, nachdem der Kurfürst das Schreiben Tillys erhalten hatte, Vitzthum wieder bei ihm »mit *Credenz* von Kursachsen, begehret *Succurs*« – so das Tagebuch der Feldkanzlei. Vitzthum berichtete auch, daß eben zwei Abgesandte Tillys sich mit dem Kurfürsten in Merseburg trafen – ein letzter Vermittlungsversuch.
Boten zwischen dem König und dem Kurfürsten hin und her; der Rat des Königs, die sächsischen Truppen einem Angriff Tillys zu entziehen und mit ihnen von Leipzig hinter die Mulde auf den Raum Torgau zurückzugehen – was auch befolgt wird; zu gleicher Zeit Vormarsch der Schweden nach Coswig, dicht bei Wittenberg, womit sich beide Armeen so nahe gerückt sind, daß sie sich gegebenenfalls schnell vereinigen können; unverblümte Ablehnung der kaiserlichen Forderungen durch den Kurfürsten, jedoch noch immer keine Allianz zwischen Schweden und Sachsen; und dann am 26. August Pappenheim vor Merseburg, dessen kleine sächsische Garnison sich ihm ergibt.
Aus seinem neuen Feldlager zwischen Merseburg und Halle, während seine Streifscharen bereits kursächsische Gebiete brandschatzten und plünderten, schickte Tilly nochmals eine Gesandtschaft zu Johann Georg: Fürstenberg, den Obersten Cratz und Reinhard von Metternich – nach dem letzten ein allerletzter Versuch, dem Kurfürsten »unter Waffen« einen Stellungswechsel abzufordern. Doch die Entscheidung war schon gefallen. Johann Georg machte dies mit aller Grobheit deutlich. Versicherungen, der Kaiser sei bereit, seinen Besitz zu gewährleisten, schnitt er mit der Aufforderung ab zu schweigen, das sei erlogen. Und bei dem auch in solchen Situationen unvermeidlichen Diplomatenessen löste ihm der Alkohol vollends die Zunge: »Als nun zu Mittag die Gesandten mit Ihrer Kurfürstlichen Durchlaucht zur Tafel gangen, haben Ihre Kurfürstliche Durchlaucht den beiden Cratz und Fürstenberg zugetrunken, daneben aber gesagt, Euch mag ich wohl eines bringen, Ihr seid redliche Soldaten, aber dem Hundsfott, dem Graf Metternich, mag ich nicht zutrinken, die Pfaffen haben alles Unglück angestiftet, der Teufel soll sie noch holen.« Das Tagebuch der schwedischen Feldkanzlei, das diese Episode festhält, fügt hinzu, daß Tilly nach dieser gescheiterten Mission dem Kurfürsten noch einen Trompeter schickte, um »endliche Resolution« zu begehren, ehe er mit voller Heeresmacht auf Leipzig marschierte. Tilly erreichte

die Stadt am 3. September 1631. Am 5. mußte sie sich ergeben, nachdem sie mit Beschießung und Erstürmung bedroht worden war.
Eben an diesem Tag kam es bei Düben, nördlich Leipzig, zur Vereinigung des schwedischen und sächsischen Heeres. Die Voraussetzungen dafür waren in aller Eile geschaffen worden: Am 31. August erhielt der König, der zwei Tage zuvor in das »abgesteckte Quartier und Lager vor Wittenberg« eingezogen war – umdrängt von den Professoren und Studenten der Universität –, eine Botschaft des Kurfürsten, und diese führte am 2. September zur Unterzeichnung der schwedisch-sächsischen Allianz. Es war ein Vertrag zwischen Bundesgenossen gleichen Ranges. Der König garantierte die strikte Wahrung der kurfürstlichen Souveränität; der Kurfürst stimmte der »völligen Direktion« durch den König für alle zwischen ihnen vereinbarten Operationen zu, und beide banden sich, nur mit Zustimmung des anderen Frieden zu schließen. Es war ein Kompromißvertrag, unter dem Druck der Ereignisse abgeschlossen, gegen den beide Vertragschließende Vorbehalte hatten: Johann Georg ging er zu weit, Gustav Adolf nicht weit genug. Das alte Mißtrauen, die alten Interessengegensätze schwelten auch nach dieser »Nottrauung« fort, mußten aber angesichts der Feindlage beiseite geschoben werden.

Breitenfeld

Bei dem Kriegsrat in Düben, an dem auch Georg Wilhelm von Brandenburg teilnahm, der sich seit Ende August bei dem König aufhielt, verstand es Gustav Adolf, die Last der Entscheidung zur Annahme der von Tilly angebotenen Schlacht dem Kurfürsten von Sachsen aufzuladen. Der König schien zu zögern, obwohl er entschlossen war, das Treffen zu wagen, er wies auf die Möglichkeit einer Diversion hin und erinnerte daran, daß in der freien Feldschlacht außer der evangelischen Sache auch zwei Kurhüte aufs Spiel gesetzt würden. Er wollte sicher sein, daß Johann Georg aus eigenem Entschluß das Wagnis auf sich nahm, so wie es das Tagebuch der Feldkanzlei notiert: »Weil aber Ihre Majestät für Ihre Person zur Bataille begierig gewesen, ist ohne Zweifel dieses also diskutieret worden, damit sie die Gemüter und wie sie recht gesinnet, sondieren und erfahren möchten.«
Die beiden Armeen wurden gleich nach der Zusammenführung von den Fürsten gemeinsam inspiziert. Sie stachen auffallend voneinander ab. Die sächsische Streitmacht, so berichtet Monro, war die gefälligste und vollständigste kleine Armee, die er je gesehen hatte, wohl bewaffnet und beritten, und ihre Offiziere, aufs beste bekleidet und armiert, sahen aus, als wollten sie sich gleich malen lassen, während die Schweden, welche die

Nacht auf den Feldern gelegen hatten, staubig und mit schmutzigen alten Kleidern wie Küchenknechte wirkten. Die Zählung ergab rund 24 000 Mann bei den Schweden und 18 000 bei den Sachsen. Sie mußten mit etwa 35 000 Kaiserlichen rechnen, darunter 12 000 Reitern unter Pappenheim.

Am 6. September kampierte die schwedisch-sächsische Armee bei Wolkau, nur noch wenige Kilometer vom Feind entfernt, auf freiem Felde. Tagsüber hatte sie noch einmal exerziert, um sich auf das Treffen vorzubereiten. Dann dämmerte der Morgen des 7. September 1631 herauf, der Morgen eines sonnigen, heißen Spätsommertages. »Als die Lerche zu schlagen begann, erhoben wir uns vom Lager. Die Trompeten riefen zu Pferde, die Trommeln zum Marsch. Wir bieten Leib und Seele Gott als lebendes Opfer dar, mit dem Bekenntnis unserer Sünden, erheben unsere Herzen und Hände zum Himmel, wir beten um Versöhnung in Christo mit lauten Gebeten und heimlichen Seufzern. Wir empfehlen uns selbst, den Erfolg des Tages Gott, unserm Vater in Christo. Dann marschieren wir vorwärts in Gottes Namen.« Wie der Brigadekommandeur Robert Monro, der dies berichtet, wußten alle Soldaten des Königs, daß dieser Tag die Entscheidung bringen würde. Der König hatte am Abend vorher die Offiziere um sich versammelt, seine »redlichen Brüder«, wie er sie in einer von Chemnitz überlieferten Ansprache nannte, und sie daran erinnert, daß sie »einen geübten und dergleichen Spiels wohl gewohnten

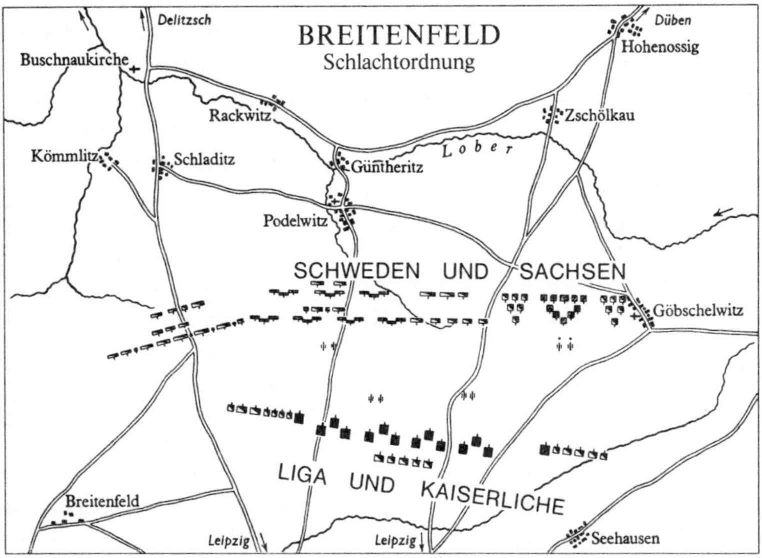

Feind, ja einen sieghaften Feind« vor sich hatten; zugleich aber betont, er sehe wohl »an ihren freudigen Gebärden«, daß er es nicht nötig habe, »ihnen ein Herz einzusprechen«. Sie hätten die gute Sache auf ihrer Seite und »außerdem neben dem Ewigen auch der zeitlichen Güter zu gewarten«, nämlich ein wohlgefülltes Lager und dahinter reiche Landstriche. Nach dieser Ansprache war der König durch das Lager geritten und hatte seinen Reitern und Knechten Mut zugesprochen.

Gegen neun Uhr sah die bereits in Schlachtordnung vorrückende schwedisch-sächsische Armee den Feind vor sich. Tilly hatte seine kampferprobten Soldaten in der nur leicht gewellten baumlosen Ebene nördlich Leipzig vor den Dörfern Wiederitzsch und Seehausen in einer etwa vier Kilometer breiten Front aufgestellt: im Zentrum, unmittelbar vor Tilly, die Infanterie, eine Linie von massiven *tercios* – Karrees von 50 Mann in der Breite und mindestens 30 Mann in der Tiefe –, am linken Flügel die Pappenheimischen Reiter, am rechten Flügel die andere Hälfte der Kavallerie unter Fürstenberg; und vor dem Fußvolk waren die schweren Kanonen aufgestellt.

Tilly hatte das Schlachtfeld mit aller Sorgfalt ausgewählt. Für seine Art der Kriegführung im Stil der spanischen Schule war das offene Land die klassische Arena. Auch hatte er, da sich vor ihm die Ebene zu einem kleinen, versumpften Wasserlauf, dem Loberbach, leicht absenkte, den Vorteil, daß die Schweden flach von unten her gegen ihn vorrücken mußten und daß ihnen zudem noch der Südwind den Staub der ausgedörrten Felder ins Gesicht blies.

Des Vorteils seiner Stellung sicher und nicht bereit ihn preiszugeben, ließ Tilly die Gegner fast ungehindert den Loberbach überschreiten. Des versumpften Geländes wegen mußten die schwedisch-sächsischen Truppen in drei Marschkolonnen den Bachgrund passieren, erst davor stellten sie sich endgültig in Schlachtordnung auf, während hinter ihnen das Dorf Podelwitz brannte, das Pappenheimische Streifscharen beim Rückzug in Brand gesteckt hatten.

Diese Aufstellung unterschied sich nun ganz und gar von der Tillys. Die von Gustav Adolf geschaffene Gliederung von auseinandergezogenen beweglichen Infanteriebrigaden mit hoher Feuerkraft, aufs beste von der schnellschießenden Artillerie und flinken Reiterverbänden unterstützt, stellte sich hier augenfällig dar. Zwar gab es auch bei den Schweden zwei Kavallerieflügel und ein infanteristisches Zentrum, aber dieses war nicht nur in zwei Treffen hintereinander gestaffelt, sondern wiederum in die T-förmigen Brigaden aufgelöst, mit einer Reserve aus Reitern und Fußvolk bereits hinter der ersten Linie und einer weiteren kleinen Reiterreserve hinter der zweiten. Der Abstand zwischen den Infanteriebrigaden war so groß, daß die Reiter aus der Reserve heraus eingreifen konnten. Die Artillerie war nicht wie bei Tilly nur vor dem Zentrum zusammengeballt; hier hatte Torstensson nur zwölf schwere Kanonen aufgestellt. Die Masse der vielen leichten Regimentsstücke, die den Schweden eine starke artilleristische Überlegenheit verliehen, war unmittelbar den Brigaden zugeteilt. Die Mischung der Waffengattungen wurde auch auf den Flügeln fortgesetzt: Zwischen den Kavallerieschwadronen waren starke Einheiten von Musketieren eingeschoben. Auf dem stärkeren rechten Flügel, den Johan Banér befehligte, kamen 1200 Musketiere auf die 4100 Reiter. Auf dem linken Flügel unter Gustav Horn kamen 800 Musketiere auf 2300 Reiter. Auch bei der Kavallerie standen Reserven bereit.

Die schmucke sächsische Armee war links an die schwedische angelehnt und dehnte die Front der Verbündeten auf etwa fünf Kilometer aus. Ihr hatte der König wohl die Aufgabe zugedacht, diesen Flügel zu verteidigen, während er seinen Hauptstoß von rechts führen wollte. Das Kommando der Sachsen hatte sich der Kurfürst selbst vorbehalten, doch hielt er sich wie die meisten Feldherrn jener Zeit bei der »Arrieregarde« auf. Arnim befehligte, unmittelbar an die Schweden angrenzend, die Reiterei der Sachsen.

Die Schlacht begann mit einem schweren Artillerieduell, wobei die schwedischen Kanonen dreimal so schnell schossen wie die kaiserlichen. Gegen zwei Uhr – die Sonne stand nun auch noch auf seiten Tillys und schien den Schweden voll ins Gesicht – suchte der König zu einer Schwenkung von rechts anzusetzen, um aus einer günstigeren Position Tillys linke Flanke zu überflügeln und dessen Vorteil durch Wind und Sonne umzudrehen. Da warf sich ihm Pappenheim mit seinen Kürassieren entgegen und stieß in einem weiten Kreis in den Rücken der schwedischen Kavallerie. Aber nun zeigte sich, daß diese auch den berühmtesten deutschen Reitern gewachsen war. In einer blitzschnellen Wendung trieben Banérs Truppen Pappenheim immer weiter nach außen, und obgleich dieser seine Leute siebenmal zum Angriff führte, schlugen ihn die Gegenstöße der Schweden und das Feuer ihrer Musketiere jedesmal zurück, so lange, bis die Pappenheimer fast aufgerieben waren und über das westlich am Rand der Kämpfe liegende Dorf Breitenfeld das Weite suchen mußten.

Was Pappenheim am westlichen Flügel nicht geschafft hatte, gelang Fürstenberg im Osten: Er war zunächst mit massiertem Musketenfeuer, dann aber auch mit seinen kroatischen Reitern auf die sächsische Armee losgestürmt, während gleichzeitig Tilly seine imponierenden *tercios* gegen den Hornschen Flügel der Schweden in Bewegung setzte. Dieser hielt stand, die sächsische Verteidigung dagegen brach unter der Wucht des Stoßes völlig zusammen. Bald waren nicht nur die Soldaten, bald war auch der Kurfürst in voller Flucht. Erst in dem 24 Kilometer entfernten

Eilenburg brachte er sein Pferd zum Stehen. Nur Arnim blieb auf dem Schlachtfeld und rettete mit seinen beiden Regimentern einen Rest der sächsischen Waffenehre.

In dieser Lage, die Tilly den Sieg verhieß, erwies sich, was Gustav Adolf aus seiner Armee gemacht hatte. Horn ließ unverzüglich seinen Flügel schwenken und bildete, fast im rechten Winkel zu der bisherigen, eine neue Front, welche die schwerfällig vorrückenden Kaiserlichen von der Seite angriff, während sich ihnen von vorn zwei durch den König neu ins Treffen geschickte Brigaden entgegenstellten, unter ihnen die von Monro kommandierten Schotten. Während dieses Manövers sprang auch der Wind um – wie ein Signal dafür, daß sich die Schlacht zu wenden begann. Monros Bericht: »Als sie sahen, daß unsere und die zweite Brigade herumschwenkten, machten sie gegen uns Front und bereiteten sich darauf vor, uns mit Geschütz- und Musketensalven zu empfangen. Nachdem aber unsere leichten Geschütze gegen sie abgefeuert waren, und vor dem Antreten auch die Musketen eine Salve abgegeben hatten, die erwidert wurde, ging unsere Brigade unaufhaltsam mit der Pike gegen sie vor . . . und begann, sie zu vernichten.«

Der König, der im unaufhörlichen Lärm der Musketen – vor allem die Schweden schossen, wie sie gedrillt waren, pausenlos – verschmutzt und erhitzt die ganze Zeit mitten unter seinen Leuten gewesen war, bald hier, bald dort Befehle herausschreiend, anfeuernd, Mut verbreitend, riß nun, da sich die Sonne senkte und der Wind den Kaiserlichen den Staub ins Gesicht blies, seine noch frischen Reiterreserven an sich. Mit ihnen stürmte er in die linke Flanke der Kaiserlichen, erbeutete ihre Kanonen, holte sich auch die sächsischen Kanonen zurück und ließ mit diesen Geschützen das feindliche Fußvolk unter Feuer nehmen. Nun trieb auch Horn mit Reitern und Musketieren die verwirrten *tercios* auseinander, bis sie sich nur noch in die Flucht retten konnten. Nur eines dieser Karrees aus bewährten Veteranen wahrte seinen Zusammenhalt und konnte sich in der Dunkelheit geschlossen vom Schlachtfeld lösen.

Nach siebenstündigem Ringen war der Kampf entschieden. Tilly, an Hals und Brust verwundet, rettete sich mit 600 Mann nach Halle. Pappenheim konnte 1400 Mann sammeln und damit den Rückzug nach Leipzig und von dort nach Halberstadt decken, wo sich schließlich etwa 8000 Mann Fußvolk und 5000 Reiter der kaiserlich-ligistischen Armee zusammenfanden. 7600 waren tot auf dem Schlachtfeld geblieben, 6000 gefangen (und bald darauf Soldaten des Königs), 3000 waren nach Leipzig geflohen und kapitulierten dort vor den sächsischen Truppen, der Rest war verwundet, zerstreut, der mörderischen Rache der Bauern preisgegeben, die über die fliehenden Haufen herfielen. Die Schweden hatten die gesamte Artillerie des Feindes erbeutet und mehr als 100 Fahnen.

Während die Schweden ihren Sieg feierten, kam auch der König endlich zur Ruhe. »Den Abend hatte Ihre Majestät für Ihren großen *Travail* eine schlechte Mahlzeit, indem ein Kapitän von Oberst Winkels Regiment Derselben Brot und ein kaltes Huhn gab, dazu Sie Wasser trinken müssen, bis endlich Wein kam«, steht im Tagebuch der Feldkanzlei.
Auch die versprochene Beute wurde den Soldaten zuteil. Im Tagebuch wird vermerkt, das Fußvolk und der Rest der Kavallerie (soweit diese nicht den Feind verfolgte) habe des Nachts in des Feindes Lager vor Leipzig logiert »und machten sich die Soldaten lustig von dem Raub und demjenigen, so ihnen der Feind im Lager hinterlassen hatte«.
Mit dem Sieg von Breitenfeld hatte sich alles verändert. Es war der Sieg der besseren Armee, der besseren Artillerie, des besseren Gebrauchs der herkömmlichen Waffen, einer neuen Taktik und Kampftechnik, aber auch der Sieg der besseren Offiziere und eines großen Feldherrn, der wie ein Wundermann aus dieser Schlacht hervorging. Tillys bisheriger Ruhm schien nur noch seinem Überwinder zu dienen; der alte Soldat, der sich etwas darauf zugute hielt, »daß er niemals tiefer ins Wasser gegangen, denn er den Grund absehen können«, war in eine reißende Strömung geraten.
Das Echo war ungeheuer. Das ganze protestantische Lager jubilierte, die Katholiken verstummten. Es wurde überall sofort begriffen, daß dieser eine Tag für Deutschland und Europa die Welt auf den Kopf gestellt hatte, nicht nur militärisch, sondern auch politisch. Das Restitutions-Edikt war fortan nur noch ein wertloses Papier, die bisherige Position des Kaisers und der Liga aus den Angeln gehoben. Der Kaiser erwog allen Ernstes, nach Graz zu fliehen, vielleicht sogar nach Italien.
Die Druckschriften, die den Tag von Breitenfeld und den König verherrlichten, ergossen sich wie ein Strom über ganz Deutschland. Sie mündeten in einen Triumphschrei, in das Siegeslied der Deborah nach der Vernichtung der Kanaaniter: »Also müssen umkommen, Herr, alle deine Feinde! Die ihn aber liebhaben, müssen sein, wie die Sonne aufgeht in ihrer Macht.«

Durch die Pfaffengasse

Haben also Ihre Maj. die Meinung gehabet, ihr Reich und die Ostsee zu versichern und die bedrängten Lande zu liberieren, *hernach weiter zu gehen oder zu stutzen, nachdem es sich schickete; hätten anfangs so weit zu kommen nicht vermeinet . . .* momenta temporum *wären allezeit das Fundament gewesen.*

Axel Oxenstierna, Januar 1633

DAS FLUGBLATT, 1632 UNTER DIE LEUTE GEBRACHT, nahm den Löwen aus Mitternacht wörtlich: Vor einem weiten Blick über den deutschen Westen, von Köln rheinaufwärts bis nach Basel, jagt das mächtige Raubtier im Sprung allerlei anderes Getier in den Wald: Bären, Wildschweine, Marder; ein Fuchs fährt gerade vor ihm in seinen Bau; vor allem aber entschwinden pfäffische Gestalten die Menge zwischen den Stämmen mit flehend erhobenen Armen oder den Rosenkranz schwingend.

Der Kupferstich stellt allegorisch dar, was sich in dem Vierteljahr nach der Schlacht von Breitenfeld ereignete: den triumphalen Feldzug Gustav Adolfs von der Saale bis zur Nahe, mitten durch die »Pfaffengasse«, die reichen Bistümer am Main und Rhein. Am Weihnachtstag 1630 hatten die Schweden Greifenhagen am Unterlauf der Oder gestürmt, das Christfest 1631 feierten sie in Mainz, dem Sitz des Erzkanzlers des Heiligen Römischen Reiches Deutscher Nation – der Inhaber dieses Amtes, der Erzbischof und Kurfürst Anselm Casimir Wamboldt von Umbstadt, war am 8. Dezember nach Köln geflohen.

Wie ein Wunder erschien den deutschen Protestanten dieser Siegeslauf: ein »Blitzkrieg«, wie er noch nicht erlebt worden war. Die Städte und Festungen fielen eine nach der anderen; ernsthafter Widerstand wurde nur an wenigen Orten geleistet; der Schrecken ging vor dem König her und trieb seine Feinde auseinander.

Das Journal der Feldkanzlei zählt immer neue Namen auf: am 9. September 1631 Merseburg, gerade zwei Wochen, nachdem Pappenheim die Stadt eingenommen und damit die Feindseligkeiten gegen Sachsen eröffnet hatte; am 10. Halle an der Saale, wo mit dem Kurfürsten von Sachsen Kriegsrat gehalten wurde; am 18. Querfurt im Erzbistum Magdeburg; am 19. Artern an der Unstrut in der Goldenen Aue, nahe dem Kyffhäuser; an den beiden folgenden Tagen das Unstruttal aufwärts zwischen Hainleite und Finne bis nach Sömmerda, wo eine Abordnung des Rates von Erfurt mit dem König einig zu werden suchte, indessen Wilhelm von Weimar –

der den Anschluß an Schweden wiedergefunden hatte – mit einigen Reiterfähnlein in die Stadt einbrach und dafür sorgte, daß der König am 22. einziehen und in »eines Ratsherrn Behausung auf dem Markte«, dem Haus zur Hohen Lilie, einkehren konnte – diesmal nicht als inkognito reisender neugieriger Besucher. Den Stadtvätern blieb nichts anders übrig, als dem König für die Dauer des Krieges Treue zu schwören, und er versprach, »sie bei allen Rechten, Privilegien und Freiheiten ungeschwächt, ungekränkt und ruhig zu lassen«. Eine Garnison von 1500 Mann wurde eingelegt, die Befestigungen mußten ausgebaut werden, und ein deutscher Stadtkommandant in schwedischen Diensten wachte künftig über diese Bastion des Königs im Herzen Deutschlands.
Obwohl Erfurt ursprünglich als Winterquartier vorgesehen war – mit Verteilung der Truppen in dem fruchtbaren Land rund um die Stadt – brach die königliche Armee, 23 000 Mann stark, schon am 26. September wieder auf, um in zwei Kolonnen den Thüringer Wald zu überqueren, wobei sich ihr niemand in den Weg stellte.
Am 29. September erreichten die Schweden das Gebiet des Bischofs von Würzburg; die bischöfliche Festung Königshofen im Grabfeld, »ziemlich fest, mit einem tiefen Graben und Wall versehen«, ergab sich ohne Gegenwehr. Im Journal der Feldkanzlei wird fast erstaunt vermerkt, daß es auf dem Weitermarsch nach Schweinfurt in dem »Städtlein genannt Lauringen« zu Kämpfen mit einigen Soldaten und Bauern kam; die Bauern, »deren bei 40 alle niedergehauet worden«, verteidigten im Amtshaus einen »großen Vorrat an Wein und Getreide«.
In Schweinfurt wurde der Main erreicht – die protestantischen Bewohner der Stadt hatten sich durch eine Deputation schon im voraus unterworfen und bestreuten bei dem Einzug des Königs die Straßen mit Gras und Binsen –, und dem Main folgte der König nun unbeirrt. Stets hatten die Flüsse, die Ströme den »Wasserkönig« angezogen: Nach der Düna, der Weichsel, der Oder hatte er den Mittellauf der Elbe in Besitz genommen; auf die Weser hatte er nach Breitenfeld sowohl seine Diplomaten wie seine Generäle angesetzt, und nun strebte der fromme Wikinger auf dem bedeutendsten Nebenfluß des Rheins diesem größten Strom Deutschlands entgegen, und wieder einmal nutzte er das Wasser zum Transport der Artillerie, der Geräte, der Bagage, während die Soldaten am Ufer marschierten.
Die »Herren Bischöfe, Prälaten und andere *Clerici* in Städten und auf dem Lande wollten die Schweden nicht erwarten, sondern retteten sich bei Zeit mit der Flucht an andere sichere Orte«, berichtete eine Zeitung aus Bamberg; auch die Bauern aus der Umgebung Würzburgs waren – so die Feldkanzlei – »aus allen diesen Dörfern vorlängst verloffen«, sie hatten gelernt, daß es besser war, beim Herannahen von Soldaten aus sicheren

Verstecken zu beobachten, wie sich die Dinge weiter entwickelten. Würzburg, dessen Fürstbischof Franz von Hatzfeld sich schon auf dem Weg nach Mainz befand, wurde am Morgen des 4. Oktober erreicht. Die Stadt war in Verteidigungszustand gesetzt; nachdem der König jedoch ein Vorstadttor hatte sprengen lassen, zeigten sich die Würzburger verhandlungsbereit, und schließlich wurden mit dem Abt des Schottenklosters die Kapitulationsbedingungen vereinbart: Gegen 80 000 Reichstaler blieb die Stadt von der Plünderung verschont, und am Morgen des 5. Oktober ritt der König, begleitet von dem Herzog von Weimar und seinen Offizieren, auf einem grauen Pferd auf den Domplatz. Noch während der Verhandlungen entwichen die bischöflichen Soldaten auf die Festung Marienberg hoch über der Stadt, auf der anderen Seite des Mains, und mit ihnen der »Mehrerteil und zwar vornehmste Bürger«, welche dort oben ihr Geld und Gut zu retten suchten.

Sie wären besser in der Stadt geblieben, nicht nur, weil die Soldaten des Königs in den verlassenen Häusern alles aufbrachen, um nach zurückgebliebenem Besitz zu suchen, sondern weil die Festung ihnen nur kurz Zuflucht bot. Nach einer Vorbereitung von drei Tagen wurde am 8. Oktober zwischen vier und fünf Uhr morgens der Marienberg in einem furiosen Angriff im Sturm genommen, »die Soldaten und Bauern alle niedergehauen« und eine »überaus große Beute« gemacht. Zwei Stunden hatten die Schweden gebraucht, um sich der Festung – 1525 von den aufständischen Bauern vergeblich berannt – zu bemächtigen, und außer den Wertsachen, welche die Soldaten in ihren eigenen Taschen und Beuteln herabschleppten, fiel den Eroberern die ganze Rüstkammer des Fürstbischofs, nebst reichen Vorräten in die Hände, darunter der köstlichste Wein. Die Bibliotheken des Bischofs, der Universität und des Jesuitenkollegiums wurden ausgeräumt und nach Schweden geschafft – für die Universität Uppsala ein Zuwachs von unermeßlichem Wert, heute noch ein kostbarer Teil der dortigen älteren Buchbestände.

Von Würzburg aus nahm Gustav Adolf das fränkische Land in Besitz. Schon in Madenhausen bei Schweinfurt hatte er die Reichsstädte in Franken aufgefordert, sich ihm anzuschließen. Als er vor den Toren Würzburgs stand, stellten sich in seinem Lager »viel von der fränkischen Ritterschaft« ein, und zehn Tage später sprach bei ihm erneut eine Deputation des Landadels vor.

Der König nahm sich Zeit, die Verhältnisse in dem herrenlosen Land neu zu ordnen. Er richtete eine Zivilverwaltung ein, geführt von einheimischen Adligen und Beamten, von denen er den Treueid verlangte und erwartete, daß sie die Wirtschaft in Ordnung hielten, die Steuern einzogen und die Versorgung der schwedischen Armee gewährleisteten. Auch die übrigen Amtsleute, Vögte und Schultheißen wurden auf ihn vereidigt.

Gustav Adolf berief sich dabei auf sein Recht als Eroberer, auf das *ius belli*, wie es Grotius definiert hatte. Als eine dauerhafte Neuordnung war dies nicht gedacht, sondern als Sicherung eines Faustpfandes und als eine Regelung auf Zeit, vergleichbar mit der Einsetzung von Zivilbehörden durch die Militärregierung der Besatzungszonen in Deutschland nach dem Zweiten Weltkrieg. Das hinderte den König jedoch nicht, seine neuen Diener und Anhänger mit dem verlassenen Klosterbesitz und mit vakanten geistlichen Gütern zu belohnen. Die Ausübung der katholischen Religion wurde nicht behindert, wenngleich überall dort, wo die lutherischen Pfarrer vertrieben worden waren, für deren Rückkehr gesorgt wurde.

Schon auf seinem Zug von Sachsen nach Franken hatte die wachsende Schwerkraft des Königs die deutschen Potentaten und deren Gesandte hinter sich hergezogen wie einen Kometenschweif. Bereits in Erfurt regelte Gustav Adolf sein Verhältnis zu den Weimarischen Herzögen durch einen Allianzvertrag. In Würzburg tauchten dann Tag für Tag neue Unterhändler auf: Gesandte des protestantischen Erzbischofs Johann Friedrich von Bremen, zwei Grafen von Hohenlohe, der Herzog Georg von Braunschweig-Lüneburg und noch am gleichen Tag Gesandte aus Niedersachsen, aus Darmstadt und aus Bamberg – dessen Bischof, geschickter als die anderen geistlichen Fürsten, vorerst durch Verhandlungen Zeit gewinnen wollte –, bald darauf Ambassadeure aus Württemberg, Bayreuth und der Markgrafschaft Baden, ein Gesandter des Abtes von Fulda und ein *Gentilhomme*, den der anreisende Vertreter Englands vorausgeschickt hatte.

Der König ließ jedoch auch seinerseits seine Beauftragten ausschwärmen. Martin Chemnitz und der Rittmeister Max von Rehlingen waren schon von Halle aus in den Süden entsandt worden; ihre wichtigsten Ziele waren die Markgrafschaft Ansbach-Bayreuth und die großen Reichsstädte Nürnberg und Ulm. Nach einigem Schwanken und Zaudern der Nürnberger Ratsherren, denen für ihre Geschäfte eine Neutralitätsgarantie lieber gewesen wäre, kam auf Grund eines sehr deutlichen Briefes des Königs aus Würzburg ein vorläufiger Allianzvertrag zwischen der Reichsstadt und der schwedischen Krone zustande. Gleichzeitig wurde auch das Bündnis mit dem Markgrafen Christian von Bayreuth abgeschlossen. Ulm konnte – wie Württemberg – nicht wagen, schon offen an Gustav Adolfs Seite zu treten; dafür war der kaiserliche Druck noch zu stark.

Georg von Braunschweig-Lüneburg, besitzloser Bruder der in Wolfenbüttel und Celle regierenden Welfen-Herzöge, trat in Würzburg endgültig in schwedische Dienste (eine frühere Vereinbarung war suspendiert worden); er erhielt den Auftrag, in Niedersachsen eine Armee aufzustellen; sein Eigensinn sollte dem König später noch zu schaffen machen.

Gustav Adolf hatte sich von der Gunst der Stunde in den deutschen Süden ziehen lassen, keineswegs einem festen Plan folgend, sondern seiner Eingebung. Wie Axel Oxenstierna kurz nach dem Tod des Königs festhielt, fällte dieser seine Entscheidungen auf dem Fundament der *momenta temporum*, der Beweggründe des Augenblicks, und führte sie dann rasch, wenn auch mit aller Sorgfalt aus. So unterwarf er sich immer aufs neue dem Gottesurteil des Erfolgs oder Mißerfolgs.

Der Sieg von Breitenfeld war ein Gottesurteil gewesen, das ihn in seinem Sendungsbewußtsein bestärkte und ihn zu Wagnissen fortriß, die er bislang eher gemieden hatte.

Dem kühnsten Wagnis, nach seinem Sieg ungesäumt und direkt nach Wien zu marschieren und dort dem Kaiser den Frieden zu diktieren, ging er freilich aus dem Weg. Gustav Horn riet dazu, Oxenstierna ebenfalls. Als der Kanzler im Januar 1632 in Frankfurt am Main seinen Herrn wiedersah, bemerkte er, er hätte ihn lieber in Wien zum Sieg beglückwünscht. Und vier Jahre später erklärte er vor dem schwedischen Reichsrat, wenn der König sich unmittelbar auf die Erblande des Kaisers konzentriert hätte, »und unter Verzicht auf den Marsch zum Rhein die deutschen Stände ihre Angelegenheiten allein unter sich hätte abmachen lassen, dann hätte der Kaiser nicht widerstehen können«.

Gustav Adolf entschied sich anders. Als er nach Breitenfeld in der Moritzburg zu Halle an der Saale mit dem Kurfürsten von Sachsen Kriegsrat hielt, ging er zwar taktvoll über die Flucht der Sachsen und ihres Befehlshabers hinweg, nutzte jedoch dessen schwache Verhandlungsposition, um die vor der Schlacht ins Auge gefaßte Aufgabenverteilung zu vertauschen: Die Sachsen wurden gegen die kaiserlichen Erblande, zunächst also gegen Schlesien und Böhmen, angesetzt, während der König sich dem Zentrum Deutschlands zuwandte.

Für die gegenteilige Empfehlung Horns sprachen zunächst militärische Gesichtspunkte: Er wollte dem angeschlagenen Gegner den entscheidenden Stoß versetzen. Bedeutende Soldaten, wie Friedrich der Große und Clausewitz, stimmten später der Auffassung Horns zu; sie hielten die Entscheidung des Königs für einen Mißgriff. Bei Oxenstierna standen politische Erwägungen im Vordergrund, und zwar – wie die Erklärung vor dem Reichsrat zeigt – ausschließlich schwedische Interessen.

Bei Gustav Adolf jedoch vermischten sich seine militärischen und politischen Absichten mit den Impulsen seines neugestärkten Sendungsbewußtseins. Auch rein militärisch betrachtet gab es einen gewichtigen Grund gegen den Marsch auf Wien: das höhere Risiko. Für die Entscheidung, sich nach Thüringen zu wenden, und den impulsiven Entschluß, dort nicht zu verweilen, sondern zum Main aufzubrechen und – daraus resultierend – die »*Conjugierung* des Main- und Rheinstromes« anzustreben, lassen sich ebenfalls militärische Gründe anführen; und auch sie sind in der nachträglichen Diskussion der Fachleute vertreten worden. Feldmarschall Montgomery bringt seine positiven Argumente auf die kurze Formel, daß durch die Besetzung des Rheinlandes die Lage gefestigt worden sei, was von anderen dahin ausgeführt wird, daß der König sich mit der Mainlinie eine starke Operationsbasis schuf, deren Bedeutung 1634, nach der schweren Niederlage der Schweden bei Nördlingen, handgreiflich wurde. Und sicher lockten den König auch der Reichtum und die Fruchtbarkeit des Landes an Main und Rhein – der Unterhalt seiner Armee war dort am ehesten gewährleistet.

Unter politischem Blickwinkel läßt sich die Entscheidung des Königs noch leichter begreifen: Indem er Sachsen zwang, gegen die habsburgischen Erblande Krieg zu führen, vertiefte er den Gegensatz des Kurfürsten zum Kaiser und hinderte ihn, aus der Allianz auszubrechen – Gustav Adolf hatte Grund, vor ihm auf der Hut zu sein. Und indem er Johann Georg verwehrte, im Herzen Deutschlands als Befreier der Protestanten zu erscheinen, entzog er ihm auch die Möglichkeit, seine Politik der Schaffung einer unabhängigen Dritten Partei weiter zu betreiben. Was Oxenstierna für richtig hielt, nämlich die Deutschen sich selbst zu überlassen und inzwischen die schwedischen Interessen in einem Frieden mit dem Kaiser durchzusetzen, mußte dem König als Verrat an seinem Auftrag erscheinen. Er hatte sich bereits so tief in das Gewirr der deutschen Dinge verstrickt, daß es seinem Denken und Fühlen verwehrt war, sich daraus herauszuwinden, ohne es geordnet zu haben, selbst wenn er im Zorn über den Wankelmut und die Selbstsucht der deutschen Fürsten mitunter damit drohte. Immer mehr hatte er sich mit der Rolle des Befreiers der deutschen Protestanten identifiziert und fühlte sich von ihr getragen. Die tägliche Berührung mit der Begeisterung, der Hoffnung der evangelischen Bürger und Bauern, mit dem fast blinden Glauben an ihn als den gottgesandten Gideon hatten in ihm ein Feuer entzündet, das vieles miteinander verschmolz, was sein Kanzler lieber säuberlich getrennt sehen wollte. Wenn Gott sich ferner zu ihm bekannte, so glaubte er alles zugleich und miteinander erreichen zu können: die Sicherheit und Größe Schwedens, unsterblichen Ruhm, die Neuordnung der deutschen Verhältnisse und damit die Wahrung des evangelischen Glaubens.

Alles in allem läßt sich der Entschluß des Königs mit triftigen Gründen zwar auch rational erklären – ganz begreifen läßt er sich jedoch nur, wenn man die irrationalen Antriebe hinzuzählt. Und falls es wirklich eine falsche Entscheidung war: Es war seine Entscheidung, die ihm gemäße. Er folgte seinem Stern.

Er hätte sich auch mit vielleicht noch besseren Gründen statt für Wien oder den Rhein für die sofortige Verfolgung Tillys entscheiden können.

Ein moderner Feldherr hätte vermutlich versucht, diesen geschlagenen Gegner unverzüglich vollends zu vernichten. Gustav Adolf entschloß sich, ihn zu ignorieren, es darauf ankommen zu lassen, daß er sich regenerierte, und damit zu rechnen, daß Tilly ihm folgen mußte, wenn er seinem Auftrag gerecht werden wollte, die Gebiete des Kaisers und der Liga, vor allem also Bayern, zu verteidigen.

So beauftragte er seine Generäle Åke Tott und Johan Banér, sich um den deutschen Nordwesten zu kümmern: Tott in Mecklenburg, Banér an der mittleren Elbe, wo er vor allem Magdeburg erobern sollte; setzte seine Bemühungen um Bündnisse mit den niedersächsischen Ständen fort (das Würzburger Abkommen mit Georg von Braunschweig-Lüneburg gehört in diesen Zusammenhang); richtete in den Stiften Magdeburg und Halberstadt ein Gouvernement unter dem Fürsten Ludwig von Anhalt ein, der – wie Herzog Wilhelm von Weimar in Thüringen – sowohl militärische wie kriegswirtschaftliche Aufgaben zu erfüllen hatte.

Tilly hatte nach seiner schweren Niederlage die »Konfusion und *desordre*«, in der sich sein Heer befand, relativ schnell überwunden. Nachdem er im Raum Halberstadt die Trümmer seiner Armee gesammelt hatte, erhielt er bei Corvey Zuzug von Kurkölnischen Soldaten, versorgte sich aus den kaiserlichen Festungen an der Weser mit Artillerie und vereinigte sich schließlich bei Fulda mit intakt gebliebenen Verbänden von Fugger und Aldringen. Damit verfügte der kaiserliche Oberbefehlshaber Anfang Oktober wieder über rund 25000 Mann, eine ernsthafte Bedrohung für den Landgrafen Wilhelm von Hessen, der sich auf seine Festungen zurückziehen mußte und glaubte, auf die Hilfe des Königs angewiesen zu sein.

Indessen marschierte das wiedererstandene kaiserlich-ligistische Heer weiter nach Süden. Mitte Oktober 1631 stand es bei Aschaffenburg. Dort wurde es beträchtlich verstärkt: Herzog Karl IV. von Lothringen, einerseits Reichsfürst, andererseits durch seine Herrschaft Bar Lehensmann der französischen Krone, hatte seine Zwischenstellung schon im Streit um Mantua auf seiten der Habsburger für sich zu nutzen versucht. Nun hoffte der politische Hasardeur durch ein erneutes Bündnis mit dem Kaiser und der Liga eine Trumpfkarte für sein riskantes politisches Spiel zu gewinnen, während er sich gleichzeitig durch den Herzog von Orléans in die französische Innenpolitik mischte. Mit einem zusammengewürfelten Heer von mehr als 15000 Mann stieß er zu Tilly, der damit eine Streitmacht von 40000 kommandierte, groß genug, um Gustav Adolf, der über sehr viel weniger Leute verfügte (und diese zum Teil als Festungsbesatzungen benötigte), ernsthaft zu beunruhigen, selbst wenn er den schlechten Zustand der feindlichen Armee in Rechnung stellte. Es schien, als wollte Tilly eine Schlacht wagen, und als er über Miltenberg und Tauberbischofsheim immer näher heranrückte, sah sich der König nach Verstärkung um – vergebens, denn die anderen Armeen standen für einen raschen Zuzug zu weit entfernt oder wurden erst aufgestellt. So ist es nicht verwunderlich, daß er alarmiert nach Ochsenfurt aufbrach, um es in Verteidigungszustand zu setzen, als Tillysche Truppen in der Nähe der Stadt auftauchten. Monro berichtet, er habe in den drei Jahren, die er dem König diente, diesen niemals so aufgeregt und durcheinander gesehen wie in Ochsenfurt, »nicht wissend, was er beschließen sollte, den Feind hinter und vor sich«.

Aber auch Tilly fürchtete eine Schlacht. Er verzettelte seine Kräfte mit Einzelunternehmungen und Kleinkrieg, nahm Ende Oktober Rothenburg ob der Tauber, bald darauf Windsheim, am 7. November Ansbach. Gustav Adolf, von dem das Feldkanzlei-Tagebuch bei der Heimkehr nach Würzburg am 2. November 1631 berichtet: »Ihre Majestät haben Sich etwas übel uff befunden«, kehrte, kaum daß er vom Abschwenken Tillys erfahren hatte, zu seiner gewohnten Entschlußkraft zurück. Offenbar zog er aus dem Verhalten des Gegners den Schluß, daß er fürs erste von ihm nichts mehr zu befürchten hatte. Nun galt es, etwas zu riskieren und die Zeit zu nutzen. Am 9. November brach die königliche Armee, an die 13 000 Mann stark, mainabwärts auf. Horn blieb mit 7000 Mann zur Dekkung Würzburgs zurück.

Der Marsch von Würzburg nach Frankfurt glich eher einer Lustpartie als einem Kriegszug. Hanau war schon von einer Vorausabteilung genommen worden, Aschaffenburg, bereits mainzisches Gebiet, ergab sich ohne Widerstand. Monro gerät bei seiner Schilderung dieses Unternehmens geradezu ins Schwärmen über dieses »fette Land, das von allem – außer Frieden – überquoll: Sie hatten eine Menge Korn, Wein, Obst, Gold, Silber, Juwelen und was man sich an Reichtümern nur denken kann, an diesem Main-Fluß, wo die Städte und hübschen Flecken am Wasser liegen, dicht beieinander, mitunter nur eine halbe englische Meile voneinander entfernt; einer der angenehmsten Teile Deutschlands mit der besten Luft, die ich in ganz Deutschland kennengelernt habe.«

In einem Bericht an die hessische Kanzlei in Darmstadt vom 12. November wird dargestellt, welchen Eindruck die durchziehenden Soldaten hinterließen: » . . . solch brav Volk, dergleichen nicht viel wird gesehen werden, das Geschütz und andere Kriegsrüstung sein zu Wasser in unzähligen Schiffen und Flößen herabkommen . . . Der König gehet auf Frankfurt und Mainz, hat unzählig viel fränkische Bauern bei sich, so schanzen, graben, Schiffsbrücken (wozu alle *materia* mitgeführt werden) schlagen, denn der König *intentioniert* auch . . . den Mainstrom ganz und den Rheinstrom teils unter seine Gewalt zu bringen.« Und weiter: »Es kann nicht genug gerühmt werden die gute Ordnung, so vom König gehalten wird, läßt keinem Menschen Überdrang tun . . . Alle Mainorte haben sich der Kontribution unterworfen und *salva guardia* eingenommen . . .«

Frankfurt wollte sich zuerst sträuben, die Schweden einzulassen. Wie in allen großen Handelsstädten hätte man die Neutralität einer Parteinahme vorgezogen. Aber der König ließ nicht mit sich markten. Am 17. November marschierte sein Heer durch die Stadt; zwei Wochen später wurde ein Vertrag abgeschlossen, durch den sich die Krönungsstadt der deutschen Kaiser dem fremden König unterwarf – »Es haben alle Ratspersonen zu Ihrer Majestät gehen und Handgelübde tun müssen« – und dieser versicherte, die Stellung Frankfurts als Reichsstadt zu achten und ihre Privilegien zu wahren, insbesondere ihre *Commercia* nicht zu »verhindern, sondern dieselbe befördern«.

Der Durchmarsch des Heeres galt der Eroberung der mainzischen Festung Höchst, deren kaiserliche Garnison nach einem bescheidenen Versuch, sich zu wehren, »die schwedischen Dubakpfeifen nicht schmecken können und es aufgeben«. Bald darauf erschien Wilhelm von Hessen mit 8000 Mann in Höchst; Gustav Adolf hatte ihm befohlen, seine Truppen mit der königlichen Armee zu vereinigen. Gemeinsam mit Wilhelm und dessen Vetter, dem Landgrafen Georg von Hessen-Darmstadt, hielt dann der König am 20. November »mit großer *Solennität*« seinen Einzug in Frankfurt, besuchte einen Gottesdienst und blieb drei Tage in der Stadt. Noch in Höchst hatte er dem Landgrafen Georg einen Vertrag aufgezwungen, der den Schweden die hessische Festung Rüsselsheim verschaffte, im übrigen jedoch den Wünschen dieses friedfertigen Herrn weit entgegenkam und ihn ausdrücklich in der »Devotion gegen den Kaiser« und in der »bisher geführten Neutralität« ungehindert ließ. Dem noch jungen Landgrafen, den der König »des Reichs Erzfriedensstifter« nannte, wurde auch zugestanden, »zur Erlangung eines ehrbaren, sicheren und reputierlichen Friedens . . . ferner zu *negotiieren* [verhandeln]«. Vielleicht war dem König ein neutraler lutherischer Fürst als möglicher Mittelsmann für Verhandlungen nicht unlieb, vielleicht nahm er auch Rücksicht darauf, daß Georg der Schwiegersohn des Kurfürsten von Sachsen war.

Im Augenblick kam es Gustav Adolf vor allem auf Rüsselsheim an; für das weitere Vorgehen gegen Mainz war er auf diese Festung angewiesen. Ein Versuch, die Bischofsstadt vom Wasser her im Handstreich zu nehmen, scheiterte daran, daß die Ausfahrt aus dem Main in den Rhein »geplockt« war: Die Verteidiger hatten Pfähle in den Flußgrund getrieben und zur Verstärkung der Sperre Schiffe versenkt. Der Angriff mußte also durch Umgehungsmanöver vorbereitet werden.

Von ihren Schanzen auf beiden Ufern des Mains begannen die Schweden über den Rhein hinüber Mainz zu beschießen – ohne sichtbaren Erfolg. Bernhard von Weimar, der die Vorhut der schwedischen Streitkräfte führte, brach in den Rheingau ein und nahm ihn, teilweise gegen tapferen Widerstand, bis hinunter nach Rüdesheim in Besitz. Als nächster Zug stand die Überquerung des Rheins bevor; sie sollte offenbar an mehreren Stellen erfolgen.

Doch ehe es zu weiteren Operationen kam, mußte der König sich entschließen, das Unternehmen abzubrechen. Schon am 18. November war in Höchst ein Bote aus Nürnberg eingetroffen, der den König um Beistand bat: Tilly bedrohe die Stadt. Da Nürnberg gut befestigt und bevorratet war, eine starke Garnison besaß und zum Widerstand entschlossen schien, hoffte Gustav Adolf zunächst, daß Tilly mit seiner schlecht gerüsteten Armee nicht wage, im Winter zur Belagerung zu schreiten, versicherte jedoch, »er wolle Nürnberg nicht im Stich lassen, sollte es ihn auch Leben und Blut kosten«, und befahl Gustav Horn sofort, mit allen seinen Truppen den Nürnbergern zu Hilfe zu eilen. Als die Alarmrufe lauter wurden, entschloß sich der König, der kein zweites Magdeburg erleben wollte, auf den sofortigen Erfolg in Mainz zu verzichten. Am 26. November teilte er seinem Schwager Johann Casimir mit, da der »Teufel mit all seinen Jungen, als da sein Lothringer, Pappenheim, Fürstenberg, Fugger, Aldringen, Gallas, Ossa und wen der böse Geist mehr erwecket hat«, es auf Nürnberg abgesehen habe, marschiere er »wills Gott morgen zum *secours*«. Doch am 29. November, eben im Aufbruch aus Frankfurt, erfuhr er, daß Tilly sein Unternehmen aufgegeben hatte. Dieser hatte, wie er Maximilian von Bayern bekannte, eingesehen, »daß es keine Möglichkeit gewesen, dieser Enden zu verharren«, seine Regimenter seien gleichsam wie der Schnee zergangen. Was von dem »Teufel mit all seinen Jungen« übriggeblieben war, zerstreute sich: Mehr als 10000 Mann wurden auf Wunsch des Kaisers nach Böhmen gegen die Sachsen geschickt; der lothringische Haufe machte sich auf den Heimweg und wälzte sich plündernd durch Württemberg und die Markgrafschaft Baden; die restlichen Streitkräfte legte Tilly in der Nördlinger Gegend ins Winterquartier. Gustav Adolf triumphierte. Nicht gegen Tilly antreten zu müssen, um Nürnberg zu befreien, wertete er »so hoch als eine Leipziger Schlacht«.

Während Horn die von Tilly geräumten fränkischen Gebiete in Beschlag nahm und bis nach Mergentheim und Heilbronn vordrang, holte der König erneut zur Eroberung von Mainz aus. Bedenken hatte er nur, weil spanische Soldaten im Auftrag des Erzbischofs die Stadt verteidigten. Er ließ sich dadurch zwar nicht davon abhalten, die Spanier dort anzugreifen, wo sie ihm nicht aus dem Weg gehen wollten, trug jedoch das Problem, wie man sich künftig zu Spanien verhalten sollte, dem schwedischen Reichsrat vor, mit dem Ergebnis, daß trotz der bewaffneten

Auseinandersetzung am Rhein von einer Kriegserklärung abgesehen wurde.

Am 4. Dezember, bei großer Kälte, erschien der König mit seinen Streitkräften bei der einzigen Schanze, welche die Verteidiger von Mainz auf dem rechten Rheinufer errichtet hatten. Diese mit 2000 Mann besetzte Sternschanze lag gegenüber Oppenheim. Als sich die spanischen Soldaten weigerten, die Bastion zu räumen, ließ der König zwar angreifen, suchte aber nach Möglichkeiten, sie zu umgehen.

Am 6. Dezember hatte er Erfolg: Chemnitz berichtet, daß Gustav Adolf »etliche kleine Nachen ertappet«, sich mit drei seiner Offiziere – darunter Nils Brahe – in eines der Boote setzte, damit bei Erfelden über den Rhein fuhr und trotz einiger spanischer Reiter, »so die Wache daselbst am Wasser gehabt«, »die Gelegenheit des Orts« ausspähte.

Am anderen Morgen um sechs Uhr, also noch vor Tagesanbruch, führte Nils Brahe in zwei aus Nierstein herangeschafften größeren Schiffen 300 Mann über den Strom und hielt mit dieser kleinen Zahl von Infanteristen so lange gegen eine Übermacht spanischer Kavallerie stand, bis der König weitere Truppen über den Rhein geschafft hatte.

Der Rheinübergang, an den heute noch die sogenannte »Schwedensäule« erinnert, war ein Bravourstück und eine Meisterleistung der Pioniertechnik. Die Schweden hatten dank ihrer Fähigkeit, sich auf dem Wasser zu bewegen, schon in Kürze mehrere Regimenter samt Artillerie auf dem anderen Ufer. Die Besatzung der Sternschanze ergab sich, als sie den Rückzug abgeschnitten sah. Oppenheim kapitulierte am 8. Dezember. Am selben Tag verließ der Kurfürst und Erzbischof von Mainz seine Stadt, begleitet von den Bischöfen von Würzburg und Worms – ihr Ziel war Köln. Ihr Mißtrauen gegen die Widerstandskraft der spanischen und kurmainzischen Garnison war berechtigt. Die Schweden, trotz Frost und Schnee schon am Abend des 10. Dezember vor den Mauern, setzten ungesäumt zum Sturm an. Am 12. Dezember wurde die weiße Fahne gehißt, und am 13. nahm die schwedische Armee von Stadt und Festung Besitz. Die 2000 Verteidiger durften ehrenvoll abziehen. Der König hatte sich bei der kurzen Belagerung wieder unmittelbar allen Gefahren ausgesetzt. Ein Page, der ihm in der Nähe der Mauer eine Botschaft aushändigte, wurde neben ihm durch einen Schuß niedergestreckt. Auf die Bitte, sich doch mehr zu schonen, antwortete Gustav Adolf: »Städte erobert man nicht dadurch, daß man in einem Zimmer Figuren zeichnet, und ist der Schulmeister nicht zugegen, so werden die Kinder bald in die Versuchung geraten, ihre Bücher zuzumachen. Überdies müssen Sie wissen, daß bis jetzt noch kein König von einer Kanonenkugel erschossen worden.«

Am 14. Dezember 1631 hielt Gustav Adolf mit allem königlichen Prunk seinen Einzug in die alte, ehrwürdige Stadt, begleitet von dem Landgrafen Wilhelm von Hessen. Auf dem Domturm wehte die schwedische Fahne. Nach einem Dankgottesdienst in der Schloßkirche, wobei – nach Khevenhüller – öffentlich und überlaut das Lutherlied »Erhalt uns Herr bei deinem Wort« gesungen wurde, feierte der König seinen Sieg mit einem Bankett und mit einer dreifachen Salve seiner Geschütze. Auch die Soldaten konnten feiern, obwohl sie in Mainz nicht plündern durften: Jeder erhielt einen Wochensold als Belohnung.

Der gesamten Bürgerschaft wurde eine Kontribution von 80 000 Reichstalern auferlegt; der Klerus sollte zusätzlich 81 000 aufbringen, davon 40 000 allein die Jesuiten – gewaltige Summen, auch wenn sie nicht voll bezahlt wurden.

Als der König die kurfürstliche Wohnung in der Mainzer Martinsburg bezog, seine Stäbe sich in den Anwesen der Domherren und Edelleute einrichteten, die Offiziere in den leerstehenden Stiftskurien Unterkunft fanden, und die Infantristen in der Stadt, die Reiter in den umliegenden Dörfern ins Quartier rückten, kam für die königliche Armee der angenehmste Winter, den sie seit langem erlebt hatte. Neu eingekleidet, gut genährt und mit Wein verwöhnt, sah sie der Zukunft mit Zuversicht entgegen. Freilich: Als die schwedische Feldarmee im Frühjahr Mainz verließ, war die Stadt nach dem Bericht eines ihrer Offiziere »gar verwüst und sehr ausgefressen«. Den Schweden folgte in dem späten, kalten und nassen Jahr 1632 die Hungersnot, der Hungersnot folgten die Seuchen.

Aber noch war es Winter, noch herrschte in Mainz nicht die Dreieinigkeit von Krieg, Hunger und Pestilenz. Der König konnte sich im Glanze seines Ruhmes sonnen. Alles schien ihm möglich, alles wurde ihm zugetraut:

> Ein Sieg dem andern folg, daß nie die Freudenzeichen
> Die schönen Lorbeerkränz auf Eurem Haupt verbleichen,
> Das Land sei voll Triumph, bis daß der Feind verjagt
> Und der erwünschte Fried uns wieder werde gebracht.

So wurde der »Königlichen Majestät zu Schweden lang gewünschte fröhliche Ankunft« gefeiert. Gustav Adolf stand im Zenit. Ergriff ihn auf der Höhe, die er so schnell und unverhofft erreicht hatte, kein Schwindel? Er stand in Verhandlungen mit Wallenstein, aber dieser verhandelte auch mit dem Kaiser, und eben jetzt, während der König sich der Stadt Mainz versicherte, hatte Ferdinand den Herzog von Friedland erneut beauftragt, für ihn eine Armada zu organisieren.

Wallenstein hatte das Horoskop des Königs stellen lassen: ein Waghalsiger, der nach oben strebte, unbesiegbar – nur durch sich selbst konnte er fallen. Rechnete Wallenstein damit, daß er sich jetzt selbst gefährdete? Hätte er sonst den Auftrag angenommen? – wenn auch zunächst nur für drei Monate, als wolle er abwarten und den großen Gegner beobachten. Gustav Adolf hatte in dem Fragment seiner Historia selbst den Rat gegeben: »Aus dem allen sollen wir lernen, nicht dem Glück zu vertrauen . . .« und sein Hofprediger hat bezeugt, daß gerade der Sieg von Breitenfeld ihn in innere Unruhe versetzte. Es wird auch berichtet – der Fürst Christian II. von Anhalt-Bernburg hat dies unter dem 14. September 1631 in seinem Tagebuch festgehalten –, er habe sich nach diesem Triumph verschworen, daß »er keinen anderen Vorteil noch einige Ambition hierin hege, als die Ehre Gottes, die Erhaltung der evangelischen Religion, die Beförderung des Friedens im Reich und die Erhaltung der deutschen Freiheit . . . Er begehre nicht einer Hand breit Landes davon und wollte, daß es der Teufel (Gott behüte uns!) holen müßte, wo das Geringste davon an seinem Wams ankleben sollte.« Bei diesen Worten schlug der König an seine Brust, vom Wein erregt, dem er zusammen mit dem Kurfürsten von Sachsen heftig zugesprochen hatte – der Fürst von Anhalt notiert, in dieser Nacht habe sich Gustav Adolf den fünften Rausch in Deutschland angetrunken. War die Selbstbeschränkung nur ein Ausfluß der Weinlaune? In Mainz und Frankfurt, im Glanz des königlichen Hofes, der der Mittelpunkt Europas schien, ist sie kaum noch zu entdecken. Eher begegnet man dem »überschwenglichen Ehrgeiz, dem untragbaren Stolz des Königs von Schweden«, den der Marquis James Hamilton beklagte, eher tritt er uns so vor Augen, wie ihn Jakob de la Gardie nach seinem Tode schilderte: »Es war gemeiniglich des seligen Königs Gustav Adolfs Natur, daß er gerne seine königlichen Hoheitsrechte erhöhte und die Freiheiten anderer stutzte.«

So wie der König während des Baus der *Wasa* befahl, dem Schiff mehr aufzuladen und ihm mehr abzuverlangen, als dem Plan entsprach, so weiteten sich in Mainz seine Pläne in eine Dimension, die seinem Weg gefährlich werden konnte. Noch fuhr das Schiff des Königs stolz dahin, prächtig und mit geschwellten Segeln. Aber die Windstöße, die es zum Kentern bringen konnten, waren schon zu spüren.

IM ZENIT

König in der Kaiserstadt

Stolzer hat wohl kaum jemals ein deutscher Kaiser in Deutschland Hof gehalten als Gustav Adolf im Winter 1631 und 1632 zu Mainz und Frankfurt. Von allen Seiten strömten Fürsten und Gesandte herbei, Franzosen und Engländer wie Deutsche. Die Fäden der großen Politik liefen hier zusammen.

Gustav Droysen in »Gustaf Adolf«

VON MITTE DEZEMBER 1631 BIS ANFANG MÄRZ 1632, fast ein Vierteljahr lang, residierte der König der Schweden, Goten und Wenden in Frankfurt oder in Mainz, das zum Sitz der schwedischen Regierung in Deutschland wurde, insbesondere als der schon vor Monaten herbeigerufene Reichskanzler endlich eintraf. Axel Oxenstierna hatte noch Zeit gebraucht, in Preußen »alles allerseits in gute Order« zu stellen, so daß er die Verwaltung unbesorgt dem Vizegouverneur Karl Banér übergeben konnte. Am 26. November 1631 verließ er Elbing, wo er sich fünf Jahre lang abgemüht hatte. Am 22. Januar 1632 begegnete er in Frankfurt endlich wieder seinem Herrn, der eben die Königin »mit großem Triumph und Freuden des Volkes« in die Stadt geleitet hatte.

Maria Eleonora hatte damit gerechnet, schon im Sommer 1630 nach Deutschland geholt zu werden; aber Gustav Adolf schien damals die Lage zu unsicher. So feierte die Königin das Weihnachtsfest, an dem die Schweden Greifenhagen und Gartz eroberten, mit der Familie des Pfalzgrafen Johann Casimir im Schloß Gripsholm. Obwohl der König dann befahl, seine Gemahlin »beim ersten offenen Wasser« nach Stralsund zu holen, zog sich der Aufbruch Maria Eleonoras – nicht zuletzt wegen deren extravaganten Wünschen für ihre Ausstattung – bis Ende Juni hin. Überdies geriet die Transportflotte, mit der sie reiste, in ein »fürchterliches Unwetter mit Donner, Blitz und Sturm«, so daß der Reichsadmiral im Kalmarer Sund eine Suche nach dem Schiff seiner seekranken Königin veranstalten mußte und diese schließlich drei Wochen brauchte, um nach Peenemünde zu gelangen. Weitab von dem König, der um diese Zeit bei Werben seine Schlüsselposition an der Elbe ausbaute, richtete sie sich im Wolgaster Schloß ein. Ihre Tochter Christina hatte sie in der Obhut von Gustav Adolfs Schwester Katharina zurückgelassen, dafür hatte ihr diese zur Aufmunterung ihr eigenes Kind, die zwölfjährige Christina Magdalena, mitgegeben. In Wolgast erfuhr sie von der Schlacht von Breitenfeld und triumphierte über die »herrliche *fiktoriga*«, besah sich bei einem Besuch den damals elfjährigen, als Bräutigam ihrer Tochter projektierten Kurprinzen Friedrich Wilhelm von Brandenburg, quengelte mit ihrer Pflegetochter und klagte in ihren Briefen an Käthchen über die horrenden Preise von Diamantknöpfen. Im November 1631 brach der Zug Maria Eleonoras nach Süden auf, über Berlin, Dresden, Erfurt, Fulda, überall aufs beste empfangen und umsorgt. Der König ritt ihr entgegen und traf sie zwischen Hanau und Gelnhausen. Maria Eleonora bei der Umarmung unter Tränen: »Nun ist der große Gustav Adolf endlich gefangen.«

Aber der König ließ sich von ihr nicht gefangennehmen. Er war gleich nach dem Treffen drauf und dran, »bei sehr bösem Wetter . . . nach dem Stift Magdeburg zu gehen«, woher er schlechte Nachrichten empfangen hatte, und erst auf die Meldung, daß die »General Banér untergebene Armee derorten in gutem Zustand sei«, entschloß er sich, wie schon vorgesehen, mit der Königin feierlich in Frankfurt einzuziehen. Die alte Reichsstadt empfing das Herrscherpaar, als sei der Kaiser zur Krönung vor ihren Toren erschienen.

In einem Bericht über den Einzug wird vermerkt, wie einfach der König – »ein gewaltig heroisch Haupt« – gekleidet war, »ganz schwarz . . . wie ein Graf oder wohl wie ein reicher Kaufmann, ohne Geschmeid«, während Maria Eleonora »mehr nach ihrem königlichen Stand« auftrat: » . . . ein sehr schön Weibsbild, von Person zart, einer mittelmäßigen Länge, sehr freundlich und redsprächig. Sie trägt hinten auf ihrem Haupt eine kleine Kron schön vergüldt mit lauteren Diamanten versetzt und andere schöne Zierat.« In der Tat machte die Königin viel von sich her. Sie reiste mit großem Gefolge: Von ihrem späteren Einzug in Nördlingen wird berichtet, daß ihre Kutsche – von 10 prächtig aufgeputzten Trabanten mit vergoldeten Partisanen geleitet – einen Zug von 18 Kutschen und 29 Wagen für den Transport ihres Hofstaates und dessen Gepäck anführte.

Die Ankunft der Königin war Anlaß zu einem großen Bankett und Tanzvergnügen am darauffolgenden Sonntagabend, »dabei viel Grafen und Herren sind gewesen, beneben mit vielen Frauenzimmer« und mit »Reigen, Singen, Springen und Tanzen«. Über ein anderes Bankett des Königs im Laufe des Winters – ein genaues Datum ist nicht angegeben – berichtet der Pfarrer einer Odenwaldgemeinde, der als Hofmeister einiger Junker Gelegenheit zu persönlicher Beobachtung hatte: »Dabei, da sehr viel Fürsten und Herren zugegen, verloseten sie die Ämter: Einer bekam dies, der andere ein ander Amt; besonders fiel dem König das Los, daß er Wirt war.« Als solcher verkleidete er sich auch und hängte einen großen Schlüssel an den Gürtel. Die Königin, welche die Kammermagd spielen mußte, tauschte ihr Kleid mit einer Zofe, es gab einen Narren und eine Närrin gräflicher Herkunft, und ausgerechnet der Winterkönig, der sich auch in Frankfurt eingefunden hatte, mußte in das Habit eines Jesuiten schlüpfen – zum Vergnügen Gustav Adolfs, der lachend erklärte, niemand präsentiere seine Rolle so natürlich wie der König von Böhmen. Die Sitzordnung entsprach den ausgelosten Rollen, und als nach dem Essen »treffliche Musikanten« auf Wunsch des Königs einen Bauerntanz, den Westerwälder, spielten, tanzte er ihn trotz seiner Korpulenz »mit der Närrin in hohen lustigen Sprüngen auf bäurische Manier«.

Von dem Odenwälder Pfarrer stammt auch eine Beschreibung des Königs aus diesem letzten, dem achtunddreißigsten Jahr seines Lebens: »Was sonsten die *qualitatis corporis et animi* dieses Helden belanget, war er eines geraden, starken, vollkommenen Leibes, langer Statur, langen vollkommenen, lieblichen Angesichts, hoher, hinter sich liegender Stirn, großer und etwas über sich schielender Augen, gelben Haares und Barts, guter, rotweiß gemengter Farb, tapfrer, starker Fäuste. Auch war er im Reden anmutig und freundlich, doch daneben starker, heroischer und durchdringender Stimme; etwa redete er über Tafel die ganze Essenszeit, etwa saß er solche Zeit auch ganz tiefsinnig dahin, und da sah er unter solchem Sinnen nicht unter sich, sondern jederzeit gerad vor sich. Über Tafel hatte er einen leichten seidenen Mantel um die Beine her geschlagen; aß tapfer; und erwartete nicht allemal, daß man für ihn vorlegte, sondern rückte eine Schüssel vor sich, die ihm beliebte, und aß sich bald aus; alsdann diskurierte er mit seinen Leuten.«

Das »Diskurieren« diente auch bei den Banketten meist politischen Zwekken. An jenem Sonntag, der nach dem Einzug in Frankfurt mit Tafelei und Tanz endete, vermerkte das Journal der Feldkanzlei: »Den 22. Januar sind Ihre Exzellenz Herr Reichskanzler Oxenstierna zu Frankfurt ankommen, wohin dann diese Zeit über unterschiedliche hohe Personen angelangt und haben die *Tractaten* mit den französischen und englischen *Ambassadeuren* teils wegen der Neutralität, teils wegen der Konföderation stets gewähret und sind damalen auch der Stadt Köln Abgesandte ankommen . . . und ist die Stadt Ulm mit Ihrer Königlichen Majestät in Konföderation kommen.«

Die wichtigsten Gesprächspartner waren die französischen Gesandten. Mitte Dezember, nur wenige Tage, nachdem der schwedische König seinen Einzug in Mainz gehalten hatte, übersiedelte der französische König Ludwig XIII. mit Richelieu nach Metz. Das Bistum Metz, altes Reichsgebiet, und die Stadt selbst, Reichsstadt seit dem 13. Jahrhundert, waren 1552 zusammen mit Toul und Verdun durch Moritz von Sachsen Frankreich zugespielt worden. Wenn sich jetzt der französische Hof in dieses Grenzgebiet begab, während gleichzeitig französische Truppen die Felsenfestung Moyenvic – ein Widerstandsnest der Kaiserlichen im Bistum Metz – eroberten und damit die Herrschaft der französischen Krone wiederherstellten, so demonstrierte dies, daß Richelieu die schwedische Präsenz am Rhein als Herausforderung wertete und dieser Bedrohung französischer Interessen entgegentreten wollte. Zugleich errang er einen innenpolitischen Sieg: Der Herzog von Lothringen, der den aufrührerischen Bruder Ludwigs XIII., Gaston von Orléans, an seinem Hof beherbergte und sich mit ihm und Maria von Medici, der Mutter des verfeindeten Brüderpaares, gegen den Kardinal verbündet hatte, mußte sich unterwerfen. Fürs erste konnte Richelieu die Lage an der französischen Ostgrenze für gesichert halten und seine volle Aufmerksamkeit dem schwedischen König zuwenden, der ihm so dicht auf den Leib gerückt war. Sein Bestreben war, Gustav Adolf am Rhein Einhalt zu gebieten und zugleich das linke Rheinufer dem französischen Einfluß zu unterwerfen. Dafür setzte er nicht nur Lothringen unter Druck, sondern nützte auch die Notlage des Erzbischofs und Kurfürsten von Trier, Philipp Christoph von Soetern, zugleich Bischof von Speyer, der befürchten mußte, wie sein Mainzer Nachbar von den Schweden verdrängt zu werden.

Soetern empfing schon seit 1627 eine jährliche Rente von Frankreich; die Zahlungen an die Liga waren ihm stets lästig gewesen, und 1631 hatte er sie völlig eingestellt; nun erklärte er, er betrachte die Liga als aufgelöst, und stellte sich unter den Schutz Frankreichs, in der Erwartung, daß es für die Neutralität Schwedens gegenüber seinen beiden Bistümern sorge. Als Faustpfand für dieses Abkommen, über das noch bis in das Frühjahr 1632 hinein verhandelt wurde und dem Gustav Adolf im April nur ungern beitrat, wollte Richelieu Koblenz und damit einen Rheinübergang haben. Schließlich gab er sich mit den Festungen Ehrenbreitstein und Philippsburg zufrieden, beide noch in spanischen oder kaiserlichen Händen. Der Ehrenbreitstein wurde im Juni 1632 von den Franzosen besetzt, Philippsburg erst 1634.

Was Frankreich um die Jahreswende 1631/32 an seiner Ostgrenze an Terrain und Einfluß zuwuchs, war für die künftige Entwicklung von großer Bedeutung. Zu diesem Zeitpunkt jedoch änderte es nichts an dem dortigen erdrückenden Übergewicht Gustav Adolfs und an dessen dominierender Stellung in ganz Deutschland. Richelieu hatte seiner Macht nichts entgegenzustellen, er konnte nur mit diplomatischen Mitteln versuchen, sie in eine seinen Zielen dienliche Richtung zu lenken.

Was dem Kardinal vorschwebte, war die Belebung des alten Doppelspiels mit Schweden und Bayern, der schon im Vertrag von Bärwalde vorgesehenen Neutralität zwischen den beiden Verbündeten Frankreichs, die bisher nicht mehr als ein Wunschtraum geblieben war. Richelieu hatte im Mai 1631 auch mit Bayern einen Defensivvertrag geschlossen, der Maximilian allerdings wenig mehr eingebracht hatte als die Anerkennung der Erblichkeit seiner Kurfürstenwürde; so wie der bayrische Monarch sich die Rücksichtnahme auf seine Pflichten gegenüber Kaiser und Reich vorbehielt, so bekam er auf sein unmittelbar bei Vertragsabschluß vorgebrachtes Ersuchen um Hilfe gegen Schweden den Bescheid, er sei der Angreifer und darum sei der Bündnisfall nicht gegeben.

Ein Versuch, Bayern und Sachsen unter französischer Obhut zu neutralisieren und auf diese Weise die Waffen Gustav Adolfs ausschließlich gegen das Haus Österreich zu kehren, scheiterte mit dem schwedisch-sächsischen Bündnis und der Schlacht von Breitenfeld schon im Anlauf. Nun aber, nachdem Bayern durch das Vordringen Gustav Adolfs nach Süddeutschland in unmittelbare Bedrängnis geraten war, hoffte Richelieu, endlich die Waffenruhe zwischen Maximilian und Gustav Adolf herbeiführen und die schwedische Armee ungeteilt zum Kampf gegen den Kaiser vorschicken zu können.

Seit Ende Oktober waren die französischen Gesandten in dieser Mission unterwegs. Am 21. November eröffnete Charnacé in München seine Illusionsbühne: Mit Versprechungen und Drohungen suchte er Maximilian zu Neutralitätsverhandlungen mit Schweden zu bewegen. Der Kurfürst litt unter der Last der Entscheidung. Die um ihre Meinung ersuchten Theologen und Räte rechneten ihm vor, die Neutralität diene letztlich auch dem Kaiser, da sie die Hilfsquellen der Liga-Länder dem Schwedenkönig entziehe. Die bayrischen Generäle Tilly und Aldringen, mit denen Maximilian sich in Donauwörth beriet, lieferten ein so düsteres Bild vom Zustand der Armee, daß er, gegen seine Bedenken, den Kaiser allein zu lassen, in die Verhandlungen willigte. Die Bedingungen, die er am 14. Dezember Charnacé übergab, boten freilich wenig Aussicht auf einen Erfolg bei Gustav Adolf: Dieser sollte Maximilian den Kurfürstenhut und den Besitz der Pfalz garantieren, die eroberten Länder der Liga räumen und allen kaiserlichen Truppen den freien Abzug in die habsburgischen Erblande gestatten.

Der bayerische Kurfürst mußte bald erkennen, daß er sich auf ein zu hohes Roß gesetzt hatte. Die übrigen Fürsten der Liga – zum guten Teil zu Köln im Exil – schlossen sich zwar trotz anfänglicher Vorbehalte des Kölner Erzbischofs (eines Bruders Maximilians) den Neutralitätsverhandlungen an, aber als Charnacé Ende Dezember in Mainz dem schwedischen König sein Angebot unterbreitete, bekam er die unverblümte Antwort: »Das kann nicht sein!«

Schon vorher waren die Versuche, Gustav Adolf auf die französische Position einzustimmen, aus dem Ruder gelaufen. Melchior de Lisle, der schon eine Woche nach der Eroberung der Stadt in Mainz auftauchte, erhielt sofort ein Beispiel für den Einfallsreichtum des Königs: Er sei durchaus bereit, sich zu der Liga neutral zu verhalten, falls diese ihre Streitkräfte nicht nur dem Kaiser entziehe, sondern sie auch entlasse und in französische Dienste stelle. So könnten sie dann in Burgund und Spanien, womöglich auch in Italien eingesetzt werden. Um diesen Vorschlag zu bekräftigen, schickte der König einen Sondergesandten nach Metz, dem er außerdem noch den Hinweis mitgab, er könne jederzeit mit dem Kaiser Frieden schließen, wodurch diesem genug Söldner für den Kampf gegen Frankreich zulaufen würden.

Auch Charnacé gegenüber – bei der zweiten Audienz am 2. Januar 1632 – gebrauchte er eine ähnliche Warnung: Ehe er der Neutralität zuliebe Gebiete zurückgebe, würde er diese lieber in spanische Hände legen und einen Universalfrieden schließen. Richelieu hielt es daraufhin für angebracht, dem König einen weiteren Botschafter zu schicken: seinen eigenen Schwager, den Marquis de Brézé. Dieser sollte versuchen, die Schweden zur Aufgabe ihrer Eroberungen westlich des Rheins zu bewegen (wozu auch Mainz gehörte), sie vom Elsaß fernzuhalten und ihnen dafür den Erwerb norddeutscher Gebiete vorzuschlagen – worauf ihm Gustav Adolf übers Maul fuhr, er sei »als *protector*, nicht als *proditor* [Verräter] *Germaniae* gekommen«. Die Drohung, der König von Frankreich sei bereits mit einem Heer von 40 000 Mann unterwegs, nahm Gustav Adolf so wenig ernst, wie sie gemeint war, und antwortete ironisch: »Euer König ziehe hin, wo er wolle, so mag er zusehen, daß er meiner Armee nicht zu nahe komme, oder er muß ein *rencontre* mit mir halten.«

Gustav Adolf wollte zwar keinen Bruch mit Frankreich, aber er spielte seine Stärke voll aus. Als er schließlich am 9. Januar den französischen Gesandten seine Bedingungen für die Neutralität gegenüber der Liga aushändigte, überfuhr er deren Weigerung, diese zu unterschreiben, mit der Frage, ob sie denn nicht zur Unterschrift bevollmächtigt seien, und, als sie ihre Vollmacht bekräftigten, mit dem Befehl (anders kann man es kaum nennen): »So unterschreibt, oder ziehet hin und sagt zu Eurem König, daß er den Weg wieder suche, den er ins deutsche Land gefunden.«

In der Tat unterschrieben sie diese *rudes conditions*, wie Richelieu sie später nannte und von denen er meinte, »sie atmeten den Geist des siegreichen Fürsten, der Vorschriften setzt statt sie zu empfangen«. Gustav Adolf begehrte viel und machte wenig Zugeständnisse. Er verlangte: Ende aller Feindseligkeiten Bayerns und seiner Verbündeten; Beschränkung des ligistischen Heeres auf 12 000 Mann und Aufteilung dieser Truppen auf die Gebiete der Liga, also keine Zusammenfassung zu einem Truppenkörper; Räumung aller evangelischen Gebiete; Verzicht auf jede Unterstützung des Kaisers; Wiederherstellung des Zustandes von 1618, zunächst in Niedersachsen. Der König erklärte sich dagegen bereit, den Kurfürsten von Trier und Köln die von den Schweden eroberten Gebiete zurückzugeben, mit Ausnahme Speyers (alle sonstigen Eroberungen wolle er bis zu einem allgemeinen Friedensschluß behalten); die Gebiete der Liga nicht mehr anzugreifen – mit Ausnahme von Bamberg und solchen

Orten, wo bereits eine Belagerung oder Blockade im Gang war. Die Glaubensgenossen blieben unter schwedischer Protektion.
Schließlich sollte das pfälzische Problem durch französisch-englische Vermittlung zwischen Friedrich V. und dem »Herzog von Bayern« gelöst werden. Frankreich hatte die Garantie für die Einhaltung der Neutralität durch die Liga zu übernehmen, ebenso für die Rückerstattung aller protestantischen Gebiete an deren Herren nach dem Stand von 1618.
Sobald die französischen Gesandten diese Bedingungen unterschrieben hatten, trat ein vierzehntägiger Waffenstillstand in Kraft, während dessen Frankreich versuchen wollte, sie der Gegenseite schmackhaft zu machen.
Die Unterschrift der französischen Bevollmächtigten besiegelte die Unterwerfung der Deutschland-Politik Frankreichs unter den Willen Gustav Adolfs – von einer Balance zwischen Schweden und Bayern konnte nicht mehr die Rede sein. Maximilian mußte sich von Richelieu hintergangen fühlen, schien sich jedoch in die Zwangslage fügen zu wollen; sogar Oxenstierna rechnete damit. Die Aussichten auf ein Abkommen bewogen Gustav Adolf, einer Verlängerung des Waffenstillstands um eine weitere Woche zuzustimmen.
In Wahrheit war dem bayrischen Fürsten der ganze Handel höchst zuwider. Den Zwiespalt, in dem er steckte, macht ein Befehl an Pappenheim deutlich, der den Schweden in die Hände fiel und damit den Verhandlungen ein schroffes Ende setzte.
Pappenheim, seit dem Rückzug Tillys von Nürnberg mit einem selbständigen Kommando in Niedersachsen betraut, kämpfte dort von Anfang 1632 mit einer kleinen Streitmacht in Guerilla-Manier. Blitzschnell und wendig bald da, bald dort auftauchend, hielt er die getrennt und uneinig operierenden schwedischen Kommandeure in Atem. Der Brief Maximilians an den waghalsigen Reitergeneral enthielt die Order, seine Aktivitäten in Niedersachsen fortzusetzen und das dafür benötigte Geld durch Wechsel zu beschaffen, die der Kurfürst ganz bestimmt einlösen werde.
Für Gustav Adolf war dies ein glatter Bruch des Waffenstillstands, und die schwedische Propaganda schlachtete den Vorfall entsprechend aus, obwohl die eigenen Truppen sich auch nicht gerade säuberlich an den Stillstand hielten. Die Verhandlungen waren gescheitert und wurden nur noch zum Schein weitergeführt. Ab Ende Januar begann Maximilian seine Truppen zusammenzuziehen, und der König hielt es für das beste, Tilly einen neuen Stoß zu versetzen und dann erst ernsthaft weiterzuverhandeln. Er überließ es seinem Kanzler, diese eigentliche Absicht zu verschleiern.
Von den Franzosen versah der König sich wenig Gutes. Er rechnete sogar mit Feindseligkeiten – kein Wunder, nachdem er Charnacé und Brézé am

18. Februar so abgekanzelt hatte, daß sie berichteten, sein scharfer Ton hätte sie leicht Gründe für eine Kriegserklärung finden lassen. Für einen Krieg reichten Frankreichs Kräfte jedoch nicht aus. Es mußte zusehen, wie die Schweden eine elsässische Stadt nach der andern besetzten und wie Gustav Adolf seine Mainzer Basis nach Westen erweiterte, indem er am 21. Februar »mit stürmender Hand« Kreuznach eroberte.

Mit den Verhandlungen zerbrach auch die Liga. Die schwachen Verbündeten Maximilians, soweit sie nicht in die Flucht getrieben waren, gingen ihre eigenen Wege, der Bayernfürst jedoch hatte sich wieder einmal an die Seite des Kaisers gestellt und trat für diesen als erster in den Ring.

Nicht von ungefähr hatte Gustav Adolf Frankreich durch den Hinweis verstört, er könne jederzeit mit dem Kaiser Frieden machen. Vor und während der Verhandlungen über ein neutrales Verhältnis Schwedens und der Liga liefen Bemühungen, einen Universalfrieden herbeizuführen. Im Mittelpunkt dieser Bemühungen stand der Landgraf Georg von Hessen-Darmstadt, des »Reiches Erzfriedensstifter«. Zunächst hat er versucht, die Deutschen unter Ausschluß Schwedens an einen Tisch zu bringen, jedoch hatte schon sein Schwiegervater, der Kurfürst von Sachsen, ein Abkommen ohne die tätige Mitwirkung Gustav Adolfs als Luftgespinst abgetan. Später, nachdem der König dem Landgrafen durch den Vertrag von Höchst die Sonderrolle eines neutralen lutherischen Friedensvermittlers zugestanden hatte, betrieb Georg sein Geschäft mit mehr Realismus, und Gustav Adolf nahm es so ernst, daß er nach der Einnahme von Mainz den Reichsrat im Hinblick auf eine vermutlich zu erwartende Friedenskonferenz um seine Meinung ersuchte.

Befragt wurden auch der Landgraf Wilhelm von Hessen-Kassel und der sächsische Kurfürst. Während der Landgraf seine – wie zu erwarten – radikalen Vorschläge schon am 23. Dezember 1631 vorlegte, ließ die Stellungnahme aus Dresden auf sich warten. Das beruhte nicht auf einem Mangel an Friedenswillen, sondern auf der Unschlüssigkeit des sächsischen Kurfürsten, die den gegensätzlichen Ratschlägen Arnims und des Oberhofpredigers entfloß. Hoë von Hoënegg verfocht weiter die kämpferische protestantische Haltung, auf die er beim Herannahen der Schweden eingeschwenkt war, während Arnim nach Breitenfeld seinen alten Gedanken einer Dritten Partei mit dem Universalfrieden zu verknüpfen suchte. Zwischen beiden Lagern hin- und hergerissen, hielt Johann Georg zwar an seiner Loyalität zu Schweden fest, doch bezeichnete ihn Oxenstierna zu Recht als irresolut. Der König beobachtete Sachsen mit Mißtrauen. Die sächsische Armee unter Arnim hatte sich nicht, wie geplant, darauf beschränkt, in Schlesien und der Lausitz den von Tiefenbach kommandierten Truppen den Weg oderabwärts zu sperren. Gegen die Absicht des Königs rückten die Sachsen Ende Oktober 1631 in Böhmen ein, offenbar hauptsächlich aus Versorgungsgründen. Arnim erfuhr, vielleicht durch einen Wink Wallensteins, daß Prag unverteidigt war; am Abend des 5. November besetzte die sächsische Armee Prag, wo sie sich durch Rauben und Plündern auszeichnete, das Wallensteinische Palais – und den Hradschin – jedoch schonte; vierzehn Tage später trafen sich Wallenstein und Arnim zu Kaunitz im Schloß von Wallensteins Schwager Trčka. Wallenstein hatte sich um diese Zeit noch nicht bereit erklärt, dem Drängen aus Wien nachzugeben, erneut den Oberbefehl zu übernehmen. Krank, in Geldnot, übellaunig, ließ er sich umwerben, wohl schon entschlossen, unter den Möglichkeiten, mit denen er spielte, die einzig wirkliche zu ergreifen, aber zum Abschluß erst gewillt, wenn er den Preis hoch genug getrieben hatte.

Das Spiel mit verdeckten Karten, das Ausreizen, den Bluff, die Doppeldeutigkeit – Wallenstein verstand sich meisterhaft darauf. Solange eine Karte ihm einen Stich bringen konnte, machte er von ihr Gebrauch. Dies gilt auch von der Partie mit dem Schwedenkönig, die er im Februar 1631 neu eröffnete, sich böhmischer Emigranten als Mittelsmänner bedienend. Der König spielte mit – auch er stets zu kühnen Kombinationen bereit, von seinem Einfallsreichtum verführt, nichts unversucht zu lassen. Botschaften hin und her; Pläne, Wallenstein – getragen von einem Aufstand in Böhmen – zum Vizekönig dieses Landes zu machen, ihm 12 000 Mann zur Verfügung zu stellen; dies alles aber im luftleeren Raum, denn weder bereitet sich Wallenstein vor, diese Armee zu empfangen, noch trifft Gustav Adolf Anstalten, sie in Marsch zu setzen. »Letzthin war alles nur ein Gerede; von Wallensteins Seite Bedingungen, die gar nicht erfüllt werden konnten, vom König Botschaften, die nichts kosteten« – so faßt Golo Mann die Episode zusammen und fügt hinzu: »Dies aber mußten beide Verhandlungspartner in tiefster Seele fühlen, und Wallenstein stärker als Gustav Adolf: daß sie zueinander nicht paßten und Bundesgenossen nicht werden konnten.«

Das Gespräch mit Arnim dagegen führte der Herzog von Friedland auf soliderem Grund: in kaiserlichem Auftrag. Und in dem Schreiben, durch das ihm Ferdinand II. »*salvum conductum* und sicheren Paß auf des von Arnim Person« übermittelte hieß es, daß der Kaiser Frieden begehre und »mit Kursachsen den Anfang zu machen gedenke«. Vier Stunden dauerte das Gespräch; allzuviel davon ist nicht überliefert. Aber bestimmt ging es um einen Sonderfrieden mit Sachsen, trotz der Dresdner Antwort auf schwedische Vorhaltungen, man habe nur über den Gesamtfrieden gesprochen.

Sachsen blieb eine ständige Sorge des Königs. Als endlich am 4. Februar 1632 der Appellationsrat Kurt von Einsiedel in Frankfurt erschien, erwies es sich, daß ihm Johann Georg zu den Fragen, auf die es Gustav Adolf ankam, nichts Greifbares aufgetragen hatte. Statt dessen mußte der König erfahren, daß sich die Kurfürsten von Sachsen und Brandenburg zu einem Treffen in Torgau verabredet hatten, was seinen Verdacht, man wolle sich hinter seinem Rücken arrangieren, verstärkte und das Gespräch mit Einsiedel belastete. Zwar hatte Johann Georg den Rat seines brandenburgischen Nachbarn nur aus Unschlüssigkeit gesucht, und insgesamt bot dann die Torgauer Tagung kaum Anlaß zu schwedischen Bedenken. Aber Gustav Adolf hatte einen Grund mehr für seine Vorwürfe.

Als der König dem sächsischen Gesandten vorhielt, er wisse nicht, wie er eigentlich mit seinem Herrn stehe, war er sich schon darüber im klaren, daß die Neutralitätsverhandlungen mit der Liga gescheitert waren. Sein Realismus zwang ihn zu der Einsicht, daß er nun auch die Bemühungen um einen Universalfrieden zurückstellen mußte. Dem Landgrafen Georg teilte er am 10. Februar mit, daß die Macht der Katholiken noch nicht gebrochen sei – er erwähnte dabei Spanien und mochte an Wallenstein denken. Weitere Siege seien notwendig, um einen sicheren Frieden zu erlangen. Und im März erinnerte er die Gesandten des friedfertigen Landgrafen an das Beispiel des Königs Saul, der von Samuel zurechtgewiesen und von Gott verworfen wurde, weil er nach dem Sieg über die Amalekiter deren König geschont hatte.

Was Gustav Adolf vorschwebte, suchte er am 25. Februar 1632 nach der Mittagstafel in Frankfurt seinen zahlreichen fürstlichen Gästen zu erklären: »Wenn man auf ehrliche Weise Friedens*tractate*, darauf etwas Gewisses zu bauen . . ., treffen könnte, wollte ich sowohl der Bedrängten wegen, denen zugut ich jetzo mein Leben und Blut darsetze, als auch Kursachsen den teuren Frieden wünschen und mich einmal zur Ruhe setzen.« Aber er teilte auch das Mißtrauen des anwesenden alten Pfalzgrafen von Lautereck, der daran erinnerte, daß die katholischen Gegner den Grundsatz hätten, Ketzern brauche man das Wort nicht zu halten. Und er folgerte: »Ich für meine Person bin also gesonnen, daß so nur Gott ferner die Gnade . . . geben möchte, ich sie alle wohl aus der Welt, so es möglich, jagen wollte.« »So es möglich« – er wußte, daß es nicht möglich sein würde, den Feind aus der Welt zu jagen, daß er eines Tages mit ihm einen Frieden aushandeln mußte und diesen nicht einfach diktieren konnte. Aber die Gestalt dieses Friedens war nicht nur vom künftigen Stand des Krieges abhängig – sie hatte auch in dem König selbst noch keine feste Form angenommen.

Allzu viele Geschäfte bedrängten Gustav Adolf. Die bloße Aufzählung dessen, was ihn in diesem Winter umtrieb, läßt begreifen, warum er sich immer wieder verrannte, in Zorn ausbrach und, um sich schlagend, Freunde, Verbündete, Mitarbeiter vor den Kopf stieß. Allein schon dem Heerführer (der auch sein eigener Generalstabschef war) wurde zuviel abverlangt. Gustav Adolfs Stoßseufzer in einem Brief Mitte März 1632 an den Reichskanzler hätte auch früher (oder später) geäußert werden können: »Wollten wünschen, daß wir aller Orten selber sein könnten.« Er galt der »*jalousie* zwischen den Generälen« – kein Wunder bei acht Feldarmeen in einer Stärke von rund 90 000 Mann zu Beginn des Jahres, bis zum Frühjahr durch Werbung auf mehr als 120 000 gesteigert, verstreut von Mecklenburg bis Franken und von Schlesien bis zum Elsaß, wozu, ebenso zersplittert, noch rund 15 000 Mann Besatzungstruppen kamen. Daß die Kommandeure nicht unter einen Hut zu bringen waren, hing nicht nur mit den Blockierungen durch das damalige Meldewesen, insbesondere bei größeren Entfernungen, zusammen. Die deutschen Fürsten in schwedischen Diensten pochten auf ihre Sonderstellung; umgekehrt hatten die schwedischen Offiziere wenig Neigung, sich ihnen unterzuordnen, nur weil sie einen erlauchten Namen trugen; vor allem aber hatte Gustav Adolf nicht rechtzeitig für klare Verhältnisse gesorgt, und wenn er dann aus der Distanz eingriff, so litten seine Befehle unter der Unkenntnis der örtlichen Lage.

Im Süden des Reiches waren auch die katholischen Streitkräfte zerstreut und zunächst einmal von geringer Bedeutung: Das Hauptkontingent unter Tilly lag in bayrischen Winterquartieren, allerdings beunruhigt durch die Aktivitäten der Hornschen Armee, die trotz Waffenstillstand am 20. Januar 1632 Höchstadt an der Aisch und am 1. Februar Bamberg besetzte; weitab davon standen kaiserliche Verbände unter Tiefenbach und Marradas in Schlesien und Böhmen gegen die durch Schweden verstärkten Brandenburger und die Sachsen; und schließlich schlugen sich im äußersten Südwesten noch einige kleine bewegliche Gruppen, gelegentlich in Fühlungnahme mit spanischen Verbänden und gestützt auf die Sympathien der einheimischen katholischen Bauern, mit den sich ausbreitenden Schweden herum.

Im Nordwesten, anders als im Süden, diktierte jedoch das kleine katholische Heer unter Pappenheim das Gesetz des Handelns. Pappenheim, der von Hameln aus operierte, stieß um die Jahreswende mit ganzen 3000 Mann Fußvolk und 1500 Reitern auf Magdeburg vor, wo rund 4000 Kaiserliche sich gegen die schwedische Blockade hielten. Der dort kommandierende Johan Banér, der über 11 000 Mann verfügte, ließ sich von aufgeblähten Meldungen ins Bockshorn jagen: Im Glauben, einer zahlenmäßig überlegenen Armee gegenüberzustehen, meinte er dem Befehl des Königs, Risiken zu vermeiden, folgen zu müssen und zog seine Truppen hinter die Saale zurück. Das erlaubte Pappenheim am 4. Januar wieder einmal als Sieger in Magdeburg einzuziehen, jedoch nicht, um dort zu bleiben, sondern um durch die Mitnahme der Garnison seine Streitkräfte zu verdoppeln. Nachdem seine Leute das Umland ausgeraubt und verwüstet hatten, marschierte er mit Sack und Pack nach Hameln zurück.

Der König reagierte auf die Nachrichten aus Niedersachsen zuerst abwartend, dann wollte er jäh zupacken, trotz der Ankunft der Königin, schließlich, als er vom Rückzug Pappenheims erfuhr, überließ er es weiterhin seinen Generälen, mit dem kaiserlichen Feldmarschall fertig zu werden. Diese berieten so lange über das weitere Vorgehen, bis der König seinen Sekretär Lars Grubbe zu ihnen schickte. Grubbe, der am 21. Januar in Niedersachsen eintraf, brachte zwar detaillierte Befehle für ein koordiniertes Vorgehen mit, aber keine Klärung des Oberkommandos, das durch Grubbes Anwesenheit wirklich nicht ersetzt werden konnte. Trotzdem hätte vielleicht der beabsichtigte Angriff Banérs und Wilhelms von Weimar von Westen und des Landgrafen von Norden her die Lage in Niedersachsen bereinigen können, wenn nicht Gustav Adolf selbst die Offensive abgeblasen hätte. In Sorge um Kursachsen, das er gefährdet sah, weil »die Sachen in Böhmen sich seltsam anlassen«, befahl er Wilhelm von Weimar und Banér, wieder in ihre Quartiere einzurücken; sie sollten sich beide »soviel möglich verstärken . . . damit sie auf allen Fall ein gut *corpus* Kursachsen zu entsetzen haben möchten«. Die Sorge um den labilen Bundesgenossen – damals vorzeitig, wenn auch auf die Dauer berechtigt – verhinderte den entscheidenden Schlag in Niedersachsen. Die Überschätzung der Gefährdung Sachsens war verständlich, weil die Thüringer Pässe die leicht verletzliche Verbindungslinie der schwedischen Armee nach Norden darstellten. Allerdings bedrohte die Unterschätzung des Unruheherdes Niedersachsen diese Linie ebenso. Zwar hatte der König dort beträchtliche Streitkräfte stehen, die sich in einem weiten Halbkreis um die Pappenheimsche Armee schlossen – alles in allem eine erdrückende Übermacht. Gegenüber einem Heerführer wie Pappenheim, der entschlossen und kühn den Vorteil der inneren Linie nutzte, blieben sie trotzdem so lange im Nachteil, als sie nicht unter einem ebenso entschlossenen Oberbefehlshaber zusammengefaßt wurden. Einmal, Ende Januar, hatte der König erwogen, den eben eingetroffenen Reichskanzler nach Thüringen zu entsenden, um von dort aus nach dem Rechten zu sehen. Das Gewicht Axel Oxenstiernas wäre dort am richtigen Platz gewesen, aber die Fülle anderer Geschäfte machte ihn in Mainz unentbehrlich. Die offene Wunde an der Nordflanke der schwedischen Streitkräfte schwärte weiter; sie behinderte und verdüsterte Gustav Adolfs Entschlüsse bis zu seinem Tod.

Der Unbotmäßigkeit der Kommandeure entsprach die Disziplinlosigkeit, die den aufgeblähten Truppenkörper der schwedischen Streitkräfte zu durchsetzen begann. Sie hing mit dem Überhandnehmen der Söldner in der Armee des Königs zusammen. Zu Beginn des deutschen Feldzugs stammte jeder zweite Soldat des Königs aus Schweden, bei Breitenfeld jeder vierte. Von den rund 140 000 Mann (einschließlich der Besatzungstruppen), die Gustav Adolf im Frühjahr 1632 befehligte, kamen noch ganze 16 000 aus Schweden und Finnland, und nur eine einzige Brigade war rein schwedisch. Bei der Feldarmee war nicht einmal jeder zehnte schwedisch-finnischer Herkunft, denn die heimischen Truppen wurden bevorzugt für den Garnisonsdienst verwendet, um für den Notfall die nationalen Verbände intaktzuhalten. Auch in Pommern, nach wie vor die eigentliche Basis des ganzen deutschen Feldzugs, standen besonders viele Schweden.

Die angeworbenen Söldner – Engländer, Franzosen, selbst Polen, vor allem aber Deutsche – waren meist ausgekochte, erfahrene Kriegsleute, eine Art Zunft mit eigener Standesehre, oft – soweit es sich um als Ganzes angeworbene Regimenter handelte – auch mit eigenem Disziplinarwesen. Die scharfe Ordnung, die der König durch die Kriegsartikel von 1621 in seinem Heer eingeführt hatte, hielt dem Anschwellen nicht stand. Gustav Adolf machte dies schwer zu schaffen. Zwar konnte er eine Beschwerde über seine Soldaten mit der Bemerkung abtun: »Krieg ist Krieg, und Soldaten sind keine Klosterjungfrauen«; aber er blieb bemüht, dem Übel abzuhelfen. 1632 wurde in Mainz eine den neuen Verhältnissen angepaßte deutsche Ausgabe der Kriegsartikel gedruckt, »damit von unserem Kriegsvolk, Reitern und Soldaten, In- und Ausländischen, so zu unserem und der Krone zu Schweden Dienst gebraucht werden, darauf geschworen und mit Fleiß *observiert* werde«. Beachtet wurde dieses »Schwedische Kriegsrecht« trotz der scharfen Strafen nur teilweise, sonst hätte der König nicht im Juni den Nürnbergern versichern müssen, wie nahe es ihm gehe, daß es dauernd heiße, »der Schwed, der Schwed tue dies und das«, und dann bald darauf seine Offiziere angefahren: »Ihr seid diejenigen, die ihr stehlet und raubet, ohne Unterschied, keinen ausgenommen: Ihr bestehlet euren Glaubensgenossen, ihr gebt mir Ursache, daß ich einen Ekel an euch habe, und Gott mein Schöpfer sei mein Zeuge, daß mir das Herz im Leibe gellet, wenn ich euer einen anschaue, daß ihr der guten Gesetz und meiner Gebote solche Frevler und Verbrecher seid . . .« Und in einer Predigt in Altenburg im Dezember 1632 zum Gedächtnis des Königs hielt es der Pfarrer für angebracht, zuerst den anwesenden »Generalen, Obristen und Kriegs-Offizieren der löblichen Königlichen Armee« die Leviten zu lesen: »Wir wollen nicht gedenken des großen unbilligen Raubens, Stehlens und Plünderns. Wir wollen nicht gedenken der großen Unzucht, Hurerei und Ehebruches, so bei uns in den Lägern sich findet, denn dies ist ohnehin öffentlich.«

Die zeitgenössischen Berichte weichen voneinander ab. Bald sind sie des Lobes voll über die Manneszucht im schwedischen Heer, bald nehmen sie den späteren Kindervers vorweg: »Bet, Kindlein, bet / morgen kommt der Schwed.« Offenbar gab es beträchtliche Unterschiede. Jakob Wagner, der in einer Chronik seine Erfahrungen als Augsburger Bürger festgehalten hat, berichtet fast erstaunt, wie vorzüglich sich die mit dem König in die Stadt eingezogenen Truppen verhalten: Sie bleiben Tag und Nacht »auf freier Gasse ohne Quartier«, sind zufrieden mit dem, was ihnen die Bürger an Essen und Trinken zutragen, und halten alle Tage Betstunden, »da durch einen Feldprediger ein Psalm gesungen und ein Gebet gesprochen wird, da alle Soldaten . . . unter dem freien Himmel mit einstimmen«. Als nach vier Wochen die Garnison abgelöst wird, weiß er anderes zu melden: »Haben den Zwinger, die Fuggerei und die ausgeräumten Häuser übel verderbt, zerrissen und zerschlagen . . . Dieses Volk ist nicht so wohldiszipliniert gewesen als das erste, welches mehrsteils Schweden oder Finnländer gewesen.«

Der König hatte triftige Gründe, seine Offiziere wegen der Ausschreitungen abzukanzeln. Die Rücksichtnahme auf die Bevölkerung war nicht nur Christenpflicht – sie war notwendig. Gerade wenn der Krieg den Krieg unterhalten sollte – und Gustav Adolf huldigte diesem Grundsatz ebenso wie Wallenstein –, so durften die Quellen, aus denen der Krieg finanziert wurde, nicht zugeschüttet werden.

Für die großen Aufgaben des Jahres 1632 kam es darauf an, nichts durch planlose Räubereien zu vergeuden, sondern durch eine straffe Verwaltung und eine klare, strenge Abgabenordnung dafür zu sorgen, daß die Armee planmäßig unterhalten werden konnte. Mit einem sehr kleinen Stab von Sekretären setzte der König diese Organisation ins Werk – ein Wunder, daß er nicht im Kleinkram erstickte. Es war bitter notwendig, daß Axel Oxenstierna ihn entlastete.

Immerhin entstand in Mainz nach und nach eine Art Regierung der besetzten Gebiete mit der Kriegskanzlei, einem Kriegsrat, einem Regierungs-Kollegium, bestehend aus einem Präsidenten und acht Regimentsräten, das sämtliche Gebiete nach den dort bestehenden Ordnungen und Landesverfassungen verwaltete, und einem Königlich-Schwedischen Landhofgericht, das ebenfalls nach dem bestehenden Recht verfuhr. Die Aufgaben dieser Organe waren zunächst noch nicht klar definiert; Axel Oxenstierna konnte ihnen nur nach und nach und endgültig erst nach dem Tod des Königs ihre Form geben. Vordringlich und daher auch am besten organisiert war das Steuer- und Finanzwesen. Dabei hielt sich der König im wesentlichen an die Abgaben, die bisher dem Kaiser zugeflossen waren.

Das Deutsche Reich, dessen ergiebige Hilfsquellen den eigenen Beitrag Schwedens zu den Kriegskosten so drastisch senkten, daß dieser von über drei Millionen Reichstaler für 1630 auf weniger als zwei Millionen für das folgende Jahr und auf rund eine halbe Million für 1632 fiel, trug nun schon 14 Jahre die Last des Krieges. Die rein finanzielle Belastung, vor allem, wenn sie nicht willkürlich erpreßt, sondern wie von Gustav Adolf oder von Wallenstein in einer festen Ordnung geregelt war, drückte die Betroffenen zwar schwer, aber bei aller Härte war sie gerade noch zu ertragen. Die eigentliche Not entsprang der Verwüstung, der Zerstörung der landwirtschaftlichen und handwerklichen Produktion, dem Verlust an Menschen durch Tod, Flucht, Vertreibung, auch durch die Verlockung des Waffendienstes, der die besten Jahrgänge der Arbeit entzog.

Es fällt schwer, von dem Zustand Deutschlands in der Mitte des Dreißigjährigen Krieges ein verläßliches Bild zu gewinnen. Was sich aus Flugblättern, Briefen, Berichten direkt oder indirekt schließen läßt, klingt widersprüchlich: Neben krassem Elend (das mitunter aus verständlichen Gründen übertrieben wird) herrschte andernorts noch Wohlstand; die Klassen waren höchst unterschiedlich betroffen: Die oberen, nicht nur an den Fürstenhöfen, auch in den Städten, spürten wenig vom Krieg, litten nur geringe Entbehrungen, auch dort, wo der kleine Mann dem Hunger und der Kälte preisgegeben war; manche Gebiete scheinen völlig verwüstet und ausgesogen, andere blühen weiter, so die Hansestädte an der deutschen Küste, Schleswig-Holstein nach Abzug der kaiserlichen Truppen, die Grafschaft Oldenburg, Teile von Westfalen, die in die Neutralität geflüchteten geistlichen Fürstentümer, die Schweiz, die Alpenländer, Schwaben und auch Bayern, ehe es im Frühjahr 1632 von den Schweden überrannt wird. Die Zahl der durch Waffengewalt Getöteten blieb verhältnismäßig gering: Sie wird für den ganzen Dreißigjährigen Krieg auf rund 330 000 geschätzt. Trotzdem zählte das Deutsche Reich nach dem Krieg nur noch 10 Millionen Einwohner statt 15 Millionen zu dessen Beginn. Ein Drittel der Bevölkerung also fiel Seuchen, hauptsächlich der Pest, und dem Hunger zum Opfer – der größere Teil wohl in der zweiten Hälfte des Krieges, als dieser immer unmenschlicher, immer sinnloser wurde, bis er sich selbst auffraß.

Aber um 1630 war die Hoffnung noch nicht ausgebrannt, noch warteten die Menschen nicht wie ein Jahrzehnt später stumpf und ergeben auf das Verrinnen des Blutvergießens, noch rechneten sie mit einem Frieden, in dem ihre Sache den Sieg davontrug. Bei den Protestanten heftete sich diese Hoffnung stärker denn je an den König aus Schweden.

Fast schien es, als habe sich dieser König von seiner fernen Heimat gelöst, als habe er nur noch mit Deutschland zu tun. Aber so deutsch sich auch die Umgebung des Königs einfärbte, so viele Deutsche jetzt in seinen Diensten standen und sosehr die schwedische Sprache in den Briefen und Anordnungen des Königs und des Reichskanzlers gegenüber der deutschen zurücktrat – Gustav Adolf und Axel Oxenstierna vergaßen nicht, wo sie herkamen. Aufmerksam blieb ihr Blick auf die alten Gegner Schwedens gerichtet: auf Dänemark, auf Rußland, auf Polen.

Der dänische König versuchte ab und an, aus dem Krieg in Deutschland seinen Nutzen zu ziehen, unter dem Zeichen des Friedensvermittlers seine alten Ansprüche in Niedersachsen geltend zu machen, aber Gustav Adolf ließ ihn deutlich genug wissen, daß er allenfalls als sein Verbündeter solche Ansprüche stellen könnte, worauf Christian IV. – von seinem friedfertigen Reichsrat gedrängt – nachdrücklich versicherte, er habe nicht die mindeste Absicht, in Deutschland zu *contraminieren.*

Das gute Verhältnis zu Rußland wurde weiter gepflegt, auch durch Johan Skytte, der seit 1629 als Generalgouverneur für Livland in Riga residierte und seine Söhne und seinen Neffen zum Ausbau der Beziehungen und zu Studienzwecken in das Zarenreich schickte.

Um Polen kümmerte sich Gustav Adolf in ganz besonderer Weise. Auch hier wurde zuerst Skytte eingeschaltet, und zwar mit dem Auftrag, sich mit Christoph Radziwill in Verbindung zu setzen und diesem nahezulegen, Gustav Adolf als Bewerber um den polnischen Thron zu unterstützen. Sigismund war ein kranker Mann – er starb am 20. April 1632 –, und er bemühte sich, seinem Sohn Wladislaw die Krone zu sichern, entweder indem diese für erblich erklärt wurde, oder aber durch Wahl bei seinen Lebzeiten. Nachdem der *Sejm* beides abgelehnt hatte, blieb die Frage in der Schwebe.

Radziwill war bereit, Gustav Adolfs Kandidatur zu fördern, vorausgesetzt, sie war ernsthaft gemeint. Das teilte er ihm nach Sigismunds Tod mit, knüpfte jedoch mehrere Bedingungen daran: neben einer erheblichen persönlichen Belohnung auch eine Garantie gegen einen russischen Angriff. Der Calvinist Radziwill hoffte bei der Königswahl die religiöse Freiheit wiederherstellen zu können, die vor Sigismund in Polen bestanden hatte.

Gustav Adolf ging, gegen die Meinung des Reichskanzlers, auf diese Bedingungen ein, wenn auch verklausuliert. Aber bis seine Antwort eintraf, hatte sich der große litauische Magnat schon entschieden, für Wladislaw einzutreten.

Wladislaw war im ganzen Land und bei allen Parteien beliebt, ein begabter, tapferer und kluger Mann, ein Bewunderer Gustav Adolfs und alles andere als ein religiöser Eiferer. Er zögerte nicht, den Protestanten weitgehende Rechte zuzusichern, und wurde daraufhin am 29. Oktober 1632, kurz vor Gustav Adolfs Tod, einstimmig zum König gewählt – ein einmaliges Ergebnis in der Geschichte der polnischen Königswahlen. Wladislaw war im Grunde der einzig mögliche Kandidat.

Es ist zweifelhaft, ob Gustav Adolf seine eigene Kandidatur und damit das schon einmal gescheiterte Wagnis einer Union der beiden Kronen ernst meinte oder sie nur als Mittel benützte, in Polen Unruhe zu stiften und separatistische Regungen zu fördern.

Letztlich mußte der Versuch nicht nur wegen der vom König falsch eingeschätzten Verhältnisse in Polen scheitern, sondern auch, weil Gustav Adolf die vielen Pläne, mit denen er im letzten Jahr seines Lebens umging, nur zum Teil ernsthaft verfolgen konnte. Er wurde fortgerissen und riß fort, »er überschwemmte das Land wie eine Flut, mit einer Schnelligkeit wie Alexander der Große« – so Axel Oxenstierna. Was in seinen Strudel geriet, wurde eine Zeitlang mitgeschwemmt und blieb dann am Ufer zurück.

Der Feldzug in Bayern

Wie Gott der Herr Ihre Majestät über den Rhein,
so hat er sie auch glücklich über die Donau geführt.

Camerarius am 28. März 1632

TILLY, »DER ALTE CORPORAL«, löste den Feldzug, in dem er den Soldatentod starb, selbst aus. Mitte Februar 1632, zu einer Zeit, in der er sonst seine Leute lieber im Winterquartier ruhen ließ, zog er im Raum Nördlingen eine stattliche Armee zusammen, rund 18000 Mann, und marschierte mit ihr gegen Gustav Horn, der nur 8000 kommandierte.
Maximilian von Bayern schickte seinen General ins Feld, weil er nach den Erfolgen Horns in Franken fürchtete, die Schweden könnten das sich eben in Böhmen sammelnde neue Heer Wallensteins vom deutschen Kriegsschauplatz abriegeln.
Der Erfolg Tillys – er überrannte Ende Februar das schlecht befestigte Bamberg, fügte den Hornschen Truppen schwere Verluste zu und zwang diese zum Rückzug – forderte den König zum Gegenzug heraus. Die Schlappe wog zwar rein militärisch nicht allzuviel, aber als erste Niederlage der schwedischen Armeen nach einer Serie von Triumphen fiel sie psychologisch ins Gewicht. Gustav Adolf fühlte sich gedrängt, die Scharte auszuwetzen, Weiterungen der Niederlage vorzubeugen und zu zeigen, daß er nach wie vor das Kriegstheater beherrschte.
So setzte er vorzeitig ins Werk, was er für einen späteren Zeitpunkt geplant hatte: in einer schnellen Offensive Tilly zu schlagen, ehe ihm Wallenstein zu Hilfe kommen konnte, sich neben dem Rhein auch der Donau zu bemächtigen und in dem Dreieck zwischen Lech und Donau eine neue, starke Operationsbasis für die Entscheidungsschlacht mit der kaiserlichen Armee zu schaffen. Noch hatten die Truppen des Königs nicht die von ihm erstrebte Stärke erreicht. Der Stand der Dinge zwang ihn zu improvisieren. Wilhelm von Weimar und Johan Banér erhielten den Befehl, mit wesentlichen Teilen ihrer Streitkräfte nach Süden zu marschieren. Die Operationen am Rhein, wo Gustav Adolf eben erst Kreuznach erobert hatte, wurden abgebrochen. In diesem Raum, der durch den Ausbau der Festungswerke von Mainz und durch die Anlage einer neuen Festung, der »Gustavsburg« in dem Winkel zwischen Rhein und südlichem Mainufer, gesichert worden war, beließ der König 10000 Mann unter dem Kommando von Bernhard von Weimar und des Pfalzgrafen Christian von Birkenfeld. Die »Aufsicht und das *Guberno*« übertrug er Axel Oxenstierna, in dessen Obhut er auch die Königin stellte. Dann brach er mit allen

Truppen nach Osten auf, den Main entlang und durch den Spessart nach Schweinfurt, in dessen Nähe er am 9. März mit Horn zusammentraf und das weitere Vorgehen absprach.
Tags zuvor war dem König gemeldet worden, daß die Truppen unter Banér und Wilhelm von Weimar erst in einigen Tagen zu erwarten waren, und Horn hatte in Erfahrung gebracht, daß Tilly beim Herannahen des königlichen Heeres es vorgezogen hatte, »nach der Oberen Pfalz zu weichen«. Beim Kriegsrat in Kitzingen zeigte sich Gustav Adolf entschlossen, »in Ansehung unserer starken Kavallerie« das Liga-Heer zur Schlacht zu stellen. Aber fürs erste entzog sich ihm Tilly: Sein Rückzug zur Donau, wo Maximilian Ingolstadt zu einer starken und modernen Festung hatte ausbauen lassen, war nicht mehr zu verhindern; die Entscheidung mußte an der Grenze Bayerns gesucht werden.
Gustav Adolf, bestrebt seine Position in Franken zu festigen und sich für den neuen Feldzug zusätzliche Mittel zu verschaffen, nahm seinen Weg zunächst nach Nürnberg. Wie dringend er Geld brauchte, geht aus einem der drei Briefe hervor, die er am 12. März aus Kitzingen an den Kanzler schrieb: Im ersten gab er Anweisung, sich um die Sicherheit der Königin zu kümmern, im zweiten wurde die militärische Lage am Rhein auf alle Eventualitäten abgeklopft, im dritten jedoch trug er Axel Oxenstierna auf, beflissen zu sein, anläßlich der eben stattfindenden Frankfurter Messe »bei den Kaufleuten daselbsten eine angebige *Summa* aufzubringen«, leihweise bis zur nächsten Messe, weil er dieses Geld zur »*Contentierung* unserer Soldateska« benötige.
Schon ehe er am 21. März in Nürnberg einzog, hatte der König den Stadtvätern einen Vorschuß für Soldzahlungen und die Lieferung von Brot, Fleisch, Bier, Wein, Hafer, Schanzzeug, Pulver und Blei abverlangt. Seinen kurzen Aufenthalt – vom Morgen bis zum frühen Nachmittag – nutzte er, um das vorläufige Abkommen vom Herbst in die »Spezialallianz« umzuwandeln, über die schon seit längerem verhandelt wurde. Dadurch flossen ihm monatlich 20000 Reichstaler zu; die Stadt stellte 2000 Mann für die schwedische Armee; und Nürnberg, ein Produktionszentrum, auch für Kriegsmaterial, und durch seine Lage von hohem strategischem Wert, manifestierte sich als Bollwerk der schwedischen Macht.
Der Einzug des Königs war ein Fest – als ob der Herr der Welt Nürnberg die Ehre gäbe. Zwei Globen waren denn auch die Gaben, die der Rat ihm überreichte, eine von Herkules getragene Erdkugel für »den Verteidiger der Freiheit auf Erden« und einen von Atlas gestützten Himmelsglobus für »den Kämpfer für das himmlische Licht«, beide aus Silber, innen vergoldet, und als Trinkschalen zu gebrauchen. Der Wein dazu fehlte nicht. Bei dem Ritt durch die Straßen drängten sich die Menschen unter Glokkengeläut und Salutschüssen um das Triumphgeleit, um die »heroische

Person des Königs«, zu dem die Mütter ihre Kinder emporhoben und bei dessen Anblick vielen die Tränen in die Augen schossen. Mit dem König ein Schwarm von Herren: Friedrich von der Pfalz, seit Anfang Februar der Begleiter Gustav Adolfs und von diesem als König von Böhmen geehrt, der Markgraf von Durlach, Herzöge, Grafen, Ritter, nach ihnen ihre Damen in Sänften und Prunkkarossen. Lauter Glanz, lauter Freude, als ob mit dem Frühling nun auch der Friede eingekehrt wäre, während doch die zwei Dragonerkompanien am Schluß auf ihrer blutroten Fahne mit Totenkopf und gekreuzten Knochen deutlich genug anzeigten, wohin die Reise ging.
Das Volk konnte sich nicht genugtun, des Königs teilhaftig zu werden, indem es sein Portrait erwarb, in Kupfer gestochen und in Holz geschnitten; es drängte sich, soweit zugelassen, um die Festtafel, an der der König laut genug redete, um im ganzen Saal verstanden zu werden; die Poeten besangen das Ereignis in deutschen und lateinischen Versen: »Mit Freuden zieh' er ein, der diese Reichsstadt ehret . . .«; und ein gelehrter Herr bewies auf einer Stammtafel, daß der König von den Nürnberger Burggrafen abstamme, also in Nürnberg daheim sei.
Nach dem Essen ging der König zu Fuß durch die Stadt und besichtigte die Außenwerke. Dann aber befahl er den Aufbruch, hinaus zu den Truppen, welche während des Tages an Nürnberg vorbei nach Schwabach gezogen waren. In Eilmärschen drängte er sie nach Süden, nicht auf der Route Tillys nach Ingolstadt, sondern parallel dazu über Ellingen, Weißenburg am Stammschloß der Pappenheim vorbei nach Donauwörth, wo geringerer Widerstand zu erwarten war. Trotz kühner Worte des Kommandanten, eines Herzogs von Sachsen-Lauenburg, der mit 2000 Mann die Stadt verteidigte, er habe statt der Kapitulation nur »Kraut und Lot und die Spitze vom Degen« anzubieten, wurde die Stadt von heute auf morgen erstürmt, hauptsächlich dank der schwedischen Artillerie. Die Bürger, seit der Besetzung der Stadt durch Bayern vor mehr als 20 Jahren angeblich der Befreiung vom papistischen Joch harrend, wurden geplündert; wenn dies, wie das Tagebuch der Feldkanzlei angibt, gegen den Willen des Königs geschah, so wirft dies ein scharfes Licht auf die wachsende Disziplinlosigkeit im schwedischen Heer. Die Feier des Osterfestes – Donauwörth wurde während der Karwoche erobert – durch evangelische Predigt und das Abendmahl in beiderlei Gestalt fand dementsprechend nicht den erwarteten Zuspruch.
In einem Brief an den Kanzler vom 28. März bekundet der König seine Absicht, »sich der Donau bis gen Ulm zu versichern, zugleich Württemberg zu fassen«, doch überließ er die Verwirklichung dieser Pläne seinen Offizieren. Die Hauptarmee, die durch den Zuzug der Kontingente von Banér und Wilhelm von Weimar nach dem Übergang über die Donau be-

trächtlich anwuchs – insgesamt befehligte Gustav Adolf jetzt mehr als 22000 Mann Fußvolk und 15000 Reiter – stellte sich in den ersten Apriltagen am Lech zum Einfall nach Bayern bereit.

Der Lech bildete damals die westliche Grenze des Landes. Bei einem Kriegsrat in Ingolstadt, wohin Kurfürst Maximilian geeilt war, »nicht allein um selbst zu den Sachen zu sehen, sondern auch dem Grafen Tilly und seiner Armada etwas näher an der Hand zu sein«, wurde beschlossen, den Fluß zu verteidigen und, wenn möglich, den Schweden den Zutritt in das Kurfürstentum so lange zu verwehren, bis Wallenstein zu Hilfe kam: Wallenstein, dessen Sturz Maximilian in Szene gesetzt hatte, und den er jetzt anflehte, »mich in dieser höchsten gegenwärtigen Gefahr und Not nicht hilflos zu lassen«. Wallensteins Hilfe wäre auch »ohne einige höchst schädliche Zeitverlierung« zu spät gekommen. Er hatte zwar an die 2000 Reiter in die Oberpfalz geschickt und ließ später noch einige tausend folgen; aber auf die »gewöhnliche Eilfertigkeit« des Feindes ebenso eilig zu reagieren, war nicht seine Sache. Vielleicht sah er den alten Rivalen nicht ungern in der Patsche sitzen; auf alle Fälle aber weigerte er sich, in seine langfristige Truppenaufstellung in Böhmen Unruhe zu bringen. Vor Pfingsten, so schrieb er schon Ende Februar, werde sie nicht komplett sein.

Tilly und Maximilian blieben also allein dem schwedischen Ansturm preisgegeben. Die befestigte Stellung bei Rain am rechten Lechufer bot alle Aussicht, ihn abzuwehren: Der Fluß, vom Wasser der Schneeschmelze angeschwollen, schoß reißend dahin; alle Brücken bis hinauf nach Augsburg waren abgerissen, alle Boote entfernt, alle Übergänge besetzt. Das höherliegende steile Ostufer war mit Schanzen versehen, mit Artillerie bestückt, und die bayrische Armee konnte sich im Wald verbergen. Nach den Regeln der damaligen Kriegskunst verbot sich ein Angriff.

Gustav Adolf wagte ihn trotzdem, gegen den Rat seiner Generäle. Wieder einmal erkundete er selbst das Gelände, wobei er so dicht heranritt, daß er unerkannt mit einer feindlichen Feldwache Soldatenscherze austauschen konnte, dann setzte er das tollkühne Unternehmen in Gang. In einem Dorf nahebei ließ er eine Schiffsbrücke zusammenzimmern. Durch massives Artilleriefeuer abgelenkt, vom Pulverdampf und einem durch das Abbrennen nassen Strohs erzeugten Rauchvorhang der Sicht beraubt, entdeckten die Bayern die Brücke erst, als sie schon ihr Ufer erreicht hatte. Als Tilly dort erschien und beim Gegenstoß selbst die Fahne ergriff, hatten sich bereits 300 Finnen festgesetzt; sie sicherten den Brückenkopf für die unaufhaltsam nachrückenden Verstärkungen, während beiderseits der Brücke die Reiterei den Fluß überquerte und den bayrischen Gegenangriff an den Flanken aufriß. Das Feuer war mörderisch. Die Bayern verloren insgesamt 3000–4000 Mann; ihre beiden Generäle mußten verletzt weggetragen werden, zuerst Aldringen, »im Kopf verwundet«, wenn auch nicht lebensgefährlich, dann Tilly, dem eine Kugel den rechten Schenkel zerschmettert hatte.

Maximilian brach den Kampf ab und zog sich in der Nacht auf Ingolstadt zurück, die auf den Tod darniederliegende alte Exzellenz in einer Sänfte mit sich führend. Als am Morgen des 6. April die ganze schwedische Armee den Lech überquert hatte, lag Bayern vor ihr offen. Sie hatte sich mit frischem Ruhm geschmückt, und Gustav Adolf säumte nicht, seinen deutschen Verbündeten gegenüber damit aufzutrumpfen und sie an ihre Zahlungspflichten zu erinnern – so den Kurfürsten von Brandenburg, der mit seinen Kontributionen im Rückstand war. Aber die Entscheidung, die Gustav Adolf gesucht hatte, war nicht gefallen, trotz der maßlosen Überschätzung seines Erfolgs in Rom und in Paris, wo man dem König einen Marsch über die Alpen und eine Invasion Italiens zutraute. Noch gab es im Schutz einer starken Festung eine leidlich intakte bayrische Armee. Und Maximilian konnte weiter auf Wallenstein hoffen, der eben in diesen Tagen in Göllersdorf nahe der mährisch-österreichischen Grenze dem Kaiser zusagte – gegen außerordentliche Vollmachten, versteht sich, und gegen die Garantie einer kräftigen Finanzierung – dem ersten Schritt den zweiten folgen zu lassen: der Aufstellung einer großen, schlagkräftigen Armee auch deren Kommando und Führung. Im verzweifelten Vertrauen auf den Friedländer und in der Einsicht, daß er anders seine Streitkräfte nutzlos opfern würde, schickte sich der bayrische Kurfürst in das Unvermeidliche und gab sein Land dem Feind preis, ein Land, das seit 128 Jahren in tiefstem Frieden gelebt und dessen Bauern – so Khevenhüller – »gleichsam in Rosen und Violen« gesessen hatten.

Das nächste Ziel des Königs war Augsburg, wieder eines der Wirtschaftszentren Deutschlands, Heimat der Hochfinanz, reicher als Nürnberg, größer als alle anderen süddeutschen Städte und allen Lutheranern als Geburtsstätte ihrer Konfession ans Herz gewachsen. Die der Stadt aufgedrungene bayrische Besatzung von 5000 Mann ließ sich nach einer kurzen Kanonade und umständlichen Verhandlungen mit dem Rat überzeugen, daß es besser war, das Angebot eines »leidlichen *Accords*« zu nutzen, und zog am 10. April mit »ihrer ganzen Bagage zu Roß und zu Fuß zum Roten Tor« hinaus, unter den Augen des Königs, der auch dafür sorgte, daß den Regeln soldatischer Ehrenhaftigkeit Genüge getan wurde und die feindliche Streitmacht unbelästigt nach Ingolstadt gelangte – eine beträchtliche Verstärkung für Maximilians Armee.

Zum selben Tor rückten dann die Schweden ein, ohne den König, der zunächst im Lager Lechhausen blieb und dort den Abgeordneten der Stadt beibrachte, was er erwartete: Abschaffung des »papistischen Magistrats« und Ersetzung durch einen evangelischen; Einlegung einer Garnison von vier bis fünf Regimentern; Aufstellung einer von den Schweden auszubildenden Bürgerwehr: »Denn mich bedünkt, daß durch Währen so lang gehabten Friedens Ihr das *Courage* verloren habt, welches Ihr wieder bekommen müßt«; Ausbau der Stadtbefestigung nach modernster Art; eine monatliche Kontribution von 30 000 Reichstalern (später auf 20 000 reduziert); Einsetzung eines schwedischen Statthalters (zu dem Bengt Oxenstierna, ein Vetter des Reichskanzlers ernannt wurde); Leistung eines Eides auf den König.

Der Eid erregte Bedenken, denn er stempelte die Augsburger zu »getreuen Untertanen« der schwedischen Krone. Erst als der König einen Revers ausstellte, aus dem hervorging, daß er Augsburg weiterhin als »des Heiligen Römischen Reiches freie Stadt« betrachte und ihm seine Privilegien garantiere, stand dem Treueschwur kein Hindernis mehr entgegen.

Er wurde am 14. April 1632 nach feierlichem Einzug des Königs und einem Dankgottesdienst in der St.-Annen-Kirche auf dem Weinmarkt geleistet. Der König stand mit bloßem Haupt am Fenster des Marquart-Fugger-Hauses; die auf dem Platz versammelte Bürgerschaft beschwor die nochmals verlesene Huldigungsformel, worauf Gustav Adolf das ihm zugedachte Geschenk entgegennahm: einen kunstvoll gearbeiteten, wohleingerichteten und mit Kostbarkeiten gefüllten Schreibtisch im Wert von 6500 Talern, einen Fuder Wein und sechs Bottiche Fische.

Zu dem berühmten Rathaus ging der König zu Fuß; sein Wohlgefallen an dem Bauwerk war der Feldkanzlei eine Notiz wert. Am folgenden Tag, einem Sonntag, besichtigte er die Festungsanlagen; die Folgen dieser Besichtigung bekamen die Augsburger zu spüren, als im Sommer die rund um die Stadt liegenden Gärten den neuen Wällen, Bastionen und Gräben geopfert wurden, mit Tausenden von Obstbäumen, »welche alle voll schwerer Früchte gestanden«. Bald darauf fingen 3000 Männer an zu fortifizieren, was den Bürgern neue Steuerlasten aufhalste.

Am Montag brach der König »mit seiner ganzen Armada« auf, um den Feind vollends zu stellen: Nach Möglichkeit wollte er Ingolstadt nehmen, mindestens jedoch die bayrische Armee in der Festung blockieren und sich bis Regensburg der Donau bemächtigen.

Weder das eine noch das andere gelang. Am 18. April kam die königliche Armee vor den Außenwerken von Ingolstadt an. Die Festung, jenseits der Donau gelegen, war durch eine steinerne Brücke mit dem südlichen Ufer verbunden, diese durch starke Schanzen geschützt. Daneben hatten die Bayern, um sich rascher über den Strom bewegen zu können, noch eine Schiffsbrücke geschlagen, auch diese durch eine Schanze gesichert, welche jedoch noch nicht ganz fertiggebaut war.

Gegen diese Außenwerke unternahmen die Schweden am nächsten Tag einige Erkundungsvorstöße. In der folgenden Nacht gerieten sie gegen Morgen vor der Schiffsbrücke in ein heftiges Gefecht und stürmten die Schanze, wurden aber durch einen Gegenstoß unter Verlust zurückgeworfen. Am 20. April ritt der König selbst aus, um zu rekognoszieren, auffällig genug auf einem Schimmel. Die Ingolstädter säumten nicht, ihn zu beschießen, und gegen zehn Uhr morgens brach unter ihm das Pferd, von einer Kanonenkugel getroffen, zusammen. Der König stand unversehrt wieder auf, wischte sich Blut und Schmutz vom Gesicht und sagte: »Noch ist der Apfel nicht reif.« Das Pferd, der »Schwedenschimmel«, ist heute noch in Ingolstadt zu besichtigen – nach dem Abzug der Schweden wurde es ausgestopft und als Trophäe aufbewahrt.

Sechs Stunden später hauchte Tilly im Hause eines Ingolstädter Professors, Gebete flüsternd, sein Leben aus, »unser frommer, alter, braver Tilly«, wie Maximilian schrieb. Der Sterbende hatte seinen Herrn noch zuletzt daran erinnert, es gelte Regensburg zu sichern. Und nach Regensburg brach Maximilian tags darauf mit der Masse seiner Streitkräfte auf, unter Hinterlassung einer starken Besatzung von 10000 Mann. Als die Schweden begriffen, was sich jenseits der Donau abspielte, war es schon zu spät. Horn, der zur Erkundung der Lage mit einigen tausend Mann auf der Südseite des Stromes gegen Regensburg vorrückte, mußte berichten, daß die Bayern sich bereits den Besitz der Reichsstadt verschafft hatten. Eine offene Schlacht konnte Maximilian nicht riskieren. Jedoch hielt er sein Heer für stark genug, die beiden Donaustädte zu verteidigen.

Der König stand nun vor der Entscheidung, Ingolstadt regelrecht zu belagern oder abzurücken und sich anderen Zielen zuzuwenden. Da seinem geübten Blick nicht entgangen war, daß der »Hauptschanze ohne langwieriges Approchieren nicht wohl beizukommen wäre«, beschloß er, auf die Eroberung der Stadt zu verzichten.

Daß er bei der Struktur seiner Armee – mit dem ungewöhnlich hohen Anteil an Kavallerie war sie auf bewegliche, offensive Kriegführung angelegt – die Belagerung, den Stellungskrieg scheute und hoffte, den Fehlschlag anderweitig wettmachen zu können, ist verständlich. Trotzdem war Ingolstadt ein Fehlschlag, und in Verbindung mit dem Versäumnis, ungeachtet des bayrischen Vorsprungs einen Angriff auf Regensburg zu unternehmen (der bei dieser viel schwächeren Stadt durchaus Chancen hatte), wurde es zu einem entscheidenden Fehlschlag.

Nur wenn sich die Schweden donauabwärts auf Passau zu bewegten, konnte es gelingen, Wallenstein aus seiner Beharrung aufzuschrecken und Teile seiner Armee nach Bayern zu locken. Die bloße Zusammenballung dieser gewaltigen Armada, dieser 100000 Mann in Böhmen, war eine stärkere Bedrohung als das Eingreifen von Teilen des neugeschaffenen Heeres. Wie eine Gewitterwolke erhob sie sich über Sachsen, Franken

und Bayern, man hörte ihren Donner grollen und mußte überall ihres Blitzes gewärtig sein. Gustav Adolf glaubte sich im Besitz der vollen Entscheidungsfreiheit, als er seiner Armee am 24. April befahl, nach Südwesten zu marschieren, über Wolnzach nach Moosburg, wo sich ihm isaraufwärts der Weg nach München öffnete. Aber schon unterwegs holte ihn die Erkenntnis ein, daß Wallenstein seine Schritte mitbestimmte: Die Initiative glitt in die Hand des kaiserlichen Generalissimus.
Zur Entscheidung, sich Münchens zu bemächtigen, mag beigetragen haben, daß im Lager vor Ingolstadt der Gesandte Frankreichs bei Maximilian, St. Etienne, erschien, um den König von einem weiteren Vorgehen gegen Bayern abzuhalten. St. Etienne scheint dabei ohne Auftrag, wohl aber im Sinne Richelieus gehandelt zu haben. Er suchte Maximilian zu entschuldigen: Dieser habe den Krieg nicht gewollt, der Angriff auf Bamberg sei ohne sein Wissen erfolgt. Der König, der aus abgefangenen Briefen das Gegenteil wußte und argwöhnte, St. Etienne sei von Maximilian vorgeschickt worden, wurde grob und erklärte, der Bayer trage ein doppeltes Mäntelchen, mal blau, mal rot. Und auf weiteres, taktloses Drängen des Gesandten schnitt ihm Gustav Adolf das Wort ab: »*Je vous pardonne votre ignorance.*« Als St. Etienne darauf eingeschüchtert nach den Bedingungen eines Friedensschlusses zwischen Schweden und Bayern fragte, erklärte ihm der König, Maximilian solle entweder seine Armee auflösen und dafür sorgen, daß die Soldaten drei Jahre lang nicht gegen ihn eingesetzt würden, oder aber ihm den Donauübergang von Ingolstadt freigeben, damit er seine Feinde verfolgen könne. Andernfalls werde er Bayern verwüsten und plündern.
Das Verwüsten und Plündern war schon im Gang, und vielleicht wollte er es auch auf München ausdehnen, mindestens aber zeigen, daß er es auch über die Hauptstadt des Feindes verhängen konnte. Das Sengen und Brennen, das Rauben und Zerstören, das Foltern und Morden, von dem Bayern heimgesucht wurde bis zur tirolischen Grenze, war keine Willkür der entfesselten Soldateska. Der König hatte sie bewußt losgelassen, er wollte den »Totalruin« des Landes östlich des Lech – ein zur Einöde verwandeltes Vorfeld der neuen schwedischen Bastion in Schwaben, das dem Gegner nichts mehr zu bieten hatte.
Unmenschlich, barbarisch war, was sich hier abspielte, wenn auch nicht ungewöhnlich. Maximilian hatte sein Heer gerettet, aber er mußte zusehen, wie sein Land zugrunde gerichtet wurde, so wie vorher ein deutscher Landstrich nach dem anderen von den Söldnern kahlgefressen worden war wie von Heuschrecken. Die Schweden machten so viel Beute, daß sie Mühe hatten, sie wieder loszuschlagen, und dabei die Preise ruinierten. In Asche gelegte Höfe und Dörfer kennzeichneten den Weg der schwedischen Streifscharen; selbst die junge Saat wurde aus den Äckern gerissen.

»Euer Liebden«, schrieb Maximilian seinem Bruder nach Köln, »würden das arme Bayernland nicht mehr kennen; dergleichen *Crudelität* ist in diesem Krieg nicht erhört worden.« Er trug freilich noch zur Steigerung der Grausamkeiten bei, indem er seine Untertanen aufforderte, alle Schweden niederzumachen, deren sie habhaft werden konnten. Der Kleinkrieg zwischen Bauern und Soldaten, der Aufstand gegen den Ketzerkönig breitete sich bis zum Bodensee und Oberrhein aus.

Daß nachher die den Schweden folgenden Kroaten im Freundesland ebenso hausten wie die Söldner des Königs, daß die Kriegführung der »verbrannten Erde« nicht einer finsteren Vergangenheit zugeschoben werden kann, sondern bis heute geübt worden ist, in Rußland nicht weniger als in Vietnam, entlastet Gustav Adolf nicht. Er muß an den Maßstäben gemessen werden, zu denen er sich bekannte, und verurteilt sich für die Greuel in Bayern mit seinen eigenen Worten. Im flackernden Schein der brennenden Dörfer verzerrt sich das Bild des Löwen aus Mitternacht zum fressenden Räuber. Die Macht und die Gier nach Macht war eine Versuchung, der auch der fromme König nicht gewachsen war.

Ähnliches hat seine Laufbahn als Feldherr vorher nicht aufzuweisen. Aber niemand weiß, wohin ihn der Krieg getrieben hätte, wäre er länger am Leben geblieben. In den 16 Jahren bis zum Westfälischen Frieden führten die Marschrouten der Heere immer tiefer in die Barbarei.

In Moosburg, wo Gustav Adolf am 26. April eintraf und einige Tage blieb, während Gustav Horn Landshut besetzte, erreichten den König wieder einmal besorgniserregende Nachrichten aus Dresden. Philipp Reinhard von Solms, zur Unterstützung des schwedischen Residenten an den sächsischen Hof entsandt, berichtete, er habe den begründeten Verdacht, daß Arnim falsch spiele. Obwohl er – irrtümlich – die sächsische Armee für stark genug hielt, Wallenstein in Böhmen standzuhalten, fürchtete er, Arnim könne den Kurfürsten zu einem Sonderfrieden überreden.

Gustav Adolf, stets zu übereilten Entschlüssen geneigt, war nach dem Eintreffen des Solmsschen Briefes drauf und dran, seine Pläne völlig umzustürzen. Am 4. Mai schrieb er aus Moosburg an den Kanzler, er wolle Bayern dem General Banér überlassen, Horn an den Rhein schicken, wo die Spanier zu Sorgen Anlaß gaben, sich selbst aber »mit etlichen Truppen« – er dachte an 16 000 Mann – nach Kursachsen wenden; in vierzehn Tagen werde er das entsprechende Korps bei Nürnberg formieren. Über Nacht änderte der König dann erneut seinen Sinn, warum, das suchte er eine Woche später Oxenstierna zu erklären: »Wenn Wallenstein mit ganzer Macht zu den bayrischen Truppen stieße, müssen wir ihm notwendig auch mit ganzer Macht begegnen.« Falls er sich aber auf Sachsen werfe, könne man immer noch den bereits skizzierten Plan verwirklichen.

Als Gustav Adolf diesen Brief schrieb, war er schon drei Tage in München und wohnte in der Residenz des bayrischen Herrschers. In Freising hatte sich St. Etienne nochmals bei dem König eingestellt und ihn gebeten, München zu schonen. Gustav Adolf zeigte sich ihm gegenüber abweisend und erinnerte an das Schicksal Magdeburgs. Als jedoch eine Münchner Delegation die Verhandlung aufnahm, erzielte sie ein Kapitulationsabkommen, welches nicht nur die Stadt, sondern das ganze Rentamt München vor Plünderung und Zerstörung bewahrte.

Am 7. Mai 1632, mittags zwölf Uhr, ritt der König mit drei Regimentern von Ismaning her in die Stadt ein, begleitet von Friedrich von der Pfalz, den Maximilian seiner böhmischen Krone und des Kurhutes beraubt hatte, und dem Pfalzgrafen August von Sulzbach – die beiden Wittelsbacher verknüpfte der Familienzwist auf besondere Weise mit dem bayrischen Regenten.

Nur ein Regiment wurde in der Stadt ins Quartier gelegt; die übrige Armee bezog Biwak, zuerst auf dem Schwabinger, dann auf dem Neuhäuser Anger. Den Klöstern wurde eine Wache gestellt; sie wurden ebensowenig angetastet wie das Eigentum der Bürger. Drei Soldaten, welche beim Plündern erwischt wurden, hängte der Profos auf dem Marktplatz auf. Aus der Bibliothek und der Kunstkammer der Residenz verschwanden jedoch einige Schätze, die der Kurfürst nicht – wie seinen sonstigen Besitz – nach Salzburg hatte schaffen lassen; vermutlich haben die fürstlichen Begleiter des Königs der Versuchung nicht widerstehen können, sich einiges anzueignen. Im Zeughaus, so stellte sich heraus, waren in aller Eile die Geschützrohre unter den Dielen versteckt worden. Unter der sachkundigen Anleitung des Königs wurden – so die Ausgräber – »die Toten wieder auferweckt«: 119 Stücke, darunter nicht wenige, welche Tilly bei seinen Siegen erbeutet hatte; die besten, die »Zwölf Apostel« genannt, schickte Gustav Adolf nach Augsburg.

Die Disziplin der Soldaten und die den Münchnern ungewohnte Leutseligkeit des Königs sorgten für einen unbefangenen Verkehr zwischen Einwohnern und Besatzung. Die Soldaten fanden hier einen guten Markt für die Beute der letzten Wochen, vom Vieh bis zum Geschirr, und die Münchner kauften zu Spottpreisen, was ihren Landsleuten entwendet worden war.

Am 9. Mai feierte der König den Himmelfahrtstag durch einen evangelischen Gottesdienst in einem Gemach des Schlosses, dann aber ritt der König zur Frauenkirche und wohnte dort der Messe bei, als neugieriger Zuschauer, ohne zu stören, und beim Hinausgehen ließ er »Dukaten unter das Volk werfen«.

Gustav Adolf kümmerte sich in München überhaupt besonders um die Katholiken, deren Glaubensübung nicht im mindesten behelligt wurde, sicherlich auch, um den Vertrag von Bärwalde nicht zu verletzen, aber ebenso, weil sich die Einstellung des Königs zum Katholizismus durch den ständigen unmittelbaren Kontakt allmählich gewandelt hatte. Schon in Mainz hatte er zwar einige Kirchen den Protestanten geöffnet, jedoch bezeugten die Mainzer Jesuiten später: »Bei der Ausübung unserer Religion haben wir keinerlei Beeinträchtigung erfahren.« In München suchte er sogar das direkte Gespräch mit den Jesuiten. In der Michaelskirche ließ er sich vom Rektor des dortigen Kollegiums die Bedeutung der Zeremonien, des Weihwassers, der Kerzen, der Votivgaben erklären, stellte Fragen zur Messe und hielt, durchweg lateinisch disputierend, seine Meinung dagegen. In einem Bericht über den Besuch bezeichnete der Rektor den König als »*incruentus praeter opinionem omnium victor*« [wider Erwarten unblutiger Sieger über alle].

Die in München gezeigte Schonung und Toleranz steht in schroffem Gegensatz zu den ringsum verübten Greueln, in denen sich der beiderseitige Glaubenshaß entlud. Der Feldherr, der die Verwüstung Bayerns befahl, und der milde, gerechte König in der eroberten Hauptstadt des Feindes – wie paßt das zusammen? Der Widerspruch läßt sich nicht auflösen, er gehört zum Bild Gustav Adolfs; die anziehenden und abstoßenden Züge sind unlösbar vermengt.

Der König blieb bis 16. Mai in München, unschlüssig über seine nächsten Schritte. Immer deutlicher erwies sich, daß die spektakuläre Eroberung der Stadt zwar seinen Ruhm mehrte, den Krieg jedoch einer Entscheidung nicht nähergebracht hatte. Die wirklichen Probleme blieben ungelöst: Im Halbdunkel der Verhandlungen zwischen Arnim und Wallenstein verbargen sich weiterhin die wahren Absichten des Friedländers, und in Niedersachsen schwelten die alten Brandherde trotz aller Bemühung, sie auszutreten. Dort erfolgte ein Schlag Pappenheims gegen die uneinigen schwedischen Kommandeure nach dem andern: Anfang März hatte er bei Höxter die Hessen auseinandergetrieben, im April kam er dem von Tott belagerten Stade zu Hilfe und fügte dem kranken General eine schwere Niederlage bei. Die Ausschreitungen der in schwedischen Diensten stehenden Soldateska gegen die lutherischen Glaubensgenossen schrieen zum Himmel. Von einer Beachtung der Kriegsartikel war keine Rede mehr; selbst hohe Offiziere kümmerten sich mehr um ihre Beute als um ihre Pflichten. Am schlimmsten sah es bei Georg von Lüneburg aus. Zwar erhoffte der König von der Ablösung Totts durch Baudissin eine Besserung der Lage; aber es erwies sich, daß auch diesem alten Berufssoldaten der Unternehmungsgeist fehlte, der Pappenheim auszeichnete.

Die Unschlüssigkeit des Königs – er blieb nach dem Abzug aus München noch eine Woche in Augsburg, zeitweilig halb krank, dann wieder bei Tanz und Ballspiel Zerstreuung suchend – hing eng mit dem Mangel an zuverlässigen Nachrichten zusammen. Was er aus Dresden erfuhr, klang jetzt eher beruhigend. Der Kurfürst deckte die Verhandlungen Arnims mit Wallenstein – und dies zu Recht. Es mag sein, daß Arnim zuerst wirklich auf einen Sonderfrieden hinarbeitete, falls der allgemeine Friede nicht zu haben war. Aber nun im Mai hatte er schon längst nichts anderes mehr im Sinn als Wallenstein hinzuhalten, um den drohenden Angriff gegen seine Armee zu verzögern.

Das Mißtrauen des Königs hätte weniger der Bündnistreue Sachsens als der Stärke der sächsischen Armee gelten sollen. In diesem Punkt ließ er sich durch viel zu optimistische Schätzungen Solms' täuschen: Statt 27 000 Mann zählte sie kaum die Hälfte. Sie war in ihrem schlechten Zustand nicht entfernt in der Lage, Wallenstein standzuhalten.

Gustav Adolfs Entschluß, Sachsen vorläufig weiter sich selbst zu überlassen, unter besonderen, den östlichen Kriegsschauplatz neutralisierenden Umständen sogar einen Sonderfrieden zu dulden, muß vor diesem Hintergrund des Glaubens an eine intakte Armee gesehen werden. Er begnügte sich damit, dem Kurfürsten am 23. Mai einen langen Brief zu schreiben, in dem er ihm versicherte, er habe nichts gegen einen »redlichen Frieden«, zugleich aber mahnte, »sich aber wohl in acht zu nehmen«, denn dies sei ein Werk, »darbei alle evangelischen Stände, vornehmlich aber Wir, merklich interessiert«, und ankündigte, zur ausführlichen Erörterung aller Fragen schicke er »Herrn Augustum, Pfalzgrafen bei Rhein« zu ihm.

Tags darauf marschierte die königliche Armee nach Memmingen – offenbar plante der König, Oberschwaben von den dort operierenden kaiserlichen Truppen zu säubern, den Aufstand der Bauern zu ersticken und in diesem Gebiet – wie schon mehrfach erwogen – den *sedem belli* für künftige Operationen zu schaffen. Dort sollte die Armee auch ins Winterquartier gelegt werden.

Gustav Adolf blieb nur zwei Tage in Memmingen, dem südlichsten Punkt, den er in Deutschland erreicht hat. Am 26. Mai wurde ihm gemeldet, daß elf Tage zuvor Wallenstein Prag erobert hatte und daß Arnim seine Truppen aus Böhmen zurückzog. Alarmiert und in der Überzeugung, der Hauptstoß des kaiserlichen Heeres gelte nun endgültig Sachsen, gab der König neue Befehle: Johan Banér bekam Bayern anvertraut, Bernhard von Weimar Schwaben, Horn wurde an den Rhein entsandt, Wilhelm von Weimar, noch in Memmingen zum »General-Leutnant über Unsere Königlichen Armeen« ernannt (ein Titel, der mehr seinem Rang als seinem Können entsprach und geringe Folgen hatte), wurde nach Erfurt geschickt, wo er durch Aufstellung einer neuen Armee die Verbindung nach Norden sichern sollte, und zu den unbotmäßigen Generalen in Niedersachsen schickte Gustav Adolf ein weiteres Mal seinen Sekretär Grubbe – was dort allerdings auch jetzt nichts besserte.

Er selbst marschierte mit 18 000 Mann nach Norden, um das Versprechen schneller Hilfe einzulösen, das er dem Pfalzgrafen August nach Dresden mitgab. Am 31. Mai war er in Donauwörth, wo ihm Solms entgegenkam und darüber unterrichtete, daß der sächsische Rückzug noch kein Zusammenbruch war. Was der König nicht erfuhr und nicht wissen konnte, war, daß Wallenstein den Druck auf Sachsen bewußt mäßigte und sich damit begnügte, mit einigen Regimentern in die Lausitz einzufallen.

Während Gustav Adolf weiterstrebte, blieb er in Unkenntnis über die wirklichen Absichten des Feindes. Alarmierende Meldungen über Pappenheim erwiesen sich als falsch. Die nächsten Nachrichten aus Dresden dagegen klangen so ruhig, daß den König Zweifel ankamen, ob seine Eile gerechtfertigt sei. Schließlich erfuhr er am 10. Juni im Lager von Fürth, daß Maximilian mit bayrischen Truppen von Regensburg aus ebenfalls nach Norden marschiere, um sich, wie der König richtig vermutete, mit Wallenstein zu vereinigen. Entschlossen, den Bayern den Weg zu verlegen, stießen die Schweden nach Osten in die Oberpfalz vor. Als sie jedoch am 13. Juni Sulzbach erreichten, mußten sie erkennen, daß auch diesesmal Maximilian schneller gewesen war als sie: Er war bereits an ihnen vorbeigezogen, Wallenstein hatte ihm seine Kroaten entgegengeschickt, und den Schweden blieb nur das Nachsehen. Irgendwo, vermutlich bei Tirschenreuth an der Grenze zwischen Oberpfalz und Böhmen, trafen sich Wallenstein und Maximilian, eine Begegnung, deren Hintergründigkeit den Beobachtern nicht entging. Khevenhüller berichtet: »Beide haben ihre Leidenschaft unterdrückt und sind einander freundlich entgegengekommen.« Notlagen fördern den Mut zum Kompromiß: Maximilian war auf Wallenstein angewiesen, und Wallenstein konnte den Zuzug gebrauchen, der die von ihm persönlich kommandierte Armee auf 50 000 Mann verstärkte.

Mit diesem Heer marschierte er jedoch nicht nach Sachsen, wie Gustav Adolf immer noch glaubte. Dieses gewaltige Heer wälzte sich vielmehr gegen die königliche Armee. Gustav Adolf, der alle möglichen Pläne erwägend bei Hersbruck verhielt, wurde erst am 18. Juni gewahr, was auf ihn zukam. Fürs erste hatte er dem neuen Widersacher nicht mehr als seine 18 000 Mann entgegenzusetzen. Trotzdem wich er ihm nicht aus. Schon einmal, bei Werben, hatte er im Schutz eines stark befestigten Lagers seine Kräfte zum entscheidenden Stoß gesammelt.

Noch am 18. Juni rief er seine Obristen zusammen und befahl ihnen, die Fuhrleute und Wagenpferde und allen unnötigen Troß wegzuschicken. Die Mannschaften wurden nach Nürnberg in Marsch gesetzt, um dort ein Lager zu errichten, an dem sich Wallensteins Armada die Zähne ausbeißen sollte, bis der König so viele Truppen zusammengerufen hatte, daß er dem Feind offen entgegentreten konnte.

Ziele und Pläne

...demnach Wir, was Krieg und Frieden die Zeit Unserer getragenen Königlichen Regierung genugsam erfahren und wohl wissend, wie weit dieser jenigem vorzuziehen, von dem Allerhöchsten ein Mehrers und Höhers auch diesmal nicht wünschen, suchen oder begehren, denn ... ein ehrbarer, durchgehender, aufrechter, redlicher, Gott wohlgefälliger und den evangelischen Ständen zu beständiger Sicherheit erträglicher Frieden ...

Gustav Adolf an Kurfürst Johann Georg von Sachsen, 3. September 1632

WÄHREND DER KÖNIG DEN BLICK NACH BÖHMEN RICHTETE, seine eigenen Entschlüsse von den Entschlüssen Wallensteins bestimmt sah, verlor er die größeren Ziele seines deutschen Unternehmens nicht aus dem Auge. Gerade in jenen Tagen, als er in Franken weitere Nachrichten abwartete (und noch hoffte, das bayrische Heer von der Vereinigung mit dem kaiserlichen abhalten zu können), hatten seine Überlegungen einen gewissen Abschluß erreicht. Er hielt es für geraten, von seinem Lager bei Fürth aus die Meinung der Nürnberger einzuholen.

Am 8. Juni ließ er durch seine Gesandten Philipp Sadler und Martin Chemnitz eine Deputation des Nürnberger Rates zu den Bedingungen eines Friedensschlusses befragen und ihnen seine eigene Meinung dazu mitteilen. Tags darauf, an einem Samstag, ritt er selbst nach Nürnberg und sprach eine Stunde lang im Beisein der Gesandten mit drei Vertretern des Rats, und dieses Gespräch wurde dann am Sonntag nach dem Gottesdienst fortgesetzt. Die Gedanken, die Gustav Adolf dabei entwikkelte, decken sich zu einem guten Teil mit den Vorschlägen, die er dem Pfalzgrafen August nach Dresden mitgegeben hatte, oder sie ergänzen diese, so daß eine Zusammenfassung sein Bild von der Organisation des Deutschen Reiches nach dem Krieg wiedergibt.

Über die schon vor der Landung in Pommern für die Danziger Friedensgespräche formulierten Bedingungen hinaus, also Aufhebung des Restitutions-Edikts und Wiederherstellung des Zustandes von 1618, ging es ihm vor allem um eine Sicherung des Friedens und um die Entschädigung Schwedens für seine Opfer und Leistungen, um *assecuratio* und *satisfactio*.

Was der König und seine Gesandten – in Dresden vor allem der dem Pfalzgrafen beigegebene württembergische Kanzler Jakob Löffler, der

nun auch in schwedischen Diensten stand – bei den Verhandlungen vorbrachten, gründete sich auf die Meinung, der von allen angestrebte Friedensvertrag nütze nichts, wenn man sich allein auf Versprechen verließe. Eher würde er glauben, sagte der König, daß man sich mit einem Blatt Papier gegen den Schuß einer Kartaune schützen könne, als daß man sich den Evangelischen gegenüber an einen Vertrag halte. Schon für die Verhandlungen brauche man als Schild einen *Corpus bellicum*, einen festgefügten, einheitlich organisierten Militärbund mit einer stehenden Armee, einem ständigen Kriegsrat und einem einzigen *capo*. Daß Gustav Adolf sich selbst als Haupt dieser Militärallianz sah, in der alle bisherigen, höchst unterschiedlichen Bündnisse und Absprachen zwischen der schwedischen Krone und den deutschen Ständen aufgehen sollten, ist so gut wie sicher. Immerhin stellte er, wenn auch doch wohl nur als diplomatischen Schachzug, andere Kandidaten zur Debatte, den Kurfürsten von Sachsen zum Beispiel oder den Landgrafen Wilhelm von Hessen.
Schon im Mai 1631, während der Magdeburg-Krise, hatte der König seinen Sekretär Steinberg beauftragt, in einem Plan für die künftige schwedische Politik in Deutschland, der *Norma futurarum actionum*, den Umriß einer protestantischen Liga zu entwerfen, der die deutschen Fürsten und Stände beitreten sollten und die bis zur Kriegsentscheidung ein einziges Haupt – den König – haben sollte, unterstützt von einem Kriegs- und Staatsrat. Die *Norma* ließ sich nicht verwirklichen. Gustav Adolf mußte sich damit begnügen, von Fall zu Fall die deutschen Stände an sich zu binden, ohne sie zu einem einheitlichen Bündnissystem zusammenfügen zu können. Dabei blieb vieles in der Schwebe. Bei den Verhandlungen mit Mecklenburg, Brandenburg, den Welfen und mit den großen Reichsstädten zeigte der König zunehmend die Neigung, es bei vorläufigen Abmachungen zu belassen, Vertragsentwürfe nicht zu bestätigen. Offenbar wollte er den Weg freihalten für jene Zusammenfassung, die jetzt in Nürnberg und in Dresden zur Debatte stand.
Gustav Adolf hielt sich bei seinem großen Entwurf zwischen den radikalen Vorschlägen, die Landgraf Wilhelm auf die Fragen zu einem Friedensvertrag unterbreitet hatte – sie liefen auf eine Neuorganisation des Reiches bei Abschaffung der geistlichen Fürstentümer hinaus –, und den gemäßigteren Friedensbedingungen, die der Stockholmer Reichsrat empfohlen hatte.
Neben den alten Zielen hob der Reichsrat auf das Fortbestehen einer evangelischen Liga zur Sicherung des Friedens ab, mahnte gleichzeitig jedoch zur Zurückhaltung: »Wenn die Protestanten imstande sind, mehr oder weniger das Gleichgewicht zu den Katholiken zu wahren, ist davon auszugehen . . ., daß das Kriegsziel erreicht ist. Sollte der Krieg darüber hinaus ausgedehnt werden, so ist zu befürchten, daß unsere Freunde zu

unseren Feinden werden ...« Im übrigen legte der Reichsrat Nachdruck auf angemessene Entschädigungen für Schweden, neben der Abtretung Pommerns und einiger mecklenburgischer Häfen, und auf bessere Bedingungen für den schwedischen Handel.
Die protestantische Allianz stellte sich Gustav Adolf jedoch keineswegs nur als Militärbündnis vor. Diesem *Corpus bellicum* mußte ein politischer Zusammenschluß entsprechen, der *Corpus politicum* oder, wie er meist genannt wurde, der *Corpus evangelicorum*. Der König wollte alle protestantischen Stände darin vereinigt sehen, jedoch sollte niemand zum Beitritt gezwungen werden. Den Kern dieses protestantischen Staatenbundes sollten die Reichsstädte bilden; ihnen traute Gustav Adolf am ehesten den notwendigen Gemeinsinn zu; ihren Reichtum hielt er für seinen besten finanziellen Fundus. (Was den Reichtum anlangt, so verkannte er, daß der in den Reichsstädten angehäufte Besitz von einem blühenden Handel und damit vom Frieden abhängig war.) Damit erklärt sich auch, warum er gerade den Nürnbergern seine Gedanken vortrug und warum er im Oktober als ersten Schritt die Stände der vier oberdeutschen Kreise, in denen die neben den Hansestädten wichtigsten Reichsstädte lagen, zu einer Tagung nach Ulm einberief. Dieser Kreistag fand dann nach dem Tod des Königs im März 1633 in Heilbronn unter Leitung des Kanzlers statt und führte zur Gründung des Heilbronner Bundes.
Die eigentliche *assecuratio*, die dauerhafte Sicherung eines Friedens, der den schwedischen Kriegszielen entsprach, sah der König in dem *Corpus evangelicorum* unter seiner Direktion. Die Frage, ob und wie sich ein solcher Bund in das Reich einfüge, beschäftigte ihn selbst weniger als die Deutschen. Immerhin gibt es auch darüber Aussagen Gustav Adolfs. Er sah ihn als *corpus in corpore*, also als einen Teil des weiterbestehenden Reiches, freilich so selbständig – mit eigenem Parlament und mit eigener Gerichtsbarkeit –, daß er auf die Dauer wohl doch die alte Reichsverfassung gesprengt hätte. Bei den Nürnberger Gesprächen erwähnte er als mögliches Modell die Vereinigten Niederlande. Den Straßburgern erklärte er, sie hingen zu sehr an dem alten Zustand des Reiches, der jetzt weder angebracht noch möglich sei.
Als Realpolitiker kümmerte er sich, anders als die auf Umsturz bedachte calvinistische Partei unter dem Landgrafen Wilhelm, nicht so sehr um die formale Veränderung des Reiches als um eine neue Ordnung der Besitzverhältnisse. Hier erwartete er auch die *satisfactio* Schwedens, die Entschädigung für seine Kriegsanstrengungen. Deutlich genug erklärte er den Nürnbergern, er sei kein hergelaufener Soldat, der sich mit Geld abspeisen lasse. Nach Grotius habe er *iure belli* auf alle Gebiete Anspruch, die er von feindlichem Zugriff befreit habe, zum Beispiel auf Pommern und Mecklenburg, und selbstverständlich auf jene Länder, die er dem

Feind unmittelbar abgenommen, also etwa die geistlichen Fürstentümer; hier besitze er dieselben Rechte wie die früheren Inhaber. Auch gegen jene protestantischen Fürsten, die sich ihm zunächst feindlich erzeigt oder sogar den Gegner unterstützt hätten, habe er nach Kriegsrecht Ansprüche, und schließlich könne er auch von den Fürsten, denen er zu Hilfe gekommen sei, mehr erwarten als nur ein Dankeschön.

Nun wollte er keineswegs alle diese Forderungen aufrechterhalten oder mit Gewalt durchsetzen. Aber es gab Ansprüche, die er in aller Deutlichkeit benannte: Er wollte Pommern, und er wollte dieses Land als deutscher Fürst, um durch diesen Besitz – wie Christian IV. als Herzog von Schleswig und Holstein – dem Reichsverband anzugehören. Mecklenburg – das war schon in den Verhandlungen mit den Herzögen deutlich geworden, die ausschließlich ihm die Wiedereinsetzung zu verdanken hatten – mußte sich zu einem besonderen, dauerhaften Bund mit Schweden bequemen und ihm, bis auf weiteres, die Häfen Wismar und Warnemünde einräumen. Über die dem Feind unmittelbar abgenommenen Gebiete hatte der König schon vielfach verfügt – er hatte sie als Donationen unter seine Generäle und Mitarbeiter aufgeteilt, und er hatte sie mit Verwaltungen versehen, die ihm freie Hand ließen. Die deutschen Fürsten, welche die Militärgouvernements lenkten, waren der Sache nach kaum mehr als schwedische Beamte.

Die Oberherrschaft über die eroberten geistlichen Gebiete – er nannte besonders Würzburg und Mainz – beanspruchte der König in Nürnberg und auch gegenüber dem sächsischen Kurfürsten für sich selbst. Wie er über diese Länder verfügen wollte, blieb offen. Vielleicht wollte er sie als Faustpfand für Friedensverhandlungen nutzen; vielleicht wollte er sie, verwandelt in weltliche Herzogtümer, als unentbehrliche Brücke zwischen den protestantischen Reichsständen in Nord- und Süddeutschland in seinen *Corpus evangelicorum* einbauen. Die Darlegungen in Nürnberg und Dresden waren noch nicht das letzte Wort des Königs; seine Phantasie goß den ungeheuren Stoff, den ihm seine Eroberungen zur Gestaltung verschafft hatten, immer wieder in andere Formen, allerdings ohne die Grundstruktur preiszugeben.

Auch wirtschaftliche Erwägungen spielten dabei ihre Rolle. Der Holländer Usselincx war von den Erfolgen des Königs nach Deutschland gelockt worden; er hoffte das schlummernde Projekt seiner »Söderkompanie« mit Hilfe der deutschen Städte wieder erwecken zu können. Mit Empfehlungsbriefen des Reichskanzlers versuchte er die Kaufleute, zunächst in Frankfurt, für seinen Plan zu gewinnen, fand aber wenig Gegenliebe. Kurz vor dem Tod des Königs legte der Kanzler dem König die Erweiterung des Usselincx erteilten »Privilegs« auf Deutschland vor; das Dokument wurde jedoch nicht mehr unterschrieben, obwohl der Kanzler das

Vorhaben für »hoch nützlich« hielt. Trotzdem war Gustav Adolf wohl mit seinem Kanzler der Meinung, die dieser in dem Entwurf eines Patents für die Handelsgesellschaft festhielt, sie sei »ein kräftiges und fast einziges Mittel, das zerrüttete Deutschland in kurzer Zeit wiederum in seinen alten Flor und Wohlstand zu setzen und zu großer Macht zu Wasser und zu Land zu verhelfen«. Diese sichtlich von der Erwartung des nahen Friedens diktierte Werbeformel zerstob im Sturm des Krieges; aber sie zeigt, daß nicht nur der politische, sondern auch der wirtschaftliche Wiederaufbau Deutschlands bedacht wurde.

Die Einführung des schwedischen Kupfergelds freilich bekam der deutschen Wirtschaft durchweg schlecht und stieß darum auch auf starken Widerstand. Gustav Adolf hatte überall, wo er als Eroberer auftrat, den Überfluß Schwedens an Kupfer zu nutzen und die heimischen Kupfermünzen in Verkehr zu bringen versucht. Schon in Livland und Preußen hatte das zu einer Stockung des Handels geführt. Pommern und Mecklenburg wurde der Gebrauch der Kupferwährung aufgezwungen, mit inflatorischer Wirkung. Dementsprechend wuchs die Ablehnung des Kupfergelds, das die damit entlohnten schwedischen Söldner ohnehin im Übermaß in Umlauf brachten. Bei den Hansestädten konnte auch der König selbst nicht durchsetzen, daß sie sich auf seine Kreuzer einließen.

Solche Wahrnehmung wirtschaftlicher Interessen, die auch in die Empfehlungen des Reichsrats eingeflossen waren, kann aber keinesfalls die These von einem Vorrang der wirtschaftspolitischen Pläne Gustav Adolfs in Deutschland rechtfertigen, denn gewiß war nicht das materielle Interesse seines Staates »überall der oberste Leitsatz seines Handelns«. Eine solche Verengung auf einen der Beweggründe des Königs ist durch die historischen Tatsachen nicht gedeckt. Gerade die letzte Phase seines Lebens, in der seine künftigen Pläne für das Deutsche Reich greifbare Gestalt gewinnen, bietet ein Bild Gustav Adolfs von äußerster Komplexität. Nicht nur die Unberechenbarkeit seines Widersachers Wallenstein und die Unzuverlässigkeit seiner Verbündeten lähmt und verunsichert in diesen Monaten sein Handeln, sondern auch der Widerstreit zwischen den Motiven, die ihn zum Eingreifen (und zum Ausharren) in Deutschland bestimmt hatten.

Was ihn bei der ständigen Bedrohung seines Lebens nicht losließ, war die Sorge um den Fortbestand seines Hauses und um die Regierung Schwedens nach seinem Tod. Die Wasa in Polen hatten ihre Ansprüche auf die schwedische Krone nicht aufgegeben; auch Wladislaw gab sie nicht auf, obwohl er nach seiner Thronbesteigung seinem Vetter einen freundlichen Brief schrieb (der diesen nicht mehr erreichte). Was sollte aus Gustav Adolfs Reich werden, wenn Gott ihn vorzeitig vom Schlachtfeld zu sich rief – mit einer noch nicht ganz sechsjährigen Thronfolgerin und einer

Gattin, die zwar zu repräsentieren verstand, der er aber auf keinen Fall Einfluß auf die Regierungsgeschäfte einräumen mochte?

Zu beiden Fragen gab es Pläne.

Die Lösung des Nachfolgeproblems durch eine Heirat zwischen Christina und dem – 1632 zwölfjährigen – brandenburgischen Kurprinzen Friedrich Wilhelm, dem späteren Großen Kurfürsten, war schon seit Januar 1631 im Gespräch; ab Februar 1632 jedoch betrieb der König den Heiratsplan mit aller Energie. Er war ganz und gar sein eigener Einfall; der Kanzler stand der Verbindung mit großer Reserve gegenüber, hintertrieb sie zwar nicht, unternahm in dieser Sache jedoch nur, was ihm aufgetragen wurde.

In einem späteren Bericht an den Reichstag – in dem er immerhin einräumt, er »wüßte nicht, wie das Vaterland eine bessere und stattlichere Partie machen könnte« – hielt der Kanzler fest, wie der König sich den Heiratsvertrag dachte: Falls dem König noch ein Sohn geboren wurde (womit er offenbar kaum noch rechnete), solle dieser Schweden, Livland und Preußen erhalten, Friedrich Wilhelm jedoch außer seinem Brandenburger Erbe zusammen mit Christina alles, was der König in Deutschland besitze oder noch erobere (also vor allem die geistlichen Fürstentümer). Falls Gustav Adolf ohne männliche Erben starb, würde Friedrich Wilhelm die schwedische Krone erben und Schweden mit dem Haus Brandenburg »und all den Landen, die wir hier außen noch gewinnen können, dergestalt *conjungiert* . . ., daß jedes für sich sein Gesetz und sein Recht à part behalten, gleichwohl alle zusammen ein einziges *corpus* bilden und von einem Haupt *dependieren* muß«.

Die Voraussetzung für den ganzen Plan war jedoch, daß der calvinistische Kurprinz lutherisch erzogen wurde, und zwar in Schweden, um das Land, seine Sprache und Sitten kennenzulernen und dort auch seine militärische Ausbildung zu erhalten. Die von Maria Eleonora lebhaft unterstützte Heirat fand zwar bei dem brandenburgischen Kanzler Götzen freudige Zustimmung – er meinte, daß »größere *occasion* aufzuwachsen Brandenburg nie gehabt hat« –, der Vater des umworbenen Prinzen jedoch blieb kühl. Ohne geradezu abzulehnen, brachte er allerhand Bedenken vor, hauptsächlich des Glaubenswechsels wegen; ihm schwebte eher eine Union der Lutheraner und Calvinisten vor, die das Problem gelöst hätte. Für Gustav Adolf war jedoch das Luthertum die Grundlage der selbständigen politischen Existenz Schwedens, und bei aller Großherzigkeit gegenüber einzelnen Calvinisten konnte er von dieser Grundlage nicht abrücken. Als der König bei den Nürnberger Gesprächen auch diesen Heiratsplan bekanntgab, fügte er hinzu, er lasse es nicht mehr zu, daß der König eine andere Religion bekomme als die Untertanen und stellte dann resigniert fest, Kurbrandenburg habe seinen Vorschlag nicht annehmen wollen.

Ob er den Plan wirklich als ganz gescheitert ansah, oder ob er glaubte, ihn mit Druck doch noch durchsetzen zu können, ist unsicher. Als er Anfang September noch einmal die Regelung der deutschen Verhältnisse nach dem Krieg skizzierte, ließ er den Heiratsgedanken außer acht und hielt nur fest, daß Pommern auf jeden Fall ihm zukomme, und zwar als kaiserliches Lehen, und daß der Kurfürst dafür mit Magdeburg-Halberstadt entschädigt werden solle.

Die Ehe zwischen dem Kurprinzen und Christina hätte die pommersche Frage auf die einfachste Weise gelöst. Sie war aber keineswegs der einzige Grund für diesen Plan. Beide Seiten hatten durch die Verbindung einen erheblichen Machtzuwachs zu erwarten, und das schwierige Problem der Thronfolge brauchte weder den König noch sein Volk länger mit der Gefahr einer Regierungskrise zu schrecken. Was sich aus der Verwirklichung dieser Union zweier protestantischer Staaten unter Einschluß der dem Nachfolger Gustav Adolfs zugedachten deutschen Gebiete in Verbindung mit dem *Corpus evangelicorum* hätte ergeben können, bleibt im Bereich der historischen Spekulation. Eine Sprengung der alten Form des Deutschen Reiches erscheint wahrscheinlicher als ihr Fortbestand; vielleicht hätte sich damit schon damals angebahnt, was sich erst Jahrhunderte später vollzog: die Gründung eines »kleindeutschen« Reiches (allerdings mit Ausdehnung auf den ganzen Ostseeraum) gegen die alte Universalmonarchie.

Auch die Frage, ob Gustav Adolf die deutsche Kaiserkrone angestrebt hat, gehört in diesen Zusammenhang. Der Gedanke ist immer wieder an ihn herangetragen worden, seine Mitarbeiter, seine Zeitgenossen (nicht nur in Deutschland) rechneten mit dieser Möglichkeit; er selbst hat nur ein einziges Mal von ihr gesprochen: Im Januar 1632 warf er bei einer Bündnisverhandlung mit Herzog Adolf Friedrich von Mecklenburg im Zorn die Bemerkung hin: »Sollte ich Kaiser werden, so sind Eure Liebden mein Fürst.« Mehr als daß er mit diesem Gedanken gespielt hat, läßt sich daraus nicht schließen, und daß er dies getan hat, ist kein Wunder: Charnacé hat ihn schon 1630 damit zu locken versucht; ausgerechnet der reichs- und kaisertreue Kurfürst von Sachsen versicherte nach der Schlacht von Breitenfeld, es solle an seiner Hilfe nicht fehlen, daß dem König die römische Krone aufs Haupt gesetzt würde; im Umkreis des Königs scheinen Salvius und Grubbe diesen Ausweg aus dem Konflikt der deutschen Verbündeten zwischen den Interessen Schwedens und des Reiches erwogen zu haben; und als nach der Rückkehr des Königs in sein Fürther Lager Sadler und Chemnitz von den Nürnbergern eine schriftliche Erklärung entgegennahmen, bemerkten sie, »daß der König, falls er dereinst zum römischen König oder Kaiser gewählt werden sollte, die im Reich gewöhnliche Kapitulation nimmermehr annehmen und beschwören würde«.

Beiläufige Bemerkungen, Impromptus, Überlegungen, Verlockungen – der Boden bleibt unsicher, bietet auf jeden Fall keinen Halt für Schillers entschiedene Feststellung: »Sein Ziel war der Kaiserthron.« Gustav Adolfs flinker Geist, der so viele Möglichkeiten erwog, verwarf, abwandelte, wieder aufgriff, wird auch diese Möglichkeit hin- und hergewendet, Vor- und Nachteile gegeneinander abgewogen haben – eben als Möglichkeit, auch als Mittel zum Zweck. So wie er sich um den polnischen Thron bemühte, um Verwirrung zu stiften, wie er die Zarenkrone für sich selbst ins Spiel brachte, als Ablenkungs- oder Umgehungsmanöver, so dürfte ihn auch der Gedanke, Kaiser des Heiligen Römischen Reiches zu werden, beschäftigt haben. Ganz ohne sein Zutun haben Salvius oder Sadler kaum davon gesprochen. Zu Ende gedacht oder gar mit Ernst betrieben, war das alles nicht. Was den König an der alten, schweren Würde locken mochte, war wohl weniger der Glanz – als Erbe einer glorreichen Reihe von Gotenkönigen hielt er seinen schwedischen Thron für nicht weniger ruhmvoll – denn die Zweckmäßigkeit. Wenn er auf diese Weise die schwierigen deutschen Stände unter einen Hut bringen, wenn er auf diese Weise ihre Loyalitätskonflikte lösen konnte, so war dies mindestens ins Kalkül zu ziehen. Wie die Rechnung aussah, wenn man dagegen die neu zu erwartenden Schwierigkeiten zusammenzählte: den Widerstand der auf ihre Libertät pochenden Fürsten gegen eine starke Hand, mochte sie nun auf das lateinische Evangelium oder die Luther-Bibel schwören; die unvermeidliche Verstrickung Gustav Adolfs in die deutschen Angelegenheiten zu Lasten seiner Aufgaben als König von Schweden – dann sprach das Ergebnis wohl eher für das Konzept des *Corpus evangelicorum* mit dem *capo* Gustav Adolf, der als Herzog von Pommern – vielleicht auch als Kurfürst von Mainz – zugleich deutscher Reichsfürst war. Als die Nürnberger sich anboten, ihm die bei ihnen aufbewahrten Reichskleinodien zu zeigen, lehnte er ab. Es muß offenbleiben, ob er auch das Angebot abgelehnt hätte, sie zu tragen.

Die Zukunft Schwedens war ihm in diesem Sommer 1632 eine genauere Regelung wert als die Zukunft Deutschlands, und mehr noch als ihm lag seinem Kanzler daran, den die ganze Last der Verantwortung treffen würde, falls der König im Kampfe fiel. Axel Oxenstierna hatte schon Mitte der zwanziger Jahre jene Verfassungsurkunde entworfen, die er dann 1634 unter dem Titel *Regeringsform* in ihrer endgültigen Form dem Reichstag vorlegte und in deren Einleitung es hieß: »Alles soll so eingerichtet werden, daß das Regiment, ob der König lebt oder tot ist, anwesend oder abwesend, gesund oder krank . . . augenblicklich und jederzeit (soweit es ohne Kränkung der Königlichen Hoheit und Würde geschehen kann) für sich selbst einstehen kann und in der Lage ist, sich gegenüber allen Unfällen wieder durchzusetzen . . .« Den später umgearbeiteten Ent-

wurf nahm der Kanzler nach Deutschland mit und legte ihn dort dem König vor, der ihn im wesentlichen guthieß. Im Sommer 1632 wurde eine erneut veränderte Fassung zwischen König und Kanzler besprochen, und dieses Dokument wurde – nochmals verbessert – eine Woche nach der Schlacht von Lützen von Axel Oxenstierna der in Stockholm amtierenden interimistischen Regierung zugesandt.
Die Absprache mit dem König konnte nur der Kanzler bezeugen. Manche haben ihm dieses Zeugnis nicht geglaubt, die Thronerbin zum Beispiel, die später behauptete, ihr Vater habe wahrscheinlich nie ein Wort des Entwurfs gesehen, aber auch manche Historiker, denen diese Verfassungsurkunde als Ausdruck des Herrschaftswillens der Rats-Aristokratie auf Kosten der Krone, wenn nicht des persönlichen Machtstrebens Oxenstiernas erscheint. In der Tat enthalten die 65 Artikel der *Regeringsform* Bestimmungen, an denen sich solche Tendenzen ablesen lassen, aber im wesentlichen entsprechen sie so sehr dem Geist und dem Buchstaben der Reformen zu Gustav Adolfs Lebzeiten, daß sie als deren Abschluß und Systematisierung angesehen werden können. Einzelheiten sind gewiß vom Kanzler hinzugefügt worden, in den Grundzügen durfte er wohl zu Recht behaupten, daß er den Willen seines Königs vollstrecke.
Man kann sich des Eindrucks nicht erwehren, Gustav Adolf habe trotz der Last der militärischen Entscheidungen unter dem immer größer aufwachsenden Schatten Wallensteins in den letzten Monaten seines Lebens versucht, sein Haus zu bestellen. Zu Boden drücken ließ er sich dabei nicht. An jenem Sonntag, als er so intensiv mit den Nürnberger Ratsherren verhandelte, wurde er nach der Mittagstafel zu einem Tanz eingeladen, der bis in die Nacht dauerte. Die anfängliche, nachdenkliche Zurückhaltung bei diesem Vergnügen, welche die Chronisten vermerken, wich einer übermütigen Laune, nachdem er einen von einer Streifschar nach Nürnberg gebrachten Gefangenen examiniert und daraufhin offenbar neue Entschlüsse gefaßt hatte. Es wird berichtet, er sei daraufhin »über alle Maßen tapfer gesprungen, da sich männiglich darob verwundert«. Das Element, das ihn belebte, war die Tat.

DAS ENDE

Der Widersacher

...zween Hahnen auf einem Mist taugen nicht zusammen.

Wallenstein, 1628

AM 19. JUNI 1632, EINE GUTE WOCHE NACH DEM SONNTAG, an dem Gustav Adolf den Nürnbergern erst seinen Friedensentwurf skizziert und ihnen dann mit seinen Tanzkünsten imponiert hatte, war der König wieder in der Stadt. Diesmal ging es darum, sie in Verteidigungszustand zu setzen und das geplante feste Lager vorzubereiten. Gustav Adolf umritt den ganzen Festungsgürtel und ließ das Lager abstecken.

Zwei Tage später begannen nicht weniger als 6000 Bürger der Stadt mit der Anlage der Schanzen und Laufgräben. Die Arbeiten wurden von einem hervorragenden schwedischen Ingenieur, Olof Hansson Örnehufvud, unter der Aufsicht des Königs geleitet. Sobald die aus Hersbruck heranrückenden Mannschaften eingetroffen waren, wurden ihnen ebenfalls Hacken und Schaufeln in die Hand gedrückt. Bauern aus der Umgebung verstärkten das Arbeitskorps. Als Anfang Juli das vereinigte kaiserlich-bayrische Heer vor Nürnberg anlangte, waren die Schanzarbeiten so gut wie beendet. Rundum, in weitem Abstand vom Kern der an mehreren Stellen durch neue Bastionen verstärkten Stadtbefestigung, zog sich ein System von Gräben, Wällen und Redouten, mit mehrfachen Palisaden bewehrt und reichlich mit Kanonen bestückt. Die Hauptwerke waren so angelegt, daß sie den Angreifer unter Kreuzfeuer nehmen konnten. Zwischen dem Ring der Außenwerke und der Stadtmauer war reichlich Platz für die schwedische Armee und für Bewegungen zur Verteidigung.

Auch die Nürnberger trugen zur Verstärkung der Mannschaften bei: Die Alten, über Vierzig, wurden den »Gassenhauptleuten« unterstellt, welche die Mauern, Türme, Basteien und die Plätze in der Stadt bewachten; die jungen Leute wurden zu besonderen Fähnlein zusammengefaßt. Alles in allem, mit den vom Rat angeworbenen Regimentern, unterstützte Nürnberg Gustav Adolf mit rund 8000 Mann.

An Vorräten fehlte es fürs erste nicht. Der König konnte hoffen, daß sie ausreichten, bis seine Verstärkungen heranrückten; allenfalls das Pferdefutter mochte knapp werden. Unter seinen Leuten und in der Stadt herrschte Zuversicht: »Nürnberg, des Reichs Zier auserkoren« – so begann ein damals gesungenes Trutzlied – fühlte sich dem Feind gewachsen.

Wallenstein, der erkennen mußte, daß sein Plan, mit einer zahlenmäßig überlegenen Armee den Schwedenkönig zur Schlacht zu stellen, vereitelt worden war, dachte nicht daran, gegen das Lager anzurennen, wie Tilly dies in Werben versucht hatte. Er beschloß, die Schweden zu blockieren, dem Lager des Königs ein eigenes Lager entgegenzusetzen. Das trug ihm den scharfen Tadel des Kurfürsten von Bayern ein, der ungeduldig meinte, die Übermacht müsse genutzt werden, ohne »Zeit und *Occasion*« zu verlieren.

Der Herzog von Friedland, seit seinem zweiten Generalat auch Fürst von Groß-Glogau in Schlesien, rechnet anders: Er weiß – und schreibt dies auch dem ebenfalls besorgten Erzherzog Leopold –, daß der König, »wenn er anders sich nicht gar verlieren will, er mehr Volks von allen Orten zu sich fordern muß . . .« und er glaubt, diesen Entsatztruppen den Weg verlegen, ihnen nacheinander und dann auch der Armee des Königs den Garaus machen zu können.

Sein eigenes Lager ließ er dort errichten, woher der Zuzug zu erwarten war und den Schweden noch Versorgung zufließen konnte: im Südwesten Nürnbergs, jenseits und über der Rednitz, die mit Wasserlauf und Uferhang das erste Hindernis bildete. Dahinter auch hier ein System von Gräben, Wällen und Schanzen, um ein ausgedehntes Rechteck, das mehrere Ortschaften – darunter als größte Zirndorf – und den kleinen Nebenfluß Bibert einschloß, geräumig genug für die Armee, für die Unterbringung der Heerführer und ihrer Stäbe. In der Kunst der Feldbefestigung stand Wallenstein seinem Gegner nicht nach, und auch er mobilisierte genug Arbeitskräfte, einschließlich der Lagerweiber und Troßbuben, um das Werk in wenigen Tagen zu vollenden. Am stärksten waren seine Redouten im Norden ausgebaut, jenseits der Bibert bei Zirndorf. Sie lehnten sich an eine Gruppe bewaldeter Höhen an, in die hinein unter Benutzung einer Ruine, der »Alten Veste«, ein *»extraordinari* verschanztes« Außenwerk geschoben war, das nach Westen durch ein weiteres »starkes Viereck« im Wald unterstützt wurde. Von den höchsten Türmen Nürnbergs aus konnte man das Wallensteinische Lager überschauen: »Man kann leicht seine ungeheure Macht ermessen, und er wird noch mehr nach sich ziehen.« Wie viele Soldaten Wallenstein insgesamt um sich versammelt hatte, kann nur geschätzt werden. Gustav Adolf, der das Lager nach der Räumung besichtigte, hat seine Fassungskraft mit 22000 Mann sicherlich unterschätzt; vermutlich waren es mehr als 40000.

Genug Leute waren es in beiden Lagern, zu viele bald, um sie ausreichend zu versorgen. Jeder bemühte sich, aus der immer ärmer werdenden Umgebung heranzuschaffen, was noch aufzutreiben war. Jeder versuchte, den anderen auszuhungern, ihm die Proviantzüge abzufangen, die Vorratsmagazine zu plündern oder zu zerstören. Fast zwei Monate lang lagen

Albrecht Wallenstein.
Kupferstich von H. Hondius

sich die beiden Widersacher sozusagen Aug in Aug gegenüber, und nichts geschah, außer Geplänkel, Vorpostengefechten, Raufereien der Reiter um das rare Heu.
Ein bedrückendes Bild, diese beiden Lager in der Sommerhitze, aufeinander fixiert, einander lähmend. Hüben wie drüben – die erhaltenen Pläne zeigen es – die Reihen der Zelte, der Hütten, die Lagergassen, dazwischen größer und schöner die Spitzzelte der hohen Offiziere. In dem schwedischen Lager südlich der Stadt das Zeltkarree des Königs, bei den Kaiserlichen ebenfalls im Süden eine Baracke für den Generalissimus inmitten der Zelte seines Stabes. Hüben wie drüben die Pferde auf kahlgefressenen Weiden, in Behelfsschuppen, in den Ställen der Höfe und Dörfer. Hüben wie drüben die Marketendereien, die Kochstellen, die Galgen. Die Kaiserlichen leiden an Wassermangel: Nur eine einzige Quelle sprudelt in ihrem Lager, sonst bleibt ihnen nur das Sommerwasser des Bibert, der Bäche, der paar Tümpel. An Wasser fehlt es in Nürnberg nicht, wohl aber wird dort zuerst das Futter, dann allmählich das Essen knapp, weniger bei

den Soldaten, die Vorrang haben, als bei den Bürgern, mehr noch bei den Flüchtlingen, die sich in die Stadt gerettet haben. 138 Bäcker gibt es in der Stadt, aber das Mehl wird gestreckt, und wie immer in Mangelzeiten blüht der Wucher. Es ist nicht mehr zu übersehen: Die Not wächst mit jeder Woche, mit der Not kommen die Seuchen, und den Seuchen folgt der Tod.

Die Rechnung, die im »Theatrum Europaeum« aufgemacht wurde, die schrecklichen letzten Wochen der Lagerzeit und ihre Folgen bis in den Winter hinein einbeziehend, braucht keinen Kommentar: »*Summatim* sind dies 1632 Jahr über zu Nürnberg gestorben so an Kirchentafeln angeschrieben gestanden 8500; im Lazarett 19 060; so auf den Schützenkarren hinausgeführt worden 1846. *Summa summarum* 29 406, ohne diejenigen, so nahe um die Stadt auf der Schütt, Wiesen und Gärten gestorben und daselbst begraben worden sind.«

Bei den Kaiserlichen herrschte kaum Hunger. Maximilian sorgte dafür, daß Bayern trotz aller Heimsuchungen die Armee belieferte; allenfalls gab es Versorgungslücken, wenn es den Schweden – wie am 31. Juli in Freystadt im Fränkischen Jura – gelang, sich eines ganzen Proviantdepots zu bemächtigen. Aber Wallensteins Truppen litten unter Ungeziefer, unter Fliegen und Mücken; auch dort nahmen die Krankheiten überhand; auch dort mehrten sich die Zeichen, daß sich das Lager auf die Dauer selbst bedrohte. Es fragte sich nur, wer länger aushielt.

Gustav Adolf wußte, worauf er wartete. Nach allen Seiten waren seine Befehle ausgegangen, und von allen Seiten – fast allen Seiten – waren seine Truppen im Anmarsch. Das wichtigste Korps war mit Axel Oxenstierna unterwegs; ihm erteilte der König am 28. Juni auch den Oberbefehl für die Zusammenführung der einzelnen Heeressäulen. Der Kanzler brach mit 6600 Mann vom Rhein her auf, unmittelbar nachdem er die königliche Order erhalten hatte; er erreichte Würzburg am 13. Juli, wo Landgraf Wilhelm von Hessen und Wilhelm von Weimar, der eine mit 4000, der andere mit 10 000 Mann, zu ihm stoßen sollten; der Treffpunkt mit den aus Schwaben und Bayern heranrückenden Kontingenten unter Johan Banér und Bernhard von Weimar, ebenfalls rund 10 000 Mann, war noch offen.

Die Lage am Rhein, die zwischen Ende März und Mitte Mai dem König Sorgen gemacht hatte, war wieder in Ordnung gebracht. Die Sorgen hingen mit den Streitigkeiten der Generäle zusammen, mehr noch mit einer erfolgreichen Offensive der Spanier, die Ende April Speyer eroberten, dank des »schändlichen Accords« des schwedischen Kommandanten, dem Gustav Adolf den Kopf vor die Füße legen wollte. Dann aber sorgten die Niederländer für den Rückzug der Spanier: Sie belagerten Maastricht, zu dessen Unterstützung die Infantin Isabella ihre Truppen zurückrief.

Gustav Horn, der Ende Mai Bernhard von Weimar am Rhein ablöste, stieß zur Mosel vor; eine Woche vor dem Abmarsch des Korps unter Oxenstierna eroberte er Koblenz, am 9. Juli Trarbach.
In diesem Gebiet waren fürs erste keine Störungen mehr zu erwarten, falls nicht Pappenheim auftauchte. Unberechenbar, wie er war, mußte auch dort mit ihm gerechnet werden. Der »schnelle und schlaue Gast«, wie Oxenstierna ihn nannte, war dem General Baudissin, der ihn in bremischem Gebiet von der Weser abzuschneiden suchte, durch ein meisterhaftes Manöver entschlüpft, und als sich daraufhin Baudissin bei Hildesheim mit Georg von Lüneburg vereinigte, entzog er sich seinen Gegnern erst durch einen Vorstoß gegen Hessen und dann – völlig unerwartet – durch einen Marsch nach Maastricht. Die Infantin Isabella hatte ihm eine halbe Million Reichstaler angeboten, falls er zum Entsatz der Festung herbeieile. Unter Mißachtung der Befehle des bayrischen Kurfürsten, unverzüglich nach Nürnberg zu kommen, versuchte er in die Kämpfe um die Festung einzugreifen, vermochte aber deren Fall nicht mehr zu verhindern. Niemand wußte, wohin er sich von Maastricht aus wenden würde. Baudissin und Georg von Lüneburg, denen es auch in seiner Abwesenheit nicht gelang, die Lage in Niedersachsen zu bereinigen, glaubten ihre Kräfte ungeschmälert gegen ihn bereithalten zu müssen, und wehrten sich dagegen, Gustav Adolf in Nürnberg zu unterstützen.
Aus Niedersachsen also hatte der König keinen Zuzug zu erwarten, wohl aber, erstaunlicherweise, aus Kursachsen. Der Kurfürst stellte Wilhelm von Weimar fünf Regimenter zur Verfügung. Die sächsische Armee hatte, seit sie von dem Druck durch Wallensteins Hauptarmee befreit war, beträchtliche Erfolge zu verzeichnen. Unter Arnim gewann sie zuerst die Lausitz wieder und rückte dann gegen Marradas in Schlesien vor.
Im Juli und August, während die Armee des Königs bei Nürnberg blokkiert lag, eroberte Arnim Sagan und Glogau – Wallensteinischen Besitz – und Breslau. Er ließ sich auch durch einen Einfall kaiserlicher Truppen nach Sachsen nicht von seinem Feldzug abhalten: Wallenstein befahl Heinrich Holk – ehemals Verteidiger Stralsunds, jetzt Feldmarschall-Leutnant des Friedländers – von Forchheim-Bamberg aus das Kurfürstentum zu verwüsten. Der Däne, der Lutheraner Holk gehorchte, offenbar mit Vergnügen, steckte bis in die Nähe Dresdens Städte und Dörfer in Brand und betrieb »die Ausplünderung des Landes diesseits der Elbe«. Militärisch nützte dies wenig, aber es brachte das Blut des Kurfürsten so in Wallung, daß er – erstmals in diesem Krieg – in den Kirchen das Gebet für den Kaiser untersagte.
Das durch die sächsischen Regimenter verstärkte Korps Wilhelms von Weimar erreichte am 21. Juli Schweinfurt, wo sich der Kanzler mit ihm traf, dann aber nach Würzburg zurückkehrte, um auch die Truppen unter

dem Landgrafen Wilhelm in Empfang zu nehmen. Der König hätte für die Aufgabe, die Hilfsarmee zu sammeln und nach Nürnberg zu führen, keinen Besseren wählen können als Axel Oxenstierna. Kein General hätte dieselbe Autorität besessen, und was dem Kanzler an militärischer Erfahrung abging, ersetzte er durch sein organisatorisches Talent. Der König unterstützte ihn durch Botschaften aus dem Nürnberger Lager mit einer Fülle von Ratschlägen und Anweisungen.

Am 24. Juli hatten Johan Banér und Bernhard von Weimar – auf Umwegen, um dem Feind auszuweichen – Dinkelsbühl erreicht. Der Kanzler befahl daraufhin die Vereinigung aller Streitkräfte bei Windsheim. Der Gegner konnte sie nicht verhindern. Am 9. August war sie vollzogen, drei Tage später marschierte Oxenstierna mit nunmehr 30000 Mann nach Osten, nördlich am Lager der Kaiserlichen vorbei. Die Avantgarde erreichte am Abend des 15. August bei Bruck in der Nähe von Erlangen die Regnitz, wo sie vom König begrüßt wurde. Nachdem eine Brücke geschlagen und »der Paß versichert« war, zogen am 17. August Bagage und Artillerie und am 18. das Gros der Armee über den Fluß; sie kampierten »um besserer *Commodität* willen« eine Meile neben dem schwedischen Lager. Das Tagebuch der Feldkanzlei hält fest: » . . . und ist sonderlich zu verwundern, daß in währender dieser *Marche* der Feind weder unsere *Soldatesque* noch die Bagage mit einziger Partei nicht *incommidiert*, geschweige die *Conjunction* zwischen beiden Armeen verhindert, sondern in seiner Postur und Lager stets still verblieben«.

Wallenstein, wieder einmal, setzte auf Abwarten; er war – so Golo Mann – »der Geduldigere; nie so geduldig nach außen hin, nie so beherrscht wie vor Nürnberg«.

Gustav Adolf jedoch mußte handeln. Seine auf 28000 Infanteristen und 17000 Reiter angeschwollene Armee konnte sich auf so beschränktem Raum nicht lange halten; der Proviant und vor allem das Futter für die vielen Pferde reichten nur für kurze Zeit. Und es war nicht die Art des Königs, stillzuliegen, wenn er dazu nicht gezwungen war.

Jetzt endlich war er dem Feind gewachsen, sogar leicht überlegen. Er zögerte nicht, ihn anzugreifen. Am 21. August forderte er Wallenstein zum ersten Mal heraus: Er ließ seine Armee »mit der gesamten *Soldatesque* und Artillerie« (mit 175 Kanonen ungewöhnlich stark) bei Stein am östlichen Ufer der Rednitz, gegenüber der südlichen Hälfte des feindlichen Lagers aufmarschieren und versuchte am folgenden Tag, mit anhaltendem Artilleriefeuer die Stellung jenseits des Flusses sturmreif zu schießen. Wallenstein zog seine Kanonen aus der Reichweite des Gegners, war jedoch weiter in der Lage, mit ihnen das Vorfeld seiner Schanzen zu dekken. An diesem Tag wurde Johan Banér bei einer Erkundung durch eine Musketenkugel am rechten Arm schwer verwundet. Das Ergebnis der

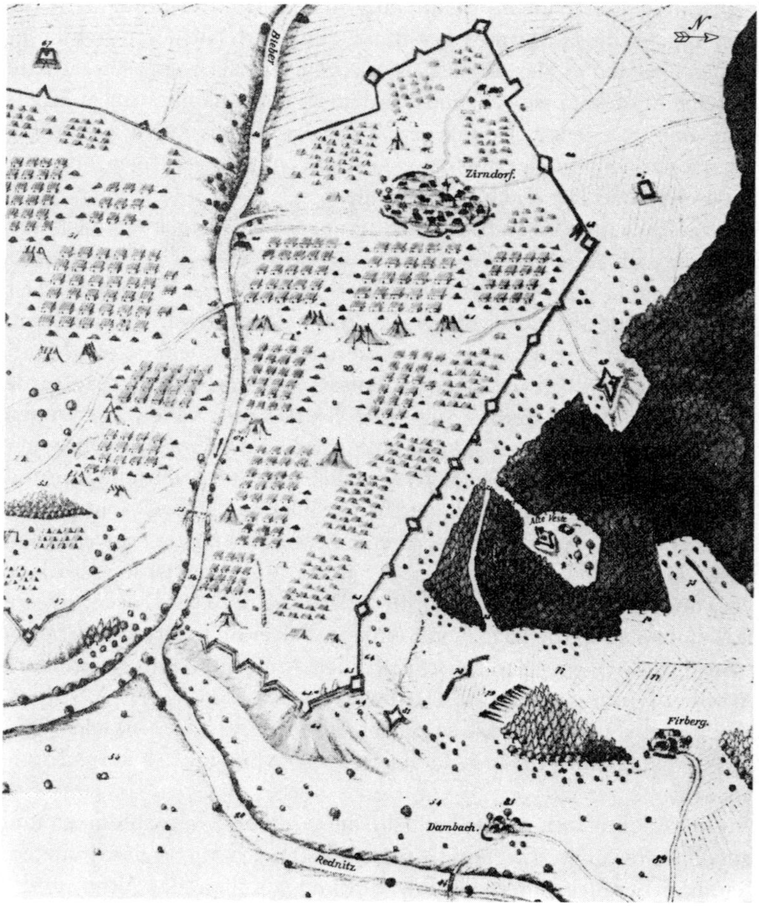

Ausschnitt aus dem Plan des Wallensteinschen Lagers von 1632 bei Zirndorf

Erkundung war die Einsicht des Königs, »daß dem Feind wegen Situation des Ortes ... ohne *Hazardierung* und großen Verlust nicht wohl beizukommen«, weshalb er sich entschloß, es von einer anderen Seite zu versuchen.

In der Nacht konzentriert er seine Armee jenseits des Flusses bei Fürth, also nördlich des kaiserlichen Lagers. Da Wallenstein nun mit einem Angriff auf die schwächere Rückseite seiner Stellung im Westen rechnen muß, hält er es für geraten, dem Gegner offen entgegenzutreten: Er zieht den größeren Teil seiner Armee aus dem Lager heraus und läßt ihn west-

lich davon mit Frontstellung nach Norden hinter der Bibert in Schlachtordnung aufmarschieren. Mit dem Bachgrund als erstem Hindernis und in Anlehnung an das befestigte Lager und seinen starken Abwehrriegel auf den nördlichen Waldhöhen ist er zum Kampf bereit.
Gustav Adolf erhält Meldung von diesem Manöver, aber eine Meldung, die ihn irreführt: Seine Patrouillen behaupten, der Feind befinde sich im Abmarsch nach Südwesten, räume das Lager, habe dort nur noch eine Nachhut zur Deckung des Rückzugs hinterlassen. Verhängnisvoller Irrtum, noch verhängnisvoller, daß der König, der sich sonst stets nur auf seine eigenen Augen verläßt, den Augen anderer vertraut. Die Verluste durch die Verkennung der Gelegenheit zu der vom König begehrten Schlacht waren beträchtlich, mittelbar noch größer als unmittelbar. In der Meinung, es gelte einerseits den abrückenden Feind zu verfolgen, andererseits eine schon brüchig werdende Deckung zu überrennen, wurde das Gros der schwedischen Kavallerie nach Westen gejagt, um einen dort gar nicht vorhandenen Feind aufzuspüren, während die Infanterie sich in die Waldhänge im Norden verbiß, in der Absicht, die Höhen zu gewinnen, von denen aus die Artillerie das ganze Lager Wallensteins unter Feuer nehmen konnte.
Der mörderische Kampf um die Höhen entbrannte am 24. August zwischen acht und neun Uhr. In zwei Gruppen trugen die Schweden ihren Angriff vor, die rechte unter Bernhard von Weimar; die linke am Hang zur Rednitz hin, wo die Alte Veste stand, führte der König selbst ins Treffen. Die Truppen des Generals Johann von Aldringen, welche die Alte Veste verteidigten, konnten nicht nur auf ihre starke Stellung vertrauen, sie erhielten durch die eilig ins Lager zurückbeorderten Musketiere immer neue Verstärkungen. 8000 Mann, alle zwei Stunden abgelöst, schossen aus allen Rohren und sorgten dafür, daß die Anläufe der Schweden einer nach dem andern steckenblieben. Wallenstein übernahm selbst das Kommando an diesem Kernstück der Abwehrschlacht, inmitten eines so ungeheuren Lärms von Kanonen- und Musketenschüssen, daß Axel Oxenstierna berichtete, er habe dergleichen noch nie gehört. Im Tal stieß kaiserliche Kavallerie in die Flanken der Angriffskolonnen, wurde von finnischen Reitern zurückgeworfen, erschien nochmals im Rücken der Schweden, nichts entscheidend, aber Verwirrung stiftend.
Bernhard von Weimar, erfolgreicher als der König, erreichte auf seinem Flügel den Höhenrücken, aber erst als es dunkel wurde. Über Nacht setzte heftiger Regen ein. Der Versuch, trotz des aufgeweichten Bodens Kanonen hinaufzuschaffen – deren Feuer vermutlich den Widerstand gebrochen hätte – scheiterte. Nach einem Kriegsrat an dem düsteren, regenschweren Morgen des 25. August wurde der Angriff abgeblasen.
Die Schweden zogen sich in ihre Ausgangsstellung bei Fürth zurück, wo

sie schon vor dem Unternehmen ein neues, verschanztes Lager angelegt hatten, und zählten ihre Verluste. Wallenstein schätzte sie in seinem Bericht nach Wien auf mehr als 2000 Tote – »von den Toten, die er nicht hatte retirieren können, lag der ganze Wald voll« – die Schweden selbst errechneten etwas mehr als 1000 Gefallene und 1400 Verwundete. Zu den Gefangenen, die den Kaiserlichen in die Hände gefallen waren, gehörte auch Torstensson; er wurde, und dies für lange Zeit, nach Ingolstadt gebracht. Auch Wallenstein hatte viele namhafte Offiziere verloren, alles in allem soll es jedoch auf seiner Seite nicht mehr als 600 Ausfälle gegeben haben, Tote und Verwundete zusammengerechnet.

Wallenstein hatte Gründe, in seinem Rapport über den hitzigen Kampf – *caldissimamente* nennt er ihn – Genugtuung zu äußern: »Es hat sich der König bei dieser *Impresa* gewaltig die Hörner abgestoßen . . .«. Das Prädikat des Unbesiegbaren, *invictissime*, gebühre ihm nicht länger.

In der Tat: Dieser erste Zusammenstoß der beiden Widersacher hatte den Ruf des Königs erschüttert, wenn auch nicht seinen Mut und Kampfeswillen. Immerhin hielt er es für angebracht, aus dem Rückschlag politische Konsequenzen zu ziehen. Überraschend genug entschloß er sich, mit Wallenstein Kontakt aufzunehmen. Schließlich hatten sie schon mehrfach und lange miteinander verhandelt, und als Wallenstein den König darüber unterrichtete, daß er erneut in kaiserliche Dienste trete, fiel dieser Schlußpunkt nicht so aus, daß kein Wiederanfang möglich schien. Den geeigneten Vermittler hatte Gustav Adolf auch zur Hand: Bei dem Unternehmen gegen das kaiserliche Versorgungslager Ende Juli hatten die Schweden jenen Obersten Ernst Georg von Sparr gefangengenommen, der lange genug der Zwischenträger zwischen Arnim und dem Herzog von Friedland gewesen war. Ihn schickte der König kurz nach dem gescheiterten Sturmangriff zu Wallenstein, um ihm einen Austausch gefangener Offiziere vorzuschlagen, ihn zu fragen, was er von der gegenseitigen Schonung von Pardon erbittenden Soldaten halte und um ihm alsbaldige Friedensverhandlungen nahezulegen. Blut sei genug geflossen, das Reich werde ruiniert, darum sei der König zu Gesprächen auf allen Ebenen bereit: über Deputierte, über Axel Oxenstierna, aber auch unmittelbar von *Capo* zu *Capo*.

Wallenstein reagierte kühl. Er sei nicht ermächtigt, über einen Frieden zu verhandeln, er könne allenfalls Vorschläge weiterleiten, nach Wien, und die Antworten abwarten. Der Sache nach war dies eine Ablehnung, Wien war weit. Die erhoffte Atempause wurde nicht gewährt, noch weniger ein Arrangement aus eigener Vollmacht (und damit gegen den Kaiser) angedeutet. Gustav Adolf ließ sich dadurch nicht abhalten, Wallenstein ein Angebot für den Fall eines solchen Arrangements zu unterbreiten: In dem Entwurf eines Friedensvertrags, der dem Herzog von Friedland zur

Weiterleitung zugeschickt wurde, stand neben den aus früheren Verhandlungen bereits bekannten schwedischen Bedingungen und einigen Zugeständnissen wie der Rückgabe von Mainz an den Erzbischof, falls dafür die Pfalz an Friedrich zurückfalle, auch der Vorschlag, Wallenstein für Mecklenburg mit dem Herzogtum Franken zu entschädigen – eine Lockung, welche vermutlich durch den vertraulichen Hinweis verstärkt wurde, Gustav Adolf werde sich bemühen, Wallenstein auch noch die Königskrone von Böhmen zu verschaffen.

Man sollte dieses Verhandlungsintermezzo – das von neuen, durch Frankreich angeregten, letztlich vergeblichen Gesprächen mit Bayern über einen dreimonatigen Waffenstillstand begleitet wurde – nicht nur unter dem Aspekt sehen, daß Gustav Adolf Zeit gewinnen und zwischen den Gegnern Zwietracht säen wollte. Vordergründig hat er dies sicherlich bezweckt. Dahinter zeichnet sich jedoch, undeutlich, aber groß angelegt, der Versuch ab, die wirkliche Macht in Deutschland mit dem einzigen Mann zu teilen, der ihm gewachsen war, der zwar nicht zum Bundesgenossen taugte, dem er jedoch genug politischen Weitblick für eine Teilung der Einflußsphäre zutraute und von dem er wußte, daß er die Regelung des Besitzstandes der Konfessionen mit Vernunft und Augenmaß betrachtete. Wie gering der König das Gewicht des Kaisers veranschlagte, geht daraus hervor, daß er nicht nur die Übertragung der böhmischen Krone an Wallenstein erwog, sondern auch Maximilian von Bayern für den Verlust der Pfalz mit Oberösterreich entschädigen wollte.

Dieser letzte Versuch des Königs, mit Wallenstein zusammen den Konflikt politisch zu lösen, schlug fehl, nicht nur weil sein Gegenüber zu diesem Zeitpunkt über die besseren Karten zu verfügen glaubte, sondern weil dieser den Bund mit dem Kaiser gar nicht aufkündigen konnte, da er, der scheinbar Selbstherrliche, in die eingegangenen Bindungen ebenso verstrickt war wie Gustav Adolf in die seinigen, und daß beide, König und Herzog, im Morast dieses Krieges kaum noch festen Grund finden, kaum noch sichere Schritte tun konnten.

Durch das kurze, wilde Aufflackern des Krieges zwischen den beiden Lagern vor Nürnberg schien sich zuerst nichts verändert zu haben. Wallenstein verharrte weiter, ließ sich nicht zu Aktionen bewegen. Gustav Adolf verstärkte die Schanzen seines neuen Lagers, aber die Überlegungen, »wie man doch den Feind aus seinem Loch bringen möchte«, blieben fruchtlos. Er mußte erkennen, daß dieser Feind den längeren Atem hatte. Während die Kaiserlichen offenbar weiter genug zu essen hatten (selbst bei ihrem Abzug ließen sie noch Vorräte zurück), ging in dem überfüllten schwedischen Lager der Hunger um. Die Pferde krepierten – an die 6000 sollen vor Nürnberg umgekommen sein –, die Soldaten wurden von Seuchen heimgesucht und weggerafft, und wer beweglich genug war, vor allem die Reiter, suchte sein Heil in der Flucht. Die Deserteure auf der Suche nach Nahrung verstreuten sich zum Teil über das Land (und wurden dort später wieder eingesammelt), zum Teil jedoch liefen sie zum Feind über, wo sie Brot – das sie manchmal fünf, sechs Tage hatten entbehren müssen – und klingenden Lohn erhielten.

Innerhalb von vierzehn Tagen war das Heer des Königs um ein Drittel geschmolzen. Er konnte weder bleiben noch einen neuen Angriff wagen. Er konnte nur noch abziehen, wohin, das war zunächst nur halb so wichtig, Hauptsache, man fand dort Proviant, Fourage und die Möglichkeit, neue Mannschaften anzuwerben. Der König wählte als erstes Ziel die Gegend von Windsheim.

Er zog nicht ab, als ob er besiegt wäre, und er ließ die Nürnberger nicht im Stich. Axel Oxenstierna und 4500 Mann blieben zur Verteidigung der Stadt zurück. Die übrige Armee, 20 000 Infanteristen und 7000 Reiter, stellte der König am 8. September nochmals in Schlachtordnung vor dem kaiserlichen Lager auf und ließ ein paar Kanonenschüsse abbrennen. Wallenstein nahm auch diese Herausforderung nicht an, sondern blieb im Lager »wie unter seinem Schild«.

Er sah zu, wie die Schweden sich aufstellten, er sah zu, wie sie sich zum Marsch formierten und wie sie schließlich mit klingendem Spiel und fliegenden Fahnen nach Westen abrückten. Maximilian von Bayern wollte auch diesmal nicht begreifen, warum der Herzog von Friedland dem Feind nicht nachsetzen ließ. Dieser – wie seine Generale Aldringen und Gallas – wußte es. Mit Beifall kommentierte der Feldherr die glänzende Ordnung des schwedischen Heeres, die Leistung seines königlichen Gegners: »Er hat eine gar schöne *Retirada* getan, und weiß gewiß aus dieser und allen Aktionen, daß er das Handwerk leider wohl verstehet.«

Drei Tage später befahl auch Wallenstein den Aufbruch; er ließ nach Norden marschieren, zunächst nach Forchheim. Auch er war ohne definitives Ziel – falls es in diesem Krieg mit seinen Diversionen, seinen Versuchen den Feind abzulenken, hin- und herzuziehen, überhaupt solche Ziele gab. Der Generalissimus hatte einen Erfolg errungen – keinen Sieg. Ob er den überhaupt erringen konnte, so entscheidend, daß er den Krieg beendete? Mitunter hoffte er darauf, häufiger wohl zweifelte er daran.

Zweifel mag auch den König beschlichen haben, heimlich, in den Nachtstunden, wenn ihn die Verdüsterungen heimsuchten, die ein Erbe seiner Vorfahren waren. Bei Tageslicht glaubte er weiter an seinen Sieg, mochte er auch in die Ferne gerückt und für dieses Jahr nicht mehr zu erhoffen sein. Der Weg war länger geworden, als er im Frühjahr in Mainz geahnt hatte, und er verlor sich im Nebel. Aber immer noch vertraute er auf den inneren Kompaß, der ihn bisher geleitet hatte, wenn es nun galt, diesen Weg zu suchen.

Herbstzeit

...haben wir Bedenken getragen, uns, ehe wir des Feindes Vorhaben genugsam versichert, weiters zu entfernen und uns deshalb entschlossen, hierherum ein Tag etlich stillzuliegen, zu sehen, wo der Feind hinauswolle ...

Gustav Adolf an Axel Oxenstierna aus Oberndorf am Lech am 29. September 1632

DIE UNSCHLÜSSIGKEIT DES KÖNIGS, sein Warten auf eine Weisung, die Suche nach dem richtigen Weg führten ihn in dem nun beginnenden Herbst kreuz und quer. Zwar zog es ihn mit Macht nach Süden: Der alte Plan, in Oberschwaben eine sichere Operationsbasis für den Feldzug des kommenden Jahres zu schaffen, in dem noch unerschöpften Land zwischen Oberrhein (wo Horn nach einem Sieg bei Wiesloch weiter ins Elsaß vordrang), Donau, Lech und Bodensee die Armee aufzufrischen und mit Proviant zu versorgen, war verlockend. Aber er konnte Wallenstein nicht einfach in seinem Rücken lassen, auf Pappenheim mußte achtgegeben werden, Kur- und Niedersachsen waren im Auge zu behalten. Sollte er also doch nicht besser Wallenstein folgen und in Süddeutschland nur eine kleine Streitmacht hinterlassen, die ausreichte, mit den verhältnismäßig geringfügigen Kräften des Gegners fertigzuwerden?
Gustav Adolf widerstrebte es zutiefst, sich von Wallenstein weiter das Gesetz des Handelns diktieren, sich in seinem Schlepp dahinziehen zu lassen. Er selbst hatte Tilly lange genug von einem Schauplatz zum andern gejagt – konnte ihm das nicht auch mit Wallenstein gelingen? Mußte ihm dieser nicht folgen, um eine Bedrohung der habsburgischen Lande abzuwenden? Kühne Hoffnungen flammten in dem König auf. In einer Besprechung mit dem Kanzler in der Nacht vom 17. auf 18. September zu Nürnberg bestärkte ihn Axel Oxenstierna in seiner Absicht, im Süden eine Entscheidung herbeizuführen, weil »wir in Schwaben nicht allein unsere Armee füglich verstärken, Reiter und Knechte wieder an uns ziehen und einen neuen *corpus* formieren, sondern auch den bewußten *deseign* fortsetzen und die österreichischen Erblande daselbst *occupieren* oder gar wohl die Donau abwärts arbeiten, den Ober-Enssischen Bauern an der Hand sein und dem Feind in Österreich ein solches Feuer anzünden könnten, daß er daran genug zu löschen hätte«.
Diese Vision blendete sowohl den König wie den Kanzler. War nicht im Lager von Fürth ein Abgesandter der Bauern vom Land ob der Enss er-

schienen, die mit schwedischer Hilfe einen neuen Aufstand gegen den Kaiser wagen wollten, und mit einem Schutzbrief des Königs abgereist, der sie bestärkte, »die Waffen zu ergreifen«? Vor dem erhofften Feuer in Österreich verblaßten die Gefahren im Norden.

Es sieht nach Wunschdenken aus, wenn Gustav Adolf nach dem Besuch des verlassenen Wallensteinischen Lagers dessen Truppenstärke verharmloste. Von der derart heruntergespielten Zahl der feindlichen Hauptarmee wurden noch die neuerdings gegen die Sachsen entsandten Verbände unter Gallas abgezogen (obwohl diese doch samt den Holkschen Reitern dabeisein würden, falls Wallenstein sich selbst nach Sachsen wandte) – kurz und gut, man meinte, der sächsische Kurfürst würde sich schon so lange halten können, bis die Kaiserlichen sich ins Winterquartier legten, was ja wohl bald geschehen mußte. Und auch Niedersachsen wurde wieder einmal nicht ganz ernstgenommen.

Die Wirklichkeit sollte den König bald einholen und seine Schritte lähmen. Fürs erste aber war es entschieden: Die beiden Weimarer Herzöge blieben in der Gegend von Schweinfurt zurück, um Wallenstein und Pappenheim unter Kontrolle zu halten; der König jedoch setzte am 17. September seine Hauptarmee – 10 000 Mann Fußvolk und 6000 Reiter – von Windsheim aus in Marsch nach Süden.

Ein Stück des Weges über Rothenburg ob der Tauber und Dinkelsbühl nach Nördlingen reiste Gustav Adolf in Begleitung der Königin, die er seit März nicht mehr gesehen hatte. In Nördlingen freilich trennten sich die Wege des Königspaares. Maria Eleonora blieb bis Mitte Oktober in der Reichsstadt, wo ein rauschendes Hofleben den Rat zu beträchtlichen Lieferungen von Wein und Lebensmitteln zwang; Gustav Adolf zog mit seinem Heer nach Donauwörth weiter.

Dort wurde ihm am 25. September gemeldet, daß der Oberst Mitschefal, der die kleine Festung Rain am Lech kommandierte, diese, wie der König konstatierte, »leichtfertig« den Bayern übergeben hatte. Er ließ den Obersten vor ein Kriegsgericht stellen und enthaupten, »andern zum Exempel und Abscheu, damit sie die ihnen anvertrauten Plätze mit mehr Ernst zu verteidigen sich angelegen sein ließen«. Rain wurde ohne große Mühe wiedererobert, doch hielt dies den König auf. Wieder jenseits des Lech, bereit den Marsch fortzusetzen, erreichten ihn Nachrichten, die ihn aufschreckten und zwangen, die Lage neu zu überdenken. Das Ergebnis dieses Nachdenkens enthielt ein langer Brief an den Kanzler, datiert Oberndorf, den 29. September 1632. Wallenstein, so hatte er erfahren, sei »mit seiner Armee nach Bamberg aufgebrochen, Pappenheim aber im Anzug auf das Land Hessen«. Der König fürchtet, daß sich die beiden Armeen vereinigen. Er gibt Befehle: für den Fall, daß der Stoß Würzburg gilt, oder – »wie wir fast glauben« – gegen Sachsen gerichtet ist. Die Hauptlast für beide Eventualitäten soll fürs erste Bernhard von Weimar auf sich nehmen, jedoch will sich der König bereithalten einzugreifen, wenn es um Franken gehen sollte, und dem Feind dann die Schlacht anbieten. Zu dem eher erwarteten Zug nach Sachsen meint der König, es genüge fürs erste, wenn Herzog Bernhard vorsichtig folge, damit er »Kursachsen in Zeiten assistieren« könne; falls es jedoch »bei dieser andringenden Winterszeit« dem Feind vor allem um bequeme Quartiere gehe, halte er »Kursachsen dem Wallenstein genugsam gewachsen«. Und trotz des Entschlusses, eine Zeitlang zu verharren, bis die Lage sich geklärt hat, hält Gustav Adolf an seinen Plänen, zum Bodensee vorzurücken, fest, »wenn der Feind still läge oder sonsten sich separierte und in die Winterquartiere verfügte«. Konjunktive der Selbsttäuschung, die schon den nächsten Meldungen, wenige Tage später, nicht mehr standhalten: Sie deuten darauf hin, daß Wallenstein in Sachsen nicht nur Winterquartiere sucht, sondern das Land im Ernst erobern will. Erneutes Bedenken, neuer Beschluß: Der Bodensee wird aufgegeben; Gustav Adolf wendet sich nach Osten, nach Neuburg an der Donau, wo er am 3. Oktober ankommt.

Es sah so aus, als wolle der König nachholen, was er im Frühjahr versäumt hatte: die Eroberung von Ingolstadt, von Regensburg, den Marsch die Donau hinab, die schließlich geradewegs in die habsburgischen Erblande führt. Aus Augsburg wird angefordert, was für eine Belagerung nötig ist: schwere Kanonen, Schanzzeug. Vielleicht ließ sich Wallenstein durch eine Belagerung herbeiziehen, wenn ihn anderes nicht kümmerte.

Wallenstein hatte erst wenige Tage zuvor begriffen, wo sich der König wirklich befand, so wie auch Gustav Adolf nur unzureichend und zu spät erfuhr, was sein Widersacher betrieb. Labyrinthische Suche auf beiden Seiten, Tasten im Herbstnebel. Noch am 27. September glaubte der Generalissimus den König auf dem Marsch nach Norden, Pappenheim, den er herbeibefohlen, auf dem Weg nach Bamberg, und seine eigenen Bewegungen – nach Bamberg, nach Coburg – sollten Gustav Adolf den Weg verlegen und die Vereinigung mit Pappenheim beschleunigen. In Coburg, das er am 28. September im Sturm nahm, erkannte Wallenstein endlich, daß Gustav Adolf an der Donau stand. Aber er dachte nicht daran ihm zu folgen. Der Kurfürst von Bayern, der sich bisher zu seiner Armee gehalten, ja der mochte in sein Land zurückkehren, um die schwedische Armee zu beschäftigen, mit allen seinen Truppen und etlichen kaiserlichen Regimentern obendrein.

Inzwischen wollte Wallenstein, und das nun endgültig, sich Sachsen zuwenden. Gallas und Holk hatten dort schon gute Vorarbeit geleistet. Der Herzog von Friedland hatte ihnen jetzt befohlen, das Spiel mit der Brandfackel, das Quälen und Plündern einzustellen: » . . . itzunder wollen wir ihn nicht mehr schrecken, sondern bekriegen und das Land behalten«.

Wallenstein vertraute darauf, daß Gustav Adolf Sachsen letztlich nicht im Stich lassen konnte: »Will der König sich nicht verlieren, so muß er dem Kurfürsten sekundieren . . .«. Und: » . . . wenn wir den Feind herunterbringen und ihn obsiegen, so sind all seine Sachen in Schwaben, Bayern und Franken gefallen.«

So – nur von der anderen Seite – erkannte es auch der König, als ihm endlich klar wurde, was sich im Norden abspielte; aber er rechnete – und daran war Pappenheim schuld – auch noch eine andere Gefahr hinzu: Der Ansturm der Kaiserlichen, womöglich von zwei Seiten, konnte ebenso Thüringen, konnte auch Niedersachsen gelten und ihn von seiner Basis abschneiden.

In der Tat ließ eine Meldung aus Niedersachsen nach der andern die Alarmglocke schrillen: Pappenheim, der sich immer noch nicht um die Befehle Wallensteins scherte und seine Doppelstellung zwischen dem bayrischen Kurfürsten und dem Kaiser nutzte, hatte sich nach der Rückkehr von Maastricht auf Baudissin gestürzt und diesen gezwungen, sich unter verlustreichen Gefechten in die Kasseler Gegend zurückzuziehen, und sich dann den Herzog von Lüneburg vorgenommen, der Wolfenbüttel belagerte, dessen Truppen auseinandergetrieben und sich so in der letzten Septemberdekade zum »Herren in Niedersachsen« gemacht.

Da Pappenheim auch versuchte, den dänischen König auf seine Seite zu ziehen; in den Niederlanden Bestrebungen zu erkennen waren, sich mit den Spaniern zu arrangieren – was auf die schwedische Position zurückfallen mußte –; das Verhältnis zu Frankreich nicht zum besten stand; langwierige Allianzverhandlungen mit England als gescheitert anzusehen waren, so war, alles in allem, zu befürchten, daß sich so etwas wie ein antischwedischer Block bilden könnte, eine neue Art von Dritter Partei, die dann auch in Deutschland wieder zum Leben erwachen mochte.

Der König, so scheint es, schwamm in einer jener düsteren Strömungen, in denen ihn böse Vorahnungen heimsuchten und aus denen er sich nur durch entschlossenes Handeln retten konnte. Obwohl der Kanzler immer noch riet, an den Zielen im Süden festzuhalten, selbst wenn dadurch vorübergehend nördlich des Mains einiges preisgegeben werden mußte, warf Gustav Adolf das Steuer herum. Am 5. Oktober entschied er sich, nach Norden zu marschieren, bei Rothenburg ob der Tauber die in Nürnberg stehenden Truppen mitzunehmen und sich in Erfurt mit den in Mitteldeutschland operierenden Teilen seiner Armee zu vereinigen.

In Nördlingen, am 10. Oktober, empfing er neue Nachrichten, die ihn in seinem Entschluß bestärkten und – jäher Umschwung – die Verheißung eines entscheidenden Sieges vor ihm aufleuchten ließen. Er erfuhr, daß Kurfürst Maximilian mit einigen kaiserlichen Regimentern unter Aldringen sich von der Hauptarmee Wallensteins getrennt hatte, Pappenheim sich weiterhin abseits hielt, und daß fürs erste auch die von Holk und Gallas kommandierten Truppen dem kaiserlichen Generalissimus fehlten – kurz, daß er, wenn er diese Lage rechtzeitig nutzte, Wallenstein nicht nur ablenken oder belästigen, sondern schlagen konnte. Wie zuversichtlich er war, zeigte sich an den Plänen, die er im Laufe des Monats Oktober entwickelte: Durch die Neuorganisation der vier oberdeutschen Kreise, mit der er seinen Kanzler beauftragte, hoffte er nicht nur deren Versorgungsquellen ausschöpfen, sondern dort eine Armee von 130 000 Mann auf die Beine stellen zu können, um mit ihr im folgenden Jahr zum Entscheidungskampf gegen Habsburg anzutreten. Im Norden wollte er inzwischen selbst Ordnung schaffen und damit das Fundament für jenen Bund des protestantischen Deutschland stärken, den er vor den Nürnberger Ratsherren heraufbeschworen hatte.

Er wußte, daß ihm für all dies nicht viel Zeit blieb. Er wußte, daß ihm zwar die protestantische Bevölkerung nach wie vor begeistert anhing, er wußte, daß ihn seine Soldaten vergötterten und für ihn durchs Feuer gingen, aber er wußte auch, daß er sich nur im Glanz des Sieges, nicht aber im Schatten von Rückschlägen auf die evangelischen Fürsten verlassen konnte, daß diese bereits unter dem schwedischen Druck zu seufzen begannen und sich dagegen wehrten, ihre partikularen Interessen zu opfern.

Es war ein herbstliches, ein spätes Licht, in dem ihm der Glaube an den entscheidenden Sieg nochmals aufleuchtete. Er mußte sich beeilen, ihn nicht zu versäumen.

Als er eine Woche später – nach einem vergeblichen Versuch, den südwärts ziehenden bayrischen Verbänden in die Flanke zu fallen – in Nürnberg erfuhr, daß Wallenstein nun in allem Ernst auf Sachsen eindringe, trieb er seine Armee, unterwegs aufsammelnd, was er an sich ziehen konnte, in einem Gewaltmarsch nach Norden: In 17 Tagen legte sie 630 Kilometer zurück.

Bernhard von Weimar hatte durch schnellen Zugriff dafür gesorgt, daß die thüringischen Pässe nicht vom Feind verlegt wurden.

Gustav Adolf traf mit der Spitze seiner Kavallerie am 23. Oktober bei ihm in Arnstadt ein – dort wurden ein paar Tage Rast gehalten, um den Pferden Erholung zu gönnen und die nachrückende Infanterie aufschließen zu lassen.

Das Journal der Feldkanzlei vermerkt in diesen Tagen: » . . . ist dem Feind das Schloß zu Leipzig durch den darin gelegenen Kommandanten übergeben worden . . .« und: »Den 27. Oktober sind von Ihrer Majestät des Herrn Reichskanzlers Exzellenz von Arnstadt abgereist.« Axel Oxenstierna machte sich auf den Weg nach Süden, um dort die Aufträge des Königs zu erfüllen; schon am 31. Oktober sandte er einen ersten Bericht aus

Würzburg, tags darauf berief er durch ein Rundschreiben die oberdeutschen Kreise zu dem geplanten Treffen nach Ulm. Damals sahen sich Kanzler und König zum letzten Mal. Was zwischen ihnen besprochen war, schloß auch einen solchen Abschied für immer ein.

Der Jubel der Leute bei dem Marsch durch Thüringen – sie warfen sich vor dem König auf die Knie und suchten sein Gewand und seine Stiefel zu küssen – ließ in Gustav Adolf wieder düstere Ahnungen aufsteigen; er fürchtete, Gott könnte ihn strafen, weil er vom Volk wie ein Gott verehrt wurde.

Die letzten Oktobertage verbrachte der König mit Maria Eleonora in Erfurt. Sie war ihm nachgereist. Hier mußten sie sich trennen. Bei dem tränenreichen Abschied wandte sich Gustav Adolf an die Ratsherren mit der Bitte, seiner Gattin beizustehen, »falls ihm selbst nach Gottes Ratschluß etwas Menschliches geschähe«. Drei Tage vor der Schlacht von Lützen bedankte sich die Königin bei Axel Oxenstierna, daß sie »bis allhier habe kommen dürfen, denn ohne Seiner Königlichen Majestät Gegenwart ich doch nichts wert, noch weniger mein Leben«.

Das nächste Ziel der Armee war Naumburg. Es galt, sich der Saale zu versichern. Die Vorausabteilung überquerte den Fluß bei Kösen und erreichte Naumburg am 29. Oktober – die Stadt war kaum verteidigt. Wallensteins Versuch, den Übergang zu hindern, kam zu spät. Am 31. Oktober traf Gustav Adolf mit der Masse seiner Armee bei Naumburg ein und legte sie auf dem rechten Ufer in ein Lager, das in aller Eile fortifiziert wurde, wieder wie bei Nürnberg unter der Leitung von Olof Hansson Örnehufvud.

In der Sicherheit dieses Lagers wartete der König auf Verstärkungen. Ob er mit ihnen rechnen konnte, wußte er nicht, die Verbindungen zu dem Landgrafen Wilhelm, zu Baudissin, zu Georg von Lüneburg waren abgerissen. Auch über die Situation in Sachsen war er unzureichend unterrichtet.

Erst allmählich erhielt er Klarheit. Georg von Lüneburg hatte die bei Torgau die Elbe verteidigenden sächsischen Verbände verstärkt – was Gustav Adolf guthieß, weil es den Feind beschäftigte. Der Kurfürst, von Gustav Adolf aufgefordert, ihn zu unterstützen, meinte, nicht mehr als zwei Reiterregimenter entbehren zu können, denn die Masse der sächsischen Armee stand mit Arnim noch in Schlesien und dieser hielt es für unangebracht, die Stellung dort aufzugeben; er bat sogar um seine Entlassung, als Johann Georg den Rückzug befahl. Auch der König meinte, es wäre besser, Arnim bliebe in Schlesien, um Gallas in Schach zu halten; aber der Brief, in dem er dies schrieb, traf bei Arnim erst nach der Schlacht von Lützen ein.

Letztlich fehlten bei Lützen die Sachsen völlig, und zwar nicht nur wegen der zuwartenden Haltung in Dresden, sondern weil der König sich Hals über Kopf entschloß, zum Schlag auszuholen. Wallenstein vermutete, Gustav Adolf plane mit der Errichtung des Lagers bei Naumburg etwas Ähnliches wie in Nürnberg. Er hatte Grund zu zweifeln, daß der König sich herauswagte – zahlenmäßig war die kaiserliche Armee überlegen: Endlich war, mit 8000 Mann, auch Pappenheim eingetroffen. Freilich: Von Schlesien her drohte Arnim, bei Torgau hielten sich die Truppen des Kurfürsten; ganz ohne Risiken war die Situation Wallensteins nicht.

Ob er den König in seinem Nest angreifen soll, ob er ihn vielleicht herauslocken kann? Er rückt dicht heran, nach Weißenfels, ein Dutzend Kilometer saaleabwärts. Der König rührt sich nicht; auch er sieht zu, auch er wartet ab. Kriegsrat der Kaiserlichen: Holk und Pappenheim befragen die Obristen. Die Meinung ist einhellig: Man tut gut daran, den König sich selbst zu überlassen, so wie man ihn im Nürnberger Lager sich selbst überlassen hat, und wie dort dafür zu sorgen, daß ihm die Zufuhr abgeschnitten oder doch erschwert wird, daß die sächsischen Truppen unter Kontrolle bleiben, daß man die Schweden stellen kann, sollten sie sich dennoch herauswagen.

Dementsprechend erteilte Wallenstein seine Befehle: Auseinanderrükken in die Winterquartiere, fächerförmig von Gera und Altenburg im Süden, über Leipzig und Halle bis nach Aschersleben, Quedlinburg und Halberstadt im Nordwesten. Dorthin, also in das ihm gewohnte niedersächsische Revier, kehrt Pappenheim zurück, mit dem Auftrag, Befestigungswerke zu schleifen, in denen sich der Feind festsetzen könnte, und neue Truppen zu werben. Auch Holk soll sich den Winter über um neue Mannschaften bemühen und dazu ins Westfälische vordringen. Alles in allem ein wohlüberlegter Plan, der nicht nur die Winterquartiere sinnvoll aufteilt, sondern um die schwedische Armee herum ein System von Sicherheitsposten legt, die stark genug sind, so lange standzuhalten, bis die kaiserliche Hauptarmee sich gesammelt hat.

Der Generalissimus ließ seine Soldaten nicht einfach auseinanderlaufen. Wachsam gegenüber einem wachsamen Feind, stellte er bei seinem Hauptquartier im Schloß von Lützen am Morgen des 5. November noch einmal seine Regimenter »im Halt gegen den Feind« auf. Dann, gegen neun Uhr, befahl er den Abmarsch. Als Nachhut blieben Reiterverbände zurück, Kroaten, Dragoner. Nach Schloß Weißenfels, dem nächsten Posten beim schwedischen Lager, schickte er den Generalwachtmeister Rudolf von Colloredo, ebenfalls mit kroatischen Reitern und etlichem Fußvolk.

Das Kalkül Wallensteins war korrekt. Nach den Regeln der damaligen Kriegskunst war alles wohl bedacht, alles in Ordnung. Nur ein Posten wurde bei dieser Rechnung vergessen: die Entschlußkraft des Königs, sein hitziges Temperament, sein fast verzweifelter Wille, endlich wieder selbst das Gesetz des Handelns an sich zu reißen. Gustav Adolf war nicht bereit, im Naumburger Lager zu bleiben. Am 4. November wurde ihm gemeldet, der Feind sei im Abrücken – wohin, das war noch nicht zu erkennen. Unverzüglich befahl er den Aufbruch. Am 5. November, um vier Uhr morgens, noch in tiefer Dunkelheit, ehe Wallenstein bei Lützen seine Regimenter noch einmal versammelte, marschierten die Schweden kampfbereit saaleabwärts. Weißenfels war das erste Ziel, das weitere mußte sich ergeben. Vielleicht gelang es, den bei Torgau stehenden sächsischen Verbündeten näher zu kommen und mit ihnen zusammenzuwirken.

Unterwegs fallen den Schweden ein paar feindliche Soldaten in die Hände. Die Gefangenen werden zum Reden gebracht; sie verraten, daß Pappenheim schon auf Halle zieht, daß die kaiserliche Hauptarmee dabei ist, in die Winterquartiere einzurücken.

Nun gibt es kein Zögern mehr. Gustav Adolf weiß: Das ist die Entscheidung. Das ist die Antwort, auf die er gewartet hat, die Bestätigung seiner Entschlüsse, die Rechtfertigung seiner Jagd nach Norden. Er braucht auf nichts anderes mehr zu warten, nicht auf Verstärkungen, nicht auf die Vereinigung mit den Sachsen. Nun gilt nur noch eines: zu handeln.

Lützen

... gerieten sie in ein anderes wieder unversehen in ein ander Regiment des Feindes, darüber denn Ihre Königliche Majestät, unser edles Haupt, leider um das Leben kommen, und obschon dieses hohe Haupt gefallen, wurde doch nicht unterlassen, von den Unzähligen ritterlich zu fechten und gegen Abend, Gott lob, die Victori *erhalten ... Gott wolle sich seines Volkes annehmen.*

Tagebuch der schwedischen Feldkanzlei, 6. November 1632

WALLENSTEIN HATTE, ehe er seine Armee in die Winterquartiere entließ, bereits mit der Möglichkeit einer Schlacht bei Lützen gerechnet. Dies zeigt ein blutbefleckter Plan, der in Wien aufbewahrt wird. Vermutlich hat ihn der Friedländer Pappenheim mitgegeben, ehe dieser nach Halle aufbrach – für den Fall, daß Gustav Adolf auf Leipzig marschierte und man sich ihm stellen mußte.

Das Gelände des Plans stimmt mit dem späteren Kampfplatz überein – Wallenstein hatte es bewußt ausgesucht und hielt, trotz der Verwirrung und Hast, unter der seine Vorbereitungen litten, mit Umsicht daran fest. Auch die Aufstellung seiner Armee richtete sich nach dem Plan, von jenen Regimentern abgesehen, über die er am 6. November nicht mehr verfügen konnte.

Trotzdem entging das kaiserliche Heer nur mit knapper Not der Vernichtung, verfehlte Gustav Adolf nur durch einen Zufall einen triumphalen Sieg. Wären die Schweden nicht unterwegs mit dem nach Weißenfels vorrückenden Détachement des Grafen Colloredo zusammengestoßen – der von der Podagra heimgesuchte kaiserliche Generalissimus wäre womöglich auf seinem Bett im Lützener Schloß von den Soldaten des Königs überrascht worden, seine Regimenter, im Abmarsch vom Feind ereilt, unter dem Ansturm zusammengebrochen, eins nach dem anderen.

Ehe Colloredo unversehens die Schweden vor sich auftauchen sah, hatte niemand auf kaiserlicher Seite eine Ahnung von ihrem Aufbruch. Sie hatten Weißenfels schon hinter sich gebracht und waren auf halbem Weg von dort nach Lützen. Oberst Colloredo, geschickt genug, ein erfahrener Soldat, von Anfang an in Wallensteinischen Diensten, zieht sich zurück, findet an der Rippach, bei dem Dorf gleichen Namens und bei Poserna, einen Halt: Jenseits des Bachgrundes, durch den ein schlechter Weg über eine Brücke führt, kann er sich auf der Höhe postieren. Mit seinen geringen Kräften sucht er standzuhalten, so lange standzuhalten, bis die sofort zurückjagenden Meldereiter Lützen erreicht haben, wenn es geht noch länger – bis der Alarm Hilfe herbeigerufen hat.

Der heftige Widerstand, den Colloredos Leute leisten – an die 100 werden dabei niedergehauen, 20 gefangengenommen – täuscht die Schweden über ihre Zahl, zwingt sie zu einer Vorsicht, die ihren Zeitvorteil schrumpfen läßt. Fortuna, die auf der Standarte der Kaiserlichen zu sehen ist, steht ihnen bei, auch wenn das Fähnlein schließlich den Schweden in die Hände fällt.

Bis das Heer des Königs wieder ungehindert vorwärtskam, waren an zwei Stunden verstrichen, kostbare Stunden: »Und hätte nicht der Paß Rippach, der bei Zeiten wohl versehen worden war, den König lange aufgehalten, würde er den ersten Abend, der ein Montag, einen großen Effekt erzielt haben«, stellt der Feldmarschall-Leutnant Heinrich Holk in seinem Bericht über die Schlacht fest.

Aus dem Abend wuchs an diesem Novembertag rasch die Nacht. Der König mußte sich entschließen, den Marsch zu unterbrechen und »in Bataille« halten zu lassen. Ringsum in der Finsternis sah man die Wachtfeuer des Feindes, der sich zum Kampf sammelte. Wallenstein hatte sofort nach Eintreffen der Colloredoschen Melder drei Kanonenschüsse abfeuern lassen: das vereinbarte Zeichen für den Rückruf seiner Regimenter. Und er hatte seinerseits Melder losgejagt, die Verstreuten herbeizurufen, am dringendsten den schon am weitesten Entfernten, den Feldmarschall Pappenheim: »Der Feind marschiert hereinwärts, der Herr lasse alles stehen und liegen und *incaminiere* sich hierzu mit allem Volk und Stücken, auf daß er morgen früh bei uns sich befindet.«

Die Verwirrung bei den Kaiserlichen war groß; was da im Laufe der Nacht bei Lützen hastig zusammenströmte, brauste vor Aufregung wie ein aufgestöbertes Wespennest. Holk gelang es, die Unruhe zu bändigen. Bei Fackelschein überwachte er die Aufstellung der Regimenter, wies sie an ihre Plätze. Im Vorfeld zu den nur vier Kanonenschüsse entfernten Schweden ließ er Streifscharen patrouillieren, um Überfälle aus dem Dunkel zu verhindern.

Mit dem herandämmernden 6. November, einem feuchten, nebelschweren Morgen, so trüb verschwommen wie der Ausblick auf das Ergebnis der bevorstehenden Schlacht, stand die Armee des Herzogs von Friedland – soweit sie sich wieder zusammengefunden – in einer Ordnung, der nur noch wenig von der Hast der Nacht anzumerken war.

Von der Stadt Lützen führt die Landstraße in Richtung Nordosten nach Leipzig. Nördlich der Stadt steigt das sonst fast ebene Gelände leicht an; auf dem kleinen Hügel vier Windmühlen; dahinter als noch höhere Kuppe der Galgenberg. Den Mühlenhügel bestimmte Wallenstein zum rechten Flügel seiner Armee und stellte diese hinter der Landstraße in einer

Front von etwa zweieinhalb Kilometer Länge auf, die Straßengräben geschickt als erste Widerstandslinie nutzend: Die Schützengräben späterer Kriege vorwegnehmend, füllte er sie mit Musketieren.

Die Gliederung der Kampfverbände zeigt, wieviel Wallenstein von Gustav Adolf gelernt hatte: Die Infanterie im Zentrum war in fünf Brigaden aufgelöst, die Kavallerie an beiden Flügeln staffelweise aufgestellt und mit schützenden Musketiergruppen durchsetzt; hinter dem ersten Treffen standen zwei weitere Infanteriebrigaden, deren Flanken durch Reiter gedeckt waren, und ganz im Hintergrund hielt sich noch eine kleine, ebenfalls gemischte Eingreifreserve. Der Generalissimus wollte eine Abwehrschlacht, wollte den König hinhalten, bis Pappenheim erschien. An seinem rechten Flügel, an die Stadt Lützen mit Schloß und Mühlgraben angelehnt, sollten sich die Schweden die Zähne ausbeißen. Hier auf dem Mühlenhügel massierte er seine schwere Artillerie, 14 Geschütze, ließ die Windmühlen und was sich sonst an Gebäuden vorfand, zu kleinen Bastionen ausbauen, hier versammelte er seine besten Regimenter. Zusammen mit dem starken Infanteriezentrum, das er links noch mit sieben schweren Geschützen gleich hinter dem Straßengraben unterstützte, hoffte Wallenstein dem Ansturm des Königs gewachsen zu sein. Er rechnete, im Blick auf das Verhalten des Königs bei Rain am Lech und bei Nürnberg, damit, daß Gustav Adolf sich unmittelbar auf die Hauptmacht des Feindes stürzen würde; hier mußte die Entscheidung fallen, und hier wollte Wallenstein darum auch selbst kommandieren.

Seinen linken Flügel überließ der Friedländer vorerst dem bewährten Holk. Pappenheim, so hoffte er, würde bald nach der Eröffnung der Schlacht eintreffen und dann diesen Flügel stärken. Inzwischen mußte Holk mit dem auskommen, was vorhanden war: leichte Kavallerie, meist Kroaten und Polen, und einige Regimenter Arkebusier; zur Vortäuschung größerer Stärke wurden sogar Leute aus dem Troß zu Pferde gesetzt.

Alles in allem warteten am Morgen des 6. November auf kaiserlicher Seite rund 16 000 Mann auf den schwedischen Angriff; fast zur Hälfte waren es Reiter – begreiflicherweise, da wenig Zeit zum Anmarsch des Fußvolks geblieben war. Der König war bis zum Eintreffen Pappenheims seinem Gegner um 2200 Mann überlegen, dank seiner erheblich stärkeren Infanterie. Die Zahl seiner Reiter dagegen blieb schon zu Anfang um fast 2000 hinter der kaiserlichen Kavallerie zurück. An schweren Geschützen besaß Gustav Adolf ungefähr soviel wie Wallenstein; was den König artilleristisch überlegen machte, waren seine leichten Feldgeschütze, die der anderen Seite fehlten.

Im Gegensatz zu Wallenstein mußte Gustav Adolf sein Konzept für die Schlacht aus dem Augenblick heraus entwickeln. Gleich als »der Tag für-

zubrechen begann«, ließ er seine Armee nach Osten vorrücken. Ab und zu tauchten im Nebel kaiserliche Reiter auf und verschwanden wieder, ohne zu schießen. Der König, der die Nacht mit Knyphausen und Bernhard von Weimar in einem Wagen verbracht hatte, verrichtete dort sitzend sein »Gebet fleißig und eifrig mit gefalteten Händen«, dann stieg er, ohne zu frühstücken, in seinem Wams aus Elchleder auf seinen braunen Hengst Streiff, prüfte vielleicht noch einmal die holländischen Pistolen, die in den Halftern steckten, seinen deutschen Degen, setzte sich im Sattel zurecht, den ihm vor ein paar Jahren Maria Eleonora geschenkt hatte.
So ritt er auf Lützen zu, führte seine Armee südlich daran vorbei und ließ sie, immer noch im Nebel, zum Einrücken in Schlachtordnung antreten. Der Feldprediger Fabricius sprach das Morgengebet vor, die Trompeter bliesen »Ein feste Burg«, die Soldaten sangen »Verzage nicht, du Häuflein klein«, und als sie mit »Gott ist mit uns und wir mit Gott / den Sieg wolln wir erlangen« geendet hatten – ihr Losungswort »Gott mit uns« also noch auf den Lippen –, ritt der König zuerst zu den Schweden und Finnen, dann zu den Deutschen und ermahnte »alles Volk zu Roß und zu Fuß mit bewegenden Worten redlich zu fechten«, wobei er seine Landsleute erinnerte, was für sie auf dem Spiel stand: nicht weniger als die Hoffnung, einmal wieder in die Heimat zurückkehren zu können.
Die düsteren Ahnungen, die den König bedrängt hatten, schienen verflogen; dafür wuchs seine Ungeduld. Immer noch hing der Nebel wie eine schwere Decke über der Ebene und verhinderte den Angriff; der Zeitvorsprung des Königs schwand weiter dahin. Auch Wallenstein, der Leidende, sonst auf die Sänfte Angewiesene, hatte sich inzwischen, mühsam genug, aufs Pferd gesetzt, war zu seinen Regimentern geritten, hatte seine knappen letzten Befehle erteilt – Ansprachen waren nicht seine Sache –, hatte die Losung ausgegeben: »Jesus Maria«. Wieder einmal, wie bei Breitenfeld, wurden hüben und drüben die heiligsten Namen geschrieen, während man sich die Piken in den Leib rannte, die Gesichter zerfleischte und einander niederschoß.
Nach neun Uhr endlich konnten die Schweden den Floßgraben überqueren, einen flachen Kanal für den Holztransport, der fast parallel zur Landstraße verlief und diese dann am Ende des linken kaiserlichen Flügels kreuzte. Der Übergang über den Wasserlauf, leicht zu bewältigen, wurde von ein paar Kroaten kurz gestört; im übrigen konnte sich die Armee dahinter frei entfalten. Wallenstein hielt entschlossen am Abwarten fest. Auch er nahm noch einige Umstellungen vor; die Schweden hörten hinter der Nebelwand das Spiel marschierender Truppen.
Der König, sobald er die Lage erkannt hatte, entschied sich im Gegensatz zu Wallensteins Annahme, den rechten Flügel zum »*principal Ort der bataille*« zu machen, sich also mit aller Wucht auf den schwachen linken Flü-

gel Wallensteins zu werfen. Dort schickte er seine Eliteeinheiten ins Gefecht: das Gelbe, sein Leibregiment, die Schwedische Brigade und seine besten finnischen und schwedischen Reiter; dort übernahm er selbst den Befehl. Das Zentrum vertraute er dem Grafen Nils Brahe an, den linken Flügel Bernhard von Weimar. An Generälen hatte der König keine allzu große Auswahl, die meisten wurden anderswo benötigt, zwei der besten waren ausgefallen: Banér durch seine Verwundung, Torstensson durch Gefangenschaft.

Um zehn Uhr hätte der Angriff beginnen können, da ballte sich der Nebel wieder so dicht, daß die kampfbereiten Brigaden noch eine volle Stunde unbeweglich verharren mußten. Endlich gegen elf Uhr brach die Sonne durch. Die schwedische Artillerie eröffnete das Feuer, die Kaiserlichen schossen zurück. Fast gleichzeitig stürmten die Schweden unter Führung des Königs gegen den linken Flügel der Kaiserlichen vor. Die Musketiere im Straßengraben wurden überrannt, über die Straße hinweg stürzte sich das schwedische Fußvolk auf den Feind, begleitet von den wild dahinjagenden Reitern, die immer weiter ausholten, die Kroaten und Kürassiere Holks auseinandertrieben. Vom anderen Flügel eiligst herbeibefohlene Fähnlein der Kaiserlichen konnten die Entscheidung nur noch verzögern, nicht aber aufhalten. Gegen Mittag waren die Kroaten auf der Flucht, der ganze linke Flügel Wallensteins in Auflösung, und die schwedische Kavallerie schwenkte ein, um der Infanterie im kaiserlichen Zentrum in die Flanke zu fallen.

Zu diesem Zeitpunkt erreichte den König eine Meldung Herzog Bernhards: Sein Angriff sei abgeschlagen, die Gegenwehr, insbesondere das Artilleriefeuer, so stark, daß er kaum noch standhalten könne. Bernhard von Weimar hatte auf seinem Flügel gleichzeitig mit dem König den Angriff vorgetragen. Lützen stand in Brand, die Kaiserlichen hatten es als Schutz gegen Umgehungsmanöver angesteckt. Bernhards Reiter, den beizenden Rauch im Gesicht, hatten eben den Gegner erreicht, als sie von der Flanke her ein Kürassierregiment auseinandertrieb. In die zurückflutenden Schwadronen schlugen die Salven der Geschütze von den Windmühlen. Die Infanterie der schwedischen Seite, insbesondere die aus Schotten und Deutschen bestehende Grüne Brigade, suchte trotzdem vorzurücken; auch gegen sie führte Wallenstein seine Kavallerie, offenbar in eigener Person, denn Holk berichtet: »Der Herzog hielt sich sehr mannhaft und witzig, denn zwei ganze Stunden focht er gegen die Infanterie mit 4 Regimentern zu Pferd . . .«

Der Hilferuf Bernhards von Weimar riß den König zu einem jähen Entschluß hin. Auf seinem Flügel stand in diesem Augenblick alles zum besten. Er sah die fliehenden Kroaten, das Vordringen seiner Reiter – hier wurde er nicht mehr gebraucht, hier konnte er das weitere seinem General Stålhandke überlassen. Ein Befehl an das Småländische Reiterregiment, und schon jagte der König an dessen Spitze hinüber zu seinem bedrängten linken Flügel.

Eben während dieses Manövers, fast genau um zwölf Uhr mittags, stürzte sich Pappenheim in den Kampf. Mit 3000 Kürassieren, Dragonern und Kroaten – seine Infanterie war hinter der wilden Jagd zurückgeblieben – warf er sich unmittelbar in das Getümmel der fliehenden Kroaten, der auf das feindliche Zentrum eindringenden schwedisch-finnischen Reiter auf dem wankenden Flügel der Kaiserlichen.

Im Nu hatte er die Lage erfaßt, im Nu seine Befehle erteilt, die Fliehenden gesammelt, zum Gegenstoß geordnet. Die leichte Kavallerie schickt er in einem weiten Bogen hinter die schwedische Front, um dort über die Bagage herzufallen. Die schweren Verbände führt er selbst frontal gegen den eben noch siegreichen Feind. Da, im ersten Anlauf, trifft ihn eine Kanonenkugel und reißt ihm die Seite auf. Ein schwedischer Reiter will den Verwundeten als Gefangenen mitzerren. Pappenheims Leute, durch den Sturz ihres Führers verstört, wenden sich – statt ihn herauszuschlagen – zur Flucht. Nur der Trompeter des Feldmarschalls, Ehinger, hat den Mut, den Schweden niederzuschießen und seinen Herrn davonzuschleppen, währenddessen immer neue Reiter, von Panik ergriffen, nach rückwärts preschen. Der Todwunde schreckt auf, fragt wo er sei, erkennt seine eigenen Leute auf der Flucht; Tränen schießen ihm in die Augen, er ruft (oder seufzt): »Ach ihr Brüder, daß Gott erbarm! Ist keiner mehr da, der für den Kaiser treulich fechten will!« Er wird zu einem Wagen gebracht und nach Leipzig gefahren, wo er stirbt. Ein letzter Trost soll für ihn gewesen sein, daß er von dem Tod Gustav Adolfs hörte.

Durch die Verwundung Pappenheims verwandelte sich sein Eingreifen, das die Schlacht hätte wenden können, zum Signal der völligen Zersetzung des Flügels, dessen Kommando er – wie vorgesehen – sofort übernommen hatte, worauf Holk an seinen Platz an der Seite Wallensteins zurückkehrte. Ganze Regimenter flohen, und da nun schon alles verloren schien, plünderten sie die eigene Bagage, ehe sie noch weiter davonstoben, so weit, daß sie das noch einige Marschstunden entfernte Fußvolk Pappenheims in Aufregung versetzten.

Das Schlimmste für die Schweden schien überstanden, denn in dieser Stunde zwischen zwölf und ein Uhr gelang es auch der schwedischen Infanterie, ins Zentrum vorzurücken; die dort stehenden sieben schweren Geschütze der Kaiserlichen wurden erbeutet und sofort gegen den Feind gerichtet. Zwar stifteten die noch von Pappenheim entsandten Kroaten im Rücken der Schweden bei deren Troß kurz beträchtliche Verwirrung; sie konnten sogar einige Pulverwagen in die Luft jagen, wurden dann aber von den Kürassieren der schwedischen Reserve vertrieben.

Da senkte sich erneut der Nebel auf das Lützener Feld, dichter Nebel, in dem der Pulverdampf waberte, ein fast undurchdringlicher Vorhang, der beiden Seiten verbarg, was sich anderswo abspielte als unmittelbar vor den eigenen Augen, der die einen hinderte, ihre Erfolge zu nutzen, den anderen eine Atempause verschaffte, und in dessen Falten sich die Tragödie dieses Tages vollzog.

Gustav Adolf erreichte mit seinen Smaländer Reitern den linken Flügel seines Fußvolkes, als dieses sich des Ansturms durch Kürassiere und Infanteristen des Feindes kaum noch erwehren konnte. Wallenstein hielt selbst noch immer mitten unter seinen Reitern »und war ganz umringt, bis Holk die Reiterei zurückführte und ihm sekundierte« – so nach Holks eigenem Bericht. Die Grüne Brigade gab ihr Äußerstes, aber lange konnte sie nicht mehr durchhalten in diesen düster gewordenen Mittagsstunden. Auch hier gab es für den König kein Besinnen. Mitten durch seine erschöpften Pikeniere und Musketiere drängte er nach vorn, sein unmittelbares Gefolge hinter sich. Alle erkennen ihn, alle machen ihm Platz. Eben dies wird zu seinem Verhängnis. Auch im Nebel bemerken die Kaiserlichen, daß sich etwas Besonderes abspielt. Ein Musketier schießt auf den auffallenden Mann auf dem braunen Hengst und trifft seinen linken Arm. Eine schwere, keine tödliche Wunde.

Die Begleiter des Königs suchen den Kurzsichtigen herauszuführen, mitten durch das schattenhafte Gewirr der zurückgedrängten Infanteristen, der in das Gemenge verwickelten Småländischen Reiter. Bald halten sich nur noch wenige an der Seite Gustav Adolfs: der Herzog Franz Albrecht von Sachsen-Lauenburg (der, da eben erst von kaiserlicher Seite übergetreten, als »Kreatur des Friedländers« nachher zu Unrecht verdächtigt wird, den König gemeuchelt zu haben), der Kammerjunker Truchseß, der Page Leubelfing und der Leibknecht Anders Jönnsson. Dann auf einmal, aus dem Dunst heraus, kaiserliche Kürassiere. Und kein schwedischer Soldat, der sie aufhält. Einer erkennt den auf den Pferdehals geduckten verwundeten König; es ist Moritz von Falkenberg, ein Verwandter des Verteidigers von Magdeburg aus dem katholischen Zweig der Familie; Gustav Adolf hat dem in schwedische Gefangenschaft geratenen kaiserlichen Oberstleutnant erst vor kurzem seines Namens wegen die Freiheit geschenkt.

Der dankt es ihm schlecht. Mit dem Ruf »Bist du denn hier!« (oder etwas Ähnliches, wer weiß das hinterher noch genau) schießt er den König mit der Pistole in den Rücken, Gustav Adolf stürzt vom Pferd, wird, einen Fuß noch im Steigbügel, vom Pferde ein Stück mitgeschleift. Der Page Leubelfing will helfen, bietet dem König sein eigenes Pferd, glaubt ihn noch retten zu können, da fällt der kaiserliche Schwarm erneut über sie her, schießend, hauend und stechend. Gustav Adolf wird durch den Hinterkopf geschossen, während er mit dem Gesicht auf dem nassen, zerstampften Ackerland liegt. Auch der Reitknecht wird getötet. Der Page bleibt schwer verwundet liegen, wird erst eine Stunde später gefunden und nach Naumburg gefahren, wo er nach zehntägigem Wundlager eines »seliglichen Todes verblichen ist«.

Das übrige Gefolge hatte der Nebel verschluckt. Das Pferd des Königs trabte herrenlos über das Schlachtfeld, den schwedischen Soldaten, die es erkannten, Unheil verkündend. Der Leichnam wurde geplündert, einer der Kürassiere nahm den Lederkoller mit (er wurde in Wien aufbewahrt und erst 1920 zum Dank für die Hilfe des Schwedischen Roten Kreuzes während des Krieges der Stockholmer Leibrüstkammer zurückgegeben), ein anderer raubte Siegelring, Goldkette und Uhr, ein Trompeter einen Sporn. Zuletzt lag der schwere Körper unbeachtet, bis aufs Hemd entkleidet, von zahlreichen Wunden entstellt (der Apotheker, der ihn einbalsamierte, zählte fünf Schüsse, drei Hiebe und einen Stich) unter einem Haufen anderer Gefallener. Er wurde erst spät abends von dem Stallmeister von der Schulenburg gefunden. Zu den Toten zählte auch der Oberstleutnant Falkenberg, der den noch heute in Koller und Hemd sichtbaren Schuß in den Rücken abgegeben hatte.

Die Berichte über den Tod des Königs widersprechen sich, vieles ist bald darauf legendär ausgeschmückt worden, auch die Geschichte des achtzehnjährigen Pagen Leubelfing aus Nürnberg (der sich bei Conrad Ferdinand Meyer sogar in ein Mädchen verwandelte). Aber sehr viel anders, als eben erzählt, kann es sich kaum abgespielt haben.

Was folgte, steigerte sich zum Furioso. Bei den Kaiserlichen löste die Nachricht vom Tod des Königs erst Zweifel (Wallenstein behandelte die Meldung noch am Tage nach der Schlacht als unbestätigtes Gerücht), dann aber, wo sie laut wurde, Siegesjubel aus. Auf schwedischer Seite schien die schreckliche Botschaft zu einer Panik zu führen. Dem Feldprediger Fabricius war es zu danken, daß die mit der Meldung »Der König ist verwundet!« über die Straße zurückflutenden schwedischen Reiter zum Halten gebracht wurden und einige hundert Leute zu einem Gegenstoß antraten.

Fabricius hatte den Vorstoß des Königs an der Spitze der Småländer beobachtet und ihn im Nebel verschwinden sehen. Als ihm jetzt Leute der Feldkanzlei zuriefen: »Man muß fliehen!« schrie er – wie sie in Latein – dagegen: »Man muß stehen, sonst reißen wir durch unsere Flucht alle mit.« Entschlossen sammelte er ein Häuflein um sich und stimmte mit ihm den Choral an: »Erhalt uns, Herr, bei deinem Wort«, so lange, bis immer mehr mitsangen, unter ihnen der Oberst George Fleetwood, dem es gelang, die Disziplin wieder herzustellen.

Es war Zeit, denn der Nebel verschwand, und die Kaiserlichen sammelten

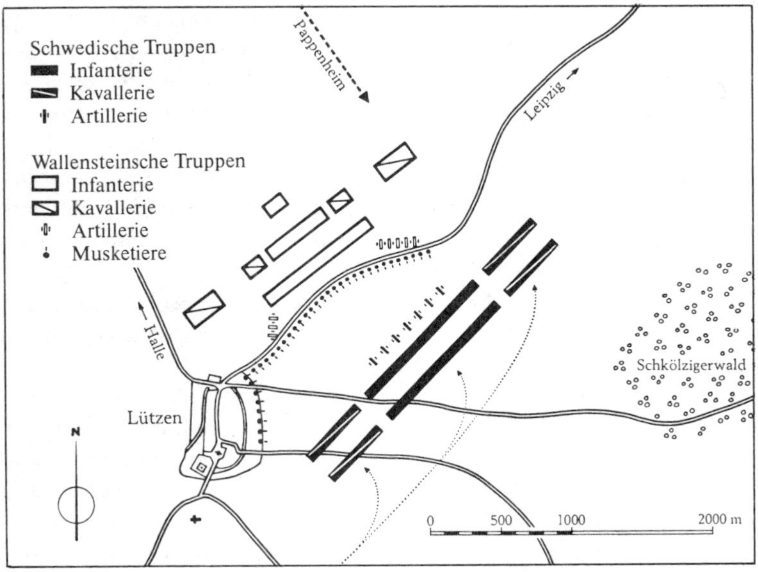

Plan der Schlacht von Lützen

sich zum Gegenangriff. Obwohl es immer noch Wallensteinische Regimenter gab, die kaum zum Eingreifen zu bewegen waren – der Oberstleutnant Albrecht zu Hofkirchen scheint als Lutheraner in einen Gewissenskonflikt geraten zu sein; seine Befehlsverweigerung brachte ihn, mit anderen, vor ein Kriegsgericht, das ihn zum Tode verurteilte –, gelang es Octavio Piccolomini, jetzt mit dem Kommando über den linken kaiserlichen Flügel betraut, in sieben Reiterattacken, bei denen fünf Pferde unter ihm weggeschossen wurden und er sechs Wunden empfing, den vorher siegreichen rechten Flügel der Schweden wieder bis zur Straße zurückzudrängen und sogar die verlorenen Kanonen wieder zu erobern. Um zwei Uhr mittags hing die Entscheidung in der Schwebe: Der König war tot, die Schweden hatten schwere Verluste erlitten und alles gewonnene Gelände aufgeben müssen.
General Knyphausen, der Führer des zweiten Treffens der Infanterie, riet die Schlacht abzubrechen. Bernhard von Weimar, der jetzt Oberbefehlshaber war, entschied sich für einen neuen Angriff. Er setzte auf die Entschlossenheit seiner Soldaten, den König zu rächen, und er behielt recht. Was ihm am Morgen nicht gelungen war, die Eroberung der feindlichen Hauptstellung am Mühlenhügel, setzte er am Nachmittag in einem rasenden Anlauf durch: ». . . der Eifer, Grimm und Rachbegierde waren so

stark, daß sie wie wütende Tiere auf den Feind losgingen, um den Tod ihres Königs zu rächen«. Hart genug wurde der Erfolg errungen, aber zuletzt waren alle Windmühlen in schwedischer Hand, und die schweren Kanonen Wallensteins feuerten auf die Kaiserlichen. Deren Zentrum mit dem erprobten Fußvolk hielt trotzdem weiter stand. Ein bald darauf in Erfurt erschienener Bericht hält fest, es sei »wiederum ein solcher Ernst bis in die Nacht hinein beiderseits im Fechten gewesen, daß man nichts denn Donner und Hageln aus Stücken und Musketen gehört und ist dieses Letztere noch härter denn das Erste gewesen . . .«

Gegen fünf Uhr begann die Nacht einzufallen, und obwohl in der Dunkelheit noch da und dort gekämpft wurde, fand der blutige Tag allmählich ein Ende. Erschöpft ließen die Gegner voneinander ab.

Wallenstein befahl den Rückzug. Er ließ sich auch durch die späte Ankunft der Pappenheimschen Infanterie nicht bewegen, die Stellung zu halten oder gar den Kampf zu erneuern. Was er seinen Leuten noch zumuten konnte, war der geordnete Rückmarsch nach Leipzig, mehr nicht. Auch dort blieb er nicht lange. Er fürchtete, zwischen die schwedische und die beiden sächsischen Armeen zu geraten, wobei er deren Stärke überschätzte. Er selbst war müde, verwundet, krank, mit 50 Jahren schon ein alter Mann. Die Winterquartiere, die er in Sachsen gesucht hatte, mußte er nun in Böhmen finden: eine Heimkehr, die – mißt man sie an seinem Verhalten bis zu seinem Tod 15 Monate später – sich wie eine Weigerung ausnimmt, nach dem Fall des Königs den Krieg noch ernsthaft fortzusetzen.

Die schwedische Armee blieb die Nacht auf dem Schlachtfeld; ihre Ermüdung, ihre schweren Verluste erlaubten es nicht, den Feind zu verfolgen. Wallensteins definitiven Abzug bemerkte Bernhard von Weimar erst am Morgen; er hatte bis dahin ein neues Aufflackern des Kampfes für möglich gehalten. Fast ein Drittel seiner Leute war auf dem Schlachtfeld geblieben; besonders schwere Verluste hatte die Infanterie des ersten Treffens erlitten. Insgesamt, auf beiden Seiten, kostete dieser eine Tag 9000 Männern das Leben.

Nach den damaligen Maßstäben durften sich die Schweden als Sieger fühlen. Ein entscheidender Sieg, jener Sieg, den Gustav Adolf gesucht hatte, als er eiligst nach Norden marschierte und als er in der dunklen Frühe des 5. November von Naumburg aufbrach, war es nicht. Es war ein Erfolg auf Zeit, und er wurde mit dem höchsten Preis bezahlt: dem Tod des Königs.

Nahe bei Lützen, hinter dem Floßgraben, liegt ein kleines Dorf: Meuchen. Dorthin wurde in der Nacht der Leichnam Gustav Adolfs gebracht und von Blut und Schmutz gereinigt. Man war ehrfürchtig genug, das abgewaschene Blut in der Dorfkirche beizusetzen und die Stelle mit einer

Wappentafel zu bezeichnen. Noch in der gleichen Nacht wurde der tote König nach Weißenfels übergeführt. Im Erkerzimmer des dortigen »Geleitshauses« – einem Gasthaus, in dem Reisende bewaffnetes Geleit erhielten – wurde er aufgebahrt und einbalsamiert. Pappenheim, der fast zur selben Stunde gefallen war, hatte vor kurzem in diesem Zimmer genächtigt.

Axel Oxenstierna erhielt fünf Tage nach Lützen in Frankfurt »die ganz unverhoffte böse Zeitung«; es folgte eine jener zwei Nächte in seinem Leben, in denen er keinen Schlaf fand. Aber er besann sich rasch auf seine Pflicht. Schon am 14. November ging sein Schreiben an den Reichsrat in Stockholm ab, in dem er den Tod des Königs meldete, und in dem er darlegte, was nun zu tun war. Sein Brief erreichte die Senatoren am 8. Dezember. Einer berichtet: »Beim Betreten des Saales fand ich alle Reichsräte über die Maßen betrübt. Einige trockneten ihre Tränen, andere rangen die Hände. Der Pfalzgraf [Johann Casimir] kam mir wehklagend an der Tür entgegen. Noch wußte ich nicht, was vorgefallen war; allein schnell genug sollte ich zu meinem Kummer von dem Geschehnis erfahren.«

Maria Eleonora, noch immer in Erfurt, suchte man vorsichtig auf die Nachricht vorzubereiten. Sie glaubte zuerst an eine nicht allzu schwere Verwundung. Als sie am 10. November das ganze Unglück erfuhr, gebärdete sie sich wie eine Verzweifelte. Man ließ sie erst im Dezember nach Weißenfels reisen, wo der König immer noch aufgebahrt lag. Das in eine Goldkapsel gebettete Herz des Königs nahm sie an sich, trug es mit sich und hing es nachts über ihr Bett, während der Trauerkondukt sich von Ort zu Ort nach Wolgast bewegte.

Im dortigen Schloß blieb der Sarg mit dem König noch lange stehen. Man mußte warten, bis die Ostsee offen war, doch zogen sich auch dann die Vorbereitungen für ein »solennes« Leichenbegängnis noch lange hin, bis in den Sommer hinein. Der Reichsrat entsandte zur »Abführung der seligen Königlichen Leiche« den Bruder des Kanzlers, Gabriel Oxenstierna, nach Pommern, und als dieser, nach Verzögerungen durch eine Krankheit und wegen »gräßlichen Unwetters« am 10. Mai dort anlangte, fand er alles in einem »jammervollen Zustand«, denn Maria Eleonora hatte im Übermaß ihrer Trauer auch das Geld im Übermaß ausgegeben und konnte sich in der Entfaltung eines kostspieligen Trauerpomps nicht genugtun. Die Königin schwelgte in krankhafter Weise in ihrem Schmerz; später in Nyköping – wo der König zunächst im »Grünen Saal« des Schlosses aufgebahrt wurde – ließ sie die Gemächer des Schlosses gänzlich mit schwarzem Stoff auskleiden, Türen und Fenster verhängen, und lebte Tag und Nacht im flackernden Schein von Fackeln und Wachskerzen. Auch suchte sie den Termin der endgültigen Beisetzung immer weiter hinauszuzögern, bestrebt, den Leichnam des Gatten für sich selbst zu behalten. Es bedurfte eines erheblichen Drucks durch den Reichsrat, ehe der König schließlich im Sommer 1634 in der Riddarholmskirche beigesetzt werden konnte.

Ein makabres Nachspiel zu einem Ereignis, das im November 1632 Europa erschütterte. Der »höchst klägliche und betrübte Fall« – so Landgraf Wilhelm von Hessen an Axel Oxenstierna – wurde von den deutschen Protestanten tief betrauert; es war eine Trauer, die das Herz des Volkes bewegte. Gedenkpredigten, Gedichte, Lieder gaben ihr Ausdruck. Zu der Trauer kam die Sorge um die Zukunft. Alle empfanden, was Richelieu sagte: »*Il valait seul plus que les deux armées*« [Er allein war mehr wert als die beiden Armeen].

In England, in Dänemark, in den Niederlanden, wo man politisch mit dem König nicht hatte einig werden können, begriff man, was die gemeinsame protestantische Sache verloren hatte, so wie in Wien, in Brüssel, in Madrid der Tag von Lützen als Sieg gefeiert wurde, weil man dort – so Chemnitz – »an des Hochseligen Königs Tod mehr gewonnen zu haben vermeint, als sie durch Verlust von 40 000 Mann hätten einbüßen mögen«.

Außer dem lauten Jubel gab es auch auf katholischer Seite andere Regungen: Bei Wladislaw, eben erst zum polnischen König gewählt, überwog das Bewußtsein, daß der größte Sohn des Hauses Wasa dahingegangen war. Daß man dem Papst fälschlicherweise zutraute, er betrauere den Tod des Ketzerkönigs, erklärt sich mit seinem gespannten Verhältnis zu den Habsburgern; und immerhin scheint er mit dem Nuntius Caraffa die Bewunderung für einen König geteilt zu haben, »desgleichen sein Land keinen und ganz Europa wenige« gesehen. Selbst der Kaiser, der Wallenstein in einem überschwenglichen Brief für den »glückseligen *Success*« dankte, wurde nachdenklich, als ihm der zerschossene Koller des Königs gebracht wurde, und meinte, er hätte dem Schweden wohl gerne ein längeres Leben und fröhliche Heimkehr in sein Reich gegönnt.

Der Dreißigjährige Krieg, sofern er überhaupt je einen Sinn gehabt hatte, wurde nach Lützen ganz und gar sinnlos, sofern man unter Sinn mehr verstehen will als die Wahrung der Macht. Solange Gustav Adolf lebte, wurde das wüste, sich über Deutschland hinziehende Kriegsgetümmel nicht ausschließlich als Verteidigung oder Vermehrung von Besitz und Einflußsphären verstanden, so lange wirkte in dem Ringen noch ein Hauch des Geistes, der die Reformation entfacht und die Gegenreformation herausgefordert hatte. Gustav Adolf hatte gemeint, den gordischen Knoten der deutschen Verhältnisse mit dem Schwert durchhauen und sie neu ordnen zu können – im Glauben, nicht nur seinem Vaterland zu dienen, sondern auch einem göttlichen Auftrag zu gehorchen. In seine letzte

Schlacht zog er mit dem Stoßgebet: »Jesus, Jesus, Jesus, hilf mir heute streiten zu deines heiligen Namens Ehr!« Weder er noch die Prediger, die des Toten gedachten, hörten den Urteilsspruch des dreifach Angerufenen: »Wer das Schwert nimmt, der soll durch das Schwert umkommen!«

So wurde er nicht nur selbst zum Opfer seiner Entschlüsse, so hinterließ er statt einer gerechten Ordnung, in der jeder seinem Glauben leben konnte, in Deutschland das Fortwüten eines Krieges, den erst die Erschöpfung beendete, und so ebnete er in Europa den Weg zu einem Zeitalter, in dem die Macht zum Selbstzweck wurde und Gott zur Dekoration der Herrschernamen und der Koppelschlösser herabsank, bis er auch dazu nicht mehr benötigt wurde.

EPILOG

Ein Nachruf nach 350 Jahren

In angustiis intravit / Pietatem amavit / Hostes protravit / Regnum dilatavit / Suecos exaltavit / Oppressos liberavit / Moriens triumphavit.

In Bedrängnis begann er / Frömmigkeit liebte er / Die Feinde unterwarf er / Das Reich mehrte er / Die Schweden erhob er / Geknechtete befreite er / Sterbend siegte er.

Grabschrift Gustav Adolfs
in der Riddarholmskirche zu Stockholm

AN NACHRUFEN AUF GUSTAV ADOLF fehlt es nicht. In den ersten Monaten nach seinem Tod gab es kaum eine protestantische Residenz, kaum eine evangelische Reichsstadt, da man nicht seiner gedacht hätte. Viele dieser Predigten wurden gedruckt; wenn man sie heute liest, wirken sie, als wären sie abgesprochen, so ähnlich ist ihr Klang. Durchweg wurden die Predigttexte aus dem Alten Testament gewählt, mehrfach die Stelle aus den Klageliedern des Jeremias: »Die Krone unseres Haupts ist abgefallen. O weh, daß wir so gesündigt haben!«; der gottesfürchtige jüdische König Josia wurde (wie bei Karl IX.) zum Vergleich gewählt, ebenso der Prophet Elisa und besonders der streitbare Held Judas Makkabäus. Daß der König aus Schweden kam und vor allem anderen für Schweden zu Felde gezogen war, blieb außer acht – in diesen Predigten ist er für die Deutschen gestorben: »Aber für wen? Wem zugut? Uns Deutschen fürwahr!«

Dem barocken Prunk dieser Apotheosen entsprach der Kult mit Devotionalien. Schon zu Lebzeiten des Königs verbreiteten Stiche und Flugblätter sein Bildnis nicht nur als Portrait, sondern in der Gestalt des Triumphators vor der Karte der befreiten Länder, im Kranz der eroberten Städte; es gab Pokale mit seiner Statue, Ringe mit seinem Gesicht in Goldrelief. Nach dem Tod schwoll die Zahl der »Heiligenbilder« aller Arten: Es entstanden Schlachtengemälde, Stiche, auf denen eine Hand aus den Wolken den Märtyrer krönt, das markante Profil im Lorbeerkranz als Anhänger für Damen, es gab den König auf dem Deckel von Glasdosen und in Trinkgläser eingraviert, als Elfenbeinrelief, als silberne und goldene Statuette, als Wachsbild und als Ofenkachel, in vergoldetes Leder gepreßt und als Stickerei, und es gab ihn auf vielen symbolschweren Medaillen: Gustav

Adolf als Simson, der die Säulen des Heidentempels bricht und sich darunter selbst begräbt; auf dem Triumphwagen; als Streiter des Herrn in römischer Tracht; und – besonders groß – tot auf der Erde hingestreckt, jedoch von einem Engelshimmel überwölbt, aus dem Strahlen der göttlichen Gnade auf ihn herabfallen, und eine Inschrift verkündet: »Komm, du getreuer Knecht.«

Ähnliche Stimmungen, ähnliche Töne kennzeichnen auch die unmittelbar nach dem Tod Gustav Adolfs entstandene Gedenkliteratur. Weckherlin, Fleming, Rist besingen den Toten. Simon Dach findet die einfache Strophe:

Sein Gedächtnis wird bestehen,
Bei der Nachwelt wird man ihn
Eines Helden Muster-Namen
Ewig wissen anzuziehn.

Dann, fast unvermittelt, schon zwei Jahre nach Lützen, versiegt die Literatur auf Gustav Adolf. Die Wirklichkeit des Krieges verdrängt das leuchtende Bild, die Schwedenscharen unter Banér und Torstensson werden nur noch als Plünderer und Mordbrenner, als Verderber Deutschlands gesehen. Fleming widerrief seine Preisgedichte: »*Hostis erat, non hospes erat, probat exitus artes*« [Feind war er, nicht Freund, seine Ränke enthüllt uns das Ende]. Noch schärfer wurde Logau, der in einem Gedicht »An die Schweden« schreibt: » . . . auch die Oder reichte nicht / Abzuwaschen innern Fleck, drüber das Gewissen richt«.

Fortan lebte Gustav Adolf nur noch in der Erinnerung der Gelehrten, welche die Geschichte des Krieges erzählten. Selbst in Schweden erlosch bald das literarische Andenken. Am Hofe der Königin Christina, so achtungsvoll sie ihres Vaters gedachte, lebte man in einer anderen, humanistischgelehrten Welt, in der Gustav Adolf nicht so recht unterzubringen war. Im schwedischen Volk blieb sein Name noch lange lebendig, so wie ihn Axel Oxenstierna – der Schweden als »König ohne Königsname« unerschüttert durch die zwei Jahrzehnte nach Gustav Adolfs Tod steuerte – charakterisierte, als er dem Reichsrat das Ereignis von Lützen mitteilte: »In der ganzen Welt gibt es jetzt und hat es in vielen hundert Jahren keinen gegeben, der diesem König gliche, und glaube ich auch nicht, daß in der Zukunft so leicht einer kommen wird, der ihm gleicht. So mag er denn mit Recht bei uns der weise und große König Gustav genannt werden, des Vaterlandes Vater, wie noch nie ein gleicher in Schweden regiert hat . . .«

Freilich, auch in Schweden verblaßte im Wandel der Zeit das erhabene Bild; erst nach dem Ende der Großmachtzeit wurde es Mitte des 18. Jahrhunderts wieder Gegenstand einer schwärmerisch-sentimentalen Heldenverehrung. König Gustav III., der Schweden von 1771 bis 1792 regierte, Gründer der schwedischen Akademie, erhob seinen Vorgänger zur Verkörperung der von der Aufklärung geforderten Herrschertugenden; er machte ihn zum »Heros schwedischer Gesetzgebung, Wissenschaft und Kunst«, schrieb selbst drei Dramen über Gustav Adolf und bereitete alles in allem jene Glorifizierung des Königs vor, die sich im 19. Jahrhundert durchsetzte, nicht nur in Schweden, sondern besonders auch in Deutschland.

Das von der Aufklärung geformte Bild Gustav Adolfs, an dem auch Voltaire und, ihm folgend, Friedrich der Große mitwirkten, das Bild eines Beschützers der Freiheit und Verteidigers der Toleranz, wurde von Friedrich Schiller in seiner »Geschichte des dreißigjährigen Krieges« noch weiter entwickelt; er sah ihn als einen Vorkämpfer der Humanität, bei dem das nationale Streben mit dem Drang nach einem höheren Menschentum verschmolz.

Auf die von Schiller entworfene Gestalt wurden in Deutschland bald schon die nationalen und religiösen Ideale der Freiheitskriege und der Romantik projiziert (auch in Schweden nahm die Gustav-Adolf-Legende romantische Züge an), und die Popularisierung und Trivialisierung dieses Bildes reinigte es vollends von allen Erdenresten. Daß Gustav Adolf im Gedenkjahr 1832, 200 Jahre nach seinem Tod, zum Namenspatron eines Bundes gewählt wurde, der sich der evangelischen Minderheiten unter Andersgläubigen annahm, kennzeichnet eine Entwicklung, durch die der König im Bewußtsein des Kirchenvolkes neben Martin Luther rückte. Die erneute Eindeutschung Gustav Adolfs und die Auswirkungen des Kulturkampfes brachten den König schließlich auch noch in die Nachbarschaft Friedrichs des Großen, Bismarcks und Kaiser Wilhelms – er wurde in die protestantisch-preußisch-kleindeutsche Tradition integriert. Ein Satz aus einer 1892 erschienenen populären Biographie von Eduard Lamparter, laut Vorwort geschrieben für eine Zeit, »da von Rom aus der konfessionelle Zwiespalt wie ein Keil ins Deutsche Reich getrieben wird«, kennzeichnet diese Sicht: »Unvergessen aber soll der Name dieses schwedischen und doch durch und durch deutschen Königs . . . dem protestantischen Deutschland sein, in dessen Geschichte er mit Flammenschrift geschrieben ist.«

Die deutsche Geschichtsschreibung des 19. Jahrhunderts, die sich sehr ausgiebig mit Gustav Adolf befaßt hat, verzichtet auf solche Simplifizierung, ist jedoch in der Regel parteiisch und bleibt auf Deutschland fixiert. Die umfassendste Darstellung, die Biographie von Gustav Droysen, widmet von mehr als 1000 Seiten kaum 200 der eigentlich schwedischen Geschichte. Droysen ist der entschiedenste Verfechter der einseitigen Theorie, Gustav Adolf habe ausschließlich aus politischen, nationalschwedischen Beweggründen gehandelt, und bestreitet, daß er zu Nutz und Frommen der Glaubensfreiheit in die deutschen Verhältnisse habe eingreifen wollen – was Droysen nicht hindert, den König bewundernd neben Friedrich den Großen zu stellen. Droysen knüpft an Schillers Endurteil über Gustav Adolf an: »Die wohltätige Hälfte seiner Laufbahn hatte Gustav Adolf geendet, und der größte Dienst, den er der Freiheit des deutschen Reiches noch erzeigen kann, ist – zu sterben.« Ähnlich urteilte Treitschke, noch schärfer Heinrich Leo, und für S. W. Barthold war der König schlicht der reichsverderbende Welfe im Gegensatz zu dem Ghibellinen Ferdinand II. Moriz Ritter wog in seiner »Deutschen Geschichte im Zeitalter der Gegenreformation und des Dreißigjährigen Krieges« sorgfältiger ab, aber er spricht Gustav Adolf schuldig, den Krieg in Deutschland verlängert zu haben.

Diese nationalistische Richtung der Geschichtsschreibung findet bei den katholischen Historikern ein entsprechendes Echo. Johannes Janssen erkennt die große Persönlichkeit und die Frömmigkeit Gustav Adolfs an, geht dann aber aufs schärfste mit ihm ins Gericht: »Wie in Napoleon, so lebte in Gustav Adolf der unersättliche Drang des Eroberers, der sich durch keinen Widerstand hemmen, durch keine Erfolge befriedigen läßt, der aus jedem Kriege Samen zu neuem Kriege streut . . .« Wie stark konfessionelle Gesichtspunkte das Geschichtsbild prägten, zeigt das Beispiel von A. F. Gfrörer, der als Protestant in der ersten Auflage seiner Gustav-Adolf-Biographie dem König zwar nicht unkritisch gegenübersteht, ihm aber ein Recht auf den deutschen Kaiserthron zuweist: »Und wäre es nicht ein Glück gewesen, wenn dieser erhabene Gote in seiner Person unserer zerrissenen Nation ein frisches Oberhaupt, unserem politischen Leben einen neuen Schwung gab!«, dann jedoch, nach seiner Konversion zum katholischen Glauben, in weiteren Auflagen, den »hergelaufenen königlichen Abenteurer« hart verurteilt.

In die Reihe der Verdammungsurteile über Gustav Adolf brachte der Marxist Franz Mehring einen neuen Ton: Für ihn war der König als Feldherr und Staatsmann der ausführende Arm der schwedischen Ritterschaft, um »systematische Plünderungs- und Raubzüge zu veranstalten«, allerdings mit einem unvergleichlichen Ergebnis: »Er hat fertiggebracht, was keinem Eroberer vor ihm und nach ihm geglückt ist . . . Ein großes Volk, dessen Todfeind er war und dessen Knochen er blutig geschunden hat, feiert ihn als seinen Helden.«

Die Ergebnisse einer vor allem in den letzten Jahrzehnten des 19. Jahrhunderts einsetzenden sorgfältigen Erschließung der Quellen trugen wesentlich dazu bei, das Bild zu entzerren. Die schwedischen Historiker, an ihrer Spitze Nils Ahnlund, leisteten mit einer Fülle von Einzeluntersuchungen und mit zusammenfassenden Werken den fundamentalen Beitrag zur Versachlichung der Betrachtungsweise, sekundiert durch deutsche Forschungsbeiträge zu jenen Themen, die mit Deutschland zusammenhängen. In der letzten großen deutschen Biographie des Königs, dem zwischen 1927 und 1932 in drei Bänden erschienenen »Gustaf Adolf« von Johannes Paul hat diese umfassende Bestandsaufnahme und Neubewertung bereits ihren Niederschlag gefunden, jedoch handelt das Werk fast zu zwei Dritteln vom Krieg in Deutschland und beschäftigt sich bevorzugt mit auswärtiger Politik und Kriegsgeschichte.

Die eigentliche Zusammenfassung aller Forschungsergebnisse hat ein englischer Forscher geleistet: In seinem zweibändigen Werk »Gustavus Adolphus: A History of Sweden 1611–1632« stellt Michael Roberts den König in das komplexe Geflecht der schwedischen und europäischen Geschichte seiner Zeit; dem Untertitel des Werkes entsprechend sind vier Zehntel der 1400 Seiten der konstitutionellen, kirchlichen, kulturellen, ökonomischen, sozialen und militärischen Entwicklung Schwedens unter der Regierung Gustav Adolfs gewidmet. Eine bewundernswerte Leistung, jedoch tritt das biographische Element zugunsten der Geschichtsschreibung zurück. Ergänzt hat Roberts diese beiden Bände durch eine ebenso gründliche Darstellung zur Geschichte der frühen Wasa, durch Essays zur schwedischen Geschichte und eine Untersuchung über den schwedischen Imperialismus. Michael Roberts hat in seine Werke auch die Diskussion mit der heute in Schweden vorherrschenden Neuen historischen Schule einbezogen, die den schwedischen Imperialismus ausschließlich aus wirtschaftlichen Ursachen erklären will; in dem Kapitel »Von der Düna zur Weichsel« wird daran angeknüpft.

Die Historiker also (und die neueren deutschen Biographen Ulrich Bracher und Alfred Otto Schwede) sind heute in der Mehrzahl geneigt, Gustav Adolf ausgewogen und achtungsvoll zu beurteilen, wofür stellvertretend nochmals, wie im Prolog, Ernst Walter Zeeden (in »Das Zeitalter der Glaubenskämpfe«) zitiert sei: »Daß der Schöpfer der schwedischen Großmacht eine kraftvolle, von religiösen Impulsen bewegte Persönlichkeit war, steht außer Zweifel, ebenso aber, daß Glaube und Staatsführung sich bei ihm kaum unterscheidbar durchdrangen.«

Dieses Resultat der Geschichtsschreibung soll nicht das letzte Wort sein. Das Leben des Königs ist erzählt, sein Schatten mit Blut genährt worden, und vielleicht gelingt es – wie bei der Totenbeschwörung des Odysseus – seine Gestalt zum Schluß noch einmal herbeizurufen.

Die Gefahr bei solchen Beschwörungen ist, daß der schwankende Schatten sich der Formel anpaßt, unter der man ihn herbeizitiert. Das zeigt ein Blick auf jene Werke der Literatur, in denen Gustav Adolf nachgeschaffen wurde. Alle haben ihn unter einem, ihrem Kennwort gerufen, und alle haben ihn damit der Wirklichkeit entrückt: Platen, der in einem Fragment gebliebenen Epos den König zum Mythos erhebt; Conrad Ferdinand Meyer, der in »Gustav Adolfs Page« einen zeitlosen Helden in ein genau gezeichnetes Zeitbild einfügt; August Strindberg, der in seinem Drama »Gustav Adolf« einen zweiten »Nathan der Weise« schaffen wollte. Selbst Ricarda Huch, die in ihrem monumentalen Werk »Der große Krieg in Deutschland« der Geschichtsschreibung nahe bleibt, verwandelt den jungen König aus dem »unbändigen Geschlecht« der Wasa in eine mythische Figur, einen wilden Träumer, der »Herr des Meeres, Herr der Erde« werden will.

Nein, auf *eine* Formel läßt sich diese Gestalt nicht bringen. Die Mehrdeutigkeit des Königs muß stehenbleiben: das Ärgernis, das er hervorruft; die Bewunderung, die er weckt; das Mißbehagen an seiner auftrumpfenden Rechthaberei; die Achtung vor der zarten Rücksichtnahme auf seine launenhafte Königin; der Lobpreis für seine Leistungen als Regent seines Landes; die Trauer über die Opfer, die er seinem Volk und anderen Völkern abverlangt hat; die widerwillige Anerkennung seines offensichtlich unbegrenzten Vermögens, den eigenen Argumenten zu glauben; die Fassungslosigkeit vor der Unbekümmertheit, Blut zu vergießen und das eigene Leben zu wagen; das Verstummen vor seiner tiefen, fast naiven Frömmigkeit – und die Verwunderung über die Fähigkeit, das alles miteinander zu vereinen.

Eine Einheit aus Widersprüchen, deren Ausstrahlung die Zeitgenossen spürten und die bis heute anhält. Er hat Mißtrauen, Furcht, Haß geweckt neben Begeisterung und Liebe, aber keine Geringschätzung, keine Verachtung. »Der Schwede ist ein solcher, dem man mehr auf die Fäuste als auf das Maul Achtung haben muß«, hat Wallenstein über ihn gesagt. Der hessische Gesandte Wolf dagegen meint, daß jeder, der mit dem König in Berührung komme, sich in ihn verlieben müsse. Gustav Adolfs Freundlichkeit – »Alle seine Worte fallen aus lächelndem Mund« – erstaunt die Zeitgenossen ebenso wie seine Schroffheit. Sein »brennender Zorn« wird registriert, auch seine Bereitschaft, sich von solchen Ausbrüchen zu distanzieren. Dem englischen Gesandten Sir Henry Vane erklärte er nach einem schweren Zusammenstoß, »daß er gern alles, was er besitze, darum gäbe, um Herr seiner Leidenschaften zu werden, aber es sei da etwas, was in seinem Gehirn aufsteige, wenn er anfange, sich zu ereifern – das lasse ihn alles vergessen, was er habe sagen oder tun wollen«.

In diesem Manne brodelt es; sein ganzes Leben ist eine Kette von Eruptionen. Das gilt für Alltäglichkeiten: Wenn er einem Schmeichler heftig übers Maul fährt, wenn er sich so in die Arbeit stürzt, daß er – wie Axel Oxenstierna berichtet – »oft mit Schweiß bedeckt zu Bett« geht, wenn er sich ungehemmt und wild dem Tanz hingibt. Und das gilt ebenso für seine abrupten Entschlüsse, seine jähen Kehrtwendungen, seine extemporierten Sturmangriffe. Die kaum zu stillende Neugier, der unersättliche Wissensdurst, der Drang, alles selbst zu erkunden, selbst zu tun, sich mitten in das Getümmel zu stürzen – Ursache seiner Erfolge und seines Untergangs – all das steigt aus demselben vulkanischen Grund. Und wie er handelte, so redete er auch, von der Gewalt seiner Worte hingerissen: Er benutzte sie wie eine Waffe, von dem ersten Auftritt vor dem schwedischen Reichstag bis zu den Ansprachen an seine Soldaten am Morgen der Schlacht von Lützen.

Aber diese brodelnde Kraft erklärt ihn nur zum Teil; sie macht ihn nicht aus. Erst die Fähigkeit, diese Kraft zu bändigen, mühsam errungen und mühsam behauptet, in Verbindung mit einem schnellen und geschulten Verstand und einer nicht nachlassenden Bereitschaft zu lernen, hebt ihn über alle Könige seines Landes hinaus, läßt ihn die anderen europäischen Herrscher seiner Zeit überragen. Wer neben ihm noch herausragt: Wallenstein, Richelieu, Oxenstierna, gehört nicht zu den regierenden Monarchen, und keiner ist wie er Staatsmann und Feldherr zugleich, auch nicht Wallenstein, der – zu seinem Verderb – beides sein wollte.

Historische Größe läßt sich schwer messen, besonders in einer Zeit, die dazu neigt, diesen Begriff zu verwerfen und den Gang der Geschichte eher von Strukturen als von Persönlichkeiten abhängig sieht, im Gefolge von Karl Lamprecht: »Die allgemeinen historischen Bedingungen sind stärker als die stärksten Persönlichkeiten.« Aber auch diese Sicht schließt nicht aus, daß man Jacob Burckhardt beipflichtet: »Die Geschichte liebt es bisweilen, sich auf einmal in einem Menschen zu verdichten, welchem hierauf die Welt gehorcht.«

Eine Verdichtung seiner Epoche, ein Mensch, dem für kurze Zeit die europäische Welt gehorchte, dessen Wirkung nicht mehr wegzudenken ist – auf Gustav Adolf trifft dies zu.

Was er bewirkt hat, ist für Schweden leichter zu erfassen als für Deutschland und Europa. Schweden gewann unter seiner Regierung einen unvergleichlichen Zuwachs an innerer Festigkeit und äußerer Geltung; der Boden für eine Zeit der Größe und der geistigen Blüte war bereitet; zugleich jedoch hatte das schwedische Reich eine imperiale Rolle übernommen, der es auf die Dauer nicht gewachsen war. Der Beitrag Axel Oxenstiernas zu dieser Entwicklung war beträchtlich, und in den Jahren der Regentschaft nach dem Tod des Königs ausschlaggebend, aber der Bedeutung Gustav Adolfs tut dies keinen Abbruch, im Gegenteil – es erhöht ihn, daß er diesen selbstbewußten Aristokraten an sich zu binden vermochte.

Was er in Europa, was er vor allem in Deutschland bewirkt hat, ist schwerer zu bezeichnen. Er hat vielleicht den Krieg verlängert, als er in Pommern landete, und damit fiele die Last von 18 weiteren Kriegsjahren mit all ihren Schrecken auf ihn zurück, eine Last, die kaum aufzuwiegen ist.

Er hätte den Krieg vielleicht rasch und siegreich beendet, wenn er Lützen überlebt hätte – mit einem Ergebnis, das nur zu ahnen, über das zu spekulieren sinnlos ist. Was er wollte, blieb ein Fragment. Was er verhinderte, ist eher zu greifen: Er verhinderte den Sieg der Gegenreformation in Deutschland. Was immer dieser Sieg bedeutet hätte, die Geistesblüte aus protestantischem Erbe, für die hier nur ein paar Namen stehen sollen: Lessing, Goethe, Schiller, Hegel, wäre nicht sein Ergebnis gewesen.

Jenes Deutschland, das mit dem Westfälischen Frieden aus dem langen Krieg hervorging, ein nach außen schwaches, in sich unendlich vielfältiges Deutschland, dessen inneres Gleichgewicht sorgfältig austariert war, auf seine Art ein politisches Kunstwerk, geht gewiß auf das schwedische Eingreifen zurück, und daß es – wenn auch nur zur Behandlung konfessioneller Fragen – einen *Corpus evangelicorum* neben einem *Corpus catholicorum* gab, knüpft unmittelbar an Gustav Adolfs Vorstellungen an. Das kostbarste Gut des Friedens war die schließlich doch errungene Religionsfreiheit. Auch wenn sie durch Landesgrenzen definiert war, so blieben die Untertanen der deutschen Fürsten davon verschont, sich weiterhin der Religion ihrer Herren anzupassen – die habsburgischen Erblande ausgenommen. Der Weg zur völligen Glaubensfreiheit war gebahnt.

So ist die Inschrift auf dem Gedenkstein für die Schlacht von Breitenfeld, Gustav Adolf habe hier »Glaubensfreiheit für die Welt« gerettet, nicht aus der Luft gegriffen, auch wenn es dem König, alles in allem, um weniger und mehr ging, als er nach Deutschland zog, gegen den Rat seines Kanzlers, der 1636 vor dem Reichsrat sagte: »Wäre seine Majestät meinem Ratschlag gefolgt, so wäre er *arbiter totius septentrionis* [Herr des ganzen Nordens] geworden.«

In den Norden kehrte er zurück, aber nicht als Triumphator, sondern als Toter. Unser letzter Blick gilt dem Schiff, schwarz verkleidet und mit schwarzen Segeln, das den Leichnam davonträgt, von einem Geschwader unter dem Kommando des Reichsadmirals, dem Halbbruder des Königs, über die Ostsee geleitet. Der lange Kondukt, in dessen Mitte zwanzig Edelleute den Sarg ans Ufer getragen haben, hat sich aufgelöst, ein Zug, der noch einmal vorwies, welch hoher Herr hier den deutschen Boden verließ, es vorwies mit den Insignien der schwedischen Krone, mit dem blanken, blutbesprengten Degen des Feldherrn, mit Fahnen und wappengeschmückten Pferden und mit einem Geleit von Fürsten und Adelsherren, von Offizieren und Pagen, von Geistlichen und vornehmen Damen. Verstummt sind die silbernen Posaunen und die Heerpauken des Trauermarsches, verstummt ist der Abschiedssalut der Kanonen. Nur noch das Strudeln des Kielwassers ist zu hören und das Geräusch des Windes in der Takelage des Regalschiffes, das durch den Peene-Strom der offenen Ostsee entgegengleitet, vorbei an dem Platz auf Usedom, auf dem der König vor drei Jahren die ersten Schritte in den deutschen Krieg getan hat. Das Schiff *Stora Nyckelen*, nach einem der Reichskleinodien, dem goldenen Schlüssel, benannt, pendelt mit seinen Masten den Himmel aus. Das Antependium aus schwarzem Samt, das den Sarg verdeckt, bewegt sich im Wiegen des Schiffes. Die Löwen, welche die aufgestickten Reichswappen halten, bewegen sich mit, als ob sie lebten, es bewegt sich die Garbe des Wasa-Wappens, es bewegen sich die drei Kronen.

Der König der Schweden, Goten und Wenden, der Löwe aus Mitternacht, ist allem entrückt, der Pflicht seines Amtes, den Kronen, dem Pomp, mit dem man ihn nach Hause geleitet. Der beredte Mund hat längst sein letztes Wort gesprochen. Wie es lautete, wissen wir nicht; was dem Sterbenden in den Mund gelegt wurde, ist Teil einer aufblühenden Legende. Aber er hatte seine Abschiedsworte schon vorher gesprochen. Fast genau drei Jahre vor der Schlacht von Lützen, bei der letzten Beratung im Reichsrat vor dem Zug nach Deutschland, hatte er seinen Senatoren erklärt: »Wenn wir alle in Deutschland fallen sollten, so werden doch die Schweden in Schweden sicher sein.« Und: »Für mich selbst erwarte ich keine andere Ruhe mehr als die ewige Ruhe.«

ANHANG

Zeittafel

1496	Gustav Wasa geboren
1517	95 Thesen von Martin Luther
1519	Karl V. zum deutschen Kaiser gewählt
1520	Tod des schwedischen Reichsverwesers Sten Sture. Sieg Christians II. von Dänemark. Stockholmer Blutbad. Beginn des Aufstandes unter Gustav Wasa
1521	Reichstag von Worms
1523	Gustav Wasa zum schwedischen König gewählt — Friedrich von Holstein als Friedrich I. anstelle von Christian II. dänischer König
1527	Rezeß von Västerås. Reformation in Schweden
1530	Augsburgische Konfession
1531	Laurentius Petri erster lutherischer Erzbischof von Schweden
1533–37	Grafenfehde (Lübeck gegen Dänemark und Schweden)
1540	Jesuitenorden durch Papst Paul III. bestätigt
1541	Schwedische Bibelübersetzung — Calvin reformiert Genf
1542	Letzter Aufstand gegen Gustav Wasa unter Nils Dacke
1544	Erb-Einigung auf dem Reichstag von Västerås
1546	Martin Luther gestorben. Schmalkaldischer Krieg (bis Mai 1547)
1548	Erlaß des Interims auf dem »Geharnischten Reichstag« von Augsburg
1552	Passauer Vertrag hebt Interim auf
1555	Augsburger Religionsfrieden
1556	Kaiser Karl V. dankt ab. Thronfolger in Spanien Philipp II., in Deutschland Ferdinand I.
1558	Elisabeth I. Königin von England
1559	Friedrich II. König von Dänemark
1560	Gustav Wasa gestorben. Thronfolger Erik XIV.
1561	Estland wird schwedisch, Livland polnisch
1563	Herzog Johan wird gefangengesetzt
1563–70	Nordischer Siebenjähriger Krieg
1564	Johannes Calvin gestorben. Endgültige Formulierung des Tridentinischen Glaubensbekenntnisses
1567	Ermordung oppositioneller Adeliger in Uppsala
1568	Johan III. verdrängt Erik XIV. vom schwedischen Thron
1570	Friede von Stettin beendet Nordischen Siebenjährigen Krieg
1572	Bartholomäusnacht in Paris
1577	Erik XIV. ermordet

1581 Schweden erobert Narwa – Unabhängigkeitserklärung der Niederlande
1584 Tod Iwans des Schrecklichen
1587 Sigismund, der Sohn Johans III., wird König von Polen
1588 Christian IV. König von Dänemark und Norwegen (bis 1648)
1592 Tod Johans III.
1593 Kirchenversammlung von Uppsala
1594 Krönung Sigismunds zum schwedischen König. Gustav Adolf geboren (9. Dezember)
1595 Herzog Karl Reichsverweser in Schweden. Frieden von Teusina zwischen Schweden und Rußland — Sigismunds Sohn Wladislaw geboren
1597 Maximilian I. Herzog von Bayern (bis 1651)
1598 Bürgerkrieg in Schweden
1599 Sigismund wird vom schwedischen Reichstag als König abgesetzt
1600 Reichstag zu Linköping: Wahl Karls zum König, Blutgericht über Adelsopposition. Krieg gegen Polen in Livland — Jakob I. wird nach dem Tod Elisabeths König von England
1604 Karl IX. nimmt Titel des Königs von Schweden an (Krönung erst 1607). Thronfolge durch neue Erb-Einigung geregelt — In Rußland »Zeit der Wirren«
1605 Entscheidende Niederlage der Schweden bei Kirchholm in Livland
1609 Beginn des Jülich-Kleveschen Erbfolgestreits (bis 1614). Deutsche katholische Fürsten schließen sich gegen protestantische Union (von 1608) zur Liga zusammen. Majestätsbrief Kaiser Rudolfs II. für Böhmen
1610 Schweden, mit Schuiski verbündet, entsendet Heer nach Moskau. Sieg der Polen über schwedisch-russisches Heer bei Kluschino — Heinrich IV. von Frankreich ermordet
1611 Dänemark erklärt Schweden den Krieg (Kalmar-Krieg). Tod Karls IX. Gustav Adolf wird König, Axel Oxenstierna Reichskanzler
1612 Matthias folgt Rudolf II. als Kaiser — Russen vertreiben Polen aus Moskau
1613 Frieden von Knäred beendet Kalmar-Krieg — Michael Romanow wird zum Zaren gewählt — Beginn des schwedisch-russischen Krieges
1614 Justizreform in Schweden mit Gründung des *Svea hovrätt*. Defensivbündnis Schwedens mit den Niederlanden
1616 Richelieu wird französischer Staatsminister
1617 Friede zu Stolbowa beendet schwedisch-russischen Krieg. Kämpfe schwedischer Truppen in Livland (bis zum Waffenstillstand von Tolsburg 1618). Reichstag zu Örebro: Neue Reichstagsordnung, Statut von Örebro verschärft Abwehr gegen Katholizismus. Krönung Gustav Adolfs in Uppsala — Erzherzog Ferdinand zum König von Böhmen gewählt
1618 Verwaltungsreform in Schweden durch Neuordnung der Reichskanzlei und der Kammer (schrittweise Fortsetzung in den folgenden Jahren) — Prager Fenstersturz. Mit böhmischem Aufstand Beginn des Dreißigjährigen Krieges
1619 Ferdinand II. folgt Matthias als deutscher Kaiser. Böhmische Stände wählen Kurfürst Friedrich V. von der Pfalz anstelle von Ferdinand zum böhmischen König

1620 Gustav Adolf vermählt sich mit Maria Eleonora von Brandenburg — Schlacht am Weißen Berg

1621 Schweden erobert Riga (Fortdauer der Kämpfe in Livland bis 1623, Wiederaufnahme 1625–1626) — Die protestantische Union in Deutschland löst sich auf

1622 Tilly besiegt protestantische Streitkräfte in der Rheinpfalz

1623 Zug Gustav Adolfs gegen Danzig — Maximilian von Bayern erhält pfälzische Kurwürde. Verlagerung der Kämpfe nach Niedersachsen. Tilly besiegt Christian von Braunschweig

1624 Große königliche Donation an die Universität Uppsala im Rahmen einer Universitätsreform — Richelieu wird leitender Minister in Frankreich

1625 Christian IV. von Dänemark greift in Deutschland ein. Wallenstein stellt als kaiserlicher Oberbefehlshaber ein Heer auf

1626 Schwedische Ritterhausordnung. Schweden setzt sich mit Sieg bei Wallhof in Livland endgültig durch. Gustav Adolf landet in Pillau (Beginn des Krieges gegen Polen in Preußen). Schwedische Thronfolgerin Christina geboren (8. Dezember) — Wallenstein schlägt Mansfeld bei Dessau, Tilly besiegt Christian IV. entscheidend bei Lutter am Barenberge

1627 Gustav Adolf in Preußen zweimal verwundet — Christian IV. wird aus Deutschland vertrieben

1628 Wallenstein wird mit dem eroberten Mecklenburg belehnt, belagert Stralsund vergeblich — Mantuanischer Erbfolgestreit zwischen Frankreich und Habsburg (bis 1631)

1629 Waffenstillstand von Altmark zwischen Schweden und Polen — Friede zu Lübeck zwischen Dänemark und dem Kaiser — Restitutions-Edikt in Deutschland

1630 Mit Landung von Gustav Adolf auf Usedom (26. Juni) beginnt schwedisches Eingreifen in den deutschen Krieg — Kurfürstentag in Regensburg. Entlassung Wallensteins

1631 Vertrag Schweden – Frankreich zu Bärwalde. Gustav Adolf erobert Frankfurt/Oder, Tilly Magdeburg. Gustav Adolf schließt Bündnis mit Sachsen, siegt bei Breitenfeld (7. September), zieht bis zum Rhein — Sächsische Truppen erobern Prag — Wallenstein, vom Kaiser zurückgeholt, wirbt eine neue Armee an

1632 Gustav Adolf besiegt Tilly bei Rain am Lech (5. April), erobert Bayern, stößt bei Nürnberg mit Wallenstein zusammen. In der Schlacht von Lützen, die Wallenstein nach Böhmen zurückdrängt, fällt Gustav Adolf (6. November) — Vormundschaftsregierung in Schweden unter Axel Oxenstierna — König Sigismund stirbt, sein Sohn Wladislaw folgt ihm auf dem polnischen Thron

1634 Gustav Adolf in Stockholm beigesetzt — Wallenstein als Hochverräter abgesetzt und ermordet (15. Februar) — Schwere schwedische Niederlage bei Nördlingen, Schweden nach Norddeutschland zurückgeworfen

1635 Friede von Prag zwischen Kaiser und Sachsen. Frankreich greift direkt in den deutschen Krieg ein. Beginn des grausamsten Abschnitts des Krieges

1636 Sieg Johan Banérs über die sächsisch-kaiserliche Armee bei Wittstock

1637 Kaiser Ferdinand II. stirbt, ihm folgt sein Sohn Ferdinand III.
1643–45 Siegreicher Krieg Schwedens gegen Dänemark
1644 Königin Christina tritt in Schweden die Regierung an
1648 Nach einer Reihe schwedisch-französischer Erfolge beendet der Westfälische Frieden den Dreißigjährigen Krieg
1654 Königin Christina dankt ab und tritt zum katholischen Glauben über. Nachfolger wird ihr Vetter Karl X. Gustav aus dem Haus Pfalz-Zweibrücken-Kleeburg (bis 1660)

Die Quellen

Die üblichen Quellenverzeichnisse erwecken den Eindruck, als wären Papiere und Publikationen die einzige Grundlage eines Buches über eine historische Gestalt. Für dieses Buch (und sicher auch für viele andere) trifft dies nicht zu. Wenn sich schließlich eine lange Beschäftigung mit der Epoche des Dreißigjährigen Krieges auf die Gestalt des schwedischen Königs Gustav Adolf konzentrierte, so wurde dies durch Begegnungen ausgelöst: mit dem Schiff *Wasa*, dessen Skulpturen den Mann und seine Epoche lebendig machten; mit der 1632 in Nürnberg entstandenen Bronzebüste des Königs von Hans von der Putt, die mich dem Achtunddreißigjährigen sozusagen Auge in Auge gegenüberstellte; mit den Wasa-Schlössern und den vielen anderen Denkmalen der schwedischen Geschichte; nicht zuletzt aber mit Schweden selbst, einem Land, in dessen Weiträumigkeit die modernen Strukturen den Blick in die Vergangenheit offen lassen. Bei der dann beginnenden bewußten Suche nach den Spuren Gustav Adolfs waren mir alte Häuser, Möbel und Gerätschaften genauso wichtig wie Handschriften und Vertragsurkunden, war mir zum Beispiel in Stralsund die Stadt so wesentlich wie ihr Archiv, ergänzten die Exponate der Leibrüstkammer und der Museen in Stockholm ebenso das Tagebuch der schwedischen Feldkanzlei wie der Blick auf den Landeplatz auf Usedom oder auf die Schlachtfelder von Breitenfeld und Lützen. Diese Beispiele stehen für den Versuch, mit Anschauung zu sättigen, was ich aus den im folgenden aufgeführten Publikationen und Dokumenten zusammengetragen habe. Dabei wird nur genannt, was ich benutzt habe. Eine umfassende und detaillierte Bibliographie findet sich im Anhang der beiden Bücher von *Michael Roberts: Gustavus Adolphus.* Wer sich vollständig orientieren will, sei auf die Bände der *Svensk historisk bibliografi* verwiesen, die durch jährliche Supplemente der in Stockholm erscheinenden *Historisk Tidskrift* ergänzt wird.

Bibliographie

Die folgenden Angaben gliedern sich in einen ersten allgemeinen Teil, in dem Publikationen angeführt sind, auf die durch das ganze Buch hindurch immer wieder Bezug genommen wird, und in einen zweiten Teil mit besonderen Nachweisen zu den Kapiteln. Herausgeber sind, wie üblich, in eckigen Klammern angeführt.

I. Allgemeines

Gedruckte Primärquellen

[*Nils Ahnlund*]: *Peder Galts depescher 1622–1624*, Stockholm 1920.

Christina von Schweden: Memoiren, Aphorismen, dt. Ausgabe, München 1967.

[*Gustav Droysen*]: *Schriftstücke von Gustav Adolf zumeist an evangelische Fürsten Deutschlands*, Stockholm 1877. (Der Band enthält vor allem Briefe an die Kurfürsten Johann Georg von Sachsen und Georg Wilhelm von Brandenburg und an Herzog Wilhelm von Sachsen-Weimar.)

[*Carl Hallendorf*]: *Tal och skrifter av konung Gustav II Adolf*, Stockholm 1915. (Enthält, neben Reden vor dem Reichstag, u. a. den Bericht des Königs über seinen Besuch am Brandenburgischen Hof im Juni 1620, die Schrift »Om krigsmäns plikter«, »K. Gustav Adolfs egen historia« und die Stockholmer Abschiedsrede vom Mai 1630.)

Axel Oxenstierna: Rikskansleren Axel Oxenstiernas skrifter och brefvexling. Serie I Bd. 1–8. Serie II Bd. 1–12, Stockholm 1888. – (Die Serie I enthält Briefe *von* Axel Oxenstierna; die Serie II Briefe *an* ihn, ihr 1. Band die Briefe Gustav Adolfs.)

[*C.G. Styffe*]: *Konung Gustav II Adolfs skrifter*, Stockholm 1861. (Enthält Ansprachen des Königs, die Kriegsartikel, die »Krigsfolks-Ordning«, Briefe an den Pfalzgrafen Johann Casimir, an die Schwester Katharina, an Herzog Adolf Friedrich von Mecklenburg-Schwerin u. a., den Entwurf einer Leichenrede auf den Bruder Karl Philipp, die dem König zugeschriebenen Gedichte und – wie die Edition von Hallendorf – die Schrift über die Pflichten des Kriegsmanns und das Fragment der eigenen Historia.)

Weitere Primärquellen werden bei den Nachweisen zu den Kapiteln genannt.

Zeitgenössische Abbildungen

Erik Dahlberg: Suecia antiqua et hodierna, Stockholm 1693.

Boo von Malmborg: Samtida porträtt av Gustaf II Adolf, Stockholm 1944.

Carl Snoilsky: Svenska historiska planscher, Stockholm 1893–95.

Sixten Strömborn: Iconographia Gustavi Adolphi, Stockholm 1932.

Schweden, Land und Geschichte

Ingvar Andersson: Schwedische Geschichte, dt. Ausgabe, München 1950.
Ulrich Bracher: Geschichte Skandinaviens, Stuttgart 1968.
[Jan Cornell u. a.:] Den Svenska Historien. Bd. 5: Sverige bliren stormakt, Stockholm 1978.
Wolfram Dufner: Geschichte Schwedens. Ein Überblick, Neumünster 1967.
Axel von Gadolin: Schweden. Geschichte und Landschaften, München 1977.
Carl Grimberg: Svenska Folkets Underbara Öden. Bd. 2: 1521–1611. Bd. 3: 1611–1660. Stockholm 1959 und 1960.
Selma Lagerlöf: Wunderbare Reise des kleinen Nils Holgersen mit den Wildgänsen, dt. Ausgabe, München 1948.
Merian Heft 3/27: Schweden, Hamburg o. J.
Michael Roberts: Essays in Swedish History, London 1967.
–: The Swedish Imperial Experience 1560–1718, Cambridge 1979.
Franklin D. Scott: Sweden. The Nation's History, Minneapolis 1977.
August Strindberg: Das schwedische Volk. Schwedische Profile, dt. Ausgabe, Berlin 1942.
Svenska Flottans Historia. Bd. I, Malmö 1945.
Sveriges Krig 1611–1632. 6 Bde und 2 Beilagebde. (Hrsg. von Svenska Generalstaben), Stockholm 1936–38.

Biographien Gustav Adolfs

Nils Ahnlund: Gustav Adolf, dt. Ausgabe, Berlin 1938.
Ulrich Bracher: Gustav Adolf von Schweden. Eine historische Biographie, Stuttgart 1971.
Abraham Cronholm: Sveriges Historia under Gustav II Adolfs regering. Bd. 1–6, Stockholm 1857–72.
Gustav Droysen: Gustaf Adolf. Bd. 1–2, Leipzig 1869–70.
C.R.L. Fletcher: Gustavus Adolphus and the Thirty Years War, New York 1963.
Anders Fryxell: Geschichte Gustav Adolphs, dt. Ausgabe, Leipzig 1865.
A.F. Gfrörer: Geschichte Gustav Adolphs, König von Schweden, und seiner Zeit, Stuttgart 1837.
Katalog över Gustav II Adolfs Utställningen i Nordiska Museets Hall, Stockholm 1932.
Hans Kilian: Geknechtete befreite er, Leipzig 1939.
Eduard Lamparter: Gustav Adolf, König von Schweden, der Befreier des evangelischen Deutschland, Barmen 1892.
Ernst Marquart: König Gustav Adolf von Schweden. Ein Bild seines Lebens und die Geschichte seines Ruhms, Münster 1942.
Eleazar Mauvillon: Leben Gustav Adolphs nach den Arckenholtzschen Handschriften. 2 Bde, Breslau 1775.
Franz Mehring: Gustav Adolf: Ein Fürstenspiegel zu Lehr und Nutz der deutschen Arbeiter, Berlin 1908.

Johannes Öhquist: Das nordische Dreigestirn. Gustav Wasa, Gustav II. Adolf, Karl XII., dt. Ausgabe, Stuttgart 1941.
Johannes Paul: Gustaf Adolf. Bd. 1–3, Leipzig 1927–32.
–: *Gustaf Adolf. Christ und Held* (Reihe: Persönlichkeit und Geschichte Bd. 33), Göttingen 1964.
Michael Roberts: Gustavus Adolphus. A History of Sweden 1611–1632. Bd. 1: 1611–1626, London 1953. Bd. 2: 1626–1632, London 1958.
Hans Schulz: Gustav Adolf. In: [*Erich Marcks und Karl Alexander von Müller*]: *Meister der Politik.* Bd. 1, Stuttgart 1922.
Alfred Otto Schwede: Gustav II. Adolf von Schweden. Ein Lebensbild, Berlin 1979.
Swen Wikberg: Gustave Adolphe, le lion du Nord, Genf 1947.
Georg Wittrock: Gustav Adolf, dt. Ausgabe, Stuttgart 1930.

Gustav Adolf und Deutschland

Friedrich Bothe: Gustav Adolfs und seines Kanzlers wirtschaftspolitische Absichten auf Deutschland, Frankfurt/Main 1910.
Emil Gutjahr: König Gustav II. Adolfs von Schweden Beweggründe zur Teilnahme am deutschen Kriege, Leipzig 1894.
Albert Heising: Die Politik Gustav Adolphs in Deutschland, Berlin 1854.
Johannes Janssen: Gustav Adolf in Deutschland, Frankfurt/Main 1865.
Ernst Kohlmeyer: Gustav Adolf und Deutschland, Bonn 1940.
Otto Lerche: Gustav Adolf. Deutsche Bilder und Stätten, Hamburg 1932.
Werner Milch: Gustav Adolf und der 30jährige Krieg, Jena 1926.
Michael Roberts: The Political Objectives of Gustav Adolf in Germany 1630–32. In: *Essays in Swedish History*, London 1967.
Richard Schmidt: Gustav Adolf. Die Bedeutung seiner Erscheinung für die europäische Politik und für deutschen Volksgeist in: »Zeitschrift für Politik«, 22. Bd., Berlin 1933.
Theodor Schott: Württemberg und Gustav Adolf 1631 und 1632 in: »Württ. Vierteljahrshefte«, Heft 3 und 4/1895.
Walter Struck: Gustav Adolf und die schwedische Satisfaktion. In: »Historische Vierteljahrsschrift«, II. Jahrgang 1899, Leipzig 1899.

Vorgeschichte und Geschichte des Dreissigjährigen Krieges

Karl Brandi: Reformation und Gegenreformation, Frankfurt/Main 1979.
[*Eberhard Buchner*]: *Das Neueste von gestern. Kulturgeschichtlich interessante Dokumente aus deutschen Zeitungen.* 1. Bd.: Das 16. und 17. Jahrhundert, München 1914.
Bogislaw Philipp von Chemnitz: Königlich Schwedischen in Deutschland geführten Kriegs erster Teil, Stettin 1648.
Günther Franz: Der Dreißigjährige Krieg und das deutsche Volk. Untersuchungen zur Bevölkerungs- und Agrargeschichte, Jena 1940.
Anton Gindely: Geschichte des dreißigjährigen Krieges in drei Abteilungen, Leipzig 1882.

Berthold Haendcke: Deutsche Kultur im Zeitalter des 30jährigen Krieges, Leipzig 1906.
Ricarda Huch: Der große Krieg in Deutschland. 3 Bde, Leipzig 1912–14. (Taschenbuchausgabe unter dem Titel: Der Dreißigjährige Krieg. 2 Bde, Frankfurt/Main 1974.)
[Hans Jessen]: Der Dreißigjährige Krieg in Augenzeugenberichten, Düsseldorf 1971.
Jürgen Kuczynski: Geschichte des Alltags des deutschen Volkes. 1600–1650. Studien 1, Köln 1981.
Gottfried Lammert: Geschichte der Seuchen, Hungers- und Kriegsnoth zur Zeit des Dreißigjährigen Krieges, Wiesbaden 1890.
Friedrich Karl von Moser: Patriotisches Archiv für Deutschland, Frankfurt und Leipzig 1784–90.
–: Neues Patriotisches Archiv für Deutschland, Mannheim und Leipzig 1792–94.
Josef Polisensky: Der Krieg und die Gesellschaft in Europa 1618–48, Weimar 1971.
Alfred Rapp: Das fanatische Jahrhundert. Die große Legende von den Glaubenskriegen, Stuttgart 1970.
Sigmund von Riezler: Geschichte Baierns. Bd. 5 und 6, Gotha 1903.
Moriz Ritter: Deutsche Geschichte im Zeitalter der Gegenreformation und des Dreißigjährigen Krieges. Bd. 3, Stuttgart 1908.
S. H. Steinberg: Der Dreißigjährige Krieg und der Kampf um die Vorherrschaft in Europa 1600–1660, Göttingen 1967.
Theatrum Europaeum etc., Bd. I, II, Frankfurt/Main 1662.
Wilhelm Treue: Wirtschaft, Gesellschaft und Technik vom 16. bis zum 18. Jahrhundert (Gebhardt: Handbuch der deutschen Geschichte. 9., neu bearbeitete Auflage, Bd. 2.), Stuttgart 1970.
[A.W. Ward u.a.]: The Cambridge Modern History. Bd. 4: *The Thirty Years' War,* Cambridge 1934.
C.V. Wedgwood: Der Dreißigjährige Krieg, dt. Ausgabe, München 1967.
Ernst Walter Zeeden: Das Zeitalter der Glaubenskämpfe 1555–1648 (Gebhardt: Handbuch der deutschen Geschichte. 9., neu bearbeitete Auflage, Bd. 2), Stuttgart 1970.

Biographien von Zeitgenossen Gustav Adolfs

Nils Ahnlund: Axel Oxenstierna intill Gustav Adolfs död, Stockholm 1940.
Fritz Arnheim: Gustav Adolfs Gemahlin Maria Eleonora von Brandenburg. Eine biographische Skizze. In: Hohenzollern-Jahrbuch 7., 8. und 9. Jahrg., 1903–05.
Carl Jacob Burckhardt: Richelieu. Der Aufstieg zur Macht, Bern 1971.
Georg Irmer: Hans Georg von Arnim. Lebensbild, Leipzig 1894.
Hans Knapp: Matthias Hoë von Hoënegg und sein Eingreifen in die Politik und Publizistik des Dreißigjährigen Krieges, Halle 1902.
Golo Mann: Wallenstein, Frankfurt/Main 1971.
Fritz Weber: Dietrich von Falkenberg. Ein Lebens- und Zeitbild aus dem 17. Jahrhundert, Burg b. M. (o. J.).
Anny Wienbruch: Ein Leben für Gustav Adolf. Die Geschichte des Pfalzgrafen von Zweibrücken und der Schwester Gustav Adolfs, Lahr-Dinglingen 1974.

II. Zu den einzelnen Kapiteln

Prolog

Die Beschreibung des Regalschiffes *Wasa* und die Deutung seiner Skulpturen stützt sich vor allem auf das Werk *Hans Soop: Kriegsschiff Wasa Skulpturen*, dt. Ausgabe Stockholm und Oldenburg 1979. Hans Soop, Intendant der Wasavarvet in Stockholm, hat mich überdies persönlich beraten. Benützt wurden auch das zweibändige Werk *Wolfram zu Mondfeld: Wasa. Schwedisches Regalschiff von 1628*, München 1981, und die Schrift *Lars Ake Kvarning u. a.: Das schwedische Kriegsschiff Wasa*, dt. Ausgabe, Stockholm 1972. Den Bericht des Reichsrats über den Untergang der *Wasa* stellte das Riksarkivet Stockholm in Kopie zur Verfügung.

Das Haus Wasa

Die wichtigste Grundlage für dieses Kapitel ist *Michael Roberts: The Early Vasas. A History of Sweden, 1523–1611*, Cambridge 1968, ferner das Kapitel *W. F. Reddaway: The Vasa in Sweden and Poland 1560–1630* in: *The Cambridge Modern History. Bd. 4*, Cambridge 1934. Zur Reformation unter Gustav Wasa: *Gerhard Ritter: Das 16. Jahrhundert als weltgeschichtliche Epoche* in: *Die Weltwirkung der Reformation*, Leipzig 1942.

»Er wird es machen«

Anschaffungen für den kleinen Prinzen Gustav Adolf sind in Herzog Karls *räntekammarbok* mehrfach erwähnt. Die Handschriften der Aufzeichnungen des Schülers Gustav Adolf aus dem Jahr 1607 und der Übungsarbeit *Invectiva Gustavi Adolphi Principis in Hogenschildum Bielke* sind im Riksarkivet erhalten geblieben; sie standen mir in Kopien zur Verfügung. Der Bücherbestand des Schlosses Gottorf, in dem Gustav Adolfs Mutter Christine aufwuchs, ist festgehalten in: *Harry Schmidt: Das älteste Verzeichnis der Gottorfer Bibliothek aus dem Jahre 1590*. Zeitschrift »Nordelbingen«, Jg. 25, 1958.
Eine wichtige Quelle für die letzten Monate der Regierungszeit Karls IX. und das erste Regierungsjahr Gustav Adolfs ist das in »Scandia« XI, 1938 abgedruckte, von Ingel Wadén herausgegebene *Kanslidiarium från Carl IX:s sista och Gustaf II Adolfs första regeringsår*. Zur Schilderung des kirchlichen Lebens in dem Unterkapitel »Das Erbe« wurde benutzt: *Hilding Pleijel: Das Luthertum im schwedischen Volksleben* in: *Opuscula Inst. hist.-eccl. Lundensis 1952–58*, Lund 1958.

Die Bewährung

Zum Kalmar-Krieg sei nochmals auf das *Kanslidiarium* verwiesen. Zur russischen Geschichte: *Paul Sethe: Kleine Geschichte Rußlands*, Frankfurt/Main 1962. Zu Ebba Brahe: *Gustaf II Adolfs Bref till Ebba Brahe* [hrsg. von P. Sondén], Stockholm 1901. Der Brief an Ebba Brahe vom 19. Januar 1615 ist in der Übersetzung von Ulrich Bracher wiedergegeben. Zu Margarethe Slots und Gustav Gustavsson, Graf von Wasaborg: *Ludwig Bäte: Gustav Adolfs Sohn. Bildnis eines Unbekannten*, Osnabrück 1962. Die Gestalt des Johannes Rudbeckius wird lebendig in seinen Predigten, von denen mir eine Publikation von 1623 in Västerås vorgelegen hat, und in seinem *Dagbok* [hrsg. von B. Rud. Hall], Stockholm 1938. Einen Bericht über die Krönung Gustav Adolfs enthält *Abraham Brahes Tidebok* [hrsg. von C. M. und R. Stenbode], Stockholm 1920. Zur Krönung ferner: *Stig Fogelmarck: Die Schatzkammer*, Stockholm 1974.

Die Waffen klirren

Das Tagebuch der Deutschlandreise erschien unter dem Titel: *Johan Hands Dagbok under K. Gustaf II Adolfs resa till Tyskland 1620* [hrsg. als: *Historiska Handlingar* 8:3], Stockholm 1879. Ergänzend dazu: *Karl Obser: Gustav Adolf von Schweden am Oberrhein im Jahre 1620* in: »Zeitschrift für die Geschichte des Oberrheins«, Neue Folge, Bd. X, Karlsruhe 1895. Die Arnim-Biographie von Georg Irmer und die biographische Skizze über Maria Eleonora von Fritz Arnheim berichten ausführlich über die Brautwerbung in Berlin. – Zum Krieg in Livland: *Otto Greiffenhagen: Begründung und Ausbau der schwedischen Herrschaft in Estland und Livland durch Gustav Adolf* in »Baltische Monatsschrift«, 60. Jg., Riga 1929. – Zu »Die Rüstkammern«: *Basil Henry Liddell Hart: Große Heerführer*, dt. Ausgabe, Düsseldorf 1968; *Bernhard Law Viscount Montgomery of Alamein: Weltgeschichte der Schlachten und Kriegszüge*. Bd. 1, dt. Ausgabe, Frankfurt/Main 1972; *Michael Roberts: Gustav Adolf and the Art of War* in: *Essays in Swedish History*, London 1967. Die Geschichte der »Söderkompanie« behandelt insbesondere das unter »Gustav Adolf und Deutschland« aufgeführte Werk von *Friedrich Bothe*.

Zug um Zug

Zur Stellung des schwedischen Adels: *Michael Roberts: On Aristocratic Constitutionalism in Swedish History, 1520–1720* in: *Essays in Swedish History*, London 1967; *Günter Barudio: Absolutismus – Zerstörung der »Libertären Verfassung«*, Wiesbaden 1976; *Günter Barudio: Das Zeitalter des Absolutismus und der Aufklärung* (Fischer Weltgeschichte Bd. 25), Frankfurt/Main 1981.

Der fromme Wikinger

Zum Krieg in Preußen: *Klaus-Richard Böhme: Die schwedische Besetzung des Weichseldeltas 1626–1636*, Würzburg 1936, und die zeitgenössische Chronik *Israel Hoppe's Burggrafen zu Elbing Geschichte des Ersten Schwedisch-Polnischen Krieges in Preußen* [hrsg. von Max Toeppen], Leipzig 1887. – Zur schwedischen Propaganda in Deutschland: *Diethelm Böttcher: Die schwedische Propaganda im protestantischen Deutschland 1628–1636*, Jena 1951; *Göran Rystadt: Kriegsnachrichten und Propaganda während des Dreißigjährigen Krieges*, Lund 1960; *Alfred Spiegel: Die Gustav-Adolf-Zeitlieder*, 1977. – Zum Kampf um Stralsund: *Fritz Adler: Die Belagerung

Stralsunds 1628, Stralsund 1928; *Herbert Langer: Stralsund 1600–1630*, Weimar 1970; *Herbert Ewe: Stralsund*, Rostock 1978. Herbert Ewe, Archivar der Stadt Stralsund, hat mich auch mit persönlichen Auskünften und mit Materialien des Archivs ausgiebig unterstützt.

Im Vorfeld des deutschen Krieges

Das Treffen des schwedischen und dänischen Königs ist ausführlich dargestellt in *Dietrich Schäfer: Die Zusammenkunft Gustav Adolfs mit Christian IV. von Dänemark zu Ulfsbäck 1629*, Preußische Jahrbücher 105, 1901. – Mit Gustav Adolfs religiöser Haltung (»Das evangelische Wesen«) beschäftigen sich: *Karl Henning: Gustav Adolf. Der Gotteszeuge in der Politik*, Stuttgart 1952; *Walter Hubatsch: Gustav Adolf – ein christlicher Staatsmann?* in: *Unruhe des Nordens*, Göttingen 1956; *Ernst Kohlmeyer: Gustav Adolf und die Staatsanschauungen des Altluthertums*, Halle 1933; *Gerhard Ritter: Gustav Adolf, Deutschland und das nordische Luthertum* in: *Die Weltwirkung der Reformation*, Leipzig 1942. Das Gebet des Königs nach der Landung auf Usedom ist abgedruckt in: *Gustav Bub: Gustav Adolfs Kriegsgebete* im »Archiv für Reformationsgeschichte«, Bd. 44, 1953. – Zu dem Unterkapitel »Zweifel und Wagnis«, also zur Frage der Gründe für das Eingreifen Gustav Adolfs in Deutschland, sei auf die unter »Gustav Adolf und Deutschland« angeführten Werke bei I. Allgemeines verwiesen.

Von der Oder zum Rhein

Für die ganze Zeit der Kriegführung Gustav Adolfs in Deutschland ist das Tagebuch der Schwedischen Feldkanzlei eine besonders wichtige Quelle. Das Journal beginnt im Mai 1630 mit der Abfahrt der Kriegsschiffe von Stockholm nach Djurhamn und endet am 6. November 1632 mit dem Tod des Königs. Es ist deutsch geführt; der Verfasser ist ungeklärt, doch ist es zweifellos echt. Gefunden wurde es in der Bibliothèque Nationale in Paris (Collection Clairambault, Nr. 381). Veröffentlicht wurde es unter dem Titel: *Dagbok förd i det Svenska Fältkansliet 26 Mai 1630 – 6 November 1632* (Journal de Gustav Adolphe) [hrsg. von Erik Zech und Nils Belfrage als: *Historiska Handlingar* 30:3], Stockholm 1940. – *Felix Plage: Einnahme der Stadt Frankfurt a.d. Oder*, Frankfurt/Oder 1931, schildert detailliert die Eroberung der Stadt. – Zum Kampf um Magdeburg: *Albert Heising: Magdeburg nicht durch Tilly zerstört*, Berlin 1854; [*Nicolaus Henningsen*]: *Die Zerstörung Magdeburgs 1631* (zeitgenössische Berichte), Köln 1911; *Hans Teitge: Die Frage nach dem Urheber der Zerstörung Magdeburgs 1631*, Halle 1904; *Karl Wittich: Magdeburg, Gustav Adolf und Tilly*. I–II, Berlin 1874. Das Werk von Wittich bietet eine ausführliche und gründliche Darstellung der Kriegführung Gustav Adolfs gegen Tilly. Das Flugblatt *Kurtzer aber gegründeter Bericht / Warumb die Königl: Mayt: zu Schweden / der guten Stadt Magdeburg / ihrem Wunsch und begehren nach / nicht secundiren oder entsetzen können* von 1631 lag mir im Original vor, ebenso Relationen der Schlacht von Breitenfeld, die unmittelbar nach dem schwedischen Sieg erschienen. – Die Zitate aus *Robert Monro: Monro His Expedition with the worthy Scots Regiment (called Mac Keyes Regiment) levied in August 1626*, London 1637, sind meist wiedergegeben nach der Übersetzung in: *B.*

Hoenig: Memoiren englischer Offiziere im Heere Gustav Adolf's und ihr Fortleben in der Literatur (in: Beiträge zur neueren Philologie, Wien 1902). – Das schwedische Vordringen an den Zusammenfluß von Main und Rhein und die Besetzung von Frankfurt und Mainz wird ausführlich dargestellt in: *Christian Gotthold: Die Schweden in Frankfurt am Main* I–IV in: »Jahres-Bericht der Klingerschule«, Frankfurt/Main 1885, 1888, 1891, 1894, und *Ludwig Frohnhäuser: Gustav Adolf und die Schweden in Mainz und am Rhein* in: »Archiv für Hessische Geschichte und Altertumskunde«, Neue Folge, Bd. 2, 1 1895. – Die am Schluß des Kapitels erwähnte Tagebuchstelle des Fürsten Christian II. von Anhalt wurde unter dem Titel *Eine neu entdeckte Tischrede Gustav Adolfs über seine Ziele und Pläne in Deutschland* am 17. 8. 1908 in der »Magdeburgischen Zeitung« abgedruckt und von T. O. Radlach kommentiert.

Im Zenit

Für den Winter 1631/32 sei nochmals auf die obengenannten Arbeiten von *Christian Gotthold* und *Ludwig Frohnhäuser* hingewiesen. Das Verhältnis Gustav Adolfs zu Frankreich und Richelieu untersucht *Bertold Baustaedt: Richelieu und Deutschland. Von der Schlacht bei Breitenfeld bis zum Tod Bernhards von Weimar* in: »Historische Studien«, Heft 295, Berlin 1936. – Zum Feldzug in Bayern seien neben dem 5. Band der *Geschichte Baierns* von *Sigmund von Riezler* genannt: *Stefan Donaubauer: Nürnberg in der Mitte des dreißigjährigen Krieges* in: »Mitteilungen des Vereins für Geschichte der Stadt Nürnberg«, 10. Heft, Nürnberg 1893; [*Wilhelm Roos*]: *Die Chronik des Jakob Wagner über die Zeit der schwedischen Okkupation in Augsburg vom 20. April 1632 bis 28. März 1635*, Augsburg 1902; *Ludwig Schaedel: Gustav Adolf von Schweden in München* in: »Forschungen zur Geschichte Bayerns«, XVI. Bd., München 1908. – Zu den wirtschaftspolitischen Absichten Gustav Adolfs sei nochmals auf das Werk von *Friedrich Bothe* unter »Gustav Adolf und Deutschland« verwiesen.

Das Ende

Zu den Kämpfen bei Nürnberg: *G. T. Chr. Fronmüller: Geschichte Altenberg's und der alten Veste bei Fürth, sowie der zwischen Gustav Adolf und Wallenstein im dreißigjährigen Krieg vorgefallenen Schlacht*, Fürth 1860. – Über die Schlacht von Lützen gibt es sehr viele und kontroverse Veröffentlichungen, darunter von *Karl Deuticke, Heinrich Ritter von Srbik* und *Georg Wittrock* sowie des schwedischen Generalstabes und der Stockholmer Leibrüstkammer. Alle diese Publikationen sind berücksichtigt und in einer mich überzeugenden Weise zusammengefaßt in: *Josef Seidler: Untersuchungen über die Schlacht bei Lützen 1632*, Memmingen 1954. Ich bin daher bei der Darstellung der Schlacht Seidler gefolgt, habe jedoch die Detailergänzung berücksichtigt, die *Theodor Hamacher* unter dem Titel *Der Tod Gustav Adolfs* in: »Westfälische Zeitschrift«, 108. Band, München 1958, geliefert hat.

Epilog

Zur Nachwirkung Gustav Adolfs liegen zwei Untersuchungen vor: *Johannes Paul: Gustav Adolf in der deutschen Geschichtsschreibung* in: »Historische Vierteljahrsschrift«, Bd. 25, Dresden 1931, und sehr ausführlich: *Werner Milch: Gustav Adolf in der deutschen und schwedischen Literatur*, Breslau 1928. – Die Predigten auf den Tod Gustav Adolfs wurden gesammelt gedruckt und verschiedentlich veröffentlicht, so auch die *Justa Gustaviana, Das ist Christliche Klag- und Ehrenpredigt bei Erhebung und Abführung der Königlichen Leiche des weiland Durchlauchtigsten und Großmächtigsten Herrn, Herrn Gustavi Adolphi etc.; Hochseligsten und Glorwürdigsten Angedenckens in der Fürstlichen Schloßkirche zu Wollgast, den 16. Julij Anno 1633 gehalten durch Jacobum Fabricium*, Alten Stettin 1633. 1634 erschien ein Bericht über den Pomp des Leichenbegängnisses. Siehe: [*Christian Bonhard*]: *Leichenpredigten auf den König Gustav Adolph*, Gießen 1845.

Danksagung

Mein Dank gilt zunächst allen, auf deren Arbeit dieses Buch beruht; ihre Namen habe ich in den vorstehenden Verzeichnissen angeführt. Besonders zu danken habe ich der Württembergischen Landesbibliothek, der Universitätsbibliothek Tübingen und der Königlichen Bibliothek in Stockholm, daß sie mir bei der Suche nach dem benötigten Material bereitwillig geholfen und es mir zum Teil für einen sehr langen Zeitraum zur Verfügung gestellt haben. Den Archiven, die mir mit Auskünften gedient und mir Kopien von Originalhandschriften überlassen haben: dem Reichs- und dem Kriegsarchiv in Stockholm, dem Archiv der Universität Heidelberg, dem Landesarchiv Schleswig-Holstein, dem Archiv der Stadt Rostock und dem Staatsarchiv Weimar, bin ich ebenso zu Dank verpflichtet wie dem Leiter des Stralsunder Archivs, Dr. Herbert Ewe, und dem Intendenten des Seehistorischen Museums (Wasavarvet) in Stockholm, Hans Soop, die mir beide mit wertvollen persönlichen Hinweisen geholfen haben.
Für die kritische Lektüre des Manuskripts danke ich Ulrich Frank-Planitz, Dr. Reinhard Lebe und Dieter Adrion; für die Zusammenstellung des Registers Margot Adrion. Den meisten Dank schulde ich meiner Frau, die das Entstehen des Buches begleitete und in Kauf nahm, daß für einige Jahre Gustav Adolf zur Hauptperson unseres Lebens wurde.

Register

E

F

G

S

T

U

V

W

X

Z

Karten und Abbildungen

Karten

Für die Seiten 89, 148, 203, 389 wurden Vorlagen aus *Michael Roberts: Gustavus Adolphus: A History of Sweden* (Verlag: Longman Group, Harlow) benutzt und dem Deutschen angepaßt; für 344 und 435 Vorlagen aus *Den Svenska Historien, Bd. 5* (Albert Bonniers Förlag, Stockholm); für 271 ein Ausschnitt aus einer Karte in *Klaus-Richard Böhme: Die schwedische Besetzung des Weichseldeltas 1626–1636* (Holzner Verlag, Würzburg). Wir danken den Verlagen für die freundliche Erlaubnis zur Verwendung der Karten.

Abbildungen

Bildquellen: Archiv für Kunst und Geschichte, Berlin: 407, 447 – Svenska Porträttarkievet, Stockholm: 2, 32, 75, 155, 197, 243, 263 – Württ. Landesbibliothek, Stuttgart: 359, 450, vorderer und hinterer Vorsatz – *Eric Dahlberg: Suecia antiqua et hodierna* (Stockholm 1693): 81, 177 – *Stig Fogelmarck: Die Schatzkammer* (Stockholm 1974): 117 – *G. T. Chr. Fronmüller: Geschichte Altenberg's und der Alten Veste bei Fürth* (Fürth 1860): 454 – *Wolfram zu Mondfeld: Wasa. Schwedisches Regalschiff von 1628* (Mosaik Verlag München 1981): 19, 239, 339.

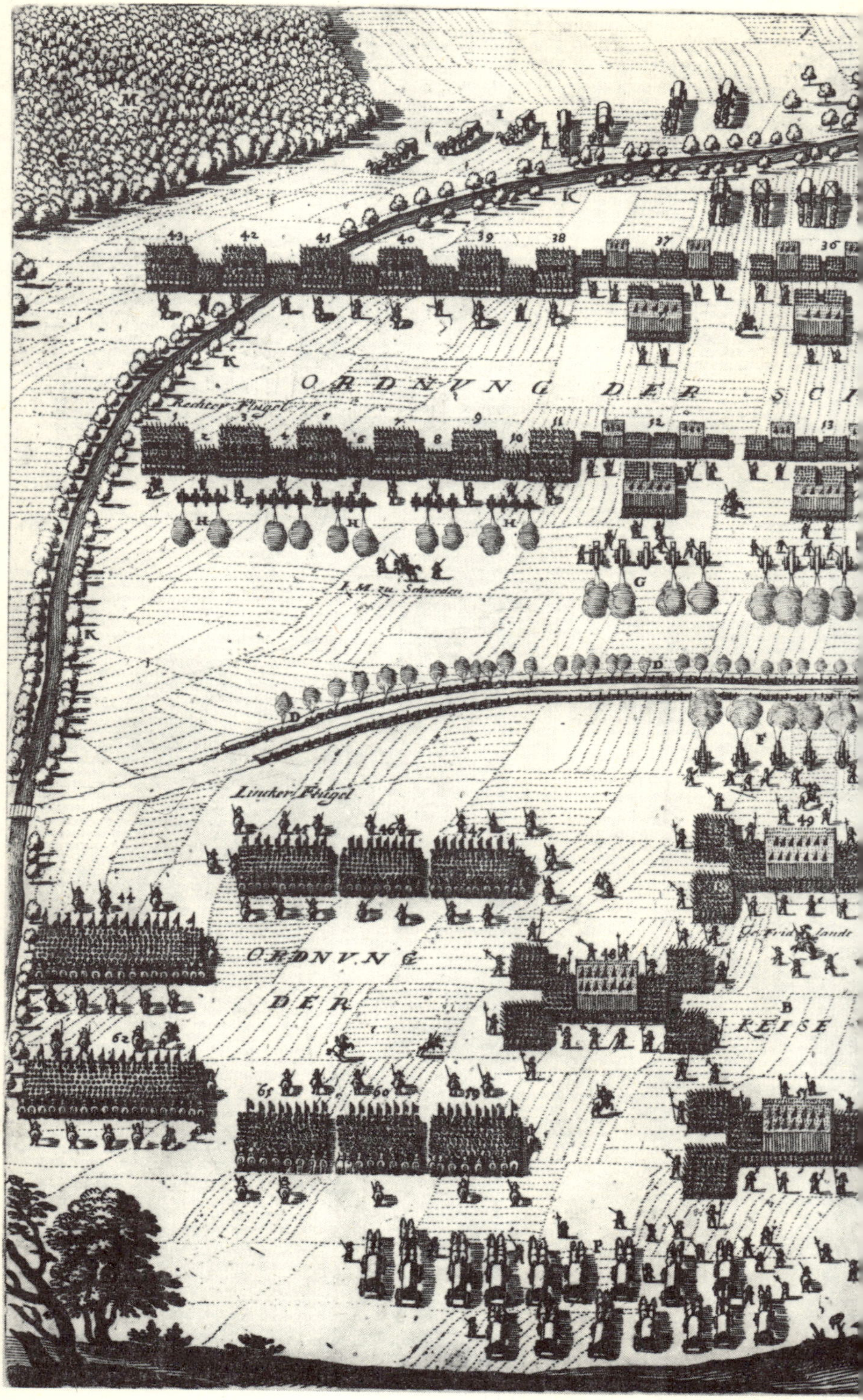

Die Schlacht von Lützen. Stich von Matthäus Merian